Psicología e investigación criminal: la delincuencia especial

JOSÉ IBÁÑEZ PEINADO

PSICOLOGÍA E INVESTIGACIÓN CRIMINAL: LA DELINCUENCIA ESPECIAL

Dykinson, S. L.

Editorial DYKINSON, S.L. Meléndez Valdés, 61 - 28015 Madrid
Teléfono (+34) 91 544 28 46 - (+34) 91 544 28 69
e-mail: info@dykinson.com
http://www.dykinson.es
http://www.dykinson.com

Consejo editorial véase www.dykinson.com/quienessomos

ISBN: 978-84-9031-128-8
Depósito Legal: M-29854-2012

Maquetación:
Balaguer Valdivia, S.L. - german.balaguer@gmail.com

Impresión:
Safekat, S.L.
Laguna del Marquesado, Naves 32 K y L - Complejo Neural - 28021 Madrid
www.safekat.com

Dedicado a la memoria de mi padre

ÍNDICE

INTRODUCCIÓN

Quiero evitar que al leer este libro alguien se sienta defraudado por no encontrar en el lo que buscaba.

Los que habéis seguido mis publicaciones lo entenderéis mejor, ya que sabéis que no pretendo, ni con este ni con ninguno de los otros dos libros, Psicología e Investigación Policial: El Testimonio y Técnicas de Investigación Criminal, decir nada nuevo ni sublime, sino poner a disposición de muchos interesados los conocimientos actuales sobre los diferentes temas que tratamos.

En este, como en los anteriores, hemos "mezclado" la Criminología con la Psicología y creo, como autor, que el experimento ha sido positivo.

Actualmente, los conocimientos sobre la Criminología se han "despertado" como una ciencia con una gran demanda en Universidades de toda España, bien en Licenciaturas (antiguas) de "segundo ciclo" bien como disciplinas a seguir en el Grado, según las directrices del Plan Bolonia, bien como integrada en Máster, e incluso en cursos de Doctorado, conociendo ya algunos colegas doctorados en esta disciplina.

La Psicología, presente en toda actividad y comportamiento, juega un gran papel en esta formación. Es difícil hablar de personalidades, comportamiento, perfiles, motivos, sentimiento, odio, pasión, y otros miles de conceptos sin que sea la Psicología la que nos indique su significado y sus términos de aplicación. Los asesinatos, sean de único caso o en serie, las agresiones sexuales en los mismos términos, las parafilias y otros numerosos comportamientos desviados, son difíciles, no solo de descubrir, sino simplemente de investigar si no son guiados por los conocimientos de la ciencia psicológica. En el mismo sentido hemos de hablar respecto de la delincuencia grupal y organizada que pueden ser enfocadas, y así lo hacemos, desde los conocimientos sociológicos, psicológicos y criminológicos. Todos estos conceptos y parámetros pueden dar lugar al nacimiento, es su especificidad, de lo que denominaríamos la Psicología Criminal, disciplina que podemos diferenciar perfectamente de la que podríamos llamar Psicología Forense.

Con esto algunos pueden estar "peregrinamente" haciéndose esta pregunta, entonces ¿los policías que no son psicólogos no pueden investigar ni descubrir delitos?, ¡NO!, en absoluto. La ciencia policial aplicada, y los policías en general, están perfectamente capacitados, y las demostraciones de sus éxitos son palpables, para la investigación y descubrimiento de los delitos siguiendo, como se que se hace, una especie de "psicología de andar por casa" que muchas veces no es otra cosa que la aplicación del sentido común.

A sensu contrario, nadie podrá decir que los conocimientos de la psicología aplicados a la ciencia policial no ayudan, facilitan, aseguran y perfeccionan, el normal desarrollo de la actividad policial.

En cada uno de los capítulos he querido incluir un análisis estadístico pero también entenderéis que los datos estadísticos, las técnicas y conocimientos que ofrecemos en este texto, no sean lo último de lo último. Para conocer el comportamiento delictivo del ser humano con sus semejantes, no es necesario tener sobre la mesa un preciso análisis estadístico de plena actualidad. Para explicar el aumento del consumo de productos ilegales en una nación quizá pueda valernos un estudio de las edades de las personas consumidoras, el tipo de producto que consumen y, posiblemente, la cantidad, pero no necesitamos saber quien se dedica a su provisión y distribución ni tampoco las rutas más actuales por las que la droga entra en nuestro país.

Como digo con frecuencia y recomiendo a los estudiantes, un análisis longitudinal adecuado sería el que contemple, al menos, los últimos cinco años de la actividad que queramos representar, pero eso no significa que los de años anteriores no tengan utilidad. También quiero resaltar que las estadísticas tienen varias lecturas y en numerosas ocasiones, "alguna" de las lecturas no conviene que se conozca por lo que es fácil encontrar dificultades en la obtención de estadísticas "oficiales" actualizadas y bien especificadas. Todo esto se podría llevar a efecto si dispusiéramos de unas estadísticas unificadas, completas y perfectamente definidas pero, por desgracia, no es así. Por una parte todas y cada una de las instituciones relacionadas con la delincuencia posee unos análisis estadísticos que, sin entrar en el fondo, están confeccionados desde muy diferentes puntos de vista y con muy diferentes parámetros, lo que hace que sus datos no puedan ser comparados entre si y su interpretación esté limitada a su ámbito específico, sea el policial (Cuerpo Nacional de Policía, Guardia Civil y Policías Autonómicas), judicial, fiscal, penitenciario, etc.

A todos aquellos que solo perseguimos dar una información fidedigna y ofrecer a los demás unos datos "solo para conocimiento" nos es muy difícil tener que hacer una presentación mas o menos "mutilada" al no disponer de las bases necesarias para evitarlo. Y, aunque lo he contrastado personalmente, no quiero ser yo quien critique estas bases actuales y los datos en ellas contenidos, aunque me impida esa función informativa de gran valor sociológico, psicológico y especialmente criminológico, por eso recomiendo a los interesados leer el artículo de Marcelo F. Aebi y Antonio Linde (2010), Profesores de la Universidad de Lausanne, titulado "El misterioso caso de la desaparición de las estadísticas policiales españolas" publicado en la Revista Electrónica de Ciencia Penal y Criminológica y disponible en http://criminet.ugr.es (/recpc/12/recpc12-07.pdf).

Debemos también tener en cuenta la competencia en el ámbito de la delincuencia en España. Sabemos que nuestro país, territorialmente, está dividido en competencias para las Fuerzas y Cuerpos de Seguridad del Estado (Cuerpo Nacional de Policía y Guardia Civil) y de las Comunidades Autonómicas (Cataluña y País Vasco especialmente) y que cada uno de ellos, como Cuerpo, lleva su propia estadística de seguridad, que, en teoría deberían revertir en la Secretaría de Estado de Seguridad del Ministerio del Interior, quien las unifica y edita su propio Balance, con una mayor o menor especificidad.

El autor

AGRADECIMIENTOS

Tengo la gran satisfacción de tener que agradecer el apoyo, la ayuda y la colaboración para la redacción de este libro a tantas personas que siempre temo que alguien se me olvide, lo que sería un gravísimo error.

En primer lugar se lo agradezco a todos mis alumnos, especialmente los de la Universidad San Pablo CEU y del Instituto de Estudios Profesionales (ISEP) Ceu, sabiendo que este trabajo va dirigido especialmente a ellos y a todos aquellos que cursan, o cursarán, Grados en Criminología. También he de hacerlo a los Profesores por el ánimo recibido.

No puedo olvidar a mis compañeros de las Fuerzas y Cuerpos de Seguridad del Estado, de las Policías Locales y Psicólogos docentes, dado que me han aportado aquellos datos que les he solicitado, demostrando con ello su interés por la transmisión de conocimientos, que debe ser el último objetivo de aquellos que debemos dar gracias por adquirir conocimientos que, guardados solo para nosotros, no tendrán valor.

No puedo dejar de presentar mi más sincero agradecimiento a internet por haberse constituido en una herramienta imprescindible para el trabajo de cualquier estudiante o profesor, al ofrecerle un sinfín de material, a veces excelente, para su uso y conocimiento. Quiero también, de forma general, agradecerlo y que esto constituya la referencia a veces solicitada por el uso de numerosas imágenes que he utilizado a lo largo de estas páginas.

Como suscriptor del diario ABC desde hace ya muchos años, debo también felicitar al periódico por su maravillosa trayectoria y a sus reporteros por su investigación, calidad en sus trabajos y presentación aséptica de los datos. Como es lógico, y lo demuestro en esta obra, son muchas las referencias o escaneados de fotografías obtenidas de esta publicación.

El agradecimiento final, el más intenso y afectivo, lo dedico a mi familia sin cuyo apoyo no hubiera sido capaz de dedicarle a esta obra todo el tiempo que les he quitado a ellos.

CAPITULO I
AGRESIONES SEXUALES

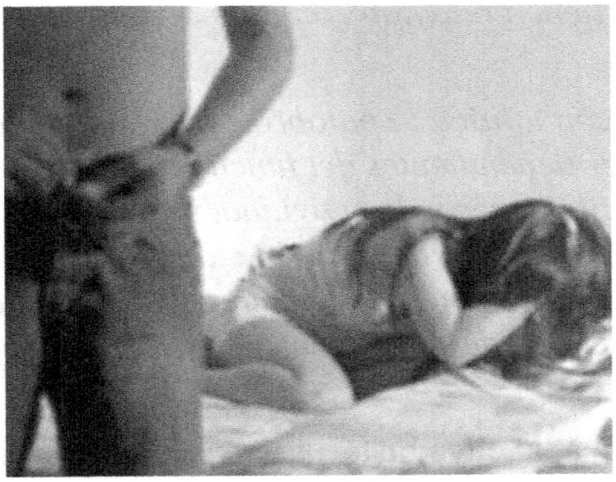

1. LA AGRESIÓN SEXUAL: INTRODUCCIÓN Y GENERALIDADES

Como suele suceder con frecuencia, la esencia humana complica en gran manera nuestra más pura esencia animal. En los animales la conducta sexual está dirigida por la duración del estro o celo, fuera del cual se muestran fríos o indiferentes por los miembros del sexo contrario. En el ser humano esta conducta, por su complejidad, está muy lejos de parecerse a la de los seres inferiores, y sin entrar en definiciones y explicaciones de tipo fisiológico o neurofisiológico, en torno a la sexualidad, por todos conocidas, hemos de decir que aparte de este tipo de factores genéticos, otros de tipo cultural, el aprendizaje, la sociedad misma, el denominado erotismo y el propio instinto de base animal intervienen dándole a este comportamiento una nueva dimensión.

No debemos tampoco olvidar el prestar atención a las teorías psicológicas que, por una parte, establecen la diferencia entre los denominados comportamientos normales y anormales o patológicos y, por otra, explican las disfunciones sexuales y establecen sus tratamientos.

En el centro de estas teorías aparece, en primer lugar, el concepto de *libido*, término que en latín significa deseo, ganas. Freud, que declara haber tomado el concepto de Albert Moll (conocido como el fundador de la moderna sexología), reconoce que es difícil dar una definición satisfactoria de ella y le asigna tanto un carácter cualitativo como cuantitativo al considerarla como la energía "*substrato de las transformaciones de la pulsión sexual en cuanto al objeto, en cuanto al fin y en cuanto a la fuente de excitación sexual*", definiéndola como: "*Libido es una expresión tomada de la teoría de la afectividad. Llamamos así la energía considerada como una magnitud cuantitativa (aunque actualmente no pueda medirse), de las pulsiones que tienen relación con todo aquello que puede designarse con la palabra amor*".

"*En la teoría psicoanalítica la palabra sexualidad no designa solamente las actividades y el placer dependientes del funcionamiento del aparato genital, sino toda una serie de excitaciones y de actividades, existentes desde la infancia, que producen un placer que no puede reducirse a la satisfacción de una necesidad fisiológica fundamental (respiración, hambre, función excretora, etc.) y que se encuentran también a título de componentes en la forma llamada normal del amor sexual*".

La sexualidad humana, cuya historia se remonta al principio de los siglos, ha sido analizada de forma empírica, entre otros, en los estudios de Master y Johnson y los informes Kinsey, una de cuyas virtudes ha sido destruir gran cantidad de mitos, tabúes, leyendas y falacias como la importancia del tamaño de los genitales en relación con la función que desempeñan, la frecuencia de las actividades sexuales o sus consecuencias sobre la salud física y mental de la persona. Otra ha sido el dar pie al nacimiento del movimiento por la liberación sexual, etc., aportaciones todas ellas de gran influencia socio-cultural.

Si bien procederemos posteriormente a profundizar mas en algunos temas, como introducción y generalidades daremos unas pinceladas a la problemática de las agresiones sexuales desde el punto de vista de los factores que la facilitan y la dificultan, de los actos que se cometen, modus operandi, actos, lesiones y medidas de prevención.

Desde el punto de vista del agresor y, dependiendo de la personalidad de cada uno, dando por supuesto una cierta "normalidad", es decir, la ausencia de enfermedades mentales, podemos hacer referencia a determinados ***factores que incidirán en la conducta***.

Estos factores pueden ser:

a) Aquellos que incitan o impulsan a la satisfacción sexual, son los denominados **factores motivacionales**, estos son:

- El deseo sexual normal. Estamos de acuerdo con Freud, en que los dos instintos más "potentes" del ser humano son el "eros" y el "tanatos", el instinto de vida y el instinto de muerte. Considero que el concepto de la palabra "eros", utilizada por Freud no puede ser, ni por asomo, el concepto actual de la palabra en su uso vulgar "erotismo" que en la mayoría de los casos va unida a sexo, pornografía, etc. Dirigido al ser humano el eros debe ser considerado como el instinto de la vida, de la conservación de la especie que, en el ser humano, solo es posible a través de la unión carnal del hombre y de la mujer (si dejamos fuera los avances médico-científicos de la reproducción asistida, artificial o in vitro), deseo que en el ser humano no está regulado exclusivamente por los ciclos menstruales.

- Un deseo sexual inapropiado. Sin entrar a distinguir su incidencia o frecuencia, en muchas ocasiones la satisfacción del deseo sexual depende no del control personal, sino de problemas en la mayoría de las veces provocados por trastornos psíquicos o fisiológicos. Trastornos que hacen que estos deseos no puedan ser controlados, ni aún satisfechos con el onanismo y que pueden desembocar en delirios eróticos. Son conocidos también como adicción, dependencia al sexo o sexo compulsivo. Los Manuales de enfermedades mentales (CIE-10 y DSN IV) los contemplan como impulso sexual excesivo o trastorno sexual no especificado, respectivamente. Este comportamiento sexual compulsivo puede incluir conductas parafílicas (por razón del objeto o sujeto sobre los que versan), o no parafílicas. En el hombre se suele conocer como "donjuanismo" o "satirismo" y en la mujer como ninfomanía.
- Necesidades afectivas son, en numerosas ocasiones, la base de un deseo sexual.
- Conflictos emocionales (dependencia, dominancia,...) que en numerosas ocasiones inclinan al individuo a mantener un contacto sexual.
- Alteraciones de las estructuras cerebrales, como base de un deseo sexual inapropiado.

b) **Dificultades de satisfacción normal del deseo sexual**. En ocasiones, la propia personalidad del individuo hace que las relaciones sexuales no puedan enmarcarse dentro de un contacto normal entre personas adultas y con control de sus impulsos. Algunas, como las que a continuación señalamos, pueden hacer que estas relaciones se lleven a cabo de forma claramente inmersas en figuras delictivas por razón de los sujetos o por razón de la violencia en ellas ejercida. Entre otras podemos encontrar:

- Débil coeficiente intelectual.
- Personalidad poco atractiva.
- Débil afirmación del yo.

- Habilidades sociales deficitarias.
- Rigideces y falta de conocimiento.
- Disfunciones sexuales (del deseo sexual, de la excitación, desordenes orgásmicos o desordenes del dolor sexual).
- Dificultades de pareja o ausencia de esta.

c) **Factores inhibidores del deseo**. En ocasiones, también factores de la personalidad y de sus estructuras mentales hacen que el impulso sexual esté controlado, a veces excesivamente controlado, lo que impedirá su desarrollo que, de producirse, nunca entrará en conceptos de agresión y/o violencia. Estos factores son:

- Altos valores morales.
- Empatía con las víctimas.
- Aversión a la violencia.
- Miedo a las consecuencias (condena, encarcelamiento).
- Ausencia de posibles víctimas.
- Resistencia de las víctimas.

d) **Factores desinhibidores del deseo**. Aunque existen también numerosos mitos y falacias al respecto, en este caso nos referiremos a aquellos factores que de una u otra forma "quitan" el deseo por la relación sexual, sin que eso quiera decir que no se pueda producir la agresión. Como veremos a continuación es perfectamente compatible una agresión sexual, aún con gran violencia, sin que el deseo sexual esté presente, dado que la finalidad del acto no es la satisfacción de un posible deseo. Entre otras destacaremos:

- Toxicomanías y/o alcoholismo.
- Consumo de pornografía.
- Victimización en infancia.
- Distorsiones cognitivo-sexuales.
- Actitudes potenciadoras de la violencia.
- Forma de vida antisocial.
- Psicopatías, psicosis, lesiones cerebrales.

Los ***modus operandi*** que se pueden presentar son:

- *Asalto callejero*. Este tipo de agresión se caracteriza por un alto grado de violencia física y uso de armas. Es común también altas dosis de violencia verbal (insultos, vejaciones y humillaciones) y uso de medios para encubrir la personalidad (caretas, capuchas, gorros,...) aunque la propia exhibición de armas u otro instrumento amenazante hará efecto de "focalización en el arma", lo que distraerá la atención de otras partes del cuerpo que no sea el arma (Ibáñez, 2009). En este tipo de asaltos pueden producirse, a la finalización del acto, robos de documentos identificativos o amenazas con la finalidad de evitar la denuncia.

- *Agresor conocido*. Pueden serlo también amigos o recién conocidos. Su acercamiento a la víctima se hace de forma habitual a través de la atracción, conversación, consumición de bebidas u otro medio de tomar contacto de forma no llamativa. Durante un espacio de tiempo, mediante engaño o abuso de confianza, intenta intimar cada vez mas profundamente consiguiendo ir al domicilio de uno de ellos o simplemente el ofrecimiento de acompañarla, con la intención de mantener contacto sexual. Ante la negativa a ello el agresor puede utilizar fuerza o violencia. También como en el caso anterior se producirán amenazas para evitar ser denunciado.
- *Agresor familiar o relacionado con la familia*. Cuando en estas relaciones se producen agresiones sexuales suelen comenzar a edades tempranas de las víctimas. Sea el parentesco del grado que sea, las agresiones se producen con asiduidad, ya que el agresor, al ser familia cercana o considerado como tal, dispondrá de numerosas ocasiones a lo largo de los días o de las noches para cometer la agresión. Durante el mantenimiento de esta situación se intenta establecer por parte del agresor un "pacto de silencio" que suele ir en ocasiones acompañado de violencia, más psicológica que física, abuso de autoridad y coacción. La denuncia de este tipo de situaciones se inicia a través de los pares de iguales, profesores u otras personas de confianza de la víctima, antes que a través de los otros miembros de la propia familia. En otros casos se denuncia una vez alcanzada la independencia o la mayoría de edad, o ambas. Las víctimas menores, ante la denuncia a otros familiares, se encuentra en ocasiones con una situación de descrédito y aislamiento e incluso amenazas o castigos por parte de aquellos, especialmente cuando los agresores son parientes muy cercanos (padres, hermanos, abuelos o tíos).
- *Relación subordinada víctima-autor*. Esta relación de subordinación puede serlo en cualquier ámbito, sea laboral, sanitario o educativo. Esta figura reconocida penalmente como acoso sexual tiene, en cualquiera de sus ámbitos, unos comienzos como "de tanteo", no solo a través de actos físicos (tocamientos, rozamientos), sino de manifestaciones verbales (chistes, dichos, comentarios, etc.) o incluso miradas de las consideradas

"lascivas" por parte de las víctimas. Ante una situación de resistencia o negativa formal a las pretensiones, serán objeto de amenazas, no solo de la pérdida de trabajo, "inconvenientes" académicos, sino de cualquier otro tipo, especialmente moral. Caso de dar publicidad por parte de la víctima a esta situación, se encontrará en numerosas ocasiones con una situación de desconfianza, descrédito o marginación por parte del resto de sus compañeros, superiores o subordinados, unos por miedo, otros por envidia, decantándose en la mayoría de las ocasiones por el acosador.

- *Relación de necesidad.* Como en el caso anterior, esta situación tiene una especial incidencia en el ámbito laboral, pero se diferencia de él en que entre agresor y víctima aún no existe ningún tipo de relación contractual. La situación normal en estos casos es la de una persona que intenta acceder a un concurso para obtener un puesto de trabajo, un casting para aparecer en programas de televisión, radio o cine, o agencias de modelos, sin que para ello sea necesario desenvolverse en un ambiente falso o simulado por parte de los agresores. Por lo general no suele emplearse la fuerza o la violencia, en la mayoría de los casos se hace a través del engaño o de la promesa de beneficio para conseguir la relación sexual. Por supuesto es necesario que la víctima se encuentre en ese estado "de necesidad" de forma tal que sea ese el motivo de su "consentimiento".

- *Agresor de menores y discapacitados.* A la agresión (o abuso) sexual a menores o infantil (ASI) haremos referencia mas adelante, centrándonos en este apartado solo en los discapacitados. Por desgracia el problema de la agresión sexual a este tipo de personas, menores o mayores, varones o hembras, ha venido aumentando en los últimos años. De todos son conocidos los problemas que se presentan en los colegios especiales para disminuidos psíquicos, o simplemente entre disminuidos psíquicos de distinto sexo, dado que en numerosas ocasiones su "instinto" es mas fuerte que su control de impulsos o su conocimiento sobre la sexualidad. Pero, frente a los demás, su discapacidad psíquica le sitúa en una situación de desvalimiento ante las amenazas y engaños de sus agresores o al ofrecimiento de atención, halagos o regalos de cualquier tipo, sea para iniciar la relación o para mantenerla. Los agresores suelen ser por lo general varones a los que les es difícil, si no imposible, conseguir mantener relaciones sexuales con otras mujeres, u hombres, bien sea por su falta de habilidades sociales, deficiencias físicas, miedo al ridículo, vergüenza o humillación o simplemente porque le es más fácil acceder a este tipo de personas. También puede estar motivado por las dificultades que puedan presentarse en caso de denuncia por parte de la persona disminuida, por la falta de conocimiento para expresar los hechos o su credibilidad.

- *El grupo de gamberros o delincuentes.* Las actividades de estos individuos, por lo general, no suelen estar planeadas, sino que son consecuencia de una situación que consideran propicia. Tampoco puede considerarse como delito típico de las bandas de gamberros o delincuentes. Cuando se produce una agresión sexual "en grupo" es posible que sea como secuencia o consecuencia de otro tipo de acción delictiva, como podría serlo en el caso de los "spree killers" (ver capítulo sobre homicidio-asesinato) o en un ámbito de ocio en el cual la víctima y/o los agresores, han ingerido alcohol o drogas que han disminuido su control.

Durante las agresiones sexuales es normal que se produzcan lesiones, tanto físicas como psíquicas.

Respecto a las ***lesiones físicas*** se contemplan dentro de los resultados de los actos que a lo largo de una agresión sexual pueden cometerse. Es de creencia común que en las agresiones sexuales todos los actos que se cometen están relacionados con la sexualidad y su manifestación vulgar, la penetración, para conseguir un único objetivo, la eyaculación, expresión mundana del culmen del placer sexual.

Como veremos posteriormente, en la mayoría de los casos de agresión sexual, ni los mecanismos, móviles u objetivos perseguidos por los agresores tienen un contenido específicamente sexual en el sentido estricto de la expresión, dado que lo que la persona normal entiende por relación sexual, placer sexual y comportamientos sexualizados no son comunes y coincidentes con los que sienten y manifiestan los que recurren a una agresión violenta o, aún mas, los que manifiestan algún tipo de parafilia, de los que hablaremos más adelante.

Las posibles ***lesiones psíquicas*** producidas son:

- *Trastorno por estrés postraumático.* Es un conjunto de síntomas que de forma recurrente, a través de recuerdos (fechas, climatología, personas, conversaciones, actividades...) y/o pesadillas, se reexperimentan por personas que se han visto sometidas a un acontecimiento altamente estresante y traumático hasta el punto de haberse considerado como un peligro real para la vida de la persona o una grave amenaza para su integridad física. Son muchos los elementos que pueden causar en dichas personas un malestar psicológico intenso que puede cursar con respuestas fisiológicas o comportamentales (afectividad, comportamientos autodestructivos, hostilidad, retraimiento social), lo que les lleva a adoptar medidas de evitación pudiendo llegar a provocar situaciones de amnesia selectiva.

- *Crisis de angustia (panic attack).* Con su posible aparición en trastornos de ansiedad, se caracteriza por un intenso malestar que puede ir unido a otros síntomas somáticos (sudor, temblores, palpitaciones,...) o psicológicos (peligro o muerte), de aparición brusca, que se acompañan de sensaciones intensas que provocan la necesidad de escapar.

- *Trastorno de angustia (panic disorder).* Se puede definir por la presencia de crisis de angustia que provocan preocupación por su posible nueva aparición. Es una sensación constante que afecta al desarrollo de su actividad normal.

- *Fobias específicas y somatizaciones.* Se caracterizan por un miedo intenso, irracional y permanente a determinados objetos o situaciones lo que provoca respuestas inmediatas de ansiedad, pudiendo llegar a episodios de crisis. Estos estímulos provocan comportamientos de evitación lo que puede afectar al normal desarrollo de su vida.

- *Trastornos sexuales y de la identidad sexual*:

a) Deseo sexual hipoactivo o hiperactivo. Son los trastornos mas comunes que pueden presentarse, y sus características son la falta o disminución de deseos o fantasías sexuales limitado a personas o actividades, o su contrario (priapismo o ninfomanía).

b) Trastorno de aversión al sexo. Es la evitación activa de cualquier tipo de contacto sexual o solo de alguno de ellos.

c) Trastorno de la excitación sexual. Si bien puede presentarse en ambos sexos, específicamente en la mujer es la incapacidad de respuesta de lubricación propia de la fase de excitación lo que dificulta y provoca malestar en las relaciones.

d) Trastorno orgásmico. Es la ausencia en la mujer de la capacidad para llegar a la fase de culminación sexual normal.

e) Trastornos sexuales por dolor:

- Dispareunía, o dolor genital ante la penetración, trastorno que puede aparecer en el hombre o en la mujer.

- Vaginismo, o contracción involuntaria de los músculos perineales de la vagina frente a cualquier tipo de penetración.

Es difícil que los actos a los que nos referiremos a continuación se produzcan de forma aislada en el contexto del acto de la agresión, mas bien en cada episodio se podrán ver mezclados varios de ellos, dependiendo todo ello de la personalidad del agresor y de su modus operandi. Estos ***actos*** son:

a) *Tocamientos*. Como actos, son propios y específicos de la agresión sexual y se producen en casi todos los casos. Los tocamientos son comunes en determinadas personas que simulando una acción fortuita tocan, soban o rozan determinadas partes del cuerpo de la mujer aprovechando cualquier situación que se presente, especialmente en aglomeraciones o en medios de transporte, figura que da nombre a una parafilia (froteurismo). Los tocamientos durante una agresión sexual tienen un contenido diferente y la forma como se realizan pueden formar parte de esa intención de turbar, atemorizar o humillar a la víctima.

b) *Masturbaciones*. Puede darse en los todos los sentidos, del agresor a la víctima, de ésta al agresor o individualmente, de forma voluntaria o forzosa, por alguno de ellos. Puede ser que, en ocasiones, durante el desarrollo del asalto no se pueda llegar al coito, si esa es su finalidad, bien sea por motivos del agresor (casos de impotencia), bien sea por causa de la víctima (menstruación, vaginismo) o de ambos (incompatibilidades de la morfología de los genitales), en cuyo caso se recurre a este acto como medio para llegar a la eyaculación.

c) *Felación*. Tiene el mismo mecanismo y finalidad que la masturbación, pudiendo aparecer en sustitución o en conjunción con esta (dentro de nuestro código se considera penetración).

d) *Penetración*. Como hemos dicho, la penetración no constituye "per se" el objetivo final de toda agresión sexual, si bien puede aparecer en la mayoría de ellas. Desde el código penal se reconoce que esta tipología delictiva puede producirse a través de tres vías, la vaginal, la anal y la bucal cuando se lleva a cabo con el pene, considerando así también la introducción de dedos u objetos cuando se produce por las dos primeras vías.

e) *Lesiones*. Son los resultados sobre la víctima de una acción de violencia física o psicológica. Las lesiones físicas suelen ser producto de forcejeos, golpes, acciones de armas u objetos cortantes o contundentes, de defensa o de resistencia que pueden aparecer en cualquier parte del cuerpo. Por leves que sean estas lesiones tienden, en la mayoría de los casos, a atemorizar a la víctima y evitar su resistencia. Las lesiones producidas por la propia violencia sexual suelen aparecer en la zona genital o anal, pudiendo aparecer también en el pecho. Las heridas para atemorizar pueden ser pequeños cortes dados con armas blancas u otros instrumentos cortantes. Las de defensa, especialmente en brazos y manos, son propias de acciones de protección de la víctima para evitar daños mas graves. Pueden aparecer también pinchazos de agujas hipodérmicas. La aparición de mordiscos suelen darse en zonas genitales, glúteos o en las zonas de las aureolas mamarias.

f) *Amenazas*. Ya hemos hecho referencia a ellas y tienen lugar en casi todas las acciones delictivas violentas, bien sea para facilitar la propia acción, bien sea para evitar una posterior delación. Las amenazas en sí, ante la situación que está sufriendo la víctima, tienen un gran poder persuasivo y coactivo para ella, haciéndole creer que, una o todas de las proferidas pueden ser llevadas a efecto, bien durante el acto, bien en un futuro más o menos próximo.

g) *Vejaciones y/o humillaciones*. Son acciones que se realizan, o palabras que se profieren contra la víctima durante el acto de la agresión con la finalidad de conseguir los objetivos de su acción. Son actos o palabras normalmente denigrantes y ofensivas tendentes a minar o destruir la moralidad y el honor de la víctima que pueden ser llevados a cabo por el agresor, o exigidas a la víctima.

h) *Robos*. Pueden aparecer en algunas agresiones sexuales, si bien no es un componente "normal" ni uno de los actos más probables. Puede darse con fines de beneficio (desposeer de joyas, dinero u otros objetos de valor), impedir a la víctima determinados movimientos (quitarle la ropa y dejarla desnuda) o un elemento de amenaza futura (llevarse la documentación de la víctima).

Las posibles ***medidas de prevención*** a adoptar son:

- En el ámbito educativo:
  - Educación no sexista.
  - Educación sexual realista.
  - Primeras experiencias.
  - Mensajes sexuales y sus respuestas.
  - La pornografía.
- Ámbito social:
  - Incidencia en la marginalidad.
  - Estudios sobre grupos de alto riesgo.
  - Apoyos a ONG,s e instituciones de ayuda.
- Ámbito sanitario:
  - Asistencia y tratamiento.

2. MITOS Y REALIDADES

Es incomprensible que aún hoy, en pleno siglo XXI, la falta de información respecto al tema de la sexualidad, siga creando falsas creencias y mitos, debido a la consideración que el tema sexual tiene de "tabú" en el seno de numerosas familias.

La educación sexual debe empezar en el seno de la familia cuando los hijos son pequeños. Son numerosas las situaciones familiares propensas para explicar con una forma "comprensible" para la edad del menor la realidad de la sexualidad. Cuando las cosas se explican, y se entienden, no hay sitio para la duda, el mito o la maledicencia. Los padres, a veces por falta de conocimientos o falta de habilidades sociales, viven aún anclados en el pasado en el que este tema no era tan solo "tabú", sino también pecado, y prefieren que sus hijos aprendan por la experiencia, en parte, y por lo que le enseñan los pares de iguales, ambas cosas llevan fácilmente a unos inicios desastrosos que te pueden condicionar toda una vida.

Posteriormente, en su acceso a la escuela, por muchos intentos que se están produciendo a través de los ministerios correspondientes, la educación sexual, es una materia en la que, aún en nuestros días, tenemos suspensa.

Por eso no es difícil que aún oigamos, en algunos ambientes, explicaciones como las siguientes.

✦ *Las agresiones sexuales (en genérico) son infrecuentes*

Motivado por lo anterior, no es que estemos de acuerdo con esta aseveración sino que desearíamos que fuera así. Nos mantenemos como los avestruces, con las cabezas bajo tierra, porque no queremos pensar en la verdadera existencia de una delincuencia de este tipo, porque no solo como padres, sino como seres humanos, preferimos mantenernos en la ignorancia antes que reconocer los peligros que hoy acechan, no solo a los/las jóvenes, sino a todas las personas en general. En el tiempo que ha durado la redacción de este libro, como podremos comprobar, han caído en mis manos numerosos artículos de la prensa diaria, que si bien no son aplicables de forma general, nos pueden servir como ejemplos de lo que en estas páginas afirmamos. El día 9 de julio de 2011, y con solo 12 horas de diferencia entre la primera y la última, se produjeron en Madrid capital cuatro agresiones sexuales en distritos diferentes (ver ABC de 11 de julio), todas ellas en diferentes espacios (vía pública, portales, viviendas), con gran violencia, uso de armas blancas, diferente modus operandi, diferentes tipos de víctimas y diferentes tipos de autores.

✦ *Las agresiones sexuales se cometen por desconocidos y en lugares oscuros y apartados*

Puede constituir un recuerdo del pasado, pero hoy está muy lejos de la realidad.

Las estadísticas policiales no hablan de agresores que poseen con las víctimas numerosos grados, de conocimiento o de familiaridad, donde junto a los desconocidos, que por supuesto existen, se encuentran a personas ligadas por grados de parentesco muy íntimos, padres, abuelos, tíos, que también existen.

Para la segunda consideración me vale el ejemplo del apartado anterior, varios de los casos que se produjeron lo fue en plena calle, y en pleno día.

✦ *Las víctimas siempre son niñas*

Si bien esto podría haber sido verdad en algún momento pasado, hoy día las preferencias sexuales de las personas han sufrido una verdadera deriva, siendo víctimas de este tipo de agresión, tanto niñas como niños, jóvenes de ambos sexos y, por supuesto, mujeres y hombres, como se pueden comprobar en los estudios estadísticos.

✦ *Los autores son dementes o viejos verdes*

Ni una cosa ni la otra. Las intervenciones policiales nos dicen que, respecto a lo primero, tan solo se dan casos en personas sometidas a educación especial, como en los casos de personas con síndrome de Down y otras personas diagnosticadas como enfermos mentales. Respecto a lo segundo podemos encontrar agresores, y de hecho se encuentran, con edades muy tempranas. Con esto no queremos decir que las personas mayores no cometan delitos sexuales, sino que son, en la mayoría de los casos, personas que se encuentran en soledad y su falta de habilidades sociales les hace recurrir a la agresión para obtener una satisfacción sexual, si bien en la mayoría de los casos nos encontramos ante ataques de pedofilia.

✦ *Sólo ocurre en ambientes especiales*

Ya hemos hecho referencia en el apartado anterior a los casos en los que los agresores están afectados de algún tipo de discapacidad mental. Pero el enunciado es más amplio. También existe el mito en el que se considera que este tipo de delitos se cometen tan solo en situaciones de marginación social, ambientes y familias desestructuradas, y casos similares, cosa que no es del todo cierta. Las agresiones sexuales se dan en todos los ambientes y tipos familiares, si bien en familias en las que las figuras de autoridad, padre o madre, no son los biológicos, o existen miembros con diferentes progenitores, perdida la "barrera" de la sangre, es difícil considerar a las posibles víctimas como miembros de su familia.

✦ *Los menores mienten sobre el abuso sexual*

La mentira, tanto como el silencio ante una agresión en menores, es fácil de conseguir por parte de los autores, especialmente si estos pertenecen o están relacionados con su ambiente familiar. En el caso de personas ajenas cualquier tipo de amenaza puede surtir un gran efecto en el menor, con más razón aún, si el agresor pertenece al entorno familiar de manera próxima.

✦ *Siempre existe violencia física*

No puede tampoco tomarse en términos absolutos dado que, dependiendo en gran manera de la edad tanto del agresor como del agredido, la persuasión, el engaño, o cualquier otro tipo de actuación puede llevar a la víctima a una predisposición o consentimiento para realizar el acto agresivo, al menos en su inicio.

✦ *Los padres denuncian todos los casos que conocen*

Es una afirmación bastante lejos de la realidad. Según el estado social en el que nos encontramos, con una casi total falta de implicación en los problemas sociales que a todos nos afectan, o pueden afectarnos, es difícil que denunciemos casos conocidos, especialmente los que se produzcan en la propia familia, ya que, por desgracia, el lema de "lavar los trapos sucios en casa" sigue siendo de una gran validez en nuestra sociedad de hoy.

✦ *Los menores pueden evitarlo*

Como dijimos anteriormente los menores están siempre indefensos ante cualquier tipo de agresión, especialmente de este tipo, dado que de producirse esa situación es casi seguro que se dé en un ambiente de soledad o aislamiento y por una persona mayor. En esta situación de miedo y de amenaza los menores son incapaces de evitar este tipo de actos.

✦ *Hoy ocurre más que antes*

Creemos que ni más ni menos. Tan solo que ahora se denuncian más que antes como se demuestra por los estudios estadísticos.

✦ *Las víctimas provocan la agresión*

Esto puede valerle como excusa al agresor, pero está muy lejos de la realidad. Parece mentira que aún hoy en pleno siglo XXI aún no hayamos comprendido el significado de libertad individual, que no entendamos que una negativa es una postura ante un tipo cualquiera de acción que quiere evitar la misma, que los niños, las mujeres y todas las personas en general deben ser libres para mantener relaciones con quienes ellos lo deseen y que nadie tiene derecho a violentar esa decisión. Tampoco es excusa el pasear por determinados parajes, el vestir de determinada manera, la apariencia o el comportamiento. No olvidemos que es el agresor, y especialmente el agresor en serie, el que "selecciona" a sus víctimas, y no lo hace de forma general por su apariencia física o su sensualidad, sino por aquellos motivos que le impulsan a lograr sus objetivos.

✦ *Es un problema que se debe resolver en la familia*

El intento de resolución familiar de este tipo de incidentes solo puede desembocar en dos posturas, ambas diferentes y ninguna de ellas buena. Por una parte puede determinarse el silencio como forma de resolución, es decir no hacer nada, con lo que el problema y el trauma puede sufrir un enquistamiento en la víctima y desembocar en graves problemas psicológicos o de atentado contra su propia vida. Este silencio siempre favorece al agresor que se volverá a sentir seguro para poder volver a cometer otro delito, posiblemente contra la misma víctima. La segunda de las posturas, propia de determinadas razas o etnias, sería la venganza, cosa que tampoco elimina el problema, sino que lo agrava.

✦ *Los abusados se convierten en abusadores*

Lo mismo que decimos en los casos de malos tratos, el haber sufrido este tipo de agresiones de pequeños no implica, ni mucho menos, el convertirse en agresor de mayor. No obstante se puede dar el caso, tanto en caso de malos tratos como de agresiones sexuales, que el menor "aprenda" que esta forma de comportamiento es la forma de conseguir sus propósitos.

✦ *La agresión sexual siempre está ligada al deseo sexual*

Tampoco estamos muy de acuerdo con esta afirmación, dado que, como sabemos, no es el deseo sexual el que guía las acciones violentas del individuo sino otros motivos tan diferentes como causar miedo, ejercer el poder, la venganza, o simplemente satisfacer una fantasía, aunque para ello se vulnere la libertad sexual de las personas, siendo el sexo una "herramienta", un "medio", no un fin.

✦ *Los agresores sexuales reinciden más que los delincuentes comunes*

Realmente la reincidencia puede ser tan solo un parámetro estadístico que no difiere ni en mas ni en menos entre los diferentes tipos de delincuentes. La gran diferencia entre los agresores de uno y otro tipo está en sus posibilidades de reinsertación en la sociedad, cosa, de todos sabido, que es poco o casi nada probable. La agresión sexual, al contrario que el resto de los delitos contra las personas o contra la propiedad tienen una fuerte base psicológica que va mas allá de satisfacer una necesidad, también fisiológica, como pueda ser el hambre, o psicológica como pueda ser la pasión o la venganza. Otra de las diferencias es que este tipo de delitos siempre son magnificados o sobredimensionados por los medios de comunicación social con más fuerza o vehemencia que el resto de los delitos, que causan, a su vez, menos alarma social que estos. Salvo la agresión seriada, los violadores son ocasionales, con una motivación más "instintiva" de satisfacer puntualmente un deseo, oportunistas y que no suelen repetir las agresiones (Soria y Hernández, 1994).

✦ *Las víctimas deben resistirse a la agresión*

Es muy difícil buscar el punto en el que la resistencia al delito, dependiendo del tipo de este, cambia. A todos los niveles, en el ámbito policial y en el ámbito civil o comercial, se "recomienda" efusivamente que ante cualquier tipo de delito contra la propiedad, en cualquiera de sus versiones, no se oponga resistencia y se actúe de acuerdo a las instrucciones recibidas por parte de los agresores. Por el contrario parece estar en la conciencia popular general el que la víctima de una agresión sexual debe resistirse a dicha agresión. Considero este pensamiento un "ideario" trasnochado en el tiempo. En este tipo de delitos el bien jurídico que se protege no es solo la indemnidad sexual de la víctima, "su virginidad", sino su seguridad e integridad personal, su vida, que se dice está por encima de las cosas materiales. Por otra parte, en la mayoría de los casos, la violencia, la intimidación, la amenaza y/o el uso de armas hace que, en la víctima, quede anulada la posibilidad de resistencia física.

3. REGULACIÓN JURÍDICA

Nuestra sociedad, y en el concepto filosófico de "delito natural" de Garófalo y en el sociológico de "conducta desviada" ha etiquetado (labelling approach) acciones y autores con ese estigma de desviación solamente en base a expectativas sociales. Nuestro Derecho Penal, sin embargo, utiliza conceptos formales y normativos, con la ineludible exigencia de legalidad y seguridad jurídica, para establecer que delito es toda conducta prevista en la ley penal y sólo aquella por ella castigada, sin olvidar que sucesos como los de Alcaser y otros en los que se han encontrado implicados, en especial, niños de ambos sexos, han causado tal alarma social que han propiciado modificaciones legales importantes.

Hemos de observar que cuando leemos bibliografía jurídica y bibliografía psicológica, los términos son diferentes. Los jurídicos se refieren siempre a las tipologías legales establecidas; los psicólogos, en su lenguaje, se refieren a actos y comportamientos que no tienen porqué responder a tipos legales.

Los textos psicológicos cuando hablan del abuso sexual no diferencian abuso y agresión como se haría desde el punto de vista jurídico, abuso y agresión es utilizado de forma indiferenciada. Para ellos el acoso tiene otro nombre diferente.

La tipificación de los delitos cometidos contra la libertad sexual data del Proyecto de 1980 y de la Propuesta de 1983 ya que anteriormente, desde 1848, la rúbrica utilizada era "De los Delitos contra la honestidad" y no referidos, especialmente, al bien jurídico protegido sino a concretas formas de comisión consideradas como acciones deshonestas. La Ley Orgánica (LO.) 3/1989, de 21 de junio, de actualización del Código Penal (CP.), destaca la libertad como el bien jurídico protegido, castigando aquellas conductas en las que la relación mantenida o que se intenta mantener, no cuenta con la anuencia o voluntad de alguna de las partes en ella implicada.

Nuestra actual legislación en esta materia, la LO/1995, de 23 de noviembre, del Código Penal, que entró en vigor a finales de mayo de 1996, en su Exposición de Motivos, y respecto a la nueva regulación de los delitos contra la libertad sexual, indica que: *"Se pretende con ella adecuar los tipos penales al bien jurídico protegido, que no es ya, como fuera históricamente, la honestidad de la mujer, sino la libertad sexual de todos. Bajo la tutela de la honestidad de la mujer se escondía una intolerable situación de agravio, que la regulación que se propone elimina totalmente. Podrá sorprender la novedad de las técnicas punitivas utilizadas; pero, en este caso, alejarse de la tradición parece un acierto"*. Una de las novedades es la atención que presta esta regulación legal a la índole y la entidad del comportamiento sexual impuesto sobre la voluntad de la víctima, determinando su gravedad y pena. Pasamos a continuación a analizar brevemente los tres tipos legales.

Esta LO ha sufrido una gran modificación en su TITULO VIII del Libro II a través de la LO. 11/1999, de 30 de abril, de modificación del Título VIII del Libro II del Código Penal (LO 11/95) cuya finalidad, según se establece en la Exposición de Motivos es *"tipificar de manera más precisa los llamados delitos contra la libertad e indemnidad sexuales en relación con la edad de las víctimas y con las circunstancias concurrentes; reintroducir el delito de corrupción de menores o incapaces por considerar insuficientes las normas relativas a la prostitución, definiendo auténticamente ambos conceptos; ampliar las conductas reprochables de naturaleza pornográfica, también en relación con los menores e incapaces; acomodar la valoración de las circunstancias que agravan la responsabilidad a cada una de las especies delictivas, y revisar el sistema de penas,..."*

También lo ha sido por la LO 11/2003, de 29 de septiembre, de medidas concretas en materia de seguridad ciudadana, violencia doméstica e integración social de los extranjeros (Art. 188) y más extensamente por la LO 15/2003, de 25 de noviembre, por la que se modifica la LO 11/1995, de 23 de noviembre de Código Penal (Arts. 179, 182, 183, 184, 185, 186 y y189).

La regulación actual queda tal y como lo exponemos a continuación.

El tipo básico de las **"Agresiones sexuales"** está determinado por el **Artículo (Art.) 178**: "El que atentare contra la libertad sexual de otra persona, con violencia o intimidación, será castigado como responsable de agresión sexual...", en el que, ahora, los sujetos activos y pasivos de la acción pueden ser cualquiera, sea del sexo que sea, y ésta ha de ejercerse con violencia o intimidación suficiente para conculcar el libre consentimiento del acto sexual, valoración en la que han existido notables diferencias de apreciación por parte de determinados órganos judiciales. Bajo Fernández al referirse a la actividad del delito y a las variaciones en la acción considera necesaria la presencia, junto con el elemento objetivo del comportamiento, del ánimo "lúbrico" o "libidinoso" como elemento subjetivo del injusto.

El tipo cualificado se establece en el **Art. 179**: "Cuando la agresión sexual consista en acceso carnal por vía vaginal, anal o bucal, o introducción de objetos por alguna de las dos primeras vías,..." en atención al comportamiento sexual típico conocido como –violación– equiparando, en gravedad, la "penetración" vaginal ("acceso carnal" en el Código), bucal y anal y la introducción de objetos por vía vaginal o anal.

Cualificaciones comunes a los dos anteriores se establecen en el **Art. 180** por la concurrencia en dichos actos de circunstancias degradantes o vejatorias, la violencia ejercida en grupo, especial vulnerabilidad de la víctima, prevalimiento o el empleo armas o medios especialmente peligrosos.

El tipo básico de los **"Abusos sexuales"** se establece en el **Art. 181**: "El que, sin violencia o intimidación y sin que medie consentimiento, realizare actos que atenten contra la libertad sexual de otra persona, será castigado como responsable de abuso sexual..." (Punto 1).

Quitada la violencia y la intimidación propia de las agresiones sexuales es la falta de consentimiento de la víctima o la obtención de éste por el abusador con prevalimiento o engaño lo que tipifica su diferenciación (Punto 3).

En este artículo, en su Punto 2, se establece una presunción (iuris et de iure) de ausencia de consentimiento en razón a la edad (menor de 13 años), privación de sentido o trastorno mental.

El Punto 4 contempla una agravación por la concurrencia de las circunstancias de vulnerabilidad y prevalimiento, por relación de superioridad, parentesco, etc. de las circunstancias 3ª y 4ª de las previstas en el apartado 1 del Art. 180.

El **Art. 182** establece una agravación por la ejecución de determinadas conductas (acceso carnal por vía vaginal, anal o bucal o introducción de miembros corporales u objetos por alguna de las dos primeras vías,) así como la concurrencia de las circunstancias (prevalimiento y/o vulnerabilidad de la víctima) como agravantes del abuso.

El **Art. 183** gradúa la pena de acuerdo a la edad de la víctima en el abuso cuando interviene engaño o exista penetración por cualquier vía o introducción de objetos.

Por último, la tercera de las figuras contempladas, el **"Acoso sexual"**, se establece en el **Art. 184**: "*El que solicitare favores de naturaleza sexual para sí o para un tercero, en el ámbito de una relación laboral, docente o de prestación de servicios, continuada o habitual, y con tal comportamiento provocare a la víctima una situación objetiva y gravemente intimidatoria, hostil o humillante, será castigado como autor de acoso sexual....*"(Punto 1).

En su Punto 2 regula la comisión del hecho con prevalimiento *"o con el anuncio expreso o tácito de causar a la víctima un mal relacionado con las legítimas expectativas que aquélla pueda tener en el ámbito de la indicada relación,... "*.

El Punto 3 regula la pena en el caso de la especial vulnerabilidad de la víctima por razón de edad, enfermedad o situación.

4. EL AGRESOR SEXUAL

Como muy bien dice el Profesor Echeburúa (1996), es muy difícil para tantos investigadores y estudiosos del tema no sentirse seducidos por realizar una clasificación de los diferentes tipos de delincuentes sexuales. Nosotros tampoco nos hemos podido resistir a ello, y no como parte de ese gran elenco de estudiosos o investigadores a los que él hace referencia, sino porque creemos, con V. Garrido (1998), que es importante darle a esas numerosas clasificaciones el punto de vista del técnico policial profesional ya que *"nos ayudan, al menos inicialmente, a comprender mejor los aspectos fundamentales del fenómeno estudiado"*.

No vamos a hacer referencia, por razones obvias, a las tipologías somáticas de Kretschmer, las morfológicas de Sheldon, las psicológicas de E.R. Jaensch, las endocrinológicas de N. Pende ni la de los componente biológicos de G. Marañón, ni con nuestro trabajo entraremos en un estudio clínico de los delincuentes, sin que ello suponga el que no nos "asomemos" al tema de los perfiles criminológicos y psicológicos.

Si bien determinadas circunstancias personales, familiares y el empleo de violencia y/o armas podrían conformarnos un determinado perfil del agresor y llevarnos a una clasificación personal de éstos, como así lo hacen Garrido, Marianas y otros a los que éstos aluden, desde el punto de vista policial consideramos más congruente para nuestra finalidad acoger la tipología realizada por Gómez Hermoso basada no en el agresor sino en el tipo de víctima objeto de su agresión, dando algunas pinceladas sobre determinadas circunstancias o características que pueden ir unidas a este tipo de agresores.

4.1. Tipologías de los agresores sexuales

De acuerdo a lo anteriormente establecido distinguimos entre (Ibáñez y González, 2000):

A) **Agresores sexuales en el ámbito familiar**. Entre sus víctimas incluimos no sólo a la mujer y sus hijos sino también a cualquier otro miembro de la familia, hermanas, sobrinas, etc., siendo común, en el caso de que las víctimas sean los hijos, que se produzcan agresiones a amigos de éstos, siempre como conectados a ese ambiente familiar y en el domicilio del agresor. Este tipo de agresión forma parte normalmente de un comportamiento general de malos tratos. La manifestación de poder y la exigencia de sumisión, el rol autoritario masculino de ancestrales rigideces unidos a un bajo nivel cultural y mezclados con alcohol, drogas o paro, forman el cóctel idóneo para descargar violencia y frustración sobre los miembros de la familia; la ausencia de la mujer por cualquier causa, enfermedad de la misma, una gran deficiencia de habilidades sociales para obtener relaciones sexuales satisfactorias con otras personas de su edad, unido a la "facilidad" en el uso del prevalimiento, puede desembocar en la utilización de los menores, en especial de las niñas, como objeto de apetencias sexuales.

Estos casos, que antes se mantenían totalmente ocultos, hoy gracias a las campañas publicitarias y a las ayudas ofrecidas por instituciones públicas y privadas están saliendo a la luz a través de las denuncias de las víctimas. En el caso de los menores son dos las fuentes por las que afloran este tipo de situaciones; por una lado la madre, aunque tampoco son raros los casos en los que la esposa o la compañera sentimental, por miedo u otras circunstancias personales, "protegen" al agresor, por otro lado los compañeros de clase, juegos e incluso los propios profesores, que o bien detectan comportamientos anormales en estos niños o bien tienen conocimiento directamente por ellos que intentan saber si lo que su padre le está haciendo es una actuación "normal" en las relaciones familiares. También son ya bastantes los casos en los que los hijos han esperado a cumplir la mayoría de edad como único camino para poder apartarse de esa situación.

Lo "normal" en estos agresores es que no asumen la autoría del delito porque, en muchos casos, están convencidos de estar "ejercitando" un derecho (en el caso de la esposa) o una labor de "enseñanza" o "educativa" en el caso de los hijos.

B) **Agresores sexuales a conocidas**. Este tipo, entre los estudiosos del tema, recibe otras denominaciones como "depredador", "compensatorio", etc., cuya característica singular puede ser la de hacer alarde de su sexualidad, de su virilidad y su masculinidad, convirtiéndose en lo que dice Marianas "la socialización de la sexualidad". Este individuo se siente superior por el hecho de ser hombre, en la mayoría de las ocasiones apuesto, y eso le legitima para la agresión sexual; no acepta una negativa pues cree que la mujer aunque dice que no quiere decir que si. Si las víctimas son ajenas a su entorno suelen mantener contactos previos antes de demandar la relación que "ellas siempre están deseando". Con sus acciones solo busca prestigio social-sexual. Suele evitar el uso de las armas o instrumentos de conminación durante el acto, así como un exceso de violencia. Cuando es detenido, cosa fácil ya que no oculta su identidad, siempre alega el consentimiento o el que "ellas lo estaban buscando". Desde el punto de vista policial no es persona que, tras ser detenida, vuelva normalmente a delinquir y es, socialmente, el más recuperable de todos los agresores sexuales ya que, por una parte, en sus acciones no hay premeditación pues sucede de forma espontánea en un momento y lugar determinado de la relación amigable y, por otra, porque su "prestigio", del que continuamente hace alarde, quedaría totalmente destruido de saberse que para mantener relaciones sexuales con una mujer tiene que recurrir a la violencia.

C) **Agresores sexuales a desconocidas.** En esta clasificación pueden estar incluidos diversos tipos claramente diferenciados pero con características comunes en sus "modus operandi" ya que, aparte de que la agresión siempre se produce sobre personas desconocidas, en todos ellos su acción es premeditada pero no existe elección de la víctima sino del lugar en el que suelen sentirse seguros para realizar sus asaltos, que se producen con grandes dosis de violencia. En cuanto a su personalidad son inmaduros, de baja autoestima, de familias desestructuradas y con antecedentes de violencia en su entorno familiar.

De acuerdo a la finalidad perseguida pueden diferenciarse los que actúan por:

1) *Poder.* Es el menos violento. Su acción tiene como motivación, a través del comportamiento sexual, elevar su autoestima y materializar sus fantasías canalizando así su frustración. Suelen utilizar objetos o armas blancas o simplemente intimidar con que los poseen. En la mayoría de las ocasiones sus asaltos no van más allá de conseguir una posición de dominio sobre la agredida y un sometimiento a tocamientos acompañados de expresiones agresivas, en general una demostración de fuerza sin necesidad de tener que llegar a la violación ya que la satisfacción sexual no es el fin de sus agresiones. El número de agresiones irá en aumento en tanto en cuanto que salga indemne de ellas, ya que esto le sirve de refuerzo para seguir

cometiéndolas. No es raro que en sus agresiones robe a la víctima, también como elemento de poder, pertenencias de valor o dinero, no de tipo fetichista.

2) *Venganza u hostilidad*. Su grado de violencia es alto, ya que su finalidad es dañar a la víctima y, durante la acción, buscará su humillación y degradación física y moral, pudiendo llegar al asesinato ya que suele utilizar cualquier tipo de arma. Suele ser una persona integrada socialmente, de modales agradables y que no despierta sospechas en su entorno. Sus actuaciones no suelen ser frecuentes y todas ellas tienen un minucioso planteamiento.

3) *Sadismo o sociopatía*. Por su extrema violencia es el más peligroso de todos. Se diferencia de los anteriores en que su campo delictivo es muy amplio y, en la mayoría de las ocasiones, la violación es realizada como un "valor añadido" a la comisión de cualquier otro tipo delictivo. Supeditado al principio de satisfacción inmediata del placer encuentra en el atractivo de sus víctimas una clara fijación. Si bien es común su procedencia de ámbitos marginales puede tratarse en ocasiones de personas inteligentes, metódicas y ritualistas que fácilmente pueden llegar a convertirse en asesinos en serie. Normalmente suele ir armado, para "eliminar resistencias" por una parte y, por otra, para crear terror en sus víctimas.

Estos dos últimos tipos son los más difíciles de descubrir, identificar y detener, especialmente el último, ya que, con diferencia al que actúa por venganza u hostilidad al que se le puede en algún momento encontrar un móvil de su acción, el sádico o sociópata no necesita motivación alguna para cometer sus asaltos siendo frecuente el asesinato de la víctima con la finalidad no sólo de disfrutar con su terror y dolor, sino de eliminar testigos. Es característico de ellos que cuando son detenidos, aparte de reconocer su delito, sienten una especial necesidad morbosa de deleitarse con sus detalles.

D) **Agresores sexuales a menores**. En atención al objeto de sus apetencias sexuales pueden dividirse en dos clases:

1) Los pedófilos, aquellos que tienen como objeto sexual a niños/as prepúberes. Estos centran en ellas sus fantasías sobre el ser los primeros, de proceder a su inicialización, etc., porque, en su egolatría y buscando su propio placer, consideran que son los más idóneos para realizar esa labor "educadora", abordando con frecuencia a personas de su entorno familiar. Son también llamados "primarios" dado que en ellos predomina la conducta compulsiva independientemente de todas las demás circunstancias o situaciones, presentan distorsiones cognitivas específicas y no presentan

sentimientos de vergüenza o culpabilidad. Pueden además catalogarse dependiendo de su actuación durante el acto, sean de actuación activa, pasiva o mixta, dependiendo de si "tocan", "son tocados" o realizan ambas cosas indistintamente.

Tienen en común entre otras características el de ser grandes consumidores de pornografía, el estar en edades próximas a la tercera edad, el no haber mantenido relaciones sexuales normales con adultos, el no buscar el daño en el menor y el poseer algún tipo de complejo o fijación en su infancia de naturaleza sexual que les ha llevado a elegir a los niños porque sus relaciones sexuales con ellos son "menos exigentes" y no constituyen ninguna amenaza para su sexualidad o virilidad. Normalmente son personas integradas plenamente en la sociedad y que carecen de antecedentes penales

2) Los situacionales o "secundarios". Son aquellos abusadores que si bien su inclinación sexual está centrada en los adultos, están utilizando a los menores como sustitutos de personas adultas con los que, por diferentes motivos, no pueden mantener relaciones sexuales. Su conducta puede estar provocada por situaciones de soledad o estrés, poseer una baja autoestima o una alta dosis de hostilidad, problemas de relación o disfunciones sexuales (impotencia, eyaculación precoz, etc.).

Por su importancia, no necesitada de más explicación, nos referiremos a estos agresores más extensamente en un próximo apartado.

4.2. Perfil del agresor sexual a adultos

Como veremos hemos reservado una parte especial de este tipo de delincuencia al abuso sexual infantil (ASI), porque consideramos que las características tanto de las víctimas como de los agresores, sean a menores o a mayores, son diferentes.

Prueba de ello es el excelente estudio realizado por Castro, López y Sueiro (2009) sobre el perfil de agresores sexuales condenados por este tipo de delitos e internos en prisión, en el que se obtienen características estadísticamente significativas entre aquellos que agreden a menores y los que lo hacen a personas adultas, las primeras de las cuales las veremos en su apartado correspondiente del ASI.

Las características criminológicas y psicopatológicas (perfiles) de los agresores sexuales a adultos serían:

1.- Varón joven, de entre 20 y 40 años y de apariencia normal.

2.- Soltero o divorciado.

3.- Estudios básicos.

4.- Baja cualificación profesional.

5.- Inestabilidad laboral.

6.- Bajo control de impulsos.

7.- Alta hostilidad.

8.- Consumo de sustancias desinhibidoras del comportamiento.

9.- Rasgos de personalidad antisocial (extravertidas, inestables, rebeldes, sin miedo o temor al castigo), impulsividad (baja tolerancia a la frustración y de demora a los refuerzos), sádico-agresiva (dominantes, autoritarias y faltas de empatía), compulsiva, bordeline (inestabilidad emocional y déficit de afectividad), paranoide y abuso de drogas.

10.- Sus delitos, de actuación solitaria, consisten normalmente en violación con violencia e intimidación, por cualquiera de las tres vías (bucal, vaginal o anal) o introducción de partes del cuerpo u objetos por vía vaginal o anal, delitos que inician a edades tempranas.

Sabemos que es cierto que el mayor porcentaje de los abusadores-agresores sexuales son varones (Echeburúa y Guerricaechevarría, 2000; Finkelhor, 1979, 1998,I; López, 1997) pero por eso no debemos dejar de lado la casuística en la que son mujeres las agresoras, si bien son pocos los estudios que, en nuestro país, se han centrado en este tipo de agresor.

Es verdad que en nuestro ámbito cultural todas estas situaciones están basadas en creencias relacionadas con las concepciones del género en nuestro modelo social. La mujer está íntimamente relacionada con la maternidad y como ser pasivo que recibe, pero que no ejerce violencia, especialmente sobre los niños, por el hecho de poseer ese instinto materno de protección y cuidado.

Si bien consideramos la posibilidad de que existan asaltos de tipo sexual aparentemente injustificados o situacionales, todo comportamiento sexual ligado a la personalidad del individuo están regidos por un determinado mecanismo, todos tienen un móvil y están centrados en un objetivo determinado.

En la tabla siguiente intentamos representar estas características en el abanico más amplio desde la división de los agresores de Gómez Hermoso a la que sigo:

AGRESIONES SEXUALES		
MECANISMO	**MÓVIL**	**OBJETIVO**
A VÍCTIMA DESCONOCIDA		
- Compensación: . De sus déficit . De agresiones sufridas	- Agresión y violencia - Contenido no necesariamente sexual	- Provocar humillación - Provocar temor - ……..
A PERSONA DETERMINADA		
- Autoafirmación	- Sometimiento	- Ejercer poder
A PERSONA CONOCIDA O AMIGA		
- Justificación	- Hacer lo que hay que hacer	- Mantener la seguridad
JOVENES-INGENUAS-INEXPERTAS		
- Única forma de acceder a la relación sexual	- Materializar las fantasías	- Inmediatez del placer

La agresión a víctima desconocida es la que hemos descrito anteriormente como asalto callejero, en los que normalmente existen altas dosis de violencia y uso de armas, especialmente blancas u objetos cortantes o contundentes (cristales, destornilladores, cuter, jeringuillas hipodérmicas) para la atemorización de la víctima.

Su mecanismo suele ser el de compensación de sus déficits o de agresiones sufridas, a través de la violación. La violencia ejercida y el temor o la humillación sufridas por la víctima otorgan al agresor un poder que verdaderamente no posee en su vida "normal". El móvil de la agresión no es conseguir una satisfacción sexual, más bien se concreta en la violencia y en la propia agresión para obtener, como objetivo, ese temor o causar esa humillación.

Cuando hablamos de persona determinada queremos referirnos a aquellas que se encuentran en el círculo íntimo del agresor, como puedan serlo esposas, parejas o amistades intimas. En este caso el principal mecanismo suele ser el de autoafirmación. Algunos hombres, por desgracia, aún no ha abandonado el sentido de propiedad que, antiguamente, se otorgaba sobre la esposa, hijos y otras personas relacionadas sobre las que su "hombría" le obligaba a mantener bajo su dominio y control. Cuando alguna de estas personas intenta abandonar al "macho" es posible que haga surgir ese sentimiento y la idea del abandono sea inaceptable, por lo que se verá "obligado" a demostrar su superioridad, lograr el sometimiento y evitar la humillación que supondría el abandono. Su objetivo tampoco contiene una satisfacción sexual, únicamente seguir ejerciendo el poder que hasta ese momento se tenía.

Ante persona conocida o amiga el mecanismo es de justificación. Esta situación puede darse principalmente dentro de los grupos de amigos o pandillas que se forman, especialmente, para el ocio, la expansión o el divertimento. Se produce en innumerables ocasiones en el "juego de la seducción" no en pocas ocasiones iniciado "inocentemente" por la mujer y "malinterpretado" por el hombre que al intentar un acercamiento más intimo es rechazado, lo que se asume como un desprecio a su atractivo sexual, su virilidad o simplemente su "prestigio". Es en ese momento cuando para mantener su propia seguridad, objetivo a lograr, hace "lo que hay que hacer" ya que ha sido provocado y herido en su propio orgullo.

Cuando hablamos de personas ingenuas e inexpertas nos referimos a aquellas que por su edad, educación, religión o forma de vida han sido "protegidas" por sus familias de la maldad del mundo y del "único deseo" común de todos los hombres, el sexo. En la mayoría de las ocasiones llevadas por la curiosidad, la rebeldía, el consejo o el propio comportamiento de otras personas de su edad, son presa fácil para algunos hombres que, a través del engaño o la amenaza, logran mantener con ellas una relación sexual, en la mayoría de las veces no deseada ni consentida. El agresor sí tienen como objetivo conseguir el placer sexual dado que, en numerosos casos, es la única forma de acceder al contacto con una mujer, bien sea por su edad, sus limitadas habilidades sociales, su miedo al fracaso antes personas maduras conocedoras de la sexualidad o, simplemente, que no desean el ridículo o la comparación. Su móvil es llegar a realizar todas sus fantasías. De lleno en este tipo entran todas las personas y situaciones a las que nos hemos referido o nos referiremos al hablar de los menores como víctimas.

Quisiera también traer a estas líneas al Dr. García Andrade, mi Profesor de Criminología, al que profeso un gran respeto. Desde el punto de vista de la psiquiatría el Dr. García Andrade hace la siguiente clasificación de los agresores sexuales en el entendimiento de que no existe un solo tipo de agresor sexual sino que esta definición comprende una gran cantidad de conductas desadaptativas y agresivas ante la mujer. Estos tipos son:

a) *El violador ocasional*. Es una persona socialmente normal que en un momento determinado y ante un estímulo específico comete una acción violenta contra una mujer. Este ataque suele producirse contra una mujer que, aunque desconocida, reúne determinadas características que han desencadenado la violencia. Puede producirse también en situaciones de consumo de alcohol o bajo los efectos de sustancias estimulantes. Solucionados los problemas de dependencia y con un apropiado tratamiento para el control de impulsos puede ser fácilmente rehabilitado.

b) *El violador débil mental u oligofrénico*. Cuando una persona con estas deficiencias, especialmente si ha sufrido rechazo o humillación en sus relaciones con las mujeres, siente el impulso por privación de satisfacción sexual dará salida a sus impulsos sin importarle la víctima ni el lugar. Puede atacar a mujeres adultas o a menores en una acción de alta hostilidad y violencia, como un acto de venganza por los rechazos a los que se haya visto sometido.

c) *El violador perverso sexual*. Puede estar íntimamente relacionado con el anterior o constituir un tipo diferente. Este individuo, como figura pura, representa a una personalidad psicopática, peligrosa y violenta cuya acción va enfocada a la autoafirmación frente a la mujer, que de intentar evitar la agresión y protegerse enervaría su agresividad. Dentro del tipo pueden encuadrarse los psicópatas sexuales movidos por venganza de complejos nacidos incluso en su infancia; los fetichistas o travestistas fetichistas y los impotentes "coneundi" (faltos de erección).

d) *El violador fanático*. Es un tipo parecido al "misionero" aunque sin la necesidad de que oiga voces o tenga visiones. Con el objetivo de mantener el poder ataca a personas diferenciadas por razón de sexo, edad, religión, profesión u oficio, en un intento de coartar totalmente su libertad.

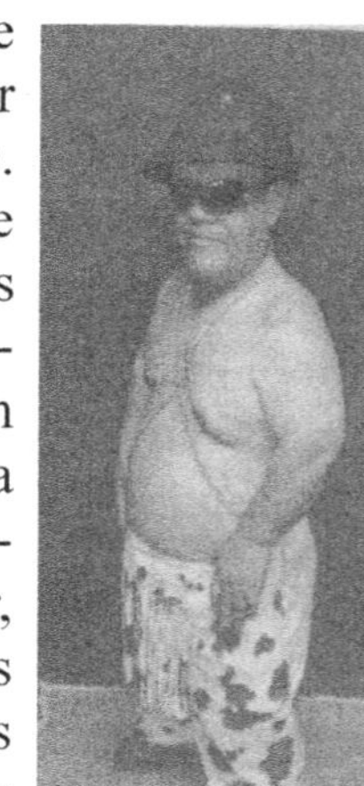

Más en la realidad del día de hoy, existen también personas que recurren al uso de determinadas drogas "modernas" para cometer determinado tipo de delitos, entre ellos las agresiones sexuales. Las mujeres recurren al uso de determinadas drogas, naturales o de diseño, como la burundanga (muy usada en países sudamericanos como Colombia, Ecuador o Bolivia, por los delincuentes sexuales), que disueltas en líquidos, o impregnadas en objetos, anulan la voluntad de los individuos y, con el atractivo del sexo, atraer a los hombres a un lugar en el que poder "desplumarlos". Los hombres también recurren al uso de este tipo de drogas para obtener, por los mismos efectos, una satisfacción sexual de las mujeres que con ellos contactan. Pero, en relación con los perfiles y los modus operandi de determinados individuos, aparece en la prensa nacional (ABC de 23 de mayo de 2012) la noticia de la detención de Jose Israel ("Isra" o "Irita"), un "actor porno", stripper y chamán, individuo acondroplásico, acusado por varias mujeres de este tipo de delito. La fotografía de este individuo ha sido obtenida del diario al que hemos hecho referencia.

La valoración del riego de reincidencia es uno de los factores que figuran en los protocolos de actuación con los autores de delitos de contenido sexual, factor que influye tanto en los tratamientos a que pueden o deben ser sometidos, pero también a sus situaciones procesales.

Pérez Ramírez, Martinez Garcia, Luque Reina y Redondo Illescas (2004) confeccionan una tabla con lo que "podrían ser" los perfiles de los agresores sexuales reincidentes y no reincidentes, perfiles que se adjuntan en la Tabla 1.

Tabla 1. Perfiles de los agresores sexuales reincidentes y no reincidentes.

Perfil de los no reincidentes	**Perfil de los reincidentes**
Cometieron su primer delito sexual condenado en torno a los 34 años	Cometieron su primer delito sexual condenado hacia los 25 años
Han sido condenados por 1-2 delitos sexuales y 3 delitos en total	Han sido condenados por 4 delitos sexuales y unos 7 en total
Su carrera criminal previa ha durado en torno a 3 años	Su carrera criminal previa ha durado alrededor de 9 años
¾ partes han ingresado una sola vez en prisión y han estado recluidos durante 5,5 años	Han ingresado varias veces en prisión y han estado recluidos durante 8 años
Salen mayores de prisión, alrededor de los 40 años	Salen más jóvenes de prisión, alrededor de los 33 años
La mayoría han tenido trayectorias laborales estables	Más de la mitad han tenido trayectorias laborales inestables
Alrededor del 60% tienen hijos	Menos del 40% tienen hijos
Suelen abusar del alcohol	Suelen abusar del alcohol, pero 1/3 consumen preferentemente otras drogas
Sus víctimas han sido tanto chicas mayores como menores de 14 años y en la mitad de los casos conocidas previamente	Sus víctimas son chicas mayores de 14 años desconocidas
1% de ellos puntúan en Conducta antisocial y un 3,7% tienen perfil psicopático	Más de ½ puntúan en Conducta antisocial y un 38,5% tienen perfil psicopático
Riesgo: Puntúan más bajo en todos los ítem: - Distintas víctimas - Parafilias - Bajos recursos personales - Excitabilidad sexual desviada - Estilo de vida inestable Su puntuación total de riesgo es de 13,19	Riesgo: Puntúan más alto en todos los ítem: - Distintas víctimas - Parafilias - Bajos recursos personales - Excitabilidad sexual desviada - Estilo de vida inestable Su puntuación total de riesgo es de 45,07
El 46,5% han recibido tratamiento	El 14,3% han recibido tratamiento

5. LA VÍCTIMA

En este apartado hablaremos tan solo un poco de las víctimas adultas, dado que respecto de las víctimas menores de edad lo haremos más extensamente en el siguiente apartado.

En la edad adulta la mayor parte de las víctimas son mujeres y las agresiones provienen principalmente de agresores desconocidos y el comportamiento ante tal hecho es totalmente diferente del comportamiento del menor ante el mismo tipo de agresor. En estos casos la penetración es mas frecuente que en los casos de las víctimas menores. También debemos de considerar que, por una parte la resistencia que presenta este tipo de víctimas a la agresión puede ser un factor que lleve a conductas de violencia extrema por parte del agresor, debido también en parte a una posible identificación y, por supuesto, detención y condena (Beneyto, 2002).

Las víctimas que fueron agredidas sexualmente en su edad adulta presentan un cuadro bastante diferente de aquellas personas adultas que fueron agredidas en su infancia si bien, de acuerdo con Echeburúa y Guerricaechevarría (2005) ambas presentan un perfil psicopatológico similar.

Es lógico que, por el conocimiento que de ello se tiene, las personas adultas presentan un cuadro más extenso y grave en los aspectos del comportamiento sexual (fobias, falta de satisfacción sexual, alteraciones motivacionales, trastornos sexuales generalizados desde la aversión al sexo compulsivo) y el aspecto físico y conductual (dolores generalizados y somatizaciones, problemas alimenticios como la bulimia, intentos de suicidio, alcoholismo, drogadicción, aislamiento).

No podemos terminar este reducido apartado sin dar unos "consejos" para el caso de que tengas que enfrentarte a un intento de agresión sexual y para eso prefiero tomar prestados aquellos dados por instituciones oficiales o de ayuda a las víctimas.

En este caso he elegido los consejos dados por la Guía de actuación para casos de agresiones sexuales en Castilla y León (en internet), que transcribo literalmente, aún teniendo alguna discrepancia con alguno de ellos. Frente a un intento de agresión sexual estos consejos son:

1.- Intenta mantener la calma. Retén del agresor la mayor información posible, fíjate en los rasgos de la cara, cicatrices, tatuajes o cualquier cosa que llame la atención, tanto del agresor como del lugar donde te encuentras.

2.- Evita los insultos y las súplicas; hablar como método disuasorio no suele dar buenos resultados.

3.- Favorece el desconcierto en el agresor con conductas atípicas, como vomitar, fingir un desmayo,…

4.- Gritar o huir son otras alternativas, pero antes de llevarlo a cabo valora si la situación en la que te encuentras ofrece alguna posibilidad real de éxito. Si fallas, la violencia puede desatarse.

5.- Resistirse puede ser otra opción, solo si es un único agresor y no va armado. Lucha entonces con todas tus energías, aunque primero tengas que fingir pasividad.

Si la agresión no ha podido ser evitada:

1.- Aunque tu primera intención sea lavarte o ponerte ropa limpia, para borrar de alguna manera la experiencia que acabas de sufrir, no te laves ni te cambies de ropa, pues puede tener restos de semen, sangre, pelos… o la ropa sucia o rasgada; todo esto servirá posteriormente como prueba en el juicio. Si el agresor es un desconocido, estos indicios pueden ayudar a su identificación.

2.- Acude al Centro de Salud o Servicio de Urgencias del Hospital más próximo.

3.- El personal sanitario te realizará un reconocimiento general, una exploración ginecológica, valorará tu estado emocional, tomará pruebas de sangre, saliva, exudado vaginal, semen si ha habido eyaculación,… para su posterior análisis.

4.- Cubrirá un parte de lesiones, en el que debe constar la situación psicológica en que te encuentras, tipo de agresión, traumatismos, heridas, contusiones observadas. Deberán entregarte una copia del parte para que lo presentes al hacer la denuncia.

5.- Como medida preventiva, si hay riesgo de embarazo, el/la ginecólogo te informará del tratamiento oportuno para evitar una posible gestación.

6.- Deberán informarte de las posibles y posteriores revisiones y el lugar en el que se llevarán a cabo, ya sea el hospital o centro de salud que te corresponda.

7.- Acude a la Comisaría de Policía, al cuartel de la Guardia Civil más próximo o al Juzgado de Instrucción que esté de guardia para presentar la correspondiente denuncia.

8.- Puedes sentirte aturdida o confusa después de haber sufrido la agresión sexual, quizás te tranquilice la compañía de una persona en quien confíes.

9.- Responde despacio a las preguntas que te van a hacer para que todos los hechos sean recogidos con claridad y de forma adecuada en la denuncia.

10.- Cuenta todo tipo de detalles, pensamientos, sentimientos no solo el hecho concreto.

11.- Por las necesidades de la investigación, la persona que recoge la denuncia está obligada a hacerte una serie de preguntas y alguna de ellas puede molestarte; la persona que te interrogue debe explicarte el motivo de esas preguntas y porqué es necesario responder.

12.- Lee atentamente la denuncia y fírmala solo cuando diga lo que tu quieres. Pide una copia.

Respecto al primero de los apartados (qué hacer) hay que dejar claro que no existe un solo perfil de agresor, como tampoco existe un único perfil de víctima, y que el desarrollo de la acción será una concatenación de acciones-reacciones muy difíciles de prevenir:

- Mantener la calma ante una situación de este tipo es más fácil de decir que de hacer.
- Intentar memorizar datos del agresor puede ser un motivo para dar rienda suelta a la violencia por parte del agresor, pues puede considerar en peligro su impunidad al poder ser identificado.
- Creo, por el contrario, que el dialogo nunca es perjudicial, será o no atendido por el agresor, pero "daño" no hace, al contrario puede ser una forma de "enfriar" la situación y dar tiempo para otro tipo de reacción.
- En la mayoría de los casos, excepto en aquellos en los que el agresor es poco experto o es la primera vez, el gritar o intentar huir es una forma de reto o enfrentamiento al agresor quien intentará, o bien una especie de juego sádico con la víctima, o bien empleará una violencia contundente para evitarlo (Beneyto, 2002).
- La resistencia, como lo dicho en el caso anterior, es un arma de doble filo, use o no armas el agresor. Salvo casos muy excepcionales la mayor fuerza física está siempre de parte del agresor, que puede ser además que, en principio no exhiba ningún tipo de arma, lo que no quiere decir que no la porte. En absoluto quiero decir con esto que se someta a los deseos

del agresor y actúe de forma pasiva y abandonada, lo que quiero decir es tan duro como elegir entre ser violada y vivir, o morir por evitarlo.

Respecto al segundo apartado (después de la agresión) puede ser que una de las fases más duras sea la de enfrentarse a la entrevista policial (no interrogatorio) y en ella, todos reconocemos, que existe una nueva victimización pero es necesaria para la investigación y lo importante es comentar el desarrollo de la entrevista con la víctima e intentar aplicar la dinámica de la Entrevista Cognitiva, dinámica distinta de la que se utiliza tradicionalmente por parte de los policías (Ibáñez, 2009).

6. EL ABUSO SEXUAL INFANTIL (ASI)

Creo que de todos es entendido el que dediquemos unas líneas especialmente al abuso sexual infantil (ASI) porque, por una parte el niño/niña como víctima es diferente de la víctima adulta a la que hemos dedicado el apartado anterior; por otra tanto la incidencia como las consecuencias son de hecho diferentes, tanto desde el punto de vista social, médico o psicológico.

Considero, además, que nuestra sociedad aún no ha comprendido la verdadera gravedad de este tipo de delitos y continúa aún con un ocultismo, resistencia y negatividad ante el problema, aún propio, reminiscencia de la dificultad que aún tenemos para enfrentarnos a este delito y tratarlo abiertamente, cuya mejor forma es proceder, primero a su denuncia, segundo, a prestar todo tipo de atención al menor tanto desde el punto de vista físico (médico) como psicológico (Finkelhor, 1979, 1998, I).

Tiempos atrás la gran preocupación social respecto a los menores eran los malos tratos físicos, especialmente en el ámbito familiar (violencia doméstica), por desgracia hoy día ese problema no solo no se ha resuelto sino que, además, se ha agravado con el abuso sexual, tanto intrafamiliar como extrafamiliar, con la pornografía infantil, especialmente a través de Internet, y por otros delitos y actuaciones en los que el menor se encuentra implicado como víctima, aunque también en algunas ocasiones lo es como autor, aunque sean las menos.

Es curioso saber que fue la investigación médico-psiquiatra-psicológica, hace ya unos diez años, la que dio lugar no solo a la investigación del ASI, sino también origen de la concienciación social en torno a esta problemática y el abandono del escepticismo reinante. El desencadenante fue la existencia de fuertes correlaciones estadísticas, con significancia, entre una serie de problemas graves surgidos en el ámbito de la salud mental (trastornos del sueño, de la alimentación y disociativos, depresión, abuso de sustancias, trastornos de estrés postraumático, etc.) y una experiencia de abuso sexual en la infancia. (Finkelhor, 1998I, 2005).

Como dijimos cuando abordamos la regulación jurídica (punto 2) utilizamos indistintamente el tema de abuso y agresión, aunque jurídicamente ambos conceptos sean totalmente diferentes en su regulación y en su penalización, y para nosotros también abarcamos con este concepto de "abuso" a la *pedofilia-pederastia*, concepto en el que aún no hay una coincidencia entre la comunidad de autores que escriben sobre ella, sea desde el punto médico, antropológico, psicológico o jurídico.

La pedofilia-pederastia puede ser vista desde el punto de vista jurídico en el sentido de delito. Desde el punto médico su sentido es el de una parafilia, y como actividad sexual en el que se implica a menores de 13 años (edad en la que puede concederse el consentimiento para mantener relaciones sexuales), término mas equiparable a ASI.

En la antigua Roma y Grecia la diferencia para su penalización estribaba en la condición de pre-púber o púber. En el primer caso estaba siempre penalizada la actividad sexual con estos niños y se le atribuía la expresión "paidofilia". En el segundo caso la situación cambiaba dado que dicha amistad se consideraba como normal entre maestro y alumno como correa de transmisión del conocimiento (expresión que significaba "paidos"– niño y "philia" – amistad).

Fue el psiquiatra vienés Richard von Kraftt-Ebing (1965) quien hizo esta diferenciación entre la existencia de vello púbico o no, y utiliza por primera vez el concepto de "paedophilia erótica" en su obra Psichopathia Sexualis, publicado el original en Alemania en 1886.

6.1. Definición

Si definir un término siempre es difícil, a pesar de los muchos que puedan existir, hacerlo en congruencia entre el aspecto jurídico y el psicológico o antropológico, se hace aún más complicado (Echeburúa y Guerricaechevarría, 2000; Echeburúa y de Corral, 2006; Finkelhor, 1979; Lameiras, Carrera y Failde, 2008; Save the Children, 2001).

Ya sabemos que nuestra legislación considera menor a aquel que aún no ha cumplido los 18 años, pero este margen de edad no es apropiado para definir el ASI, máxime si tenemos en cuenta que nuestra legislación permite a los que han cumplido trece años a disponer libremente de su cuerpo desde el punto de vista de las relaciones sexuales. Esto para mi es una "aberración", dado que, por una parte, no considero que una persona, una chica, a los trece años tenga capacidad cognoscitiva para entender el verdadero contenido y fin de este tipo de relaciones (si no estás de acuerdo y tienes hijos de esa edad, mírales a la cara y piensa en lo que estamos hablando); por otra, se facilita el delito de la prostitución o coacción y mantenimiento en la prostitución de estos menores, dado que con solo obtener de ellos (y no es muy difícil) la declaración de consentimiento para mantener o haber mantenido esa relación, el delito quedaría sin penalizar.

Nuestro Código Penal (CP) denomina violación al acceso carnal con violencia o intimidación de una persona, constituyendo una agravante cuando esta sea menor de trece años (Arts.178 a 180 CP). Si no hay violencia o intimidación y sí ausencia de consentimiento, se entra en los denominados abusos sexuales (Arts. 181 a 183 CP), hechos que quedarían impunes a partir de los trece años, de obtenerse el consentimiento, o por error de tipo.

En los delitos a los que nos referimos han de concurrir tanto elementos objetivos (conducta de carácter sexual sin consentimiento) como subjetivos (finalidad lúbrica perseguida por el agresor, es decir el llamado "animus libidinoso", sin que sea necesario que el agresor consiga la satisfacción o deseo sexual perseguido) y pueden ser cometidos tanto por comisión como por omisión (de existir persona garante).

Save the Children, en su Informe de Mayo de 1998 sobre el Abuso Sexual Infantil considera que una de las definiciones más completa sobre este delito es la elaborada por el Nacional Center of Chile Abuse and Neglect (NCCAN), agencia federal norteamericana que lo define como *"los contactos e interacciones entre un niño y un adulto, cuando el adulto (agresor) usa al niño para estimularse sexualmente él mismo, al niño o a otra persona. El abuso sexual también puede ser cometido por una persona menor de 18 años, cuando ésta es significativamente mayor que el niño (la víctima) o cuando (el agresor) está en una posición de poder o control sobre otro menor".*

Echeburúa y Guerricaechevarría (2005) por su parte dicen que el abuso sexual *"se refiere a cualquier conducta sexual mantenida entre dos personas (al menos, una de ellas, menor), entre las que existe una situación de desigualdad –ya sea por razones de edad o de poder– y en la que el menor es utilizado para la estimulación sexual de la otra persona".*

Con todo lo dicho hasta ahora, de forma resumida, y desde nuestra perspectiva, podemos arriesgarnos a decir que consideramos *abuso sexual infantil "cualquier conducta o práctica de contenido sexual, con una persona menor de trece años, existiendo violencia, intimidación, engaño o ausencia de consentimiento".*

Pueden implicar tanto conductas físicas como prácticas de explotación sexual (informe Save The Children, 1998).

Entre las conductas físicas se contemplan:

a) Cualquier tipo de penetración (vaginal, anal o bucal) de las establecidas en nuestro CP o inserción de partes del cuerpo u objetos.

b) Exhibiciones inapropiadas del cuerpo o partes del mismo.

c) Caricias o contactos con partes del cuerpo u objetos sobre cualquier parte del cuerpo de la víctima sobre el abusador o viceversa (masturbación, fellatio, o cualquier tipo de estimulación con miembros u objetos).

d) Actos cometidos aún sin contacto personal pero con claro contenido sexual (observación de revistas o proyección de películas pornográficas, toma de determinado tipo de fotografías o inducir a mantener este tipo de conductas con terceros).

Entre las conductas de explotación sexual las más comunes serías:

a) La implicación de menores en producciones pornográficas (fotografías, videos, revistas o películas).

b) La explotación sexual propiamente dicha (prostitución infantil).

Existen numerosas teorías sobre la victimización sexual de los niños aislamiento social, subcultura, clase social, residencia rural-urbana, etnia, religión, antecedentes, ocupación, conflictos de pareja, la importancia de la madre, la existencia de padres no biológicos (padrastros), el hacinamiento en las grandes familias, etc., pero su extensión sobrepasaría las intenciones criminológicas de este capítulo, por lo que nos remitimos a Finkelhor, 1979 para un análisis de dichas teorías.

6.2. Mitos, leyendas y falsas creencias

Son muchas las "excusas" que desde cualquier punto de vista pueden aducirse para quitar importancia a este problema y mantenernos con la venda en los ojos en vez de afrontar el problema con los elementos necesarios que su importancia social, familiar y personal requiere (Save the Children, 2001):

1.- Se dice que el abuso sexual es poco común y que solo se produce por personas extrañas. Según algunos autores (Echeburúa y Guerricaechevarría, 2000; Finkelhor, 1979, 1998,I; López, 1997,) en nuestro país el 23% de las mujeres y el 15% de los hombres han sido víctimas de abuso sexual en la infancia y que en el 65-85% de los casos son llevados a cabo por familiares o conocidos de la víctima.

2.- *Se dice que los abusos sexuales solo ocurren en familias desestructuradas, de bajo nivel social y/o cultural o que viven aisladas o en ambientes especiales.* La realidad es que el abuso puede producirse en cualquier estrato social sea económico o cultural, en cualquier país y raza.

3.- *Que los abusadores son enfermos mentales.* En la mayoría de ellos no se ha encontrado ningún tipo de enfermedad mental y poseen una inteligencia media presentando perfiles psicológicos totalmente diferentes.

4.- *Que los abusadores son viejos "verdes",* siendo este normalmente el estereotipo social que mas se ha mantenido vigente. Es posible que este tipo de personas tengan menos habilidades sociales para su relación, especialmente la de tipo sexual, es posible que cause menos temor a las víctimas y eso les proporcione una "ventaja" para la comisión del delito, pero, a pesar de todo, hoy por hoy no se puede considerar el prototipo del abusador.

5.- *Que los abusadores son personas con una gran debilidad del "yo", con pocas habilidades sociales y sometidas a una deprivación sexual.*

6.- *Que los menores abusados mienten en cuanto a lo sucedido y pueden evitarlo, siendo responsables de la agresión.* En realidad, en muy pocas ocasiones se ha detectado una denuncia falsa de abusos sexuales por parte de los menores (el 7%). Los menores difícilmente pueden comprender los hechos que les están sucediendo, no los esperan y por ello es difícil que puedan oponerse con la suficiente resistencia como para evitarlo. Es conveniente dejarle claro al menor que el único responsable de los actos es el agresor que los comete.

7.- *Que su incidencia es mayor en la actualidad.* Ya hemos hablado de los problemas de aceptación y denuncia de este tipo de lacra y sabemos que no es que se produzcan más casos, sino que se denuncian más.

8.- *Que solo lo sufren las niñas.* En este aspecto es verdad que se ha notado una diferencia de lo acaecido hace unos años en relación al sexo de las víctimas con una prevalencia muy superior de las niñas sobre los niños. Actualmente aproximadamente en 40% de las víctimas son niños.

9.- *Que siempre existe violencia y sus resultados son muy graves.* Como veremos posteriormente son tantas las variables y mediadores de la gravedad de las secuelas y del tipo de agresión efectuada que mantener estos axiomas es bastante equivoco e inexacto. La mayor parte de las veces existe un abuso de confianza, engaño y manipulación para conseguir el agresor sus propósitos.

10.- Que aquellos niños/as que en su infancia han sido maltratados (incluidos los abusos o agresiones sexuales) se convertirán en agresores cuando sean adultos. La experiencia nos indica que estas personas pueden convertirse en agresores-maltratadores, pero esto no es siempre así.

11.- Que si los abusos ocurrieran en nuestro entorno no solo lo sabríamos, sino que lo denunciaríamos. La verdad es que no solo no existe aún una firme concienciación del problema, sino que seguimos siendo insensibles al mismo. Unos, aún los implicados, tienden a ocultarlo por motivos como el rechazo social o la vergüenza; otros, cínicamente no denuncian por considerar que no debemos meternos en la vida de los demás o, simplemente, que no es nuestro problema. No es infrecuente que incluso por parte de las madres se intenten ocultar los abusos, sobre todo si el abusador es un miembro de la propia familia.

6.3. Tipos de abusos en razón del agresor

Los abusos sexuales a menores pueden ser cometidos por:

A) *Familiares*. En el seno de una familia los menores pueden ser abusados tanto por familiares directos (padres, hermanos, abuelos) como por cualquier otro miembro de la familia. Esta figura era la denominada en el CP derogado como incesto, figura agravada del denominado estupro de prevalimiento (Art. 434 del CP derogado).Es de común aceptación que la mayor parte de los casos de ASI suelen se cometidos por familiares de la víctima, abarcando del 65% al 85% del total de los casos, siendo además las situaciones mas duraderas (Echeburúa y de Corral, 2006).

B) *Personas relacionadas con la víctima*. Pueden considerarse como tales todas aquellas personas conocidas por la víctima y que forman parte de su entorno cultural, educativo o social. Entre ellos encontraremos a profesores, entrenadores, monitores o preparadores físicos, profesionales de la salud o de la sanidad o cualquier otro con los que se haya mantenido una relación más allá del mero conocimiento. Este grupo constituye el segundo grupo de agresores más importante en el ASI.

C) *Desconocidos.* Las agresiones de este tipo son las menos frecuentes y están limitadas a ocasiones aisladas y, por lo general de poca duración, si bien pueden revestir una mayor violencia.

Como es lógico, no todos los abusos son iguales, ni tampoco poseen la misma repercusión física y psicológica sobre la víctima, dado que dependen de tres factores fundamentales, la forma de comisión, la duración del abuso y la persona del agresor.

Respecto a la forma de comisión no tienen la misma repercusión las distintas acciones a las que ya hemos hechos referencia (con contacto físico o sin él, penetraciones, caricias, proyección de películas, fotografías), tanto en el aspecto físico como en el psicológico, ni tampoco la forma de ejecución (violencia, intimidación, engaño). En caso de penetraciones a menores suelen causar gran daño físico y, por supuesto, fuerte traumatismo psicológico debido a la desproporción anatómica de los genitales entre víctima y autor.

Respecto a la duración del abuso, sabemos que cuando más se prolonga en el tiempo mayor efecto "destructor" tiene en la personalidad del sujeto agredido.

La relación de parentesco entre víctima y autor es, por una parte, la más grave desde el punto de vista psicológico, y por otra la menos denunciada, que no la menos existente, desde el punto de vista penal. Especialmente, cuando estos contactos se producen entre padre-hija (los abusos madre-hijo son mucho menos frecuentes), el trauma es mayor, dado que al menor se le "rompen" todos los esquemas normales de los vínculos familiares y sienten que han sido dañados por la persona encargada de su protección, guarda y custodia.

Este tipo de agresión cuenta con el mayor rechazo social por lo que, de producirse, se mantendría en secreto por mor del rechazo social al que se vería sometido el agresor y, de existir consecuencias como embarazos no deseados se puede, o bien someterse a un aborto, o bien atribuir el nacimiento a otras relaciones familiares.

6.4. El abusador infantil

Como es lógico pensar, no todos los abusadores presentan el mismo perfil, dado que en cada uno de ellos la activación sexual y la forma de cometer el delito siguen parámetros diferentes. Respecto a su edad tampoco existe un patrón, dado que podemos encontrarnos agresores adolescentes y ancianos.

De una forma más amplia, además de lo dicho anteriormente, se han dividido de acuerdo a las características de comisión del delito, en un sentido parecido a la clasificación que se hace comúnmente de los asesinos en serie. Esta clasificación es:

a) *No violentos*. Son aquellos que para llegar a cometer el abuso utilizan el engaño y la persuasión, y en ocasiones la presión para someter a la víctima. Estos agresores, normalmente, son aquellos que están relacionados de alguna manera con el menor, bien por ser familiares, conocidos o mantienen sobre ellos una relación determinada de poder.

Estos abusadores, a su ves, pueden ser divididos en aquellos cuyas relaciones están enfocadas, exclusivamente, hacia los niñ@s, rechazando cualquier tipo de relación sexual con adultos (*pedófilos exclusivos*) y, el grupo mas numeroso, son aquellos que si bien mantienen relaciones sexuales con adultos en ocasiones, y en determinadas circunstancias (baja autoestima, adicciones, vida familiar desestructurada, deprivación sexual, hacinamiento, etc.) también las mantienen con menores (*pedófilos de oportunidad*).

b) *Violentos*. Para la comisión del hecho delictivo utilizan el asalto y/o la violencia a efectos de someter a las víctimas. Este tipo de agresor en su sometimiento a la víctima le produce normalmente numerosas lesiones de distinta gravedad, llegando incluso a producir la muerte.

Sus características personales están aderezadas en la mayoría de los casos con una psicopatía o sociopatía grave, búsqueda de sensaciones y con la finalidad de su única satisfacción.

Como indicamos anteriormente y siguiendo a los autores de referencia (Castro, López y Sueiro, 2009), las características criminológicas y psicopatológicas (perfiles) de los agresores sexuales a menores, a diferencia de los que agreden a adultos, serían:

1.- Varón, de apariencia normal, con mayor edad que los agresores sexuales a personas adultas. Generalmente integrado en la sociedad y sin antecedentes delictivos.

2.- Soltero o divorciado.

3.- Formación académica medio-alta.

4.- Formación laboral de tipo medio-alto.

5.- Estabilidad laboral.

6.- Rasgos de personalidad esquizoide (indiferencia en sus pocas relaciones sociales, personales o íntimas, poca expresividad emocional, solitario), falto de habilidades sociales, dependiente (sumisión y necesidad de atención), fóbica y compulsiva.

7.- Sus delitos, también cometidos normalmente en solitario, consisten normalmente en tocamientos entre agresor-víctima o viceversa, observación o exhibicionismo de los cuerpos, sin violencia pero con engaño. En los casos en los que existe la penetración los resultados lesivos para la víctima son importantes.

8.- Sus víctimas son, niños y niñas, menores de doce años. El agresor a menores busca en el contacto sexual con menores un contacto "afectivo" sin que se pueda sentir fracasado o rechazado, por lo que no ejercen la violencia con sus víctimas.

Otras características que podríamos encontrar en ellos serían:

9.- Personas excesivamente protectores (o celosos) de los niños.

10.- Pudo sufrir abusos sexuales en su infancia.

11.- Si está casado, suelen tener problemas en el matrimonio.

12.- Suelen tener un acceso fácil a los niños (por razón de profesión, oficio o empleo).

13.- Suelen ser reincidentes y con una actuación preferentemente en ciudades o grandes poblaciones.

14.- Pueden presentar problemas de socialización y deficiencia en habilidades sociales.

15.- Carentes de empatía.

16.- No buscan tratamiento, dado que no se consideran enfermos.

Los abusadores infantiles (pedófilos) mantienen unas pautas de actuación muy similares para la captación o toma de contacto con el menor. Existen determinadas zonas o lugares a los cuales acuden los abusadores para buscar a sus víctimas, que son:

a) *Las salidas de los colegios, y los parques públicos*. En la primera de las situaciones el abusador suele haber estado vigilando la zona durante algún tiempo, el suficiente para poder haber detectado a aquellos menores que vuelven solos a casa, o aquellos cuya persona de custodia suele llegar tarde a recogerlos. En los parques la actitud del pedófilo es similar, buscar aquellos menores más indefensos, con menos vigilancia o protección, más accesibles a sus deseos.

b) *Las grandes superficies comerciales*. No es la primera vez que leemos en la prensa la desaparición de menores cuando sus familiares se encontraban en el interior de grandes superficies comerciales. Las labores de compra y vigilancia se reparten la atención de las personas mayores y, aunque parezca extraño, a veces una supera en tiempo a la otra, lo que puede desembocar en un abandono no intencionado, para la persona mayor siempre por un solo instante, de la custodia del menor que puede ser alejado del lugar por cualquier otra persona. Conocedores como se es de las medidas de seguridad cada vez más intensas en estos lugares, no se puede descartar la posibilidad de un cambio de ropa del menor, e incluso un cambio de la apariencia personal del mismo.

c) *Salas de juegos o recreativos.* En ellas, tras seleccionar al menor le aborda con el ofrecimiento de retos o bien invitándole a jugar unas partidas con lo que comenzaría a ganarse su confianza.

d) *Zonas o barrios marginales y recintos feriales*. En estos lugares disminuye en gran manera el control que los mayores tienen sobre lo menores y existe una mayor deprivación en muchas de sus necesidades con lo que el ofrecimiento de cualquier tipo de regalo captaría su atención.

e) *El propio domicilio*. Este es el lugar ideal para los agresores familiares de la víctima, pero también para cualquier otra persona que, ganada la confianza de los mayores, puedan dejarles a los menores en custodia (canguros).

f) *A través de internet o de las redes sociales*. No ponemos en duda la importancia que internet tiene en el contexto social y cultural de un país, pero esas ventajas también pueden ser utilizadas por personas con finalidades distintas de las lícitas. No es poco común que se produzcan contactos en internet y que acaben en citas en las cuales alguna de las personas contactante no son lo que decían ser.

Sea donde sea el lugar elegido para la captación de los menores, suelen utilizar un sistema muy similar de modus operandi, con unas fases bien establecidas. Estas fase son:

1.- *Fase de seducción*. Para la toma de contacto, o una vez contactado con el menor, el abusador normalmente recurre a cualquier actividad que pueda captar la atención de los menores, generalmente ofreciéndoles algo atractivo para ellos (regalos o juegos). Para obtener los domicilios de los menores se puede recurrir a obtener fotografías de éstos y pedirles la dirección para su envío.

2.- *Fase de interacción sexual.* En esta segunda fase, una vez obtenida la confianza, se inicia un proceso, generalmente gradual, de contactos de contenido erótico-sexual entre los que podemos encontrar comportamientos exhibicionistas, proyecciones de películas de contenido pornográfico, tocamientos y caricias mutuas, masturbaciones e incluso penetraciones.

3.- *Fase de sometimiento.* Durante la fase anterior o una vez pasada esta puede darse el caso de que los menores decidan no realizar o no volver a llevar a cabo los contactos o las prácticas que durante los mismos se le solicitan. En este caso el abusador recurre a cualquier tipo de amenaza para evitar la deserción o de que los actos sean conocidos. No debemos olvidar lo fácil que para los menores es creer y temer determinado tipo de amenaza, lo que lleva al mantenimiento del silencio y del abuso, a veces, durante mucho tiempo.

Los agresores sexuales en general, sean de menores o de adultos, en caso de ser detenidos tienen una actuación similar para la defensa de sus actuaciones que es la negación de determinados aspectos del hecho:

a) *Negación del hecho en si.* Intentarán por todos los medios posibles confundir y hacer creer que los hechos que se estaban produciendo no eran de contenido sexual.

b) *Negación de su culpabilidad.* Siempre culpabilizarán del hecho a diferentes aspectos externos, no controlables tales como el alcohol, deseos incontrolables, problemas mentales, etc.

c) *Negación de su responsabilidad.* Como en el caso anterior externalizarán su responsabilidad recayendo esta, en la mayoría de los casos, en la víctima a la que acusarán de manipuladora, seductora, provocadora, etc.

d) *Negación de la importancia.* En caso de que en alguna ocasión reconozcan su responsabilidad o su culpabilidad siempre tenderán a disminuir el impacto que el hecho provoca en la víctima y minimizará sus consecuencias.

6.5. Detección del ASI

Como hemos dicho anteriormente es difícil que estas conductas sean, no solo denunciadas, sino tan solo conocidas y su detección conlleva un cierto nivel de riesgo de equivocarnos con las consecuencias que esto traería, pues la ocultación no puede venir solo de parte de los autores , sino también de parte de la víctima por diferentes motivos (obtención de algún tipo de beneficio, amenazas, miedo a no ser creída, miedo a las consecuencias sobre el agresor, en especial si es uno de los cónyuges, represalias, etc.) y, por supuestos de personas convertidas en encubridoras (rechazo, ruptura de las relaciones, sanciones penales, etc.).

Por desgracia, en determinadas ocasiones en los que la relación entre la pareja se ha convertido en traumática y, en numerosas ocasiones, vengativa y cargada de odio, puede utilizarse la agresión sexual como arma arrojadiza entre la pareja e incluso recurrir a la denuncia y acusación falsa de que este delito se haya cometido por alguna de las partes.

En otras ocasiones, son personas ajenas a la familia los que primero tienen conocimiento de que estos hechos se vengan produciendo, partiendo de la manifestación de la menor a personas de confianza como pueden ser amigas/os, profesores, etc., conocimiento que posteriormente puede participarse a otras personas y llegar a conocimiento de la familia o de las autoridades, directa o indirectamente siempre, normalmente, mucho tiempo después de cometida la primera agresión.

Dada esta situación, los profesionales se han volcado en detectar el ASI a través de diferentes signos o comportamientos del menor que puedan dar base a la sospecha, indicadores que no pueden ser evaluados de forma individual, sino en su conjunto, a partir de cambios llamativos que se pueden producir en la vida del menor, evitando siempre los posibles sesgos profesionales.

Estos indicadores físicos, comportamentales y relativos a la esfera sexual, de acuerdo a Echeburúa y Guerricaechevarría (1998, 2000) serían:

a) Indicadores físicos:

- Picazón, dolor, golpes, quemaduras, heridas o lesiones en la zona genital o anal.
- Cérvix o vulva hinchadas o rojas.
- Atonalidad en los esfínteres vaginal o anal o hímen cicatrizado.
- Dolores al orinar o defecar.
- Semen en la boca, en los genitales o en la ropa.
- Ropa interior rasgada, manchada y/o ensangrentada.
- Enfermedades de transmisión sexual en genitales, ano o boca.
- Dificultad para andar o sentarse.
- Enuresis o encopresis (dificultades en la contención de orina y heces).
- Embarazos.

- Otros signos de maltrato físico (como moratones).

b) Indicadores comportamentales:

- Déficits atencionales.
- Trastornos del sueño (pesadillas, terrores nocturnos) y de la alimentación.
- Llantos frecuentes, sobre todo en referencia a situaciones afectivas o eróticas.
- Miedo a estar sola, a los hombres o a un determinado miembro de la familia.
- Rechazo al padre o a la madre u otras figuras de autoridad de forma repentina.
- Cambios bruscos de conducta.
- Resistencia a desnudarse y bañarse.
- Aislamiento y rechazo a las relaciones sociales.
- Problemas escolares o rechazo a acudir a la escuela.
- Fantasías o conductas regresivas (chuparse el dedo, orinarse en la cama).
- Tendencia al secretismo.
- Agresividad, fugas o acciones delictivas.
- Autolesiones o intentos de suicidio.

c) Indicadores en la esfera sexual:

- Rechazo a las caricias, a los besos y al contacto físico.
- Conductas hipersexualizadas y/o seductoras, especialmente en niñas.
- Conductas precoces o conocimientos sexuales inapropiados a su edad.
- Interés exagerado por los comportamientos sexuales de los adultos.
- Agresión sexual de un menor hacia otros menores.
- Confusión sobre la orientación sexual.

Una vez que se ha detectado la agresión o el abuso al menor existen unas pautas importantes en el comportamiento de las personas relacionadas con el menor, pautas que deben ayudar a minimizar los efectos y la importancia del caso frente al menor.

Estas pautas son:

1.- NUNCA culpabilizar al menor de la agresión sufrida. Sean cuales sean las verbalizaciones o comportamientos del menor ante el hecho o ante el conocimiento, descubrimiento o denuncia del hecho no debemos expresar reproche o castigo a lo sucedido o proceder a un "interrogatorio" culpabilizante por la formulación de las preguntas (¿Porqué no….?).

2.- NEGAR los hechos ocurridos.

3.- Expresar alarma.

4.- Cambiar nuestro comportamiento hacia el menor, bien sea a través de una sobreprotección, bien sea a través de un distanciamiento emocional.

6.6. Consecuencias del ASI

No es este el lugar en el que este tema debe ser incluido, dado que mejor estaría no en un libro sobre criminología, sino en un texto sobre evaluación y tratamiento de este tipo agresiones traumáticas (que producen trauma de acuerdo a los requisitos exigidos por el DSM-IV), pero considero que no está de más conocer algunas de las manifestaciones que pueden aparecer en menores agredidos sexualmente y que pueden ser de ayuda en algunas ocasiones, sin que estas aparezcan en todos los casos y con la misma intensidad, dado que existen determinados factores (cognitivos o afectivos) que pueden mediar estas dos variables (Echeburúa y de Corral, 2006; Finkelhor, 1979, 1997, 1998 III; Finkelhor y Berliner, 1995; Finkelhor y Dziuba-Leatherman, 1994; Kendall-Tackett, Williams y Finkelhor, 1993).

Entre estos factores encontramos:

a) *El sexo de la víctima.* Al parecer esta variable no permite una diferenciación precisa en cuanto a la gravedad o a la sintomatología que presenta ante la experimentación del abuso.

b) *La edad de la víctima.* De forma general podemos decir que cuanto menor es la edad de la víctima es mayor su vulnerabilidad, pero también es mayor su "defensa" dado que su ingenuidad, la falta de experiencias en el terreno sexual, y su incomprensión de los hechos ocurridos pueden favorecer un menor "daño". En personas adolescentes y adultas, si bien pueden tener mayores habilidades de defensa y afrontamiento, eso es un arma de doble filo, dado que puede provocar un mayor grado de violencia en el agresor tanto en intensidad como en el tipo de agresión (penetración).

c) *El entorno familiar.*

d) *El grado de culpabilización personal.*

e) *El grado de victimización por los adultos.*

f) *Las características y gravedad de la agresión.* Cuando en la agresión se emplea la violencia, se profieren amenazas, se producen insultos o humillaciones o se produce una violación, la gravedad de las consecuencias será mayor (Finkelhor, 1979, 1997, 1998 II).

g) *La mayor frecuencia y/o duración de la agresión* agravará las secuelas al aumentar la vulnerabilidad y la indefensión (Echeburúa y de Corral, 2006).

h) *La relación del agresor con la víctima.* Cuanto mayor sea el grado de intimidad o familiaridad mayores serán las consecuencias dado que en el menor se "rompen" muchas estructuras y muy arraigadas (confianza, seguridad, protección, cariño, dependencia, etc.).

i) *El tiempo trascurrido hasta que se tiene conocimiento del hecho.* Es sin duda un hecho el que los menores, bien por vergüenza, bien a causa de las amenazas sufridas, mantengan en secreto la agresión durante mucho tiempo, bien hasta que decidan contarlo, bien hasta que la familia, en especial la madre, note alguna anomalía física o comportamental en el menor. Durante este tiempo de silencio el menor internaliza los hechos desde una perspectiva totalmente dañina para su estabilidad psicológica, por lo que a mayor tiempo de silencio, mayores serán las consecuencias para su estabilidad emocional.

j) *Los apoyos recibidos.* La falta de apoyo por parte de la familia agravaría las consecuencias en muy alto grado, pudiendo llegar al abandono del hogar por parte de la víctima, a pesar de una corta edad (Finkelhor, 1997; Finkelhor y Berliner, 1995).

   Otro factor importante es *el grado de credibilidad otorgado a la manifestación del menor,* dividido entre aquellos que consideran que los menores son creídos y los que discrepan, especialmente en relación con estos temas. Es por eso por lo que la credibilidad de los testimonios de los menores agredidos o abusados sexualmente ha alcanzado tan alto grado de investigación (Ibáñez, 2009, Save the Children, 2001, ...).

k) *Las estrategias de afrontamiento de que se disponga.* Una buena adaptación en los aspectos familiares, sociales, educativos, deportivos etc., favorecerán, sin duda disminuyendo, las secuelas de la experiencia sufrida (Finkelhor, 1979, 1998 II).

Las posibles consecuencias que pueden aparecer, bien a corto plazo (en los dos años posteriores a la agresión) o a largo plazo (después de los dos años), serían:

a) En el ámbito físico (trastornos del sueño, pesadillas, trastornos de la alimentación, pérdida del control de esfínteres).

b) En el conductual personal y social (bajo rendimiento, especialmente en el aspecto académico, hiperactividad, anhedonia, déficit de habilidades, retraimiento).

c) En el emocional (miedos indeterminados y generalizados, culpa, vergüenza, hostilidad, depresión, ansiedad, rechazo al propio cuerpo, baja autoestima, trastorno de estrés postraumático que en los menores puede presentarse con dolores físicos y somatizaciones).

d) En el comportamiento sexual (curiosidad intensa, comportamientos inapropiados a su edad, masturbaciones frecuentes, exhibicionismo).

Todas estas consecuencias, junto a otras como huidas del hogar, consumo de sustancias, conductas antisociales o problemas de identidad sexual, síntomas disociativos, etc., pueden aparecer también en la adolescencia (Bonner, 2005; Echeburúa y Guerricaechevarría, 2000, 2005; Echeburúa y de Corral, 2006; Finkelhor, 1979, 1998,III; Finkelhor, 1997; Finkelhor y Berliner, 1995; Finkelhor y Dziuba-Leatherman, 1994; Lameiras, Carrera y Failde, 2008; Save the Children, 2001).

6.7. Prevención del ASI

Para una acción positiva tanto en la prevención como en el tratamiento de las víctimas de cualquier delito es necesario tener un conocimiento claro, en primer lugar de su manifestación (donde, como cuando) y de su incidencia (cuanto), cosa que es difícil obtener sobre todo teniendo en cuenta las características individuales, familiares y sociales del delito al que nos estamos refiriendo.

Por eso, y a pesar del estudio de incidencia que presentaremos posteriormente, usaremos de forma global estudios realizados en otros países pues, y aunque no estoy muy de acuerdo, Bonner (2005), basándose en otros numerosos estudios, dice que los datos provenientes de Estados Unidos "parecen" ser similares a los países occidentales. De estos datos se han sacado las siguientes conclusiones:

a) Se abusa sexual de niños y adolescentes de todas las edades, desde la más tierna infancia hasta la mayoría de edad (en España a los 18 años).

b) Las niñas víctimas de abuso sexual supera al de niños entre 1,5 y 3 veces.

c) Entre el 13% y el 15% de los casos denunciados de maltrato infantil, lo son por abuso sexual.

d) Se calcula que un 25% de las mujeres y un 10% de los hombres han sufrido abuso sexual antes de los 18 años.

e) Los agresores son en su mayoría varones, con una amplia variabilidad en sus edades.

f) Son pocos los casos denunciados a las autoridades y de éstos muy pocos son los judicializados.

g) Se considera que tan solo en la mitad de los casos es la víctima agredida la que cuenta a alguien su experiencia.

Es verdad que es de todos conocido que, en general, existen determinadas situaciones en las que existe un ***mayor riesgo*** de sufrir un incidente de abuso sexual, entre las que podemos considerar:

1.- *El hecho de ser niña*. Las estadísticas nos hablan de una mayor incidencia de esta clase de delitos en niñas que en niños (Finkelhor, 1979,1998, I; Informe Save the Children, 1998).

2.- *Estar en una edad comprendida entre los 6 y los 12 años (menores y prepúberes).* Posterior a estos años es posible que la disminución se produzca debida, en parte, a la posible mayor resistencia al abuso presentada por la víctima (Finkelhor, 1979; Save the Children, 1998, 2001).

3.- *Los que se encuentran en una fase de retraso en su desarrollo o con minusvalías, especialmente psíquicas.*

4.- *Aquellos que sufren algún tipo de alineación parental, provenientes de familias desestructuradas (separaciones o divorcios y nuevas uniones), con deprivación de afecto o receptores de rechazo, sea físico o emocional, situaciones de malos tratos, ausencia de padres biológicos o enfermedad de los padres, especialmente en la madre.*

Por todo ello consideramos que:

1.- El principal elemento preventivo del abuso sexual es el conocimiento, la formación y la enseñanza a través de programas informativos sobre educación sexual dirigidos no solo a los niños de acuerdo con su edad, sino al público en general para prevenir el abuso, con una especial incidencia en los daños y consecuencias que amenazan al agredido, y los castigos legales para el agresor (prevención primaria). Desde una visión positiva de la sexualidad, hay que enseñarles a decir "NO", a que sean capaces de expresar sus gustos e intereses y a discrepar abiertamente; hay que enseñarles a identificar el abuso, a ser conscientes de lo que está pasando, a diferenciarlo de cualquier otro tipo de contacto normal.

2.- La enseñanza para la adopción por los menores de habilidades de autoprotección y estrategias de afrontamiento basadas en un conocimiento de lo que es el abuso, de que pueden ser abusadores potenciales tanto los miembros de la propia familia, como conocidos o desconocidos, medidas de autoprotección a adoptar ante situaciones de peligro y comunicar el abuso a la mayor rapidez una vez sufrido. No debemos pedirles que se resistan físicamente, sino las formas posibles para parar al agresor y situaciones en las que hacerlo. Hay que enseñarles a que no guarden en secreto el suceso, sino a comunicarlo para recibir lo más pronto la atención debida.

3.- Desde el punto de vista de la prevención secundaria sería conveniente llevar a cabo programas preventivos con aquellos menores que se encuentran en situaciones específicas de riesgo, bien por su situación social marginal, bien por su convivencia en familias desestructuradas o ausencia de familias de referencia, y no solo con ellos sino también con aquellos individuos que puedan pertenecer a grupos de riesgo de cometer abuso sexual bien por ser personas que en su infancia han sufrido maltrato, abusos, niños que han sido abandonados, bien porque su situación actual pueda inducirles a cometer este delito.

4.- Los programas de prevención terciaria, para evitar una nueva agresión en aquellos que ya han sufrido el abuso o para prevenir un nuevo abuso para aquellos que ya lo han cometido con anterioridad, constituyen únicamente síntomas del fracaso institucional, social, familiar y personal y que, con grandes dudas acerca de su efectividad, constituirán más un programa de tratamiento, que preventivo.

5.- El aumento de las penas para algunos delitos nunca ha sido una medida preventiva para determinado tipo de delincuentes para quienes los programas de tratamiento no han sido casi nunca efectivos.

7. LAS PARAFILIAS

Se considera imprescindible incluir en este tema todos aquellos actos, sean o no considerados como delitos o faltas, que tengan como finalidad principal una forma de satisfacción sexual, considerada en numerosas ocasiones como patológica. Nos estamos refiriendo a las "parafilias", también conocidas como perversiones sexuales.

Las perversiones sexuales lo son como consecuencia de:

- La producción de una mayor violencia o irracionalidad durante la ejecución del acto.
- El abuso por proximidad, familiaridad y/o superioridad.
- Una alta carga de desviación y perversión.
- Fantasías sexuales repetidas e intensas, de tipo excitatorio, de impulsos o comportamientos que engloban:
  - Objetos no humanos.
  - Sufrimiento y/o humillación (propia o de la pareja).
  - Niños o personas no consentidoras.

De acuerdo con el DSM-IV, las parafilias deben diferenciarse de:

- Una utilización no patológica de fantasías, comportamientos u objetos.
- De los comportamientos sexuales que obedezcan a una disminución de la capacidad de juicio, de las habilidades sociales o del control de los impulsos relacionada con otro trastorno mental.
- Trastornos que no impliquen malestar o deterioro clínicamente significativos, de forma típica no es imprescindible para las relaciones sexuales e implica a parejas que consienten.
- Típicamente no forma parte de la pauta preferida u obligada del individuo, aparece exclusivamente en el trascurso del trastorno mental, a menudo tiene una edad de inicio más tardía y se acompaña de los síntomas característicos del trastorno mental (por ejemplo, deterioro cognoscitivo o ideas delirantes).

- Todas ellas son fantasías sexuales recurrentes y altamente excitantes, impulsos sexuales o comportamientos que implican determinados actos que provocan malestar clínicamente significativo o deterioro social, laboral o de otras áreas importantes de la actividad del sujeto.

Bajo este término están incluidos:

a) El exhibicionismo:

- Implica la exposición de los propios genitales a un extraño que no lo espera.
- Puede implicar actividad masturbatoria.
- No implica deseo de actividad sexual con las personas ante las que se exhibe.
- Buscan la sorpresa de los observadores.
- Fantasean con la excitación sexual de los observadores.

b) El fetichismo:

- Fantasías, impulsos o comportamientos sexuales ligados al uso de objetos no animados (calzado, ropa interior, cabellos femeninos, etc.).
- Los fetiches no deben ser únicamente artículos de vestir femeninos como los utilizados para travestirse (fetichismo travestista) o aparatos diseñados con el propósito de estimular los genitales (por ejemplo un vibrador).
- Obtienen los fetiches a través del robo o del hurto.

c) El froteurismo:

- Fantasías, impulsos o comportamientos sexuales ligados al hecho de tocar y rozar una persona a otra en contra de su voluntad.
- Se centra en partes anatómicas consideradas eróticas.
- Se imagina una relación sexual con la víctima.

d) La pedofilia:

- Fantasías, impulsos o comportamientos sexuales que implican actividad sexual con niños prepúberes o algo mayores (generalmente de 13 años o menos).
- Cuando la persona tiene al menos 16 años y es por lo menos 5 años mayor que el niño de referencia anterior.
- Se tiene tendencia hacia un sexo determinado.
- Las acciones van desde la observación a la penetración, por cualquier vía y con cualquier objeto.

- La tendencia se explica con excusas o racionalizaciones.
- Las víctimas pueden llegar a ser incluso familiares.

Como pautas de actuación los pedófilos:

- Realizan un acercamiento paulatino y cuidadoso utilizando cualquier técnica.
- Intentan ganarse la confianza, tanto de la víctima como de los familiares.
- Están muy atentos a las posibles necesidades de los niños y de sus familiares.
- Los atraen y los mantienen –a los niños- con atenciones y regalos.
- Una vez iniciada la relación la mantienen mediante amenaza o intimidación.
- Mantienen relaciones muy intensas entre personas con el mismo trastorno a través de redes como internet, distinguiendo sus páginas con logos específicos, como los que están en la figura que se adjunta.

Logos exhibidos por redes pedófilas.

e) El masoquismo sexual:

- Fantasías, impulsos o comportamientos sexuales que implican el hecho real, no simulado, de ser humillado, pegado, atado o cualquier otra forma de sufrimiento.

Los actos pueden ser:

- De sumisión física (restricciones del movimiento).
- De deprivación sensorial (anulación de los sentidos).
- De humillación (ser orinado, defecado, realizar actos animales,…).
- De castigo (palizas, latigazos, golpes, descargas eléctricas,…).
- De travestismo (puede formar parte de la humillación).

f) El sadismo sexual:

- Fantasías, impulsos comportamientos sexuales que implican actos reales, no simulados, en los que el sufrimiento psicológico o físico (incluyendo la humillación) de la víctima es sexualmente excitante para el individuo.

Los actos pueden presentar:

- Posesión y dominio de otra persona a través de la violencia.
- La demostración de su superioridad atormenta a la víctima y eso produce placer al autor.
- Goza con el dolor de su pareja.
- Un complemento con el masoquismo.
- Necesidad de un desencadenante.
- Una asociación con una sociopatía, lo que puede llevar al delito.
- Rasgos de parafernalia sadiana.
- Falta de empatía.

g) El fetichismo travestista:

- Fantasías, impulsos o comportamientos sexuales que implican el acto de travestirse, en un varón heterosexual.
- El placer sexual se obtiene por el mero hecho de vestirse con ropas del otro sexo.

h) El voyeurismo:

- Fantasías, impulsos o comportamientos sexuales que implican el hecho de observar ocultamente a personas desnudas, desnudándose o que se encuentran en plena actividad sexual.
- Se obtiene el placer sexual a través de la mera observación.
- No implica el deseo de mantener ninguna actividad sexual con la persona observada.

i) Parafilias no específicas. Son aquellas que no cumplen los criterios de clasificación como las anteriormente descritas, consideradas específicas.

Entre estas podemos destacar:

- La escatología telefónica (llamadas obscenas).
- La necrofilia (cometer actos sexuales con cadáveres).
- El parcialismo (concentrarse exclusivamente en una parte del cuerpo para obtener placer sexual).
- La zoofilia (mantener actividad sexual con animales).
- La coprofilia (atracción sexual por las heces).
- La urofilia (atracción sexual por la orina).
- La clismafilia (obtener placer sexual a través de enemas).

8. INCIDENCIA DE LOS DELITOS CONTRA LA LIBERTAD E INDEMNIDAD SEXUAL

Como digo, y diré, a lo largo de los capítulos de la presente obra, si no disponemos de datos suficientes no se puede hacer un verdadero análisis estadístico. Como dicen también otros investigadores, de un tiempo a esta parte se ha visto decrecer de manera considerable los datos que figuraban en los anuarios de delincuencia del Ministerio del Interior. En los últimos años son tan pocos los datos de que se dispone oficialmente que es muy difícil hacer un estudio "decente" de la situación de la delincuencia en España, y yo me pregunto ¿Por qué?

De los delitos contra la Libertad y la Indemnidad sexual voy a utilizar los datos provenientes de la Dirección General de la Guardia Civil, comparativos de los años 2008 y 2009.

No obstante en el **ANEXO I**, aunque no muy actualizado, y con los datos de la Guardia Civil, presento uno de los Informes Anuales que se confeccionaban en la Unidad Técnica de Policía Judicial. Con ello solo quiero demostrar que, con suficientes datos, que se poseen y siempre se han poseído por parte del Ministerio del Interior, se pueden hacer buenos estudios estadísticos descriptivos, sin que por ello se atente contra la seguridad, todo ello en beneficio de la claridad y libertad informativa que, en este aspecto, debe permitirse hacer de forma clara y precisa, libre de manipulación.

En la primera de las gráficas, Figura 1, se presentan los delitos y faltas conocidos en España desde los años 2006 a 2010, ambos inclusive.

Figura 1: Delitos y faltas conocidos.

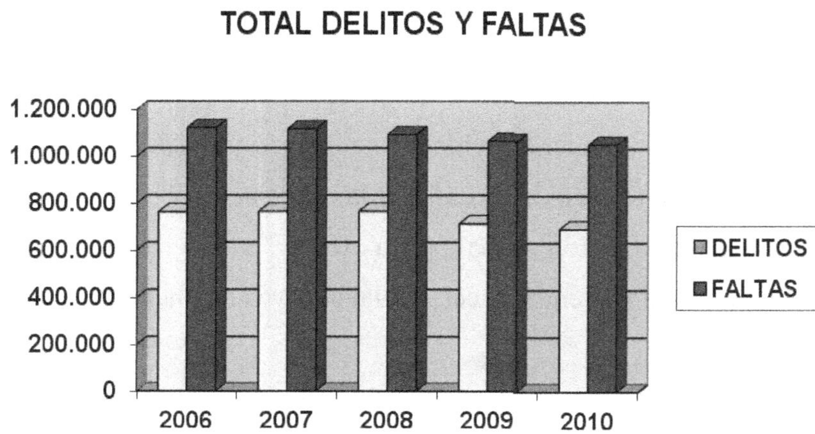

Con los datos obtenidos en el ámbito de competencia de la Guardia Civil, presentamos las siguientes tablas. En la Tabla 1, de los años que se indican, destacamos los delitos contra la Libertad e Indemnidad Sexual, conocidos, esclarecidos y personas detenidas por los mismos hechos.

Tabla 1: Delitos conocidos, esclarecidos y personas detenidas.

AÑOS	CONOCIDOS	ESCLARECIDOS	DETENIDOS
2008	3.027	79'81%	1.947
2009	2.624	76'71%	1.750
2010	2.428	80'93%	1.654

Se puede comprobar con facilidad que durante los años analizados los delitos conocidos han ido disminuyendo año a año con unas variaciones de -13'31% y -7'47% respectivamente. Las diferencias entre los esclarecidos, han sido de un -3'10% entre 2008 y 2009 y de un 4'22%, positivo, entre 2009 y 2010. Con relación a las detenciones las diferencias, ambas negativas han sido de un -10'12% y de un -5'49%, respectivamente.

Los delitos de la Tabla 1, los desglosamos de acuerdo a las diferentes tipologías y, por los mismos conceptos, los presentamos en la tabla 2.

Tabla 2. Conceptos tipológicos de los delitos sexuales.

TIPOS	2008			2009			2010		
	C.	E. %	D.	C.	E. %	D.	C.	E. %	D.
Agresiones s.p.	735	81'08	529	576	77'08	387	519	78'99	364
Agresiones c.p.	406	89'16	342	370	87'83	356	351	89'74	276
Abuso s.p.	827	87'42	530	730	85'75	479	774	90'05	506
Abuso c.p.	88	103'4	76	90	97'77	70	76	93'42	60
Acoso	147	73'46	49	112	75'00	52	84	78'57	43
Exhibicionismo	235	74'46	126	202	82'17	128	191	74'86	125
Provocación	61	63'93	14	36	77'77	21	30	76'66	18
Corrupción men. e incap.	90	83'33	70	93	84'94	83	84	67'85	59
Coacción prostitución	60	103'33	59	59	93'22	64	80	98'75	107
Pornografía menores	378	48'94	152	356	33'14	110	239	43'51	96
TOTALES	3027	79'81	1947	2624	76'71	1750	2428	80'93	1654

Las agresiones y los abusos pueden serlo con penetración (c.p.) o sin penetración (s.p.).

Las columnas responden a los conceptos de Conocidos (C), Esclarecidos (E %) y Detenciones (D).

En la Tabla 3 presentamos las detenciones por razón de sexo.

Tabla 3. Detenidos por razón de sexo.

TIPOS	2009		2010	
	H	M	H	M
Agresiones sin penetración	384	3	360	4
Agresiones con penetración	351	5	274	2
Abuso sin penetración	472	7	495	11
Abuso con penetración	69	1	59	1
Acoso	51	1	42	1
Exhibicionismo	128	3	120	5
Provocación	20	1	18	
Corrupción menores e incapaces	69	14	54	5
Coacción en la prostitución	49	15	73	34
Pornografía menores	110		93	3
TOTALES	1700	50	1588	66

Como resumen, y de forma general, de los datos contenidos en los Informes Criminológicos anuales que se confeccionan en el Equipo Mujer Menor Central (EMUME) referidos a los años anteriores, destacaremos los siguientes datos:

- Total de las infracciones conocidas por parte de las Fuerzas y Cuerpos de seguridad del Estado.
- Las infracciones tipificadas como delitos que atentan contra la libertad sexual constituyen el 1'06% del total de los delitos cometidos.
- Como sujeto activo de la comisión de este tipo de delitos fueron detenidas un total de personas de las cuales 20 eran mujeres y 140 eran extranjeros.
- El total de víctimas producidas fue de 2.109 de las cuales el 14'36% eran hombres y el 85'64% mujeres. El 42'8% del total de las víctimas eran menores de 16 años.
- Analizando la distribución por provincias (en valores absolutos y no en relación con el número de habitantes) de estos delitos encontramos que son Barcelona, Alicante y Madrid las que soportan una mayor incidencia. Por contra Cuenca, Albacete y Soria son las provincias que registran menor número de infracciones.

9. BIBLIOGRAFÍA

Bajo Fernández, M. (1990). *Manual de Derecho Penal. Parte Especial.* Ed. Centro de Estudios Ramón Areces. Madrid. Tomo III, pág. 185.

Beneyto, M.J. (2002). Violencia Sexual: Entre lo que Siente la Víctima y lo que Piensa el Agresor, en Santiago Redondo (Coord.) *Delincuencia Sexual y Sociedad,* pp.53-84. Ariel, Barcelona.

Bermudez Moreno, J. (1994). *Psicología de la Personalidad.* Universidad Nacional de Educación a Distancia. Madrid.

Bonner, B.L. (2005). Prevención y Tratamiento del Abuso Sexual Infantil, en José Sanmartín *Violencia contra los niños* de, pp. 86-112. Barcelona, Ariel.

Castro, ME., López, A. y Sueiro, E. (2009). Perfil psicopatológico de agresores sexuales. *Cuadernos de Medicina Psicosomática y Psiquiatría de Enlace,* ***89/90****, pp. 30-39.*

Echeburúa, E. (1996). *Personalidades violentas.* Pirámide. Madrid.

Echeburúa, E. y de Corral, P. (2006). Secuelas emocionales en víctimas de abuso sexual en la infancia. Cuadernos de Medicina Forense, 12, pp. 75-82.

Echeburúa, E. y Guerricaechevarría, C. (2000). *Abuso sexual en la infancia: víctimas y agresores*. Barcelona. Ariel.

Echeburúa, E. y Guerricaechevarría, C. (2005). Concepto, Factores de riesgo y efectos psicopatológicos del abuso sexual infantil, en *Violencia contra los niños* de José Sanmartín, pp. 86-112. Barcelona, Ariel.

Finkelhor, D. (1979). *Sexually Victimized Children.*, The Free Press, New York.

Finkelhor, D. (1997). The Victimization of Children and Youth, en R.C. Davis, A.J. Lurigio y W.G. Slogan (Eds.), *Victim of Crime*, 2 ed., pp. 86-107. Thousand Oaks, CA: Sage Publications, Inc.

Finkelhor, D. (1998). *Los niños víctimas del abuso y la violencia: Un análisis evolutivo*. Curso impartido en la Cátedra Santiago Grisolía en Valencia con tres lecciones magistrales: I.-El maltrato y la violencia en la vida de los niños: riesgos y patrones de victimización infantil desde la perspectiva del desarrollo: II.- Impacto de la victimización infantil desde la perspectiva del desarrollo; III.- Efectos a largo plazo del abuso sexual infantil.

Finkelhor, D. (2005). Victimología Infantil, Prevención y Tratamiento, en J. Sanmartín, *Violencia contra Niños*, Barcelona, Ariel, pp 203-223.

Finkelhor, D. y Berliner, L. (1995). Research on the Treatment of Sexually Abused Children: A Review and Recommendation. *Journal of the American Academy of Child and Adolescent Psychiatry, **34 (11)**, pp. 1408-1423.*

Finkelhor, D. y Dziuba-Leatherman, J. (1994). Victimization of Children. *American Psychologist, **49 (3)**, pp. 173-183.*

Garrido, V., Stangeland, P. y Redondo S. (1999). *Principios de Criminología*. Tirant lo Blanch. Valencia.

Garrido, V. (1998). Conferencia impartida en las Jornadas Mujer-Menor. Valencia.

Gómez Hermoso, M.R. (1999). La libertad condicional: Peritación Psicológica de los agresores sexuales. *Papeles del Psicólogo*, nº 73, pp. 41-50.

Horno, P., Santos, A. y Molino, C. (2001). Abuso Sexual Infantil: Manual de Formación para Profesionales. **Save the Children.** Madrid.

Ibáñez, J. (2009). *Psicología e Investigación Criminal: El Testimonio*. Dykinson, Madrid.

Ibáñez, J. y González, J.L. (2000). Las agresiones sexuales: Regulación jurídica, el agresor sexual e incidencia de la problemática en nuestro ámbito de competencia. *Revista Profesional Guardia Civil, nº 671, marzo, pp. 99-106.*

Kendall-Tackett, K.A., Williams, L.M. y Finkelhor, D. (1993). Impact of Sexual Abuse on Children: A Review and Syntesis of Recent Empirical Studies. *Psichological Bulletin, **113 (1)**, pp. 164-180.*

Krafft-Ebing, Richard von (1965). *Psichopathia Sexualis*. Arcade Publishing, INC., New York. USA.

Lameilas, M., Carrera M.V. y Failde, J.M. (2008). Abusos sexuales a menores: Estado de la cuestión a nivel nacional e internacional. *Revista de Estudios de la Violencia*, 6.

Laplanche, J y Pontalis, J.LB. (1996). *Diccionario de Psicoanálisis*. Paidós. Barcelona.

López, F. (1997). Abuso sexual un problema desconocido, en Casado, J.A. Díaz y C. Martínez (Eds.), *Niños Maltratados*, Madrid, Díaz de Santos.

Marianas Ribary, E. (1998). Conferencia impartida en las III Jornadas de Criminología. Universidad Complutense. Madrid.

Pérez Ramírez, M., Martinez Garcia, M., Luque Reina, E. y Redondo Illescas, S. (2004). *Agresores Sexuales: Perfiles Criminales y Riesgo de reincidencia.*

Soria, M.A. y Hernández, J.A. (1994). *El agresor sexual y la víctima.* Barcelona. Boixaren Universitaria.

CAPÍTULO II
LA DELINCUENCIA JUVENIL

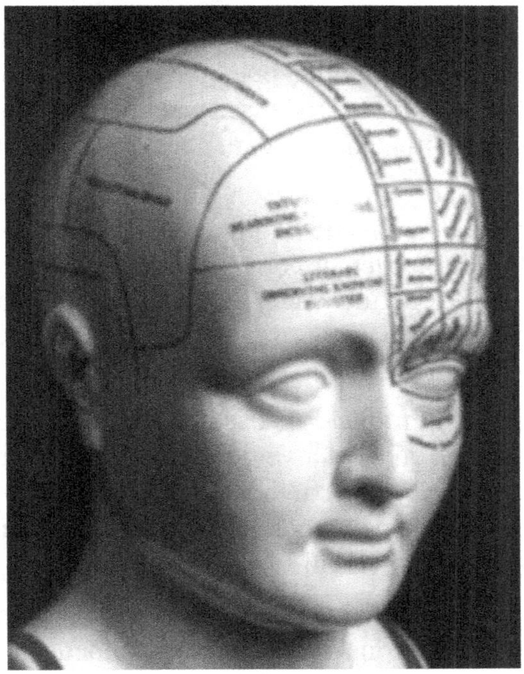

1. INTRODUCCIÓN

Lo que está claro y no deja lugar a dudas es que la delincuencia juvenil constituye hoy uno de los fenómenos más importantes de la sociedad actual, a la vez que uno de los mayores problemas planteados, no solo en nuestro país, sino en el mundo entero.

La delincuencia juvenil es un fenómeno que abarca a las naciones y sociedades de todo el mundo, desde las ciudades de los países más industrializados y económicamente fuertes, hasta los suburbios más pobres de los países menos favorecidos; desde las familias más ricas, a las más pobres, sea cual sea su raza, etnia o color de piel.

2. EL CONCEPTO DE DELINCUENCIA JUVENIL

Por su complejidad, es verdaderamente difícil, poder desarrollar un capítulo sobre la delincuencia juvenil, especialmente si queremos, como todo a lo largo de esta obra, darle un enfoque tanto criminológico, como psicológico.

En ningún momento, y por ningún concepto, podemos enfocar el tema desde las directrices de una única disciplina, pues son muchas las variables que afectan tanto a la persona (nacionalidad, raza, sexo, edad, familia, poder económico, educación,...), como a la situación (ciudad, pueblo, barrio, etnicidad,...).

Cuando iniciamos un estudio sobre un determinado tema, lo primero que se recomienda es marcar los límites de lo que vamos a tratar, es decir, dar una definición. Y de los múltiples problemas con los que nos vamos a encontrar, este es el primero de ellos, definir la "delincuencia juvenil", pues si bien el primer concepto ha sido definido de múltiples maneras, desde diferentes enfoques, y por numerosos autores, sobre el segundo no hay una clara delimitación.

La delincuencia, como producto de base individual y social, ha sido definida de varias maneras. Junto a ella se ha venido también utilizando el término "desviación", para diferenciarlo del de "delincuencia" cuando la violación no es de la normativa penal, sino también de la social o cultural, como conducta "desajustada" o "inadaptación social", como veremos más adelante.

Para wikipedia, la delincuencia juvenil se refiere a los "delitos realizados por jóvenes o menores de edad", considerando como delincuente a aquel que reincide y comete crímenes repetidas veces. Para la Enciclopedia Microsoft Encarta (2001), delincuencia es "el conjunto de infracciones de fuerte incidencia social cometidas contra el orden público". La Comisión Europea, en su conferencia celebrada en Praia de Falésia (Portugal), el 4-5 de mayo de 2000, definió la delincuencia como "todo acto punible cometido por individuos o asociaciones espontáneas de personas". En esta definición se engloba:

a) La delincuencia en sentido propio (delincuencia menor y organizada).

b) La delincuencia "menos grave" pero más frecuente.

c) La violencia que afecta a numerosos medios, y,

d) Los comportamientos antisociales, no necesariamente constitutivos de infracción penal.

Para Herrero (2007) es "el fenómeno individual y social constituido por el conjunto de las infracciones, contra las normas fundamentales de convivencia, producidas en un tiempo y lugar determinados".

López-Rey (1978) analiza el binomio delincuencia-criminalidad desde un enfoque individual, social y político, como fenómeno que afecta a la sociedad en su totalidad y cuyo control, evaluación y tratamiento implica medidas de cooperación entre todos los estamentos sociales e instituciones estatales.

Pero tampoco es fácil dar una definición del concepto "juvenil", concepto no unívoco, con diferentes significaciones no solo en los diferentes países y sociedades, sino incluso dentro de nuestro propio país. No son comparables las perspectivas sociales, psicológicas y/o legales del término juvenil y ni aún dentro de las propias disciplinas se ponen de acuerdo. Para unos, el término juvenil es un concepto socio-histórico (Herrero), para otros es una figura cultural (Garrido, 1986). Pero aún mas incongruente son los conceptos de debate, una menor de 14 años es irresponsable (inimputable) porque su estructura mental es posible que no esté totalmente desarrollada para comprender los hechos, como por ejemplo el dar muerte a otro ser humano, pero sí lo es para, a partir de los 13 años (menor de edad legal), poder disponer libremente de su cuerpo en cuanto al mantenimiento de relaciones sexuales.

Cuando consultamos textos de referencia nos encontramos términos como delincuencia o criminalidad juvenil o de los jóvenes, especialmente desde los estamentos reactivos-formales, como son la justicia, las instituciones policiales, penitenciarias, etc. Desde el enfoque de la sociología, estos términos se "traducen" por el término desviación, bien sea de la conducta o del comportamiento y, desde el punto de vista de la psicología clínica, se sigue utilizando el término "psicopatía", en vez del más propio de sociopatía o comportamiento antisocial de la personalidad.

Para dar una contestación efectiva a este problema de definición, deberíamos de analizar diferentes teorías, tanto sociales, psicobiológicas, psicoevolutivas o penales, análisis que se saldría de los intereses de este capítulo. De forma simplista podíamos decir que la época "juvenil" es el espacio comprendido entre el niño y el adulto. Pero ¿hasta cuando somos niños?, ¿Cuándo empezamos a ser adultos?

2.1. La delincuencia juvenil y otros conceptos relacionados

Como sucede con muchos otros, en la riqueza de nuestro lenguaje común, se utilizan en numerosas ocasiones diferentes términos para hablar de la misma cosa, que si bien es normalmente entendido por los participantes en la conversación, es conveniente delimitar su significación. Casi todos ellos se mueven en la órbita de la criminología o de la delincuencia en general, como es el propio concepto de delincuencia, violencia, agresividad, criminalidad, conflicto, desviación, marginación, anomia,...

El concepto de **violencia** tiene, con el de delincuencia, una línea divisoria muy sutil. No toda la violencia constituye delincuencia, ni toda la delincuencia conlleva violencia, aunque es común que ambas figuras vayan íntimamente unidas y tengan, a su vez, raíces etiológicas comunes. La importancia de la violencia como expresión del comportamiento humano, sus raíces, causas y consecuencias, consideramos que es lo suficientemente importante como para dedicarle un capítulo especial.

Agresividad, como concepto ampliamente estudiado ha dado lugar a numerosas teorías, biofísicas, psicológicas o de falta de control, de los impulsos o de la frustración.

Criminalidad, como concepto, posee diversas acepciones. En atención a las teorías biológicas y sociales, puede entenderse como el conjunto de factores que hacen que una determinada acción sea considerada criminal. Para las necesidades de una política criminal y la lucha contra el delito se puede definir la criminalidad, desde el punto de vista geográfico o cronológico, como el número de delitos que se cometen, o se han cometido en una determinada zona geográfica o durante un tiempo determinado.

Por **conflicto** (social) entendemos aquel comportamiento que lucha por los valores, el estatus y los recursos que unos intentan acaparar y anularlos para sus oponentes.

Desviación, es aquel comportamiento contrario a los códigos que la sociedad se impone para su convivencia pacífica.

Considero que en relación con este elemento de la desviación, e incluso como parte importante de este proceso, se encuentran las pautas de crianza. Estas pautas de crianza pueden proceder del comportamiento de aquellos que tienen la obligación de su formación y que constituyen la primera de las agencias de socialización por todos conocidas, la familia, cuya función única y principal, frente al resto de la sociedad, es proceder a la "socialización" de los menores, como enseñanza del conjunto de hábitos comportamentales necesarios para un desarrollo según las reglas y expectativas de la sociedad, a través de procesos como la concienciación, prosocialización y responsabilización.

La concienciación (conciencia), como:

- Disposición general a evitar conductas antisociales.
- Resultado de un miedo al castigo anticipado o autoinfligido (culpa).
- Mecanismo autónomo.

- Constitutiva de una reacción automática en adultos y que,
- No está bien instaurada en la adolescencia.

La prosocialidad, como:

- Disposición general al comportamiento prosocial.
- Actividad que incluye el control de impulsos, cuidado, nutrición, crianza, afecto y altruismo.
- Resultado del refuerzo positivo.
- Enseñanza que se actualiza:
  - Cultivando la empatía.
  - Participando y disfrutando de las relaciones afectivas.
  - Haciendo renuncias personales a favor de los demás.

La responsabilidad, como:

- Disposición a una aportación al bien social.
- Adquisición de una mentalidad guiada por normas ético-sociales.
- Aspiración de logro por el esfuerzo personal.
- Aceptación de responsabilidades familiares y/o sociales.
- Resultado del refuerzo positivo.

Entre los distintos tipos de pautas de crianza encontramos:

- Las pautas consistentes:
  - Pauta autoritaria:
- Castiga con argumentos de autoridad.
- No refuerza el comportamiento social. Dado que considera que ese es el comportamiento "normal", no considera necesario su refuerzo.
- Resalta el componente "responsabilidad".
- No se prodiga el refuerzo afectivo.
  - Pauta equilibrada:
- Castiga, o retira el refuerzo, del comportamiento antisocial.
- Premia afectivamente el comportamiento social (prosocialidad).
- Apela a la conciencia social (responsabilidad).

- Las pautas inconsistentes:
  - Pauta permisiva:
    - No castiga al acto antisocial o lo hace esporádicamente.
    - Refuerza afectivamente el comportamiento social.
    - Apela a la conciencia social (responsabilidad).
  - Pauta negligente:
    - Ausencia de control y de lazos afectivos.
    - No refuerza las aproximaciones afectivas.
    - Apela a la conciencia social (responsabilidad).

La **marginación** nace de la insuficiencia de recursos, de la ausencia de estatus social y su distanciamiento de las condiciones medias de vida normales en una sociedad.

La **anomia** es un término que significa "sin ley". Puede ser considerada como una especie de desviación, especialmente en situaciones de graves cambios sociales o transformaciones políticas en las que es difícil el cumplimiento de la normativa social o jurídica.

La **peligrosidad**, como la potencial o especial probabilidad que tiene el individuo de cometer una acción socialmente dañina. Es la inclinación de un sujeto a delinquir.

Vandalismo es otro de los conceptos que debemos de manejar, dado que en numerosas ocasiones se manifiesta una conducta gratuita, improcedente y en numerosas ocasiones sin causa que la justifique y que conlleva unos principios y razones que le hacen digna de resaltar.

Sus principales razones se basan en:

1.- Un mayor número de jóvenes desarraigados, sin trabajo, con poca o nula vinculación a una familia ausente en gran parte de su vida, especialmente con el padre.

2.- Un miedo intenso a la soledad, lo que lleva al individuo a buscar la protección del grupo.

3.- El elemento violencia como mecanismo de unión entre los componentes del grupo.

4.- Búsqueda de una identidad propia que se obtiene a partir de la creación de un "enemigo común", elemento principal de cohesión del grupo, y,

5.- El grupo se potencia a través de diferentes actividades, sean delincuenciales o no, y de determinados consumos, como droga o alcohol, elementos ambos que desemboca y llevan, por otro camino, a esa violencia a la que antes no referíamos como mecanismo de unión.

3. REGULACIÓN JURÍDICA

El significado que al contexto "juvenil" vamos a darle en el presente artículo es el más lógico, el que nos permite, por otra parte, analizar no solo cualitativamente, sino también cuantitativamente el dilema, y este no puede ser otro que aquel que combina las teorías antes referidas con nuestro sistema jurídico. Nuestro cuerpo legislativo, civil y penal, y especialmente las leyes específicas, como en nuestro caso la Ley Orgánica Reguladora de la Responsabilidad Penal del Menor, nos ofrece el marco de referencia más delimitado.

La Ley Orgánica 4/1992 de 5 de junio, sobre reforma de la Ley reguladora de la competencia y el procedimiento de los Juzgados de Menores, fue promulgada como consecuencia de la sentencia del Tribunal Constitucional 36/1991, de 14 de febrero, que declaró inconstitucional el artículo 15 de la Ley de Tribunales Tutelares de Menores, entendiendo por menores a tales efectos a las personas comprendidas entre los doce y los dieciséis años.

Asimismo, configura al equipo técnico como instrumento imprescindible para alcanzar el objetivo que persiguen las medidas y termina estableciendo un procedimiento de naturaleza sancionadora-educativa, al que otorga todas las garantías derivadas de nuestro ordenamiento constitucional, en sintonía con lo establecido en la aludida sentencia del Tribunal Constitucional y lo dispuesto en el artículo 40 de la Convención de los Derechos del Niño de 20 de noviembre de 1989.

En la moción aprobada por el Congreso de los Diputados el día 10 de mayo de 1994, sobre medidas para mejorar el marco jurídico vigente de protección del menor, se aprueba el establecimiento de la mayoría de edad penal en los 18 años y la promulgación de una ley penal del menor y juvenil para la exigencia de responsabilidad penal para los infractores menores, orientada a la reeducación en base a las circunstancias personales, familiares y sociales. Este aumento de la mayoría de la edad penal a los 18 años, se materializa en el artículo 19 de la vigente Ley Orgánica 10/1995, de 23 de noviembre, del Código Penal que exige, a su vez, su regulación en una nueva ley independiente.

Así nace la Ley Orgánica 5/2000, de 12 de enero, Reguladora de la Responsabilidad Penal de los Menores (LORRPM), cuyos criterios orientadores han sido los contenidos en la doctrina del Tribunal Constitucional, especialmente en los fundamentos jurídicos de las sentencias 36/1991, de 14 de febrero, y 60/1995, de 17 de marzo, sobre las garantías y el respeto a los derechos fundamentales que necesariamente han de imperar en el procedimiento seguido ante los juzgados de menores.

En la LORRPM, aparte de su naturaleza materialmente sancionadora-educativa del proceso y sus medidas aplicables, es garantista de los derechos constitucionales en la exigencia del superior interés del menor, y marca diferentes tramos de edad a efectos procesales sancionadores.

En su Artículo (Art.) 1° se establece que "esta Ley se aplicará para exigir la responsabilidad de las personas mayores de catorce años y menores de dieciocho por la comisión de hechos tipificados como delitos o faltas en el Código Penal o las leyes penales especiales".

En su Art. 3° se dice que "cuando el autor de los hechos mencionados en los artículos anteriores sea menor de catorce años, no se le exigirá responsabilidad con arreglo a la presente Ley, sino que se le aplicará lo dispuesto en las normas sobre protección de menores previstas en el Código Civil y demás disposiciones vigentes".

Y la responsabilidad viene establecida en su Art. 5°, respecto de la comisión de "los hechos a los que se refiere el Art. 1° y no concurra en ellos ninguna de las causas de exención o extinción de la responsabilidad criminal previstas en el vigente Código Penal (la comisión de hechos tipificados como delitos o faltas en el Código Penal o las leyes penales especiales).

También se establece en dicha LORRPM que el interés de la víctima o del perjudicado por los hechos cometidos por los menores de edad está "protegido" por un principio de responsabilidad solidaria con el menor responsable de los padres, tutores, acogedores o guardadores (Art. 4°).

Por lo anteriormente expuesto definiremos como delincuencia "juvenil" las infracciones penales (delitos o faltas) cometidas por los mayores de 14 años y menores de 18, estableciéndose una triple clasificación:

a) Por una parte, aquellas personas, menores de 14 años para los cuales nuestra legislación penal establece una exención de responsabilidad penal.

b) Una segunda clasificación sería las personas cuya edad está entre los 14 y los 18 años, para los cuales el legislador marca una "responsabilidad disminuida", señalando además una gradación en dicha responsabilidad de acuerdo a dos tramos de edad, de 14 a 16 años y de 16 a 18 años.

c) Los mayores de 18 años que son considerados, salvo circunstancias atenuantes o agravantes, plenamente responsables de sus actos.

Esta normativa debemos considerarla plenamente cultural, propia de nuestro país, dado que, en otros países y culturas, funcionan, o siguen funcionando, consideraciones jurídicas de diferente orden al imperante en nuestro país. En un vistazo a otras legislaciones, podemos poner como ejemplo de mayorías de edad penal, con plena responsabilidad criminal, a países en los que a los 7, 8, 9 o 10 años se les juzga como adultos como en Singapur, EE.UU., Irlanda, Jordania o Inglaterra; en otros, Canadá, Grecia, Francia, Alemania, China, Rusia, Suecia lo hacen a los comprendidos entre los 12 y 14 años y, en otros, a partir de los 15 años, como Dinamarca, Finlandia, Noruega, Portugal, Polonia, Bélgica, Siria. (Rutter, Guiller y Hagell, 2000).

En la exposición de motivos de la LO 5/2000, en su apartado 4 se expone: "..., con base en la convicción de que las infracciones cometidas por los niños menores de edad son en general irrelevantes y que, en los escasos supuestos en que aquellas pueden producir alarma social, son suficientes para darle una respuesta igualmente adecuada los ámbitos familiar y asistencia civil, sin necesidad de la intervención del aparato judicial sancionador del Estado". En este mismo sentido se expresa Diez (2005) cuando dice: "podemos apreciar que el número y gravedad de las conductas delictivas realizadas por menores de 14 años son muy limitadas, por lo que no estaría justificado un adelanto de la edad en la que los menores pueden ser responsables penalmente".

Y yo sigo preguntándome ¿es esto conforme con la realidad?, ¿o queremos engañarnos a nosotros mismos?, y, por último, ¿quiere decir esto que hasta los 14 años no se alcanza la madurez en los niños, sea esta biológica, sociológica, psicológica o intelectual?

Podremos estar o no de acuerdo con la legislación de aquellos países, incluso con la del nuestro, pero lo que está claro es que la exclusión de responsabilidad penal no debe hacerse única y exclusivamente por razones de edad, a pesar de que penalistas de prestigio como Cobo del Rosal consideren que "la claridad de la norma debe establecerse previamente" (García Andrade, 1993), dado que nuestra legislación, así como la de la mayoría de los demás países, tienen en consideración dos factores, el conocimiento y la volición y "deberían" ser estos factores los que guiaran preponderantemente la intervención penal, dado que estos pueden ser alcanzados a edades más tempranas, y también más tardías.

Estoy totalmente de acuerdo con el Profesor García Andrade (1993) en su "solución" a este problema: "*Teóricamente todo debería solucionarse a través de un estudio pormenorizado de cada caso, huyendo de la rigidez de la Norma, fijándose la mayoría o minoría de edad según determinados factores, circunstancias y personalidad del sujeto delincuente, entendiendo que no hay dos conductas delictivas genéricas iguales, sino concretas infracciones penales debidas a una específica personalidad y a una especial coyuntura psicológica, ambas irrepetibles en sus caracteres y circunstancias*", y con ello decir que a edades de 14 años, y aún menos, el conocimiento y la voluntad están presentes en el comportamiento delictivo de estos menores, lo que, una vez demostrado por esos equipos técnicos de los que también habla la LORRPM (arts. 19.3 y 27), debería hacer posible la imputación penal.

4. ETIOLOGÍA DE LA DELINCUENCIA

No es la finalidad de este artículo un estudio en profundidad de todas las teorías sobre la violencia-delincuencia en general, o la juvenil en particular, sino describir aquellos aspectos que han tenido una mayor influencia en el desarrollo del pensamiento criminológico.

Desde el nacimiento de la Criminología se ha intentado, no solo comprender, sino también determinar el origen del delito y las razones que llevan al hombre (menor o adulto) a cometerlo, y esto se ha llevado a cabo desde diversas perspectivas, enfoques o teorías. La evolución histórica del pensamiento criminológico, contenido en las "escuelas", y nacido de las luchas entre ellas, aporta las teorías explicativas más importantes.

Es antes de esta época de lucha de las escuelas donde creemos que podemos situar el origen del pensamiento criminológico, superados los análisis no científicos de la antigüedad (demonología, ciencias ocultas, quiromancia, astrología), quedándonos tan solo con nuestra atención centrada en un pre-cientifismo y posteriormente en las más concretas teorías científicas.

4.1. Teoría antropométrica-antropológica

Como antecedente del positivismo criminológico, y como antecedentes de ésta teoría, debemos hacer una pequeña referencia a la **Fisionomía** (o Fisiognomía), como "estudio de la apariencia externa de los individuos, y de las relaciones entre dicha apariencia y su ser interno, es un conjunto de conocimientos de vieja raigambre" (Rodríguez Manzanera, 1981). Su representante más destacado, después de los graves "patinazos" de Zófiro y Exímenes, es Giovanni Batista della Porta

(1535-1616) que mantiene la interdependencia del cuerpo y del alma y señala determinados caracteres somáticos como de índole criminal (Rodríguez Manzanera, 1981, p. 180).

San Jerónimo es considerado su precursor cuando dijo "la cara es el espejo del alma y los ojos, aún cuando calle, confiesan los secretos del corazón".

De enorme importancia en esta corriente es el Marqués de Moscardi, quien siendo juez en Nápoles, impuso que al dictar sentencia se pronunciara la siguiente frase: "oídos los testigos de cargo y de descargo y vista tu cara y tu cabeza, te condeno a...", y también el Edicto de Valerio que decía: "cuando tengas dudas entre dos presuntos culpables, condena al más feo" (Rodríguez Manzanera, 1981, pp. 180-181).

Por otro lado, la **Frenología** (etimología griega de *fren,* mente y *logos*, conocimiento), puede considerarse como una continuación de la Fisionomía, y al igual que esta, como pseudociencia, la situamos en la época pre científica. Sostiene que cada función orgánica tiene su localización en un lugar del cerebro, incluido el comportamiento delictivo. Su desarrollo se reflejaba en la forma del cráneo, por lo que un estudio detallado de este podría llevarnos a la presunción de tendencias innatas. Su fundador, **Franz Joseph Gall** (1758-1828), nació en Tiefenbronn (estado federal de Baden-Wurtemberg, Alemania), quien tras analizar las cabezas de numerosos reclusos e internos en numerosas instituciones, penales y mentales, de toda Europa, elaboró su teoría de la "localización" y dibujó su conocido mapa craneal, que dividido en treinta y ocho áreas, predijo que en ellas residían todas las funciones psicológicas de la persona. Para Gall, el crimen "puede ser causado por un desarrollo parcial del cerebro, no contrarrestado; este desarrollo produce un exceso de determinado sentimiento que lleva al crimen, así el robo es resultado de un exceso de sentimiento de propiedad; lesiones y homicidio por un exceso de sentimiento de defensa; los delitos sexuales por un exceso de sentimiento reproductivo, etc." (Rodríguez Manzanera, 1981, p. 184).

Uno de sus más destacados seguidores, y de gran importancia para la ciencia criminológica, fue **Mariano Cubí y Soler**, nacido en Malgrat del Mar (Barcelona), el 15 de diciembre de 1801. Como resumen de sus principios frenológicos resaltamos que: las facultades del hombre son innatas; que el cerebro es el órgano del alma o mente y, que el tamaño de sus partes es una medida de su potencial mental. Como resultado del primero de los principios mencionados desarrolló, muchos años antes de que lo hiciera Lombroso, la teoría de que existe un criminal nato (García-Pablos, 1999; Rodríguez Manzanera, 1981).

Para los clásicos (la iusnaturalista Escuela Clásica, de la que se dice que no tuvo existencia real, sino que fue creada por los positivistas para dirigir contra ella sus críticas), las teorías criminológicas se basaban en la consideración de la igualdad de todos los hombres, cuyo "*libre albedrío*" les puede llevar a cometer hechos considerados irracionales (delitos), hechos que pueden ser explicados por causas situacionales específicas.

Dentro de la considerada época científica, y en relación con las Escuelas, nos referiremos a determinadas teorías con, entre otros, los más destacados representantes de cada una de las Escuelas.

4.2. Teoría Biologicista-Psicologicista

Próxima a alguno de los principios del positivismo criminológico, considera la delincuencia como producto de algún tipo de patología, disfunción o trastorno orgánico, que constituye el factor diferencial explicativo de la conducta del delincuente (García-Pablos, 1996, 1999; Herrero, 2008).

Como bien dice García-Pablos (1999), estas teorías son de alto nivel empírico, clínico y terapéutico, fuertemente ancladas en el positivismo criminológico (el hombre delincuente y el no delincuente son diferentes) y difícil de generalizar, dado que la relación causa-efecto solo es válida para el caso concreto estudiado. Es por eso por lo que, si bien el enfoque biologicista puede ser útil en casos concretos, hemos de tender a una explicación científica pluridimensional del individuo como un ser compuesto de alma y cuerpo (soma y psique) que se ha desarrollado en el seno de una familia determinada, en una sociedad determinada y en condiciones psico-socio-ambientales determinadas (Herrero, 2007).

La base de este pensamiento lo encontramos en la Escuela Positiva (positivismo criminológico) y en su lucha con el resto de las Escuelas jurídico-penales, en una reacción especial a la Escuela Clásica (Beccaria, Bentham, Carrara). Una de las ideas de los integrantes de la Escuela Positiva era el estudio del delincuente desde la fenomenología y la tipología, lo que abre la puerta a la clasificación y la tipificación.

Sus orígenes más remotos están enraizados en la **Antropometría** (identificada con la Antropología, ver apartado anterior), especialmente con base social y cultural, desde la cual se hipotetizaba sobre determinadas correlaciones entre medidas corporales e inclinación delictiva. Entre sus figuras podemos destacar a **Alphonse Bertillon**, nacido en París (Francia), el 23 de abril de 1853. Policía de profesión, su método de análisis, el "Bertillonaje" estaba enfocado única y exclusivamente a la identificación de los delincuentes a través de determinadas medidas corporales, sin relación alguna con las teorías biológicas u otra cualquiera explicativa de la acción criminal.

Sí tiene relación con estas teorías la **Antropología**, la Antropología Criminal de base biológica lombrosiana (ver Congresos Internacionales de Antropología Criminal en Rodríguez Manzanera, 1981, pp. 222-226). Lombroso, si bien desarrolló una de las mas grandes tipologías de delincuentes (a las que nos referiremos posteriormente), fue un autor bastante difamado, especialmente por sus teoría de base antropológica, desde la perspectiva morfológica, psicológica o sociológica.

El primer positivista, y uno de los pioneros más emblemáticos de la Escuela, "tipificador" de delincuentes, fue **Cesare Lombroso**, nacido en Verona (Italia) en 1835, representante del pensamiento antropo-biologico. Es conocida su hipótesis sobre el *"hombre atávico"*, hombre nacido con anomalías corporales y mentales, de transmisión genética, lo que les convierte en "criminales natos", especie infrahumana del ser, aunque algunos autores no coinciden en esta identificación (García-Pablos, 1999).

Uno de sus mayores detractores fue **Charles Buckman Gorin**, nacido en Inglaterra en 1870. Gorin fue el propulsor del empleo del método estadístico para el estudio de los biotipos criminales. Su teoría criminal está basada en la "*diátesis*", la proclividad o inclinación de una persona a la comisión de un delito.

Otra figura a destacar es el antropólogo americano **Earnest Albert Hooton**, nacido el 20 de noviembre de 1887 en Clemansville (Wisconsin), y su "*Teoría de la Inferioridad*". De tendencia lombrosiana es crítico con la obra de Gorin, especialmente de su método estadístico. Aunque no es un tipologista, confecciona una relación biotipológica de la persona en relación con el tipo de delito y establece que existen diferencias importantes entre delincuentes y no delincuentes, siendo los primeros inferiores en cuanto a sus medidas corporales, inferioridad que considera de origen hereditario.

Aunque, de forma general, se considere la publicación de la obra de Lombroso "Tratado antropológico experimental del hombre delincuente" como el origen de la criminología como ciencia, hemos de volver la vista un poco atrás y contemplar una figura de referencia, Thomas More (Tomás Moro), nacido en Londres el 7 de febrero de 1478, quien en su búsqueda de una organización social ideal escribe su gran obra, Utopía (pensamiento utópico). En su sociedad ideal, la criminalidad (delincuencia) sienta sus raíces en factores sociales, culturales, políticos y socioeconómicos.

Desde el punto de vista de la psicología, se explica el comportamiento delictivo por la acción de determinados procesos psíquicos, sean estos normales o patológicos. Los patológicos están estudiados por la Psiquiatría como trastornos de la personalidad relacionados con la acción criminal; la Psicología estudias estos mismos comportamientos como cualquier otro comportamiento humano.

Desde este punto de vista, merece una mención especial el modelo psicodinámico, de Freud.

4.3. Teoría de la herencia genética

Dentro de esta teoría incluiremos a Eysenck (1964, 1983), para quien el delincuente posee dos tipos de rasgos, el emocional y el de la capacidad para responder ante determinados estímulos (Herrero, 2008).

4.4. Teorías sociológicas

Contempla la delincuencia como un fenómeno "social", si bien su explicación puede contemplarse desde diferentes enfoques.

4.4.1. Deficiente socialización

Para esta teoría, la delincuencia tiene su origen en la deficiente socialización de los individuos, bien por un deficiente aprendizaje en las primeras etapas de escolarización, bien por un desarrollo grupal o de subculturas pseudo-delincuenciales.

Fuera de Italia y de nuestras fronteras, esta orientación sociológica de la delincuencia, contraria a la orientación antropológica y a la de la Escuela Positiva italiana, en especial a la teoría biológica y al pensamiento lombrosiano, la encontramos en la Escuela de Lyón (Francia), o Escuela Sociológica, en las figuras de **Alexandre Lacassagne**, nacido en Cahors (Francia), con su Teoría Microbiológica del Delito, y en la de **Gabriel de Tarde**, nacido en Sarlat (Francia), en el mismo año que Lacassagne, 1843, cuya teoría sociológica gira en torno a los conceptos de imitación e innovación, con especial interés en las estadísticas de criminalidad.

Para Lacassagne, si bien los factores individuales son factores criminógenos de importancia *predisponente*, serían los factores sociales los verdaderamente *determinantes* del comportamiento criminal por lo que un cambio en estos factores incidiría directamente, positiva o negativamente, en la criminalidad de los sujetos (García-Pablos, 1999).

Para Tarde, el concepto de la imitación, como factor criminógeno, está directamente relacionado con la noción de relación proximal. En las grandes ciudades, o en determinados barrios, es donde este fenómeno se produce con mas intensidad, aumentando puntualmente en el tiempo con la aparición de las "modas" o incluso las "costumbres" (Vázquez, 2003).

Como precursores de éstos podemos destacar a Adolphe Quetelet, con su idea de la "deprivación relativa" y a Guerry y la utilización de sus mapas ecológicos.

Lambert Adolphe Jacques Quetelet, nació en Gante (Bélgica) el 22 de febrero de 1796. Fue un gran matemático y astrónomo en cuya profesión utilizó las ciencias probabilísticas y estadísticas, siendo el primero en aplicarlas a la sociología. Es considerado el padre de la estadística moderna.

André Michel Guerry, nacido en Tours (Francia), el 24 de diciembre de 1802, junto con Quetelet, establecen la escuela cartográfica de criminología. Presentó una teoría antropométrica del hombre medio, con medidas de determinados grupos de rasgos humanos. Su gran obra fue "Essai sur la statistique morale de la France" con la que introduce el uso de la estadística en el estudio de los fenómenos humanos, especialmente en la criminalidad. Se le considera el fundador de la escuela cartográfica.

Para **Enrico Ferri**, nacido en Mantua (Italia) en 1856, otro de los grandes representantes de la Escuela Positiva, de profunda orientación sociológica, la delincuencia no es solo consecuencia de anomalías biológicas, sino también físicas (temperatura, estaciones, climatología) y sociales (población, familia, educación).

La orientación sociológica de Ferri, el positivismo criminológico, y el movimiento antropológico, tiene su representante en España en la persona de Rafael Salillas, nacido en Angüés (Huesca), en 1854. De formación médica y experto penitenciario realizó importantes observaciones de gran fondo criminológico. Se le considera el fundador de la Escuela de Criminología.

El último miembro a considerar de la Escuela Positiva es **Raffaele Garófalo**, nacido en 1852, en Nápoles (Italia), y conocido por su concepto y definición de "delito natural". De base jurídico-penal y crítico con la criminalidad antropológica y los conceptos de sus compañeros de escuela Lombroso y Ferri. Para Garófalo conductas delincuenciales son aquellas que ofenden los sentimientos de piedad y probidad de cada sociedad en su contexto temporal, basándose en una, para él, estrecha correlación conceptual entre "delito" y "delincuente", y los que cometen dichas acciones son personas con anomalías psíquicas y/o morales.

Franz von Liszt, nacido en Viena (Austria), en 1851, encuadrado en la Escuela de Marburgo o Joven Escuela (dentro de las consideradas eclécticas), es contrario a todos los anteriormente mencionados. En su teoría del delito concede a este una causa "naturalista", siendo resultado de la confluencia de la predisposición personal, del momento y lugar y de sus circunstancias específicas.

4.4.1.1. Teoría ecológica

También conocida por Teoría de la Escuela de Chicago, lugar de nacimiento de la sociología criminal del pensamiento americano. Basada en una atenta observación de los problemas sociales surgidos en la Chicago de los años 20, y que aún hoy día mantiene su vigor y explicación, tiene como representantes a sociólogos de la talla de Anderson, Burgess, Mackenzie, Mckay, Park, Shaw, Weber, y otros (Muñoz y Navas, 2004).

Relaciona la teoría sobre el surgimiento y la formación de las ciudades antiguas con unos estudios sociales sobre la delincuencia y la calidad de vida de los ciudadanos, es decir el desarrollo de los centros urbanos y el aumento de la delincuencia. Como sabemos, las ciudades antiguas se formaban en círculos concéntricos alrededor de elementos o edificaciones que contenían el factor principal de desarrollo económico, o bien de seguridad, de la futura urbe. En zonas del interior estos elementos serían los cruces de caminos de las caravanas comerciales, los castillos reales o de los señores feudales, o bien conventos o monasterios. En zonas fluviales o marítimas, estos sitios serías los puertos.

Esta teoría postula que es el ambiente el primer causante del delito, pero en este "ambiente" influyen determinados factores que modifican la tendencia e intensidad del delito. Por una parte, nos encontramos con los elementos físicos del terreno, como puede ser el trazado de las calles, su estructura, la existencia de zonas abiertas, la iluminación, zonas oscuras o de sombra, etc., aspectos básicos para evaluar y proyectar protocolos de actuación. Por otra, nos encontramos con aquellos elementos no sometidos a posible manipulación por las autoridades, tales como las características meteorológicas, la climatología, etc.

Para Park (1915), determinadas áreas urbanas constituyen unidades geográficas individualizables e individualizadas. Esta afirmación lleva a Burgess (1973) a establecer un mapa radial de la ciudad de Chicago, que divide en 4 zonas concéntricas:

1.- La primera zona es la zona de lujo o central, primer cinturón de la ciudad en el que reside la mayor actividad comercial de la urbe. En ella se encontraban los grandes centros comerciales, los centros de actividad económica (bancos, aseguradoras), de ocio (hoteles, salas de fiestas y recreo), constituyendo el punto de "interés" de todo tipo de delincuencia. Sin embargo, el deterioro de los centros urbanos y los planes de desarrollo hacen que los primeros residentes abandonen esta zona y se dirijan a zonas mas alejadas, menos contaminadas, menos ruidosas, mas tranquilas. Estas zonas primarias actualmente están habitadas por una gran diversidad de razas y nacionalidades, manteniendo una actividad comercial básica.

2.- La segunda, es denominada como zona de transición, los antiguos suburbios. En ella se encuentran ubicadas las industrias. Es la zona de asiento de la población con menos recursos económicos, flotante o inmigrante. Los cambios provocan que estas industrias se alejen del centro hacia los hoy denominados polígonos industriales, permaneciendo sus obreros en estas zonas.

3.- La tercera se conforma por la aplicación de los proyectos de desarrollo urbano de las ciudades. Es el lugar de residencia de los trabajadores empleados en las industrias que existen-existían en la segunda zona, trabajadores de tipo social medio-bajo, pero con una aceptable calidad de vida. Por sus condiciones estructurales, de seguridad y de protección son lugares preferidos para determinado tipo de delincuencia.

4.- Por último, la cuarta zona, la más alejada de la zona central, es una zona residencial, aquella ocupada por personas de alto poder económico. Los pobladores de esta zona provienen, en su mayoría, de los residentes en la primera zona, cuando esta era la más importante en el primer desarrollo urbano. La propia categoría de las personas (política o económica), sus sistemas control de acceso, vigilancia y protección hacen que la delincuencia la evite.

Los movimientos detectados nos llevan a unas conclusiones iniciales:

a) Los niveles de delincuencia se centran en las primeras zonas, siguiendo, en sentido inverso, la movilidad poblacional. En estas zonas es donde el deterioro económico y social es mayor. En ellas se presentan graves problemas laborales, deterioros culturales, pérdida de valores, problemas familiares, además del deterioro estructural y urbano.

b) La delincuencia disminuye conforme se aleja uno de la zona central, primaria.

c) La delincuencia no radica tanto en las diferencias individuales, sino en las características intrínsecas de los barrios en los que se vive (Shaw y Mckay, 1972).

4.4.1.2. Teorías del aprendizaje

Estas teorías intentan explicar cómo se aprende el comportamiento violento o delictivo, en base a un proceso evolutivo basado en un aprendizaje vicario y de imitación que llega a constituir una respuesta a determinadas situaciones personales. Como ya hemos dicho, los factores personales, biológicos y psicológicos pueden predisponer a la persona a un determinado tipo de comportamiento pero, sin duda, es el entorno medioambiental y social el verdadero factor desencadenante. Si a ello unimos una falta de punición y una obtención de beneficios a través, y por, esos comportamientos, el efecto de refuerzo los consolidará.

Dentro del contexto social de esta teoría que, además de aprendizaje social, también se conoce con los apelativos de vicario, observacional, cognitivo social, modelado o de imitación (Bandura 1969; Bandura y Walters, 1963).

Bandura (1987), es su máximo exponente. Explica la conducta humana como "la interacción recíproca y continua entre los determinantes cognoscitivos, comportamentales y medioambientales", señalando la especial importancia que esta interacción produce en los niños y jóvenes para su modelamiento conductual.

Para Bandura todo proceso de modelado sigue un determinado "programa" en base a la observación de la conducta o el comportamiento del modelo. Estos pasos serían: a) La observación con atención, necesaria para todo aprendizaje; b) La retención, el almacenamiento en nuestra memoria a largo plazo de los hechos para poder pasar a c) La reproducción, la capacidad de traer a nuestra memoria operativa aquello que está en nuestro almacén de memoria y, por último, d) La motivación, como el elemento fundamental de los procesos cognoscitivos y volitivos.

Este aprendizaje social presenta numerosas ventajas frente a los aprendizajes realizados por medio del condicionamiento operante. En primer lugar, es fácil, dado que los ejemplos pueden ser numerosos y su conocimiento y, por ende, aprendizaje, no necesita de la experimentación personal; en segundo lugar los medios en los cuales pueden producirse son también numerosos, familia, escuela, pares de iguales, bandas, etc.; también es fácil de reforzar, y sus castigos, de haberlos, pueden resultar insignificantes.

A esta teoría, por parte de Feldman (1978), se le añaden los factores cognitivos y de situación como de influencia en un aprendizaje vicario, modulándolo y consolidándolo como señal que "activaría" la producción de una conducta antisocial (Muñoz y Navas, 2004).

4.4.1.3. Teoría de la asociación diferencial

Dentro de esta teoría, tiene cabida el pensamiento de Sutherland (1947) sobre el aprendizaje en relación con los tipos de contactos sociales y su frecuencia. Cuando una persona mantiene más contactos con personas de comportamiento desviado que con aquellos cuyo comportamiento es prosocial, acabará aprendiendo y manifestando aquellos comportamientos, con mayor frecuencia que éstos y, además, justificándolos. También denominada de los contactos diferenciales, mantiene que el comportamiento social es aprendido, máxime cuando se mantiene una estrecha relación con otros individuos cuyo comportamiento, insocial o prosocial, puede adoptar manteniendo hacia ellos una determinada actitud.

4.4.1.4. Teoría de las subculturas

Junto a la anterior, y en relación con ella, prestaremos atención a Cohen (1955) y a su Teoría de las Subculturas, dado que en ella centra el tema de la delincuencia juvenil.

Una subcultura es una estructura social formada por grupos que se apartan de la forma de comportarse de la mayoría, ejemplos de estas subculturas serían las pandillas o las bandas (Muñoz y Navas, 2004). Ello está motivado por el intento de consecución de todos aquellos bienes que la propia sociedad determina como necesarios y de la injusta situación que padecen por no poder acceder a estos bienes.

El proceso de la asociación o de las diferentes relaciones que una persona puede mantener, no solo le lleva a un aprendizaje vicario, sino que también puede llevarle a la asunción de una determinada forma de enfrentarse a los problemas que surgen en su entorno, en especial el adaptativo, en el mismo sentido en que lo solucionan sus grupos de referencia con los que integra la subcultura, y en sentido contrario a las manifestadas por el resto de la sociedad.

4.4.2. Teorías de la estructura social defectuosa

4.4.2.1. Teoría de la anomia

El término "anomia" de acuerdo al Diccionario de la Lengua Española, tiene varios significados. El primero de ellos es "ausencia de ley". El segundo, y para nosotros más importante, dado que se contempla desde el punto de vista psicológico y social se entiende como "conjunto de situaciones que derivan de la carencia de normas sociales o de su degradación".

Esta teoría fue elaborada por Merton (2002) en base a este mismo concepto elaborado por Durkheim (1989, 1987) hace un par de siglos, y que él modifica.

Para Durkheim (1989) el término anomia abarcaba el proceso de pérdida de los valores de una sociedad ante una súbita transformación evolutiva que lleva a las personas a ver rotas sus aspiraciones o ambiciones respecto al bienestar y que adoptan *conductas o comportamientos desviados*, siendo este tipo de comportamiento una forma específica de respuesta a esas presiones sociales. Por conducta o comportamientos desviados, se entienden aquellos que se apartan de las normas que los miembros de una sociedad se han dado para su convivencia pacífica, que no tienen porque constituir un delito, dado que determinadas transgresiones no tienen porqué caer en la ilegalidad.

Durkheim, pionero en teorías de la desviación, considera que esta ausencia de normas, o la degradación de las mismas, desempeñan un papel muy importante en los casos de suicidio, dado que debilitan no solo la moral social, sino también la individual.

Merton (2002), con este término, con el que identifica también a la desviación, se refiere a la presión que sobre los ciudadanos ejercen normativas que constriñen la realidad social. Ante esta situación, determinado tipo de individuos, reaccionan con comportamientos violentos y delictivos de tipo común, cultural y/o político, creando una frontera en una de cuyas partes se colocan aquellos que aceptan la norma y, en la otra, aquellos que la rechazan. Para Merton dentro del entramado social existe, por una parte, una dificultad cultural que establece una disociación entre miembros de esa misma sociedad y, por otra, la propia sociedad se "jerarquiza" formando estratos que ocupan posiciones diferentes respecto a los restantes bienes, comodidades o recursos de que dispone. Estos desequilibrios que provocan la gran desigualdad en cuanto a oportunidades que algunos miembros pueden alcanzar, son la causa de las disfunciones que pueden presentarse frente a las normas y los valores preponderantes en una sociedad.

Merton identifica diferentes modos de adaptación individuo-norma. Uno es la *conformidad*, por la cual se aceptan los fines y los medios para conseguirlos. Otra forma sería la *innovación*, a través de la cual se rechazan los medios como obsoletos para solucionar un problema actual. Otro modo sería el *ritualismo*, por el que se rechazan los fines o metas. La rebelión, si bien puede constituirse como la metodología más violenta, rechaza tanto fines como medios, pero ofrece una posible alternativa. Por último tenemos el *retraimiento* que, como la anterior, rechaza fines y medios, pero en este caso no se promueve una alternativa, manteniéndose el individuo en pasividad.

4.4.2.2. Teoría del control o arraigo social

Para Hirschi (1969) existen dos tipos o agentes de control, el interno, ejercido por el propio individuo, y el externo, ejercido por la propia sociedad (autocontrol y control social).

Es la propia sociedad la que, a través de sus estructuras, presiona a los ciudadanos para que adopten determinados modelos de comportamiento y así evitar la violencia y la comisión de delitos. Es también el individuo, de acuerdo a su escala de valores, el que, voluntariamente, se adhiere a dichas normas en su interrelación con los otros elementos de la sociedad, a través de las cuatro variables establecidas por Hirschi (1969), el afecto, el compromiso, la participación y la creencia (Muñoz y Navas, 2004; Vázquez, 2003).

Para entender la conducta violenta como decisión personal (de acuerdo con la teoría del autocontrol), Hirschi y Gottfredson (1994) consideran relevantes la familia, la escuela, el nivel de oportunidades y la edad, como moduladores de la tendencia humana a utilizar determinados medios e instrumentos válidos para la consecución de sus intereses particulares.

4.4.2.3. Teoría de la desigualdad de oportunidades

Desarrollada por Cloward y Ohlin (1960), combina elementos de otras tres teorías, anomia, asociación diferencial y de las subculturas.

Entre los diversos estratos sociales existen grandes diferencias, no solo en los recursos económicos disponibles en cada uno de ellos, sino también en las posibilidades de acceso a poder alcanzar determinadas metas sociales o culturales. Ante esta situación los individuos menos favorecidos no pueden, por la existencia de determinadas normas, acceder a la consecución de determinados objetivos, por lo que tienen que acceder a los mismos por medios ilegítimos, convertirse, o adoptar, una posición conformista.

Si en el estrato social en el que el individuo se mueve predomina un comportamiento violento o de delincuencia, el aprendizaje vicario se instalará y se adoptará ese mismo papel violento o criminal. En otros casos, es posible que se adopten formas de vida alternativas en relación con las subculturas existentes.

De acuerdo con los barrios podemos encontrarnos con diferentes tipos de subculturas: a) la criminal, predominante en barrios de clases bajas y estables, con personas conocidas y la delincuencia como una forma de vida adoptada y aceptada por la comunidad. Los jóvenes "aprenden" de los adultos y quedan inmersos en dicha subcultura; b) la del conflicto, en barrios desorganizados socialmente, poco estables y en los que la forma de vida y residencia general es el anonimato entre ellos. En estos barrios no se disponen de tantos medios ilegítimos para ejercer la delincuencia, pero la violencia está presente en sus relaciones, y c) la del abandono, que sin haberse insertado en ninguna de las anteriores eligen otras formas de vida en torno a adicciones u otro tipo de evasión (Muñoz y Navas, 2004; Vázquez, 2003).

4.4.2.4. Teoría de la tensión o de la frustración

La teoría de la desigualdad de oportunidades en las clases menos favorecidas lleva a sus individuos a una situación de tensión y, por ende, a una frustración, que para Agnew (1992) puede ser de tres tipos: a) la derivada del fracaso en el logro de sus metas u objetivos, con todas las consecuencias negativas que para el individuo puede llevar consigo; b) la procedente de la pérdida de lo ya conseguido, y c) la propia exposición a situaciones negativas.

La frustración se genera cuando la persona no obtiene de los demás el reconocimiento y el trato que considera merece, y esta puede llegar a desembocar en comportamientos desviados o delincuenciales.

4.5. Teoría del "Labeling approach" ("etiquetamiento")

Las instituciones o las autoridades que dirigen las naciones (gobierno, policía, sistema judicial), en su control sobre los ciudadanos suelen ser, por desgracia, la principal fuente de etiquetamiento de determinados grupos o individuos. Cuando uno de estos elementos, grupo o individuo, cometen un hecho considerado contrario a la convivencia social o normativa establecida, suele "etiquetársele" como rebelde, inconformista, delincuente, separatista o terrorista, acto que conlleva, por una parte, la estigmatización del etiquetado (primaria), que puede llevar al autoconvencimiento, por la aceptación de esta etiqueta y, a partir de ese momento, comenzar verdaderamente a comportarse como tal (secundaria). Es decir, se considera que la delincuencia y la violencia es un resultado del control social, por lo que esta teoría podría considerarse mejor como etiología de la criminalización, que de la criminalidad.

4.6. Teorías integradoras

Al igual que la teoría de la desigualdad de oportunidades (Cloward y Ohlin, 1960) combina elementos de otras varias teorías (anomia, asociación diferencial y de las subculturas), y es tratada con su propia individualización, otras se "acogen" a denominaciones genéricas de integración.

Entre ellas, diferentes autores (Garrido y Montoro, 1992; Muñoz y Navas,2004; Vázquez, 2003) proponen la de Farrington, Ohlin y Wilson (1986), integradora de otras teorías como la del aprendizaje social, la asociación diferencial, control, desigualdad de oportunidades o de las subculturas.

Para Farrington (1992), la delincuencia surge de un proceso interactivo entre el individuo y el ambiente, proceso que se desarrolla en cinco etapas:

a) Surge el motivo para delinquir. La motivación está basada, principalmente, en la consecución de bienes materiales y de prestigio (social) y de la búsqueda de sensaciones.

b) Para conseguir lo anterior, se busca el método de satisfacerlos, sea este legal o ilegal, dependiendo de la situación o categoría social de cada individuo. Los que no disponen de recursos y/o pertenecen a clases sociales bajas o desfavorecidas recurrirán, generalmente, a los medios ilegales.

c) La motivación para conseguir determinados bienes o prestigio a través de medios o métodos ilegales está modulada por valores o creencias personales acerca de la ley y la justicia.

d) Estos valores y creencias, a su vez, son ponderados de acuerdo a la situación puntual e inmediata del individuo y la posibilidad de obtención de un determinado resultado, sea este positivo o negativo.

e) Las consecuencias de la adopción de un comportamiento u otro, en relación con los resultados obtenidos, formarán parte de las decisiones de futuro del individuo.

4.7. La delincuencia de "cuello blanco"

Concepto creado por Sutherland en 1939 para describir aquellos delitos cometidos por personas que, al contrario de lo expuesto en las teorías anteriores (del labeling approach o etiquetamiento, de las subculturas, etc.), pertenecen a estratos socio-económicos de clase media, media alta o alta, con gran inteligencia práctica y/o cultural, sin que en ningún momento hayan sufrido ningún tipo de marginación, ni hayan estado expuestos a ella.

Su único objetivo es una búsqueda patológica de ganancias, por lo que su perfil estaría muy cerca de otras figuras como la del ludópata, del estafador o del psicópata con afán de notoriedad, en las que el narcisismo y el egocentrismo marcan la diferencia, si bien su rechazo social es menor que para el resto de los delitos y que, en numerosas ocasiones, ha sido entendido y justificado en una sociedad en la que parece ser que el "éxito económico" es el único de sus valores.

Esta situación deja en evidencia a teorías que, basadas en causas biológicas, psicológicas o sociales (nivel de pobreza, marginación, falta de oportunidades), hacen un análisis etiológico de la violencia o de la delincuencia y que causan, a su vez, menor alarma social que delitos cometidos por los otros individuos, aún en el caso de que sus consecuencias puedan ser mas graves, bien por su entidad económica, por la cantidad de afectados, o por naturaleza de estos.

Todo lo dicho anteriormente ni significa, ni quiere decir, una ausencia de violencia y/o peligrosidad, si bien pueden aparecer "enmascaradas" por el tipo de delito y la personalidad del delincuente.

Pozueco (2011) los llama predelincuentes, psicópatas con éxito o integrados y son *"individuos psicopáticos que, sin ser técnicamente delincuentes, mantienen una constatada estabilidad de los rasgos psicopáticos a los largo de sus vidas y que, en muchos casos, logran triunfar en profesiones socialmente bien consideradas"*. La diferencia con los demás psicópatas son unos caracteres personales, sociales y familiares diferenciadores: la familia, su inteligencia, sus habilidades sociales, su empleo, profesión o cargo, etc. Esto hace que puedan en numerosas ocasiones eludir sus responsabilidades penales y, por ende, la cárcel, dado que les concede una fachada de normalidad personal y social. Pone como ejemplos de esta tipología a Luis Roldán, que fue Director de la Guardia Civil en 1986 y a Mario Conde, que fue Director del banco Banesto en 1987.

5. PERFILES Y TIPOLOGÍAS DE LOS DELINCUENTES JUVENILES

Antes de iniciar el tema dando características de personalidad de estos individuos, debemos de partir de un total conocimiento, cognitivo y volitivo, saber y querer, de los individuos respecto de sus actos con independencia de si desde el punto de vista legal o jurídico se les considere imputables, semiimputables o inimputables, dado que, en caso contrario, estaríamos ante personalidades perturbadas o enfermas que anularían la confección de un perfil.

Desde hace ya muchos años, en el ámbito del estudio de la personalidad, se tiene la idea de que la explicación de la conducta hay que basarla en el cuerpo, dado que sus elementos, humores, nervios, neurotransmisores, etc., son su causa última (Barrio, 1995).

La idea de esta orientación, de base biotipológica, en el estudio de la psicología de la personalidad, se fundamentaba en el establecimiento de tipos biológicos y/o psicológicos generales dentro de los cuales clasificar los individuos. La primera orientación fue la constitucionalista iniciada por los médicos de la antigua Grecia, estableciendo tipos biológicos que poseían determinadas características psicológicas asociadas al tipo. Asumían que el comportamiento dependía de variables orgánicas de carácter estable, más que de variables situacionales, sin excluirlas completamente.

La posibilidad de clasificar, describir y explicar el comportamiento humano y sus diferencias, viene de muy antiguo, lo que hace difícil fijar unas fechas determinadas. No obstante se considera que uno de los primeros intentos de tipificar a las personas a través de estos elementos fue debido a Teofrasto (372-288 a. de C.) quien elaboró el primer intento de tipificar y describir las diferencias individuales (persona-tipo) en base a los rasgos y conductas que les caracterizaban (Bermúdez, 1994).

Hipócrates (460-377, a. de C.) genera sus ideas de los temperamentos a partir del establecimiento de una relación entre los humores corporales (sangre, linfa o flema, bilis negra y bilis amarilla) y los cuatro elementos de la naturaleza (tierra, agua, aire y fuego), si bien fue Galeno (130-200 d. de C.) quien elaboró la teoría hipocrática y estableció los cuatro tipos temperamentales: el colérico, en el que predominaba la bilis amarilla; el melancólico, con predominio de la bilis negra;

el sanguíneo, en el predominaba la sangre y, por último el flemático, en el que su predominio era la flema o linfa.

Pero fue Kretschmer (1888-1964), representante de la orientación somática de la personalidad, quien establece una relación entre personalidad-carácter, con el temperamento y la constitución física. Sus tipos, en base a esta relación, fueron denominados asténico (leptosomático), atlético, pícnico y displásico con las características que a continuación se relacionan.

El tipo leptosomático, que se corresponde con una geometría vertical tendría el cuerpo estrecho, largo y delgado, hombros estrechos, cabeza pequeña, nariz puntiaguda, piel anémica y seca, etc. El atlético, de geometría triangular, tendría un fuerte desarrollo muscular, epidérmico y esqueletal, con un fuerte desarrollo de sus extremidades, tronco y hombros fuertes y anchos y una cabeza grande. El pícnico, de geometría circular, estaría caracterizado por un incremento de grasa, vientre abultado, extremidades cortas, manos anchas, cabeza redonda y grande y cuello corto. Por último, el displásico sería una persona tanto exagerada en sus medidas, obesidad y/o gigantismo, o bien de tipo eunuco, procedentes de una posible alteración metabólica.

En su relación temperamento-psicopatología, Kretschmer establece que los leptosomáticos son tendentes a la esquizofrenia, en tanto que los pícnicos lo son a la manía-depresión. En relación con los temperamentos psicóticos establece los tipos esquizoide (no son esquizofrénicos, pero presentan rasgos semejantes), y cicloide (que presenta rasgos de temperamento maniaco-depresivo). Pero para no sobrepasar los límites de la personalidad "normal" y entrar en la patológica, Kretschmer construye dos tipologías para permanecer en esta zona, el esquizotímico y el ciclotímico. Entre sus características psicológicas, el ciclotímico suele ser amable, sociable, alegre, con sentido del humor y a manifestar cambios cíclicos de humor. Por su parte el esquizotímico, sería reservado, tímido, serio y poco sociable.

Sheldon es el más conocido en lo que respecta a la tipificación de tipos somáticos, basados en las mediciones de determinadas partes del cuerpo, en relación con dimensiones temperamentales y comportamentales y aspectos psicopatológicos.

De acuerdo con Sandín (1994), Sheldon parte de tres presupuestos: *a) que la estructura corporal externa refleja otros factores biológicos o morfogenéticos (herencia, fisiología, etc.), b) que estos factores biológicos determinan y limitan nuestras tendencias comportamentales, y c) que estas tendencias (temperamento) pueden predecirse a través de la configuración somática.*

Establece tres tipos en relación con un mayor o menor desarrollo de las capas embriológicas (blastodermo) y su correspondiente temperamento, dotado cada uno de unas determinadas características. El endomorfo, de constitución suave y gruesa y poco desarrollo muscular y óseo (correspondencia con el pícnico de Kretschmer). El mesomorfo, de constitución atlética y musculosa (correspondencia con el atlético de Kretschmer). Por último, el ectomorfo, de constitución delgada y frágil con poco desarrollo visceral (correspondencia con el leptosomático de Kretschmer).

Estas dimensiones morfológicas se corresponden con unas determinadas dimensiones temperamentales y comportamentales, denominadas viscerotonía, somatotonía y cerebrotonía. El endomorfo-*viscerotónico*, son personas extrovertidas, sociables, de reacciones lentas, tendentes a la comodidad y el buen comer. El mesomorfo-*somatotónico*, son personas activas y agresivas, competitivas, amantes del deporte y la aventura, asertivas y osadas, con afán de poder y dominio. El ectomorfo-*cerebrotónico*, posee un carácter introvertido, reprimido y moderado, tímido y solitario, con pocas habilidades sociales.

Esta dimensiones morfológicas y comportamentales están unidas a dimensiones psicopatológicas en el siguiente sentido. El endomorfo-viscerotónico-*afectivo* con tendencia a las psicosis maniaco-depresivas; el mesomorfo-somatotónico-*paranoide* (psicosis paranoide) y el ectomorfo-cerebrotónico-*heboide*, por su similitud al comportamiento esquizofrénico hebefrénico.

En la siguiente tabla se relacionan estas dimensiones:

Tipo Somático	Comportamiento	Patología
Endomorfo	Viscerotónico	Afectivo
Mesomorfo	Somatotónico	Paranoide
Ectomorfo	Cerebrotónico	Heboide

En referencia a su posible actividad delictiva, los endomorfos estaban inclinados a una delincuencia ocasional y delitos como fraudes o estafas. El mesomorfo era más propenso a una delincuencia y mayor violencia habitual por lo que sus actos estaban cargados de ella y sus especialidades delictivas serían los robos, atracos y delitos contra las personas que podían llegar hasta dar muerte. El ectomorfo era más propenso a los robos o hurtos.

En relación con la infancia o la juventud, los trabajos más destacados y destacables son los llevados a cabo por Thomas, Chess y Birch (1970). Estos autores realizaban una detenida observación de nueve características, que eran:

1) nivel y extensión de la actividad motora.

2) periodicidad y regularidad de determinadas funciones corporales.
3) respuesta ante nuevos estímulos.
4) adaptabilidad conductual a los cambios ambientales.
5) umbral de sensibilidad a los estímulos.
6) nivel y energía de las respuestas.
7) estados de ánimo.
8) grados de distracción, y,
9) amplitud de la atención y su mantenimiento en una actividad. De su análisis se obtienen tres tipos de niños, fáciles, lentos y difíciles, tipificación que permitirá predecir su ajuste al medio y tomar las medidas necesarias en caso de desviación.

Por último haremos una mención especial de Eysenck que defendía una teoría más completa e integrada que sus antecesores, dado que incluye en ellas los factores ambientales y familiares (predisposición genética y ambiente familiar). De acuerdo a la predisposición genética, el hombre puede tener una personalidad dimensional que va desde el neuroticismo, propio de personas desorganizadas, de conducta alterada, dependientes, débiles, etc., a la extraversión, propia de personas sociables, optimistas, impulsivas, agresivas, etc.

Mas actualizado, un análisis de la bibliografía existente arroja determinados rasgos de personalidad y comportamiento que podemos compilar, y entre los que destacaremos:

- Reaccionan de manera impulsiva con la consiguiente pérdida del control de sus emociones.
- Personalidad inmadura y débil, con escasos recursos cognitivos, lo que les lleva a una intolerancia a la frustración, estado muy común en este tipo de jóvenes.
- Con afán de protagonismo. Necesitados de admiración.
- Nivel escolar bajo.
- Consumidores de drogas.
- Insuficiente atención, estima y afecto, en general.
- Procedentes de familias desestructuradas, con una gran carga de experiencias traumáticas y estresantes.

- De clase baja o medio baja, ubicadas en zonas deprimidas y periféricas de grandes ciudades (inmigrantes, minorías étnicas,...), con gran tendencia al cambio.
- Faltos de afectividad.
- Con pocas o nulas habilidades sociales y pobres relaciones sociales.
- Agresivos y desequilibrados emocionalmente, que ante la depresión reaccionan de forma destructiva. Demuestran una incapacidad para aprender de las experiencias por falta de reflexión en sus pensamientos y le imposibilita para una demora en la satisfacción de sus necesidades.
- Inadaptados, con una insuficiente percepción de la realidad y dura existencia.
- Carentes de empatía y sentimiento de culpa.
- Con existencia, a veces, de psicopatías y trastornos narcisistas.

Sería clarificadora la lectura del Capítulo 2, La Violencia Juvenil, del Informe Mundial sobre la Violencia y la Salud de 2003.

Para García Andrade (1993), en el estudio de la delincuencia juvenil hay que distinguir a aquellos jóvenes portadores de alteraciones patológicas previas, como puedan ser los oligofrénicos o los psicóticos juveniles, de aquellos otros cuya actividad criminal se deriva de factores psicosociales propios de la edad y que colorean a esta particular forma de delincuencia, pero que desde el punto de vista psiquiátrico, son convencionalmente sanos.

Más actualmente, Herrero (2008) establece tres categorías tipológicas de menores delincuentes en base a rasgos de personalidad de carácter psicosocial:

1ª. Aquellos que poseen rasgos de anormalidad patológica, entre los que encontraremos:

   a) Menores delincuentes por psicosis, enfermedad mental que afecta, en especial, a la claridad de juicio y al control de su voluntad, produciendo profundos trastornos que le hacen perder el concepto de "realidad". Entre estas afecciones se encontrarían algunas formas de esquizofrenia. De acuerdo a lo establecido en el DSM-IV (simple y hebefrénica).

   b) Menores delincuentes por psicopatías. De acuerdo con el autor de referencia, la psicopatía estaría definida como la "patología integrada, conjuntamente, por la incapacidad, incapacidad atribuible a quien la padece, de sentir o manifestar simpatía o alguna clase de calor humano para el prójimo".

c) Menores delincuentes por autorreferencias sublimadas de la realidad. Son aquellos que "llegan a mezclar instinto de imitación, fantasía y juego, tan intensamente que llegan a vivir fuera de la realidad ", estado que puede conducirles a llevar a cabo actos antisociales y/o delictivos.

2º. Los que poseen rasgos de anormalidad no patológica, en esta clasificación están representados:

a) Menores delincuentes con trastorno antisocial de la personalidad, o "sociópatas". Si bien aún sigue confundiéndose este trastorno, tanto en menores como en mayores, absorbe al antiguo "psicópata" que, como sabemos, dejó de ser y estar contenido en los manuales de enfermedades mentales, quedando recogido entre los denominados comportamientos desviados. Las características propias de esta tipología son la hiperactividad, excitabilidad, ausencia de sentimiento de culpa, fracaso escolar, crueldad con los animales y personas, y poco comunicativos.

Las causas de estos trastornos, tanto predisponentes como precipitantes, podemos encontrarlas en la desestructuración familiar en la que los roles de las figuras de autoridad, padre o madre, no solo están difuminadas sino que, en gran parte de los casos, están ausentes. En otros muchos casos son menores que tienen como vivienda la calle, en una situación de absoluta falta de atención y control, viviendo en una contínua frustración y quedando cada vez mas rencor contra la sociedad en su conjunto a la que, normalmente, culpabiliza de su situación.

b) Menores delincuentes con reacción agresiva. Como ya hemos indicado, de forma general, la reacción agresiva es una de las características propias del delincuente juvenil. Esta agresividad se centra en una delincuencia expresiva, especialmente en la trasgresión de la prohibición, expresión de acciones de riesgo y publicidad y presente en toda la sociedad

c) Menores delincuentes con reacción de huída. Esta huída ha sido la reacción adoptada por los menores para abandonar situaciones de alienación parental, abandono o malos tratos de cualquier tipo, ante los cuales no han querido, o podido, reaccionar de forma asertiva o agresiva

3º. Por último, Herrero (2008) se refiere a menores delincuentes con rasgos de personalidad estadísticamente normal, o próximos a la normalidad. Son aquellos cuyo comportamiento ordinario no difiere significativamente del resto de los jóvenes de su edad, pero a los que factores biológicos, psicológicos o sociales le impulsan a la comisión de delitos en momentos o situaciones determinadas pero que, generalmente, no perturban de forma grave el normal funcionamiento de la sociedad. De acuerdo a la tendencia a la comisión de determinados delitos podemos incluir en esta tipología a aquellos que:

a) Cometen actos de vandalismo como expresión de la comisión de acciones que van más allá del límite marcado por la sociedad que a veces, con el establecimiento de jerarquías se manifiesta en forma grupal con acciones contra la paz social, el mobiliario y la arquitectura urbana, la autoridad o sus agentes, etc.

   Por vandálico puede entenderse aquel comportamiento que produce cualquier tipo de daños en la estructura urbana, muebles, inmuebles o cualquier mobiliario urbano público o al servicio de la sociedad. Entre estos elementos podemos entender las paradas de autobuses y sus marquesinas, farolas del alumbrado público, postes de regulación semafórica, vehículos de trasporte urbano, fachadas de edificios dañadas con graffiti, papeleras y otros elementos en vía pública, parques o jardines. La diferencia con la violencia callejera estriba en que esta va dirigida contra personas especialmente, en tanto que el vandalismo lo es contra automóviles, edificios o mobiliario urbano.

   Cohen (1995) distingue diversas clases de vandalismo:

   1) El vandalismo adquisitivo, en el que el objetivo es la destrucción con la finalidad de apoderarse de esos bienes.

   2) El vandalismo táctico, cuando la finalidad de los actos es llamar la atención sobre una determinada situación y provocar una reacción determinada.

   3) El vandalismo se considera ideológico cuando se intenta atraer la atención cobre determinadas actuaciones con eslóganes, signos o símbolos pintados sobre paredes o quemando lugares relacionados con ellos.

   4) El vandalismo vengativo se manifiesta cuando se actúa contra bienes representativos de determinadas personas o grupos.

   5) El vandalismo lúdico se presenta como un juego competitivo en el que objetos determinados tales como farolas, ventanas, marque-

sinas, etc., son el objetivo a destrozar en una forma de agresión y violencia carente de sentido, y,

6) El vandalismo perverso, que no es simplemente la manifestación de una frustración, sino una acción de rechazo (negación de lo importante) o burla de determinados valores que los objetos destrozados representan (Herrero, 2007, 2008).

b) Los que cometen pequeños delitos o faltas contra la propiedad no con ánimo de lucro, sino de un afán de autoafirmación ante el grupo esperando una reacción de admiración.

c) Los que cometen delitos contra el patrimonio o contra la libertad y la indemnidad sexual por el simple placer de "probar" la seducción de estos estímulos.

d) Los que cometen delitos movidos únicamente por falta de formas activas (informales) o reactivas (formales) de control social, familia, escuela, trabajo, policía, justicia, etc. Dentro de esta tipología delictiva estarían los que se recogen por Herrero (2008) bajo el nombre de "delitos callejeros", aquellos cometidos contra cualquier ente, bien o valor personal, social o jurídico con la única finalidad de su expresión de violencia, a veces brutal, gratuita y desproporcionada que "gratifica" al que la comete y que en numerosas ocasiones se presenta como un desafío a esas formas de control social a las que hemos hecho referencia. Este tipo de violencia incide gravemente en el normal funcionamiento de la sociedad y de sus individuos, creando situaciones de inseguridad y temor.

e) Los que cometen delitos por simple imitación de aquellos que siendo verdaderos delincuentes son "idealizados" por determinados medios de comunicación en la más pura inversión de los valores sociales.

f) Los que cometen delitos para satisfacer apetencias consumistas presentadas como "falsas necesidades" sublimadas por su unión con determinados estatus sociales.

g) Los que cometen delitos de componente violento o reacciones de hostilidad contra otros menores basados no solo en venganza o resentimiento de malos tratos, agresiones (físicas o sexuales) sufridas que se proyectan sobre otros, sino como expresión de lucha por determinados beneficios a los que se cree tener un derecho exclusivo y que se ven amenazados por otros individuos, como pueden ser los inmigrantes y otros de los que se diferencian por raza, color o religión.

h) Los delincuentes por utilidad y la pura obtención de beneficios, abundantes y fáciles de conseguir a través del tráfico de estupefacientes, los delitos contra la propiedad intelectual o industrial (falsificaciones, piratería, etc.).

5.1. La delincuencia femenina

La preocupación por una posible subida de la mujer como sujeto activo de determinados delitos, especialmente de la mujer joven, hizo que se prestara una especial atención a esta posibilidad allá por los años 60.

Desde antiguo se ha intentado "anclar" la delincuencia femenina en explicaciones sobre teorías biológicas o psíquicas y, a pesar de haber sido totalmente rebatidas, se continúa aún recurriendo a tópicos de esta referencia. Debemos insistir en bases más relacionadas con tesis sociales, culturales o relacionadas con un aumento de los términos de independencia de la mujer y una mayor libertad en todos los aspectos del desarrollo físico y psicológico.

La igualdad de oportunidades y las teorías del rol han venido explicando este aumento, detectado y confirmado, de la intervención de la mujer en actos delictivos, si bien no son muchos los trabajos empíricos en este ambiente, a excepción del realizado por psicólogos de la Unidad de Investigación Criminológica de la Universidad de Castilla La Mancha sobre la población femenina española entre los 14 y los 21 años. Entre sus conclusiones podemos destacar que:

- A pesar de todo, los comportamientos delictivos o predelictivos de las mujeres se corresponden con los llevados a cabo por los varones de su edad.
- Las mujeres se han visto "implicadas", en una tasa casi del 90% en alguna de las conductas estudiadas en dicho informe.
- Las conductas más frecuentes, en ambos sexos, son las relacionadas con el consumo de alcohol, el absentismo escolar y los actos a los que anteriormente hemos denominado como vandálicos o transgresores de las normas sociales de convivencia.
- Que la mayoría de estas acciones se realizan de forma grupal, lo que refuerza la importancia del grupo en la comisión de este tipo de delincuencia.
- La participación de la mujer en este tipo de delincuencia sigue siendo inferior a la participación de los varones de sus mismas edades.

- El control familiar y las diferentes relaciones afectivas puede ser uno de los motivos principales de esta menor participación de la mujer en la delincuencia juvenil, y de que lo hagan a edades más avanzadas.

5.2. La delincuencia inmigrante

Siempre hemos sentido un especial tipo de "miedo" o "rechazo" a todo aquello que no controlamos o simplemente desconocemos, sensación que se aplica de forma concreta y específica a la población inmigrante juvenil. Si a esta situación normal añadimos épocas de crisis de valores morales, éticos o sociales, a la par que económicos, el problema puede agravarse hasta límites insospechados con grave incidencia en la estabilidad social.

Aplicando este pensamiento a nuestro país no podemos por menos que reconocer que de ser un país emigrante, hemos pasado a convertirnos en un país receptor de emigrantes, situación que se ha producido en tan poco espacio de tiempo y con tal intensidad que ha hecho muy difícil una "pausada" asimilación. Fue a finales de los años 90 cuando se produce este aumento de población extranjera en nuestro país y correlaciona de forma fehaciente con un progresivo aumento de la delincuencia entre el personal emigrante.

Esto, en ningún momento puede ser tomado como una identificación entre emigración, delincuencia y criminalidad, pero las condiciones en que parte del personal inmigrante arriba a nuestra sociedad no es el más adecuado para una integración correcta desde el punto de vista, especialmente cultural y laboral. No podemos obviar la presencia en nuestro país de grupos de menores que han entrado en nuestro país "no acompañados", es decir aquellos que han venido sin sus padres, menores desarraigados y sin medios que, por lógica, en esa situación de marginalidad acaban cometiendo acciones delictivas, sin que obviemos tampoco la presencia de personas ya delincuentes y que vienen huyendo de las autoridades de sus países de origen.

5.3. La delincuencia grupal. Las bandas juveniles

En este contexto, al hablar de bandas juveniles, dejaremos al margen las "pandillas" o "pares de iguales", instituciones de gran calado en la formación de los menores y de los jóvenes y que constituyen una de las agencias, sin duda imprescindibles, en la socialización de nuestros jóvenes, dado que éstos, en puridad, formarían los grupos con la finalidad de emplear su tiempo libre en actividades lúdico-deportivo llegando, por una parte a mantener una cohesión como grupo y, por otra, a establecerse territorialmente en ciertos lugares de la geografía urbana. Cuando en alguna de estas dos características se presenta el conflicto, aparece el enfrentamiento, rivalidad que cuando afecta a la sociedad en su normal funcionamiento, aparecen las conductas violentas como solución del conflicto, lo que favorece una transformación del grupo, convirtiéndose en banda callejera.

Aparte de la que figura en los diferentes diccionarios, no existe, en la comunidad académica, acuerdo sobre la definición del concepto de banda. Cada estudioso o investigador tiene la suya propia, normalmente desde la perspectiva de su formación sociológica, psicológica, jurídica u otras.

Cuando hablamos de bandas juveniles nos estamos refiriendo a aquellas que están implicadas en la delincuencia o próximas a ella, agrupaciones que en otros lugares y países denominan como "bandas callejeras". Para Thrasher (1927, 1963) la banda es *"un grupo cohesionado por cierta tradición, estructura interna espontánea, espíritu de cuerpo, solidaridad, conciencia de grupo y afición al terreno local"* (Herrero Herrero, 2007, p. 489). Esta definición, en alguno de sus elementos componentes, ha quedado muy lejos de esta definición "bucólica" para convertirse en algo muy diferente. Desde el punto de vista policial se consideran bandas juveniles los *"grupos integrados por menores y jóvenes de edades comprendidas desde los 12 hasta los 32 años, que presentan estructura de cohesión y disciplina interna y cuyas actuaciones derivan en conductas violentas que generan, además, alarma social"*. Como vemos esta última definición que figura en la Instrucción nº 23/2005, de 7 de diciembre, de la Secretaría de Estado de Seguridad, para la implantación, desarrollo y ejecución del "Plan de actuación y coordinación policial contra grupos organizados y violentos de carácter juvenil, varia de la dada por los sociólogos.

Vienen a mi memoria recuerdos muy actuales como los hechos producidos en Londres y sus alrededores a principios de agosto de 2011. Las imágenes presentadas por la televisión son comentadas en el sentido de acciones llevadas a cabo por "grupos" o "bandas", cuando en realidad no poseen ninguna característica de estas dos concepciones, sino la mera actuación vandálica de una caterva de delincuentes pisoteando impunemente los derechos de toda una sociedad en el más puro estilo de lucha callejera, tácticas de guerrilla urbana, quemando edificios, asaltando establecimientos, cometiendo actos de pillaje y saqueo de establecimientos de todo tipo y asesinando a aquellos que quieren defender sus posesiones.

La mayor parte de los delitos cometidos por los jóvenes se llevan a cabo en estos grupos. El efecto "masa" favorece la violencia al "arropar" la responsabilidad en un desigual reparto y participación en actividades delictivas, tanto contra personas, como contra propiedades. No debemos de olvidar casos como los de Sandra Palo, el crimen de la discoteca en la Villa Olímpica, el crimen de María Luisa Domínguez y otros cometidos por grupos de menores y/o adolescentes.

Los lugares de preferente formación y actuación de estos grupos son los barrios menos favorecidos de las grandes ciudades (Madrid, Barcelona, Alicante o Coruña), en los que la falta de trabajo, el absentismo escolar, la escasa vigilancia, tanto de los padres como de las diferentes instituciones sociales, municipales, provinciales, comunitarias o estatales, hacen que se encuentren los pares de iguales y su ociosidad sin límites le predispongan, inclinen o inciten a la violencia y a la delincuencia.

Sus miembros suelen ser jóvenes de edades próximas a los veinte años, de barrios de clase social baja y con grandes carencias laborales, sociales, afectivas y de recursos, entre los cuales la mujer va teniendo cada vez una mayor participación, tanto en el aspecto grupal, como en el de la toma de decisiones.

Desde el punto de vida individual, tiene una gran incidencia en esta situación, la necesidad de seguridad de los jóvenes en un ambiente en muchas ocasiones hostil. En el grupo el joven encuentra aquello que en muchas ocasiones no encuentra en el hogar o en la familia, aún en el caso de que ambos o alguno de ellos existan. Para unos puede ser tan solo una situación pasajera, para otros, para los desadaptados proclives a la violencia y la delincuencia, será su lugar de estancia, lugar en el que voluntariamente intercambian libertad por seguridad y por obediencia. Para todos es algo muy típico a esas edades y los pares de iguales le brindan una identidad y le ofrecen una forma de autoafirmación muy necesaria en ese momento de su vida.

Las bandas juveniles, comunes en todo el mundo, varían tanto en tamaño como en tipología, y su actividad va desde grupos de actividades prosociales a grupos de delincuencia organizada. Por desgracia en la mayoría de los casos estos grupos están asociados a actividades delictivas con un comportamiento violento y progresivo en intensidad.

La formación de estos grupos es campo abonado en determinadas situaciones sociales, laborales o económicas, tales como:

- Desintegración de las instituciones familiares y sociales.
- Falta de alternativas atractivas para los jóvenes.
- Falta de modelos de comportamiento prosocial.
- Falta de oportunidades sociales o económicas en una sociedad eminentemente consumista.

- Falta de una efectiva exigencia en el cumplimiento de las leyes y el mantenimiento del orden, lo que provoca la existencia de numerosos modelos delictivos, en muchas ocasiones "oscarizados" por los medios de comunicación social.
- Un creciente absentismo escolar, sin corrección por parte de las familias o las autoridades o instituciones.
- Zonas en las que predominan las actividades económicas no cualificadas, lo que va unido a unos salarios de subsistencia.
- Falta de control o apoyo por parte de los padres y del resto de los miembros de la familia, con episodios de una educación permisiva o de severos castigos.
- La relación con amigos o conocidos de miembros de algún tipo de grupo o banda.

Más de acuerdo con la realidad actual Miller (1974) define a las bandas juveniles con las siguientes características (Herrero Herrero, 2007, p. 490):

a) Grupo organizado de personas.
b) Existencia de un líder que puede estar perfectamente identificado, no identificado o ideológico.
c) Existencia de un territorio determinado donde actúan.
d) Tener un núcleo permanente o dilatado en el tiempo de componentes si bien pueden pertenecer a ella otros miembros temporales o accidentales.
e) Tener una finalidad específica y estar implicada en acciones delincuenciales u otras actividades ilegales.

Pero a pesar de lo dicho, las pandillas violentas y delincuenciales no solo se forman en los estratos sociales más pobres, sino que también pueden formar parte de ellas jóvenes de familias acomodadas y de alto estanding social, todos ellos sin un proyecto de futuro, y en el que se meten, les va a ser difícil salir.

Por la importancia de la presencia de estos grupos en los diferentes países y estratos sociales, especialmente desde la perspectiva de la seguridad ciudadana, investigadores de América y Europa se han integrado en la denominada red **Eurogang** (en la imagen adjunta, el logo de la National Gang Intelligence Center), para una coordinación en la lucha contra estas bandas, colaboración que se viene produciendo desde finales de 1998 en reuniones periódicas, celebrándose la primera de ellas en Schmitten (Alemania). Consultada su página web (agosto 2011), la red está formada por más de 100 investigadores y "oficiales relevantes" de más de 15 países. Está abierta a investigadores interesados en dirigir investigaciones sobre bandas y grupos de jóvenes violentos en base a los métodos desarrollados por la red. Otra de las primeras actividades llevadas a efecto por los integrantes de la red era la unificación de criterios para la determinación y definición del concepto banda como fenómeno social, unificando los criterios establecidos en cada uno de estos países con la finalidad de, un vez definido el concepto poder adoptar las políticas adecuadas para la lucha contra ellas (Petersen, 2000).

La red Eurogang, para el uso común de todos sus integrantes, define la banda callejera como *"un grupo juvenil, duradero, con orientación hacia la calle y otros espacios públicos y con una identidad grupal definida de forma primordial por la participación en actividades delictivas"*.

En el seno de la red Eurogang se lleva a efecto una publicación en la que se determinan, por una parte los rasgos fundamentales de una banda callejera y, por otra, las similitudes entre las bandas americanas y las europeas (Klein, Kerner, Maxson y Weitekamp, 2001).

Estas características y similitudes son:

- ✓ Dominadas por lo general por varones, aunque es común la presencia de personal femenino (menor en Europa que en USA).
- ✓ Sus miembros representan a minorías nacionales, raciales y étnicas (población negra e hispana en USA e inmigrantes en Europa), si bien es común encontrar entre ellos a personal marginal.
- ✓ Son normalmente menores, adolescentes o jóvenes adultos.
- ✓ Por la definición de su orientación hacia la calle, sus actividades se desarrollan en esta y con un ámbito territorial específico.
- ✓ Tienen conciencia de grupo.
- ✓ Orientados a la actividad delictiva, con una gran variedad de objetivos, nivel y grado de violencia.
- ✓ Estables en el tiempo, su duración puede ser de varios años.
- ✓ Dado que las situaciones sociales, económicas, legales y policiales son diferentes en ambos continentes, no puede considerarse que las bandas existentes en uno y otro continente sean iguales, si bien mantienen una

gran similitud en cuanto a estructura, componentes, actividad delictiva, etc.

Aún ya en la consideración de banda callejera, sería conveniente hacer una separación entre las bandas o grupos violentos como las bandas latinas, cualquier otro grupo de orientación específicamente violento-delictivo como los skin, okupas, hooligan y otros, y las tribus urbanas, como góticos, emos o pijos. Los primeros de ellos solo tienen en común el uso de la violencia, pero son totalmente diferentes a los segundos en las demás características de formación del grupo, ideologías, finalidad, etc., y especialmente en el cambio de la base violenta por la de rebeldía social (Domínguez, Revilla y Gimeno, 1998).

Para una mejor comprensión de todas estas situaciones diferentes, aparte de la lectura de autores sobradamente conocidos, sería de gran interés la lectura de la Tesis Doctoral presentada en la Universidad de Girona, en octubre de 2008, por Leanid Kazyrytski sobre "Consideraciones Criminológicas en torno a las bandas callejeras de origen latino-americano en Cataluña", estudio de gran profundidad en su análisis bibliográfico de autores que, con una mayor problemática en su país, poseen una gran experiencia, dado que en España, lo mismo que dije al hablar de los asesinos en serie, por suerte, y hasta el momento actual, el problema de las bandas de cualquier tipo no es tan profundo y violento como en otros países, especialmente Estados Unidos y otros suramericanos.

Sin querer ser exhaustivos, ni en el fondo ni en la forma, vamos a dar unas pinceladas sobre algunos de los grupos a los que hemos hecho referencia, que bien por su interés policial, por su forma de actuar, o sus objetivos están presentes y de una forma activa en los diferentes estamentos de nuestra sociedad.

5.3.1. Los grupos de acosadores en el ámbito escolar. El bullying

Es verdad que desde tiempos inmemoriales, en los colegios, institutos e incluso en la universidad, se han formado determinados grupos, pandillas, familias, etc., entre las cuales siempre han existido rivalidades y entre las que se han producido enfrentamientos violentos, pero sus objetivos diferían, de lejos, de esta nueva tipología delictiva. Y decimos delictiva porque las amenazas, coacciones, injurias o vejaciones injustas, llevadas a cabo en las aulas, sean de carácter leve o bien constituyan delito, están tipificadas en nuestro Código Penal (Libro III, Faltas y sus Penas; Título I, Faltas contra las Personas; Artículo 620, 2° en relación con el Artículo 173, 1 del mismo Código), y en este contexto se enmarcan los episodios violentos conocidos hoy día como "Bullying", episodios que últimamente han crecido en cantidad y en gravedad, dado que en numerosas ocasiones las víctimas pueden padecer estrés postraumático, depresión, pérdida de autoestima, etc. lo que puede llevarle al suicidio al que, como ejemplo, llevó a Jokin, un estudiante de diecisiete años que después de sufrir malos tratos y vejaciones, durante algún tiempo, por parte de compañeros de colegio se lanzó desde una muralla en su pueblo de residencia, muriendo en dicho acto. De la cantidad y violencia de estas acciones pueden dar idea los diferentes informes de los departamentos de Educación de las diferentes Comunidades o Provincias, así como los del Defensor del Pueblo.

5.3.2. Las bandas latinas

Por parte de los especialistas policiales se ha mantenido el control de las actividades de diferentes grupos latinos con representación en nuestro país. Entre los más conocidos se encuentran los Latin King (Almighty Latin King and Queens Nation), los Ñetas (Asociación cultural para la defensa del confinado Ñeta), los Dominican Don´t Play, los Latinos de Fuego y los Dark Latin Globbers, de entre los cuales se han reconocido muchos miembros.

Si bien su implantación en nuestro país no tiene la intensidad de otros países, sus componentes suelen provocar frecuentes enfrentamientos entre ellos en los que, por el uso de las armas que normalmente portan, se han producido demasiadas muertes (por ejemplo Ronny Tapias en Barcelona en 2003; Juan Manuel en Madrid en el 2004; Wilson Fernando y Jimmy Junior en Madrid en el 2005).

El perfil de sus miembros se establece como:

- Individuos comprendidos entre los 13 y los 25 años.
- Compuestos en su mayoría por personas con nacionalidades diferentes, pero con mayoría de una misma (según veremos individualmente).
- Las nacionalidades predominantes son la ecuatoriana (Latin King, Ñetas, Latinos de Fuego), dominicana (Dominican Don't Play, Trinitarios, Forty Two) y colombiana.
- Se han instalado en nuestro país por procesos de reagrupación familiar procedentes de los países antes señalados.
- Han formado parte, o han tenido relación con estas bandas en sus países de origen.
- Carecen de empleo fijo y realizan, de hacerlo, trabajos esporádicos y sin cualificación.

- Mantienen altos grados de absentismo escolar o de asistencia a centros educativos..
- Pertenecen a familias desestructuradas o con muy poco control por parte de los padres.
- Carentes de habilidades sociales y capacidad de adaptación.
- A pesar de su condición de inmigrantes, mantienen una actitud violenta y xenófoba.

El perfil de sus víctimas podríamos concretarlo en:

- Miembros de las bandas rivales (todas las demás).
- Menores de edad y jóvenes a los que someten a todo tipo de robos y agresiones.
- Alumnos de centros de educación o capacitación, bien para intimidarlos, captarlos, etc.
- Miembros de su propia banda.
- Chicas jóvenes, a las que agreden o captan (o secuestran) para el servicio de la banda.

5.3.2.1. Los "Latin King"

Puede ser considerada la más numerosa y violenta de las bandas establecidas en países fuera de su entorno nacional-cultural, especialmente en los Estados Unidos.

Nace en Chicago en los años 40 como apoyo y protección de los chicanos en general y ha evolucionado hasta, por ejemplo, superar los 25.000 miembros en los Estados Unidos. Sus grupos más importantes están implantados en Chicago (Tribu del León) y Nueva York (Tribu del Sol). Entre las diferentes facciones se conocen entre ellos, y se llaman a sí mismo, como Almighty Latin Kin and Queens Nation (A.L.K.Q.N.) o Almighty Latin Kin Nation (A.L.K.N.), facción nacida de escisiones de la primera de ellas unidas a facciones desertoras de la Kin Motherland Chicago. Durante los años 60 se produce una gran expansión de estas bandas, lo que provoca numerosas intervenciones policiales contra ellos dado que se vinculan de una manera directa en actividades delictivas relacionadas principalmente con las drogas y las armas (Operaciones Zambrano, Pesadilla o Broken Crown).

Algunos deportados a Ecuador crean la Sagrada Tribu América (S.T.A). Procedente de este grupo se instala en España Javier Velastegui Jara, que funda en España la Sagrada Tribu América Spain (S.T.A.S.), grupo independiente de cualquier otro. En 2003 ingresó en la cárcel de Soto del Real (Madrid).

Su presencia se ha detectado especialmente en Madrid, Barcelona y Valencia, a finales de 1990, y sus miembros se han visto implicados e imputados por numerosos actos de violencia por el establecimiento de continuas peleas con los miembros de otros grupos, peleas en las cuales salen a relucir las armas, especialmente blancas.

Como dijimos antes, la especial atención dedicada por parte de las Fuerzas y Cuerpos de Seguridad a este grupo es debida a la implicación de sus miembros en diversos actos en los que han resultado personas heridas y muertas, casi siempre miembros de otras bandas rivales. En España esta banda está formada, especialmente, por individuos de nacionalidad ecuatoriana, colombiana o dominicana, en la que figuran muchos inmigrantes que se encuentran desarraigados de su tierra y de su cultura.

Es una organización con una estructura rígidamente jerarquizada, con normas y códigos rígidos en cuanto a su mantenimiento y cumplimiento. Está dividida en Tribus (conjunto de reinos), Reinos y Capítulos. Los Reinos identificados son el Inca (Madrid), Hispano (Barcelona), Maya (en el levante) y el Azteca (Murcia). Los capítulos son grupos o células de organización básica compuestos por unos 20 o 25 individuos.

Conocida también como "la Nación" tienen una forma "peculiar" de vestir tipo raperos o hip-hop con pañuelos en la cabeza. Sus colores distintivos son el amarillo (la luz) y el negro (el conocimiento), colores que figuran en los collares de cuentas, agrupadas por estos colores (de cinco en cinco), que portan

Amor de Rey es su lema y su símbolo es una corona de cinco puntas, que significa respeto, conocimiento, honestidad, unidad y amor. Entre sus tatuajes preferidos pueden encontrarse, aparte de la estrella de cinco puntas, castillos con cinco torres, diamantes o siglas (LK, ALKN, ALKQN,...). Su

saludo característico se realiza con la mano derecha extendida en la que los dedos corazón y anular están contraídos.

5.3.2.2. Los "Ñetas"

Segunda banda a la que haremos referencia. Los Ñetas, de origen puertorriqueño, como asociación es fundada en octubre de 1981 en la Penitenciaría Estatal del Oso Blanco en Rio Piedras (Puerto Rico). Muy poco después se asienta y se desarrolla en Estados Unidos (Nueva York, donde se radica su máximo dirigente, Nueva Jersey y Connetica).

Considerados por sus componentes como asociación para la defensa de los presos y siguiendo en ideología a Carlos Ramón Torres Iriarte, líder penitenciario muerto en marzo de 1981, son en realidad una banda que intenta conseguir el dominio de algunos barrios en los que habitan sus compatriotas.

Su estructura está jerarquizada en Capítulos. Estos capítulos bajo la dirección de un jefe territorial están establecidos en un determinado territorio. Los capítulos dependen de un jefe a nivel nacional, todos ellos bajo el mando de un "líder máximo".

Entre sus rituales está el saludo, entrelazando los dedos corazón e índice de su mano derecha, manteniéndolos ambos estirados. De esta forma colocan la mano sobre el corazón y se dan la consigna de "ñeta de corazón".

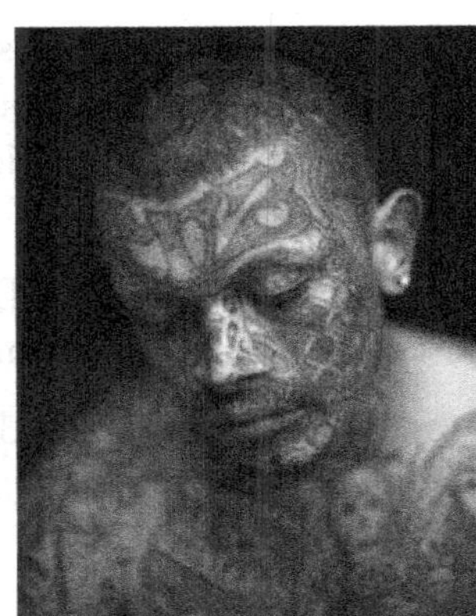

Su vestimenta se caracteriza por llevar prendas muy por encima de sus tallas normales, muy anchas y largas (tipo rapero o moda hip-hop).

Sus colores son el rojo, el negro y el blanco con la simbología de la sangre, el luto y la paz.

Prolifera el uso de pendientes y tatuajes, especialmente referidos a armas, y tatuados en la parte alta del cuerpo, torso, hombros, brazos, cuello, cara y/o cabeza.

5.3.2.3. Los "Domincan Don't Play"

La banda de los Dominican Don't Play (DDP) nace en barrios marginales de Santo Domingo (República Dominicana). En New York se crean en 1984 como los Dominican Power.

Como banda no tiene la rígida estructura de las otras dos a las que, hasta ahora, hemos hecho referencia, son más bien bastante anárquicos y su ideología tampoco está bien definida.

Actualmente está compuesta en su mayoría por dominicanos con unas edades comprendidas entre los 15 y los 25 años, unos nacionales de su país y otros que poseen doble nacionalidad (dominicana y española), colombianos y nacidos en otros países de la zona, excepto ecuatorianos, con los que mantienen un enfrentamiento y odio muy profundo. Muchos de ellos proceden de familias desestructuradas, víctimas de violencia, abandono y graves desestructuras sociales.

Su "instalación" en España se fecha allá por el año 2004 y se forma no solo con y por dominicanos, sino por personas procedentes de otros países, en su mayoría individuos procedentes de los Latin King y los Ñetas, a los que los cuerpos de policía habían infligido golpes fuertes a su estructura. Se convirtieron en una banda muy poderosa. En Madrid han sido identificados como pertenecientes a esta banda, un par de centenares de ellos, establecidos y domiciliados entre otros, en los barrios de Carabanchel, Tetuán, Villaverde y el pueblo de Alcobendas.

Enemigos acérrimos de Latin y Ñetas, estuvieron implicados en el asesinato de Hugo Emiliano (apodado el abuelo), acusado de pertenecer a estos últimos, y en un tiroteo en el pueblo de Alcobendas en 2009 contra miembros de la banda de los "Trinitarios".

Miembros de los DDP (5 personas) fueron procesados por asociación ilícita, tenencia de armas, lesiones, maltrato y asesinato en grado de tentativa.

Sus colores son los de la bandera dominicana, blanco, azul y rojo, colores que lucen en sus ropas y en sus collares.

5.3.2.4. Los "Trinitarios"

Su nacimiento lo fue en las cárceles, tanto de Estados Unidos como de Sudamérica (República Dominicana), y se crean como grupos de defensa de los presos que sufrían no solo las carencias de la cárcel, sino también los malos tratos, humillaciones y comportamientos denigrantes. Se les considera una banda escindida de los DDP, con los que mantienen violentos enfrentamientos en alguno de los cuales han resultado, miembros de una u otra banda, fallecidos (febrero 2006, septiembre 2009; www.abc.es/.../nuevas bandas latinas; www.el pais.com).

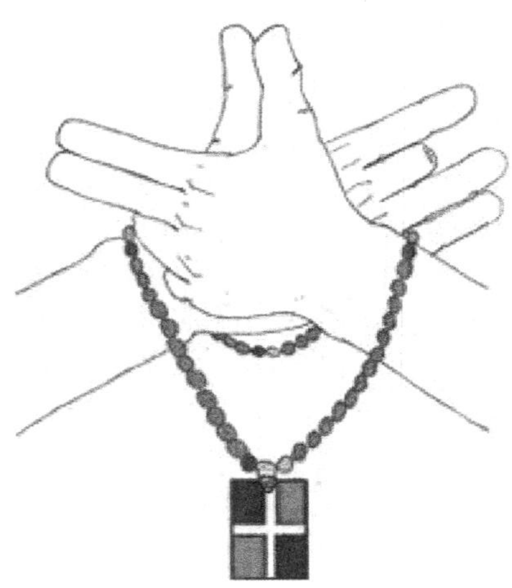

Su aparición en New York se data en 1987 y desde entonces les ha creado graves problemas a los cuerpos policiales por su implicación, como delincuencia organizada, en numerosos delitos, especialmente en el campo del tráfico de drogas. En España se les identifica sobre el año 2004, y, como hemos dicho, han sido seguidos de cerca por los cuerpos policiales.

Como grupo, se pueden considerar una banda callejera, y al igual que los DDP carecen de organización (aunque distinguen categorías jerárquicas como "suprema" o "segunda suprema" y otras inferiores) e ideología, siendo su principal finalidad el control territorial y el ejercicio del poder. Sus grupos han sido detectados (por los problemas de seguridad originados) en Madrid con grupos o "capítulos" en barrios como Legazpi o Tetuán y pueblos de los alrededores como Getafe, Leganés, Móstoles o S.S. de los Reyes, y Palma de Mallorca.

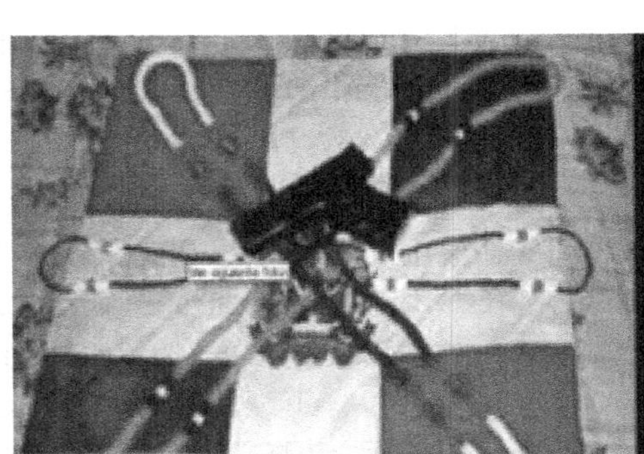

Su violencia extrema la demuestran en su funcionamiento interno (castigos) con los propios componentes y con el resto de miembros de las bandas callejeras similares. Miembros de los Trinitarios han sido condenados por delitos de homicidio, lesiones, amenazas, robo, asociación ilícita y atentado a agentes de la autoridad. Utilizan tanto armas blancas como de fuego.

Su composición inicial, como los DDP, era de origen dominicano. Su eslogan es "Dios, Patria, Libertad", su símbolo de identidad es el número 7, su color el verde y suelen adornarse con collares de colores rojo (recuerdo de los compañeros caídos), blanco (bendición de Dios), azul (patria y libertad) y verde (orgullo de ser Trinitario), cuya intensidad distingue a los jefes (intenso-oscuro) de los soldados (menos intenso)

5.3.2.5. Las Maras

Mara, palabra que en salvadoreño significa "pandilla" da definición a un grupo de individuos que cometen actos delictivos contra el estado, las personas y las propiedades.

Cuando quieres situar su inicio y motivos por los que se formaron son varias las informaciones que aparecen en libros, revistas o internet, herramienta cada vez más necesaria si sabemos seleccionar la información y quien la da. Unos dan el inicio en Estados Unidos en los años 40 cuando este país en su guerra con México se anexiona territorios de este último. Los ciudadanos que quedaron en situación de "absorción" no asimilaron con facilidad su nueva situación, cultura, forma de vida y trato despreciativo que se les propicia, lo que unido a la carencia de medios, las separaciones familiares forzosas, la pérdida de valores y la falta de formación cultural, les "obliga" a la formación de grupos de defensa de estos ciudadanos y de sus derechos. Pero no es uno, sino muchos los grupos de defensa que se forman lo que hace surgir el primer problema entre ellos mismos, la ubicación territorial y la competencia. Es así como comenzaron las luchas para conseguir territorio, miembros, poder económico, reputación y prestigio, lo que les lleva a una explosión de delincuencia violenta.

Aunque la historia pueda estar entrelazada y no tener una solución a su continuidad, otros establecen su nacimiento en la zona de Rampart en la ciudad de Los Ángeles (California, Estados Unidos), allá por los años 80 y con motivo de una creciente inmigración de ciudadanos de países de Sudamérica que se encuentran en conflictos bélicos, como por ejemplo los huidos de El Salvador durante su guerra civil entre los años 1980-1992.

De todo ello lo que está claro es que creadas en América y luego llevadas a otros países del entorno, o creada en esos países y luego llevadas a América, surge un verdadero problema social y de seguridad ciudadana, dado que, y a diferencia de otras agrupaciones a las que hemos hechos referencia con anterioridad, la violencia y la comisión de delitos son las características de las maras, que si bien nacieron con

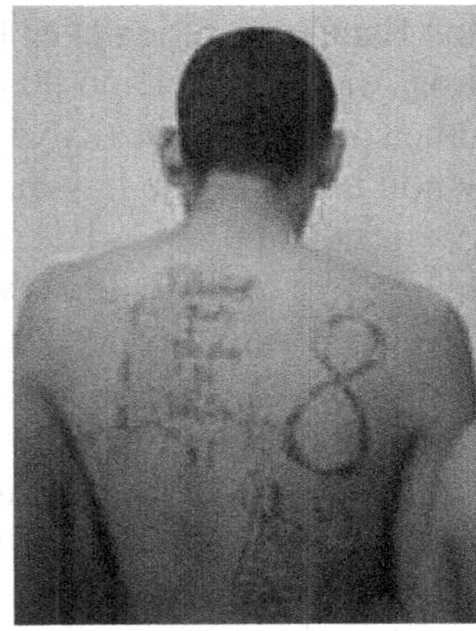

fines de "protección" han acabado, en todos los países, como verdaderas organizaciones delincuenciales, contra las cuales los países, y agrupaciones de países, crean organismos, instituciones y grupos policiales especializados para la lucha contra ellas.

Ya vimos la definición que da la red Eurogang para las "bandas", definición que no es válida para las maras ya que, como dijimos, ambos grupos no deben ser confundidos dado que son por completo diferentes. Desde este punto de inicio, instituciones estatales y policiales hacen diferenciaciones entre los grupos que tienen unas estructuras y finalidades similares a la delincuencia organizada, entre los que se destacan:

a) *La pandilla juvenil criminal*, como una agrupación juvenil con finalidad delictiva y estructura de delincuencia organizada de la que forman parte jóvenes actuales con conocimientos avanzados de tecnología punta, contactos a todos los niveles, capacidad de infiltración en el tejido político, social o económico que no tienen el mas mínimo reparo en la comisión de cualquier tipo de delito, sea contra la propiedad o contra las personas.

b) *La pandilla juvenil delincuencial*, compuesta por jóvenes desadaptados que se han separado, o han sido separados, de sus núcleos familiares, con una identidad de grupo definida que, aunque en numerosas ocasiones actúen de forma autónoma, en la mayoría de las ocasiones son utilizados por otros grupos u organizaciones de mayor entidad.

c) *La mara*, compuesta y organizada como grupo de delincuencia organizada con finalidades de trasgresión de los ordenamientos jurídicos y desestabilizadores del entramado social de los lugares donde se asientan que atentan contra la vida y la seguridad de las personas, contra el patrimonio público y privado y que ostentan símbolos, lenguaje y costumbres que les diferencien de los demás. Las maras más conocidas son la Salvatrucha, MS o MS13 y la Mara 18 (Estados Unidos, México, Guatemala, El Salvador, Honduras, Nicaragua), ver foto adjunta; los Vatos Locos (Guatemala, Honduras); los Cholos y los Nicas (Guatemala); la Mao Mao y los Rockeros (Honduras); los Gerber Boys y los Charly (Nicaragua); los Churbis, los Chapulines y los Polacos (Costa Rica); los Toca y Muere, los Perros, los Millonarios, los West Side y los Kila (Panamá).

Por su importancia haremos una mayor referencia a la Mara Salvatrucha, MS o MS13, dada que es reconocida como una de las bandas latinas más grande en

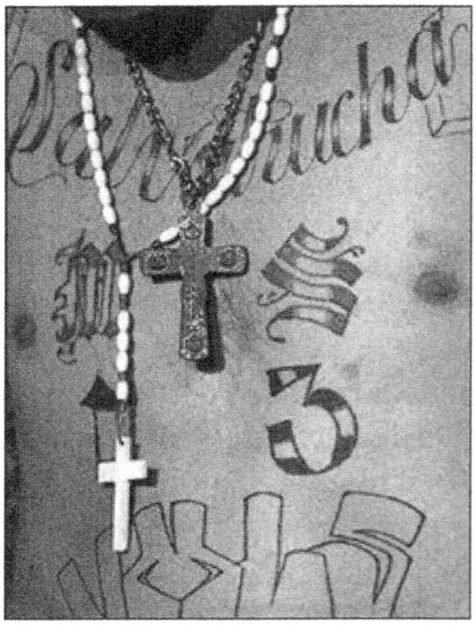

los Estados Unidos (ver foto adjunta). Nace en Los Ángeles en el año 80 con una formación casi única de inmigrantes salvadoreños, guatemaltecos y hondureños, que huyen de la guerra civil de su país y con la finalidad de protección frente a otras bandas ya establecidas, y formadas por procedentes de otros países. Se fraccionan en grupos menores o células, llamadas clicas y se distribuyen por diferentes barrios de Los Ángeles (Hollywood, Adams, Western, South Side, etc.) y áreas metropolitanas de Atlanta, Dallas, Washintong DC y Nueva York (National Gang Intelligence Center, 2009). Actualmente, distribuidos en una gran extensión territorial, no solo de Estados Unidos, sino de otros países como Canadá, México, Gautemala, El Salvador, Honduras y España, han pasado a constituir una amenaza a nivel nacional por lo que han atraído la atención de las diferentes agencias americanas de seguridad (CIA, DEA, FBI).

Sus miembros son perfectamente distinguibles especialmente por los diseños de los tatuajes que cubren su cuerpo, con profusión en el torso y los brazos, si bien muchos también los llevan en la cara ("MS", "Salvatrucha", "Devil Horns"). Otras características del grupo son su extrema violencia, su afán de venganza y su eterna lucha con sus enemigos los cárteles y otras organizaciones delictivas.

Entre sus actividades delictivas y especial forma de ingresos son el tráfico de drogas, armas, secuestros, robos y asesinatos por encargo, robos, blanqueo de dinero y proxenetismo, entre otras muchas actividades delictivas.

Como organización, dada la cantidad de sus miembros, más de 150.000, no tiene una estructura jerárquica única con un jefe definido, sino que al actuar por células (clicas) independientes, éstas tienen autonomía propia. La participación de la mujer en la mara ha variado desde un papel simplemente de "hembra", novia o mensajera a destacar por su crueldad al participar de forma directa en las actividades del grupo (http://www.askmen.com; http://www.apfn.org; http://www.npr.org; Foreing Policy in Focus, http://www.fpif.org; http://www.justice.gov; http://www.marasalvatrucha.net).

Como una forma de resumen y con las observaciones que antes hemos hecho, repasamos las Memorias de las Fiscalías de diferentes tribunales territoriales y, en la de Madrid, nos encontramos con que, para estas bandas (con exclusión de las maras, a la que ya hemos hecho referencia), establece unas determinadas características generales, que ceo conveniente destacar. Estas son:

a) Se trata de grupos organizados y jerarquizados, que se articulan en torno a una estructura rígida y piramidal, de tipo vertical, con obediencia ciega a los dirigentes que se rigen por un conjunto de "reglas" y "leyes" conocidos como "La Constitución" o "La Literatura".

b) Poseen una fuerte cohesión interna, una adhesión incondicional de sus miembros al grupo, un cierto distanciamiento del entorno social originario (familia, trabajo, grupo escolar,...) y la existencia de roles perfectamente definidos de cada integrante dentro de su categoría.

c) Se agrupan en los llamados Chapters o Capítulos, formados por un número de individuos que oscila entre los 20 y 30, en diferentes distritos de la capital o Comunidad autónoma, reuniéndose en parques públicos, canchas deportivas de uso público y locales de ambiente latino.

d) Su financiación proviene de las cuotas obligatorias que deben abonar sus miembros, y de botín de los robos con violencia y con fuerza que ejecutan.

e) Ideológicamente defienden la supremacía de todo "lo latino" y de "los latinoamericanos".

f) Sus miembros son predominantemente inmigrantes sudamericanos, con muy pocas excepciones de españoles integrados en ellas.

g) Sus actuaciones criminales se ejecutan organizadamente, en grupos de 10-15 o más individuos, en delitos contra la vida o integridad física, o en peleas o riñas tumultuarias con bandas rivales; o bien en grupúsculos de 3 a 5 miembros en los robos con violencia y amenazas; y son marcadamente violentas y virulentas, con utilización principalmente de armas blancas, palos y objetos contundentes.

Desde el punto de vista del estudio de estas bandas y de su incidencia criminológica, considero muy conveniente leer estas memorias dado que, en cada territorialidad veremos que se mueven determinadas bandas, indicándose además sus implicaciones en actividades delictivas, declaración de ilegalidad, personas detenidas y los cargos y la responsabilidad que los detenidos ocupaban en la organización jerárquica de cada una de las bandas.

A continuación vamos a ver otros diferentes grupos, que también podrían denominarse como bandas, pero por sus diferentes características, objetivos, funcionamiento e individuos que las componen les daremos el apelativo de ***"tribus***

urbanas o callejeras" que clasificaremos de acuerdo a principios de ideología política y del uso o no de la violencia en sus manifestaciones.

El nacimiento de la sociedad industrial en el correr del siglo XX y la conformación de las grandes urbes, frías y con demasiadas reglas hace nacer grupos de jóvenes disconformes con el sistema y sus normas. Son "pandillas" o agrupaciones de chicos y chicas que dentro de un concepto anómico reflejan su descontento con una forma específica de hablar, vestir y comportarse. Son grupos que desean vivir al margen de la sociedad y sus normas y crear un "mundo nuevo y diferente" conformando su propia sociedad, cultura, ritos, valores y objetivos.

Todos estos elementos conforman los principales pilares de su "movimiento". Primero es su "ideología" formulada como atractivo para numerosos jóvenes que por problemas familiares, escolares o de inmigración se encuentran "perdidos" en un mundo que no les acepta, no entienden o no quieren entender. Su función es amalgamar, dar sentido y coherencia al grupo que, en numerosos casos, es de una manifestación violenta ante las normas establecidas o el propio sistema, violencia que no deja de ser un "atractivo" para muchos jóvenes. El propio ejercicio de la acción violenta da pie a la necesidad de establecer las propias normas, estructura y jerarquía del grupo.

Segundo, su "simbología". El rechazo integral a lo establecido hace que estos grupos deseen "aparecer" como algo diferente, no solo ideológicamente, sino que su forma de vestir o marcar su territorio constituyen elementos identitarios propios y diferentes de los demás. Junto a esto se encuentra toda una parafernalia de dibujos, banderas o señas de identidad diferenciadoras, junto a consignas y cantos.

La seguridad del grupo no se establece tan solo para sus reuniones más o menos clandestinas o reservadas, sino también y principalmente durante el desarrollo de sus actividades. Dentro del grupo todo se considera válido y realizado en libertad. El grupo no solo determina los roles sino que también establece relaciones, marca funciones y distribuye las acciones a realizar como expresión de la voluntad y representación social de ese grupo.

Como hemos dicho, estas "tribus" tienen unas características propias que les diferencian de las bandas anteriormente estudiadas. Entre las características más importantes podemos destacar:

a) De acuerdo, y teniendo en cuenta, las teorías sociales, a las que al principio hacíamos referencia (Chicago, labeling approach, anomia, etc.), su comportamiento puede incardinarse casi por completo en las teoría o ideologías de la subcultura.

b) Sus fundaciones han sido provocadas, principalmente, por cambios traumáticos sociales, culturales o estructurales; por desplazamientos territoriales, sea nacional, provincial o de barrio; coincidencia de intereses o ideales; escisiones de otros grupos o bandas; etc.

c) Sus miembros poseen pensamientos, tendencias, convicciones o creencias (sociales, políticas, religiosas,…) idénticas o muy similares.

d) Tienen en común una "cultura" de rebeldía y marginación contra la sociedad a la que aborrecen e intentan destruir por sus normas y tradiciones que ni valoran ni respetan.

e) Los ideales y objetivos son defendidos con o sin violencia, lo que hace que las diferenciamos en su clasificación.

Casi todas ellas de implantación territorial pueden diferenciarse atendiendo a dicha implantación y zona de actuación, pudiendo ser de entidad barrio, o itinerante. Las primeras mantienen lazos sociales, afectivos o emocionales-racionales más intensos con la población del barrio, a pesar de que ellos quieran ser "diferentes" y de una u otra forma cometan actos antisociales. Al segundo tipo perteneces aquellas tribus, más o menos organizadas que aprovechan los acontecimientos en los cuales, o durante los cuales, llevan a cabo sus acciones, sea este el lugar que sea. Normalmente éstas disponen de una mayor estructura jerárquica y de organización, con claras figuras de liderazgo, exigencias de lealtad interna y normas para su propia seguridad.

Esta tribus, al igual que las bandas, y con mayor o menor especificidad, portan y exhiben símbolos y otros signos de identidad que pueden estar definidos por su forma de vestir, gestos o saludos, lenguaje específico, rituales y ceremonias (de admisión, iniciación, cohesión o confianza, etc.), tatuajes o marcas gráficas, entre otros, de su manifestación.

Entre las tribus violentas tenemos:

- Los "skinheads".
- Grupos de ideologías neonazi o izquierdista.
- Los okupas.
- Los punk.
- Los hooligans.

Entre las tribus no violentas tenemos:

- ☺ Los emos.
- ☺ Los rasta.
- ☺ Los grafiteros.
- ☺ Los pijos.
- ☺ Los flogger.
- ☺ Otros.

5.3.3. Los "skinheads" (cabezas rapadas)

Dentro de este nombre genérico podemos encontrar grupos de ideología totalmente contrapuesta. Los skinheads han sido visto como una "tribu urbana" en la que militaban una amalgama de jóvenes entre los 15 y los 25 años, con "uniformes" y "símbolos" característicos pero con una diversidad ideológica, a veces, totalmente contradictoria.

Su nacimiento se establece en Inglaterra, en los años 60, como contracorriente de los grupos entonces "de moda" (Mods, Rudeboy,...), si bien su denominación tal como la conocemos es de varios años después.

Su apariencia personal va en línea con su nombre, cabezas rapadas. No obstante su vestuario inicial podíamos decir que era bastante elegante, circunstancia que va cambiando progresivamente a las prendas vaqueras, cazadoras tipo bombers, indumentaria pseudomilitar y botas de este mismo tipo.

Esta tribu se ha caracterizado desde el principio por su violencia contra las personas, las propiedades y el mobiliario urbano. También lo ha sido por tener entre sus filas a un gran número de mujeres jóvenes, las "skingirls" quienes, tanto en su apariencia, vestuario y calzado llevan también sus signos distintivos.

En un principio no tenían ideología política ni consideraban como sus enemigos a personas de otras razas o nacionalidades. El desarrollo social y político hace que muchos de ellos se vuelquen en corrientes políticas radicales tanto de izquierdas como de derechas. Su evolución llega a configurar determinados objetivos para estos grupos. Su primer enemigo llegó a ser el propio estado, se convierten en los pioneros de movimiento antisistema. Luego, pusieron su objetivo en los homosexuales y los inmigrantes, a los que hacen objetos de su gran violencia. Sus denominados "mandamientos" están basados en la fuerza, el predominio de la raza blanca y su defensa a ultranza.

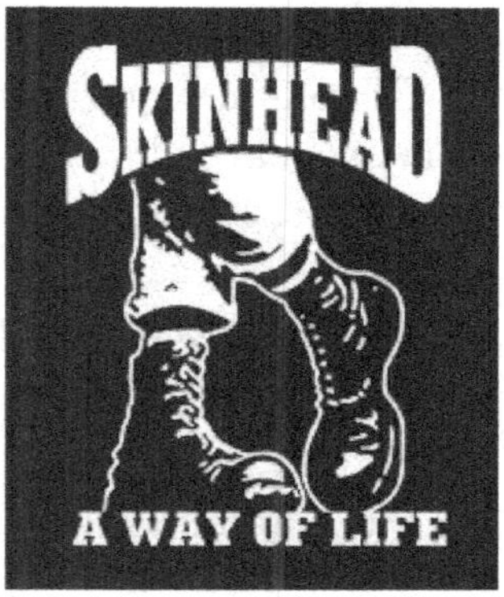

En lo que si están totalmente de acuerdo, en casi todas sus actividades, tales como el seguimiento, ánimo y apoyo a determinados equipos de futbol, actos de extrema violencia, en numerosas ocasiones gratuita, y el uso de simbología nazi y/o preconstitucional y un odio centrado en inmigrantes, homosexuales, indigentes, etc.

Sus ideas y actividades se propagan a través de internet y redes sociales, algunas de cuyas páginas web específicas se adjuntan en referencias. La música (conciertos) es otro medio bastante utilizado para su proselitismo, tendiendo principalmente a un tipo determinado de música roquera.

Sus acciones violentas, juicios y condenas recaídas han sido ampliamente difundidas en periódicos de tirada nacional así como por las cadenas de televisión.

5.3.4. Grupos de ideologías neonazi o izquierdista

5.3.4.1. Grupos de ideología ultraderechista-neonazis

De acuerdo a numerosas fuentes institucionales (ministerios, fuerzas policiales, movimientos sociales contra la intolerancia, etc.) podemos estar hablando de más de medio centenar de grupos que "acogen" a una cantidad aproximada a los 20.000 individuos, muchos de los cuales se encuentran inscritos en el registro de asociaciones del Ministerio del Interior.

No disponen de una estructura jerárquica reconocida y su principal "objetivo" son los inmigrantes y la inmigración, a los que culpan de los problemas sociales y en lo que intentan justificar su vandalismo, violento e injustificado.

Mucho más violentos e injustificables son los grupos ilegales de ideología nacional-socialista (las cabezas rapadas específicas) entre los que se encuentran:

1) Los Sangre y Honor (Blood and Honour)

Es un grupo que nace en Inglaterra a finales de los años 70. En origen, basado en la música, dedica gran parte de su actividad a todo lo relacionado con este tema, conciertos, comercialización de grabaciones, etc., en las que capta sus adeptos. Su líder era Ian Stuart, un cantante inglés (logo adjunto). (http://bloodandhonourespana.blogspot.com)

Sus características ideológicas giran en torno a la camaradería, la supremacía de la raza blanca y un profundo sentimiento interracial. Posee grupos en numerosos países europeos, Estados Unidos y Sudamérica. Conocidos en España a finales del siglo pasado, y registrados como asociación cultural, fueron objetivo de la Operación Espada, acción policial llevada a cabo por la Guardia Civil, en varias provincias en la que se produjeron numerosas detenciones. Fue disuelta e ilegalizada por la Sección Tercera de la Audiencia Provincial de Madrid en julio de 2010 por asociación ilícita y tenencia de armas (wikipedia.org/wiki/Blod_Honour;http://www.bloodandhonour.com; http://www.distrito16.wordpress.com/2010/07/21/juicio).

2) Los Hammerskin

Según su página web oficial la Hammerskin Nation es un grupo de hombres y mujeres que han adoptado el estilo de vida del Skinhead. Poder Blanco (http://www.hammerskin.net; http://www.nuevo orden.net; http://antoniosales.blogia.com/temas/hammerskin.php).

Su inicio fue en Dallas (Texas, Estados Unidos) en 1979 y su ideología gira en torno a la supremacía de la raza blanca, extendiéndose rápidamente a otras naciones, incluida España. Su objetivo es “asegurar la existencia de nuestro pueblo y un futuro para los Niños Blancos”. Sus señas de identidad son la Rebel Flag (bandera rebelde) con dos martillos cruzados en su frente como símbolos de fuerza, orgullo y solidaridad.

Considerada de gran violencia fue objeto de investigaciones por parte de la Guardia Civil. En la denominada Operación Puñal, durante marzo de 2004, fue intervenida en diferentes ciudades españolas y muchos de sus miembros detenidos.

En el juicio celebrado contra este grupo en España, en junio de 2009:

a) Se les relaciona con diferentes grupos y peñas ultras de diferentes equipos de futbol.

b) Queda también a la luz que en sus actividades defendían la supremacía de la raza blanca, la discriminación, el odio y la violencia contra otros miembros "diferentes" de la sociedad.

c) Poseían una organización estructurada y jerarquizada.

La organización fue declarada ilegal y disuelta en julio de 2009.

3) Volksfront (Frente Popular)

Con la misma ideología nazi que las anteriores, nace en el estado de Oregón (Estados Unidos), en 1994.

Fundada en la Penitenciaría del Estado por Randall Krager, se expande a otros países entre los que se encuentra España (logo adjunto, grupo España).

Al parecer, su aparición en España en 2005 tiene como finalidad "controlar" a las demás fracciones de esta ideología y dirigir sus acciones, adquiriendo según especialistas policiales una fuerte implantación. Su proclama principal es la lucha contra el estado y las leyes, manteniendo en primer lugar la supremacía de la raza blanca (http://www.volksfrontinternational.com).

5.3.4.2. Grupos de ideología comunista-antifascista

Son grupos de pequeña entidad cuantitativa en una amalgama de ideologías izquierdistas de tendencia comunista, anarquista, antifascista en una lucha contra el capitalismo y la burguesía.

Entre estos podemos señalar a los Red and Anarquist Skin Heads (RASH), que surgen en Nueva York ya entrados los 90, como una amalgama de diferente ideología comunista-anarquista para luchas contra la ideología neonazi-fascista. Los RAHS, en su página web (http://rashmadrid.es), se presentan como sección madrileña de la Confederación Internacional RSH que agrupa a cientos de redskins, ya sean anarquistas, comunistas o socialistas de todo el mundo, unidos para luchar contra el capitalismo y el fascismo. Su nacimiento se establece en Madrid en 1993, el mismo año en que RASH se funda en Nueva York (Estados Unidos), como Resistencia Skinhead con la idea de aglutinar a todos los rapados de Madrid.

Consultada su página, hoy día, publican, entre otras noticias, una jornada, 75 Años de Resistencia Antifascista. ¡No Pasarán!, para el día 23 de julio de 2011, convocada por la Comisión Antimonárquica y Comisión Antirrepresiva de la Coordinadora Antifascista de Madrid.

También están los Skin Heads Against Racial Prejudice (SHARP). Los SHARPS, según wikipedia.org, es una agrupación de skinheads fundada en Nueva York (Estados Unidos) en 1987, con la finalidad de limpiar la imagen social del movimiento skin, dañada por los "derechistas" a los que llamaban, con intención de ridiculizarlos, "boneheads" (cabezas huecas), ya que, según ellos, la esencia skind no tiene contenido político(http://telefonica.net/SHARPS).

Todos ellos poseen ropas y calzados característicos de negros y obreros ingleses de los años 60 (ropa de trabajo obrera con tirantes, botas con punteras metálicas, cabeza rapada). Una de sus señas de identidad distintiva más apreciable son los colores de los cordones de las botas, bien sean estas tipo militar, bien lo sean tipo deportiva, pudiéndolos llevar de uno o de dos colores, blanco (fachas, nazis), negro (sharp), verdes (ecologistas), amarillos (anarcos), rojos y negros (anticapitalistas), etc.

5.3.5. Los "okupas" o movimientos antisistema

Como sucede con frecuencia con grupos o bandas que actúan en el entorno social de cualquier país, es la prensa que sigue sus acciones la primera en "etiquetar" tanto al grupo como sus manifestaciones.

Como sucede también con frecuencia muchos de estos grupos como los SHARPS y este que nos ocupa, nacen por imitación de otros grupos extranjeros de similar ideología, y de ellos adoptan nombres, símbolos y actuaciones, siendo el origen de la mayoría de ellos la marginación, el aislamiento y la filosofía del gueto.

En este caso su existencia la basan en los "squatter" ingleses que inician sus actividades "públicas" allá por los años 80. Las palabras inglesas squat-squatter significan establecerse (sin derecho) y usurpador, respectivamente. Al parecer ante la difícil traducción y adopción de una denominación de este grupo que surge, y en base a las actuaciones que desarrollan, se les denomina "ocupas" denominación que en atención a la intencionalidad eminentemente política de dichas acciones la convierten en "okupas", acciones protesta y de denuncia de la actual situación económica y social, relacionada con la posibilidad de adquisición de una vivienda. Su ideología anarquista revolucionaria o punk, entre otras, es la base en la que fundamentan todas sus acciones.

Es un grupo organizado y estructurado tanto en su funcionamiento como en la finalidad de las ocupaciones, todo ello para obtener el mayor rendimiento publicitario, bien sean para sus ocupaciones reales o las simbólicas. Sus miembros bien pueden llevar una estética tipo punk o el uso normal de pañuelos palestinos, prendas con capuchas, gorros o caretas (símbolo adjunto).

La acción judicial ante la ocupación de viviendas y locales ha oscilado de manera importante, desde la legalización de sus acciones en determinadas viviendas, locales y otras instalaciones, hasta el desalojo inmediato de lo ocupado, con grandes discrepancias de criterio entre los diversos juzgados afectados, hasta 1996 en el que la ocupación se considera como un delito de usurpación en el que se ven afectados no solo edificios de instituciones locales o estatales, sino también los de propiedad particular (en la foto adjunta, ocupación de un hotel en Madrid, ADN,20.12.11).

Al contrario de lo que sucede con las acciones de otros grupos, en la mayoría de las ocasiones los componentes del "movimiento okupa" no han recibido más "castigo" que el desalojo, sin ninguna otra responsabilidad penal o civil.

Las acciones de estos grupos se han trasladado desde la ocupación a un movimiento de protesta ante diversas actuaciones o reuniones de grupos económicos, por lo que se les ha denominado también "movimiento antisistema". En España sus actuaciones se han centrado en grandes ciudades (Madrid, Barcelona, Sevilla) y han sido seguidas ampliamente por los medios de comunicación social. En otros países (Italia, Francia, Alemania) también se han producido acciones de estos grupos antisistema con ocasión de reuniones de grupos de poder económicos conocidos como G-8 o G-20, cuya violencia ha implicado acciones policiales contundentes.

5.3.6. Los "punk"

Es un movimiento "contracultural" que tiene su origen en las lucha contra los convencionalismos sociales y culturales, que nace en la sociedad anglosajona a finales de los años 60, y está ligado de forma consistente con la música rok. Como todo movimiento de protesta adoptan caracteres distintivos tanto en su comportamiento como en su apariencia y exhibición de símbolos.

Al amparo de la "música-protesta", el rock punk, y de grupos como los Sex Pistols la música punk sigue creciendo, a mediados de los 70 atraviesa el Atlántico hasta Nueva York y de allí al resto de Norteamérica, donde cuenta con grupos musicales que les sirven de modelo como los Ramones o The Stooges.

Si desde el inicio del movimiento su finalidad era la lucha contra lo establecido, bien sea social, político o religioso y su principio es la no aceptación y el cuestionamiento de estas normas o reglas podemos deducir que la filosofía de esta contracultura sería:

- "Hazlo tu mismo, o hazlo a tu manera".
- Rechaza los dogmas, cuestiona y trasgrede todo lo establecido.
- Desprecia las modas y la manipulación de la sociedad mediática.
- Céntrate en el ecologismo, el cambio climático, el calentamiento global, la contaminación, el derecho de los animales y la alimentación vegetariana.
- Aproxímate a filosofías de carácter espiritual (hinduismo, budismo, o Hare Krishna).

Como dijimos anteriormente sus miembros son fácilmente distinguibles por su estética personal y su forma de vestir. Son característicos sus peinados en cresta de diferentes y llamativos colores. Visten ropa usada, vieja, parcheada, con cazadoras de cuero de color predominantemente negro. Piercings, pendientes, aros, imperdibles, etc., taladran su cuerpo. En sus ropas o complementos abundan los remaches, tachuelas, cadenas, etc. Las botas, predominantemente tipo militar están atadas con cordones de distintos colores que marcan su tendencia, el negro los neutrales, el rojo los combatientes, los verdes el ecologismo, etc.

5.3.7. Los hooligans

Parece ser que la definición más "ligh" del hooligan coincide con la de "aficionado", "hincha" o "forofo" de equipos deportivos (especialmente de fútbol), cosa que sin ser falsa en su totalidad, está muy lejos de la realidad, pues, por lo que hemos presenciado en unos casos, y visto en otros, en numerosos países, los hooligans no dejan de ser una banda, mas o menos juvenil, que se dedican a la exhibición de conductas violentas, no siempre relacionadas con las actividades deportivas de los equipos a los que dicen seguir, especialmente cuando estas actividades violentas se desarrollan fuera de los campos de fútbol con resultados propios de bandas vandálicas y delincuenciales.

Etimológicamente, tanto el individuo (hooligan) como el movimiento (hooliganismo), son términos utilizados para referirse a los seguidores de equipos de fútbol que originan disturbios, actos vandálicos y causan incluso muertes como sucedió en Heisel (Bruselas) o Valley Parade (Bradford, Inglaterra) lugares en los que estas manifestaciones de violencia terminaron en tragedias con 39 y 56 personas muertas, respectivamente. Y no hablamos de nada reciente, pues bien fuere el apellido de un asesino inglés, una canción sobre una ruidosa familia irlandesa, una tira cómica o una blanda callejera, ya se hablaba de "hooligans" a finales del siglo XIX y siempre para relacionar el término con acontecimientos violentos (wikipedia.org/Hooligan). Aceptado el término por la Real Academia de la Lengua, lo define como "hincha británico de comportamiento violento y agresivo".

Pero, tradicionalmente, todos los equipos de fútbol han tenido verdaderos grupos de fororos o seguidores que han defendido "al equipo y sus colores", todo ello dentro del terreno deportivo, que han derivado en "ultras", palabra con una connotación tan deportiva. En España han sido y siguen siendo conocidos los Ultra Sur (Real Madrid), los Boixos Nois (Barcelona), las Brigadas

Blanquiazules (C.D. Español), Frente Atlético (Atlético de Madrid), los Bukaneros (Rayo Vallecano), Herri Norte (Athletic de Bilbao), Riazor Blues (Deportivo de la Coruña), Biris Norte (Sevilla), los Ultra Boys (Sporting de Gijón) o los Celtarras (Celta de Vigo). En Italia son conocidos los "tifosis", en general, los Irriducibili Lazio (Lazio), los Ultra Napoli (Nápoles), la Brigate Rossoneri (Milán), los Ultra Boys San (Inter), y tros. En Inglaterra los mas conocidos son los Millwaall Bushwackers (Millwall), los Inter City Firm (Westham), los Service Crew (Leeds United) o los Headhunters (Chelsea). Tambien son conocidas las "torcidas" brasileñas (Sao Paulo, Flamengo, Vasco de Gama), los Borrachos del Tablón (River Plate), la Guardia Imperial (Racing de Avellaneda) o la 12 (Boca Juniors) en sudamérica, y otros muchos de Polonia, Alemania o Portugal.

Otro de los problemas que presentan estos grupos son, no solo el enfrentamiento y las rencillas por problemas puramente deportivos sino también porque cada uno

de ellos está "impregnado" de una ideología política distinta, lo que hace que el efecto deportivo se salga del contexto comportamental. Este fenómeno ha necesitado estudios profundos, llevados a cabo en numerosas universidades, entre las que destacan las de Oxford y Leicester en Inglaterra (Herrero Herrero, 2007).

Aunque para las Universidades de Oxford y Leicester, estos grupos poseen una rígida jerarquía interna, división de roles y unas pautas de comportamiento que se asemejan a actuaciones estratégicas paramilitares, su composición heterogénea (de todo tipo de clase social), su falta de ideología política concreta y definida, la ausencia de estructura interna, los alejan, y mucho, de ser considerados como banda o grupo, datos que si bien valen para tiempos pasados, hoy día, tienen menos importancia. Su actuación es única y exclusivamente a través de la violencia y todas las tragedias conocidas en el fútbol nacional e internacional han tenido su inicio en confrontaciones o enfrentamientos directos de estos grupos contra los seguidores de los equipos rivales en esa ocasión. Baste para ello el ejemplo de que los enfrentamientos deportivos entre muchos de los equipos señalados, y muchos otros a los que no hemos hechos referencia, desde el punto de vista policial, y en relación con la seguridad ciudadana, tienen la consideración de "alto riesgo".

Sobre las tribus no violentas como elementos presentes en nuestra sociedad, que aunque no tengan un contenido criminológico, si lo tienen como sociológico dado que pueden constituir, y de hecho lo hacen, agencias de socialización de gran influencia entre nuestros jóvenes, daremos un pequeño repaso sobre aquellas más actuales o significativas, entre las que consideramos:

5.3.8. Los graffiteros

Los consideramos a destacar por el rastro que dejan continuamente en todos los lugares posibles, y a veces inverosímiles, desde hace ya muchos años. Graffiti, palabra de origen discutido, griego o latino, significa "grafito", "marca", inscripción", "escribir", etc., y se denominan así no solo a los dibujos, pintadas, inscripciones o pinturas que nos encontramos en cualquier pared, puerta, medios de transporte público, mobiliario urbano, e incluso vehículos, sino también al movimiento.

La costumbre de escribir en paredes de celdas de las cárceles, muros, etc., los nombres de los propietarios, consignas, insultos e incluso declaraciones de amor, ya era costumbre en tiempo de los romanos (wikipedia). En Londres, en 1888 se encuentra una palabra escrita en la pared de un edificio donde se cometió uno de los crímenes de "el destripador". En los años 50, en ciudades como Nueva York o Filadelfia se produce una explosión de pinturas y frases que van desde títulos de canciones a eslóganes políticos o religiosos. Su época más "florida" lo fue durante los años 1971 y 1975, época conocida como Era Pionera, tiempo durante el cual los graffitis adquieren estilo y popularidad, dado que por su texto, contenido y forma de expresión, pasan a dar un "mensaje" social. También en esta época nacen los verdaderos grafiteros que se identifican no solo por su dibujo sino también por poner junto a su firma un número, el de las calles donde viven (Taki 183, Julio 204, Lee 163).

Los expertos dividen los graffitis en tres géneros diferentes:

1) Art Graffit, nacido con el movimiento hip-hop entre los años 80 y 90. Los graffiteros de este estilo, llamados "escritores", plasman su nombre de tres formas distintas: a) Tag, estilo personalizado en un solo color de una firma, acrónimo, seudónimo, etc. como expresión del alias o apodo del que lo realiza; b) Throw-up, composición en la que entran letras, palabras o listas y en los que se utilizan dos colores y c) Piece, de una mayor elaboración, multicolor y de una gran complejidad.

2) Slogans o graffiti público, es una forma muy personal de comunicar una opinión sobre las cosas y la forma de verlas.

3) Latrinalia o graffiti privado, es muy común en nuestra sociedad, especialmente en ambientes estudiantiles y lugares de grandes concentraciones de gentes trashumantes. Nos haremos entender mejor si decimos que son los "mensajes" que la gente deja en los aseos de los lavabos, expresiones o dibujos rudimentarios que van desde la expresión seudo-pornográfica o humorística hasta la poesía o la reflexión personal. .

En España pude situarse el nacimiento de este movimiento, denominado flechero, a mediados de los 80 en Madrid utilizando como instrumento, generalmente el aerosol, para los tag (movimiento tagging). El primero y más conocido de los graffiti es el "muelle" de Juan Carlos Argüello (en la imagen adjunta).

5.3.9. Los emos

El movimiento o subcultura "emo" nace allá por los años 80 en Estados Unidos, principalmente en Washington D.C. como un estilo musical derivado del punk (post-hardcore) y con una implantación también fuerte en países latinoamericanos. El término **"emo"** se ha utilizado en diversos ámbitos y con muy diversas interpretaciones, desde el significado de insulto (memo), una forma de vida o un estado de ánimo (depresivo).

A pesar de su reconocido pacifismo, el movimiento emo es considerado altamente superficial, de moda pasajera, de pesimismo o de una especie de victimismo. Sus integrantes son jóvenes, menores o adolescentes con una visión muy negativa de la vida.

Sus señas de identidad son: los pelos largos y engominados cuyos flequillos deben cubrir el ojo derecho; los piercings en la ceja y el labio inferior izquierdos; camisetas ajustadas, normalmente negras y sudaderas con capucha; pantalones, generalmente negros, muy por debajo de la cintura que dejan ver la ropa interior; zapatos o zapatillas tipo converse; bolsos o mochilas y correas con tachuelas o remaches; a veces se confunden con los góticos por los marcados maquillajes en color oscuro que presentan.

Su filosofía es el pesimismo y el inconformismo buscando el sentido de las cosas y un ateísmo a ultranza. Este pesimismo lo manifiestan en la extrema delgadez que presentan y en su aspecto sombrío y triste. Sus símbolos son las calaveras, los corazones rotos y las estrellas rosadas que imprimen en sus accesorios. Están muy unidos a movimientos musicales y grupos que han elegido como modelos de su movimiento (Program the dead, Afi, Kids in the way, Fighstart, etc.).

5.3.10. Los rasta

El movimiento **rastafari** es un movimiento socio-cultural y religioso que considera al emperador de Etiopía Haile Selassie, antes llamado Ras (príncipe) Tafari Makonnen como un dios, y a quien se atribuía carácter mesiánico. Una de sus grandes figuras y gran organizador del movimiento lo fue Marcus Garvey, nacido en Jamaica quien, como deseo y aspiración de la comunidad negra, deseaba que los descendientes de esclavos africanos volvieran a su tierra, África, para lo que proclamaba "África para los africanos".

El movimiento surgió a principio de los años 30 en los barrios marginales de población negra de Jamaica, floreciendo durante los años 70 y expandiéndose no solo en Jamaica sino en todo el mundo. El reggae, música nacida en barrios pobres entra en conexión con la subcultura rasta precisamente en la época en la que se produce la independencia de Jamaica lo que la asentaría como la música de la población más desfavorecida, la población negra de Trenchtown, todo ello aderezado de la gran fama que adquiere un ídolo de este tipo de música como lo fue Bob Marley (en la foto adjunta luciendo el típico peinado rasta). Pero debemos decir que el reggae no es la música de los rasta, su música religiosa, su música sagrada es el *burru* o tambores *nyahbinghi*, que fueron incorporados por los músicos del reggae.

En realidad las rastas (dreadlocks) son las trenzas que forman el típico peinado de los miembros del movimiento rastafari, pero no deben identificarse el peinado con el movimiento y la cultura rastafari dado que otros numerosos clanes y grupos étnicos han utilizado dicho tipo de peinado distintivo (maorí, masái, faquir, escocesas, etc.).

Su filosofía e ideología es un enorme apasionamiento por la defensa de su fe (monoteístas), sus creencias (Ras como encarnación de Jesucristo) y sus señas de identidad. Sus colores simbólicos son los de Etiopía, que son los que lucen en sus ropas y gorros, el verde la naturaleza, el amarillo la tierra y su riqueza natural y el rojo la sangre de todos aquellos que han muerto defendiendo sus ideales.

Hoy en día el movimiento se ha extendido a lo largo de gran parte del mundo y tiene seguidores provenientes de distintas culturas, lenguas y naciones.

5.3.11. Los floggers

Elegimos, por último, a esta tribu porque consideramos que está plenamente de actualidad dado que nacen en plena era de la informática y sus relaciones se basan, precisamente, en medios e instrumentos de esta índole. En algunos ámbitos se dice que son una cibertribu (www.telefonica.net/tribus; perfil.com, wikipedia). Sus seguidores son asiduos a determinadas páginas web (fotolog.com, facebook, tuenti) donde mantienen sus contactos con comentarios y fotos, dado que les ofrecen una inestimable posibilidad de comunicación con todo tipo de personas.

Su nacimiento en sitúa en América Latina, específicamente en Argentina cuando internet se encuentra en su máxima extensión allá por el año 2007, extendiéndose rápidamente a otros numerosos países dentro y fuera de América Latina.

No tienen una ideología definida enraizada en ningún movimiento, su principal característica es precisamente el uso de internet y sus redes sociales gratuitas donde se pueden publicar textos, fotos y recibir comentarios o "firmas" de su red de amigos.

Su ideal está basado en el culto a la propia imagen, es por ello por lo que su popularidad está basada en la cantidad de amigos agregados a cada uno de ellos, acto que se denomina "effear", constituyendo su único objetivo para lograr ser reconocido y famoso.

Su aspecto tiene la misma finalidad y cumple el mismo objetivo, destacar y llamar la atención. Son adolescentes y jóvenes cuya apariencia característica es la delgadez; los pelos largos, lacio y con mechas, flequillos que tapan en ocasiones la cara y un maquillaje de tonos fuertes, aspecto algunos similares a los emos. Entre su vestuario están los pantalones de tubo o pitillo, denominados chupines, utilizados tanto por los hombres como por las mujeres, de colores llamativos; las camisas y blusas (de tipo remera o campera) son holgadas y de colores chillones y como calzado utilizan zapatillas deportivas converse o las conocidas skaters. Es también común el uso de gorras y de grandes gafas de sol.

6. ACTUACIONES ANTE EL PROBLEMA, RESPUESTAS E IDEAS DE FUTURO

Son muchas las observaciones que podemos hacer al respecto, y pueden hacerse desde distintas perspectivas. Es verdad que las soluciones drásticas no resuelven siempre el problema pero, de igual manera, la timidez o debilidad en la aplicación de las normas existentes, tampoco.

La legislación existente, nacional e internacional es abundante y sus recomendaciones enfocadas a la disminución de los delitos y la atención y cuidado del menor, pero no por ello, la incidencia permanece y en un sostenido aumento. Entre las distintas leyes y Directrices podemos señalar:

- Las Directrices de las NN.UU. para la prevención de la delincuencia juvenil (Riad, Resolución 45/112).
- Reglas de las NN.UU. para la protección de menores privados de libertad.
- Reglas Mínimas de las NN.UU. para la administración de justicia de Menores (Reglas de Pekín).
- Convención de las NN.UU. de 20 de noviembre de 1989, sobre los derechos del niño.

La primera de las actuaciones en respuesta a la situación de la delincuencia juvenil pasa por un endurecimiento, no solo de las penas, sino en toda la legislación actualmente existente. ¿Cómo es posible que un menor, incluso por debajo de los 14 años provoque en la sociedad un daño irreparable, aún en vidas humanas, y la sociedad no tenga ningún instrumento de corrección efectivo? Sólo los que viven aislados de la sociedad o disponen de determinados privilegios pueden pensar de forma diferente.

Y si de la delincuencia individual saltamos a la grupal, el problema se agrava de forma exponencial, dado que las acciones delictivas de los grupos o bandas, aunque no siempre, son más graves y violentas que los cometidos individualmente.

En todos los países, incluso entre los más democráticos, la opinión pública se decanta por una actuación policial, y especialmente penal, dura y represiva, ya que no hay peor "miedo" en los que sufren la violencia, y mejor incentivo para el que la comete, que una "cuasi" impunidad por los actos cometidos, sean estos de la gravedad que sean. La sociedad para su pacífica convivencia debe estar convencida de que este tipo de actos tienen que tener una adecuada respuesta que haga real el efecto de prevención general, no solo específica.

He podido leer en algunos autores nacionales que una de las medidas debería ser la de un aumento de las fuerzas policiales, ante la que no puedo estar completamente de acuerdo. Creo que la dotación policial española, del Estado, de las Comunidades Autónomas y de las Entidades Locales es correcta, puede ser que no estén bien distribuidas ni territorialmente ni por especialidades o servicios, pero ese no es problema de cantidad, sino de organización. Para justificar esta postura me remito a las estadísticas, en las que aumenta el número de detenidos, así como el esclarecimiento de los delitos cometidos por los menores, pero la respuesta penal es tan débil que la reincidencia puede imperar a límites insospechados.

De todo lo dicho anteriormente, como orientaciones o recomendaciones, es común encontrar en algunos textos o escritos (Herrero 2007, 2008) algunas de las siguientes:

a) Reforzar la prevención, mejor que hacerlo en la represión, con una serie determinada de programas sociales, económicos, culturales y laborales.

b) Afrontar este problema más a nivel social que jurídico.

c) Profesionalización y especialización policial. Respecto a la profesionalización policial, al pedirla, puede darse por supuesto su ausencia, cosa totalmente errónea. Distinto es una especialización en otra serie de aspectos que no son necesarios para toda su actividad policial, tan solo para aquellos que estén encargados del servicio en este entorno (Emumes, Grumes, etc.).

Pero creo que nos quedamos tan solo en la superficialidad, siendo necesaria una más concreta profundización. El afrontamiento hay que hacerlo desde todas las perspectivas posibles, especialmente desde las agencias de socialización, y desde la más tierna infancia.

En el Informe Mundial sobre la Violencia y Salud, se expresa que "el comportamiento de los progenitores y el ambiente familiar son factores fundamentales en el desarrollo de conductas violentas en los jóvenes. La falta de vigilancia y supervisión de los niños por los padres y el uso del castigo físico severo para disciplinar a los niños son sólidos factores predictivos de la violencia durante la adolescencia y la edad adulta". En este ámbito, se considera a la familia como correa de transmisión de los valores socioculturales, educadora en las tradiciones sociales, e institución de control disciplinar, que debe interiorizar e integrar en los menores las normas sociales. Con estas premisas la prevención se materializaría en:

a) Generar los lazos afectivos y estimular las relaciones interpersonales entre sus miembros y de éstos con el resto de la sociedad.

b) Educar a los menores en las conductas y respuestas prosociales.

c) Mantener una tipología educativa no punitiva.

d) Adoptar los estilos de comunicación imperantes en la sociedad.

e) Formar a los padres en:

    - Competencia y habilidades sociales.
    - Solución de conflictos.
    - Asertividad.
    - Refuerzos y castigos.

La escuela, por su parte, tiene la misión de satisfacer unas necesidades concretas, como lo es la enseñanza de las ciencias. Debe saber integrar al menor en el mundo de los valores admitidos socialmente y hacer que los alumnos practiquen sus papeles futuros (hombres, mujeres, padres, ciudadanos, etc.). Para ello deben tener en cuenta las siguientes directrices:

- Proporcionar experiencias relevantes y gratificantes.
- Potenciar la educación en valores.
- Fomentar el razonamiento cognitivo y la empatía.
- Formar a los profesores en competencias y habilidades sociales.
- Tener en cuenta las ideas de los alumnos.
- Evitar el etiquetamiento (labelling).
- Estrechar las relaciones escuela-sociedad.

Los compañeros influyen, generalmente, de forma positiva durante la juventud, pero también pueden tener efectos negativos. Los pares de iguales constituyen el medio a través del cual se produce la identificación con los semejantes, uno de los principales medios de socialización del joven. En sus relaciones:

- Aprenden pautas y normas que la sociedad admite o rechaza.
- Alcanzan madurez y autonomía.

- Salen del aislamiento a través del conflicto.
- Jugando adquieren conciencia de "el otro".
- Se aprenden las cualidades del grupo y valores como amistad, reciprocidad, solidaridad, justicia, etc.

La prevención sobre el propio individuo, y a través de todas las agencias de socialización, ha de centrarse en:

- Dotarle de la capacidad de análisis para elegir metas apropiadas y evitar la frustración, de acuerdo a sus características personales y del entorno.
- Mejorar su ambiente socio-cultural.
- Evitar la desmotivación con la ausencia de objetivos progresivos.
- Formación en empatía, autoestima....
- Evitar la rigidez cognitiva (locus de control).
- Búsqueda de situaciones y niveles de excitación positivos y gratificantes.
- Canalización positiva y productiva de sus impulsos.
- Fomentar su capacidad personal, social y laboral, limitando o evitando las oportunidades para cometer actos delictivos.

Desde el punto de vista de la prevención social y atender a las prevenciones primaria, secundaria y terciaria, debemos basarnos en:

- Comenzar revisando los valores que la sociedad exige y/o practica.
- Debemos tener en cuenta que la sociedad consumista y del bienestar puede producir efectos perversos, entre los que podemos señalar: a) una excesiva delegación de responsabilidad de las agencias de socialización hacia las instituciones del Estado (jueces, tribunales, policía, ...), b) un despertar en el individuo de necesidades, no vitales o imprescindibles, pero "deseables" para "saciar" un hedonismo exacerbado en la satisfacción de numerosos placeres, y c) una falta de coherencia con oscilaciones desde el mantenimiento a ultranza de determinados valores, a la política del "todo vale".
- Controlar el crimen de forma razonable, no erradicarlo como objetivo final.
- Considerar el problema de los "medios" o "instrumentos" a utilizar y de los "costes sociales" a invertir.

- Prevención significa intervención en la etiología del problema neutralizando sus causas.
- La efectividad de los programas han de plantearse a largo plazo.
- Debe plantearse no solo como un problema comunitario, sino integral de la sociedad en general.
- Implicará prestaciones positivas que neutralicen las necesidades básicas y los conflictos.
- Requiere estrategias coordinadas y pluridimensionales y pluridireccionales.
- Enseñar y manejar la forma de ocupar el tiempo libre, evitando que el ejercicio de la violencia y las actividades sociales entren en él para combatir el "aburrimiento".

Ya hemos visto las funciones de las diferentes agencias de socialización y, a pesar de poder ser considerado repetitivo, se considera conveniente, no solo como dice el título del apartado, dar unas respuestas generales conjuntas, sino también "delinear" algunas ideas de futuro entre las que consideraremos:

- Desarrollar programas para una iniciación temprana que, iniciándose en los primeros estadios de la *enseñanza* obligatoria, fomenten la interiorización y desarrollo, desde pequeños, de las aptitudes necesarias que lleven a un éxito escolar al mayor nivel, una consecución de logros y, por ende, una evitación del abandono y la frustración. Estos programas han de incluir el fortalecimiento de las relaciones alumno-escuela, el aprovechamiento escolar y un aumento de la autoestima.
- Desarrollar *programas sociales* orientados de forma especial a:.
    - Programación del aprovechamiento del tiempo libre en actividades prosociales, gratificantes y evitadoras de comportamientos antisociales.
    - Promover la agrupación para el desarrollo de actividades culturales, deportivas y de cooperación.
    - Atención especial a los grupos que puedan ser considerados como de alto riesgo (población marginal o marginalizada).
    - Dedicar una atención continua a los grupos de dependencia, drogas, alcohol, etc. con programas informativos sobre las consecuencias de estos abusos, atención en la que deben implicarse todas las instituciones sociales, judiciales y, en especial, las policiales.

- Eliminar las bolsas de pobreza y marginalidad, reducir la desigualdad de oportunidades, el paro y la falta de lugares dignos de vivienda.
- Colaborar estrechamente con las autoridades educativas y complementar su labor de adaptación individuo-sociedad.
- Programas de vigilancia policial de determinadas zonas, barrios, etc.
- Controlar la venta y el consumo de alcohol de los menores.
- Controlar la formación de pandillas y prevenir sus posibles actividades delictivas.

- Desde el punto de vista del *individuo* y la *familia*:.
  - Desarrollar programas para conseguir la implicación de los padres y su participación en las actividades de sus hijos.
  - Facilitar información para una consciente orientación individual y un adiestramiento vocacional.
  - Programas de fomento de las relaciones entre los miembros de la familia, fortaleciendo los vínculos entre ellos e interiorizar los roles, especialmente de las figuras de autoridad.
  - Programas de colaboración familia-escuela, en los que los padres se impliquen de manera eficaz en el qué y el cómo del aprendizaje de sus hijos, actuando con objetividad en caso de conflictos.
  - Programas de formación y asesoramiento a padres, tutores, etc.

6.1. Los medios de comunicación social (mcs)

Como es lógico, las ideas que vamos a exponer a continuación no pueden ser tomadas de forma general en su extensión a todos los medios y tipologías de los mismos, radio, televisión, prensa, revistas y cualquier otro tipo de publicación, pero, también de forma general, el balance de los efectos de estos medios sobre la juventud, puede considerarse negativo, tanto en su profusión como en su tratamiento, que a veces van mas allá de su deber de informar a la sociedad.

Por una parte, existe una tendencia muy generalizada en sobredimensionar la información, hechos, consecuencias y efectos de la delincuencia juvenil, lo que produce efectos negativos y contrapuestos. Por otra parte hace crecer en los jóvenes delincuentes la sensación de impunidad. Además, hace que el resto de la sociedad pierda la confianza en la juventud como mantenedores y continuadores de los valores sociales, ahora tan denostados, y cunda la alarma entre ellos por una definida tendencia al alza de esta actividad delictiva, lo que les lleva directamente a una continua solicitud del "endurecimiento" de las leyes de aplicación a los menores y los jóvenes.

Casos tan sobradamente conocidos y seguidos por los mcs como los de Sandra Palo, Marta del Castillo, y algunos otros, pueden incluso llegar a provocar efectos de "imitación" de modus y acciones dado que, a través de numerosos medios, manifestaciones de determinadas personas, y "conferencias" de otras se informa a veces sin mucho conocimiento y sensatez sobre circunstancias, características y peculiaridades que pueden limitar, y de hecho limitan, disminuir o incluso anular su responsabilidad civil, penal o administrativa, todo ello aderezado con una justicia pacata que aumenta esas sensaciones.

Refiriéndonos especialmente a la televisión, en el Congreso Internacional celebrado en Huelva sobre "La televisión que queremos", allá por el año 2005, quedó patente que a la semana se puede llegar a emitir más de 600 homicidios-asesinatos, decenas de miles de actos violentos, decenas de miles de referencias de contenido sexual y miles de anuncios relacionados con el alcohol. Con estos antecedentes no es de extrañar que nuestros menores, jóvenes y adolescentes, con poco o nulo control de sus padres, tutores o responsables sobre lo que deben y no deben ver, sean, aún muy jóvenes, verdaderos "expertos" en acciones violentas incluso extremadamente violentas y delictivas que en cualquier momento y ocasión pueden ponerlas en práctica.

Respecto a internet, herramienta de gran utilidad, sin duda, como transmisora de conocimientos e información social, puede ser fatal en la formación humana, comportamental y psicológica de nuestros jóvenes. La permisividad, por no decir dejadez, de las responsabilidades como padres o tutores, unida al gran conocimiento de nuestros menores sobre las nuevas tecnologías, mucho más "expertos" que muchos de los padres, provoca que puedan acceder a páginas con contenidos violentos, sexuales, y no solo eso, sino a otras en las cuales te pueden enseñar a destruir la vida humana, a robar, estafar, violar, etc., de mil maneras diferentes, sea en la vida real o en juegos de simulación en los que matar, atropellar, etc., tiene el estímulo de aumentar tu puntuación y ganancias.

7. UN POCO DE ESTADÍSTICA

Con las consideraciones que ya hemos indicado, vamos a presentar algunos mapas o gráficos con contenido estadístico relacionados con el tema.

En los últimos anuarios o balances de delincuencia o criminalidad del Ministerio del Interior es verdad que es muy difícil encontrar datos actualizados de aquello que nos interesaría resaltar, en algunos vienen los datos para el total del territorio nacional, y en otras ocasiones sólo para la competencia del Cuerpo Nacional de Policía y de la Guardia Civil, sin datos de las Policías Autonómicas. También aunque sea de forma puntual acudiremos a la estadística de delincuencia del Cuerpo de la Guardia Civil, cuyo servicio de Policía Judicial sigue manteniendo un estudio anual muy exacto y preciso de la delincuencia generada en su ámbito de competencia.

También podemos acudir a las Memorias de la Fiscalía General del Estado, del Consejo General del Poder Judicial y del Instituto Nacional de Estadística, pero estas están, unas enfocadas a los asuntos relacionados con la juventud en los juzgados de menores, otras a cuestiones de población, y sus datos no son tan exactamente "criminológicos" sino más concretos en otros órdenes.

Pero es una verdadera pena que no podamos ofrecer un análisis estadístico "correcto" y actualizado por falta de las bases necesarias de datos útiles para dar una idea de este tipo de delincuencia, y como otros muchos no tengo más remedio que hacerme la pregunta, si los datos existen, porque de que existen nadie tiene duda, ¿porqué no se plasman en las numerosas bases de datos que tienen las diferentes instituciones?

En el primero de los capítulos de este libro, el dedicado a las agresiones sexuales, en su apartado sobre estadística, hemos señalado, de forma general, los delitos y faltas cometidos, en general, durante los últimos 5 años, y a partir de ese capítulo, todos los apartados sobre estadística del resto de los capítulos tendrá que remitirse a esa gráfica general.

Para este capítulo, en algunos datos, no tenemos más remedio que limitarnos a años anteriores, demasiado, dado que no encontramos actualizaciones de este tipo de delincuencia. Abundando en este sentido es llamativo que estudios tan importantes, a los que hemos acudido, como los llevados a cabo por la Profesora Serrano (2009) de la Uned, el jurista Montero (2011) y otros muchos consultados de Master Universitario, no puedan llegar más allá de 2008 para dar datos y en sus artículos exponen "*dificultades para conocer el volumen real de la delincuencia juvenil en España*" o que "*los Anuarios del Ministerio del Interior, que a pesar de las deficiencias que presentan, en la actualidad y según un sector de la doctrina, constituyen una fuente de datos, que si bien incompleta, se acerca más a la realidad que las estadísticas oficiales judiciales y penitenciarias,...*".

Gráfico 1.

Como apreciamos en el Gráfico 1 ha habido un incremento en la delincuencia de los menores (14-17 años), en especial en la comisión de delitos, hasta el año 2009, a partir del cual se ha apreciado una notable disminución de su cantidad.

Una comparación sobre la delincuencia en la comisión de delitos entre menores y mayores se puede obtener poniendo en relación este Gráfico 1 y el gráfico al que hemos aludido anteriormente y que se encuentra en el capítulo sobre las Agresiones Sexuales y que exponemos a continuación en el Gráfico 2.

Gráfico 2.

Otro dato que puede ser clarificador de la gravedad de la delincuencia juvenil es un gráfico en el que se compare la población española entre 14 y 17 años y la población general. Esto lo representamos en el Gráfico 3.

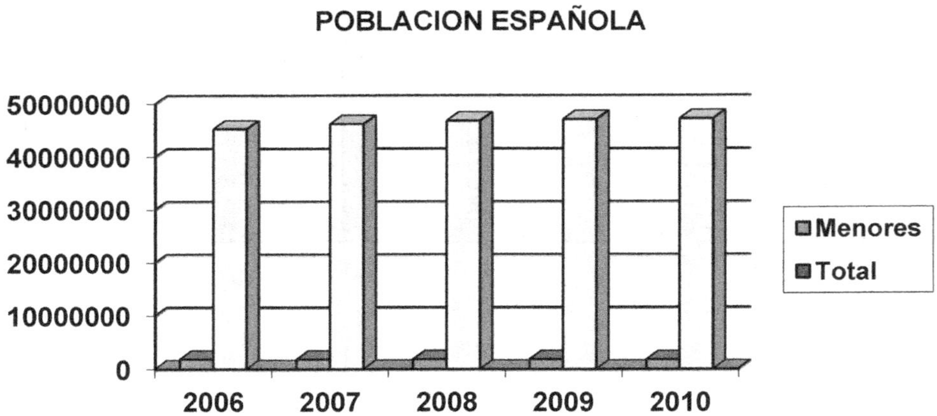

Gráfico 3.

A continuación, en los Gráficos 4 y 5, y con menos actualidad, reflejaremos el número de detenidos menores, por años, edad y sexo. No obstante los detenidos menores durante los años 2008 y 2009 fueron, en total, 20.168 y 20.549, respectivamente, si bien no podemos ofrecer de estos años mayores datos sobre sexo o edades.

Gráfico 4.

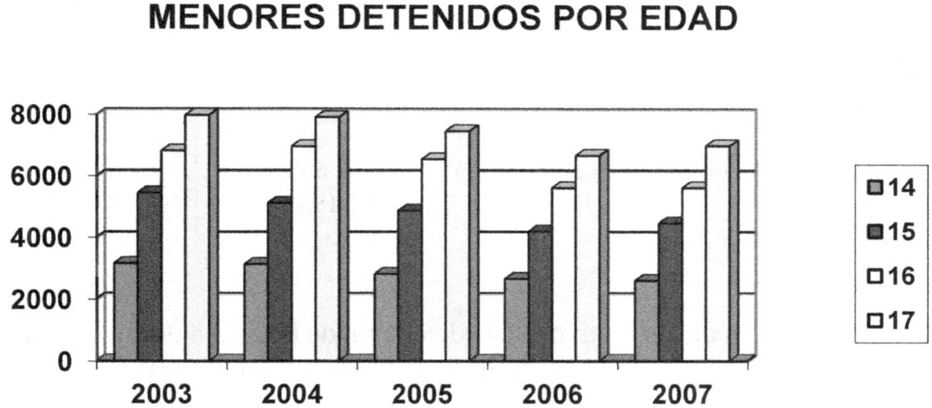

Gráfico 5.

Si nos centramos en los datos ofrecidos por el Poder Judicial, y en base a los datos de los Juzgados de Menores, podemos presentar una pequeña tabla (Tabla 1) con los asuntos registrados en dichos juzgados.

Tabla 1. Asuntos registrados en los Juzgados de Menores.

AÑOS	2004	2005	2006	2207	2008
ASUNTOS	32.574	33.549	34.855	33.349	35.893

Desde otro punto vista, mas concreto en hechos y espacio, presentamos a continuación la Tabla 2 conteniendo los datos obtenidos en el ámbito de competencia de la Guardia Civil, de los motivos de la detención de menores (varones y mujeres) en relación con una determinada tipología delictiva durante los dos últimos años.

Tabla 2.

AÑOS	2009				2010			
EDADES	14	15	16	17	14	15	16	17
Robos (fuerza, violencia, intimidación)	429	897	1117	1350	269	428	557	664
Tirones	13	34	38	69	6	13	18	26
Sustracción de vehículos	79	141	223	206	28	59	105	76
Hurtos	61	108	160	190	35	57	113	116

AÑOS	2009				2010			
EDADES	**14**	**15**	**16**	**17**	**14**	**15**	**16**	**17**
Homicidio / Asesinato	0	5	7	14	2	3	1	4
Lesiones	35	121	199	283	26	72	85	130
Estupefacientes	15	30	69	153	14	15	39	81
Contra la libertad e indemnidad sexual	55	75	53	54	13	32	34	32
TOTALES	687	1411	1866	2319	393	679	952	1129
TOTALES TOTALES	6283				3153			

La agrupación de los motivos de la detención de la tabla anterior agrupados por delitos, años y sexo de los menores lo encontraremos en los gráficos siguientes.

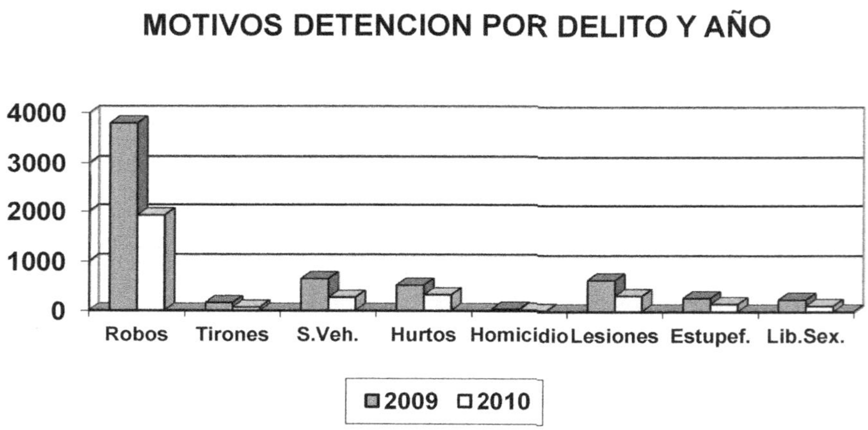

Gráfico 6.

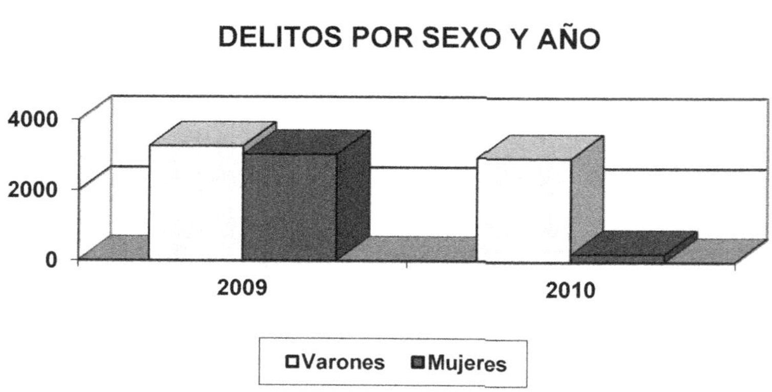

Gráfico 7.

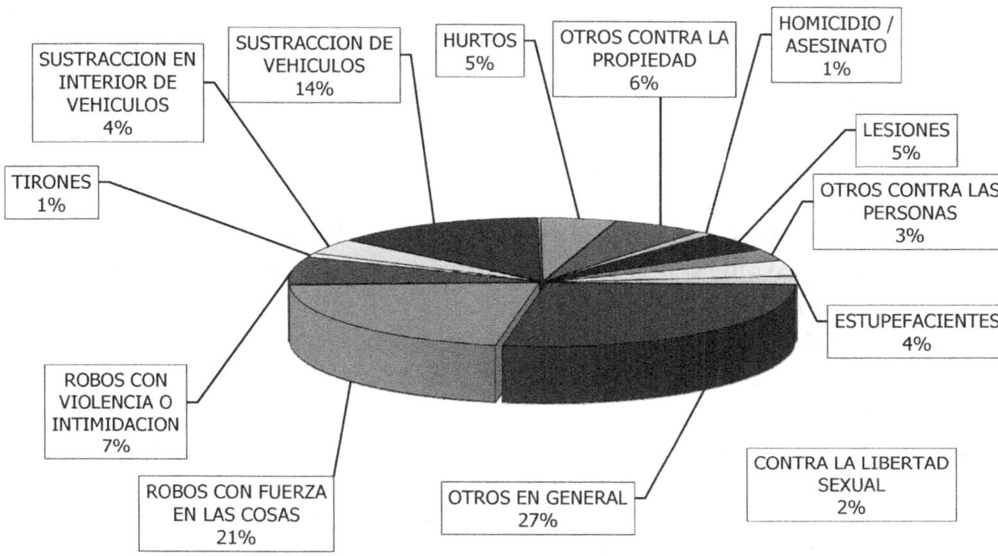

Gráfico 8.

En el Gráfico 8, y siguiendo los estudios de Herrero (2008), y considerando válidos los datos del gráfico para ambos grupos de jóvenes delincuentes, exponemos a continuación, como resumen las siguientes conclusiones.

Los menores delincuentes con problemas de comportamiento social tienden a la comisión de robos, hurtos, incendios, abusos y agresiones sexuales, agresiones físicas y lesiones. Con relación a su edad su delincuencia podría denominarse como instrumental siendo la mayoría delitos de robo en comercios los cometidos por los menores entre 11 y 14 años; tirones y robos cuando tienen edades entre 14 y 17 años, y delitos de atraco y drogas cuando sus edades rondan los 17 y/o 18 años.

Respecto de los menores delincuentes con reacción de huída, éstos son proclives a la comisión de delitos tipo hurto o robos menores de alimentos para sus subsistencia. Son especialmente sensibles a la captación por redes de delincuencia organizada para desempeñar pequeños papeles, en la mayoría de los casos como distribuidores de productos.

8. REFERENCIAS

Agnew, R. (1992). Foundation for a general strain theory of crime and delinquency. *Criminology, **30**,* 47-87.

Bandura, A. (1969). *Principles of Behaviour Modification.* New York: Holt, Rinehart y Winston.

Bandura, A. (1987). *Teoría del aprendizaje social.* Madrid, Espasa-Calpe.

Bandura, A. y Walters, R.H (1963). *Social learning and personality Development.* New York: Holt, Rinehart y Winston.

Barrio, V. del (1995). Evaluación de las características de la personalidad. En Rocio Fernández Ballesteros, *Introducción a la Evaluación Psicológica II*, Madrid, Pirámide, pp. 17-64.

Bermúdez, J. (1994). Extraversión: Naturaleza estructural. En José Bermúdez Moreno, *Psicología de la Personalidad*, Tomo I, Capítulo 16, pp.385-410, Universidad Nacional de Educación a Distancia, Madrid.

Burgess, E.W. (1973). *On Community, Family, and Delinquency: Selected Writins.* Chicago, University of Chicago Press.

Cloward, R. y Ohlin, L. (1960). *Delinquency and opportunity: A theory of delinquent gangs*. New York: Free Press.

Cohen, A.K. (1955). *Delinquent boys: the culture of the gang*. New York: Free Press of Glencoe.

Diez Ripollés, J.L. (2005). Algunos rasgos de la delincuencia en España a comienzos del siglo XXI. *Revista del Poder Judicial, **nº 78**, pp. 39-60.*

Domínguez Bilbao, R., Revilla Castro, J.C. y Gimeno Jimenez, L. (1998). *Jóvenes violentos: causas psicosociológicas de la violencia en grupo*. Barcelona: Icaria.

Durkheim, E. (1987). *La división del trabajo social.* Madrid, Akal.

Durkheim, E. (1989). *El suicidio.* Madrid, Akal.

Farrington, D.P. (1992). Implicaciones de la investigación sobre carreras delictivas para la prevención de la delincuencia. En V. Garrido y J. Montoro, ed. *La reeducación del delincuencte juvenil. Los programas de éxito.* Valencia, Tirant lo Blanch.

Farrington, D.P.; Ohlin, L.E. y Wilson, J.Q. (1986). *Understanding and controlling crime. Toward a new research strategy.* New York, Springer-Verlag.

Feldman, P. (1978). *Criminal Behavior: A psychological analysis*. London, Wiley and sons.

García Andrade, J.A. (1993). *Psiquiatría Criminal y Forense*. Madrid, Centro de Estudios Ramón Areces.

García-Pablos de Molina, A. (1996). Criminología. Valencia, Tirant lo Blanch.

García-Pablos de Molina, A. (1999). Tratado de Criminología. Valencia, Tirant lo Blanch.

Garrido Genovés, V. (1986). *Delincuencia Juvenil.* Madrid, Alhambra.

Goleman, D. (1997). Inteligencia Emocional. Barcelona, Kairós.

Herrero Herrero, C. (2007). *Criminología (Parte General y Especial),* 3ª Edic. Madrid, Dykinson.

Herrero Herrero, C. (2008). *Delincuencia de Menores. Tratamiento Criminológico y Jurídico.* 2ª Ed., Madrid, Dykinson.

Hirschi, T. (1969). *Causes of delinquency.* Berkeley, CA: University of California Press.

Hirschi, T. y Gottfredson, M. (1994). *The generality of deviance.* New Brunswick: Transaction Publishers.

Klein, M.W., Kerner, H., Maxson, C.L. y Weitekamp, E.G. (2001). *The Eurogang paradox: street gangs and youth groups in the U.S. and Europe.* Kluwer Academic Publishers.

López Rey, M. (1978). *Criminología. Criminalidad y planificación de la política criminal.* Madrid. Aguilar.

Merton, R.K. (1980). *Teoría y estructura social.* Fondo de Cultura Económica, México.

Montero Hernanz, T. (2011). La evolución de la delincuencia Juvenil en España (1ª Parte). *La Ley Penal, nº 78, pp. 1-40.*

Muñoz García, J.J. y Navas Collado, E. (2004). Conducta antisocial en adolescentes: teorías explicativas psicosociales. *Psiquis, **25 (2)**, pp. 79-86.*

National Gang Intelligence Center (2009). National Gang Threat Assessment, M0335-001.

Park, R.E. (1915). The City: Suggestions for the Investigation of Human Behavior in the City Environment. *American Journal of Sociology, **20**, pp. 577-612.*

Petersen, R.D. (2000).- Definitions of a gang ans impacts on public policy. *Journal of Criminal Justice* **(28),** pp. 139-149.

Pozueco, J.M. (2011). *Psicopatía, Trastorno Mental y Crimen Violento.* Madrid, EOS.

Rodríguez Manzanera, L. (1981). *Criminología.* 2ª Ed. Editorial Porrúa S.A. México.

Rutter, M., Guiller, H. y Hagell, A. (2000). *La conducta antisocial de los jóvenes.* Madrid, Cambridge University Press.

Sandín, B. (1994). Biología y Personalidad. I: Tipologías Somáticas y Hormonales. En José Bermúdez Moreno, *Psicología de la Personalidad*, Tomo I, Capítulo 12 pp. 265-284, Universidad Nacional de Educación a Distancia, Madrid.

Shaw, C.R. y Mckay, H.D. (1972). *Juvenile delinquency and urban areas.* Chicago: The University of Chicago Presss.

Serrano Tárraga, D. (2009). Evolución de la Delincuencia Juvenil en España (2000-2007). *Revista de Derecho Penal y Criminología, 3ª Época, 2, pp. 255-270.*

Sutherland, E.H. (1947). *Principles of Criminology*. Philadelphia: Lippincott.

Thrasher, F. (1963). The gang: a study of 1,313 gangs in Chicago. Chicago: University of Chicago Press.

Vazquez, C. (2003). *Delincuencia juvenil. Consideraciones penales y criminologías*. Madrid, Ed. Colex.

Vazquez, C. (2003). *Teorías criminológicas sobre delincuencia juvenil*, en www.uned.es/dpto_pen/delincuencia.../teorías-criminológicas.pdf.

Wikipedia (http://es.wikipedia.org/wiki/Delincuencia_juvenil)

Páginas web

http://www.umsl.edu/~ccj/eurogang/euroganghome.htm

CAPÍTULO III
DELINCUENCIA ORGANIZADA

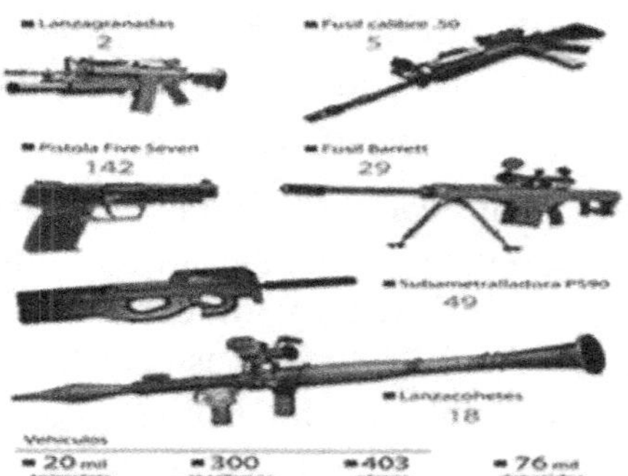

1. INTRODUCCIÓN

Buscando noticias en diferentes medios informáticos nos encontramos, por ejemplo, en la página http://www.extraconfidencial.com/articulos.asp una noticia que titula “En torno a 400 grupos de delincuencia organizada operan en España”. La continuación sigue por los siguientes derroteros:

- “Solo en la Costa del Sol se tienen fichados como residentes a 18.000 delincuentes.
- Según la ONU, nuestro país se encuentra entre los 10 destinos favoritos de estas mafias. Europol también afirma que la cuarta parte de todas las redes criminales organizadas que actúan en Europa están asentadas en España. Una realidad denunciada tanto por la UDYCO (Unidad Delincuencia y Crimen Organizado), el CNI, el OGD de París (Observatorio

Geopolítico de la Droga), el BND (inteligencia federal alemana), la DIA (Departamento Italiano Antimafia) y la INTERPOL.

- La policía española calcula en 400 el número de sicarios de la Triada China en España.
- Informes policiales de la Unidad de Inteligencia Criminal del Cuerpo Nacional de Policía cuantifican en cerca de 400 el número de grupos de delincuencia organizada de alto, medio y bajo nivel, según las clasificaciones de Interpol, que se han detectado en España en los últimos años pertenecientes a 35 nacionalidades y cuya actividad –según los mismos informes- podría extenderse a unas 40 modalidades delictivas".

Sin quitarle, en absoluto, a los medios de comunicación social la categoría de fuente de información que puede jugar, ha jugado y jugará papeles importantes en investigaciones de diferentes tipos, en otras, no deja de tener verdaderos hándicap para adjudicarle verdadera relevancia. De acuerdo al Profesor Resa Nestares, las publicaciones en estos medios, aún teniendo en cuenta que llevan un seguimiento más cercano a los hechos sociales, sus informes proceden de fuentes que, como medio de investigación, presentan numerosos problemas y deficiencias. Uno de ellos es la forma de presentar las noticias, con una presentación de corte sensacionalista que les dé más "atractivo" ante el público lector. Dentro de ellas se insertan otras informaciones procedentes de fuentes propias a los que la veracidad, la duda o la "imaginación" están supeditadas a un posible beneficio, económico principalmente.

De forma especial, en cuestiones como la que nos ocupa, y otras parecidas, las informaciones que circulan en los medios de comunicación de masas, sirven de verdad como noticias sociales, pero solo investigaciones, que las hay, con más profundidad pueden aportar datos que sirvan desde el punto de vista de investigación si se han desprendido de todo tipo de influencia o tendencia de cualquier tipo, sea económica, política o social.

Como hemos dicho en otras ocasiones a lo largo de los artículos, tampoco nosotros vamos a desvelar ningún "secreto" ni vamos a dar los datos de "última hora", ni tan siquiera queremos investigar un tema cuyo seguimiento y eficacia depende, no del secreto, sino de la confidencialidad de todos los datos que se posean, y no seré yo quien los desvele. Este no es un trabajo de investigación, nuestro interés está muy lejos de la fantasía y la elucubración. Presentaremos el tema desde la perspectiva que creemos le interesa a un criminólogo y en base a la multidisciplinariedad de sus conocimientos para poder llevar a cabo dignamente su tarea. Nuestras fuentes son, en su mayor parte, fuentes abiertas de información, recopiladas para facilitar la labor de estudio y, en una pequeña parte, datos que figuran en informes que circulan a nivel de los miembros de las Fuerzas y Cuerpos de Seguridad, sistema Fiscal o Judicial, no solo de nuestro país.

La amenaza del "crimen organizado" y otras relacionadas con diferentes mafias o grupos delictivos o terroristas llevaron a los países a crear determinados instrumentos de lucha contra ellas, organismos en la mayoría de los casos de carácter policial y constituidos por diferentes fuerzas de seguridad y defensa (dependiendo de los países), a algunos de los cuales nos referiremos más adelante. Estos entes son los encargados de las verdaderas investigaciones, todas ellas con carácter secreto, reservado o confidencial (Servicios Nacionales de Inteligencia Criminal, grupos nacionales anti-contra crimen, FBI, MI 5, MI 6, CNI,...), si bien hasta no hace mucho, la existencia de algún tipo de amenaza por grupos de delincuencia organizada (mafia), aparte de la conocida como "guerra fría" fue negada hasta por directores de agencias internacionales de inteligencia o investigación.

Tras este periodo (guerra fría) se empiezan a producir movimientos de apertura, especialmente en las fronteras, que afectan a la libertad de movimientos de las personas y los bienes. Esto favoreció, o trajo consigo, un aumento de las relaciones comerciales, un rápido desarrollo tecnológico y una mayor libertad y prosperidad, en general.

Esta época de rápidas transformaciones afecta, especialmente, a los Estados en los que se producen cambios profundos que llevan a una permeabilidad muy superior a la que anteriormente tenían establecida y comienzan síntomas de *"internacionalización"* lo que nos conduce a un nuevo planteamiento de las potestades de estos Estados y las relaciones entre ellos. Se produce un movimiento asociacionista en el que los Estados deben renunciar a alguna de sus potestades a favor de los nuevos entes supranacionales en los que desean participar, pero todas las rosas tienen espinas, y la principal espina en este caso es el proceso de ***"globalización"***. Si consultamos la página de las definiciones encontramos que "*se conoce por globalización el fenómeno de apertura de las economías y las fronteras como resultado del incremento de los intercambios comerciales, los movimientos de capitales, la circulación de las personas y las ideas, la difusión de la información, los conocimientos y las técnicas, y de un proceso de desregulación*" (http://www.definiciónlegal.com).

Pero todas estas ventajas y facilidades han propiciado el nacimiento de una gran amenaza para todos los países aperturistas, una figura que amenaza no solo a su sistema administrativo y legal, sino a su propia seguridad interior, la delincuencia organizada, que se verá aún mas facilitada por las diferentes concepciones que los diferentes países tienen sobre ella, y la lentitud de sus nuevas regulaciones ha hecho que, en la actualidad, el problema haya alcanzado dimensiones inconmensurables, a nivel universal.

Analizada la gravedad de la amenaza nos aboca a una nueva época de unión entre los países para con unas líneas de acción comunes, una cooperación entre los responsables de la lucha y su facilitación a nivel internacional, nos proporcione una capacidad de lucha y control en beneficio de los países comprometidos.

Hoy día, la delincuencia organizada posee estructuras supranacionales con una organización y modus operandi altamente sofisticados y que aprovechan con fruición las grandes ventajas que ofrecen las nuevas tecnologías y un incalculable poder económico proveniente de sus clandestinas actividades que pasan por el tráfico ilegal de drogas o armas, hasta el de seres humanos y de sus órganos. Por estudios realizados, se calcula que anualmente la economía de las organizaciones de delincuencia organizada representa un volumen estimado de un billón de dólares, de los cuales la mitad se vierte en el sistema financiero internacional, lo que puede dar una idea, no solo de su potencial económico, sino la posibilidad de influencia en los círculos económicos y la capacidad de corrupción que estas cifras representan (UNISCI, 2005).

Tampoco podemos obviar el problema de la "permeabilización" que esta forma de actividad delictiva produce en el entramado social, político y legal, dado que estas actividades están adaptadas a la realidad del lugar en el que se desarrollan, es decir que, en apariencia, "cumplen" las normas establecidas. La corrupción y el clientelismo, político o de cualquier otro tipo, por dinero o amenazas no deja de ser uno de los fines de este tipo de organizaciones; la delincuencia organizada se aprovecha también del entramado económico-empresarial, bien utilizando medios ajenos ya establecidos, bien creando los suyos propios; asimismo, determinadas actuaciones en el campo de la justicia hacen que la opinión pública tenga una concepción distorsionada de los poderes del estado lo que provoca distorsiones en el desarrollo de las diferentes funciones administrativas en países de honda raigambre democrática por la duda y el cuestionamiento de que determinadas decisiones, en cualquier ámbito, están basadas, nada más y nada menos, que en el poder del dinero.

2. DEFINICIÓN

No somos ajenos a las dificultades con las que se encuentran todos aquellos que tienen como misión investigar "de verdad" este tipo de organizaciones delictivas para poder luchar contra ellas. Pero también lo que presenta una gran dificultad es, asimismo, obtener una definición de lo que es y significa la delincuencia organizada.

Cuando nos enfrentamos al trabajo de facilitar el aprendizaje a aquellos que cursan estudios y disciplinas para las que son necesarios conocimientos relacionados con la delincuencia, que nosotros apellidamos "especial", la primera dificultad con la que nos encontramos es la concreción o individualización de los conceptos que son diferentes o unificar en uno solo aquellos que pueden resultar idénticos.

Sin duda es entendible que todos aquellos que intentamos "facilitar" las cosas a otros y ahorrarle tiempo para sus búsquedas documentales, deseemos dejar nuestra "impronta" en aquellos trabajos que vamos a suscribir. Creo que, de forma inocente y simple, este es el motivo de la proliferación de conceptos.

En el tema que nos ocupa, y según algunos autores, nos encontramos con denominaciones como "crimen organizado", "delincuencia organizada", "delincuencia organizada transnacional", "delincuencia internacional organizada", "mafia", "criminalidad organizada" y otros (Anderson 1998, Espigares Mira 1998, EUROPOL, Naciones Unidas, Resa Reinares 2003, Sansó-Rubert 2005, wikipedía, ...), y no solo eso sino que para cada país podemos encontrarnos con que su legislación tipifica y determina los alcances de los conceptos de diferente manera, resaltando en ellos las características que más les interesa por su afección en su territorio.

Dado que no es conveniente dar una definición mezcla, acudiremos a aquellos autores y organismos que puedan ser representativos. El primero al que acudimos es a un organismo oficial internacional, y cuál es nuestra sorpresa cuando al repasar la Convención de las Naciones Unidas contra la Delincuencia Organizada Transnacional (Anexo I de la Resolución aprobada por la Asamblea General), encontramos definiciones de determinados conceptos, a los que después aludiremos, pero no una definición de lo que es y constituye este tipo de delincuencia, lo que, por su entidad, le daría a la definición valor internacional.

En el seno de las Naciones Unidas, y de acuerdo con Resa Reinares (2003) encontramos una definición de Crimen Organizado que establece que *"son las actividades colectivas de tres o más personas, unidas por vínculos jerárquicos o de relación personal, que permiten a sus dirigentes obtener beneficios o controlar territorios o mercados, nacionales o extranjeros, mediante la violencia, la intimidación o la corrupción, tanto al servicio de la actividad delictiva como con fines de infiltrarse en la economía legítima, en particular por medio de:*

a) El tráfico ilícito de estupefacientes o sustancias psicotrópicas y el blanqueo de dinero, tal como se definen en la Convención de las Naciones Unidas contra el Tráfico Ilícito de Estupefacientes y Sustancias Psicotrópicas de 1998.

b) La trata de personas, tal como se define en el Convenio para la represión de la trata de personas y de la explotación de la prostitución ajena de 1949.

c) La falsificación de dinero, tal como se define en el Convenio Internacional para la represión de la falsificación de moneda de 1929.

d) El tráfico ilícito o el robo de objetos culturales, tal como se definen en la Convención sobre medidas que deben adoptarse para prohibir o impedir la importación, la exportación y la transferencia de [sic] propiedad ilícita de bienes culturales de 1970 y la Convención sobre bienes culturales robados o ilegalmente exportados de 1995 del Instituto Internacional para la Unificación del Derecho Privado de las Naciones Unidas para la Educación, la Ciencia y la Cultura.

e) El robo de material nuclear, su uso indebido o la amenaza de uso indebido en perjuicio de la población, tal como se definen en la Convención sobre la protección física de los materiales nucleares de 1980.

f) Los actos terroristas.

g) El tráfico ilícito o el robo de armas y materiales o dispositivos explosivos.

h) El tráfico ilícito o el robo de vehículos automotores, o

i) La corrupción de funcionarios públicos".

En clara remisión a las diferencias de legislación a las que hemos hecho referencia, y siguiendo al mismo autor, resaltamos la definición que da el Código Penal alemán: *"Crimen Organizado es la violación planificada de la ley al objeto de adquirir beneficios económicos o poder, cuyos delitos son independientemente o en su conjunto de especial gravedad y se llevan a cabo por más de dos participantes que cooperan en el marco de una división laboral por un periodo de tiempo prolongado o indeterminado utilizando:*

a) Estructuras comerciales o paracomerciales, o

b) Violencia u otros medios de intimidación, o

c) Influencia en la política, en los medios de comunicación, en la administración pública, en el sistema de justicia y en la economía legítima".

Antes de la salida a la luz de la Convención de las Naciones Unidas que se firma en Palermo (Italia) en diciembre del año 2000, en el 5ª Coloquio de INTERPOL sobre "Criminalidad Internacional" celebrado en el año 1995, se adelanta una definición de este tipo de delincuencia como *"delincuencia llevada a cabo por un grupo provisto de una estructura organizada cuyo primer objetivo es el de obtener dinero a través de actividades ilegales, prosperando, con frecuencia, por medio del miedo y de la corrupción"*.

Desde la óptica de la Criminología y para criminólogos españoles de la talla de César Herrero (2007), y en un sentido amplio, podemos entender por delincuencia organizada *"la actividad delictiva, metódicamente planificada y ejecutada, generalmente, por individuos que viven del crimen"*. En el sentido estricto del concepto, se puede definir la delincuencia organizada como *"la que se realiza a través de un grupo o asociación criminal revestidos de las siguientes características: carácter estructurado, permanente, entorno renovable, jerarquizado, destinados a lucrarse con bienes y servicios ilegales o a efectuar hechos antijurídicos con intención sociopolítica, valedores de la disciplina y la coacción con relación a sus miembros y de toda clase de medios frente a terceros con el fin de alcanzar sus objetivos"*.

Desde el punto de vista jurídico español es difícil encontrar una definición que abarque un concepto tan diversificado y multidisciplinar como el de la delincuencia organizada. No obstante buscando en nuestro Código Penal en su Título XXI, de los delitos contra la Constitución, en su Capítulo IV, de los delitos relativos al ejercicio de los derechos fundamentales y libertades públicas, Sección I, de los delitos cometidos con ocasión de los derechos fundamentales y de las libertades públicas garantizados por la Constitución (Art. 510 a 521) nos encontramos con el Art. 515.1 que establece:

"Son punibles las asociaciones ilícitas, teniendo tal consideración:

1º. Las que tengan por objeto cometer algún delito o, después de constituidas, promuevan su comisión, así como las que tengan por objeto cometer o promover la comisión de faltas de forma organizada, coordinada y reiterada.

2º. Las bandas armadas, organizaciones o grupos terroristas (texto anterior suprimido por LO 5/2010).

3º. Las que, aun teniendo por objeto un fin lícito, empleen medios violentos o de alteración o control de la personalidad para su consecución.

4º. Las organizaciones de carácter paramilitar.

5º. Las que promuevan la discriminación, el odio o la violencia contra personas, grupos o asociaciones por razón de su ideología, religión o creencias, la pertenencia de sus miembros o de alguno de ellos a una etnia, raza o nación, su sexo, orientación sexual, situación familiar, enfermedad o minusvalía, o inciten a ello".

Mucha más concreción encontramos en el Título III, De la Policía Judicial, del Libro II, Del sumario, de la Ley de Enjuiciamiento Criminal (LECrim), en su Art. 282 bis 4, en relación con el apartado 1 del mismo Art., en relación con la actuación de miembros de los Cuerpos y Fuerzas de Seguridad del Estado en sus actuaciones bajo identidad supuesta (agente encubierto) en actividades propias de la delincuencia organizada dice que *"se considerará como delincuencia organizada la asociación de tres o más personas para realizar, de forma permanente o reiterada, conductas que tengan como fin cometer alguno de los delitos siguientes:*

a) Delito de secuestro de personas previstos en los Arts. 164 a 166 del Código Penal (CP).

b) Delitos relativos a la prostitución previstos en los Arts. 187 a 189 del CP.

c) Delitos contra el patrimonio y contra el orden socioeconómico previstos en los Arts. 237, 243, 244, 248 y 301 del CP.

d) Delitos relativos a la propiedad intelectual e industrial previstos en los Arts. 270 a 277 del CP.

e) Delitos contra los derechos de los trabajadores previstos en los Arts. 312 y 313 del CP.

f) Delitos de tráfico de especies de flora o fauna amenazada previstos en los Arts. 332 y 334 del CP.

g) Delito de tráfico de material nuclear y radiactivo previsto en el Art. 345 del CP.

h) Delitos contra la salud pública previstos en los Arts. 368 a 373 del CP.

i) Delito de falsificación de moneda previsto en el Art. 386 del CP.

j) Delito de tráfico y depósito de armas, municiones o explosivos previsto en los Arts. 566 a 568 del CP.

k) Delitos de terrorismo previstos en los Arts. 571 a 578 del CP.

l) *Delitos contra el Patrimonio Histórico previstos en el Art. 2.2 e) de la Ley Orgánica 12/1995, de 12 de diciembre, de Represión del Contrabando".*

Como es lógico, para precisiones más concretas tendremos que recurrir a las sentencias del Tribunal Supremo y a las resoluciones de sus diferentes Salas (25.09.85, 29.02.00, 28.11.01, 11.02.03, 10.03.00, 05.05.00, 22.05.00, 28.06.00,...) relativas a:

- La diferenciación de la mera participación o codelincuencia.
- La definición del concepto de "organización".
- La necesidad de intervención de un conjunto de personas con medios idóneos y planes concertados, permanencia, etc.

Lo que nos puede llevar a precisar algo más estos requisitos, en el sentido de necesitar:

- Pluralidad de personas en asociación estructurada para llevar a cabo este tipo de actividades. No se trata de obtener recursos y transferirlos o redistribuirlos posteriormente para obtener un lucro, propio de "grupos de delincuentes", sino el establecimiento y ampliación de la organización o bien aumentar su posición y control en un ámbito o mercado concreto (prostitución, drogas, juego, etc.).
- La presencia de una organización compleja y jerarquizada con distribución de funciones en la comisión de los diferentes tipos delictivos, delitos que no solo deben ser graves sino provocar a la vez alarma social, sea por su cantidad, calidad o violencia.
- El sentido de la permanencia que no puede ser transitoria o para la comisión de delitos determinados, sino de carácter duradero en el tiempo.
- Su finalidad asociativa lo es para la comisión de delitos de carácter grave.

Más en el campo de la información "civil", y acudiendo a páginas de reconocida seriedad, de entre las infinitas que existen en internet, wikipedía considera "crimen organizado" o "delincuencia organizada" denominaciones que se le dan a *"las estructuras sociales compuestas por individuos que se organizan para cometer acciones delictivas, así como al tipo de delito imputado por dicha conducta. Entre dichas acciones suelen encontrarse el tráfico de drogas, armas, réplicas de obras artísticas o tesoros arqueológicos, robo de vehículos, terrorismo, secuestro, tráfico de indocumentados, genocidio, etc."*.

3. CONCEPTOS

Con la finalidad de promover la cooperación para prevenir y combatir más eficazmente la delincuencia organizada transnacional y en base a la Resolución 53/111 del 9 de diciembre de 1998, la Asamblea General de las Naciones Unidas manda elaborar una convención internacional amplia contra la delincuencia transnacional organizada y de examinar, si procedía, la posibilidad de elaborar instrumentos internacionales sobre la trata de mujeres y niños, la lucha contra la fabricación y el tráfico ilícitos de armas de fuego, sus piezas y componentes y municiones, y el tráfico y el transporte ilícitos de migrantes, incluso por mar (Prólogo de la Convención).

Como resultado de estas actividades la Asamblea General aprueba la Convención de las Naciones Unidas contra la Delincuencia Organizada Transnacional, y el Protocolo contra el tráfico ilícito de migrantes por tierra, mar y aire, que complementa dicha Convención (Prólogo de la Convención).

La Convención, en su Artículo 2, lleva a cabo las definiciones de determinados conceptos a fin de una clara inclusión en los ordenamientos jurídicos de los diferentes países que decidieran firmar dicha Convención. Los conceptos definidos son:

a) **Grupo delictivo organizado**: se entenderá por tal "un grupo estructurado de tres o más personas que exista durante cierto tiempo y que actúe concertadamente con el propósito de cometer uno o más delitos graves o delitos tipificados con arreglo a la presente Convención con miras a obtener, directa o indirectamente, un beneficio económico u otro beneficio de orden material".

b) **Delito grave**: "se entenderá la conducta que constituya un delito punible con una privación de libertad máxima de al menos cuatro años o con una pena más grave".

c) **Grupo estructurado**: "se entenderá un grupo no formado fortuitamente para la comisión inmediata de un delito y en el que no necesariamente se haya asignado a sus miembros funciones formalmente definidas ni haya continuidad en la condición de miembro o exista una estructura desarrollada".

d) **Bienes**: "se entenderá los activos de cualquier tipo, corporales o incorporales, muebles o inmuebles, tangibles o intangibles y los documentos o instrumentos legales que acrediten la propiedad u otros derechos sobre dichos activos".

e) **Producto del delito**: "se entenderá los bienes de cualquier índole derivados u obtenidos directa o indirectamente de la comisión de un delito".

f) **Embargo preventivo o incautación**: "se entenderá la prohibición temporal de transferir, convertir, enajenar o mover bienes, o la custodia o el control temporales de bienes por mandamiento expedido por un tribunal u otra autoridad competente".

g) **Decomiso**: "se entenderá la privación con carácter definitivo de bienes por decisión de un tribunal o de otra autoridad competente".

h) **Delito determinante**: "se entenderá todo delito del que se derive un producto que pueda pasar a constituir materia de un delito definido en el artículo 6 de la presente Convención".

i) **Entrega vigilada**: "se entenderá la técnica consistente en dejar que remesas ilícitas o sospechosas salgan del territorio de uno o más Estados, lo atraviesen o entren en él, con el conocimiento y bajo la supervisión de sus autoridades competentes, con el fin de investigar delitos e identificar a las personas involucradas en la comisión de éstos".

j) **Organización regional de integración económica**: "se entenderá una organización constituida por Estados soberanos de una región determinada, a la que sus Estados miembros han transferido competencia en las cuestiones regidas por la presente Convención y que ha sido debidamente facultada, de conformidad con sus procedimientos internos, para firmar, ratificar, aceptar o aprobar la Convención o adherirse a ella; la referencia a los –Estados Parte- con arreglo a la presente Convención se aplicarán a esas organizaciones dentro de los límites de su competencia".

Atendiendo exclusivamente al *grado de organización* imperante podemos estar ante:

1.- **Grupo Organizado**, caracterizado por:.

- Asociación por intereses determinados, poco estructurado.
- Número reducido de miembros.
- Funciones sin clara diferenciación.

2.- **Banda organizada**, cuyas características son:.

- Altos niveles de organización y jerarquización.
- Perdurabilidad.
- Especialización delictiva.

- Organización de la estructura y funcionamiento interno (lenguaje, "leyes", códigos, etc.).
- Actuación territorial limitada y diferenciada espacialmente (zonas de "acción", "seguras", etc.).

3.- **Organización criminal**, con los siguientes parámetros:.

- Estructura rígidamente jerarquizada.
- Dirección única y "externa".
- Rígida estructura y funcionamiento interno.
- Participación de diferentes grupos o bandas organizadas.
- Régimen económico estructurado y dirigido externamente.
- Diversificación de actividades delictivas.
- Estructuras de apoyo jurídico-legal-económico propias.

Al efecto de determinar el concepto, en su Art. 3, 2, establece que los delitos serán considerados con carácter transnacional si:

a) Se comete en más de un Estado.

b) Se comete dentro de un solo Estado, pero una parte sustancial de su preparación, planificación, dirección o control se realiza en otro Estado.

c) Se comete dentro de un solo Estado, pero entraña la participación de un grupo delictivo organizado que realiza actividades delictivas en más de un Estado; o,

d) Se comete en un solo Estado, pero tiene efectos sustanciales en otro Estado.

Ante las dificultades conceptuales y de definición a las que antes nos hemos referido, y dentro de la Unión Europea, se crea un Grupo de Trabajo sobre "Droga y Crimen Organizado" en el que se consensuan determinados indicadores que indicarían la existencia de delincuencia organizada (parámetros policiales definidos en el Convenio de Europol).

Estos factores son:

1- Colaboración entre más de dos personas.

2- Reparto específico de tareas.

3- Actuación indefinida o prolongada en el tiempo.

4- Jerarquía y control interno.

5- Comisión (o sospecha de comisión) de delitos graves.

6.- Actividad internacional o interprovincial.

7.- Uso de violencia o intimidación.

8- Uso de estructuras comerciales o empresariales.

9- Blanqueo de capitales.

10- Uso de influencia o corrupción.

11- Búsqueda de poder o beneficios.

En este contexto, para conceptuar la actuación de un grupo delictivo como "organizado" debe reunir **obligatoriamente los factores 1, 3, 5 y 11** y **dos o más de los otros siete restantes**, que representamos en la Tabla 1.

Tabla 1: Requisitos de un grupo organizado delictivo.

TODAS	DOS O MAS
- Colaboración de dos o más personas	- División de funciones
- Permanencia prologada o indefinida	- Disciplina y control interno
- Comisión de delitos graves	- Nivel internacional o interprovincial
- Búsqueda de poder	- Uso de la violencia o intimidación
	- Uso de estructuras comerciales
	- Blanqueo de capitales
	- Influir en elementos sociales (jueces, políticos, medios de comunicación social,...)

4. PRINCIPALES GRUPOS

A lo largo de todo el texto, hemos venido recordando que lo importante de la información necesaria para la finalidad del texto, no tiene que ser la "rabiosa" actualidad o la exposición de situaciones reales, todo ello conceptos e informaciones que pueden entorpecer de manera directa y afectar negativamente a posibles investigaciones, presentes o futuras.

En este apartado nos vamos a referir a diferentes grupos de diferentes nacionalidades especificando sus principales actividades delictivas o aquellas a las que el grupo se dedica con una especial incidencia, todo ello información obtenida, alguna de informes que se han hecho públicos por parte de Organismos Institucionales, Ministeriales, e incluso internacionales (Unidades Especiales de la Policía Nacional y de la Guardia Civil, CNI, Observatorio Geopolítico de la

Droga –OGD– francés, –BND– inteligencia alemana, –DIA– antimafia italiana, INTERPOL, EUROPOL, etc.), Memorias de la Fiscalía General del Estado o de la Judicatura, la Fiscalía Antidroga, informes de Fiscalías Territoriales, publicaciones periodísticas e internet.

Es también de advertir que, las circunstancias nacionales, internacionales y los elementos de lucha contra estos grupos pueden hacer que la colaboración entre ellos, bien de forma global, o tan solo para determinadas actividades, haga muy difícil separaciones "puras" de determinados tipos de delincuencia, dado que junto a los principales grupos de delincuencia organizada se encuentran otros con menos organización y características que los anteriores pero sus actividades son de una notable eficacia causando un grave perjuicio a la sociedad en general y con una movilidad, si no superior, igual a los grandes grupos, con desplazamientos para sus acciones (áreas rurales o urbanas) y separación entre los lugares de acción y sus "refugios" o "áreas de descanso".

4.1. La "Mafia"

Es muy común que en lenguaje "de calle" se utilice la palabra mafia para referirse a todos y cada uno de los grupos de delincuentes que posean algunas de las características de delincuencia organizada a las que antes hemos hecho referencia, pero son más las características que los separan que las que las unen.

En Italia han existido cuatro organizaciones mafiosas, La Cosa Nostra (Sicilia), La Camorra (Campania), La Ndranguetha (Calabria) y la Sacra Corona Unitá (Apulia).

En documentos entregados en determinados cursos o jornadas que sobre delincuencia organizada se realizan y en páginas digitales (wikipedía), se dice que la palabra "mafia" como acrónimo, estaría constituida por las iniciales de las palabras **M**azzini **A**utoriza **F**urti, **I**ncendi, **A**venenamenti (Mazzini autoriza robos, incendios y envenenamientos), siendo Giuseppe Mazzini el elemento aglutinador de la unidad italiana. Otros creen que procede del vocablo árabe "*mahya*" (bravuconería, jactancia); otros de la expresión de la Toscana "*mafia*", equivalente de miseria; otros historiadores lo achacan al acrónimo de "**M**orte **A**lla **F**rancia, **I**talia **A**nhela".

Para nosotros, el concepto "mafia" estará referido únicamente a una de las organizaciones de delincuencia más antigua, originaria de Italia, también llamada la "Cosa Nostra", cuya "exportación", especialmente a Estados Unidos y gracias a la personalidad de sus "capos" ha adquirido renombre internacional.

Esta organización surge en Sicilia en el siglo XIX no como un grupo delictivo, sino como un instrumento del feudalismo de la época y del lugar, para su protección y la de sus vastas propiedades. Figuras claves fueron los "gabellotti" encargados de las tierras de los aristócratas y de cobrar sus impuestos, que cayeron en la tentación del dinero y procedieron en contra de los campesinos para su propio lucro a través de extorsiones, amenazas, apropiaciones, especulaciones, etc.

Su estructura se basa en principios de obediencia y sumisión absoluta, dependencia férrea, ayuda y colaboración y un código de silencio, la "omertá", tan inquebrantable que llevaría a la muerte a todo aquel que lo violara.

Su estructura básica es "la familia", altamente jerarquizada y organizada en su funcionamiento, interno y externo. Cada una de las familias tiene su propio jefe, el "Don" o "padrino". Existe un segundo mando en esta estructura que es el Subjefe (underboss o sottocapo), a la vez responsable de los jefes de las otras familias, los "capos", responsables de sus propias familias a la vez que mandan equipos o pandillas de "soldados". Existe también la figura del "consejero" (consigliere), los representantes del Don en las reuniones con las otras familias (capomaggiore) y los mediadores en las disputas interfamilias. Por último están los soldados (soldato) y los "asociados" (associati), únicos que podían ser no italianos y cuya función era la de recaderos.

En sus inicios las *actividades* se centraban en el cobro de "impuestos o tributos (pizzo)" llevándole su expansión y ánimo de lucro y poder a participar en otros tipos de actividades delictivas. En general, más modernamente, participan en el tráfico de drogas, de armas, el blanqueo de capitales y los juegos de azar. A través de sus empresas participan, asimismo, en actuaciones relacionadas con el estado como puedan serlo contratas en construcción, turismo, eliminación de residuos urbanos y otras actividades inmobiliarias.

Cuando comenzaron los macroprocesos a personajes de la mafia, muchos de ellos huyeron a los Estados Unidos instaurando en aquél país sus actividades ilegales. Destacaremos entre los más conocidos de la época a Joseph Bonanno ("Joe Bananas"), capo de una de las cinco grandes familias que se formaron en New York. Las otras cuatro familias tenían como Don a personas que se hicieron tan famosas como Carlo Gambino (Familia Gambino) que era el underboss de Albert Anastasia, jefe de la familia; Lucky Luciano, que fue el jefe de la familia de Vito Genovese, la más poderosa de la época; Tommy Lucchese, de la familia del mismo apellido y Joe Profacii, de la familia Colombo. Todos los jefes de la mafia tuvieron una reunión el 21 de diciembre de 1946 en el Hotel Nacional de la Habana (Cuba).

Figuras representativas de esta organización, en tiempos recientes, podemos considerar a Salvatore "Toto" Riina, Antonio Biffa "Toni", Leoluca Bagarella, o Bernardo Provenzano, "capos di tutti capis", algunos de ellos actualmente en prisión y otros pendientes de procesamiento.

4.2. La Camorra

Equivalente a la mafia siciliana, nace en la zona de Nápoles, alrededor del siglo XIV, con la unión de bandas o grupos criminales independientes de los diferentes barrios de la ciudad, extendiéndose posteriormente al resto de la región. La etimología del nombre se cree que procede el español "*gamurri*" con el que se denominaba a todas las bandas de malhechores que existían en las serranías españolas, y "*camorristas*" a los individuos que las componían.

Al contrario que la mafia siciliana, no poseen estructura jerárquica generalizada. Son organizaciones diferenciadas que adoptan una estructura horizontal y la dirección la establece el poder del clan más fuerte. No obstante se le considera la organización mafiosa más poderosa y posee asentamientos en Estados Unidos y en la Marsella francesa.

Dada esta estructura y ausencia de una verdadera jerarquía, como sucede en la mafia, mantienen continuas luchas por el poder con uniones y disensiones continuas, dando lugar a otros grupos como la "Nuova Famiglia", "Nuova Camorra", y otros (Espigares, 1998).

Sus *principales actividades* estaban basadas en el contrabando, el chantaje, sobornos, robos y asesinatos. Se dice que en la época de las grandes luchas, se alía con las tropas de Giuseppe Garibaldi para expulsar a los Borbones de Italia. El gobierno de Benito Mussolini intentó su eliminación, pero lo único que consiguió fue su fragmentación.

Posiblemente confundido por el lenguaje del pueblo llano respeto a estos grupos, y su condición de italiano, Al Capone no pertenecía a la mafia siciliana, sino que era un evadido a Norteamérica de la camorra napolitana, creando su propio grupo.

La foto adjunta pertenece a la detención del considerado como uno de los más importantes jefes de la camorra napolitana, Michele Zagaria, jefe del clan de los "Casaleses" (ABC, 8 diciembre 2001).

4.3. La "N´Drangheta" (o Ndrangueta)

De origen calabrés (región del sur de Italia), surgida a finales del siglo pasado se constituye como grupo de defensa de los campesinos frente a los poderosos. Esta palabra se cree derivada del vocablo griego "*andragathía*" equivalente a hombría, coraje o virtud.

Al igual que la Camorra, no posee estructura jerarquizada (aunque en realidad hoy día predomina la estructura piramidal), sino de poder horizontal en la que se integran cientos de clanes familiares, siendo la relación de sangre la característica básica para la recluta de nuevos integrantes, característica fundamental para mantener el secreto y la reserva y mantener la cohesión y la seguridad del grupo. Es el grupo en el que menos "arrepentidos" ha acudido a las autoridades judiciales o policiales.

Desde el punto de vista delincuencial, a pesar de no tener tanto renombre fuera de su región, dado que es considerada más rural que las otras, posee un gran poder y está especializada en el secuestro de personas siendo considerada como una de las organizaciones criminales italianas más peligrosas y poderosas, extendiendo su poder a numerosos países europeos, Canadá o Australia.

De acuerdo a las autoridades italianas la organización tiene un gran poder sobre todo lo relacionado con el tráfico internacional de cocaína y de armas, productos que antes de entrar en Europa pasan por los puertos de su región. También llevan a cabo blanqueo de capitales, usura, extorsión, así como participan en otras actividades legales como el negocio financiero o de la construcción.

Algunas de las acciones realizadas fuera de su territorio, como los asesinatos de Duisburgo (Alemania) en agosto de 2007 o las reuniones con narcotraficantes en Sudamérica, han pasado desapercibidos para el público en general. De igual manera, la detención de numerosos capos, como Salvatore Coluccio, Giovanni Tegano o recientemente Domenico Oppedisano (julio de 2010), importantes dentro de la organización, no han causado los efectos que la de otros a los que hemos hecho referencia.

4.4. La delincuencia organizada rusa / PECO.s

Aunque unidos en el epígrafe son grupos bastante diferenciados.

Los miembros de las organizaciones rusas proceden de las doce repúblicas escindidas de la URSS y las tres bálticas y su actividad delictiva se ha ido implantando en todos los países, especialmente en la Unión Europea. En España figuran en un lugar importante, por el número de sus miembros, detrás de los españoles, rumanos, colombianos o marroquíes.

Se calcula que la mafia rusa está constituida por unos 5000 grupos criminales organizados que operan o tienen bases en más de 30 países diferentes.

Desde hace algún tiempo, su estancia en nuestro país ha ido en aumento progresivo, utilizándolo como lugar de "descanso", por lo que su actividad delictiva en España por parte de estas organizaciones es reducida, si bien pueden detectarse grandes movimientos de dinero procedentes de actividades realizadas en otros países o con la finalidad de blanqueo ("lavadoras"), en lo que son verdaderos especialistas.

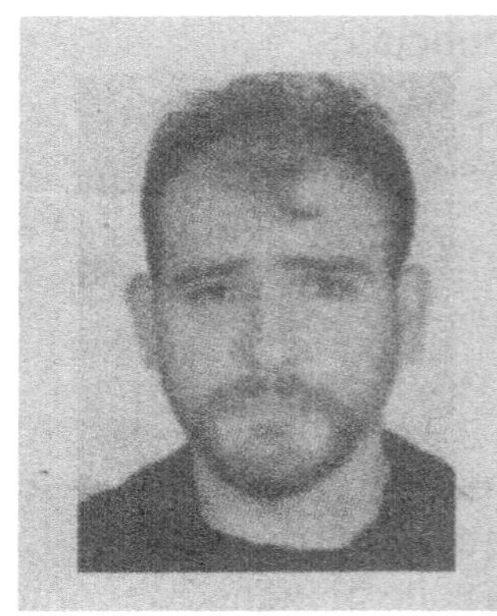

Al hilo de lo que venimos comentando y como un ejemplo de los muchos que podríamos poner, aparece en la prensa la detención de Luka Bojovic , cuya foto adjuntamos, un peligroso delincuente perteneciente a los "Tigres de Arkan", grupo paramilitar convertido en un clan mafioso, el "clan Zemun". Entre los muchos delitos cometidos por este grupo figura el asesinato del primer ministro de Serbia (país de origen de los miembros de este grupo), Zoran Djindjic, en 2003. Este individuo, sus lugartenientes y familia se encontraban, de forma separada, "escondidos" en España (Alicante y Valencia). En España este grupo se hace famoso por haber matado a hachazos a un miembro del grupo, comido, triturado y sus huesos arrojados al rio Manzanares en Madrid, por haberse quedado con dinero de la organización (ABC, 21 y 22 de marzo de 2012).

Sus *principales actividades delictivas*, relacionadas prioritariamente con el ocio nocturno, se orientan hacia:

- El blanqueo de dinero.
- El tráfico de seres humanos. Se calcula que han traficado miles de mujeres nigerianas para ejercer la prostitución en Italia. También lo han hecho con destino a la industria sexual en América, especialmente en Nueva York, Nueva Jersey y California.
- La prostitución.
- El contrabando (tabaco y alcohol).
- El tráfico de drogas, vehículos y armas.

- Los robos de obras de arte.
- La extorsión y el chantaje.
- La falsificación de documentos.

El acrónimo PECO.s corresponde a "Países del Este y Centro Europeo", antiguos satélites de la URSS, de los que se nutren estos grupos de delincuencia organizada.

Al contrario que los grupos rusos, han desplegado una alta delictividad en España, especialmente en el tráfico ilícito de vehículos.

4.5. La delincuencia organizada albanesa / kosovar /yugoslava

Como otros grupos que hemos visto anteriormente, estos también están basados en estructuras familiares o clanes agrupados, principalmente por lugares de procedencia y con fuertes lazos familiares. Su estructura es variable, integrados en células compuestas de entre 5 o 10 individuos, que utilizan documentaciones falsas.

Muchos de sus miembros formaron parte de cuerpos policiales y militares. Estos antecedentes les permiten un modus operandi en el que utilizan sistemas de seguridad para la detección de las fuerzas policiales, la anulación de sistemas de seguridad y el manejo con facilidad de armas de guerra.

Entre ellos existen poderosos "padrinos" que imponen una rígida disciplina interna que incluye, además, códigos de silencio y el uso de una violencia sin límites.

Sus *principales actividades delictivas* se orientan hacia:

- Tráfico de armas y vehículos, como actividades prioritarias.
- Robos en domicilios en horas nocturnas, incluso con la presencia en ellos de sus moradores ("murcigleros").
- Los robos en polígonos industriales, por el sistema del "butrón", especialmente de sus cajas fuertes que se llevan para "reventarlas" fuera de ellos. Con estos grupos, y para esta actividad, cuentan son el apoyo de miembros de numerosos clanes búlgaros.
- Robos en joyerías, como en los lugares anteriormente citados, por medio de "butrones".

- Robos con fuerza en empresas, gasolineras, supermercados, entidades bancarias, etc.
- Tráfico de drogas, especialmente heroína.
- Tráfico de seres humanos, especialmente con fines de explotación sexual (prostitución).

4.6. La delincuencia organizada rumana

Sean de etnia gitana o no, iniciaron sus actividades delictivas con la explotación de sus propios compatriotas.

Sus *principales actividades delictivas* se orientan hacia:

- El robo al descuido, tanto en tiendas, comercios, viviendas o en la circulación vial en los lugares de detección obligatoria de los vehículos (semáforos u otras señales de regulación de la circulación).
- El tráfico ilegal de vehículos.
- El robo de material informático, especialmente en centros de enseñanza, y en general robos con fuerza en edificios en construcción, estancos, entidades bancarias, joyerías y domicilios.
- El robo de carteras, acción que realizan en lugares de concentración turística o en medios de transporte público (descuideros).
- La explotación de la prostitución en clubes y otros locales de alterne.
- La falsificación, duplicación o alteración de tarjetas de crédito y otros medios de pago a través de dispositivos instalados en los dispensadores de billetes que leen o filman las bandas magnéticas o los números PIN o bien por medio de colaboradores que prestan sus servicios, especialmente, en establecimientos de hostelería.
- La explotación de la mendicidad.
- Aunque en decadencia actualmente, estaban especializados en "reventar", de manera burda, cabinas de teléfono o expendedoras de cualquier tipo.
- Actualmente se dedican al robo de placas solares, cable de cobre, vehículos y maquinaria industrial y agrícola, causando graves perjuicios en nuestros extensos campos desprovistos, en gran parte, de vigilancia y control policial.

4.7. La delincuencia organizada polaca / búlgara

Formados por pequeños grupos, de 3 a 5 personas, que actúan de forma independiente y cuya actividad principal es el robo y tráfico ilegal de vehículos. Para ello utilizan los más sofisticados medios informáticos no sólo para "salvar" sus tecnologías, dado que su "objetivo" son los coches de lujo con poco tiempo de matriculación, sino para su manipulación y "rematriculación" en la que son verdaderos expertos. Su modus operandi consiste en sustituir los inmovilizadores de los vehículos por otros manipulados y el uso de inhibidores de frecuencias de fabricación artesanal. Cuenta en sus actuaciones con colaboradores en empresas, en locales industriales y con personas que se encargan de robar los coches en países como Alemania, Italia o España, los "maquillan" y los llevan a otros países para su venta, como pueden ser países del este de Europa y norte de África. Se sirven también de internet para presentar los vehículos de importación que, en teoría, tienen a la venta.

Según la Fiscalía de Madrid, se incoaron unas 5000 diligencias por este tipo delictivo.

Su predominio en esta actividad ilegal se está viendo comprometida por la actuación en nuestro país, de grupos marroquíes.

4.8. La delincuencia organizada lituana

La acción de estos grupos se caracteriza por el ejercicio de una gran violencia.

Su actividad principal es el tráfico de seres humanos, especialmente con fines de explotación sexual (prostitución).

4.9. La delincuencia organizada turca

Se agrupan dentro de una estructura jerárquica bien definida en la que los niveles inferiores (correos) nunca tienen relación con los escalones superiores, ni dentro de sus grupos ni, por supuesto, con los demás grupos.

Una de sus fracciones más violenta es conocida como el "brazo albanés", fundamentalmente constituido por militares antiguos miembros de la UCK.

Sus principales actividades delictivas se orientan hacia:

- El tráfico de drogas, si bien en inicio tenían una posición predominante en el tráfico de heroína, la aparición de otros grupos de competencia ha hecho que se dediquen también al tráfico de la cocaína y del éxtasis.
- El tráfico de armas.
- El tráfico de seres humanos (inmigración ilegal).
- La extorsión bajo el modelo de "cobro por protección", el cobro de deudas e incluso el asesinato por encargo.

4.10. La delincuencia organizada subsahariana

Los grupos están basados en la lealtad a la familia y a la tribu. Esto les lleva a mantener una estructura horizontal de control y subordinación.

Sus principales actividades delictivas se orientan hacia:

- El fraude, estafas, falsificación de tarjetas de crédito y marcas.
- El tráfico de seres humanos con fines de explotación sexual y control de la prostitución.
- El tráfico de drogas al menudeo.
- El robo de vehículos para su tráfico ilegal y todo tipo de delitos contra la propiedad.
- Controlan gran parte del negocio de la falsificación de CDs y DVDs y su venta callejera (("top manta").

4.11. La delincuencia organizada norteafricana

Con una buena instalación en las ciudades de Ceuta y Melilla, en Madrid y en zonas alicantinas y murcianas, y con una organización modelo, controlan el tráfico de hachís hacia nuestro país, casi de forma absoluta, procediendo a su vez a la venta "al menudeo".

Mantienen una disputa continua con la etnia gitana en el control del mercado de la heroína que pasa a nuestro país.

4.12. La delincuencia organizada nigeriana

Agrupados en células de unas quince personas, se dedican al menudeo de drogas de diseño que procede de los países productores del norte o centro Europa.

Tiene su principal asentamiento en el norte de España, la cornisa cantábrica y Cataluña.

4.13. La delincuencia organizada china

Este tipo de delincuencia ha ido aumentando paulatinamente con la entrada ilegal de inmigrantes de esa zona, llevada a cabo por las propias organizaciones delictivas, las conocidas *"triadas"* o las redes organizadas con ellas relacionadas.

Estos grupos, hasta próximo el siglo XX controlaban en China todo el comercio relacionado con el opio, el juego o la prostitución. El profundo cambio político producido, hace que estas agrupaciones se desplacen a otros lugares como Taiwán, Hong-Kong, Macao, Nueva York o San Francisco, para continuar sus actividades.

Estos grupos, aparte de su raza, mantienen estructuras orgánicas tan cerradas que se hace muy difícil su investigación, no solo en España sino en cualquier país, fuera del de su origen.

Sus *principales actividades delictivas* se orientan hacia:

- El tráfico de seres humanos (inmigración ilegal) con fines de explotación laboral y sexual (prostitución asiática).
- El robo o la falsificación de documentos (pasaportes), en la que son verdaderos expertos, con la finalidad de cubrir, prioritariamente, a las personas inmigradas.
- La explotación directa de la mano de obra en talleres clandestinos textiles, cuero, o cualquier otro producto falsificado.
- Las amenazas, extorsiones y los secuestros.
- El control de la venta y distribución de todo tipo de productos de mercado (calzado, textil, complementos, papelería, utensilios, electricidad, etc.).
- Con una mucha menor entidad actúan en la falsificación de medios de pago y en el tráfico de drogas.

- Estafas en máquinas tragaperras, utilizando monedas "trucadas" para obtener monedas de curso legal.
- Grupos de esta nacionalidad, junto a nacionales de Senegal y Mali, se destacan por actividades dedicadas a la venta de copias pirateadas de CDs y DVDs, bolsos y otros productos ("top manta" o "manteros").

4.14. La Yakuza japonesa

En el sentido popular, a la mafia japonesa, se le conoce y se le denomina como la *"yakuza"*, cuando en realidad esa denominación es solo aplicable a los individuos integrantes de los grupos, dado que el nombre real de estos grupos de mafia organizada es el de *"boryokudan"*, grupos de delincuentes definidos y reconocidos por la ley japonesa, que reúnen características específicas tales como organización, estructura y/o jerarquía.

4.15. La delincuencia organizada asiática

Son grupos organizados, distribuidos en clanes familiares, compuestos principalmente por individuos de nacionalidades iraníes y/o paquistaníes procedentes en su mayoría de Grecia e Italia.

Sus actividades delictivas están centradas, especialmente en robos con violencia e intimidación y los hurtos.

En su actividad utilizan tanto uniformidad, materiales, como documentaciones policiales falsificadas, con cuya utilización logran su engaño. Detienen los vehículos, aún con intimidación, y con la excusa de búsqueda de productos ilegales, o de contrabando, registran los vehículos sustrayendo de ellos todo aquello que encuentren de valor. Sus objetivos principales son los extranjeros en tránsito o de vacaciones en nuestro país y actúan tanto en las áreas de descanso de las carreteras, como en lugares de afluencia turística.

4.16. La delincuencia organizada colombiana

Estos grupos mantienen estrechos contactos con los conocidos "cárteles", la mayoría de los cuales (Cali y Medellín, entre otros grupos) están establecidos en cualquier parte de España y de las islas.

Utilizan todos los medios tecnológicos que tienen a su alcance, a través de los cuales, en sus casas de cambio de dinero o envíos ("locutorios telefónicos"), sacan y blanquean grandes cantidades de dinero para organizaciones criminales.

Sus principales actividades delictivas se orientan hacia:

- Controlan mayoritariamente el tráfico de cocaína.
- Robos de joyas y atracos a entidades bancarias, que sobresalen por su violencia y espectacularidad.
- Grupos de esta nacionalidad junto a otros de procedencia rumana se dedican al asalto a chalets. Las mujeres de estos grupos son las que se encargan del control de las casas, chalets o joyerías para la obtención de la información.
- Trata de seres humanos con fines de explotación sexual (prostitución) y laboral.
- Especialistas en asesinatos por encargo y secuestros, especialmente el modelo "exprés".
- El tráfico ilegal de armas.
- El duplicado de tarjetas (skiming) por medio de la manipulación de los cajeros automáticos con evolucionados sistemas informáticos que "copian" los datos de la tarjeta sin necesidad de su sustracción (microcámaras o "lazo libanés").

4.17. La delincuencia organizada peruana

Sus principales actividades están enfocadas a:

- Los robos de productos transportados por camiones que se llevan a cabo, bien en las vías de comunicación, bien en áreas de servicio, con especial incidencia en las autopistas del corredor del Mediterráneo.
- Los asaltos con armas de fuego.
- Los hurtos de equipajes, especialmente en aeropuertos y autopistas.
- Aún teniendo su centro de actividades en Madrid, se ha detectado un establecimiento de estas redes en el norte de España dedicándose al tráfico de drogas de síntesis, desplazando de esta actividad a grupos extranjeros y etnias que se dedicaban a esta actividad.

4.18. La delincuencia organizada chilena

En sus actuaciones son los más violentos.

Sus principales actividades están enfocadas hacia:

- El control de los grupos de "cogoteros", así denominados por su forma de actuar, robos realizados con una inusitada violencia. Actúan preferentemente en las grandes capitales.
- Fraudes con medios de pago.
- Robos de, y en, camiones.
- Robos en entidades bancarias.
- Asaltos a chalets.

4.19. Los clanes gitanos de la droga

De todos es conocida, de antiguo (el grupo de RAJASTAN, grupo criminal extranjero más antiguo en España, ya detectado en el siglo XV), la actividad delictiva de esta etnia, relacionada casi por completo por los delitos contra la propiedad (los Antoñales, los Silva, etc.). También fue conocida, hace ya algunas décadas, la lucha entre clanes por mantener su actividad "normal" y no entrar en el mercado de la droga, situación que fue desechada, entrando de lleno en el tráfico de drogas.

Aparte de las rencillas de las que hemos hablado con otros grupos organizados por el control de la droga, han entrado de lleno en el mercado dedicándose especialmente al "menudeo" (Las Barranquillas o La Cañada Real).

Suelen comprar cantidades medias y a partir de ahí se encargan de su corte, adulteraciones, pesado, embolsado y venta en lugares que convierten en verdaderos "bunquers" o laberintos cuyo acceso está controlado desde mucha distancia antes de su ubicación por miembros del propio clan, incluidos los niños.

4.20. Los cárteles de la droga

Si bien no pueden ser considerados como grupos de mafia "clásica", dado que tan solo se dedican a la actividad ilegal del tráfico de drogas y otras con ella íntimamente relacionadas, en su funcionamiento, reúnen muchas de las características que definen a los grupos de delincuencia organizada.

Todos estos grupos han ido sufriendo determinadas evoluciones provocadas en la mayoría de los casos por las intervenciones de fuerzas policiales y militares tanto colombianas como americanas.

Uno de los más conocidos es el cártel de Medellín de Pablo Escobar y de Jorge Luis Ochoa, individuos que han formado parte de la revista Forbes, por ser de las personas más ricas del mundo.

Otros cárteles a resaltar son, el de Cali, de los hermanos Miguel y Gilberto Rodriguez Orejuela; el del Norte del Valle del Cauca con sus jefes Wilber Varela (alias "jabón"), Juan Carlos Ramírez (alias "chupeta") y Diego León Montoya (alias "Don Diego"); o como el de la Costa, en la ciudad de Barranquilla, con Alberto Orlandez Gamboa (alias "caracol"), a su frente, el de Bogotá o el de Los Llanos.

5. FACTORES QUE FAVORECEN LA DELINCUENCIA ORGANIZADA

Son varios los puntos de vista que podemos adoptar para afrontar el problema del favorecimiento de la delincuencia organizada. Por una parte podemos atender a los factores socio-políticos y, por otra, a las características propias de nuestro país en tanto relacionadas con las actividades más comunes que desarrollan la mayoría de los grupos, y las motivaciones que llevan a ellas.

5.1. Cuestiones socio-políticas

Entre ellas debemos considerar:

a) *El proceso de asociación-unión de estados*. La creación de grandes estructuras supranacionales ha podido beneficiar la lucha contra la delincuencia organizada pero, sin duda, también ha favorecido su expansión y afianzamiento. Los tratados de unión o asociación de estados se basan, o tienen como finalidad, facilitar los grandes movimientos de personas y de capitales, así como su tránsito a través de las fronteras, que desaparecen en muchos casos y, en otros, se vuelven tan permeables que facilitan en gran manera las acciones de estos grupos de delincuencia internacional. Esta pérdida de soberanía a favor de un interés común hace que se pierda también efectividad en la lucha interior de cada país miembro, dado que tiene que adjudicar recursos, personales y materiales, a nuevas estructuras comunitarias, muchas de las veces en detrimento de sus necesidades propias. Esta lucha nacional-comunitaria tiene otro punto de debilidad y es que, a pesar de la inexistencia de fronteras, cada uno de los países tiene una esfera propia en cuanto a su sistema legal, político y económico, con unas reglas que, diferentes de las de los demás, son perfectamente salvables desde el punto de vista de que los grupos organizados son "transnacionales" y "adaptables" no solo a uno, sino a múltiples y diferentes regímenes, de acuerdo a sus diferentes características internas, por el simple proceso de implantar sus actividades ilegales en uno o en varios países de acuerdo a sus intereses, principalmente económicos y de seguridad.

b) *La ruptura de asociaciones-uniones de estados.* Como ejemplo crucial de este tipo de actividad tenemos que recurrir a la desaparición de la antigua Unión Soviética, acontecimiento que favoreció, en gran manera, la expansión de la delincuencia organizada. La independencia de nuevos estados trae consigo otros efectos, en la mayoría de los casos desestabilizadores, en los primeros tiempos. El abandono de determinados regímenes, la adopción de nuevos sistemas políticos (democracias), judiciales, económicos (capitalismo), comerciales y de relaciones internas y externas, unidos en numerosas ocasiones a una multiplicidad de razas, etnias o nacionalidades, provoca durante algún tiempo un descontrol hasta la adopción de las líneas generales para su evolución. Este descontrol fue aprovechado por determinadas instituciones, organismos o elementos individuales para su asentamiento, creando incluso mecanismos paralelos de poder y control en clara competencia con las de adopción por el nuevo gobierno, creando a la vez lealtades paralelas..

c) *La vulnerabilidad- apertura de las fronteras* ha facilitado no solo el ideal económico y comercial perseguido, sino también el de todo tipo de actividades ilegales.

d) *Los conflictos políticos o armados.* En este tipo de situaciones, en el conocimiento de que es la sociedad en su conjunto la que sufre las consecuencias derivadas de este tipo de problemas, en relación con nuestro tema, son muchos los individuos, de ambos bandos en los conflictos, los que huyen de esa situación, individuos que son presa fácil para cualquier tipo de organización delictiva, máxime si estos tienen habilidades que puedan ser utilizadas en cualquier actividad ilegal, especialmente si proceden de fracciones policiacas o militares.

e) *La existencia de paraísos fiscales*, para los cuales la aceptación de grandes cantidades de dinero, aun conociendo su procedencia, supuso, supone y seguirá siendo para ellos, un elemento fundamental de su economía, lo que, de desaparecer, les causaría un gran perjuicio difícil de paliar. Estos países, en su disculpa, se quieren justificar en el secreto bancario, lo que le ha potenciado su actividad, obviando otros conceptos como pueden ser la corrupción, las operaciones entre paraísos, el mantenimiento de determinadas fuerzas de seguridad o el ejercicio del poder.

f) *El aumento y la liberalización de los mercados*, la libre circulación de personas, mercancías y capitales. Esta globalización o mundialización económica ha favorecido también a los grupos de delincuencia organizada que antes, restringidos a ámbitos determinados, han podido abrir su operatividad a escala mundial, ha favorecido la posibilidad de su comercio internacional y la rapidez en el transporte de sus productos o mercancías.

g) *La facilidad de renovación de miembros de los grupos* (muertos o detenidos), dado que la estanqueidad con la que funcionan los grupos hace que no se conozcan entre los diferentes escalones.

h) *La corrupción*. De acuerdo con Herrero (2007), debemos considerar la corrupción, en sentido estricto, como una actuación criminal específica, distinta de la delincuencia organizada en sí y de los demás delitos que pueden cometerse en su seno, si bien está estrictamente relacionada con ellas y es un medio en el ejercicio de la delincuencia.

   No solo debemos considerarla en su sentido estricto, sino también desde el punto de vista de la creación de lealtades alternativas a los conceptos tradicionales de nación, patria, bandera, etc. A través de su poder económico los grupos de delincuencia organizada pueden influir de manera directa en el entramado social de cualquier país. La dedicación de parte de sus beneficios económicos a solucionar problemas sociales o de convivencia más justa o equitativa, puede crear en la población un efecto distorsionador en relación con la incapacidad del estado para atender a estas necesidades, en ocasiones básicas, que no atiende, y las ofertas que desde estos grupos se ofrecen. Estas "inclinaciones" o lealtades alternativas pueden favorecer, en gran manera, no solo el sentimiento sino la actuación frente a estas organizaciones en cuyas redes pueden caer fácilmente, sea por el concepto económico o de justicia, cambios que sin duda afectan, o pueden afectar, al funcionamiento de las instituciones estatales.

i) *La cada vez más amplia globalización de los asuntos mundiales* lleva consigo un menor control y el debilitamiento de determinados valores. En este apartado podemos hacer referencia al sistema financiero y a su falta de control sobre las inversiones extranjeras. Bien sea por las diferencias con otras leyes bancarias, especialmente de los conocidos paraísos fiscales, bien sea por las características propias de nuestro sistema bancario y sus políticas para la atracción de clientes y capitales, eliminando políticas de control en cuanto a la comunicación no solo de operaciones de determinada cantidad, sino también de operaciones claramente sospechosas, nuestro país se convierte en un "atractivo" y produce efecto llamada, no solo para capitales procedentes de la delincuencia organizada (blanqueo de capitales), sino para toda operación de capitales de origen ilegal, si bien las últimas medidas adoptadas van en buen camino.

j) *El aumento de cooperación entre los distintos grupos delictivos.* Es apropiado en este contexto hablar de actividades delictivas internas de los países que se han "transformado" a lo largo de las últimas décadas y que, sin duda, han favorecido la delincuencia organizada y su asentamiento. En España hemos de recordar las actividades del contrabando de tabaco por grupos de contrabandistas, especialmente establecidos en Galicia.

Como todos sabemos, los grupos de contrabando gallegos (clanes eminentemente familiares como los Peques, Santos, Indios o Charlines) poseían no solo una gran experiencia, sino que también tenían establecidas numerosas rutas seguras, apoyados en su clandestinidad de la especial orografía de las Rías, geografía perfectamente conocida por los pescadores, mariscadores y, por supuesto, por lo contrabandistas, con la ayuda inestimable, por necesidades económicas, de numerosos colaboradores, informadores, chivatos y otros muchos más que cayeron en la más vulgar de las corrupciones. Pero lo que empezó siendo una actividad que, aunque ilegal, no producía excesiva alarma social, y si un rápido enriquecimiento, quizá por los productos traficados (café de Portugal, fruta, confecciones, y tabaco), las actuaciones legales y policiales hizo que el "negocio" se recondujera hacia otros productos, en este caso la droga, con la colaboración de otras organizaciones delictivas dedicadas a este tráfico a cuyos miembros conocieron, sin duda, en establecimientos penitenciarios. Los contrabandistas de antes se convirtieron en verdaderos capos de la droga, aumentando los grupos en la misma forma en que aumentaba la demanda de cocaína, no solo para España, sino para su distribución a toda Europa. En este nueva etapa destacan nombres de capos tan conocidos como Prado Bugallo (Sito Miñanco) Oubiña, Charlin Gama, el "Catalán" o "Falconetti".

k) *Los avances tecnológicos, la informática e internet.* Como sucede en la mayoría de los avances, sean estos de cualquier tipo, están enfocados a una determinada actividad, normalmente legal, pero que pueden ser adaptados también a las ilegales.

No vamos ahora a descubrir las grandes ventajas de la informática y especialmente de internet como herramienta de una utilidad indescriptible, pero si tenemos que hacer referencia a los capos para los que dicha herramienta puede ser utilizada en beneficio de las redes del crimen organizado por sus innumerables ventajas. De internet destacaremos:

- Nos facilita una comunicación rápida, segura o asegurable, y anónima sin límite de espacio o distancia.
- Es verdad que toda comunicación deja un "rastro", pero este inconveniente puede ser salvado fácilmente para permitirnos un casi total anonimato en las comunicaciones.
- Con un solo instrumento (mensaje), esta herramienta nos permite llegar a múltiples destinatarios, tantos como sea necesario para la actividad (pornografía, extorsiones, amenazas,...).
- No existe una legislación, ni internacional, ni casi nacional, que regule o pueda regular el uso de esta herramienta dentro de los límites legales y que sea consensuada universalmente.

Otro tipo de delitos cometidos a través de esta herramienta, conocidos como "delitos cibernéticos, informáticos o tecnológicos", menos conocidos para los simples usuarios o personas no relacionadas con la delincuencia son:

a) La transferencia de cantidades de dinero ilícito.

b) El conocido como *"timo nigeriano"* son mensajes enviados a numerosos usuarios de internet a través de los cuales se solicitan aportaciones dinerarias con la finalidad de gestionarle la concesión y aceptación de premios, herencias, etc,

c) El *"phishing",* construcción de páginas web, copias fácilmente confundibles con las originales, de entidades bancarias o de cualquier otro tipo en el que se solicitan datos de las personas (número y pin de tarjetas de crédito o de débito, claves de cualquier tipo, etc.) datos que serán empleados para procedimientos de fraude de cualquier tipo,

d) El *"pharming",* relacionado con la suplantación de los dominios virtuales,

e) El *"skimming"*, dispositivos electrónicos colocados en cajeros electrónicos para leer y/o copiar las claves personales (números pin) asociados con cada tarjeta. Un ejemplo de esto es el conocido "lazo libanés",

f) El *"hacking",* actividad realizada por expertos en seguridad informática, a los que se les conoce por el nombre de "hackers", cuyos conocimientos les permiten acceder a ordenadores personales o institucionales y poder manipularlos u obtener la información que contengan.

1) *Las carencias de las fuerzas en lucha contra este tipo de delincuencia.* Durante mucho tiempo se ha venido manteniendo la idea de que la delincuencia organizada podría ser combatida con los sistemas policiales tradicionales, especialmente cuando no se ha detectado el aumento continuo de este tipo de actividad, hasta que se ha convertido en "el gran problema". Esto ha propiciado que no se hayan invertido ni los recursos necesarios, ni la formación imprescindible, para atajar esta amenaza. Los medios personales, materiales, tecnológicos y económicos con los que nos enfrentamos nos superan en todos los sentidos, si bien en los últimos años se están paliando estas deficiencias con la creación de nuevas unidades policiales, la adjudicación de medios materiales y económicos y la necesaria formación, como ya veremos, entre otras.

2) *La permisividad de las leyes con respecto a otros países*, en especial de la Ley de Extranjería. Esto, seguramente, ha favorecido el notable incremento de población extranjera establecida en nuestro país, que, según el Instituto Nacional de Estadística, ha pasado en el último decenio de algo más de medio millón de persona a más de cuatro millones y medio, ¡un 10% de la población total!, a lo que tendríamos que sumar los que no están controlados, ilegales y turistas. Esta población extranjera puede tener, en el seno de organizaciones delictivas, la posibilidad no solo de acceder, sino también de ascender en el "escalafón" de organizaciones con raíces en sus países de procedencia, o no, lo que facilita la multinacionalidad de los grupos delictivos.

m) En relación con *España, su situación estratégica y su clima*, debemos relacionar determinados aspectos que nos dan una especial consideración y papel relevante en este contexto. Entre estas consideraciones destacaremos:

- Constituimos una de las más importantes fronteras exteriores de la Comunidad Europea, siendo, para muchas personas y mercancías la "puerta de entrada" a la Unión Europea. Además estamos cerca de las grandes zonas de producción de algunas de las drogas que más se consumen en España y constituimos, además, parte de las rutas de transito de otras.
- Nuestra gran cantidad de kilómetros de costa, muchos de ellos de gran dificultad de acceso hace que tengamos una especial vulnerabilidad para detectar e impedir la llegada de personas o mercancías.
- Nuestro país sigue siendo uno de los mayores centros turísticos para gente de todas las naciones y razas, por lo que el "extranjero" tiene, por su gran número, una aceptación normal entre nuestra población.
- Son muchas las naciones que consideran a España su "patria madre" (Sur y centro América) y sus habitantes están ligados a nosotros por

lazos culturales y lingüísticos, lo que hace que sean también destino de este tipo de individuos y organizaciones.

5.2. Factores relacionados con las actividades más comunes

En este contexto vamos a analizar las que consideramos actividades delictivas más "comunes" llevadas a cabo por este tipo de grupos y los motivos que las afianzan.

5.2.1. El tráfico de seres humanos

Podemos señalar las siguientes *características*:

a) Negocio altamente lucrativo.

b) Dificultad en conseguir testimonios-denuncias. Es difícil que las mujeres sometidas a la prostitución denuncien a la organización que las trafica, dado que, como sabemos, pesan sobre ellas amenazas graves, no solo para ellas, sino también para sus familias. Muchas de estas amenazas, dependiendo de los países de origen, están basadas en el ejercicio de rituales tipo "vudú", y otros. Puede ser este último comentario el más temido por determinadas mujeres, lo que se traduce en un menor número de delaciones, por ejemplo entre las mujeres de raza negra subsaharianas y el resto de las que están sometidas a este ejercicio, de raza blanca (centro o este europeas).

c) Falta de temor a la legislación penal, dado que, aparte de la dificultad para obtener información sobre los grupos, sus actuaciones, caso de ser detectadas y enjuiciadas, son castigadas con levedad por las leyes.

d) El ejercicio de la violencia (moral, material y sexual). Muchas de las razas o etnias que actúan en esta área lo hacen con gran violencia, no dudan en el maltrato de las mujeres y en someterlas totalmente, no solo a "clientes" sino a los miembros de la propia organización. Por su peligrosidad y violencia destacan las bandas compuestas por individuos procedentes de los países del Este de Europa (rumanos, búlgaros, albaneses, kosovares). La muerte de algunas de ellas se lleva a cabo, en ocasiones, solo como "ejemplo" de lo que puede sucederle a las demás, si incumplen alguna de las normas dadas. La venta de estas mujeres o el traslado de unos lugares a otros se realizan con bastante frecuencia, sin necesidad de causa que la justifique, bien sea como medida de seguridad, bien sea como castigo.

e) Altos niveles de movilidad, desplazándose, en nuestro caso, por todo el territorio nacional, tanto los miembros de la organización como las mujeres traficadas.

f) Jerarquía estructural (división de responsabilidades, infraestructuras, contactos,…), lo que hace que las posibles delaciones alcancen solamente a los individuos de base, no a la cúpula de la organización, su estructura, redes o contactos.

g) Fácil consecución y control de las documentaciones.

h) Dificultades en la identificación de las mujeres para poder proceder a su expulsión. Si tenemos en cuenta aproximadamente el 80% de las mujeres implicadas en la prostitución son extranjeras, inmigrantes ilegales, forzadas al ejercicio de la prostitución, y que la mayoría de ellas poseen documentaciones falsificadas de diferentes países.

5.2.2. El tráfico ilegal de vehículos

Sus *principales características* son:

a) Ser una actividad con poco riesgo y muy lucrativa.

b) Es una organización internacionalizada, llegando a conformarse algunas de ellas como empresas internacionales, lo que facilita su actividad.

c) Existe una división de las actividades que implican el tráfico, desde aquellos que se dedican exclusivamente al robo del vehículo, los mecánicos que los modifican de alguna manera, los transportistas o correos, los vendedores, etc.

d) Los que se dedican al robo de los vehículos poseen un conocimiento intenso sobre las tecnologías aplicadas a cada una de las marcas y modelos de vehículos, especialmente los de alta gama, y desarrollan un "modus operandi" rápido y altamente cualificado.

e) Posibilidad de complicación con el fraude.

f) El destino de los vehículos suele estar en varias direcciones, hacia los países del este, África y Oriente Medio, especialmente.

5.2.3. El tráfico ilegal de drogas

Se caracteriza por:

- Ser una de las principales actividades que ejercen, con mayor o menor intensidad, casi la totalidad de los grupos, dada la obtención de grandes beneficios y las pocas implicaciones para las responsables de las organizaciones.
- Cercanía a centros de producción.
- Punto de tránsito y de entrada a la Unión Europea.

5.2.4. Pornografía infantil

Debemos tener en cuenta:

a) La división de tareas. Aparte del uso de la tecnología informática, las tareas de producción, distribución, posesión o anuncio están adjudicados a diversos individuos, de forma individual o en grupo, que se reconocen por determinadas claves o logos, hace difícil su investigación para la obtención de pruebas.

b) El uso de Internet como herramienta técnica para la distribución, venta y anuncios de contactos.

5.2.5. La delincuencia financiera.

A tener en cuenta que:

a) Es común y necesaria para el funcionamiento de los diferentes grupos, bien sea como actividad única o como complementaria de otras actividades.

b) Dentro de ella debemos considerar, como actividad complementaria, en inicio la falsificación de todo tipo de documentos a utilizar en su actividad ilegal.

c) Como tipo de actividad única atenderemos al blanqueo de capitales, los fraudes, las falsificaciones o "clonado" de tarjetas de crédito o incluso la falsificación de moneda.

6. LA LUCHA CONTRA LA DELINCUENCIA ORGANIZADA

Las actas del Séptimo Congreso de las Naciones Unidas sobre "Prevención del Delito y Tratamiento del Delincuente" en 1985, ya advertían de la intensificación que se venía produciendo por este tipo de delincuencia y sus graves consecuencias económicas y sociales.

La delincuencia organizada, hoy por hoy, constituye una de las mayores amenazas, en España y en el mundo entero, que pueden afectar a la seguridad interior de los países, y que tiene unos visos de solución bastante difíciles, dado que, además, tendrán que compartir territorio con las organizaciones delictivas internas de cada país (por ejemplo, los clanes de narcotráfico o de contrabando en España, las mafias en Italia,...) lo que provoca continuos "ajustes de cuentas" que alteran, en gran manera, la paz y la estabilidad social.

Por desgracia hemos de decir que el crimen organizado está plenamente asentado en nuestro país y que la previsión de futuro no es nada halagüeña. Por unos motivos u otros, bien sea como lugar de "comercio", bien como lugar de "paso o tránsito" de las personas y las mercancías, bien sea como lugar de "descanso" o "seguridad", todos los miles de grupos delictivos existentes en el mundo tienen, de alguna manera, vínculos con nuestro país, siendo Madrid, la Comunidad Valenciana (especialmente la zona de Alicante y Torrevieja, según alguna organización policial) y Andalucía (Costa del Sol) los territorios preferidos para sus principales actividades, sean estas del tipo que sean (Memorias Judiciales, Fiscales y Policiales), no precisamente en las capitales de provincia sino que eligen aquellos municipios con menos dotación y, por ende, vigilancia y control policial, con una rigurosa distribución territorial de acuerdo a la especialidad delictiva, distribución territorial que es rigurosamente respetada y castigada de forma contundente si se infringe.

No podemos tampoco dejar de considerar la especial y estrategica situación geográfica de nuestro país, y su clima. España, y su amplísimo perímetro de costa propicias para el arribo de personas y mercancías, forman frontera, y muy próxima, con continentes que están fuera del denominado Espacio Shengen, del que posteriormente hablaremos. Nuestra frontera con África, primer productor mundial de hachís, no deja de ser la puerta de entrada a Europa, dentro de la cual las fronteras han sido eliminadas, lo que, como hemos visto, favorece este tipo de delincuencia. Pero, de igual manera, constituye la ruta de salida para otros productos o mercancías cuya actividad es normal dentro de las redes organizadas (especialmente vehículos ilegalmente traficados). Además, en nuestro territorio, contamos con dos enclaves que, con legislaciones y dependencias diferentes, agravan los problemas en nuestra lucha contra la delincuencia organizada, es su aspecto más importante, su poder económico (paraísos fiscales en relación con el blanqueo de capitales).

Por último hemos de hacer referencia al mayor avance tecnológico de la era moderna, hasta hoy, la aparición de internet, herramienta que se ha hecho no necesaria, sino imprescindible, no solo en nuestra actividad doméstica, sino también económica, bancaria y de relaciones, imprescindible, por supuesto, como medio e instrumento para la comisión de numerosos delitos como los delitos de pornografía infantil (pedofilia), blanqueo de capitales, con la ventaja de no tener que mover físicamente el dinero, y otras actividades ilegales encubiertas.

Los grupos delictivos que actúan en España pertenecen, o están integrados, por individuos de más de cien nacionalidades diferentes entre los que destacan por su cantidad y nacionalidades más representativas, después de los españoles, a colombianos, marroquíes, rumanos, yugoslavos, italianos, turcos o franceses, la mayoría de los cuales acaparan y comparten todos los mercados y cometen todo tipo de delitos. Se tienen conocimiento de que, para determinadas actividades delictivas, se contratan a miembros de otros grupos y/o nacionalidades, especialmente en las acciones inter-bandas.

Según fuentes del Ministerio del Interior, la composición de los diferentes grupos detectados en nuestro país, en relación con sus nacionalidades, puede verse en la Tabla 2.

Tabla 2. Composición de los grupos según nacionalidades.

COMPOSICIÓN DE LOS GRUPOS POR NACIONALIDADES	
Multinacional (grupo típico)	77%
Exclusivamente por extranjeros	21%
Por extranjeros de UNA UNICA nacionalidad	10%
Exclusivamente por españoles	13%
Los españoles participan en el 79% de los grupos investigados	

Según la misma fuente, el perfil típico de los grupos de delincuencia organizada en España, es el siguiente:

- Grupo compuesto por un número que oscila entre 3 y 10 personas.
- Su tiempo de actuación delictiva es inferior a 3 años.
- Las actividades más importantes que desarrollan son el tráfico de drogas, blanqueo de capitales y las falsificaciones documentales.
- Son grupos especializados en una sola actividad delictiva.
- Todos ellos cuentan con conexiones internacionales.
- Compuestos predominantemente por españoles, con la participación de individuos de otras nacionalidades.
- Actuaciones predominantes en grandes capitales y zonas costeras.

En la lucha contra la delincuencia organizada podemos clasificar las "armas" de lucha contra ella, de muy diferentes maneras, en función de su naturaleza. Aunque, como lo hacen otros autores, podríamos adoptar dos perspectivas, la relacionada con los instrumentos documentales y la relacionada con los instrumentos policiales, tanto a nivel internacional, regional o interno de los países, considero que es más "ilustrativa" la división que hemos adoptado.

6.1. Desde el punto de vista de los organismos internacionales

Sin entrar en un estudio profundo de los diferentes organismos o instituciones, consideramos conveniente y necesario hacer, aunque sea una somera referencia, de aquellas que a cualquier nivel tienen y han tenido una especial dedicación a la represión de este tipo de actividad.

6.1.1. La Organización de las Naciones Unidas (ONU)

Desde 1950 ha venido luchando contra todo tipo de delincuencia, pero fue en la Conferencia Ministerial Mundial sobre la Delincuencia Organizada Transnacional, celebrada en Nápoles en 1994, donde se acordó un "Plan de Acción Mundial de Nápoles contra la Delincuencia Organizada Transnacional" conteniendo una detallada relación de las medidas más inmediatas a adoptar en cada Estado para una acción de colaboración y cooperación mutua.

Dentro de este Organismo es de destacar la Comisión para la Prevención del Delito que elabora todo tipo de actuaciones a seguir para la prevención y la lucha contra todo tipo de delincuencia, supervisa los programas de las Naciones Unidas y coordina las cooperaciones internacionales.

Uno de los instrumentos más destacados en esta lucha lo constituye, sin duda, la Convención de las Naciones Unidas contra la Delincuencia Organizada Transnacional, que fue firmada en Palermo (Italia) en diciembre del año 2000. Esta Convención contiene varios protocolos a los que también, en otros temas, haremos referencia, y son los protocolos contra la trata de personas, especialmente mujeres y niños, el tráfico ilícito de inmigrantes y contra la fabricación y el tráfico ilícito de armas de fuego, éste último aprobado en mayo del año 2001.

En el año 2003 este Organismo publica la Convención de las Naciones Unidas contra la corrupción.

Otro organismo, también dependiente de las Naciones Unidas, y con sede en Viena (Austria), la Oficina de las Naciones Unidas contra la Droga y el Delito (ONUDD), juega un extraordinario papel en la lucha contra los delitos.

6.1.1.1. La Organización Internacional de Policía Criminal (OIPC-INTERPOL)

En el nivel más amplio de la cooperación internacional, en materia policial y en la lucha contra este tipo de delincuencia, se encuentra la INTERPOL.

A la organización que hoy conocemos, podemos ponerle su nacimiento en el X Congreso de la Unión Internacional de Derecho Penal, celebrada en Hamburgo en 1905, en la que se acuerdan las bases de una más intensa y efectiva colaboración policial durante las diferentes fases procesales y de investigación, con el establecimiento de oficinas en los diferentes Estados colaboradores. El I Congreso Internacional de Policía Judicial se celebra en Mónaco en 1914, como resultado del acuerdo adoptado en la Conferencia Internacional celebrada en Berlín (Alemania) en el año 1912.

En 1923 se celebra en Viena (Austria) el II Congreso Internacional de Policía Judicial, donde los países asistentes dan forma a un nuevo organismo que denominan "Comisión Internacional de Policía Criminal", a la que España se incorpora en 1.928. Tras los avatares de la II Guerra Mundial, este organismo fija su sede en Lyon (Francia). En 1956 adopta el nombre de "Organización Internacional de Policía Criminal" y el acrónimo OIPC-INTERPOL. La oficina central en España está encuadrada en la Comisaría General de Policía Judicial del Cuerpo Nacional de Policía.

Sus *fines* de acuerdo al articulado de su Constitución son:

- Propiciar la ayuda recíproca de las autoridades de Policía Judicial de los 187 países integrados, con respeto a las leyes internas y el respeto a la Declaración Universal de los Derechos Humanos.
- Proporcionar las instituciones necesarias para la prevención y persecución de los delitos comunes.
- Prestar apoyo policial operativo.
- Proporcionar redes de comunicaciones seguras y bases de datos de utilidad policial.
- Prestar los apoyos necesarios en materia de formación y perfeccionamiento policial.

De acuerdo a su Constitución "está prohibida toda intervención en asuntos de carácter político, militar, religioso o racial".

Sus *objetivos* se centran en las siguientes actividades ilegales:

1.- Delincuencia organizada.

2.- Drogas.

3.- Delitos financieros y tecnológicos.

4.- Terrorismo.

5.- Tráfico de seres humanos.

6.- Corrupción.

7.- Búsqueda y localización internacional de delincuentes y fugitivos.

6.1.1.2. La Oficina Federal de Investigación (FBI)

Aunque todos sabemos que se trata de un cuerpo de policía federal con competencia en todo el territorio de los Estados Unidos, es conveniente destacar su lucha contra la delincuencia que, a nivel central, desarrolla en varias áreas tales como:

a) el terrorismo.

b) tráfico de drogas y crimen organizado.

c) contrainteligencia extranjera.

d) delitos violentos y seriales.

e) los delitos "de guante blanco".

Su lucha contra la delincuencia organizada y la necesidad de la colaboración y cooperación policial les lleva a establecer un programa de colaboración (el "Legal Attache Program") al que se van adhiriendo países, y a través del cual se inicia la instalación de oficinas de este organismo en los países consentidores, para una colaboración y cooperación mutua en la lucha contra los cinco delitos, antes mencionados. Su ubicación se encuentra en las Embajadas de los Estados Unidos en los países adheridos.

Otras Agencias Federales de investigación son la Agencia Central de Inteligencia (CIA), el Departamento de Estado de lucha contra la droga (DEA), La Oficina contra el alcohol, tabaco, armas y explosivos (ATF) y la Agencia Nacional de Seguridad (NSA).

6.1.2. La Unión Europea (UE)

Aunque por todos conocido, insertamos lo expuesto en la página web oficial de la Unión Europea (www.europa.eu). La Unión Europea nació con el anhelo de acabar con los frecuentes y cruentos conflictos entre vecinos que habían culminado en la Segunda Guerra Mundial. En los años 50, la Comunidad Europea del Carbón y del Acero (CECA) es el primer paso de una unión económica y política de los países europeos para lograr una paz duradera. Sus seis fundadores son Alemania, Bélgica, Francia, Italia, Luxemburgo y los Países Bajos. Ese periodo se caracteriza por la guerra fría entre el este y el oeste.

En 1957 se firma el Tratado de Roma, por el que se constituye la Comunidad Económica Europea (CEE) o «mercado común».

El 1 de enero de 1973 Dinamarca, Irlanda y el Reino Unido entran a formar parte de la Unión Europea, con lo que el número de Estados miembros aumenta a nueve.

En 1981 Grecia pasa a ser el décimo miembro de la UE.

Cinco años más tarde, en 1986, se suman España y Portugal.

En 1995 ingresan en la UE tres países más, Austria, Finlandia y Suecia.

En el año 2004 se incorporan Chipre, la República Checa, Estonia, Hungría, Letonia, Lituania, Malta, Polonia, Eslovaquia y Eslovenia.

Por último, en 2007 se incorpora a la UE Rumanía.

Actualmente están aceptados como candidatos a su ingreso, Croacia, la Antigua República Yugoslava de Macedonia, Islandia, Montenegro y Turquía.

De forma escueta, los principales organismos de la Unión Europea son:

a) Con competencia de política general:

1.- *El Consejo Europeo*. Marca la dirección política general de la UE, pero no tiene competencia para la aprobación de leyes. Está compuesto por los Jefes de Estado o de Gobierno de los países miembros, además del Presidente de la Comisión Europea. Tiene su sede en Bruselas (Bélgica).

b) Con competencia legislativa

1.- *El Parlamento Europeo*. Es el representante de los ciudadanos de la UE, y elegido por ellos de forma directa. Tiene sedes en Bruselas (Bélgica), Luxemburgo y Estrasburgo (Francia).

2.- *El Consejo de la UE*. Es el representante de los gobiernos de cada Estado miembro, quienes comparten la presidencia de forma rotatoria (España lo fue de enero a junio de 2010). No debe confundirse con el Consejo de Europa, organismo no perteneciente a la UE. Tiene su sede en Bruselas (Bélgica).

3.- *La Comisión Europea*. Es una de las principales instituciones de la UE. Representa y defiende los intereses de los estados miembros. Tiene su sede en Bruselas (Bélgica).

Otros organismos de la UE son el Tribunal de Justicia de la UE, el Tribunal de Cuentas de la UE o el Banco Central Europeo.

Son muchos los *instrumentos, económicos o jurídicos*, que han sido aprobados por los organismos de la UE y que han contribuido, y contribuyen, después de haber sido integrados en las legislaciones respectivas, en la lucha contra la delincuencia organizada. Destacaremos los más relevantes:

- El Convenio Europeo de Extradición (1957) y sus protocolos adicionales (1975,1978).
- El Convenio Europeo de asistencia jurídica en material penal (1959) y su protocolo adicional (1978).
- El Convenio Europeo para la represión del terrorismo (1977).
- El Convenio relativo al blanqueo, seguimiento, embargo y decomiso de los productos del delito (1990).
- El Acuerdo sobre el tráfico ilícito por mar (1995), de acuerdo a lo establecido en la Convención de las Naciones Unidas (Viena, 1988).
- El Convenio sobre la lucha contra la corrupción en el ámbito del derecho penal y civil (1999).
- La Resolución del Consejo relativa a la protección de los testigos en el marco de la lucha contra la delincuencia organizada (1995).

Aparte de lo referido al sistema institucional, es importante también destacar, desde la perspectiva de la investigación en la cooperación policial internacional, a nivel UE, del denominado *Espacio de Libertad Seguridad y Justicia*, regulado en el Título V del Tratado de Funcionamiento de la Unión Europea.

El establecimiento de este espacio de libertad, seguridad y justicia tiene por objeto:

a) Garantizar la libre circulación de personas.

b) Ofrecer un elevado nivel de protección a los ciudadanos.

c) Cooperación policial en materia civil y penal.

d) Las políticas de asilo e inmigración.

e) La cooperación policial aduanera.

f) La lucha contra las discriminaciones.

g) La lucha contra el terrorismo.

h) La lucha contra la delincuencia organizada.

i) La lucha contra el tráfico de seres humanos.

j) La lucha contra la droga.

Como antecedentes hemos de recurrir a lo que se establece en el Grupo TREVI (1975), integrado por los Ministros de Interior y creado principalmente para luchar contra el terrorismo:

- al Acta Única Europea, tratado que constituye la base de un amplio programa de seis años, destinado a eliminar las trabas a la libre circulación de mercancías a través de las fronteras de la UE, y que da origen, por ello, al «mercado único» (1986).
- al Convenio Schengen (1990, año de entrada en vigor).
- al *Tratado de Maastricht* (1992), en el que se establecen los tres Pilares de colaboración que rigen en la UE (Comunitario, Política Exterior y Seguridad común y Asuntos de Justicia e Interior- Espacio Libertad, Seguridad y Justicia- ver logo).
- a EUROPOL (1995).
- al Tratado de Ámsterdam (1997), en el que se modifica la cooperación en materia de justicia y policía, se crea el Espacio de Libertad, Seguridad y Justicia y se establecen los principios de funcionamiento de INTERPOL.
- a los Programas del Consejo Europeo de Tampere (Finlandia, 1999), en el que se desarrolla una política de asilo y migración común en la UE.
- al Tratado de Prüm (2005), relativo a la cooperación transfronteriza, y/o,

- al Programa de Estocolmo (2009), que sustituye al Programa de La Haya, y, bajo la presidencia española del Consejo, se desarrolla la Estrategia Europea de Seguridad Interior, entre otros, que, aunque a veces compartida por varios, cada uno de ellos está enfocado a una actividad principal entre las prioritarias de la UE, a algunos de los cuales haremos referencia más adelante.

6.1.2.1. EUROPOL

La Oficina Europea de Policía (EUROPOL) fue creada en 1992, aunque fue en 1999 cuando entró plenamente en funcionamiento una vez ratificado el Convenio por todos los Estados miembros de la UE, si bien por decisión del Consejo se convierte, junto a la Unidad de Cooperación Judicial de la Unión Europea (EUROJUST) y la Escuela Europea de Policía (CEPOL), en una agencia de cooperación policial y judicial en materia penal de la UE de pleno derecho con un nuevo marco jurídico. En la misma se encuentran encuadrados funcionarios en representación de los diferentes Estados, todos ellos relacionados con la justicia, aduanas, inmigración, policía, etc.

Su finalidad es la racionalización de la explotación de la información sobre actividades delictivas, con independencia del país que la haya obtenido, y el mantenimiento de una estrecha relación de cooperación y ayuda para combatir la delincuencia organizada, especialmente:

1.- El tráfico ilícito de drogas.

2.- El terrorismo.

3.- Las redes de inmigración clandestina, la trata de seres humanos y la explotación sexual de menores.

4.- La protección de los derechos de propiedad industrial y la falsificación de mercancías.

5.- El blanqueo de capitales.

6.- La falsificación de moneda y otros medios de pago, constituyendo la oficina central europea en la lucha contra la falsificación de euros.

7.- El tráfico de sustancias radiactivas, químicas, biológicas o nucleares.

Su apoyo a los Estados miembros se materializa:

a) Facilitando el intercambio de información entre las autoridades de los diferentes Estados miembros, a través de una red segura (SIENA).

b) Proporcionando análisis operativos y apoyo a las actividades operativas de los Estados.

c) Mediante la evaluación de las amenazas y la emisión de informes estratégicos.

d) Aportando su experiencia y conocimientos técnicos de posible aplicación a las actividades operativas realizadas en, y por, los Estados miembros.

Tiene su sede en La Haya (Holanda).

6.1.2.2. EUROJUST

A iniciativa de la República Federal de Alemania, en el Consejo celebrado en Tampere se decide la creación de una Unidad que tendría como objetivo la coordinación de las actividades realizadas por las autoridades nacionales responsables de la lucha contra la delincuencia organizada. Esta iniciativa establece que cada Estado miembro designará los magistrados, fiscales o policías que constituirá la nueva Unidad denominada como "Eurojust" y prevé la creación de una red de almacenaje de los procedimientos de los Estados miembros y de los registros de antecedentes penales de estos Estados (www.europa.eu; EUROJUST.htm).

Su andadura comienza el 28 de febrero de 2002, por Decisión adoptada por el Consejo, con la misión de intensificar la cooperación y eficacia en materia de justicia penal, en la lucha contra la delincuencia organizada transnacional y las infracciones que afecten a los intereses financieros comunes de la UE, coordinando las investigaciones y las correspondientes actuaciones judiciales en apoyo de los Estados miembros.

Su Consejo está compuesto por 27 miembros pertenecientes y nombrados por los Estados, en su condición de jueces o fiscales, y entre sus funciones figura:

a) Informar sobre el derecho material y procesal de sus Estados de origen.

b) Informar sobre el estado de los procedimientos de investigación y las condenas penales.

c) Contribuir a la coordinación y realización de investigaciones comunes llevadas a cabo en dos o más Estados miembros.

d) Proporcionar consejos jurídicos y contribuir a las actividades de EUROPOL así como emitir dictámenes sobre la extensión de las competencias de EUROPOL.

e) Compartir experiencias en materia de lucha transfronteriza contra las infracciones y contra las infracciones que afectan a los intereses financieros de la UE con el fin de poner de relieve los puntos débiles.

Tiene su sede en La Haya (Holanda).

6.1.2.3. CEPOL

Junto a las dos agencias anteriores está enclavada entre los instrumentos del III Pilar, Espacio Libertad, Seguridad y Justicia, cuya idea de creación nace en el Consejo de Tampere y va cristalizando en iniciativas aportadas a otros Consejos Europeos.

Las siglas de la Escuela Europea de Policía se corresponden a su denominación francesa como "Collège Européen de Police", y en ella se reúnen los mandos superiores de los cuerpos policiales para fomentar la cooperación en aspectos como la seguridad interior, el orden público y la delincuencia organizada.

Se crea por decisión del Consejo de 20 de septiembre de 2005 y se fija su ubicación en Bramshill (Reino Unido), aunque más bien se trata de una red de Escuelas y Academias de Policía establecidas en los Estados miembros.

En ellas se realizan numerosos cursos, seminarios y conferencias a los que asisten policías de toda la UE, con la finalidad de contribuir a la formación de policías de rango superior de los Estados miembros.

6.1.2.4. SCHENGEN

Este Convenio, con la eliminación de las fronteras internas, garantiza el derecho a viajar libremente entre los países de la UE, con las excepciones del Reino Unido, Bulgaria, Chipre y Rumanía.

Sus inicios se basan en un acuerdo entre Francia, Alemania y el Benelux (Bélgica, Holanda y Luxemburgo), adoptado en 1985 para crear entre ellos un espacio sin fronteras, dado que el resto de los países miembros no estaban de acuerdo. Este acuerdo se firma el día 14 de junio del mencionado año en la ciudad luxemburguesa de Schengen, de donde toma su nombre el acuerdo. Con ocasión del Tratado de Ámsterdam (1997) se adhieren al Convenio otros ocho países. Este nuevo convenio se firma en junio de 1990, entrando en vigor en 1995.

Por este convenio se eliminan las fronteras interiores de los países adheridos, creándose una única frontera exterior para todos ellos, único lugar en el que se realizarán los correspondientes controles para la entrada en el nuevo espacio, adoptándose normas unificadas en materia de visados, asilo y control de la inmigración.

Entre otras medidas adoptadas, mencionaremos:

- La creación del Sistema de Información Schengen (SIS), base de datos sobre personas y bienes, a disposición de los Estados miembros.
- El establecimiento de las normas comunes para el paso a través de las fronteras exteriores.
- La separación de los accesos de personas en puertos y aeropuertos, dependiendo de su procedencia interna del espacio Schengen, o de fuera de él.
- La coordinación entre las administraciones fronterizas.
- El establecimiento de un sistema de extradición de mayor agilidad y un mejor trámite de la ejecución de sentencias en materia penal.

- La instauración de un derecho de persecución transfronteriza para los agentes policiales de los Estados miembros de Schengen (persecución "en caliente").

A dicho espacio se han ido adhiriendo el resto de los países miembros de la UE. España lo hizo, junto a Portugal, el 25 de junio de 1991.

6.1.2.5. OLAF

El Tratado de la Comunidad Europea, propone una base jurídica explícita para las acciones de la Comunidad y de los Estados miembros en el ámbito de la lucha contra el fraude y otras actividades ilícitas contrarias a los intereses financieros de la Comunidad (artículo 280). Los medios de que dispone la Comunidad para luchar contra el fraude y la delincuencia económica y financiera se reforzaron considerablemente con la entrada en vigor del Tratado de Ámsterdam.

Mediante este conjunto de medidas, el grupo de trabajo «Coordinación de la lucha contra el fraude» de la Comisión fue sustituido por la Oficina Europea de Lucha contra el Fraude (OLAF) a la que, además de las funciones de investigación, se encomendaron las tareas de elaborar y preparar legislación en el ámbito de la protección de los intereses comunitarios y de luchar contra el fraude.

Por Decisión 1999/352/CE, CECA, Euratom de la Comisión, de 28 de abril de 1999, se crea la Oficina Europea de Lucha contra el Fraude (OLAF), que tiene por objetivo reforzar el alcance y eficacia de la lucha contra el fraude y otros comportamientos ilegales que van en detrimento de los intereses comunitarios, forma parte de la Comisión Europea y goza de un estatuto particular de independencia para las funciones de investigación y lucha contra el fraude.

La misma Decisión de la Comisión que crea la OLAF, enumera sus competencias:

- Efectuar investigaciones administrativas externas en el marco de la lucha contra el fraude, la corrupción y cualquier otra actividad ilegal que afecte a los intereses financieros de las Comunidades así como para la lucha contra el fraude en cualquier otro hecho o actividad de operadores que vulnere las disposiciones comunitarias.
- Efectuar investigaciones administrativas internas destinadas a:

1.- Luchar contra el fraude, la corrupción y cualquier otra actividad ilegal que afecte a los intereses financieros de la Comunidad.

2.- Investigar hechos graves vinculados al ejercicio de actividades profesionales que puedan constituir un incumplimiento de las obligaciones de los funcionarios y agentes susceptibles de procedimientos disciplinarios y, cuando proceda, penales, o un incumplimiento de las obligaciones similares de los miembros de las instituciones, órganos u organismos y de su personal no sujeto al estatuto de los funcionarios y agentes de las Comunidades Europeas.

- Efectuar misiones de investigación en otros ámbitos a petición de las instituciones y organismos comunitarios.
- Contribuir al refuerzo de la cooperación con los Estados miembros en el ámbito de la lucha contra el fraude.
- Encargarse de las actividades de concepción en materia de lucha contra el fraude (preparación de disposiciones legales y reglamentarias en los ámbitos de actividad de la Oficina).
- Aplicar cualquier otra actividad operativa de lucha contra el fraude (desarrollo de infraestructuras, recopilación y explotación de información, ayuda técnica).
- Actuar como interlocutor directo de las autoridades policiales y judiciales nacionales.
- Representar a la Comisión en el ámbito de la lucha contra el fraude.

En el marco de las investigaciones externas, la OLAF efectúa los controles in situ confiados a la Comisión en virtud de los Reglamentos (CE, Euratom) n° 2988/95 y 2185/96. Por lo que se refiere a las investigaciones internas, la OLAF puede acceder inmediatamente y sin preaviso a toda la información escrita de que dispongan las instituciones, órganos u organismos comunitarios, puede pedir información oral a toda persona afectada y también efectuar controles in situ de los agentes económicos. A petición de la OLAF o por propia iniciativa, los Estados miembros, así como las instituciones, órganos y organismos transmitirán a la Oficina todo documento e información sobre las investigaciones en curso.

Un Comité de Vigilancia compuesto por cinco personas exteriores e independientes nombradas de común acuerdo por el Parlamento, el Consejo y la Comisión velará por la independencia operativa de la OLAF.

6.1.2.6. FRONTEX

La Agencia Europea para la gestión de la cooperación operativa en las fronteras exteriores de los Estados miembros de la Unión Europea fue creada por el Reglamento (CE) nº 2007/2004 del Consejo (26.10.2004, DO L 349/25.11.2004).

FRONTEX
LIBERTAS SECURITAS JUSTITIA

Las misiones y funciones de FRONTEX son:

a) Coordinar la cooperación operativa entre Estados miembros en el ámbito de la gestión de las fronteras exteriores.

b) Ayudar a los Estados miembros en la formación de los guardias fronterizos nacionales, incluido el establecimiento de normas comunes de formación.

c) Llevar a cabo análisis de riesgos.

d) Hacer un seguimiento de la evolución en materia de investigación relacionada con el control y la vigilancia de las fronteras exteriores.

e) Asistir a los Estados miembros en circunstancias que requieren un aumento de la asistencia técnica y operativa en las fronteras exteriores.

f) Proporcionar a los Estados miembros el apoyo necesario para organizar operaciones conjuntas de retorno.

g) Fortalecer la seguridad fronteriza garantizando la coordinación de las acciones de los Estados miembros en la ejecución de medidas comunitarias relativas a la gestión de las fronteras exteriores.

FRONTEX está muy vinculado con otros socios de la Comunidad y de la UE responsables de la seguridad de las fronteras exteriores, tales como EUROPOL, CEPOL, OLAF, la cooperación aduanera y la cooperación en controles fitosanitarios y veterinarios, con el fin de fomentar la coherencia general.

Tiene su sede en Varsovia (Polonia).

Por su importancia en la lucha contra la delincuencia organizada y relacionada directamente con la cooperación internacional, haremos referencia a continuación a dos organizaciones intergubernamentales, que consideramos de interés.

6.1.3. La FINANCIAL ACTION TASK FORCE o GRUPO DE ACCIÓN FINANCIERA (FATF-GAFI).

Tiene su origen en la Cumbre del G-7 y Luxemburgo de París en el año 1989 con el nombre original de Groupe d´action financière sur le blanchimen de capitaux (GAFI), institución intergubernamental cuyo propósito es desarrollar políticas que ayuden a combatir el lavado de dinero y la financiación del terrorismo (wikipedia.org).

Su actividad se inicia con la publicación, en 1990, de un documento conteniendo cuarenta recomendaciones en la materia para la que fue creada para su implementación en las legislaciones interiores de los países miembros. Durante los años 2001(tras los atentados de septiembre de ese año en Estados Unidos) y 2004 se vuelven a publicar nuevos documentos conteniendo nuevas recomendaciones.

Las recomendaciones más destacables son:

a) La implementación de las recomendaciones en las respectivas legislaciones internas.

b) Condenar el lavado de dinero y brindar herramientas legales a las autoridades para la confiscación de los ingresos producidos por el lavado de dinero.

c) Implementar políticas para los usuarios de los bancos en relación con la seguridad a través de la verificación de las identidades personales.

d) Guardar registros de todas las transacciones sospechosas, sean de instituciones financieras o no, y de negocios.

e) Establecer una unidad de inteligencia financiera, que reciba y procese los informes de las transacciones sospechosas o dudosas.

f) Cooperar con la comunidad internacional investigando y facilitando la persecución del lavado de dinero.

Actualmente la institución consta de 36 miembros, 34 países y dos organizaciones regionales. Estos son: Alemania, Argentina, Australia, Austria, Bélgica, Brasil, Canadá, China, Corea del Sur, Dinamarca, España, Estados Unidos, Federación Rusa, Finlandia, Francia, Grecia, Hong Kong (China), India, Islandia, Irlanda, Italia, Japón, Luxemburgo, Méjico, Nueva Zelanda, Noruega, Países Bajos, Portugal, Reino Unido, Singapur, Sudáfrica, Suecia, Suiza, Turquía, La Comisión Europea y el Consejo de Cooperación para los Estados Árabes del Golfo Pérsico.

Está ubicado en la sede de la Organización para la Cooperación y Desarrollo Económico (OCDE), en Paris (Francia).

6.1.4. Las UNIDADES DE INTELIGENCIA FINANCIERA (FIU- Financial Intelligence Unit) y el Servicio Ejecutivo de Prevención del Blanqueo de Capitales (SEPBLAC)

Las unidades de lucha financiera reciben el nombre de FIU en la reunión del Grupo Egmont en 1995, grupo nacido al amparo del GAFI. A este Grupo de Egmont pertenecen 58 países, entre ellos España, cuya unidad de Inteligencia es el SEPBLAC.

El SEPBLAC es la unidad de información financiera, unidad de tipo mixto, administrativo y policial, que tiene adscrita la Brigada de Delitos Monetarios, y depende de la Comisión de Prevención del Blanqueo de Capitales.

Sus antecedentes jurídicos debemos encontrarlos en la Directiva 308/91/CEE en cuyo cumplimiento se promulga la Ley 19/1993, de 28 de diciembre y el RD 925/1995, de 9 de julio.

Sus *funciones y misiones* son:

- Analizar la información sobre blanqueo de capitales que recibe de las entidades obligadas y de las autoridades y organismos nacionales e internacionales.
- Enviar a los órganos, instituciones o autoridades competentes las actuaciones de las que deriven indicio de delito o, en su caso, de infracción administrativa.
- Investigar las infracciones al régimen jurídico de control de cambios.
- Informar a la Comisión y al Comité Permanente y seguir sus indicaciones.
- Investigar las comunicaciones de operaciones sospechosas.
- Cooperar internacionalmente mediante el intercambio de información con otros países.
- Supervisión del cumplimiento de las obligaciones por los sujetos obligados.

6.1.5. La OSCE

Tras la Guerra Fría se inicia un proceso político sobre la seguridad en Europa y en América del Norte. Este proceso, denominado Proceso de Helsinki (Finlandia), se inicia en esa ciudad en 1973 con 35 países asociados, bajo la denominación de Conferencia sobre la Seguridad y la Cooperación Europea (CSCE). Este proceso finaliza con la aprobación del Acta Final de Helsinki en 1975. Pero no será hasta la Cumbre de Budapest (Hungría), en 1994, cuando nace la Organización para la Seguridad y la Cooperación en Europa (OSCE) que sustituye a la anteriormente citada.

Reconocida como organismo regional, de acuerdo al Capítulo VIII de la Carta de las Naciones Unidas, tiene la misión de controlar numerosas cuestiones relacionadas con una seguridad "global" y "cooperativa" político-militar-policial, entre las que se pueden mencionar el control de armamentos, fronteras, los derechos humanos, aspectos económicos y medioambientales, etc.

En el Acta Final de Helsinki se recogen los *10 principios* sobre los que se basa la Organización, a saber:

- La igualdad soberana de los estados. Todos los Estados participantes poseen el mismo rango, con independencia de tu tamaño territorial o la cantidad de población que posean.

- La abstención de recurrir a la amenaza o al uso de la fuerza.
- La inviolabilidad de sus fronteras.
- La integridad territorial de los Estados parte.
- La solución pacífica de las controversias.
- La abstención de intervención en los conflictos de los demás países.
- El absoluto respeto a los derechos humanos y las libertades fundamentales para lograr la igualdad de derechos y la libre determinación de los pueblos.
- La cooperación mutua, y,
- El cumplimiento de las obligaciones contraídas.

Actualmente la OSCE integra a 56 países, que, con indicación del año de incorporación, son: Alemania Occidental, Alemania Oriental, Austria, Bélgica, Bulgaria, Canadá, Chipre, Checoslovaquia, Dinamarca, España, Estados Unidos, Finlandia, Francia, Grecia, Hungría, Irlanda, Islandia, Italia, Liechtenstein, Luxemburgo, Malta, Mónaco, Noruega, Países Bajos, Polonia, Portugal, Reino Unido, Rumanía, San Marino, Santa Sede, Suecia, Suiza, Turquía, URSS, y Yugoslavia en 1973. En 1990 Alemania; en 1991 Albania; en 1992 Armenia, Azerbaiyán, Bosnia y Herzegovina, Croacia, Eslovenia, Estonia, Georgia, Kazajistán, Kirguistán, Letonia, Lituania, Moldavia, Tayikistán, Turkmenistán, Ucrania y Uzbekistán; en 1993 Eslovaquia y República Checa; en 1995 la República de Macedonia; en 1996 Andorra; en 2000 Serbia y Montenegro y en 2006 Montenegro y Serbia (wikipedia.org).

La OSCE mantiene relaciones de cooperación con otras organizaciones tales como la ONU y sus organismos vinculados, la Unión Europea, la OTAN y el Consejo de Europa.

Dentro de la OSCE se encuadran los países Socios para la Cooperación (Afganistán, Japón, República de Corea y Tailandia), así como los Socios Mediterráneos para la Cooperación (Argelia, Egipto, Israel, Jordania, Marruecos y Túnez). Tiene también participación en una red de misiones en su espacio geográfico, que tienen como misión facilitar la resolución de los conflictos existentes o pendientes de solución en los que se ven implicados algunos Estados participantes.

Las misiones de la OSCE se reparten dentro del Sudeste de Europa (Kosovo, Bosnia y Herzegovina, Croacia, Serbia, Albania y la antigua República Yugoslava de Macedonia); Europa de Este (Moldavia, Bielorrusia, Ucrania); Cáucaso (Georgia, Azerbaiyán, Armenia); y Asia Central (Kazajistán, Turkmenistán, Kirguistán, Tayikistán, Uzbekistán).

España, por rotación anual, presidió la OSCE durante el año 2007. Este año 2011 le ha correspondido la presidencia al Lituania.

La OSCE tiene su sede en Viena (Austria).

6.2. En el ámbito interno de nuestro país.

6.2.1. Perspectiva de la legislación penal o administrativa.

Como a lo largo de todo el texto, nunca hemos querido ser extensivos en cada uno de los aspectos tratados, y menos lo haremos en el tema legal, dado que, como gran disciplina a la que respeto, creo que existen fuentes mejores para dar una completa visión del problema. No obstante no podemos "pasar" sin dar una pequeña explicación, que puede ser complementada en extensión, con la lectura de otros textos o documentos, dado que la legislación internacional (ONU o Unión Europea) al final, queda integrada en nuestro ordenamiento jurídico.

Todos estamos de acuerdo que una de las primeras y más importantes modificaciones legales seguidas en nuestro país, en el contexto que nos ocupa, está representada por la Ley Orgánica 5/2010, de 22 de junio, por la que se modifica la Ley Orgánica 10/1995, de 23 de noviembre, del Código Penal. En ella se incluye un específico tratamiento del problema de la criminalidad organizada modificando la antigua del delito de asociación ilícita, que no responde a la situación actual del problema., tipificando en su Art. 570 bis las características de la organización criminal a las que ya hemos referencia.

Junto a ella y como complemento podemos hacer referencia a las modificaciones de la Ley de Enjuiciamiento Criminal (LECrim) respecto a la Oficina de Recuperación de Activos; a la Ley 10/2010, de 28 de abril, de Prevención del Blanqueo de Capitales y de la Financiación del Terrorismo, reforzando el entramado institucional; o a la modificación de la Ley 10/2010 reforzando las penas del delito de contrabando cuando se realiza a través de una organización delictiva (ver preámbulo de la Ley, Art. 515 sobre la asociación ilícita, Art. 570 ter, sobre el grupo criminal, Art. 570, cuarto, sobre aumento de la penalidad, Art. 570 bis, cuarto, sobre la organización criminal, Art. 282, bis, 4 de la LECrim., sobre el agente encubierto).

6.2.2. La actuación policial

A la luz de nuestra participación en todos los organismos e instituciones a las que hemos hechos referencia especialmente, y a otros existentes, la actuación policial se ha visto favorecida en su lucha contra la delincuencia organizada, a niveles muy importantes. Como creo que todos entenderéis, en este apartado nos limitaremos, normalmente, a enumerar las "ventajas" obtenidas por la cooperación policial internacional en la actividad policial, sin serlo en su totalidad ni en su especificidad.

Haremos referencia a:

- Se pueden realizar vigilancias policiales en el territorio de cualquier país miembro, de acuerdo a lo establecido en el Convenio de Aplicación del Acuerdo Schengen. La cooperación de vigilancia transfronteriza no está sometida a límites espaciales, temporales o territoriales. En este ámbito se firman convenios con países con los que compartimos fronteras terrestres y se crean los Centros de Cooperación policial y aduanera (CCPA), para desarrollar la colaboración y facilitar la actuación policial en los tráficos ilícitos, la inmigración, y la lucha contra otras amenazas.

- La posibilidad, de acuerdo al Convenio antes mencionado, de continuar la persecución en territorio de otro país miembro (persecución "en caliente") de acuerdo a las condiciones establecidas.
- La utilización del Sistema de Información Schengen (SIS) y la posibilidad de solicitar de su Centro de Apoyo Técnico, por parte de nuestras oficinas nacionales, de la información correspondiente (personas buscada para extradición, desaparecidos, sentencias, controles, vehículos, armas de fuego, etc.), creándose al efecto, en todos los países miembros, la denominada Oficina SIRENE (**S**upplementary **I**nformation **Re**quest at the **N**ational **E**ntry"- solicitud de información complementaria a la entrada nacional), que define la principal función de las oficinas SIRENE creadas en todos los Estados de Schengen. .

Se han creado, a nivel centralizado, una serie de órganos de coordinación e investigación de los que mencionaremos aquellos que están relacionados con organismo o instituciones similares de otros países y de otros creados a nivel de las Fuerzas y Cuerpos de Seguridad del Estado (Cuerpo Nacional de Policía y Guardia Civil) para facilitar la acción policial.

Entre ellos mencionaremos:

- La Comisión de Vigilancia de Actividades de Financiación del Terrorismo, creada por la Ley 12/2003, de 21 de mayo, de prevención y bloqueo de la financiación del terrorismo.
- El Centro de Coordinación Nacional Antiterrorista (CNCA), se crea en el Acuerdo del Consejo de Ministros del 28 de mayo de 2004, cuya misión es el análisis integrado de las informaciones relacionadas con el terrorismo, nacional o internacional.
- El Centro de Inteligencia contra el Crimen Organizado (CICO), creado en el año 2006 y adscrito a la Secretaría de Estado de Seguridad del Ministerio del Interior. Su misión es la elaboración de inteligencia en la lucha contra todo tipo de delincuencia organizada.
- Por parte del Cuerpo Nacional de Policía se crean, entre otros:.

a) Las Unidades Territoriales de Inteligencia Criminal (UTI) y la Unidad Central de Inteligencia Criminal.

b) Los Grupos de Respuesta contra el Crimen Organizado (GRECO).

c) La Unidad Central de Delincuencia económica y Fiscal.

d) La Brigada de Blanqueo de Capitales.

e) Las Brigadas de Investigación Tecnológica (BIT).

- Por parte del Cuerpo de la Guardia Civil se crean, entre otros:

  a) La Unidad Central Operativa (UCO),

  b) Los equipos contra el Crimen Organizado (ECO),

  c) Los Equipos de Investigación Tecnológica (EDITE),

  d) Los Grupos de Apoyo en Tecnología de la Información (GATI),

  e) El Grupo de Delitos Telemáticos.

Pero no daríamos compleción al tema si no habláramos de las nuevas figuras que nos ofrecen las Convenciones o tratados convertidos en procedimientos y técnicas de investigación contra este tipo de lacra.

Por orden cronológico empezaremos por la **Convención de las Naciones Unidas contra el Tráfico Ilícito de Estupefacientes y Sustancias Psicotrópicas**, firmada en Viena (Austria), en 1988, también conocida como la Convención de Viena.

En su **Art. 2** se manifiesta que:

1. El propósito de la presente Convención es promover la cooperación entre las partes a fin de que puedan hacer frente con mayor eficacia a los diversos aspectos del tráfico ilícito de estupefacientes y sustancias psicotrópicas que tengan una dimensión internacional. En el cumplimiento de las obligaciones que hayan contraído en virtud de la presente Convención, las Partes adoptarán las medidas necesarias, comprendidas las de orden legislativo y administrativo, de conformidad con las disposiciones fundamentales de sus respectivos ordenamientos jurídicos internos.

2. Las partes cumplirán sus obligaciones derivadas de la presente Convención de manera que concuerde con los principios de igualdad soberana y de la integridad territorial de los Estados y de la no intervención en los asuntos internos de otros Estados.

3. Una Parte no ejercerá en el territorio de la otra Parte competencias ni funciones que hayan sido reservadas exclusivamente a las autoridades de esa otra parte por su derecho interno.

Como otras formas de cooperación y capacitación, en su **Art. 9,1**: "Las Partes colaborarán estrechamente entre si, en armonía con sus respectivos ordenamientos jurídicos y administrativos, con miras a aumentar la eficacia de las medidas de detección y represión orientadas a suprimir la comisión de los delitos tipificados…". Deberán, en particular, sobre la base de acuerdos o arreglos bilaterales o multilaterales:..b) Cooperar en la realización de indagaciones, con respecto a delitos tipificados,…, acerca: i) De la identidad, el paradero y las actividades de las personas presuntamente implicadas en delitos tipificados…; ii) Del movimiento del producto o de los bienes destinados de la comisión de esos delitos; iii) Del movimiento de estupefacientes, sustancias psicotrópicas, sustancias que figuran en el Cuadro I y el Cuadro II de la presente Convención e instrumentos utilizados o destinados a ser utilizados en la comisión de esos delitos;…

La **Convención de las Naciones Unidas contra la Delincuencia Organizada Transnacional y sus Protocolos**, firmada en Palermo en diciembre del año 2000, en su **Art. 1** proclama que la finalidad de la misma "es promover la cooperación para prevenir y combatir más eficazmente la delincuencia organizada transnacional", además en su desarrollo indica que "Cada Estado Parte adoptará, de conformidad con los principios fundamentales de su derecho interno, las medidas legislativas y de otra índole que sean necesarias…" todo ello en relación a la tipificación de delitos (Art. 6 y 8), las medidas contra la corrupción (Art. 9), la responsabilidad de las personas jurídicas (Art. 10), la penalización de las acciones consideradas como delitos (Art. 11), el decomiso o incautación de bienes o efectos (Art. 12), o la jurisdicción (Art. 15).

Pero de vital importancia es su **Art. 20,** que hace referencia a las Técnicas especiales de investigación con la siguiente redacción:

1. Siempre que lo permitan los principios fundamentales de su ordenamiento jurídico interno, cada Estado Parte adoptará, dentro de sus posibilidades y en las condiciones prescritas por su derecho interno, las medidas que sean necesarias para permitir el adecuado recurso a la entrega vigilada y, cuando lo considere apropiado, la utilización de otras técnicas especiales de investigación, como la vigilancia electrónica o de otra índole y las operaciones encubiertas, por sus autoridades competentes en su territorio con objeto de combatir eficazmente la delincuencia organizada.

2. A los efectos de investigar los delitos comprendidos en la presente Convención, se alienta a los Estados Parte a que celebren, cuando proceda,

acuerdos o arreglos bilaterales o multilaterales apropiados para utilizar esas técnicas especiales de investigación en el contexto de la cooperación en el plano internacional. Esos acuerdos o arreglos se concertarán y ejecutarán respetando plenamente el principio de igualdad soberana de los Estados y al ponerlos en práctica se cumplirán estrictamente las condiciones en ellos contenidas.

3. De no existir los acuerdos o arreglos mencionados en el párrafo 2 del presente artículo, toda decisión de recurrir a esas técnicas especiales de investigación en el plano internacional se adoptará sobre la base de cada caso particular y podrá, cuando sea necesario tener en cuenta los arreglos financieros y los entendimientos relativos al ejercicio de jurisdicción por los Estados Partes interesados.

4. Toda decisión de recurrir a la entrega vigilada en el plano internacional podrá, con el consentimiento de los Estados Parte interesados, incluir la aplicación de métodos tales como interceptar los bienes, autorizarlos a proseguir intactos o retirarlos o sustituirlos total o parcialmente.

La parte jurídica de todos estos antecedentes mencionados, son volcados en nuestra legislación interna, quedando regulados en nuestro cuerpo legislativo, dando lugar a las figuras de técnica policial que de ellas obtenemos.

Por LO 5/1999, de 13 de enero, de modificación de la Ley de Enjuiciamiento Criminal en materia de perfeccionamiento de la acción investigadora relacionada con el tráfico ilegal de drogas y otras actividades ilícitas graves, se modifican varios artículos de la Ley de Enjuiciamiento Criminal (LECrim), para una habilitación legal de la figura del *"agente encubierto"* en el marco de las investigaciones relacionadas con la denominada delincuencia organizada, así como la regulación de la *"entrega vigilada"* según reza en su prólogo.

a) Así en el Título I del Libro II de la LECrim, queda modificado el Art. 263 bis, en cuyo apartado 1 expone: *"El Juez de Instrucción competente y el Ministerio Fiscal, así como los Jefes de las Unidades Orgánicas de Policía Judicial, centrales o de ámbito provincial, y sus mandos superiores, podrán autorizar la circulación o entrega vigilada de drogas tóxicas, estupefacientes o sustancias psicotrópicas, así como otras sustancias prohibidas".*

En su apartado 2 define el concepto en los siguientes términos: *"Se entenderá por circulación o entrega vigilada la técnica consistente en permitir que remesas ilícitas o sospechosas de drogas tóxicas, sustancias psicotrópicas u otras sustancias prohibidas, los equipos, materiales y sustancias a que se refiere el apartado anterior, las sustancias por las que se haya sustituido las anteriormente mencio-*

nadas, así como los bienes y ganancias procedentes de las actividades delictivas tipificadas en los artículos 301 a 304 y 368 a 373 del código Penal, circulen por territorio español o salgan o entren en él sin interferencia obstativa de la autoridad o sus agentes y bajo su vigilancia, con el fin de descubrir o identificar a las personas involucradas en la comisión de algún delito relativo a dichas drogas, sustancias, equipos, materiales, bienes y ganancias, así como también prestar auxilio a autoridades extranjeras en esos mismo fines".

b) En el Título III del Libro II de la LECrim, se añade un artículo 282 bis, con la siguiente redacción en su apartado 1: *"A los fines previstos en el artículo anterior y cuando se trate de investigaciones que afecten a actividades propias de la delincuencia organizada, el Juez de Instrucción competente o el Ministerio Fiscal dando cuenta inmediata al Juez, podrán autorizar a los funcionarios de la Policía Judicial, mediante resolución fundada y teniendo en cuenta su necesidad a los fines de la investigación, a actuar bajo identidad supuesta y a adquirir y transportar los objetos, efectos e instrumentos del delito y diferir la incautación de los mismos. La identidad supuesta será otorgada por el Ministerio del Interior por el plazo de seis meses prorrogables por periodos de igual duración, quedando legítimamente habilitados para actuar en todo lo relacionado con la investigación concreta y a participar en el tráfico jurídico y social bajo tal identidad".*

En su punto 4 especifica lo que se considera delincuencia organizada y los delitos que como tal se consideran, a los que hicimos referencia en el Apartado 2: Definición.

En dicha LO se especifican claramente las condiciones, medidas preventivas, autorizaciones, objetos, presupuestos y responsabilidades que pueden derivarse del ejercicio y desarrollo de dichas figuras de investigación.

Por último, y aunque ya hemos hecho referencia a él, volvemos a retomar el Acuerdo de Schengen, cuyo Título III, referido a Seguridad, está dedicado a la Policía y Seguridad.

En su Capítulo I se regula la cooperación policial y se establece la denominada vigilancia o *"persecución en caliente"*, por la que se autoriza a proseguir, en territorio de uno de los Estados Partes, el seguimiento de la persona que presuntamente haya participado en un hecho delictivo que pueda dar lugar a extradición.

Esta colaboración policial intenta evitar que fracasen las operaciones policiales por motivos de movilidad de todo el mundo e inmovilidad de las fuerzas policiales que luchan contra el delito.

Todas las demás garantías y requisitos figuran en dicho Acuerdo.

7. TENDENCIAS DE LA DELINCUENCIA ORGANIZADA

De acuerdo a los informes emitidos por EUROPOL, las tendencias de la delincuencia organizada podemos establecerlas como:

- Un aumento claro, que continuará aumentando, en cantidad y sofisticación de este tipo de delincuencia.
- Un cambio en las estructuras estables y monolíticas actuales a redes o grupos más pequeños, flexibles y adaptables a las situaciones actuales y a la actuación policial.
- La contratación de profesionales de utilidad para la organización tales como abogados, periodistas, técnicos en informática, etc..
- Un aumento en la colaboración entre grupos delictivos de todos los países.
- Por una parte una diversificación de actividades y, por otra, una especialización en los delitos a los que se dedican.
- Un aumento de la violencia, en general, incluso en los delitos de "cuello blanco".
- Un aumento en el uso de nuevas tecnologías.

8. UN POCO DE ESTADÍSTICA

Como ya hemos dicho en anteriores ocasiones, si ya de por sí es difícil obtener datos para poder hacer un buen análisis estadístico, en este tipo de delito lo es aún más. Todos los datos que exponemos a continuación provienen de informes sobre el crimen organizado realizados por organismos o instituciones con competencia en ello dependientes del Ministerio del Interior, como pueden serlo el CICO, o las Fuerzas y Cuerpos de Seguridad del Estado.

La primera de las tablas a la que vamos a hacer referencia, Tabla 3, es la relacionada, de forma general, con los datos obtenidos de los grupos, bien detectados, bien desarticulados, a lo largo del periodo de 2004 a 2009.

Tabla 3. Actividad relacionada con grupos de delincuencia organizada.

GRUPOS	2004	2005	2006	2007	2008	2009
DETECTADOS	494	471	482	564	538	616
DESARTICULADOS	326	306	310	323	273	354

Esta tabla tiene varias lecturas. La primera de ellas corresponde a una exposición clara de la entidad del problema de la delincuencia organizada en nuestro país. Como hemos venido diciendo en este capítulo, ya se preveía que este tipo de delincuencia constituiría un grave problema, no solo en España, sino en el mundo entero, dado que ha habido un "campo abonado" desde el punto de vista estructural, social, administrativo, policial y judicial, propicio para su desarrollo.

Como podemos apreciar, en relación con los grupos detectados, se ha producido un aumento, en los años de estudio, de un 24'69%, cifras quizás más alarmante que las peores en previsión de Naciones Unidas en sus primeros informes al respecto.

Respecto a los grupos desarticulados las cifras son mucho más pequeñas, un aumento, tan solo, del 8'58%, lógicas y fácilmente explicables. Como ya dijimos anteriormente, para mantener un nivel de desarticulación que se correspondiera con el incremento de los grupos se debería de haber producido un aumento similar entre los "malos" y los buenos", tanto en personal como en material y medios, cosa que no se ha producido. Si comparamos estos aumentos veremos que las Fuerzas y Cuerpos de Seguridad del Estado no solo no han aumentado, sino que han disminuido en efectivos, en inversiones técnicas y materiales, mientas que los grupos de delincuentes han ido aumentando en personal, medios económicos y tecnología, lo que hace que se tengan que "dedicar menos a más".

Una segunda lectura que podemos y debemos hacer, a pesar de lo dicho en el apartado anterior, está referida a la eficacia de las Fuerzas y Cuerpos de Seguridad del Estado que se debe considerar como sobresaliente teniendo en cuenta la situación en la que se encuentran, como ya hemos dicho.

Sobre la tabla anterior se han realizado análisis en relación con las actividades a las que se dedican, tanto los grupos desarticulados, como detectados. Estos datos figuran en la Tabla 4.

Tabla 4. Actividades delictivas realizadas por grupos de delincuencia organizada.

ACTVIDAD DELICTIVA (*)	Nº DE GRUPOS
Tráfico de drogas	462
Contra el Patrimonio y el orden socioeconómico	340
Blanqueo de capitales y falsificaciones documentales	278
Contra las personas y la libertad	117
Estafas (mayoritariamente ciberdelitos)	60
Tráfico de seres humanos con fines de explotación sexual o laboral	40
Delitos de corrupción	25

(*) Algunos de los grupos delictivos desarrollan más de una actividad criminal.

Otro dato que debemos considerar como índice de la eficacia policial y su actividad frente a la delincuencia organizada, está constituido por el número de miembros de estos grupos que han sido detenidos en los años a los que venimos haciendo referencia. Estos datos están representados en el Tabla 5.

Tabla 5. Miembros de grupos de delincuencia organizada detenidos.

AÑOS	2004	2005	2006	2007	2008	2009
DETENIDOS	3581	4200	4918	5025	5187	5881

Ya de por si las cifras absolutas, recordando una vez más las diferencias antes señaladas, son lo suficientemente explícitas para dar una clara idea de la eficacia policial, sin embargo puede aún ser más llamativa si esta cifra la convertimos en porcentajes y aseguramos que en los tiempos señalados el número de detenidos ha aumentado un 64'22%.

Los resultados obtenidos en la lucha contra la delincuencia organizada, consideradas de forma general presentando los resultados obtenidos, están contenidos en la Tabla 6.

Tabla 6. Resultados generales de la lucha contra la delincuencia organizada en el periodo de 2004 a 2009.

ACTIVIDAD		CANTIDAD
Grupos	desarticulados	1.892
	detectados	3.165
Personas detenidas		28.792
Valor de los bienes intervenidos		> 400 millones de euros
Drogas intervenidas	Cocaína	60 toneladas
	Hachís	365 toneladas
	Heroína	732 kilogramos
	Éxtasis (MDMA)	> 665.000 dosis

Un resumen de las actividades realizadas durante el año 2009 contra las redes de delincuencia organizada figura en la Tabla 7.

Tabla 7. Actividades policiales durante el año 2009.

ACTIVIDAD	CANTIDAD
Detenidos	5.881
Grupos investigados	616
Grupos totalmente desarticulados	354
Grupos parcialmente desarticulados	207
Vehículos intervenidos	1.509
Embarcaciones intervenidas	93
Aeronaves intervenidas	2
Armas intervenidas (de fuego y blancas)	594
Bienes inmuebles intervenidos	530
Ordenadores incautados	1.157
Teléfonos móviles incautados	4.294
Euros incautados	23 millones
Euros falsificados intervenidos	10 millones
Cocaína	16.540 kg.
Hachís	93.038 kg.
Heroína	165 kg.
Éxtasis (MDMA)	193.331 dosis

Fuente: Balance de 2009 del Centro de Inteligencia contra el Crimen Organizado (www.mir.es).

9. REFERENCIAS

Anderson, M. (1998). Crimen Organizado y Cooperación Policial en la Unión Europea. *Estudios de Ciencia Policial. Julio-Agosto.*

Espigares Mira, J. (1998). Delincuencia Organizada Transnacional. *Estudios de Ciencia Policial. Julio-Agosto.*

Ministerio del Interior (2009).- Balance de la Lucha contra el Crimen Organizado en España.

Resa Nestares, C. (2003). *Crimen Organizado Transnacional: Definición, Causas y Consecuencias.* http://wwww.uam.es

Resolución de la Asamblea de las Naciones Unidas. Convención de las Naciones Unidas contra la Delincuencia Organizada Transnacional. A/RES/55/25, 8 de enero de 2001.

Sansó-Rubert, D. (2005). La Internalización de la Delincuencia Organizada: Análisis del Fenómeno. Seminario de Estudios de Defensa, Universidad de Santiago de Compostela. *UNISCI Discussion Papers, nº 9 (octubre).*

Páginas web

http://es.wikipedia.org
www.onu.org
www.osce.org
www.coe.int
www.echr.coe.int
www.europa.eu
www.ec.europa.eu
www.consilium.europa.eu
www.interpol.eu

CAPÍTULO IV
LAS DROGAS

1. INTRODUCCIÓN

El Sr. Bernat Soria, a la sazón Ministro de Sanidad y Consumo, en su presentación de la Guía editada en el año 2007 por la Delegación del Gobierno para el Plan Nacional sobre Drogas, de la Secretaría General de Sanidad del Ministerio de Sanidad y Consumo, sobre Drogas, dice en su primer párrafo: " El consumo de drogas y las consecuencias de toda índole que lleva aparejado, constituye un problema social y sanitario que afecta a España y a la comunidad internacional en su conjunto", y continua aludiendo a los estudios de organismos especializados como las Naciones Unidas o la Comunidad Europea. Pero esta Guía puede ser de gran utilidad en otros muchos aspectos a los que, a lo largo del tema, iremos haciendo referencia.

Según el Informe Mundial sobre las Drogas 2010, de las Naciones Unidas, Oficina contra la Droga y el delito, y en relación con los mercados de la cocaína y la heroína a nivel mundial:

- La superficie total dedicada al cultivo de la adormidera se redujo a 181.400 hectáreas (ha) en 2009 (15%), es decir en un 23% desde 2007.
- Análogamente a dicha reducción de la superficie de cultivo, la producción mundial de opio disminuyó de 8.890 toneladas métricas (tm) en 2007 a 7.754 tm en 2009 (13%) y la producción potencial de heroína se redujo de 757 tm en 2007 a 657 tm en 2009.
- La superficie total dedicada al cultivo de la coca se redujo a 158.800 ha en 2009 (5%), es decir, en un 13% desde 2007 y un 28% desde 2000.
- La producción estimada de cocaína a nivel mundial disminuyó de 1.024 tm en 2007 a 865 tm en 2008 (16%). La producción mundial de hoja fresca de coca se redujo en un 4% en 2009 (un 14% entre 2007 y 2009).

Sin embargo, y de acuerdo a dicho informe, estas disminuciones no palian en modo alguno los tremendos aumentos en la producción y cultivo que se vienen produciendo desde 1998, último año del periodo de sesiones de Naciones Unidas (NN. UU.) hasta la actualidad. Las cifras son escalofriantes en algunas producciones:

- La producción de opio pasa de 4.346 tm a 7.754 tm (78%).
- La producción de cocaína pasa de 825 tm a 865 tm (5%).

Respecto a otros productos (cannabis, anfetaminas, etc.) es difícil establecer estimaciones precisas debido a la falta de control de su producción debida a su descentralización. Se calcula que en el año 2008 se produjeron entre 13.000 y 66.100 tm de cannabis en hierba y entre 2.200 y 9.900 tm en resina de la misma planta. Respecto a las anfetaminas se calcula entre 161 y 588 tm. En cuanto al éxtasis se establece entre 55 y 133 tm.

Por lo que se refiere al consumo se estima que, a nivel mundial, entre 155 y 250 millones de personas (3´5% a 5´7% de la población de entre 15 y 64 años) han consumido drogas durante el año 2008. El principal grupo lo constituyen los consumidores de cannabis (entre 120 y 190 millones de personas), seguidos por el grupo de las anfetaminas, la cocaína y los opiáceos.

Pero antes de continuar con los temas relacionados con la distribución de su producción, tráfico y consumo, pasaremos a analizar independientemente cada uno de estos productos su naturaleza, procedencia, forma de consumo y efectos.

2. CONCEPTOS

Empezaremos definiendo el concepto de droga desde diferentes puntos de vista:

a) Desde el plano farmacológico, y de acuerdo a la Organización Mundial de la Salud, droga es *"toda sustancia que introducida en un organismo vivo por cualquier via (inhalación, ingestión, intramuscular, endovenosa), es capaz de actuar sobre el sistema nervioso central, provocando una alteración física y/o psicológica, la experimentación de nuevas sensaciones o la modificación de un estado psíquico, es decir, capaz de cambiar el comportamiento de la persona, y que posee la capacidad de generar dependencia y tolerancia en sus consumidores"* (http://www.las-drogas.com).

b) Desde el plano jurídico, las actividades respecto de estas sustancias están recogidas en numerosos convenios ratificados por España, entre los que podemos destacar:

- Convenio de Ginebra sobre estupefacientes, de 1961.
- Convenio de Viena sobre sustancia psicotrópicas, de 1971.
- Convención de las NN.UU. contra el tráfico de estupefacientes y sustancias psicotrópicas, de 1988 (Convención de Viena).

En nuestro Ordenamiento Jurídico se recogen leyes como la 17/1967, de 8 de abril y el RD 2829/1977, de 6 de octubre.

c) Desde un plano psiquiátrico-psicológico, para mi querido y respetado Profesor Garcia Andrade (2002), droga es "*toda aquella sustancia ajena al organismo que actúa por sus propiedades bioquímicas sobre los estados de ánimo y/o los contenidos de la conciencia*".

A lo largo del texto vamos a hacer referencia a diferentes conceptos que es necesario definir:

a) ***Psicoactividad***. Es la capacidad de una sustancia de llegar al cerebro y modificar su funcionamiento habitual.

b) ***Adicción***. Intoxicación periódica o crónica producida por el consumo repetido de sustancias.

c) ***Dependencia***. Necesidad impulsiva de consumir droga, exigida por el nivel de intoxicación ya adquirido. La dependencia puede ser:.

- **Física**. Es el estado de adaptación que se manifiesta por la aparición de intensos trastornos físicos (sudoración, vómitos, delirios, convulsiones,...) cuando se interrumpe el consumo de la droga.
- **Psíquica**. Es el estado en el que una droga produce sensación de satisfacción y un impulso psíquico que exige el consumo de la droga por el placer que causa o para evitar un malestar.

d) ***Síndrome de abstinencia***. Son los trastornos físicos-psíquicos que se producen si el drogodependiente no se suministra la dosis.

e) ***Tolerancia***. Es la necesidad de administrarse dosis más grandes para experimentar los mismos efectos.

Respecto al consumo y a los consumidores, se pueden presentar diferentes tipos o modalidades:

a) *Dependientes*. Son aquellos que sienten la necesidad, física, psíquica o ambas, de un consumo continuado de una determinada sustancia para evitar los desagradables efectos que produce el síndrome de abstinencia, más que para "sentir" sus efectos, dado que esa "sensación" va perdiendo con el tiempo las sensaciones agradables y la motivación para el consumo.

b) *Habituales*. Se produce esta situación cuando el consumo se presenta como un hábito. Su consumo regular se transforma, con determinado tipo de sustancias, en una rutina que no afecta gravemente al desarrollo de las actividades ordinarias en la vida del sujeto.

c) *Ocasionales*. En este caso el consumo está provocado por situaciones directamente relacionadas con acontecimientos sociales y/o lúdicos.

d) *Experimentales*. También podríamos llamarlos "de prueba" o "por curiosidad". De quedarse en una simple prueba, en la mayoría de las veces provocada o inducida, no vendría al caso incluirlos en una clasificación de consumidores, pero el verdadero problema es que esta curiosidad aderezada de otras connotaciones incitativas lleva, por desgracia en muchas ocasiones, a un consumo más frecuente.

Desde el punto de vista jurídico-policial es necesario, y sobre todo a efectos de intervención en el tráfico y el consumo, definir otros conceptos utilizados, tales como:

a) *Autor*. Para serlo, de acuerdo a la jurisprudencia, no es necesaria la posesión material de la sustancia, siendo suficiente su dominio (teoría del dominio de hecho). También se consideran autores todos aquellos que realicen cualquier acto de vigilancia, tenencia (sin posesión material) o transporte de la sustancia, así como los que mediante cualquier medio de transporte reciben cantidades de sustancia para su entrega a terceros.

b) *Cooperador necesario.* Cooperación prevista en el apartado b, del Artículo (Art.) 28 del Código Penal (CP), "cuando se colabora con el ejecutor directo aportando una conducta sin la cual el delito no se habría cometido (teoría de la "conditio sine qua non"), cuando se colabora mediante la aportación de algo que no es fácil de obtener de otro modo (teoría de los bienes escasos), o cuando el que colabora puede impedir la comisión del delito retirando su concurso (teoría del dominio de hecho)".

c) *Cómplice.* La complicidad regulada en el Art. 29 del CP, puede ser confundida con el concepto anterior, en parte porque la acción de ambos ha debido ser "causal" en la ejecución del delito por parte del autor. Tanto uno como otro han cooperado en la realización del delito con actos anteriores o simultáneos, pero su diferencia estriba, según los tribunales *"en la eficacia, la necesidad y la trascendencia que esa actividad aparentemente auxiliar haya tenido en el resultado producido"* (Sentencia del Tribunal Supremo –STS- de 29 de marzo de 2000), que para el caso de la complicidad, en su intervención tiene un carácter secundario y sin la cual el acto delictivo se hubiera podido igualmente realizar al no ser necesaria su aportación (STS de 28 de junio de 2002).

d) *Dosis mínima psicoactiva.* Montero La Rubia (2005), en su artículo doctrinal de Derecho Penal, en relación con los supuestos de atipicidad en el tráfico de drogas (http://noticias.jurídicas.com), se refiere a aquellos en los que la cantidad, por su insignificancia, cantidad o pureza *"no tienen la capacidad para afectar a la salud como bien jurídico protegido"* (STS 772/1996; 33/1997; 1889/2000; 1994/2000), cantidades que poseídas o transmitidas, no constituyen un tipo del tráfico de drogas.

Pero la determinación de estas cantidades no ha sido una cuestión pacífica ni precisa por parte de los tribunales. Se consideró conveniente recurrir al Instituto Nacional de Toxicología, cuyo Servicio de Información Toxicológica, en 2001, confeccionó una tabla en la que se establecen dosis de abuso habitual, de consumo diario y cantidades cuya tenencia o posesión puede ser considerada para consumo, fuera también del tipo delictivo de la tenencia del Art. 368 CP (Informe del Ministerio del Interior).

Al respecto las dosis mínimas psicoactivas establecidas por el mencionado Instituto, para algunas sustancias, se presentan en la Tabla 1.

Tabla 1. Dosis mínimas psicoactivas.

SUSTANCIA	DOSIS MÍNIMA PSICOACTIVA
Heroína	0´66 miligramos
Cocaína	50 miligramos
Hachís	10 miligramos
M.DMA	20 miligramos
Morfina	2 miligramos
LSD	20 microgramos

e) *Tenencia de cantidad máxima para consumo*. Es otra de las figuras de supuesta atipicidad del delito de tráfico de drogas. Por el mencionado Instituto se establecieron asimismo las cantidades que un consumidor habitual necesitaría para su consumo personal, cantidades que de no superarse no conllevarían responsabilidad penal. También, por así haberlo señalado el Alto Tribunal, es normal que un consumidor habitual se provea de dichas sustancias para un tiempo determinado para no tener que acudir al "mercado" diariamente, considerándose que ese tiempo podría ser de entre 3 y 5 días.

Estas cantidades están recogidas en la Tabla 2.

Tabla 2. Cantidades máximas para consumo.

Sustancias	Dosis de abuso (habitualidad)	Cantidad máxima para consumo diario	Tenencia Máxima para consumo
Heroína	50-150 miligramos	600 miligramos	3 gramos
Cocaína	100-250 miligramos	1´5 gramos	7´5 gramos
Marihuana	1´5-2 gramos	15-20 gramos	200 gramos
Hachís	0´3-0´5 gramos	5 gramos	25 gramos
Speed (d-metanf.)	2´5-15 miligramos	60 miligramos	0´3 gramos
LSD	0´019-0´032 miligramos	0´6 miligramos	3 miligramos
Anfetamina	30-60 miligramos	180 miligramos	0´9 gramos
MDA-MDMA	20-150 miligramos	480 miligramos	2´4 gramos

f) *Cantidad de notoria importancia*. Es una agravante del delito contemplada en el punto 5° del Art. 369 del CP y que se estableció también por el Instituto Toxicológico.

El Pleno no jurisdiccional del TS (Sala de lo Penal), en 2004, estableció el acuerdo de determinar la cantidad de notoria importancia a partir de las 500 dosis referidas al consumo diario de un adicto a la sustancia de que se trate, en lugar de las 200 anteriormente consideradas (www.laley.es; Jaén Vallejo, 2002; Mayan Santos, 2007).

En la Tabla 3 se relacionan las sustancias, sus nombres para el tráfico y/o comerciales y las cantidades establecidas como de notoria importancia. Para ampliar datos recomendamos consultar también la página web policial, www.coet.es o la jurisprudencia del Tribunal Supremo sobre el delito de tráfico de drogas, 1ª edición de 2007.

Tabla 3. Cantidades de notoria importancia.

DERIVADOS DEL CANNABIS		
SUSTANCIA	**Otros nombres**	**Cantidad Notoria importancia**
MARIHUANA	Hierba, grifa, costo, maría	10 kilos
HACHIS	Chocolate	2,5 kilos
ACEITE DE HACHÍS		300 gramos
DERIVADOS DE LA COCAINA		
SUSTANCIA	Otros nombres	Cantidad notoria importancia
CLORHIDRATO DE COCAÍNA	Falopa, nieve, perico, speedball (mezcla heroína)	750 gramos
DIETILAMIDA DEL ÁCIDO LISÉRGICO		
SUSTANCIA	Otros nombres	Cantidad notoria importancia
LSD	Tripi, secante, Micro punto, ácido	300 miligramos
OPIACEOS Y OTRAS SUSTANCIAS RELACIONADAS		
SUSTANCIA	Otros nombres	Cantidad notoria importancia
HEROÍNA	Caballo	300 gramos
MORFINA	Cloruro mórfico, andrómaco, morfina Braun, morfina sierra, svredol-skenan	1000 gramos
METADONA	Metasedin	120 gramos
BUPREMORFINA	Búprex, prefin	1,2 gramos
DEXTROPROPOXIFENO	Darvón, deprancol	300 gramos
PENTAZOCINA	Pentazocina, fides, sosegón	180 gramos
FENTANILLO	Durogesic, fentanest	50 miligramos
DIHIDROCODEINA	Contugesic	180 gramos
LEVOACETILMETADOL	Laam, orlam	90 gramos
PETIDINA	Meperidina, dolantina	150 gramos
TRAMADOL	Adolonta, tioner, tradonal, tralgiol, asta médica	200 gramos
DERIVADOS DE LA FENILETILAMINA		
SUSTANCIA	Otros nombres	Cantidad notoria importancia
SULFATO DE ANFETAMINA	Anfetas, speed, centramina	90 gramos
ANFEPRAMONA	Delgamer	75 gramos

CLOBENZOREX	Finedal	45 gramos
FENPROPOREX	Antiobes retard, grasmin, tegisec	15 gramos
D-METANFETAMINA	Speed (mezclado a veces con tripi)	30 gramos
HIPNÓTICOS Y SEDANTES		
SUSTANCIA	Otros nombres	Cantidad notoria importancia
ALPRAZOLAM	Efarmes, géminis, merck, trankimazin	5 gramos
TRIAZOLAM	Alción	1,5 gramos
FLUNITRAPEZAM	Rohipnol	5 gramos
LORAZEPAM	Donix, idalprem, orfidal wyeth, placinoral, sedize-pam	7,5 gramos
CLORAZETATO DIPO-TÁSICO	Nansius, transilium	75 gramos
FENETILAMINAS (DROGAS DE SÍNTESIS)		
SUSTANCIA	Otros nombres	Cantidad notoria importancia
MDA	Píldora del amor	240 gramos
MDMA	Éxtasis	240 gramos
MDEA	Eva	240 gramos

g) *Donación por padres o allegados y amigos*. Es otra de las figuras, o acciones, que la jurisprudencia ha dejado sin sanción penal, la entrega gratuita y sin contraprestación de familiares o allegados a adictos que se encuentran en prisión. Como es lógico, las cantidades de drogas tóxicas han de ser mínimas y con la finalidad de aliviar los efectos del síndrome de abstinencia o evitar los riesgos de consumos clandestinos o sin condiciones higiénico-sanitarias.

Diferentes sentencias del TS (1429/2002; 1991/2002; 1429/2005; 234/2006; 632/2006) advierten de una aplicación restrictiva de esta figura y de un modo excepcional. En la STS de 12 de enero de 1995 se establecían como necesarios los siguientes requisitos para la efectividad de la atipicidad:

1.- Que la entrega de la sustancia lo sea a persona concreta y consumidora habitual.

2.- Que no se exija contraprestación de ningún tipo.

3.- Que no exista la posibilidad de difusión a terceros de la sustancia.

4.- Que el consumo se produzca de forma más o menos inmediata, en presencia de ambos, donante y donatario (STS de 28 de marzo de 1995).

5.- Que sea la finalidad altruista y humanitaria el único fin perseguido y en defensa de posibles consecuencias peligrosas de un síndrome de abstinencia.

Respecto a la invitación por amigos se mantienen los mismos requisitos que los anteriormente expuestos, concibiéndose como un modo de autoconsumo no punible.

h) *Consumo compartido*. Antiguamente esta figura estaba orientada a los casos que se producían entre personas ya habituales en el consumo de sustancias, si bien actualmente esta figura se ha quedado desdibujada. El consumo compartido, o la tenencia con esa finalidad, para revestir atipicidad, está sujeto al cumplimiento de determinadas características, reiteradas en diferentes STS (1102 y 1105 de 2003; 234/2006; 62/2007; 299/2009).

Estos requisitos son:

1.- Los consumidores que se agrupan han de ser ya adictos, no meros consumidores más o menos ocasionales o habituales.

2.- El consumo compartido proyectado ha de realizarse en un lugar cerrado, debiendo quedar garantizada la privacidad y descartada toda posibilidad de difusión.

3.- La cantidad de droga destinada a ese consumo ha de ser "insignificante".

4.- El consumo compartido ha de estar limitado a un número pequeño de drogodependientes.

5.- Los consumidores han de ser personas ciertas y determinadas para poder evaluar su número y condición.

6.- Que la acción sea esporádica, íntima y sin trascendencia social.

7.- Que debe tratarse de un consumo "inmediato" del producto destinado a ese fin.

3. CLASIFICACIÓN

Son muchas, y desde puntos de vista muy diferentes, las clasificaciones que se han hecho, o se pueden hacer, sobre los diferentes tipos de drogas. Nosotros nos vamos a reducir a aquellas cuyo conocimiento consideramos necesario para un miembro de las FFCCSS o un investigador criminólogo. Esta es:

a) Por su regulación jurídica:

- Legales,
- Ilegales.

b) Por la gravedad del peligro para la salud:

Esta clasificación ha sido tradicionalmente establecida para diferenciar aquellas drogas que producen doble dependencia psíquica y física y graves trastornos en el organismo (las primeras) y aquellas que solo crean una dependencia psicológica, que si bien no afectan al funcionamiento orgánico, pueden provocar comportamientos de riesgo, peligrosidad o delictivos.

Es obligado resaltar que los efectos que se producen desde el punto del consumo de la droga tal y como se presenta, o puede presentarse en el mercado, es muy diferente de su aplicación médica, dado que prescribiendo dosis adecuadas de medicamentos relajantes o estimulantes del SNC, sus efectos pueden ser contrarios a los que se presentan en el caso de un consumo sin prescripción.

En esta clasificación nos encontramos con drogas:

- Duras: heroína, morfina, cocaína, LSD, metadona,
- Blandas: marihuana, hachís, alcohol, tabaco.

c) Por el tipo de dependencia que provocan:

- Física: casi todas,
- Psíquica: cannábicos, cocaína, alucinógenos, inhalantes,
- Ambas: opiáceos, barbitúricos, anfetaminas, alcohol, tabaco.

d) Por los efectos que producen en la psique.

Es actualmente la principal clasificación que se establece de acuerdo a los efectos que estas sustancias provocan sobre el Sistema Nervioso Central (SNC), y son:

- ***Psicodepresoras***, llamadas así dado que su misión principal es conseguir una relajación del SNC reduciendo la actividad cerebral, produciendo aturdimiento, pudiendo llegar a tal punto la relajación de paralizar las funciones del aparato respiratorio, lo que puede llegar a producir la muerte. Entre otras encontramos los opiáceos, barbitúricos, tranquilizantes, alcohol, etc..
- ***Psicoestimulantes***. Son las que provocan una estimulación en el SNC y el cerebro por la liberación de neurotransmisores estimulantes por las

células nerviosas de los que la noradrenalina es su principal representante. Como efectos en el organismo se apreciaría un positivo estado de ánimo, sensación de placer y actividad, mayor actividad del corazón, etc. Entre estas drogas podemos incluir la cocaína, anfetaminas, nicotina, etc..

- ***Psicodélicos o alucinógenos***. Son aquellas que producen alucinaciones o percepciones irreales (que pueden ser tanto placenteras como terroríficas) que pueden presentarse por un aumento de la actividad cerebral incontrolada. Su consumo puede detectarse por un aumento en la dilatación pupilar, frio y una sensación de hormigueo por todo el cuerpo.

Estos productos alucinógenos han estado siempre presentes en determinados cultos ancestrales relacionados con la magia, el vudú, la santería y/o la hechicería practicados en países sudamericanos y africanos, etc.

Entre otros podemos resaltar los indólicos como la LSD, la psilocibina y otros hongos, y los no indólicos como el peyote, la iboga (alcaloide que nace de una planta originaria de Gabón y del Congo) y los alucinógenos sintéticos como el MDA o MDMA.

Los indólicos son compuestos orgánicos que pueden producirse a través de bacterias, como los alcaloides, la triptamina, el triptófano, la serotonina, la mescalina o el índigo.

Es de destacar, entre estos la psilocibina, o 4-PO-DMT, alcaloide alucinógeno que debe sus efectos alucinógenos a su principio psicoactivo llamado "psilocina", sustancia purificada obtenida del hongo "psylocibe mexicana", si bien se encuentra en la naturaleza en una gran cantidad de hongos a los que en su conjunto se denominan "hongos psilocibios". Este producto posee una muy baja toxicidad por lo que aún no se ha estudiado suficientemente, dado la no existencia de muertes por su consumo, la posibilidad de sobredosis, etc.,

e) Por su procedencia:

- **Naturales**. Son aquellas cuya materia prima la ofrece la naturaleza y a la que el hombre añade un tratamiento químico para su conversión en otro tipo de sustancia. Entre estas se encuentran la planta de la adormidera de la que se extrae el opio y la heroína; la hoja del arbusto de la coca, de la que se obtiene la cocaína y el cáñamo del que se obtiene el hachís.

- **Sintéticas**. Son productos con individualidad propia pero nacidos de una mezcla de diferentes sustancias. Entre ellas haremos referencia al "*crack*", mezcla de cocaína con tabaco o marihuana y al "*speed ball*", mezcla de heroína y cocaína.

4. LOS DIFERENTES TIPOS DE DROGAS, SU PRODUCCIÓN Y CONSUMO

4.1. Los cannábicos

De procedencia natural, se obtienen de la planta "*cannabis sativa*", planta de la cual, desde hace muchos miles de años, la cultura china utilizaba sus fibras para fabricar cuerda, calzado e incluso papel, y sus semillas servían de alimento y que presentaban efectos curativos.

Declarada su peligrosidad física y mental por la Organización Mundial de la Salud desde 1948, hoy día con su resina, hojas, tallos y flores se siguen elaborando sus principales derivados, productos ilegales de mayor consumo en nuestro país.

Su principio activo es el tetrahidrocannabinol (THC) de cuya concentración depende la toxicidad de sus derivados, teniendo en cuenta que esta concentración varia no solo entre las partes de la planta, sino también entre plantas diferentes.

El THC es una sustancia soluble en grasa que es rápidamente absorbido por el cerebro, del que desaparece lentamente. La concentración de THC en la marihuana se sitúa entre el 1 y el 5 %, en tanto que la del hachís lo es entre el 15 y el 20 %.

En relación con la investigación sobre tóxicos debemos saber que la eliminación del THC del cerebro se realiza muy lentamente, pudiéndose descubrir su presencia incluso semanas después de haberse consumido.

Sus principales derivados son:

- **La marihuana**, que se obtiene a través de la trituración de las hojas, flores y tallos secos de la planta, y es también llamada grifa, maría,….
- **El hachís**, es un producto que se elabora a partir de la resina obtenida de las flores de la planta hembra, es también conocido como costo, chocolate, mierda,….
- **El aceite de hachís**, es la resina de la planta disuelta y concentrada. Su concentración de THC se estima entre el 25 y el 50%.

Su forma de consumo es normalmente fumado en cigarrillos mezclándola con tabaco en los conocidos porros, canutos, petas, etc., cuya acción se siente de forma inmediata, o en pipa o arguila cuyo efecto necesita de más tiempo para sentirlo, si bien en la primera de las formas la duración de los efectos es menor (entre dos o tres horas cuando se consume fumado y de más de 5 horas cuando se consume por vía oral).

Foto1. Planta de “cannabis sativa”.

Foto 2. Hachís.

Sus principales *efectos* son:

- Relajación, desinhibición, hilaridad y/o indiferencia, lo que se denomina “borrachera cannábica”….
- Alteración de la atención y de la percepción, enrojecimiento de los ojos, afectación del tiempo, del espacio y de la memoria.
- Dificultad de coordinación, de pensamiento y para la resolución de tareas.
- Sequedad de boca, aumento del ritmo cardíaco y la tensión arterial.

Sus *riesgos* son:

- Dependencia psíquica (física no), pudiendo provocar síntomas agudos de ansiedad u otro tipo de trastorno psicológico, riesgo que aumenta al aumentar su consumo tanto en cantidad como en frecuencia.
- Entorpecimiento del aprendizaje, concentración y memoria.
- Por su consumo fumado, presenta los riesgos propios del tabaco, en especial las afecciones respiratorias, tales como bronquitis crónica, enfisemas pulmonares o incluso cáncer de pulmón.
- Todos estos efectos se intensifican aumentando los riesgos en caso de: consumo durante la adolescencia, en estados de embarazo y lactancia, ante la existencia de problemas o enfermedades ya presentes al inicio del consumo, en épocas de estudio, en labores de aprendizaje y en la conducción de vehículos o el uso de maquinaria pesada o de precisión.

De acuerdo con los Informes Mundiales sobre las drogas (en Referencias), el cannabis posee una extensísima evolución, tanto por su producción a nivel local, como por su muy extendido consumo. En consonancia con lo dicho sobre el cultivo interno, se ha observado una tendencia al aumento de la producción interna especialmente en Europa, Australia y América del Norte.

En cuanto a su *producción*, los centros principales son Afganistán y Marruecos, principales exportadores de esta droga. En Marruecos la superficie dedicada al cultivo de esta planta ha venido reduciéndose en los últimos años, así como su producción. Las zonas de cultivo se centran en Chefchaouen, Taounate y Al Hoceima, si bien Larache y Tetuán juegan también un papel importante.

Otros lugares a destacar serían Uganda, Ghana y Suráfrica (África), Colombia, Méjico y Jamaica, con producciones "interiores" en Estados Unidos y Canadá (América), Pakistán, Laos y Camboya (Asia), Países Bajos (producción "interior") y Albania (Europa).

La producción mundial del cannabis, cultivado en 172 países y territorios, durante 2008 fue de entre 13.300 y 66.100 toneladas métricas de hierba y de entre 2.200 y 9.900 tm de resina de cannabis. Se calcula que la producción en Afganistán fue de 1.500 tm a 3.500 tm, con una extensión de cultivo de entre 10.000 y 24.000 hectáreas (ha).

Respecto a las *incautaciones*, consideradas como un indicador indirecto de la oferta, de las rutas de tráfico y de la disponibilidad de las sustancias, fue el año 2008 en el que la cantidad fue mayor, 6.587 tm de hierba y 1.637 tm de resina de hachís, correspondiendo la mayoría de la producción de hierba a Bolivia y la mayor parte de la resina a la provincia de Kandahar (Asia sudoccidental). En Europa las incautaciones de hierba fue de 96 tm y 859 de resina de hachís, siendo los países con más intervenciones Reino Unido, Bélgica y Portugal. El número de plantas intervenidas fue de 27 tm de las que 25 tm lo fueron en España.

En la Gráfica nº 1 se presentan las mayores cantidades incautadas.

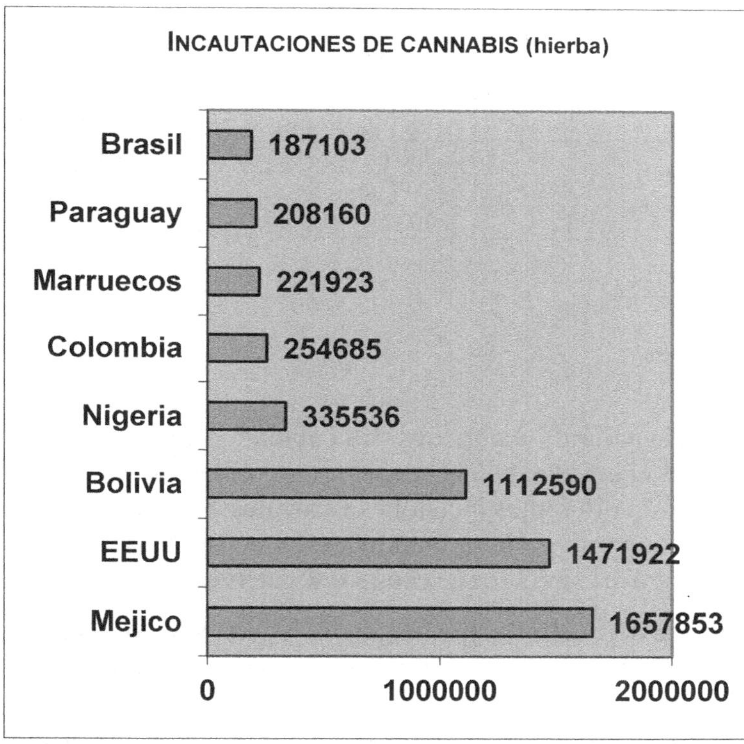

Gráfica nº 1. Cantidades incautadas de cannabis (en kilogramos).

En relación con el *consumo*, el cannabis sigue siendo la droga mas consumida en todo el mundo. Se calcula que durante 2008 la consumieron un total de entre 129 y 191 millones de personas en todo el mundo, entre el 2´9% y el 4´3% de la población mundial entre 15 y 64 años. En Europa su consumo afectó a 22´5 millones de personas de las edades referidas. Su prevalencia en el consumo, al menos una vez a lo largo de la vida, arroja la cifra de 74 millones de europeos. Su consumo se centra mayoritariamente en los adultos jóvenes de entre los 15 y los 34 años.

Los *precios*, tanto de la hierba como de la resina de cannabis están en relación con su contenido en THC, su sustancia psicotrópica. Las informaciones recogidas en los países europeos arrojan unos precios de entre 1 y 12 euros/gramo la hierba y de entre 3 y 11 euros/gramo la resina de cannabis.

En la Tabla nº 4 se detallan países, áreas de cultivo (en hectáreas) y producción (en toneladas métricas).

Tabla nº 4. Países, terreno cultivado y producción de cannabis.

PAISES	CULTIVO	PRODUCCIÓN
Afganistán	10.000-24.000 ha	1.500-3.500 tm (resina)
Bolivia		1.831 tm (hierba)
Colombia	5.000 ha	4.000 tm (hierba)
Marruecos	64.377 ha	877 tm (resina)
Paraguay	6.000 ha	16.500 tm (hierba)
EE.UU.		3.149-7.349 tm (hierba)

4.2. Los opiáceos

De procedencia natural, se obtienen de la planta "*papaver somniferum*" (adormidera). El opio es el jugo coagulado que se extrae de las cápsulas de la planta. A la cápsula se le realizan diferentes incisiones verticales a una distancia determinada. Por estos cortes "sangra" un jugo blanquecino que se vuelve más oscuro por la oxidación. Este jugo endurecido se recoge y se vuelven a realizar nuevos cortes.

Sus principales derivados la morfina, la metadona y la codeína, son utilizados en medicina como analgésicos y como remedio para la tos, respectivamente. No obstante hemos de recordar que una administración incorrecta de estos productos provocaría también adicción y su supresión brusca el síndrome de abstinencia.

Foto 3. Planta de la adormidera.

Foto 4. Detalle de la cápsula.

La **heroína,** el derivado más importante de la morfina, es el principal producto ilegal de consumo. Fue sintetizada por acetilación de la morfina, durante el año

1874 al querer conseguir un fármaco con posibilidades analgésicas como la morfina, pero sin su capacidad adictiva.

Adictiva en extremo, se procesa a partir de la morfina, y sus variantes, en cuanto a su procedimiento y pureza, son las llamadas "*brown sugar*" o la heroína negra.

Su consumo es principalmente inyectado o fumado, pudiendo también ser inhalado, si bien las dos primeras formas de administración son las más rápidas en producir efectos, la tercera suele ser el primer paso al ignorar la dependencia adictiva de esta forma.

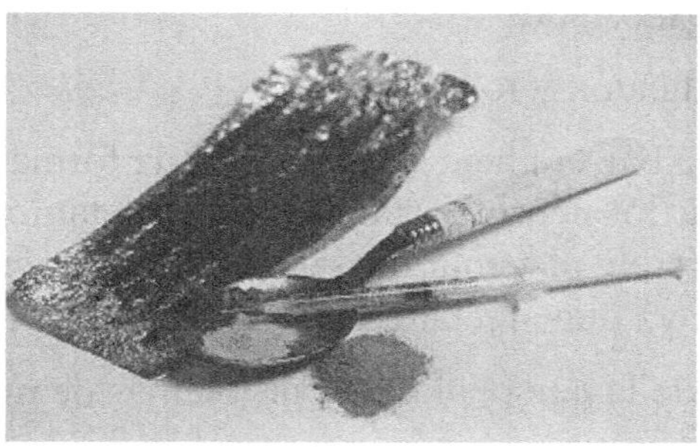

Foto 5. Útiles para el consumo de la heroína.

Según figura en la Guía a la que al principio hicimos referencia, la heroína activa un sistema endógeno que se denomina "*sistema opioide*" que regula procesos psicofísicos tan importantes como la consecución de placer, satisfacción y control de funciones respiratorias, cardiovasculares y el dolor. Si bien al principio las sensaciones de placer y bienestar son el motivo de su consumo, estas desaparecen con el consumo continuado apareciendo un malestar cada vez más importante, por lo que, al final, el consumo tiene como finalidad hacer desaparecer la desagradable sensación de malestar y conseguir su alivio.

Por lo dicho anteriormente, los *efectos* de su consumo, entre otros, pueden ser:

- Produce un potente síndrome de abstinencia ("mono"), pudiendo ser reconocido por síntomas tales como ansiedad, agresividad, sudoración, dilatación pupilar, temblores, escalofríos, nauseas, vómitos y dolores articulares. Estos síntomas pueden aparecer cuando la administración de una dosis se retrasa más allá de las 8-10 horas de la anterior, llegando al punto de tensión máxima sobre las 36-72 horas. El "mono" puede llegar a durar hasta 10 días.

- Euforia, sensación de bienestar, placer ("subidón") y analgesia.
- Alteraciones de las funciones cardíacas y respiratorias, pudiendo provocar la muerte.
- Al inicio de su consumo se puede sentir un aumento de la temperatura corporal, sequedad de la boca y pesadez en las extremidades, que pueden desembocar en nauseas y/o vómitos.
- Pueden provenir confusión mental e incapacidad para un pensamiento rápido y claro.

Sus principales *riesgos* son:

- Una rápida adicción y tolerancia.
- Al atravesar la barrera hematoencefálica de forma rápida provoca graves alteraciones de los neurotransmisores. Como también tiene facilidad para atravesar la barrera placentaria es de grave riesgo su consumo por mujeres embarazadas, ya que afectará, de forma segura, al desarrollo del feto.
- Alteraciones de la personalidad y problemas de memoria.
- Trastornos de ansiedad y depresión.
- Tiene una elevada dependencia, tanto psicológica como física.
- Provoca un desagradable síndrome de abstinencia.
- Su rápida tolerancia puede provocar riesgos de sobredosis.
- Dado que para su distribución se adultera, o como también se conoce el término se "corta" con innumerables productos, muchos de ellos ya de por sí solos muy tóxicos, puede darse, al igual que al compartir utensilios de administración (jeringuillas), septicemias y otras infecciones graves.

Tanto el opio, como su principal derivado, la heroína, son las drogas mas consumidas en el mundo, teniendo en cuenta que no todo el opio se transforma en heroína. Según los informes oficiales, dos terceras partes del opio no transformado se consume in Irán (42%), Afganistán (7%), Pakistán (7%), India (6%) y la Federación Rusa (5%).

La mayor potencia *productora* es Afganistán, que con 6.900 tm de opio alcanza el 89% de la producción mundial en 2009, a la que siguen Myanmar (con 330 tm), Méjico y Colombia.

Las *incautaciones* han tenido una diferente fluctuación en relación con la heroína y la morfina y ambas han sido superadas por las de opio, según los estudios por problemas con la disponibilidad de precursores. Las cantidades incautadas están en orden con la cantidad producida en cada uno de los países. A nivel mundial, las cantidades incautadas se estiman en 510 tm de opio, 65 tm de heroína y 27 tm de morfina. En Europa se intervinieron unas 22 tm de heroína, con una tendencia ascendente.

Los principales "demandadores" del opio afgano son la Federación Rusa y Europa occidental, en especial Inglaterra, Italia y Francia. La Federación Rusa "importa" unas 95 tm de heroína afgana a través de la "ruta del norte" para sus aproximadamente 1´8 millones de consumidores.

En dicha ruta, a través de Tayikistán, Uzbekistán, Turkmenistán o Kirguiztan, se producen muy pocas incautaciones, siendo la mayor cantidad aprehendida de unas 1´5 tm. El motivo puede ser que dicho transporte se realiza en vehículos particulares o de servicio público, siempre en pequeñas cantidades. Dentro de la Federación Rusa la cantidad incautada ha llegado a las 2´5 tm.

No obstante lo dicho, el mayor receptor del tráfico de heroína sigue siendo Pakistán con unas 150 tm, si bien debemos tener en cuenta que parte de esa cantidad se distribuye a Irán (35 tm), Asia (25 tm), África (20 tm) y los Emiratos Árabes Unidos (11 tm). Debemos resaltar asimismo que esta droga vuelve a reenviarse a Europa desde Pakistán y a China y África Meridional desde los Emiratos Árabes Unidos.

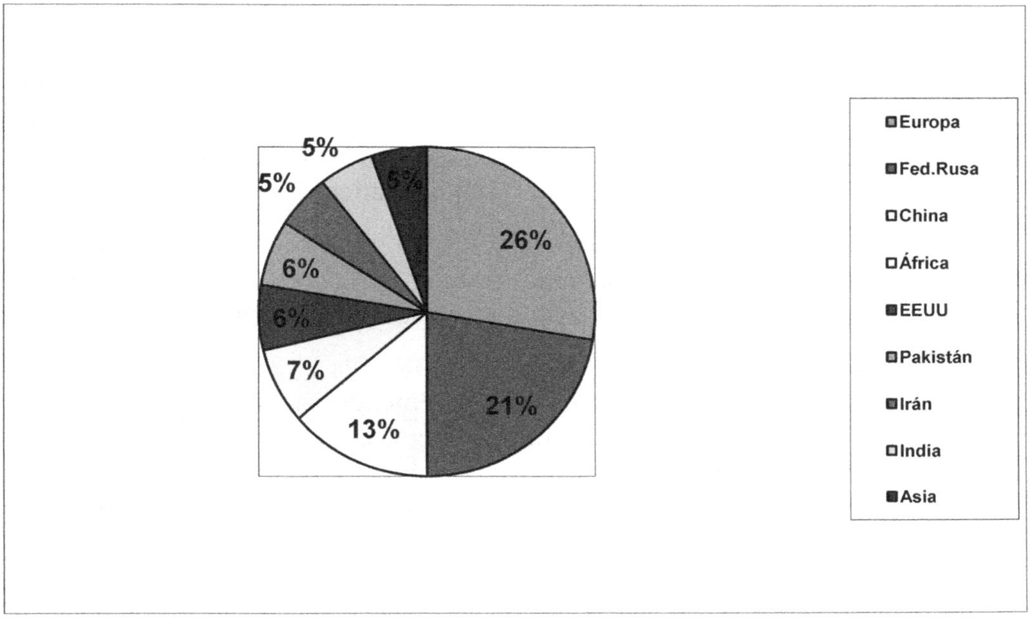

Figura 1. Consumo mundial de heroína.

El *consumo* a nivel mundial es estima en 340 tm, distribuidas como se representa en la Figura 1.

Europa, importante mercado de consumo de heroína, recibió durante el año 2008 unas 85 tm de heroína, distribuidas de acuerdo a lo señalado en la Figura 2.

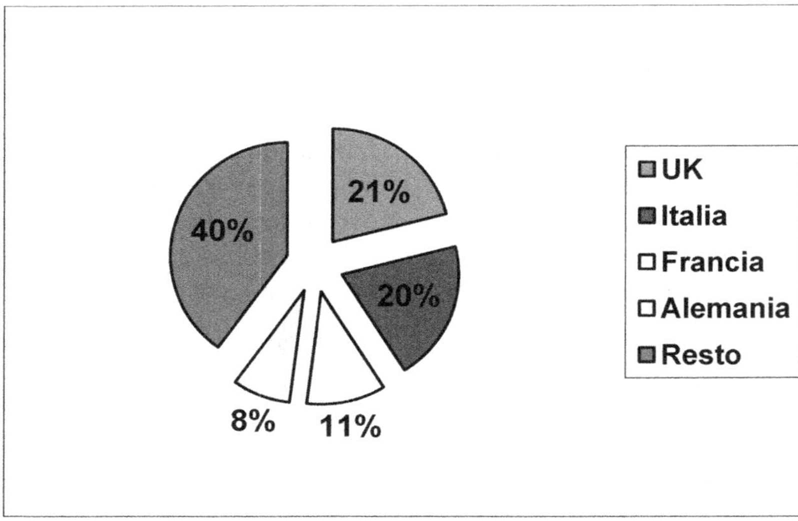

Figura 2. Consumo de heroína en Europa.

Los *precios* de las drogas (en formato menudeo, dosis o pastilla) constituyen un importante indicador para intentar comprender las fluctuaciones del mercado en razón de la demanda y la oferta, pudiéndose utilizar los precios al por mayor como indicador de "beneficios" para los grandes traficantes.

Los precios han ido elevándose en relación al número de intermediarios al por mayor en relación con las rutas seguidas (Afganistán o Turquía), oscilando entre los 11.000 dólares USA por Kg., hasta llegar a los 44.000 dólares a su llegada a Europa.

En Europa, para el mercado al por menor, teniendo en cuenta los informes de los países que los aportaron, el precio medio fluctúa entre los 36 y los 62´7 euros y de entre los 12´5 y los 35´8 euros gramo al por mayor. Como curiosidad decir que tanto en uno como en el otro tipo de mercado, Rumania es el país de venta más barata y España el más caro, sin que se contemple la variable de la pureza.

En la **Tabla nº 5,** reflejamos la producción, incautaciones, precio y pureza de la heroína, cocaína y crack.

Tabla nº 5. Resumen sobre producción, incautaciones, precio y pureza de diferentes drogas.

	HEROÍNA	COCAÍNA	CRACK
Producción mundial (tm)	735	845	s/d
Incautaciones en total	65	710	0´8
Incautaciones UE (*)	58	92	9´5
Precio medio(por menor)	14-119 €/gr	44-88 €/gr	20-112 €/gr
Pureza media	9-50	22-57	35-98

(*) Incluidas Noruega, Croacia y Turquía.

4.3. Los cocaínicos

De procedencia natural se obtiene de la hoja del arbusto de la coca ("*erytroxilum coca*"), originaria de América del Sur, cuando se le somete a diferentes procesos químicos. Como una de las drogas adictivas más potentes y peligrosas, es un gran estimulante del SNC.

Sus principales *derivados* son:

- El **sulfato de cocaína**, también llamado "*pasta de coca*" y "*basuko*".
- La **cocaína base** o "*crack*", obtenida a partir del clorhidrato y que se presenta en forma de cristales. Su nombre vulgar (crack) procede del ruido que se oye cuando se produce su consumo fumado.
- El **clorhidrato de cocaína**, también conocido como "coca", "nieve", "dama blanca", "perico", "farlopa", "talco", etc.

Foto 4. Hojas de coca y clorhidrato de cocaína.

Su consumo, normalmente para los dos primeros, es fumado, mezclándolos con otros productos como el tabaco o la marihuana. La cocaína se consume, bien esnifando el polvo ("raya"), o bien inyectada en vena tras una solución acuosa en la que a veces se mezcla con heroína (speed-ball). Sus efectos duran entre las 2 y las 3 horas.

En la mayoría de las ocasiones, el inicio del consumo se hace con desprecio de sus riesgos y excusándolo por ser eventual, esporádico o específicamente dirigido a situación de actividad o lúdica específica.

Los derivados cocaínicos, potentes estimulantes del SNC, actúan directamente sobre el sistema neurológico de transmisión de la dopamina, por lo que sus principales *efectos* son:

- Excitación y activación general (euforia, locuacidad, disminución de la fatiga, etc.).
- Este estado de excitación puede provocar una gran capacidad de concentración, atención y sensación de un aumento de la energía, si bien sus efectos son muy efímeros en el tiempo.
- Favorece la aparición de enfermedades cardíacas y respiratorias (aumento de la frecuencia cardiaca, respiratoria y tensión arterial).
- Aumento de la temperatura corporal y dilatación pupilar.

La cocaína, como hemos dicho anteriormente, interviene en la función dopaminérgica, neurotransmisor responsable de las sensaciones placenteras por lo que su consumo, disminuye estas capacidades. Entre otros, los *riesgos* que pueden presentarse son:

- Paranoia y depresión.
- Puede afectar de forma grave el funcionamiento del cerebro, produciendo comportamientos paranoides, sicóticos, esquizofrénicos y/o depresivos.
- Afecciones cardiorrespiratorias, gastrointestinales y perforaciones en el tabique nasal. En las mujeres puede provocar disfunciones menstruales e infertilidad.
- Una enorme dependencia psíquica (física no). Su falta de consumo durante mucho tiempo produce un "efecto rebote" caracterizado por presentar comportamientos contrarios al de su uso (apatía, somnolencia, depresión, etc.).
- Adicción y tolerancia.
- Reducción de la capacidad de disfrute de forma natural, sea a través de la comida, del sexo, o cualquier otra actividad.

- Su uso adulterada o compartiendo los útiles para el consumo intravenoso, puede provocar todas aquellas enfermedades infecciosas asociadas.
- Todos estos efectos se intensifican aumentando los riesgos en caso de consumo durante la adolescencia, en estados de embarazo y lactancia, ante la existencia de problemas o enfermedades ya presentes al inicio del consumo, o en el caso de policonsumo, especialmente en su uso conjunto con el alcohol dado que dicha mezcla (el etileno de cocaína) incide de manera más grave y duradera en el cerebro.

En 2008 la *producción* de cocaína fue de 865 tm destinada especialmente a consumidores en América del Norte y Europa, unos 6´2 millones y unos 4-5 millones, respectivamente. Esta cantidad constituye el 70% del total de la demanda, siendo Perú, Bolivia y Colombia los principales exportadores y cultivadores.

Las *incautaciones* aumentaron en dicho año a niveles de las 418 tm, tan solo en América del Sur. En la Gráfica nº 2 se presentan los lugares donde se realizaron las mayores incautaciones de cocaína.

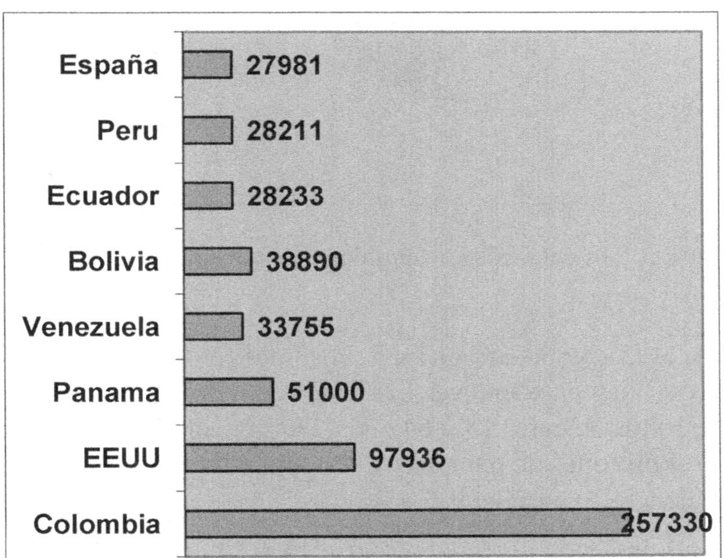

Gráfica nº 2. Cocaína intervenida (en kilogramos).

Los *precios*, ajustados de acuerdo a su pureza, han venido oscilando en un claro aumento en 2006 desde los 95 dólares USA a los 174 dólares USA y disminuyendo por contra su pureza (datos de la Lucha contra las Drogas en los Estados Unidos).

Por lo que respecta a Europa, está considerada como la segunda zona de destino de esta droga y viene aumentando de forma alarmante. El país de destino mayoritario es Inglaterra, seguida de España, Italia, Alemania y Francia. En 2008 se estima que fueron un total de 124 tm las que se consumieron en Europa.

En la Figura 3 se representan estos datos.

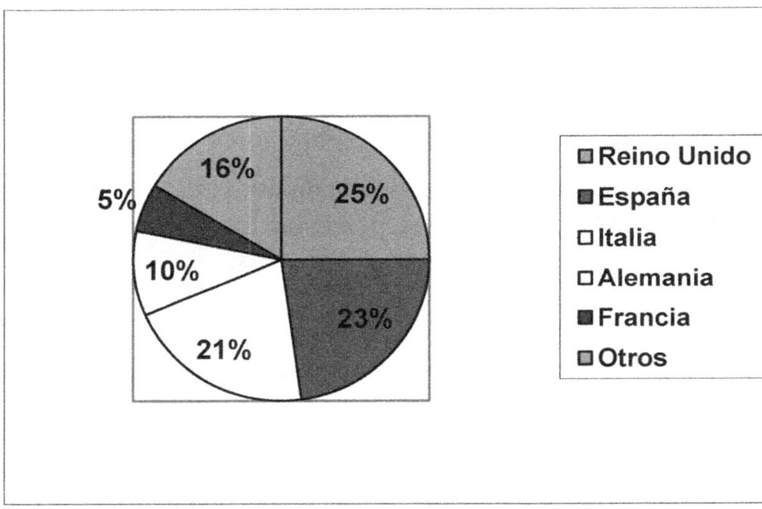

Figura 3. Porcentaje de consumidores de cocaína en Europa (2008).

La cocaína es la segunda droga más consumida en Europa, detrás del cannabis, calculándose que, al menos una vez en su vida, la han consumido unos 13 millones de europeos adultos de entre 15 y 64 años. Durante el año 2008 se estima su consumo en unos 4 millones de personas, con variaciones entre los diferentes países, con una prevalencia de entre el 0-3´1%.

Entre los adultos más jóvenes, de entre 15 y 34 años, la han consumido unos 7´5 millones de europeos, al menos una vez en su vida. La prevalencia para esta franja de edad se sitúa entre el 4´2% y el 7´7%, durante ese año.

El consumo mayoritario está centrado en Dinamarca, España, Italia, Irlanda e Inglaterra.

En Europa, las *incautaciones* han venido aumentando, siendo el año 2006 en el que más aprehensiones se realizaron, un total de 121 tm. Durante 2008 se incautaron un total de 63 tm, de ellas 28 tm en España.

Su *precio*, al por menor, y de acuerdo a su pureza, oscila entre los 44 y los 88 euros por gramo.

4.4. Los alucinógenos

Son productos de base natural, con un tratamiento químico.

Los más conocidos son:

o La **Dietilamida del Ácido Lisérgico,** conocido por las iniciales **LSD** o también como "*tripi*" o "ácido", es un derivado del hongo "*cornezuelo del centeno*" que puede presentarse al consumo como líquido, en polvo, comprimidos, terrones o sellos de diferentes formas y colores, impregnados de este producto. Fue descubierta en 1938, fabricándose a partir del ácido lisérgico presente en el hongo que crece en el centeno y en otros cereales. Produce una rápida tolerancia, lo que unido a lo impredecible de sus efectos hace de esta droga una sustancia muy peligrosa.

Es la más potente de los alucinógenos y un profundo alterador del estado de ánimo. Sus efectos, siempre impredecibles, son conocidos como "viaje" por su efecto de deslocalización espacio-tiempo, con recurrentes flashbacks que pueden aparecer mucho tiempo después de su consumo. Este viaje se produce en cuatro fases:

a) *Subida*, fase que se inicia a lo largo de la primera hora de su consumo en la que los colores y los movimientos se apagan y se ralentizan.

b) *Meseta*, que aparece durante la segunda hora tras su consumo. Durante esta fase se agudizan los efectos psicodélicos con visiones y alucinaciones, auditivas o visuales, intensas.

c) *Máxima*, durante la que se produce una sensación de traslación extracorporal, experiencia que puede resultar placentera o de pánico.

d) *Caída*, durante la que van desapareciendo los efectos de la droga. En su totalidad este "viaje" puede durar entre 5 y 6 horas.

Foto 5: Hongos alucinógenos.

Foto nº 6: Peyote.

- La **mescalina**, es un principio activo obtenido del cactus "*peyote*". Se presenta en líquido, polvo o cápsulas y puede consumirse oralmente.

Los *efectos* de ambos productos pueden ser imprevisibles, si bien el más frecuente es la alteración de la percepción, observable conductualmente por:

- Una incapacidad para distinguir fantasía y realidad.
- Alucinaciones de todo tipo, visuales, auditivas, táctiles, etc..
- Deformación en la percepción del tiempo y del espacio.

Puede presentar con frecuencia una sensación y sentimiento de poderes extraordinarios, como una gran fuerza u otras habilidades impropias del ser humano, tales como la posibilidad de detener un vehículo, camión o tren con sus propias manos, o la de volar.

Su consumo puede presentar determinados *riesgos*:

- Durante los efectos conocidos como "*bad trip*" (mal viaje), o el efecto de flash back, pueden producirse reacciones de pánico que pueden llevar a comportamientos autodestructivos.
- Al desconocer la composición de los distintos productos preparados, especialmente la pureza y cantidad de sus principios activos, es fácil la administración de una sobredosis que tienen, por lo común, efectos mortales.
- Producen una gran dependencia psicológica (no física).

Los alucinógenos han tenido un bajo *consumo* y aceptación durante mucho tiempo, si bien últimamente aumenta su consumo, especialmente entre la población joven.

En Europa el consumo de LSD en la población de entre los 15 y los 64 años a lo largo de toda la vida se establece entre el 0-5´2%, siendo superior, del 0-6´6%, entre los más jóvenes de edades entre los 15 y los 34 años. Según los informes facilitados, en algunos de los países, el consumo de hongos alucinógenos supera al de LSD con una prevalencia a lo largo de toda la vida de entre 0´3% y 8´3% , y de entre el 0´2% y el 2´8% en el último año (2008), entre los mas jóvenes de edades comprendidas entre los 15 y los 34 años.

En Europa, en la que su consumo se considera como marginal, sus *incautaciones*, de la misma manera, han ido disminuyendo en la última década. Sus *precios* han seguido su misma tendencia situándose, de media, entre los 5 y los 12 euros por dosis.

4.5. Las anfetaminas

Son productos de composición puramente química y de fabricación sintética en laboratorios clandestinos, cuyo uso, en inicio, lo fue por prescripción facultativa, utilizadas tanto para adelgazar, reducir el cansancio y potenciar el rendimiento físico. Las anfetaminas, al igual que las metanfetaminas pertenecen al grupo de sustancias estimulantes del SNC.

Su consumo normalmente se produce por vía oral de los productos, presentados como cápsulas o comprimidos. No obstante, para conseguir un mayor y más rápido efecto, puede utilizarse el polvo de las cápsulas o los comprimidos triturados, inyectándose por vía intravenosa tras una solución acuosa. El "*speed*", uno de sus derivados, suele ser tomado en comprimidos o su polvo inhalado.

Los *efectos* que pueden presentarse son:

- Como estimulantes del sistema nervioso, su consumo acelera la actividad mental y produce excitación nerviosa y euforia. Aumento de la frecuencia cardiaca la respiración y la presión arterial.
- Se utiliza con frecuencia para mantenerse despierto y vencer la fatiga cuando se encuentra sometido a una intensa actividad, sea esta laboral, escolar, deportiva, en trabajadores con turnos de noche o bien, en numerosos casos, para mantener en el tiempo actividades lúdicas o de ocio.
- Sudoración y dilatación pupilar.
- Disminución del apetito, irritabilidad y hostilidad, mareos o descoordinación motora.

Sus *riesgos*, o efectos a largo plazo, son:

- Presencia de trastornos mentales (delirios, alucinaciones, paranoia) y depresión.
- Pueden provocarse accidentes vasculares cerebrales.
- Cuando se agotan los esfuerzos puede provenir una intensa fatiga que puede ser la causa de numerosos accidentes de cualquier tipo (laborales, de tráfico, etc.).
- Produce una gran dependencia física y psíquica.
- Es una de las formas más directas para la iniciación en el mundo de cualquier otra de las drogas.

Las anfetaminas y el éxtasis están considerados como las drogas más consumidas en Europa, donde su consumo se sitúa entre el 0-11´7% de la población total en los márgenes de edad de entre los 15 y los 64 años, durante toda la vida. La media de los adultos que la consumen al menos una vez se sitúa en el 3´5%. Esto significa que unos 12 millones de europeos la han probado y unos 2 millones la consumieron durante el año 2008.

La *producción* más importante a nivel mundial se centra en Europa donde se encuentran ubicados el 81% de los laboratorios clandestinos intervenidos, conocidos como "cocinas", siendo Norteamérica la segunda en producción, si bien se han detectado laboratorios en diversos países de Sudamérica (Brasil, Argentina o Guatemala), Irán o Sri Lanka (antigua Ceilán). Los países que informan de la detección e intervención de laboratorios clandestinos, que no son todos, arrojan una cifra de 8.432 intervenciones.

Las *incautaciones* han ido aumentando, especialmente con la aparición de pastillas de la marca "Captagon" (fenetilina), llegando a las 24 tm, siéndolo el 36% en Europa, principalmente en Holanda, Polonia y Bélgica.

El *precio* medio al menudeo oscilaba entre los 10 y los 20 euros por gramo, de media entre los países informantes.

4.6. Las metanfetaminas

Sustancia estimulante derivada de la anfetamina, pero con efectos muchos más potentes sobre el SNC y un mayor poder adictivo.

De acuerdo con la Guía a la que venimos haciendo referencia, es un polvo blanco, cristalino, sin olor y con un sabor amargo, de fácil disolución en agua.

Puede ser consumida por vía oral, inhalada, fumada o inyectada, lo que hace variar sus efectos. Su presencia en sangre puede detectarse durante las doce horas posteriores a su consumo.

Vulgar y comercialmente puede también ser conocida como "speed", "hielo", "cristal", "meth" o "chalk".

Sus *efectos* son los mismos que la sustancia de la que se deriva y como tal son:

- Favorece la hiperactividad, retrasa la sensación de cansancio y trasmite una gran sensación de bienestar (activación del sistema dopaminérgico).
- Transmite sensación de euforia, aumenta el ritmo cardíaco y el calor corporal así como la libido.
- Consumida fumada o inyectada por vía intravenosa, rapidamente aparece un "flash", intenso pero de poca duración. El consumo oral o por inhalación no provoca los mismos efectos, ni en rapidez ni en intensidad. Pueden producirse casos de sobredosis.

Los *riesgos* más importantes que pueden presentarse son:

- Pueden aparecer, tras un consumo repetitivo, convulsiones, alucinaciones, psicosis y comportamientos paranoides.
- Su consumo, al presentar efectos rápidos, pero de corta duración, produce una rápida tolerancia lo que puede favorecer los casos de sobredosis.
- Los propios del consumo por inyección intravenosa, especialmente cuando se comparte el material de uso o su higiene no es la necesaria, es decir accesos cutáneos, flebitis, contagio de enfermedades infecciosas (hepatitis, tétanos y/o sida).

La *producción* de metanfetamina se centra en Norteamérica y en el este asiático. En Europa su fabricación se concentra en la República Checa, Eslovquia y Lituania, incautandose alrededor de 340 kg de droga, especialmente en Noruega aunque esta no figure como uno de los más grandes productores.

Las *incautaciones* se elevaron a 18´2 tm.

Un resumen sobre la producción, incautaciones y precios de la anfetamina, metanfetamina, éxtasis y LSD figura en la Tabla nº 7, insertada en el punto 4.7.2.

4.7. Las drogas de síntesis o de diseño

Son un grupo de sustancias producidas por síntesis química realizada en laboratorios clandestinos en cuyo proceso no se incorporan productos ni componentes naturales. Normalmente son compuestos de anfetaminas y alucinógenos que, como sucede con frecuencia en la investigación, fueron descubiertas hace ya algunos años y desechadas, primero porque no era lo que médicamente se buscaba, segundo, porque poseían efectos secundarios nocivos para el consumo humano, u obtenidas a través de una modificación de las estructuras de sus componentes químicos.

Por desgracia su venta y/o consumo se lleva a efecto en centros sociales, docentes y de ocio frecuentados por personas jóvenes.

Su síntesis y diseño se llevan a efecto en laboratorios clandestinos en los que las condiciones higiénicas, su control de pureza, los elementos y la proporción en su composición, brillan por su ausencia.

Su presentación en comprimidos, pastillas, cápsulas o bien en polvo, hace que su consumo normal sea por vía oral. Conocidas en el ambiente juvenil como "pastis" o "pirulas" y para diferenciarlos e identificarlos, o incluso como elemento de atracción, tienen impresos determinados logos o dibujos. A pesar de lo dicho es común en este tipo de mercado la manipulación de logos o la alteración de los mismo en relación con la verdadera composición de la pastilla en la que en muchas ocasiones introducen adulterantes que pueden agravar su peligrosidad.

La más conocida es el "*éxtasis*" o MDMA, si bien nos encontramos también con el GHB, el PCP o "polvo de ángel" y la ketamina.

4.7.1. El "éxtasis"

Es una sustancia conocida técnicamente como "metildimetilmetanfetamina", 3-4 metilenedioximetanfetamina, o por sus siglas MDMA, y vulgarmente como éxtasis, "Adam" o "X-TC". Por su similitud a la metanfetamina y a la mescalina es un producto tanto estimulante como alucinógeno, cuyos efectos veremos posteriormente.

Fue sintetizado en 1912 como medicamento para inhibir el apetito y utilizado en tratamientos psiquiátricos hasta la confirmación de sus efectos secundarios, momento en que cesó su fabricación.

Su presentación en mercado es a través de unas pastillas en las que se inscriben determinados logos o dibujos, impresiones que les dan sus denominaciones vulgares, tales como love, delfines, sonrisa, etc.

El cristal es una nueva y actual forma de presentación de este producto en el mercado. Su nombre se debe a que dan la apariencia de sales cristalizadas, pero que no debe ser confundida con el "cristal" (cristales de metanfetamina).

Sus *efectos*, propios de los estimulantes del SNC, pueden presentarse como una mezcla de estimulación y alteraciones de la percepción. Desde el aparato digestivo pasan al torrente sanguíneo lo que hace que sus síntomas comiencen a sentirse pasada aproximadamente media hora y su duración se estima entre dos y tres horas.

Pueden provocar:

- Una intensa extroversión, sociabilidad, euforia o desinhibición.
- Locuacidad y aumento de la autoestima.
- Inquietud, confusión y temblores.
- Sequedad de boca, sudoración, escalofríos, nauseas, temblores.
- Taquicardias, arritmias e hipertensiones.
- Aumento de la temperatura corporal (golpe de calor) y deshidratación.

Entre sus *riesgos* más importantes, aparte de sus propios efectos, debemos hacer notar que:

- La afectación cerebral impacta en los circuitos de la serotonina, la dopamina y la norepinefrina, por lo que pueden verse afectados el sueño, las emociones, la gratificación e incluso la estimulación motora.
- La reducción que provoca en la capacidad mental, la memoria y el tiempo de reacción puede estar relacionado con accidentes en la manipulación de maquinarias de distinto tipo y, por supuesto, en la conducción de vehículos a motor.
- Pueden agravarse, en frecuencia e intensidad, las alteraciones psíquicas sobre la ansiedad, depresión, obsesiones o alteraciones del sueño.
- El inicio del consumo con relación a la edad, la cantidad consumida, la frecuencia y su mezcla con otro tipo de drogas, pueden agravar los síntomas y riesgo de su consumo.
- Pero lo más importante a tener en cuenta, por su gravedad, es que cada una de estas dosis pueden contener entre 60 y 120 de MDMA y que se

tienen, por decir algo, pocos "controles" en su fabricación y composición, lo que puede provocar efectos de sobredosis y muerte.

- Todos estos efectos se intensifican aumentando los riesgos en caso de: consumo durante la adolescencia, en estados de embarazo y lactancia, ante la existencia de problemas o enfermedades ya presentes al inicio del consumo, en caso de actividad física intensa o en el caso de policonsumo.

El *consumo* de éxtasis era desconocido hasta finales de los ochenta, aumentando rápidamente a partir de esas fechas, adquiriendo relevancia en muchas partes del mundo, como puedan serlo América del Norte y Asia.

Este consumo se establece alrededor de los 10 millones de europeos que la han consumido al menos una vez, con un media del 3´1% de la población, y de unos 2´5 millones de personas durante el año 2008, con un 0´8% de la población, si bien existen importantes variaciones entre los países que aportan los correspondientes informes.

Por considerarlo de interés reproducimos a continuación, en la Tabla 6, los resultados de una encuesta en población estudiantil (estudiantes de secundaria de entre 14 y 18 años) llevada a cabo en la Comunidad de Madrid en el año 2002 (ver Guía), sobre el consumo de estas sustancias.

Tabla 6. Encuesta de consumo entre estudiantes de 14 a 18 años.

PERIODO DE CONSUMO	TOTAL	HOMBRES	MUJERES
Consumo alguna vez	6´3%	5´9%	6´7%
Consumo en el último año	4´3%	4´1%	4´5%
Consumo en el último mes	1´9%	2%	1´8%

Según la misma encuesta las motivaciones para su consumo fueron: divertirse (38%), bailar (30´5%) y para sentir nuevas sensaciones (17´5%).

La *producción* mundial de éxtasis se estima en una cantidad de entre las 72 y las 137 tm, centrada principalmente en Norteamérica, este de Asia y Oceanía, si bien sigue siendo Europa el lugar de mayor localización, centrada en Holanda, Bélgica, Alemania, Inglaterra y Polonia, respectivamente por orden de importancia.

La *producción* de esta sustancia presenta grandes ventajas para las organizaciones de delincuencia organizada.

Según consta en la Guía de la Comunidad de Madrid, estas ventajas serían:

- No requiere de grandes infraestructuras para su fabricación, pudiendo realizarse incluso en domicilios particulares (las conocidas "cocinas").
- No se necesitan productos de origen natural, tan solo componentes químicos que, por otra parte, son de fácil obtención en el mercado legal.
- Pueden fabricarse, y de hecho así es en la mayoría de los casos, en los mismo lugares donde se vayan a distribuir para su consumo, lo que hace que los riesgos de su intervención sean menores.
- Poseen un coste de producción bastante barato, lo que al cambio de su precio de venta produce grandes beneficios.
- Es asimismo fácil la sintetización de determinadas variables que con pequeñas modificaciones en sus estructuras, su puesta en el mercado las situaría fuera de las listas confeccionadas por los organismos internacionales como productos prohibidos.

Las *incautaciones* alcanzaron la cifra de las 7´9 tm, el 36% de ellas en Europa. Solo en Holanda se intervinieron 8´4 millones de pastillas. En el Gráfico nº 3 se presentan las mayores cantidades incautadas y los países donde se realizaron (en kilogramos).

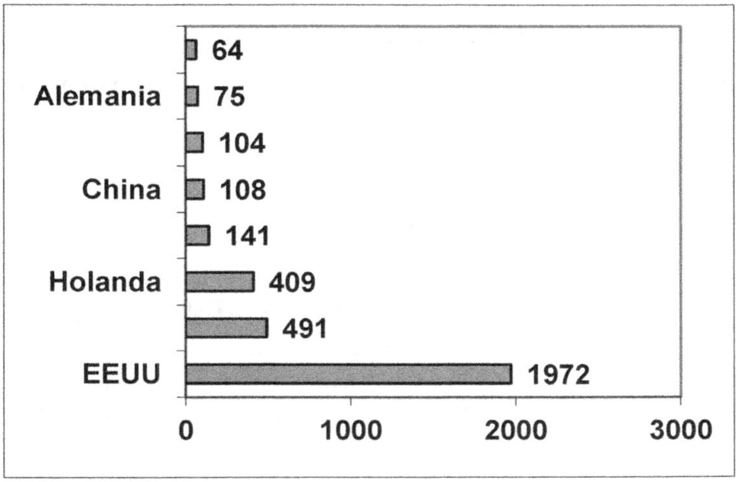

Gráfico nº 3. Cantidades intervenidas de éxtasis.

Su *precio* ha ido disminuyendo progresivamente desde el inicio de su comercialización en 1990, estableciéndose actualmente entre los 4 y los 10 euros por pastilla, como precio medio entre los países informantes.

4.7.2. El éxtasis líquido o GHB (gamma hidroxi butirato)

Es un depresor muy potente del SNC y a pesar de su denominación como de éxtasis sus efectos son totalmente diferentes dado que el verdadero éxtasis es un estimulante, y no un depresor.

Su forma de presentación es como un líquido transparente que se consume por vía oral, solo o mezclado con agua. Dado que ni la cantidad de principio activo, ni la cantidad consumida pueden ser iguales, sus efectos también pueden ser diferentes. Estos efectos se notan rápidamente, sobre los 10 y los 20 minutos posteriores a su consumo, tienen una duración de una hora a hora y media y permanecen en el organismo durante tres o cuatro horas.

En ocasiones aparecen efectos contrarios a los deseados por su consumo, dado que en vez de notar una especial extroversión pueden aparecer somnolencia, dolores de cabeza, confusión, e incluso problemas respiratorios, ideas delirantes y alucinaciones, pudiendo la persona entrar en coma.

Si se suspende su consumo aparecerá el síndrome de abstinencia.

En el mercado puede encontrarse un producto similar, el Gamma Butiro Lactonal (GBL), con el que posee efectos muy parecidos. Ambos han estado relacionados con la comisión de delitos de tipo sexual inducidos.

En la Tabla nº 7 presentamos un resumen de datos sobre distintos aspectos de algunas drogas.

Tabla nº 7. Resumen sobre producción, incautaciones, precio y pureza de diferentes drogas.

	ANFETAMINA	METANFETAMINA	ÉXTASIS	LSD
Producción mundial (tm)	230-640		72-137	s/d
Incautaciones en total	23´6	18´2	7´9	0´9
Incautaciones UE (*)	7´9	340 kg.	21 mill.	68.000 un
Precio medio(por menor)	5-30 €/gr.	8-51 €/gr	3-19 €/pas	4-30 €/dos.
Pureza media	4-40%	3-66%	21-90 mg	-

(*) Si incluimos a Croacia y Turquía se eleva a 8´1 tm.

Para las incautaciones el éxtasis se contempla en millones de pastillas y el LSD en unidades.

El precio del LSD se contempla por dosis.

4.7.3. El "polvo de ángel", fenciclidina o PCP

Es un polvo blanco, cristalino de sabor amargo y que puede ser disuelto en agua y alcohol.

Puede encontrarse en forma de tabletas, cápsulas y en polvo de diferentes colores, dado que puede mezclarse fácilmente con los colorantes, pudiendo consumirse en forma oral, fumada o inhalada.

Al afectar directamente el funcionamiento del cerebro puede:

- Producir embotamiento del pensamiento y la concentración, alterando la percepción y el estado de ánimo, aunque se pueden presentar efectos contrarios en diferentes individuos.
- Producir trastornos emocionales, depresiones, anorexia.
- Producir dificultades en la comunicación.
- En caso de consumir mezclado con otros depresores del SNC puede poner en peligro la vida del individuo.

4.7.4. La ketamina

Anestésico de uso normal en medicina y veterinaria.

Tal y como se presenta en su uso clínico, como droga también puede presentarse como líquido, en polvo, cristales o pastillas, en cuyo ambiente es conocido como "*special k*". Puede encontrarse mezclada con otras sustancias como la efedrina o la cafeína.

Dada las diferentes composiciones, dosis, persona que lo consume (edad, peso, constitución, salud, etc.) pueden ser diferentes los *efectos* que producen:

- A dosis elevadas, durante el viaje, se pueden presentar delirios, alucinaciones visuales, desubicación espacial y temporal, e incluso extracorporeidad.
- Puede provocar ansiedad, paranoia, problemas respiratorios, problemas cardíacos.
- Tras largo tiempo de consumo se pueden provocar alteraciones de la memoria y pérdida de muchas de las habilidades sociales.

- Los efectos más suaves pueden ser confundidos con los propios de una embriaguez por alcohol (falta de coordinación, problemas de dicción, debilidad de pensamiento,…).

Sus principales *riesgos* son:.

- Presentación de una fuerte adicción y una rápida tolerancia.
- Caso de combinarse con otras drogas, estimulantes o alucinógenos, puede desembocar en un paro cardíaco u otras reacciones de peligro para la vida.

4.7.5. La meta-clorfenilpiperazina o M-CPP

Del grupo de las piperazinas, tiene propiedades tanto estimulantes como alucinógenas.

En el mercado de las drogas ilegales (se comercializa legalmente en algunos países) se presenta en pastillas, como las de éxtasis, y se consume de la misma manera que éste. Los logos de estas pastillas son los de un "tiburón", "cocodrilo" (lacoste), "Rolls-Royce" o "Mitsubishi". También puede presentarse en polvo o mezclada con otras sustancias.

Sus *riesgos* más conocidos son:

- Nauseas, vómitos, dolores de estómago o de cabeza.
- Pueden presentarse reacciones de pánico, violencia en el comportamiento e incluso brotes psicóticos.
- Pueden producirse daños renales .

4.8. Los barbitúricos

Son fármacos depresores del SNC.

Su consumo es normalmente oral por su presentación en cápsulas, comprimidos y ampollas. Desde la práctica médica se prescriben para el tratamiento de trastornos psicológicos o problemas del sueño.

Sus *efectos* más notables son la relajación, lo que produce disminución de reflejos y enlentecimiento de la función respiratoria, y un intenso estado de buen humor.

Sus *riesgos*, entre otros, son:

- Trastornos de la memoria, confusión, dificultad para hablar,....
- Insuficiencia respiratoria que puede llevar al coma y a la muerte.
- Un consumo abusivo puede llegar a provocar hepatitis, anemia y graves problemas de coordinación motora.
- Síndrome de abstinencia.
- Tolerancia.

4.9. Las benzodiacepinas

Estos productos podríamos perfectamente incluirlos entre los barbitúricos o bien entre los tranquilizantes, por su directa relación con sus efectos.

Las benzodiacepinas son los fármacos con más frecuencia recetados en la práctica clínica, especialmente para el tratamiento de la "moderna" enfermedad de la ansiedad, dado que presentan menos y menores efectos secundarios que los barbitúricos.

Como depresores del SNC sus *efectos* son la relajación y un estado de embotamiento o somnolencia. Su uso abusivo y sin prescripción médica puede producir nauseas, descoordinación psicomotora, confusión y aturdimiento.

Sus *riegos* son:

- Crean dependencia.
- Se desarrollan los efectos del síndrome de abstinencia (aumento de la ansiedad, irritabilidad, insomnio, nauseas, temblores, palpitaciones, etc.).

4.10. Los tranquilizantes

Son medicamentos depresores del SNC utilizados fundamentalmente para:

- Reducir estados de ansiedad.
- Relajar el sistema muscular.
- Como anticonvulsivos.

Su consumo normal es por vía oral.

Sus *riesgos* más destacados son:

- Pueden provocar insuficiencia respiratoria, coma y muerte.
- Producen dependencia física y psíquica.
- Provocan síndrome de abstinencia.

4.11. Los inhalantes

Constituyen un grave problema en algunos países, especialmente sudamericanos.

Son productos de libre adquisición ya que su uso es muy común en profesiones, técnicas u ocupaciones tan comunes como la carpintería, limpieza, belleza o manualidades, entre los que figuran los pegamentos, esmaltes, limpiadores, disolventes, lacas, etc.

Su consumo, como su denominación indica, es normalmente por la inhalación de las sustancias volátiles que estos productos desprenden, bien depositándolos en recipientes (normalmente bolsas de plástico) cuya boca puede reducirse para, al aplicarla a la nariz, inhalar una cantidad concentrada del producto. También la inhalación puede producirse aplicando a la nariz algodones impregnados de la sustancia, o bien utilizando inhaladores nasales.

Como depresores del SNC sus *efectos* pueden ser:

- Euforia, alucinaciones (visuales, auditivas, táctiles), sensación y sentimiento de poderes sobrehumanos.
- Alteraciones de la memoria, descoordinación motora y dificultades para hablar.
- Sensación de saciedad (elimina la sensación de hambre).

Sus principales *riesgos* son:.

- Una gran dependencia psíquica.
- Presentación de problemas neuropsíquicos.
- Afecciones en la sangre y en el hígado.

Dentro de estos sustancias podemos encontrarnos con productos conocidos como los ***"poppers"***. Se presentan como líquidos incoloros e inodoros, envasados en pequeños botes de cristal cuyo líquido puede ser inhalado. Estos líquidos están compuestos principalmente, y casi por completo, por nitrilos de amilo, butilo o isobutilo, sustancias todas ellas muy volátiles e inflamables. Su ingesta oral puede causar la muerte.

Los *efectos* que pueden observarse a su consumo son:

- o Estimulación inmediata tras su inhalación, euforia, agilidad, excitación sexual, efectos que desaparecen de la misma manera, rápidamente.
- o Después del "subidón" se producen nauseas, vómitos, hipertensión y taquicardia, cansancio, agotamiento y apatía.

Los principales *riesgos* están caraterizados por:

- o Una rápida tolerancia, lo que unido a unos efectos casi instantáneos, hace necesario un más rápido consumo (en el tiempo), hecho que puede llevar a la administración de una sobredosis.

4.12. El alcohol

Cuando hablamos de alcohol estamos haciendo referencia al etanol o alcohol etílico presente en todas las bebidas alcohólicas.

En nuestro entorno sociocultural:

- o Es la droga que más se consume y de la que más se abusa.
- o Es la que más problemas sociales, familiares y sanitarios conlleva, entre los que se pueden contar su relación con todo tipo de accidentes (de tráfico, laborales), violencia, malos tratos, problemas de salud, etc., todo ello ante las más absoluta tolerancia social.

Extraído de la fermentación de diferentes frutos y plantas para obtener vino, cerveza y otros licores, actúa como depresor del SNC.

Sus *efectos* difieren de unos individuos a otros dependiendo de la edad, peso, sexo, cantidad consumida, producto consumido, etc., si bien podemos señalar como los más habituales:

Foto 7. Efectos del alcohol.

- Desinhibición, euforia inicial, relajación, mayor extroversión y sociabilidad.
- Dificultades para la dicción y asociación de ideas.
- Descoordinación motora.

Los *riesgos* pueden presentarse son:

- Gastritis, úlceras, cirrosis, pancreatitis y alteraciones cardiovasculares (hipertensión, arteriosclerosis, miocardiopatía), etc..
- Problemas musculares y del SNC.
- Por su gran poder adictivo, crea dependencia física y psíquica.
- Provoca tolerancia y síndrome de abstinencia.

Respecto al alcohol debemos señalar algunos datos:

- En España mueren cada año alrededor de 12.000 personas a causa de accidentes o enfermedades relacionadas con el alcohol.
- En Europa mueren cada año unos 57.000 jóvenes en accidentes de tráfico relacionados con el alcohol.
- 1 millón de españoles bebe alcohol en exceso los días laborables, de los que más de la cuarta parte están próximos al alcoholismo.
- 1.300.000 personas se emborrachan durante los fines de semana, de ellos 285.000 hacen un consumo de alto riesgo.
- 1 de cada cuatro escolares de edades comprendidas entre los 14 y los 18 años tiene problemas de diferentes tipos asociados con el alcohol (violencia, peleas, accidentes,…).

4.13. El tabaco

Es un producto derivado de la planta "*nicotiana tabacum*". Su componente psicoactivo es la nicotina, sustancia muy adictiva, estimulante, y a la vez relajante, del SNC.

Consumido, normalmente fumado o también en ocasiones mascado, el humo del tabaco es fácilmente absorbido por el organismo a través de los pulmones y la nicotina llega con rapidez al cerebro donde permanece creando dependencia y tolerancia.

Sus *efectos* son:

- o Relajación y sensación de concentración.
- o Disminución de la capacidad pulmonar y fatiga prematura.

Como *riesgos* pueden presentarse dificultades respiratorias, cáncer (de boca, laringe, faringe, riñón y vejiga), bronquitis, enfisema pulmonar, cardiopatías, infartos y anginas de pecho.

Foto 8. Nocividad del tabaco.

Como hicimos con respecto al consumo del alcohol, respecto al tabaco hemos de resaltar también los siguientes datos:

- o Es la principal causa de enfermedad y muerte prematura.
- o En Europa mueren cada año alrededor de 500.000 personas a causa del consumo del tabaco, más de 46.000 en España.
- o El humo del tabaco contiene unos 4.000 componentes tóxicos:
  - Nicotina, estimulante del SNC que provoca los efectos psicoactivos y causa la dependencia física.
  - Alquitranes, que contienen sustancias cancerígenas.
  - Irritantes, tóxicos que producen graves irritaciones del sistema respiratorio.
  - CO_2, que dificulta el aporte de oxígeno a la sangre.

4.14. Plantas nocivas

Como muy bien dice Pablo Chacón en su artículo "Cuidado: estas plantas matan", para la revista dominical XLSemanal del periódico ABC, "Muchos han descubierto que, si no pueden pagarse las drogas de siempre, tienen a su alcance, gratis, otras sustancias psicoactivas en parques, huertas, descampados y montañas, tales como el estramonio, la burundanga, el beleño, la mandrágora, la belladona, la efedra o el kat ibérico, entre otros".

El estramonio, la belladona, la mandrágora y el beleño, entre otras, son las plantas más conocidas en determinados ámbitos. Son las plantas venenosas más comunes utilizadas en rituales chamánicos y de brujería dado que poseen reputados componentes alucinógenos y están muy unidas a leyendas y fábulas de todo tipo (hechiceras, druidas, brujas). Todas ellas pertenecen a la especie de las solanáceas, a las que también pertenecen el tomate, la berenjena o el pimiento.

Por su interés, ante su posible consumo sin las debidas garantías, haremos referencia a algunas de ellas.

4.14.1. El estramonio

A finales del mes de agosto de 2011, salta a la prensa una noticia luctuosa. Durante una fiesta ilegal ("*rave*") en un local abandonado en la finca de la Aldehuela (Getafe-Madrid), un cortijo-convento abandonado de Perales del Rio, se produce la muerte de dos jóvenes de 18 años por ingestión de algún tipo de droga no identificada (La Razón de 23 y 24 de agosto). Ambos jóvenes, junto a otro que logró salvar la vida, ingirieron un líquido marrón verdoso que en una botella les ofreció otro asistente a la fiesta. Analizado dicho líquido resultó ser una mezcla de alcohol e infusión de estramonio (en la foto adjunta) que provocó en los jóvenes un efecto letal inmediato dado que sus cuerpos fueron encontrados en las inmediaciones del lugar en el que se celebró la fiesta, lo que da idea de la nocividad del compuesto.

Procedente de América y Europa centrales, el estramonio es una planta venenosa, de la familia de las solanáceas que crece en cunetas, descampados, arroyos y estercoleros. Muy común en España, la especie se denomina científicamente "*Datura stramonium*" siendo conocida por los nombres vulgares de "*hierba*

del diablo", "*higuera del infierno*", "*burladora*", "*berenjena del diablo*", "*manzana espinosa*" y otros (wikipedia.org/Datura stramonium), planta que no es consumida por los animales debido a su mal olor.

Posee propiedades hipnóticas y alucinógenas. Sus semillas, la parte más tóxica de la planta, son de color pardo oscuro de unos 3 mm de largo y su contenido en alcaloides (escopolamina y atropina) presenta efectos neurotóxicos. Una infusión de entre 30 y 60 grs puede ser mortal para una persona adulta, en numerosos casos tras padecer fuertes delirios alucinatorios, efectos que pueden provocarse aún con pequeñas cantidades.

Esta planta se ha utilizado desde hace muchísimo tiempo para, y en, ritos chamánicos, satanismo, brujería y esoterismo, especialmente en países en los que estos ritos tienen un fuerte asentamiento. Posee también amplias aplicaciones en medicina, veterinaria y jardinería.

Su consumo, en especial sus flores, puede ser fumado junto con otros productos (tabaco, salvia, belladona) o en infusiones y tisanas.

Este suceso no es el primero que ocurre, según la prensa de referencia sucedió otro caso parecido en Valencia allá por el año 2004, cuando cinco jóvenes bebieron un "líquido de brujas" que les fue ofrecido durante una fiesta por un ciudadano danés.

4.14.2. La belladona

Conocida desde hace siglos (en 1540, Giambattista de la Porta, médico napolitano, la recogía en su libro Magia Naturalis), sus propiedades "mágicas" se vienen utilizando, no solo desde el punto de vista médico o farmacológico, sino también desde el mundo de la magia, brujería o de las venganzas, para envenenamientos de curso lento.

Cuenta la historia que las tropas de Marco Antonio en la Guerra de Esparta fueron envenenadas con belladona, como también lo fue el emperador romano Claudio.

Su peligrosidad está contenida en uno de sus alcaloides, la atropina, principio venenoso que puede producir narcotización, perturbaciones mentales, alucinaciones, delirios, coma e incluso la muerte. Desde el punto de vista médico se emplea como vasodilatador y para afecciones del sistema nervioso, problemas neurálgicos y enfermedades que cursan con procesos espasmódicos.

Es una planta que se da con frecuencia en bosques de alta montaña, no solo en España (Aragón, Cataluña, Cuenca), sino en Europa, Asia, África y América, y todas sus partes son tóxicas. Se caracterizan por ser unas flores de color óxido de las que salen unas bayas negras muy brillantes, por lo que, en la antigüedad, también se le conocía como la "baya de las brujas".

4.14.3. La mandrágora

Su nombre proviene del griego y significa "dañina para el ganado", si bien su procedencia se cree que es de Eurasia.

Es conocida desde antiguo, y recibe también los nombres de "berenjenilla", "uva de moro" o "manzana de Satán". A su alrededor se han creado numerosas leyendas. Aparece en la Biblia, en el Génesis 30.14 y siguientes, con propiedades afrodisíacas y para la concepción; aparece también en numerosas tumbas del antiguo Egipto, en todos los casos relacionada con estas características; aparece también en las leyendas de los druidas galos, en la Odisea de Homero e incluso en la historia de los amantes de Teruel.

De la misma familia de las solanáceas es muy abundante en sitios húmedos, especialmente en grandes bosques sombríos, como pueden ser los de Andalucía, especialmente en zonas de Cádiz (Jerez de la Frontera) o Huelva (Coto de Doñana), también cultivada por los monjes tibetanos. Lo que de verdad ha creado su leyenda han sido sus raíces (foto adjunta). Para muchos, su similitud a las características humanas era lo que le daba sus propiedades como tal, algunos les otorgaban sentimientos (al arrancarlas dicen que "gritaban lamentándose") y poderes, siendo adoradas como a dioses.

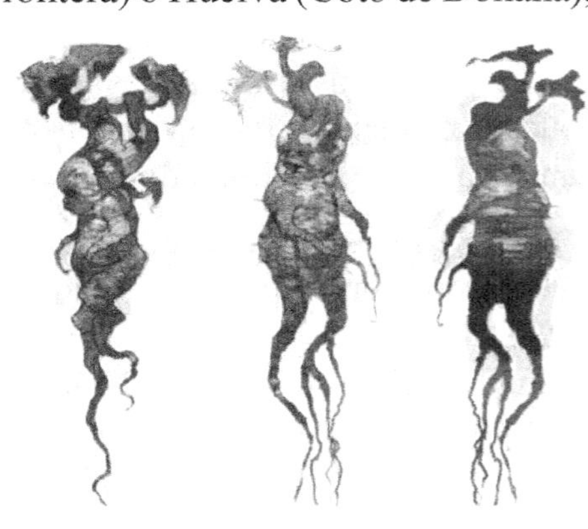

Como en otras plantas de su misma especie, el principio activo de la mandrágora es la atropina, aunque también contiene cantidades algo menores de escopolamina, de la que después hablaremos. Sus efectos perniciosos, aparte de su toxicidad, pueden producir sensaciones hipnóticas y alucinógenas. Médicamente es un eficaz sedante del sistema nervioso central.

4.14.4. La brugmansia

Árbol nativo de Centroamérica, especialmente Colombia, donde se le conoce como "trompetas de ángel", "borrachero" o "cacao sabanero" (foto adjunta). Llega a nosotros por ser, su alcaloide, uno de los productos de moda en la delincuencia, no solo de nuestro país, sino de todo el mundo.

Su alcaloide principal, aunque contiene otros como la atropina, es la *escopolamina*, también llamada *burundanga* en términos científicos, pero en términos delictuales y criminológicos es más conocida como la "droga de los ladrones" o la "droga de los violadores", pues es una sustancia que tiene el poder de suprimir la voluntad de las personas que la ingieren y hace perder la memoria de lo acaecido desde su ingestión. La víctima entra en un estado de casi total laxitud lo que la convierte en una víctima fácil para cualquier tipo de delito, sea contra las personas (abusos sexuales) como contra la propiedad (robo).

Se puede mezclar con todo tipo de productos, sean sólidos (dulces, pasteles, bollería), líquidos (cerveza, perfumes) o se puede con ella impregnar cigarrillos, papel o billetes. Su asimilación no es solo oral, sino también aspirada, inhalada o penetra en el cuerpo al contacto con la piel. De los casos más conocidos, su suministro ha sido en bebidas servidas en discotecas o salas de fiesta, tras lo cual las víctimas han sido llevadas a otros lugares donde se ha procedido al robo o a la violación. "Voz populi" se dice que se han dado casos en los que se ha ofrecido por supuestos vendedores ambulantes oler un perfume, tocar billetes impregnados o ante una petición intentar marcar una dirección en un plano impregnado de escopolamina.

Su ingesta leve, en un primer momento, causa una sensación de sopor y posterior pérdida de conciencia. A altas dosis puede causar convulsiones, depresiones graves, coma e incluso la muerte.

4.14.5. El "Shabú"

Por último, aparece en nuestra prensa diaria el "Shabú", droga intervenida en una actuación del Cuerpo Nacional de Policía en la que se procede a la detención de diferentes personas de origen filipino, y a la incautación de determinada cantidad de esta droga (ABC, 21 de diciembre de 2011).

Es una droga de síntesis, una metanfetamina, de origen asiático muy poco conocida en España, pero de un uso frecuente por parte de personas de procedencia filipina. Como potente estimulante, muy adictivo, deja a los consumidores sin poder descansar, ni siquiera dormir, durante varios días, lo que produce un profundo agotamiento físico y psíquico.

Era vendida por un precio de 50 euros la micra, mucho más cara que las otras drogas.

Este estimulante está incluido en la lista II de la Convención Internacional de Psicotrópicos.

5. LOS PRECURSORES

A pesar de su ubicación en el texto, no son drogas.

Los precursores, también conocidos como "sustancias químicas esenciales", en el ámbito de las drogas, son productos de lícito comercio y adquisición que pueden ser utilizados para la fabricación de las drogas ilegales.

La Convención de las Naciones Unidas contra el Tráfico Ilícito de Estupefacientes y Sustancias Psicotrópicas de 19 de diciembre de 1988 (Convención de Viena), le otorga marco jurídico en su Art. 12 a fin de que "las sustancias que se utilizan con frecuencia en la fabricación ilícita de estupefacientes o sustancias psicotrópicas no puedan ser desviadas para ese uso". Dichas sustancias están recogidas en relaciones completadas en esa ocasión, una enfocada a las sustancias que son indispensables para la fabricación de drogas sintéticas (que aparecen entre paréntesis) y las otras dos incluyen los reactivos más importantes y más comunes. Dentro de los primeros se encuentran productos tales como la efedrina o pseudoefedrina (metanfetamina), 3-4-metilenedioxifenil-2-propanona (PMK), isosafrol y safrol (éxtasis), 1-fenil-2-propanona-P2P/BMK (anfetamina y metanfetamina), etc. En la segunda de las relaciones o cuadros se encuentran productos tales como el permanganato potásico (cocaína), el anhídrido acético (heroína). En el tercero de los cuadros se encontrarían, entre otros, el ácido clorhídrico (heroína), el ácido sulfúrico (cocaína) y disolventes como la acetona (cocaína y MDMA).

Los Reglamentos de la Comunidad Económica Europea (CEE) nº 3677/90, relativo a las medidas que deben adoptarse para impedir el desvío de determinadas sustancias para la fabricación ilícita de estupefacientes y sustancias psicotrópicas, CE nº 273/2004, del Parlamento Europeo y del Consejo de 11 de febrero de 2004 sobre precursores de drogas, CE nº 111/2005, del Consejo de 22 de diciembre por el que se establecen normas para la vigilancia del comercio de precursores de drogas entre la Comunidad y terceros países y CE nº 1277/2005, de la Comisión de 27 de julio de 2005, por el que se establecen normas de aplicación para los Reglamentos 273/2004 y 111/2005, y la Directiva 92/109/CEE, del Consejo, de 14 de diciembre de 1992, relativa a la fabricación y comercialización de determinadas sustancias utilizadas para la fabricación ilícita de estupefacientes y sustancias psicotrópicas, desde el punto de vista internacional y la Ley 3/1996, de 10 de enero, sobre medidas de control de sustancias químicas catalogadas susceptibles de desvío para la fabricación ilícita de drogas, el Real Decreto 865/1997, de 6 de junio, por el que se aprueba el Reglamento de desarrollo de la ley 3/96, la Instrucción 2/2001, de 30 de octubre, de la Delegación del Gobierno para el Plan Nacional sobre Drogas y, por supuesto, el vigente Código Penal, regulan su comercialización en su territorio o en relación con terceros países y establecen normas para la vigilancia y regulación de su comercio y procedimientos de autorizaciones para evitar la desviación de estos productos para fines ilegales, desde el punto de vista nacional.

Entre los países exportadores y productores de estas sustancias podemos encontrar a Alemania, Francia, Austria, Bélgica, Holanda, Dinamarca, Inglaterra y Rusia, en Europa; Estados Unidos, Canadá y Brasil en América; China, Corea del Norte, los Emiratos Árabes, Pakistán, Irán o la India en Asia y Túnez en África.

España, si bien constituye un país de tránsito, sólo produce sustancias de la Categoría 3, el resto de sustancias las importa para la fabricación de medicamentos y otros usos diferentes.

Al igual que las drogas ya fabricadas, los precursores son objeto de persecución e intervención cuando incumplen las normas establecidas para su comercio o utilización. Durante el año 2007 las autoridades se incautaron de 22 tm de efedrina, 25 tm de pseudoefedrina, 834 litros de P2P/BMK. En Europa se puede destacar la intervención de 0´6 tm de efedrina (principalmente Suecia y Bulgaria), 7 tm de pseudoefedrina (casi toda en Francia) y 582 litros de P2P.

Relaciones o Cuadros de sustancias consideradas como precursores

Cuadro nº 1: Productos incluidos en la Categoría 1: Aquellas sustancias que requieren un mayor nivel de control y que son los precursores específicos para la fabricación de drogas.

- Efedrina (Anfetaminas).
- Pseudoefedrina (Anfetaminas).
- 1-fenil-2-propanona –Fenilacetona– (Anfetaminas).
- Ergometrina (LSD).
- Ergotamina (LSD).
- Ácido lisérgico (LSD).
- Ácido N acetilantranílico –Ácido 2 acetamidobenzoico– (Metacualonas).
- Safrol (MDA, MDMA).
- Isosafrol (MDA, MDMA).
- 3-4, MDP, 2-P (MDA, MDMA).
- Piperonal (MDA, MDMA).
- Norefedrina (MDA, MDMA).

Cuadro nº 2: Productos incluidos en la Categoría 2: Son aquellos precursores que para la transformación en droga llevaría consigo algún tipo de proceso más complicado que los de la Categoría 1.

- Anhídrido acético (Heroína).
- Ácido Antranílico (Metacualonas).
- Ácido Fenilacético (Anfetaminas).
- Piperidina (Fenciclidinas).
- Permanganato potásico (Cocaína).

Cuadro nº 3: Productos incluidos en la Categoría 3: Son aquellos productos que requieren un menor control ya que, aparte de este, tienen otros muy diversos usos.

- Éter etílico (MDA, crack, metacualona).
- Acetona (Heroína, cocaína, anfetaminas).
- Metiletilcetona –butanona– (Anfetaminas).
- Tolueno (Cocaína, crack, anfetas).
- Ácido sulfúrico (Heroína, cocaína, MDA).
- Ácido clorhídrico (Heroína, cocaína, metacualonas).

6. LAS RUTAS DE LA DROGA

De acuerdo con la última Estrategia Nacional sobre Drogas, "*España, por su situación geográfica y su posición estratégica como puerta de entrada hacia Europa a través del continente americano y africano, forma parte de muchas de las rutas de tránsito y entrada de las drogas hacia Europa. Sin embargo, no desempeña un papel especialmente relevante en la producción de sustancias ilegales a partir del cultivo de materias primas o del procesamiento químico de sustancias o precursores de drogas*".

Creo que para todos es fácil de entender que tanto lo relativo a las rutas, como lo relacionado con las formas de ocultación, no dejan de ser meros datos "históricos" dado que los delincuentes van muchos pasos por delante de los responsables de impedir el tráfico de cualquier tipo de droga, y cuando estos descubren una ruta o sistema de ocultación, cambian inmediatamente a otro diferente, que siempre tienen previsto.

Es verdad también que lo dicho anteriormente es válido especialmente para el tráfico de "elite", es decir para los grandes grupos de delincuencia organizada, con un gran poder económico y logístico, lo que les permite una amplia disposición de personas y medios materiales que, en comparación con los medios para combatirlo de que disponen las policías, es algo irrisorio.

No obstante, en parte, pueden seguir siendo válidos para lo que podemos llamar pequeño tráfico, especialmente para el "menudeo", cuando este tráfico se hace a pequeñas distancias o a través de personas que las transportan en su propio cuerpo, exteriormente (adheridas a su cuerpo, en maletas o cualquier otro tipo de equipaje o medio de ocultación) o interiormente, tras su ingesta (los denominados "culeros", "mulas", "correos", etc).

En estos días en los que estoy redactando el capítulo (mediados de septiembre) salta a la prensa y a la televisión la noticia de una nueva actuación de las "planeadoras" en la zona del Campo de Gibraltar y aledaños, acciones que dejaron de realizarse por algún tiempo. Consiste en que embarcaciones de poco calado y una gran velocidad, bien desde barcos nodriza, bien directamente desde zonas del norte de África, cercanas a nuestras costas, se desplazan cargadas con fardos de droga prensada, en este caso especialmente de derivados cannábicos (marihuana o hachís) hasta las costas de Andalucía, a localidades próximas a Gibraltar, especialmente. A gran velocidad llegan a la costa, lanzan los fardos a la playa y regresan inmediatamente a sus refugios, especialmente Gibraltar. Los fardos son recogidos con gran rapidez por numerosos "porteadores", incluidos menores, que estaban esperando su desembarco y los ocultan en el interior de la población. El problema, aparte de la detección y posible seguimiento de la embarcación es, por una parte, el número de porteadores, que de cualquier sexo y edad, hacen que la interceptación y decomiso sea casi imposible dado que lo normal es que, de haberla, son más los delincuentes que los agentes policiales. Por otra, dada la situación económica, especialmente de la zona, son muchas las personas que viven de ese tráfico, por lo que muchos de los vecinos interfieren en la acciones policiales no solo de forma pasiva, sino también activa, facilitando la ocultación de la droga e impidiendo la actuación policial, en numerosas ocasiones con el lanzamiento de piedras y otros objetos.

El aeropuerto de Ciudad Real en una imagen tomada antes de la inauguración de la terminal que la 'mafia de la noche' quería comprar. / JOSÉ AYMÁ

LAS CLAVES DE LA 'OPERACIÓN EDÉN'

Un empresario asiduo del gimnasio Barceló y el traficante Lauro Sánchez querían la terminal de carga del aeropuerto para traer entre ocho y 10 toneladas de coca al mes en vuelos semanales Perú-Ciudad Real

La 'mafia de la noche' quería comprar el aeropuerto de Ciudad Real para traer 'coca'

La evolución del consumo y la demanda determinada, la evolución de la delincuencia en el tráfico de drogas que ha hecho desaparecer a los traficantes individuales y especializados en un determinado tipo de droga, la cooperación entre los delincuentes con redes organizadas y la colaboración policial internacional han dado un gran vuelco a todo lo conocido anteriormente respecto a esta tipología delictiva. Todo ello ha hecho que junto con las grandes rutas tradicionales del narcotráfico, que aún siguen activas, han ido surgiendo nuevas rutas, medios y técnicas para evitar los controles policiales, a lo que hay que unir las nuevas organizaciones políticas nacionales.

Respecto al transporte ya nada puede extrañarnos, en la foto adjunta resaltamos una noticia aparecida en la prensa nacional, altamente significativa de la forma en la que la delincuencia organizada se mueve en nuestros días (El Mundo 11 de noviembre de 2011).

6.1. Los cannábicos

No descubrimos secreto alguno, ni ofendemos a país ninguno, si decimos que el mayor centro de producción de esta planta es el norte de África, país desde el cual se transporta a todo el mundo y especialmente a Europa a través de nuestro país. Nuestra cercanía y la gran cantidad de costa que tenemos "a tiro de piedra" de la costa africana, hace que seamos "almacén" fácil para el alijo.

Al inicio de este capítulo hicimos una pequeña referencia a una forma de tráfico bastante común que ha sido, es y será, la más común con este producto tanto por el poco riesgo que corren los traficantes, la facilidad de la huída, el poco costo económico y la gran ayuda que reciben de una determinada población, el tráfico a través de la gran cantidad de población oriunda de África que vive en Europa, especialmente en épocas vacacionales, o de su comercio internacional con la ocultación de la droga bien en el cuerpo, bien camuflada en los vehículos, mercancías u objetos transportados, es otra forma de tráfico muy corriente.

Respecto a nuestro país y a Europa ya sabemos que se han convertido en uno de los centros de mayor demanda, y por supuesto consumo, del mundo, circunstancia que es aprovechada no solo por los traficantes de este producto y por rutas predecibles, sino también para la delincuencia organizada y de otro gran surtido de sustancias.

En especial respecto a los cannábicos el transporte se realiza por mar en embarcaciones de todo tipo, por tierra especialmente en camiones con sistema de transporte "TIR" y por vía aérea en aparatos tipo avionetas y helicópteros, especialmente. Las rutas marítimas son a través del Mediterráneo y del Atlántico. Las terrestres a través de la principales carreteras españolas, de centro y mediterráneas, hacia centro Europa con enlaces de Ferrys para su enlace con las islas británicas. En el transporte aéreo se utilizan especialmente aeródromos privados del sur de España.

6.2. Los cocaínicos

El lugar líder en producción de cocaína es Sudamérica, especialmente Colombia y Bolivia, y se han detectado dos rutas diferentes:

a) La latinoamericana: Argentina, Paraguay, Estados Unidos, Canadá y Europa.

b) La atlántica: Venezuela, Brasil, Argentina, diversos países del Caribe, África y Europa.

En Europa, los lugares de entrada de la cocaína se encuentran en Holanda y Bélgica, países en los que el comercio por vía aérea y especialmente marítima, con puertos de una actividad comercial frenética, facilitan la labor del tráfico, de manera especial desde el florecimiento de numerosas y muy importantes, por su tamaño, empresas de transporte y paquetería internacional.

Es importante también tener en cuenta que los países del África subsahariana se han convertido en lugares de recepción y almacenamiento de cocaína, cuya distribución se realiza siguiendo las mismas rutas que el hachís para su entrada, principalmente en Europa por su frontera sur.

También se han tenido en cuenta numerosos países europeos, especialmente los que pertenecieron al gran bloque soviético (Letonia, Hungría, República Checa,...) cuyo florecimiento y apertura al turismo no solo le han convertido en demandantes de droga, sino que también son utilizados por las redes de la delincuencia organizada como nuevos centros de almacenaje y distribución a otros países como puedan serlo la misma Rusia y los países bálticos.

6.3. Los opiáceos

Existe una zona del mundo, una tierra de nadie, situada en el sudeste de Asia, en la frontera con Birmania (Myanmar), Laos y Tailandia, conocida como el “triángulo de oro”, lugar donde reina el cultivo de la adormidera, y de concentración de los mayores traficantes de opio del mundo. No en vano constituía la zona donde se cultivaban las tres cuartas partes de la producción mundial de esta planta. Es verdad que en los informes oficiales internacionales a los que hacemos referencia, figuran una "considerable" disminución en la tierra dedicada al cultivo de la adormidera, pero esta disminución puede considerarse "insignificante" ante el gran problema con el que los países se enfrentan, dado que en su sustitución el cultivo masivo se ha desplazado a Afganistán (www.un.org; http://presencias.net).

Por la estructura de la zona y la orografía del terreno el transporte se realiza principalmente por carretera vía Turquía, lugar de distribución al resto del mundo.

6.4. Las drogas de síntesis.

Se sigue considerando que el mayor productor de drogas sintéticas siguen siendo los Países Bajos desde donde, con numerosas posibilidades, recursos y facilidades se distribuye al resto de Europa y del mundo.

Pero no sería justo mantener esta afirmación sin mas explicaciones. La fabricación de las pastillas se realiza, en la mayoría de las ocasiones, en laboratorios clandestinos ("cocinas") que no necesitan disponer de especiales medidas de ningún tipo, excepto un buen sistema de ventilación, pero que en la mayoría de los casos no instalan con la finalidad de no expandir olores, especialmente si el "laboratorio" se encuentra ubicado en bajos de edificios o en pisos de lugares habitados. Para su confección, además, no se necesitan grandes conocimientos en química, dado que estudiantes con conocimientos medios en esta disciplina han sido detenidos como fabricantes de estas pastillas. Por otra parte los productos necesarios que se deben de utilizar para su fabricación son, la mayoría de ellos, productos de venta legal que si bien poseen restricciones para su comercio, no es difícil su obtención. Todo esto hace que su fabricación se pueda ver muy difundida entre muchos países, aparte de los mencionados.

7. CONSECUENCIAS GENERALES DEL CONSUMO. DROGAS Y DELITO

Consideramos, de acuerdo a los informes que hemos consultado, que una de las consecuencias más graves derivada del consumo de las drogas es el problema de salud que se origina, especialmente entre los jóvenes. Las enfermedades infecciosas como el VIH y las hepatitis B y C, así como las de transmisión sexual, tuberculosis, tétanos, botulismo o el virus linfotrópico humano de células T, son un claro resultado de ello al afectar de manera desproporcionada a los consumidores de droga, aún fuera del ámbito del consumo por vía parenteral, si bien los planes de tratamiento mantienen los niveles de infección, especialmente del VIH, en un mantenimiento, o incluso descenso, desde 2002.

En el tema de la mortalidad, en un estudio llevado a cabo en determinadas poblaciones europeas, se detectó ente un 10% y un 23% de mortalidad en personas de entre 15 y 49 años. En este contexto se incluían tanto las muertes provocadas directamente por el uso de las drogas, por la acción de otras sustancias o la relación directa con determinados accidentes. Las muertes provocadas directamente por el consumo de drogas hacen referencia "a las muertes causadas directamente (sobredosis) por el consumo de una o más drogas, de las que al menos una es una droga ilegal" (Informes y Guías del Observatorio Europeo de las Drogas y las Toxicomanías –OEDT– y del Centro Europeo para la Prevención y el Control de las Enfermedades –ECDC– 2007).

En el tema de la salud pueden tener, así mismo, importantes implicaciones tanto el uso de nuevas sustancias psicotrópicas, como el conocimiento de novedosas plantas de consumo. A este respecto se considera de gran interés la decisión del Consejo 2005/387/JAI, de 10 de mayo, en la que se establece un mecanismo para el intercambio rápido de información sobre estas nuevas sustancias que pudieran suponer una amenaza para la salud pública y la sociedad en general (sistema de alerta temprana).

Gracias a este sistema se han notificado la aparición de plantas o productos derivados de ellas con propiedades psicotrópicas. Entre ellas mencionaremos:

- El arbusto *Piper methysticum*, el kava, utilizado en las Islas del Pacífico Sur con propósitos ceremoniales con el consumo de infusión de sus raíces.
- Las raíces de la *Catha edulis* (qat), cultivada en África oriental y la Península Arábiga, se utilizan como estimulante masticándolas.
- Las hojas del *Mitragyma speciosa*, el katrom, procedente del sureste asiático, mascadas, fumadas o en infusión, poseen efectos estimulantes.
- También con fines ceremoniales, en el sur de México, se mascan o se fuman las hojas de la *Salvia divinorum*, que poseen efectos alucinógenos.
- Las semillas de la rosa lisérgica hawaiana, *Argyreira nervosa*, poseen un principio similar al LSD que puede producir efectos alucinógenos suaves.

En relación con el binomio droga-delito, existen en verdad diferentes tópicos que debemos desterrar de nuestro conocimiento.

Uno de ellos es la unión inseparable droga-delito, tópico que está muy lejos de la realidad. El ser drogodependiente no implica, en absoluto, ser delincuente, y la comisión de delitos no siempre está relacionada con el consumo de sustancias.

También debemos tener en cuenta que no todos los que consumen drogas son dependientes, y que es solo cuando se llega al verdadero estado de dependencia cuando la relación delito-droga puede ser estudiada, ya que en otro caso el delito puede tener muchos "motivos". Debemos tener en cuenta que, aún en situación de dependencia, cada tipo de droga, incluido el alcohol, tiene una variabilidad en cuanto al tipo de delito y sus "dosis" de violencia.

Por último, y es un error ampliamente cometido por los medios de comunicación social, el referir la comisión de un delito por una "fuerte intoxicación por drogas". Al contrario, en una situación de intoxicación aguda no es común la comisión de delitos, especialmente por el estado en el que el individuo se encuentra en esa situación, quedando aparte su influencia en los accidentes, especialmente en los de conducción de vehículos bajo esos efectos. Si es altamente peligroso cuando el individuo se encuentra bajo el síndrome de abstinencia, dado que su comportamiento puede ser de gran violencia, injustificado e imprevisto.

Respecto del alcohol, y dejando a un lado los delitos cometidos durante, o por motivo de, la conducción de vehículos a motor, un estudio de García Andrade (2002) arroja el dato de que tan solo en 190 casos de los 1300 estudiados, el alcohol tuvo una participación especialmente significativa, y de entre ellos solo había una mujer.

Los delincuentes de adicción alcohólica tienen, de media, mayor edad que en otras adicciones (35-40 años, frente a los 20-25 de los otros drogadictos). Estos datos han sufrido actualmente una considerable modificación como veremos al hablar de los fenómenos de la "litrona" y el "botellón".

La violencia si es un comportamiento característico en los delitos cometidos bajo la influencia del alcohol, muy superior a la presente en otros casos, sin tener en cuenta aquellas relacionadas con la interacción en caso de enfermos psicóticos bebedores.

No obstante lo dicho no podemos quitarle "hierro" a las consecuencias del consumo de drogas, sean estas cuales fueran. El consumo representa, en sí mismo, una situación patológica del consumidor, dado que no solo afecta a la esfera personal del individuo sino que se "traslada" a numerosos comportamientos y ambientes de su esfera personal, familiar y social. En la mayoría de los casos, lo único que preocupa al drogodependiente es la obtención de la dosis necesaria, como hemos dicho, no para sentirse bien, sino para evitar sentirse mal debido a los desastrosos efectos del síndrome de abstinencia. Para ello no tendrá duda en "romper" cualquier barrera que se le presente. La familiar, que sufrirán las verdaderas consecuencias de su comportamiento y serán en ocasiones víctimas de determinado tipo de delitos, especialmente robos, hurtos o lesiones. En la esfera social, por una parte, se producirá un aislamiento autoprovocado a consecuencia de su comportamiento antisocial. En el aspecto laboral, su falta de productividad o rendimiento provocados por su estado físico y mental, su posible conflictividad con el resto de los compañeros, irá posiblemente unido a hurtos o robos, como en el ámbito familiar. En el aspecto personal los déficits provocados por la situación de drogadicción pueden traducirse en un déficit en su actividad general y en una disminución general de sus capacidades físicas y mentales unida, en numerosas ocasiones, a una pérdida total de la realidad, lo que lleva más y más a un deterioro físico y mental que llegaría a su autodestrucción.

Aparte de lo dicho anteriormente, no podemos obviar la relación droga-delito en determinados lugares, especialmente aquellos que sufren graves problemas de violencia, en los que grupos armados ilegales o insurgentes obtienen fondos tanto de la producción, como del tráfico de drogas ilegales.

La región más afectada es la de América Central, Guatemala, Honduras y El Salvador.

Mención especial merece actualmente México, con una tasa de asesinatos muy por encima de lo normal, actos imputados a los cárteles de la droga.

8. LA LUCHA CONTRA LA DROGA: INSTRUMENTOS

La lucha contra la droga, especialmente a nivel europeo actúa en dos campos fundamentales, el tráfico y suministro de la droga y la reducción de la demanda, lo que se pone de manifiesto en sus legislaciones internas "estableciendo marcos reguladores para determinadas actividades de reducción de daños, al tiempo que han aumentado las penas por el tráfico de drogas" (Recomendaciones del Consejo Europeo de 2003 relativa a la prevención y reducción de daños asociados a la drogodependencia; Decisión Marco 2004/757/JAI del Consejo de 25 de octubre, sobre el endurecimiento de las penas aplicables en el ámbito del tráfico ilícito de drogas; Recomendaciones de la Comisión Europea de 2007 sobre estrategias en materia de drogas de la UE o el Informe Anual de 2009).

La lucha contra cualquier tipo de lacra que "esclavice" o afecte de forma importante y negativa a una sociedad, sea esta de una provincia, país, continente o mundial, como es el caso que nos ocupa, debe enfocarse desde diversas perspectivas, legales, sociales, sanitarias, etc.

8.1. Desde el punto de vista legal

Y sin intención de ser exhaustivos relacionaremos a continuación, en orden cronológico, las que consideramos actuaciones más importantes desde este punto de vista, con indicación de los niveles de afectación de cada una de ellas (http://www.pnsd.msc.es).

Dentro de los ***tratados suscritos por España, de ámbito universal***, destacaremos:

- Convenio Internacional sobre restricción en el empleo y tráfico de opio, morfina, cocaína y sus sales. La Haya, 23 de enero de 1912.
- Convenio Internacional sobre restricción en el tráfico de opio, morfina y cocaína. Ginebra, 19 de febrero de 1925.
- Convenio Internacional sobre fabricación y reglamentación de la distribución de estupefacientes. Ginebra, 13 de julio de 1931.
- Convenio para la supresión del tráfico ilícito de drogas nocivas. Ginebra, 26 de julio de 1936.
- Convenio de constitución de la Organización Mundial de la Salud. Nueva York, 22 de julio de 1946.
- Protocolo sobre adormidera y opio. Nueva York, 23 de junio de 1953.
- Convenio sobre sustancias psicotrópicas. Viena, 21 de febrero de 1971 (contiene las listas de sustancias psicotrópicas sometidas a fiscalización internacional).
- Convención de las Naciones Unidas contra el tráfico ilícito de estupefacientes y sustancias psicotrópicas. Viena, 20 de diciembre de 1988 (contiene como anexo la lista de las sustancias utilizadas frecuentemente en la fabricación ilícita de estupefacientes y sustancias psicotrópicas sometidas a fiscalización internacional).
- Convenio de las Naciones Unidas contra la Delincuencia Organizada Transnacional. Palermo (Italia), 12 diciembre de 2000.

- Ratificación del Convenio Marco de la OMS para el control del tabaco. Ginebra, 21 de mayo de 2003.
- Ratificación de la Convención Internacional contra el dopaje en el deporte. París, 18 de noviembre de 2005.

Dentro del ***ámbito regional***, señalamos:

- Estatuto del Consejo de Europa, de 5 de mayo de 1949.
- Ratificación del Convenio del Consejo de Europa relativo al blanqueo, seguimiento, embargo y decomiso de los productos de delitos. Estrasburgo, 8 de noviembre de 1990.
- Acuerdo del Consejo de Europa, de 31 de enero de 1995, sobre tráfico ilícito por mar.
- Convenio sobre el Tratado de la Unión Europea relativo a la asistencia mutua y la cooperación entre las administraciones aduaneras. Bruselas, 18 de diciembre de 1997.
- Ratificación del Convenio del Consejo de Europa relativo al blanqueo, seguimiento, embargo y comiso de los productos del delito y la financiación del terrorismo. Varsovia, 16 de mayo de 2005 (Directiva 2005/60/CE, de 26 de octubre, que modifica la Directiva 2001/97/CE y deroga la Directiva 91/308/CEE).

Dentro de la ***normativa de la Unión Europea*** destacaremos:

- Tratado constitutivo de la Comunidad Europea. Roma, 25 de marzo de 1957.
- Acta Única Europea. Luxemburgo, 17 de febrero de 1986 y La Haya, 28 de febrero de 1986.
- Tratado de la Unión Europea. Maastricht, 7 de febrero de 1992.
- Tratado de Ámsterdam de 2 de octubre de 1997.

Otras normativas a tener en cuenta serían:

- Decisión 90/611/CEE del Consejo de 22 de octubre de 1990, relativa a la conclusión del Convenio de las Naciones Unidas contra el tráfico ilícito de estupefacientes y sustancias psicotrópicas.
- Reglamento 3769/92/CEE de la Comisión de 21 de diciembre de 1992, por el que se aplica y modifica el Reglamento número 3677/90/CEE, del Consejo, relativo a las medidas que deben adoptarse para impedir el desvío

de determinadas sustancias para la fabricación ilícita de estupefacientes y sustancias psicotrópicas.

- Protocolo sobre fiscalización internacional de drogas sintéticas. Paris, 19 de noviembre de 1948.
- Recomendación, de 8 de junio de 1971, del Consejo de Cooperación Aduanera sobre información en lo relativo al tráfico ilícito de drogas.
- Resolución 34/177, de la Asamblea General de la ONU, de 17 de diciembre de 1979, sobre cooperación internacional para la fiscalización del uso indebido de drogas.
- Declaración 39/142, de la Asamblea General de la ONU, de 14 de diciembre de 1984, sobre la lucha contra el narcotráfico y el uso indebido de drogas.
- Declaración sobre los principios rectores sobre la reducción de la demanda de drogas y medidas de fomento de la cooperación internacional en la lucha contra el problema mundial de las drogas formuladas por la Asamblea General de la ONU, los días 8 a 10 de junio de 1998 (Declaración Política).
- Resolución del Parlamento Europeo, de 13 de septiembre de 1985, sobre la lucha contra la toxicomanía.
- Resolución del Parlamento Europeo, de 13 de septiembre de 1995, sobre la lucha contra la droga.
- Resolución del Consejo de las Comunidades Europeas, de 10 de noviembre de 1986, sobre una acción para hacer frente al problema de las drogas.
- Conclusiones del Consejo y de los Ministros de Sanidad, de 3 de diciembre de 1990, relativas a la disminución de la demanda de sustancias estupefacientes y sustancias psicotrópicas.
- Decisión Marco 200/757/JAI del Consejo, de 25 de octubre, relativa al establecimiento de disposiciones mínimas de los elementos constitutivos de delitos y las penas aplicables en el ámbito del tráfico ilícito de drogas.
- Decisión Marco 2005/212/JAI del Consejo, de 24 de febrero, relativa al decomiso de los productos, instrumentos y bienes relacionados con el delito.

En nuestra propia legislación tenemos que recurrir, especialmente a:

- LO. 10/95, de 23 de noviembre, del Código Penal.

- LO. 5/1999, de 13 de enero, de modificación de la Ley de Enjuiciamiento Criminal, en materia de perfeccionamiento de la acción investigadora relacionada con el tráfico ilegal de drogas y otras actividades ilícitas graves.
- LO. 15/2003, de 25 de noviembre, por la que se modifica la LO. 10/1995, de 23 de noviembre, del Código Penal.
- Ley 17/2003, de 29 de mayo, por la que se regula el fondo de bienes decomisados por tráfico ilícito de drogas y otros delitos relacionados.
- LO. 5/2010, de 22 de junio, por la que se modifica la LO. 10/1995, de 23 de noviembre, del Código Penal.
- Ley 5/2010, de 28 de diciembre, sobre determinadas medidas de prevención del blanqueo de capitales, y .
- RD 1911/99, de 17 de diciembre por el que se aprueba la estrategia nacional sobre drogas para el periodo 2000-2008.

Con las modificaciones realizadas por las leyes y atendiendo a lo establecido en las Decisiones Marco 757/2004 y 212/2005, nuestro Código Penal, dentro del Título XVII, de los delitos contra la seguridad colectiva, Capítulo III, de los delitos contra la salud pública, Artículos (Arts) 359 a 378, desgrana la normativa aplicable al tema afectado y, a partir del Art. 368, especialmente al tema de las drogas.

Dentro de estos destacaremos por su importancia el Art. 368, tipo básico que determina: "*Los que ejecuten actos de cultivo, elaboración o tráfico, o de otro modo promuevan, favorezcan o faciliten el consumo ilegal de drogas tóxicas, estupefacientes o sustancias psicotrópicas, o las posean con aquellos fines...*".

Los Arts. 369 y 370 determinan las circunstancias agravantes en relación con lo determinado en el tipo básico y el 369 bis lo hace en relación al sujeto activo del delito. El Art. 374 contempla el decomiso de los productos, equipos, materiales y sustancias relacionadas en el Art. 371 y el 127 (Título VI, de las consecuencias accesorias).

En su Título XXII, de los Delitos contra el Orden Público, Capítulo VI, de las organizaciones y grupos criminales, destacaremos el Art. 570 bis y ter en relación con el tema que nos ocupa. El Art. 570 bis en su punto 1 se refiere a "*quienes promovieren, constituyeren, organizaren, coordinaren o dirigieren una organización criminal serán castigados,......; y quienes participaren activamente en la organización, formaren parte de ella o cooperaren económicamente o de cualquier modo con la misma serán castigados...*". Este mismo punto en su apartado segundo determina lo que se entiende por "*organización criminal la agrupación formada por más de dos personas con carácter estable o por tiempo indefinido, que de manera concertada o coordinada se repartan diversas tareas o funciones con el fin de cometer delitos, así como de llevar a cabo la perpetración reiterada de faltas*". El punto dos de este artículo determina las penas que se impondrán de acuerdo a las características de la organización (número de personas, disposición de armas, medios tecnológicos, tipo de delitos cometidos, etc.). El Art. 570 ter determina las penas para aquellos que constituyeren, financiaren o integraren un *grupo criminal* dependiendo de diferentes característica del grupo (finalidad delictiva y tipo de delito). El apartado c, punto segundo de este mismo artículo define al grupo criminal como "*la unión de más de dos personas que, sin reunir alguna o algunas de las características de la organización criminal definida en el artículo anterior, tenga por finalidad o por objeto la perpetración concertada de delitos o la comisión concertada y reiterada de faltas*".

8.2. Desde el punto de vista institucional

Y en la mayoría de las veces por mandato de determinadas leyes, no podemos olvidar a las instituciones oficiales o particulares que tienen relación con este tema.

8.2.1. El Plan Nacional sobre Drogas (PNSD)

En primer lugar haremos referencia al Plan Nacional sobre Drogas (PNSD), iniciativa gubernamental creada en el año 1985 destinada a coordinar y potenciar las políticas que, en materia de drogas, se llevan a cabo desde las distintas Administraciones Públicas y entidades sociales en España.

El RD 263/2011, de 28 de febrero, por el que se desarrolla la estructura orgánica básica del Ministerio de Sanidad, Política Social e Igualdad (BOE de 1 de marzo de 2011) integra a la Delegación del Gobierno para el Plan Nacional sobre Drogas en la Secretaría General de Política Social y Consumo, con nivel orgánico de Dirección General y, en su Art. 15, le asigna las siguientes funciones:

a) Ejercer la secretaría del Grupo Interministerial y de la Conferencia Sectorial del Plan Nacional sobre Drogas preparando y coordinando todos los asuntos que haya que someterse a estos órganos colegiados, velar por la ejecución de todos sus acuerdos, así como ejercer la coordinación en este ámbito entre órganos y unidades de los distintos Departamentos ministeriales, de acuerdo con la declaración política aprobada por la Asamblea

General de Naciones Unidas en junio de 1998 y con la Estrategia Europea de Drogas 2005-2012 y los planes de acción que la desarrollan.

b) Impulsar y coordinar las relaciones con las diferentes Administraciones e instituciones tanto públicas como privadas, incluyendo las organizaciones no gubernamentales, que desarrollen actividades en el ámbito del Plan Nacional sobre Drogas, prestándoles el apoyo técnico necesario.

c) Elaborar y proponer las Estrategias Nacionales sobre drogas y Planes de acción que las desarrollen, coordinando con las Administraciones públicas y los agentes sociales la ejecución de las actuaciones y medidas tendentes a la consecución de las medidas que en ellos se señalen.

d) Fomentar, analizar, proponer y gestionar, en el ámbito de sus competencias, programas de prevención, asistencia y reinserción en el ámbito de las drogodependencias, en coordinación con las distintas instituciones que participan en el Plan Nacional sobre Drogas.

e) Impulsar la participación de las empresas y entidades sociales en las actividades del Plan Nacional sobre Drogas, promoviendo la incorporación de programas sobre drogas y drogodependencias al desarrollo de la responsabilidad social corporativa.

f) Impulsar y fomentar la formación dirigida a profesionales sanitarios y a otros profesionales en los distintos aspectos relacionados con las drogas y las drogodependencias, sin perjuicio de las competencias de las Comunidades Autónomas.

g) Realizar y coordinar en el territorio español actividades de recogida análisis de datos y de difusión de la información, tanto de carácter estadístico como epidemiológico, sobre el consumo de drogas y las toxicomanías, definiendo, a tales efectos, indicadores y criterios, actuando como Observatorio Español de la Droga y las Toxicomanías, sin perjuicio de las competencias que en sus respectivos ámbitos territoriales puedan ejercer las Comunidades Autónomas sobre la materia, de acuerdo con sus Estatutos de Autonomía.

h) Fomentar en el ámbito estatal la actividad investigadora en materia de drogas y de drogodependencias y proponer las líneas prioritarias de investigación que se consideren de interés para los objetivos del Plan Nacional sobre Drogas.

i) Promover sistemas de evaluación de programas de prevención, tratamiento, rehabilitación e integración social y aplicar estos sistemas a los programas y a las actividades financiadas con cargo al Plan Nacional sobre Drogas.

j) Elaborar y dirigir la encuesta estatal sobre el uso de drogas en la enseñanza secundaria y la encuesta domiciliaria sobre alcohol y drogas en España, así como recoger y elaborar la información de los indicadores que componen el Sistema Estatal de la información en drogodependencias.

k) Dirigir el Centro de Documentación del Plan Nacional sobre Drogas que sirve de referencia documental e informativa en el campo de las adicciones y las drogodependencias.

l) En colaboración con la Subdirección General de Relaciones Internacionales, coordinar la posición nacional, participando en las reuniones de los organismos internaciones correspondientes, e intervenir en la aplicación de los acuerdos que se deriven de aquellas y, en especial, de las que se desarrollen en el marco de la cooperación en el seno de la Unión Europea, en materia de drogas, ejerciendo la coordinación general entre las unidades de los distintos Departamentos ministeriales, que lleven a cabo actuaciones en tales campos, sin perjuicio de las atribuciones que éstos tengan reconocidas y de la unidad de representación y actuación del Estado en el exterior, atribuida al Ministerio de Asuntos Exteriores y de Cooperación.

m) Servir como órgano estatal de comunicación con el Observatorio Europeo de la Droga y las Toxicomanías en el ejercicio por éste de las competencias que tiene reconocidas en la normativa comunitaria.

n) Gestionar y administrar todos los aspectos relacionados con los recursos humanos, económicos y técnicos de la Delegación del Gobierno, sin perjuicio de las competencias atribuidas a otros órganos superiores u órganos directivos del Departamento.

ñ) Administrar, gestionar y enajenar, bajo la dirección y supervisión de la mesa de coordinación de adjudicaciones, los bienes integrados en el Fondo de bienes decomisados por el tráfico ilícito de drogas y otros delitos relacionados, regulado por la Ley 17/2003, de 29 de mayo, y prestar apoyo técnico y material a dicha mesa.

o) Colaborar con los órganos judiciales competentes en la enajenación anticipada de los bienes de ilícito comercio aprehendidos o incautados por la comisión de cualquiera de los delitos referidos en el artículo 1 de la Ley 17/2003, de 29 de mayo.

En otros puntos de este artículo se determinan las Subdirecciones Generales que dependen directamente del Delegado del Gobierno para el Plan Nacional sobre Drogas y la adscripción de determinados órganos colegiados.

8.2.2. El Centro de Inteligencia contra el Crimen Organizado (CICO)

Fue creado por Real Decreto 991/2006, de 8 de septiembre, por el que se desarrolla la estructura orgánica básica del Ministerio del Interior, con idéntico modelo al seguido para el Centro Nacional de Coordinación Antiterrorista (CNCA), en base al Gabinete de Análisis y Prospectiva sobre el tráfico de drogas, blanqueo de capitales y delitos conexos, al que sustituye.

Dependiendo de la Secretaría de Estado de Seguridad, en su Art. 2, 3, c, dice: "El Centro de Inteligencia contra el Crimen Organizado, al que corresponde la elaboración de la inteligencia estratégica en la lucha contra todo tipo de delincuencia organizada, así como, en su caso, el establecimiento de criterios de coordinación operativa de los servicios actuantes en los supuestos de coincidencia o concurrencia en las investigaciones".

Para el ejercicio de sus funciones le corresponderá:

1. Recibir, integrar y analizar cuantas informaciones y análisis operativos relacionados con la delincuencia organizada sean relevantes o necesarios para la elaboración de la inteligencia estratégica y prospectiva en relación con el crimen organizado.
2. Dictar o determinar, en los supuestos de intervención conjunta o concurrente, los criterios de coordinación y de actuación de las unidades operativas de las Fuerzas y Cuerpos de Seguridad del Estado, y la de éstos con otros servicios intervinientes, en función de sus competencias propias o de apoyo a la intervención.
3. Elaborar el informe anual sobre la situación de la criminalidad organizada en España, así como una Evaluación Periódica de Amenaza.
4. Elaborar y difundir las informaciones estadísticas relacionadas con esta materia".

Este RD de creación hace a su vez que en los Cuerpos de Seguridad del Estado afectados, Cuerpo Nacional de Policía (CNP) y Guardia Civil (GC), se creen determinados servicios para atender a las necesidades operativas y de información necesarias. Se crearon los GRECO (Grupos de Respuesta Especial para el Crimen Organizado) en el seno del CNP y los ECO (Equipos contra el Crimen Organizado) en el de la GC.

8.2.3. El Observatorio Español sobre Drogas

La puesta en marcha de este Observatorio fue una de las medidas que la Delegación del Gobierno para el Plan Nacional sobre las Drogas adoptó para mejorar las tareas de información y análisis del fenómeno de las drogodependencias en nuestro país.

Su función básica es la de evaluar la situación de las drogodependencias en España a través de la recogida de información de todas las fuentes existentes tanto públicas como privadas, nacionales o internacionales y ponerla a disposición de todos aquellos con competencias en esta área.

Constituye, así mismo, un instrumento eficaz para la toma de decisiones en el seno del Plan Nacional sobre las Drogas y afrontar actuaciones en este ámbito.

8.2.4. La Fiscalía Antidroga

Dependiente de la Fiscalía General del Estado y encuadrada dentro de las Fiscalías Especiales, se crea la Fiscalía Antidroga para atender a la gran complejidad de los delitos que deberá investigar, complejidad marcada por la incontable cantidad de delitos conexos que se cometen en el tráfico de drogas. La complejidad de las redes de tráfico y la delincuencia organizada, unida a las técnicas y tecnologías utilizadas en la comisión de delitos de blanqueo de capitales, hicieron necesaria su creación.

A su vez coordina las actuaciones de otras Fiscalías que intervengan en la investigación de este tipo de delitos, asumiendo, así mismo, las posibles investigaciones llevadas a cabo tanto en nuestro territorio como en las cooperaciones internacionales.

A nivel territorial, en las Fiscalías de los Tribunales Superiores de Justicia de las Comunidades Autónomas, existe un Fiscal Delegado Antidroga con misiones de coordinación policial en su demarcación.

8.2.5. MAOC-N

Es un grupo de trabajo intergubernamental integrado por España, Francia, Irlanda, Italia, Holanda, Portugal e Inglaterra con la misión de colaborar en la lucha contra el tráfico ilegal de drogas. Con sede en Lisboa inicia sus actividades en julio de 2007.

Dentro de sus obligaciones está la de mejorar la inteligencia respecto a la delincuencia especial, facilitar información y, en su caso, organizar operaciones conjuntas y de coordinación con objetivos en el aire o por mar, procediendo a su intervención.

En este grupo están representados, no solo los países, sino también personal de organizaciones, instituciones y servicios como el CICO, INTERPOL, EUROPOL, y otras Agencias americanas, que lo están también en otros servicio o Instituciones extranjeras como lo son la Oficina Central para la Represión del Tráfico Ilícito de Estupefacientes (Francia), el Centro de Coordinación para la Lucha contra el Narcotráfico en el Mediterráneo (Francia) o la Joint Interagency Task Force del Sur (USA).

8.2.6. Las Estrategias Nacionales sobre Drogas (2000-2008 y 2009-2016) y el Plan de Acción sobre Drogas (2009-2012) de España y el Plan de Acción en materia de lucha contra la droga de la UE (2009-2012)

Por Real Decreto 1911/99, de 17 de diciembre, se aprueba la primera Estrategia sobre Drogas para el periodo 2000-2008.

El Boletín Oficial del Estado publicó el día 13 de febrero de 2009, el Acuerdo de Consejo de Ministros por el que se aprueba la nueva Estrategia Nacional sobre Drogas para el periodo 2009-2016, estrategia que "*tendrá como finalidad actualizar el Plan Nacional sobre Drogas, orientando, impulsando y coordinando las diferentes actuaciones en materia de drogas y de drogodependencias que se desarrollen en España en el periodo 2009-2016 y sirviendo de marco de referencia para el establecimiento de la necesaria coordinación, colaboración y cooperación entre diferentes administraciones públicas y las organizaciones no gubernamentales dedicadas al fenómeno de las drogodependencias*".

Por esas mismas fechas sale a la luz el Plan de Acción sobre Drogas para España en el periodo 2009-2012 que recoge, de forma sucinta, las estrategias a llevar a cabo durante este periodo. De igual manera, se publica el plan de acción en materia de lucha contra la droga de la UE (2009-2012): Nuevas Características.

La Estrategia Nacional sobre Drogas para el periodo 2009-2016 reconoce, y se basa, en el verdadero efecto dinámico de las drogas que no solo está influido por numerosos factores, tanto de carácter social, médico o económico, y con una dimensión internacional. El consumo de las drogas sigue siendo elevado, y sus consecuencias aún mas, principal problema de salud no solo en España sino en el resto del mundo. Todos estos ámbitos, factores y consecuencias merecen una atención especial y una puesta en marcha de los programas de intervención que palien estas situaciones, dirigiendo los esfuerzos especialmente a "*optimizar la coordinación de todas las instituciones y agentes implicados y enmarcarlos en el ámbito de las políticas sociales y de salud pública, mediante la fijación de unas prioridades razonables, asumibles y asequibles*".

Esta Estrategia reconoce los cambios mas importantes en las variables intervinientes en este fenómeno. Estos cambios son:

- Los cambios en los perfiles de los consumidores de sustancias psicoactivas, el patrón de policonsumo cada vez más generalizado, la precocidad en el inicio del uso de algunas sustancias y la relación, cada vez más estrecha, entre éste y los espacios y tiempos de ocio.
- La aparición de nuevas sustancias que se están introduciendo en el mercado.
- El incremento de trastornos mentales asociados a los consumos de sustancias psicoactivas que produce una considerable demanda de atención a la patología dual.
- El fenómeno de la inmigración y su impacto en la sociedad española, con los cambios correspondientes en aspectos sociales, culturales e, incluso, económicos.
- El envejecimiento de consumidores problemáticos.
- La creciente importancia del tráfico de drogas en el escenario del crimen organizado, las interrelaciones cada vez más frecuentes entre las organizaciones de narcotraficantes y las que cometen otros tipos de actos delictivos, y la tendencia de los actuales grupos delictivos a la multicriminalidad organizada.
- El necesario impulso a la investigación en todos los campos de las drogodependencias y su transferencia a la práctica.
- Las modificaciones habidas en las redes asistenciales, especialmente desde que se completó el proceso de transferencias de los servicios sanitarios a las Comunidades Autónomas.
- La necesidad de diversificar e individualizar los programas y actuaciones preventivas por poblaciones en riesgo y por contextos de riesgo.

Para la evaluación de los resultados y la adopción de medidas, se cuenta con un número importante, variado y fiable de sistemas de información e investigaciones diversas que facilitan datos sobre multitud de aspectos relacionados con las drogas y las drogodependencias: prevalencias de consumo y perfil de los consumidores; actitudes y percepciones de diversos sectores sociales; número y características de las personas en tratamiento o atendidas en servicios de urgencia; morbilidad y mortalidad relacionadas con el consumo de drogas; actuaciones en prevención, asistencia y reinserción social, así como aquellas otras relacionadas con la intervención judicial y policial en el ámbito del control de la oferta.

Son de destacar dos tipos de encuestas periódicas que se llevan a cabo por la Delegación del Plan Nacional sobre las Drogas. Una es la Encuesta Domiciliaria sobre Alcohol y Drogas en España (EDADES), la otra, la Encuesta Estatal sobre Uso de Drogas en Enseñanzas Secundarias (ESTUDES).

Los análisis realizados sobre el consumo, de los datos obtenidos durante la vigencia de la primera estrategia, arroja los siguientes resultados:

- ✓ Ha continuado disminuyendo progresivamente el número de usuarios de drogas por vía parenteral.
- ✓ Entre los usuarios de drogas por vía parenteral persisten altos niveles de infección por VIH y virus de la hepatitis, así como de conductas sexuales y hábitos de inyección de riesgo, aunque ha disminuido progresivamente el número de nuevos diagnósticos de VIH en esta población.
- ✓ Tras un prolongado periodo de incremento, se está estabilizando e incluso parece estar descendiendo el consumo de cannabis y cocaína. Este descenso es más notable entre los escolares de catorce a dieciocho años.
- ✓ Ha descendido lentamente la mortalidad directamente relacionada con drogas ilegales, aunque persiste un número apreciable de muertes por esta causa.
- ✓ Después de muchos años de descenso continuado del consumo de heroína, algunos datos parecen apuntar a una estabilización del mismo o a un cierto incremento en el caso de la heroína fumada.
- ✓ Ha descendido el consumo de tabaco, aunque la proporción de personas fumadoras sigue siendo alta.
- ✓ Ha descendido la proporción de consumidores de bebidas alcohólicas, aunque ha aumentado la frecuencia de episodios de consumos intensivos.
- ✓ La droga ilegal más consumida en España es el cannabis.

- ✓ La cocaína ocupa el segundo lugar entre las drogas ilegales que se consumen en España.

Tanto los Planes como las Estrategias se marcan unos objetivos generales, que son:

- ➢ Promover una conciencia social sobre la importancia de los problemas, los daños y los costes personales y sociales relacionados con las drogas, sobre la posibilidad real de evitarlos y sobre la importancia de que la sociedad en su conjunto sea parte activa de la solución.
- ➢ Aumentar las capacidades y habilidades personales de resistencia a la oferta de drogas y a los determinantes de los comportamientos problemáticos relacionados con las mismas.
- ➢ Retrasar la edad de inicio del contacto con las drogas.
- ➢ Disminuir el consumo de drogas legales e ilegales.
- ➢ Garantizar una asistencia de calidad y adaptada a sus necesidades, a todas aquellas personas directa o indirectamente afectadas por consumo de drogas.
- ➢ Reducir o limitar los daños ocasionados a la salud de las personas que consumen drogas y, en general, los efectos sociales y sanitarios indeseables relacionados con su uso.
- ➢ Facilitar la incorporación a la sociedad de las personas en proceso de rehabilitación, a través de programas de formación integral y de preparación e inserción laboral.
- ➢ Incrementar la eficacia de las medidas dirigidas a regular y controlar la oferta y los mercados ilegales de sustancias psicoactivas.
- ➢ Aumentar los mecanismos de control económico sobre los procesos de blanqueo de dinero, profundizando la colaboración con las autoridades administrativas competentes en materia de prevención del blanqueo de capitales y de acuerdo con los criterios establecidos con carácter general en este ámbito por la Comisión de Prevención del Blanqueo de Capitales e Infracciones Monetarias.
- ➢ Mejorar y ampliar la formación de los profesionales que trabajan en este campo, así como la dirigida a personas que colaboran voluntariamente en el mismo.

- Incrementar y mejorar la investigación con el fin de conocer mejor las diversas variables relacionadas con las drogas, su consumo, así como su prevención y tratamiento.
- Potenciar la evaluación sistemática de programas y actuaciones, como instrumento que permita validar las actividades realizadas.
- Optimizar la coordinación y cooperación, tanto en el marco del Estado español como en el marco europeo e internacional en general.

Todos los planes y estrategias que se diseñan, aparte de los objetivos a los que hemos hecho referencia, tienen que tener un destino, unas personas a las que aplicarlos, como final del resumen que de dichos planes y estrategias hemos realizado, nos referiremos, en primer lugar a los grupos de población que serán los beneficiarios de dichos planes y estrategias, y, en segundo lugar a los aspectos estratégicos más relevantes.

Grupos de población beneficiarios:

- Sectores de población consumidores de drogas, no susceptibles de inclusión en programas encaminados a la abstención del consumo.
- Consumidores de heroína de larga duración.
- Entornos de población en situación de marginalidad o exclusión social (por ejemplo, personas que viven en barrios marginales, grupos vinculados a los "mercados de las drogas", personas internas en centros penitenciarios, etc.).
- Grupos de población que frecuentan entornos y participan en situaciones donde existe una especial facilidad para el consumo (por ejemplo, concentraciones juveniles en contextos de ocio y fiesta, discotecas, etc.).
- Colectivos que por determinadas circunstancias pueden verse especialmente afectados por el consumo de sustancias psicoactivas, como pueden ser los conductores de vehículos o las mujeres embarazadas.

Los aspectos estratégicos más relevantes son:

- Perfeccionar las capacidades de Inteligencia sobre el fenómeno de las drogas, al objeto de comprender todas sus dimensiones, predecir sus tendencias y posibilitar la reacción anticipada ante las nuevas modalidades de tráfico de drogas ilegales y blanqueo de capitales.
- Desarrollar y mejorar los mecanismos operativos de lucha contra la oferta de drogas a través de la optimización de los recursos judiciales y policiales especializados.

- Reforzar la coordinación operativa entre Fuerzas y Cuerpos de Seguridad del Estado, Vigilancia Aduanera y Policías Autonómicas con competencias.
- Profundizar en los mecanismos de colaboración policial y judicial internacional en los foros y áreas territoriales de interés estratégico para España, singularmente Unión Europea, América Latina, Norte de África, África Occidental, Este de Europa, Asia central y Extremo Oriente.
- Desarrollar planes de formación específicos en la investigación del tráfico de drogas, así como en la investigación patrimonial y blanqueo de capitales relacionados con dicho tráfico, dirigidos a mandos intermedios y personal de base de las Fuerzas y Cuerpos de Seguridad del Estado, Vigilancia Aduanera y Policía Autonómicas.
- Desarrollar planes de intervención policial contra el consumo de drogas en virtud de los dispuesto en la Ley Orgánica 1/1992, de Prevención de la Seguridad Ciudadana. Las Fuerzas y Cuerpos de Seguridad del Estado diseñarán y aplicarán estos planes, procurando, en su caso, la participación de las policías autonómicas y locales.

9. UN POCO DE ESTADÍSTICA

Como viene siendo norma a lo largo de todo el trabajo, y basándonos en los Anuarios Estadísticos del Ministerio del Interior de los últimos años, vamos a presentar una serie de cuadros o gráficos considerados más importantes para dar una imagen, lo más real posible, de la situación de las drogas en nuestro país.

Comenzaremos, en la Tabla nº 8, con una presentación de forma general de diferentes variables en relación con el tráfico y consumo de diferentes drogas y sustancias estupefacientes.

Tabla nº 8. Evolución de la problemática relacionada con el tráfico y consumo de drogas y sustancias estupefacientes.

AÑOS	DENUNCIAS (*)	DETENCIONES	DECOMISOS
2006	218.656	16.805	243.858
2007	240.237	18.983	268.483
2008	285.378	19.696	319.160
2009	351.927	19.399	388.702
2010	319.474	17.878	352.141

(*) Denuncias administrativas por infracción a la LO. 1/92, de 21 de febrero, de protección de la seguridad ciudadana.

Como vemos en la tabla anterior, se produce un aumento año a año en cualquiera de las variables que hemos analizado a excepción del año 2010 en la que se producen apreciables disminuciones en las denuncias (- 9´22%), detenciones (- 7´48%) y decomisos (- 9´41%).

A partir de la siguiente tabla vamos a analizar esta problemática con un poco mas de concreción y detalle por tipos de drogas, comenzando por las cantidades incautadas, representadas en la Tabal nº 9.

Tabla 9. Cantidades incautadas de determinadas drogas.

SUSTANCIAS	**2006**	**2007**	**2008**	**2009**	**2010**
Cocaína (kg)	49.650	37.783	27.981	25.349	25.241
Hachís (kg)	459.267	653.630	682.671	444.581	384.315
Heroína (kg)	472	226	547	300	233
LSD (Uds)	1.090	1.851	1.651	9.062	7.000
Éxtasis (Uds)	481.583	490.594	534.906	404.334	635.000
Speed (kg)	187	81	56	148	282

Como podemos apreciar en la tabla anterior existe diferentes e importantes variaciones en los datos presentados en cuanto a su fluctuación en ambos sentidos. Con respecto a la cocaína se aprecia una notable disminución a lo largo de los años arrojando una disminución de un 49´16% entre 2006 y 2010. Algo similar sucede con el consumo de heroína cuya disminución representa un 50´63% del año 2010 respecto de 2006. La disminución en el hachís, habiéndola, es más pequeña, tan solo de un 16´32%.

Respecto al resto de las sustancias se producen unos considerables aumentos, del 31´8% en las incautaciones de éxtasis, del 50´8% en las de speed y como dato más llamativo las intervenciones de unidades de LSD se disparan en un aumento del 542´2% del año 2010 respecto del 2006.

Con un poco más de precisión se expone las Tablas nº 10, 11 y 12 representamos los productos cannábicos, opiáceos y otros productos estupefacientes incautados por diferentes Instituciones y Cuerpos de Seguridad (Cuerpo Nacional de Policía –CNP– Guardia Civil (GC) y Vigilancia Aduanera –VA–), durante el año 2010.

Tabla nº 10. Cantidades de cannabis y derivados incautadas por sustancias y Fuerzas de Seguridad (*).

CANNÁBICOS	CNP	GC	VA	TOTAL
Aceite de hachís	0	397.344	0	**397.344**
Hachís	49.207.702	252.831.035	82.275.960	**384.314.697**
Marihuana	707.434	2.007.248	0	**2.714.682**
Otros cannáb.	3.295	1.505	0	**4.800**
Plantas	2.363.411	24.914.250	0	**27.277.661**
Semillas	540	0	0	**540**
TOTALES	**52.282.382**	**280.151.382**	**82.275.960**	**414.709.724**

(*) Todas las cantidades están en gramos.

Tabla nº 11. Cantidades de opio y derivados incautadas por sustancias y Fuerzas de Seguridad (*).

OPIÁCEOS	CNP	GC	VA	TOTAL
Codeína	0	1	0	**1**
Heroína	162.474	67.166	3.726	**233.366**
Metadona	6.966	587	0	**7.553**
Metasedin	0	0	0	**0**
Morfina	15	10	0	**25**
Opio	28	175	0	**203**
Otros	120	190	0	**310**
Plantas	11.300	1.854	0	**13.154**
TOTALES	**180.903**	**69.983**	**3.726**	**254.612**

(*) Todas las cantidades están en gramos.

Tabla nº 12. Cantidades de sustancias depresivas, sedantes y tranquilizantes incautadas por sustancias y Fuerzas de Seguridad (*).

SUSTANCIAS	CNP	GC	TOTAL
G.B.H.(Uds) (*)	234	0	**234**
Ketamina (cc.cc)	2.746	12.246	**14.992**
Otros fármacos (Uds)	0	51.095	**51.095**
Otros (Uds)	9.658	18	**9.676**
Rohipnol (Uds)	118	187	**305**
Trankimacin (Uds)	17.086	3.654	**20.740**
Tranxilium (Uds)	1.369	328	**1.697**
Valium-Diazepan (Uds)	1.156	98	**1254**
TOTALES	**32.637**	**67.626**	**99.993**

(*) Éxtasis líquido.

También consideramos de importancia hacer una pequeña referencia a las personas detenidas por infracciones a la misma ley y distribuidos por sexo y en relación a la "familia de drogas" objeto de la infracción.

En el Gráfico 4 representamos de manera global las detenciones realizadas por diferentes Cuerpos y Fuerzas de Seguridad durante el año 2010.

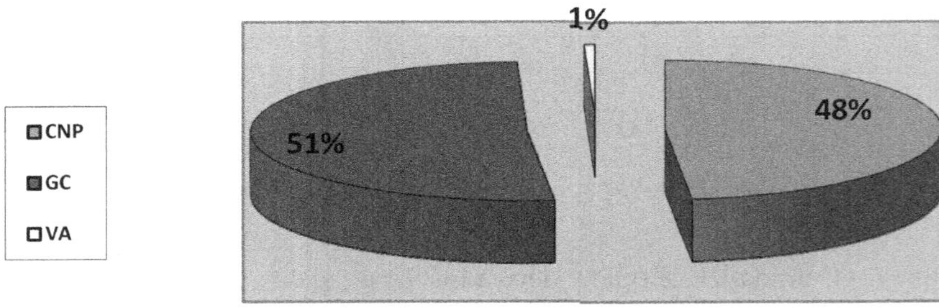

Gráfico 4.

En la Tabla 13 representamos los detenidos por sexos.

Tabla 13. Detenidos por sexos.

DETENIDOS	CNP	GC	VA	TOTAL
Hombres	7.186	7.737	89	**15.012**
Mujeres	1.470	1.378	18	**2.866**
TOTAL	**8.656**	**9.115**	**107**	**17.878**

Por último en la Tabla 14 se presentan los datos relacionados con detenidos por los diferentes Cuerpos y Fuerzas de Seguridad y "familias" de drogas.

Tabla 14; Detenciones por "familias" de drogas.

FAMILIAS DE DROGAS	CNP	GC	VA	TOTALES
Alucinógenos	60	68	0	**128**
Cannábicos	5.011	6.683	105	**11.799**
Cocaínicos	4.714	3.535	117	**8.366**
Depresivos, sedantes, tranquilizantes	403	210	0	**613**
Estimulantes	433	577	0	**1.010**
Opiáceos	992	400	0	**1.392**
Otras sustancias	0	3	1	**4**
	11.613	**11.476**	**223**	**23.312**

Por último, con datos obtenidos del CICO y aportados por la Oficina Central Nacional de Estupefacientes (OCNE), recabados por ésta de las Fuerzas y Cuerpos de Seguridad del Estado (Policía Nacional y Guardia Civil), exponemos en la Tabla 15 los precios y purezas de determinadas drogas en el año 2011.

Tabla 15. Precios y purezas.

DROGAS	PRECIOS			PUREZAS		
	Dosis	Gramo	Kilo	Dosis	Gramo	Kilo
Cocaína	16,35€	58,92€	34.294€	34,50%	42%	68%
Heroína	10,32€	59,13€	31.897€	21%	30,5%	44%
Sulfato de metanfetamina	10,85€	23,46€	17.254€			
Aceite de hachís		13,28€	2.222,5€			
Resina de Hachís		5,58€	1.460€			
Marihuana		4,52€	1.059,5€			
MDMA- Éxtasis	10,56€					
Anfetaminas	5,23€					
LSD	11,70€					
Fármacos	3,73€					

Por último, en el Gráfico 5 y en la Tabla 16, presentamos los datos sobre las Actas instruidas por posesión y consumo de drogas.

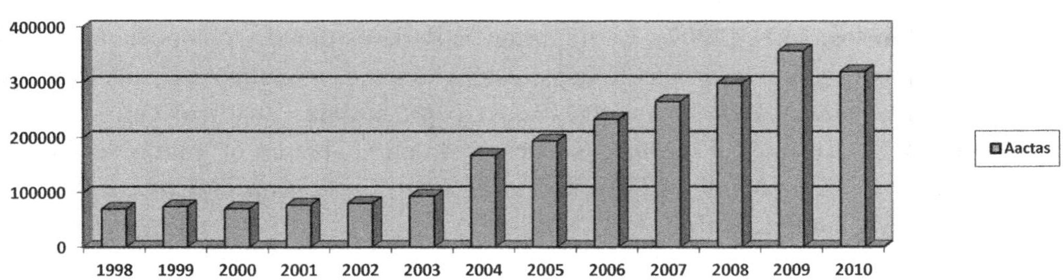

Gráfico 5. Actas por posesión y consumo de drogas.

No es necesario remarcar el progresivo aumento de la intervención policial que puede, generalmente, ir unido a un incremento en la actividad delictiva, y a la progresiva efectividad de las Fuerzas y Cuerpos de Seguridad en este tipo delictivo. Los valores de la siguiente Tabla dan una idea más precisa de esta actividad.

Tabla 16. Valores del Gráfico 5.

AÑOS	**1998**	**1999**	**2000**	**2001**	**2002**	**2003**	**2004**
ACTAS	70328	74777	70989	77730	80840	93808	167621
AÑOS	**2005**	**2006**	**2007**	**2008**	**2009**	**2010**	
ACTAS	193901	233605	265818	298968	357281	319819	

10. REFERENCIAS

García Andrade, J.M. (2001). *Psiquiatría Criminal y Forense*. Centro de Estudios Ramón Areces, S.A. Madrid.

Sanchez Pardo, L. (2007). Los Jóvenes y las Drogas de Síntesis. Guía para la prevención del consumo y los riesgos asociados. Comunidad de Madrid.

Informe Anual (2009) sobre el Problema de la drogodependencia en Europa. Observatorio Europeo de las Drogas y las Toxicomanías.

Informe de la Secretaría de Estado de Seguridad (2007), sobre Punibilidad del Tráfico Ilícito de Drogas a Pequeña Escala, Distinción entre la tenencia ilegal de drogas para consumo y la tenencia para el tráfico

Informe Mundial sobre las Drogas de las Naciones Unidas (2010), Oficina contra la Droga y el Delito. Viena (Austria).

Jaén Vallejo, M. (2002). Comentarios de Jurisprudencia Penal. *Revista Electrónica de ciencia Penal y Criminología* (http://criminet.ugr.es).

Mayan Santos, M.E. (2007). La importancia de la cantidad y composición en los delitos relativos a drogas tóxicas, estupefacientes y sustancias psicotrópicas. *Artículos Doctrinales. Derecho Penal* **(http://noticias.juridicas.com).**

Montero La Rubia, F.J. (2005). Supuestos de atipicidad en el tráfico de drogas. *Artículos doctrinales de Derecho Penal* **(http://noticias.juridicas.com).**

http://wwww.intelpage.info

CAPÍTULO V
EL HOMICIDIO. LA DELINCUENCIA EN SERIE

JOHN WAYNE GACY

Para la mayoría de las personas los crímenes violentos suponen un desconcertante enigma. Muy pocos son capaces de acostumbrarse a asesinatos horripilantes, cuerpos mutilados, cadáveres arrojados a barrancos... y entre estas personas se incluyen también muchos agentes de la policía local, quienes raras veces se encuentran ante asesinatos de estas características. Sin embargo, ni siquiera este comportamiento espantoso e indescriptible es inaudito e incomprensible; si se analiza adecuadamente, puede comprenderse lo suficientemente bien como para establecer determinadas pautas, predecibles en cierto modo.

Robert K. Ressler

1. INTRODUCCIÓN

Otro de los delitos a los que, sin duda, podríamos dedicar un capítulo completo sería al homicidio / asesinato y a sus circunstancias, cosa que sería de gran valor si estuviéramos pensando en un compendio jurídico, pero se nos quedaría corto en el contexto en que estamos "componiendo" este libro.

No quiero con ello que se entienda que quitar la vida a una sola persona no tiene importancia, por supuesto, sino que:

a) La variedad de sus formas entra de lleno en la literatura jurídica.

b) Sus motivaciones pueden ser las mismas que las de los homicidios seriales.

c) La investigación debe ir en la misma línea que cualquier otra investigación sobre homicidio, sea éste único o serial, si bien el segundo necesita de una mayor preparación tanto técnica como personal.

d) La importancia social de uno y otro caso es totalmente diferente. Es verdad que cualquier homicidio causa alarma social, pero esta es incomparable con la que se generaría si una comunidad supiese que cuenta entre sus miembros con un asesino en serie que mata a hombres, mujeres, niños, policías o prostitutas, que mas da, la sensación de miedo e indefensión es totalmente diferente.

e) Todos los homicidios seriales han comenzado por uno determinado, no descubierto, que ha dado inicio a la serie por la que, al final, el autor ha sido descubierto.

La persona que comete un único atentado contra la vida de otra persona no tiene siempre una motivación específica y, de acuerdo a las estadísticas, son descubiertos en la mayoría de los casos, es decir, se saben los datos sobre el agresor, con independencia de su inmediata detención.

Por desgracia, son muchos los homicidios que se cometen en España por negligencia, como puedan serlo en cuestiones de tráfico o deportes como la caza y otros de esta índole. También lo son, demasiados, los que se cometen en situaciones de violencia doméstica o de género, en riñas o peleas. Otros se cometen durante el desarrollo de otra actividad delictiva, como en robos o atracos a personas o entidades. Otros se cometen en relación con cuestiones sociales o de comunidades, e incluso intrafamiliares, como puedan serlo por herencias o límites de fincas (recordemos los famosos sucesos de Puerto Urraco). Sin duda, otros pueden también ser cometidos por otras muy diferentes razones y situaciones a las antes mencionadas. Pero si hemos prestado atención al contexto, una cosa tiene que sobresalir de todo lo dicho anteriormente y es que, en casi todos, por no decir en todas las situaciones expuestas, sus autores son conocidos o "reconocibles" y llegan a ser detenidos, antes o después, y los casos en que las investigaciones siguen abiertas y sin resultado positivo, son minoría.

Por contra, y por desgracia, a los agresores seriales se les llega a detener, o no se consigue nunca, tras una macabra "serie" de cadáveres, de asesinatos horrendos, cuya motivación, a veces, es impensable e inaceptable para los demás, sean estos los investigadores o el pueblo en general.

Es por eso por lo que, si bien desde el punto de vista legal estaremos a lo que marca nuestro Código Penal (CP) sobre el homicidio simple, el resto de las características las aplicaremos a los agresores seriales. Además, y por considerarlo de interés, aparte de las generalidades comunes, definiremos los diferentes tipos de asesinos y diferenciaremos entre delincuentes seriales contra la vida (asesinos en serie) y aquellos que cometen delitos de contenido sexual (agresores sexuales –violadores– en serie).

2. REGULACIÓN JURÍDICA

Recogido en el Libro II: DELITO Y SUS PENAS, Título I: Del homicidio y sus formas, el Artículo (Art.) 138 determina: "El que matare a otro será castigado, como reo de homicidio, con la pena de ...".

La figura del asesinato esta recogida en el Art. 139, que dice: "Será castigado con la pena de ..., como reo de asesinato, el que matare a otro ocurriendo alguna de las circunstancias siguientes:

1ª. Con alevosía.

2ª. Por precio, recompensa o promesa.

3ª. Con ensañamiento, aumentando deliberada e inhumanamente el dolor del ofendido.

Una circunstancia agravante (concurrencia de más de una de las circunstancias del artículo anterior) se recoge en el Art. 140.

El Art. 141 contempla otras formas de comisión del delito, provocación, conspiración y proposición.

El Art. 142 contempla otras circunstancias de la comisión:

1. La imprudencia grave.
2. El homicidio imprudente cometido utilizando vehículo a motor, ciclomotor o arma de fuego.
3. La imprudencia profesional.

La inducción, la cooperación u otros actos necesarios para llevar a cabo un suicidio se recoge en el Art. 143, 1, 2, 3 y 4.

Los Títulos siguientes del mismo Libro se refieren al aborto (Arts. 144 a 146), de las lesiones (Arts. 147 a 156), de las lesiones al feto (Arts. 157 y 158), de los delitos relativos a la manipulación genética (Arts. 159 a 162).

Como vemos, y si consideramos el tema que nos ocupa, nuestro código penal frente a la complejidad de los asesinatos en serie se contempla como de una pasmosa simplicidad y benevolencia.

Es verdad que en los artículos anteriores se establecen los diferentes delitos y faltas, las penas y sus clases, las causas de exención, atenuación o mixtas de la responsabilidad criminal y de las personas criminalmente responsables de los delitos y faltas, pero simplemente pensar en el juicio de cualquiera de las personas que analizamos en las biografías, con nuestra regulación jurídica causa escalofrío pensar en los ejercicios de "arquitectura jurídica" que habría que hacer hasta llegar a una sentencia y, como pensamiento muy, muy personal, considero que si estas monstruosidades se hubieran producido en nuestro país esas masacres le hubieran salido a sus autores "muy baratas".

La Ley Orgánica 5/2010, de 22 de junio, por la que se modifica la Ley Orgánica 10/1995, de 23 de noviembre de Código Penal, y que entró en vigor a los seis meses de su completa publicación (el 22 de diciembre del año 2010), modificó algunos artículos sobre los que hemos hecho referencia (figuras delictivas), sin que los cambios afecten al contenido de este apartado.

3. DEFINICIÓN DE LOS DIFERENTES TIPOS DE ASESINOS

Consideramos conveniente, y antes de centrarnos en los agresores en serie, definir los diferentes tipos de agresores en relación con el móvil, los impulsos y la materialización de sus actos, presentando sus diferencias y exponiendo sus características.

Más allá del Código Penal, cuando algunos agresores ***reinciden*** nos encontramos ante casos de homicidios, asesinatos o violaciones ***múltiples***. Clásicamente se han venido considerando como "asesinatos en masa" hasta que en la década de los ochenta el National Center for the Analysis of Violent Crime (**NCAVC**) del FBI estableció la siguiente clasificación:

3.1. Asesinos en serie (SERIAL KILLER)

El término "asesino en serie" se atribuye (y se lo atribuye) al agente del FBI Robert Ressler que lo aplica, allá por los años 70, a los que por entonces se denominaban "stranger murders" para diferenciarlos de aquellos cuyos autores eran conocidos (Ressler, 1997).

Es verdad que el homicidio/homicida serial adolece de una definición estándar por lo que nos encontraremos con una gran variedad de ellas y desde una variedad de perspectivas (Department of Justice –FBI–; Douglas y Olshaker, 1999; Ferguson et al. 2003; Weatherby, Buller y McGinnis, 2009), para nosotros podemos definirlos como *"aquellos que cometen tres o mas delitos con un intervalo indeterminado entre cada uno de ellos"*. Este intervalo, que va disminuyendo progresivamente, es de gran importancia para el desarrollo del denominado "ciclo criminal".

Desde otro punto de vista el Dr. Borrás (2002) los define como *"aquellos individuos que movidos por condicionantes psíquicos internos, se ven impulsados o bien tienden de forma reiterada a atentar contra la vida de otras personas"*.

Como características generales del asesino en serie podemos resaltar:

a) Son generalmente varones.

b) Sus víctimas, por lo general, son mujeres con una notoria similitud de características tales como edad, constitución física, color y longitud del pelo, profesión u oficio, lugar de residencia, estudios, trabajo, tipo de vida (social, cultural, lúdica) etc..

c) Posee un carácter agradable, abierto, con buenos modales.

d) Es una persona inteligente, ordenado, meticuloso.

e) Durante la realización de sus actuaciones criminales sufre una profunda transformación, compensando en estos actos los traumas o deficiencias que los llevan a cometer este tipo de delitos.

f) No poseen sentimientos de empatía o remordimiento.

g) Son narcisistas y controladores, no sienten piedad por sus víctimas ni tienen miedo al castigo.

Causando mas mal que bien, éstos asesinos se han visto popularizados y muy bien descritos en películas como El silencio de los corderos, Hannibal, Psicosis, Viernes 13, Henry, retrato de un asesino en serie, American Psycho, y otras que los han llevado al estrellato y que ha podido dar pie al nacimiento de muchos imitadores.

Ante la eterna pregunta de si el asesino en serie nace o se hace el Dr. Borrás (2002) responde: "el asesino en serie nace con una disposición especial y si su ambiente no le favorece o bien le es nocivo, puede acabar matando reiteradamente".

Son muchos, por desgracia, los ejemplos que podemos poner comenzando por el mas antiguo de ellos, Jack el Destripador, de quien no se llegó a conocer su identidad y que asesinó a cinco prostitutas en el Londres de 1888; Ted Bundy que fue acusado de cometer veinte asesinatos en Estados Unidos y veintiocho más en Canadá; John W. Gacy, apodado el "payasito" quien torturó, violó y asesinó a treinta y tres adolescentes; el desconocido apodado "el asesino del Zodíaco" responsable de cuarenta y tres muertes en la ciudad de San Francisco (USA); Andrei Chikatilov, apodado "el caníbal de Rostov", convicto y confeso de 60 asesinatos entre 1978 y 1990, principalmente de niños y niñas, a quien le excitaba beber su sangre.

Entre los españoles, y siguiendo también un cierto orden de antigüedad, podemos citar a Romasanta, apodado "*el Hombre Lobo*" gallego; a Díaz de Garayo y Ruiz de Argandoña, apodado "*el Sacamantecas*", personajes del siglo pasado detenidos por la Guardia Civil. Mucho mas conocido y estudiado fue el caso de Manuel Delgado Villegas, "*el arropiero*", personaje sevillano, que fue acusado de asesinar y violar a 22 personas si bien el "presumía" de haber matado a mas de cuarenta. José Antonio Rodríguez Vega, apodado "*el mataviejas*" que allá por los años 80 asesinó en Santander a más de 16 ancianas. A estos se unen en la lista Francisco García Escalero, "el matamendigos" o Joaquín Ferrándiz "el asesino de prostitutas de Castellón", detenido por la Guardia Civil en 1998, asesino confeso de cinco mujeres en Castellón.

De algún asesino en serie haremos una biografía algo más extensa.

Como veremos posteriormente al dividir a los asesinos seriales en organizados y desorganizados, estas características se corresponden, casi en su totalidad, con el primero de los tipos señalados. Esto es debido a que, como también veremos, el segundo de los tipos normalmente posee un desequilibrio mental que no se presenta en el primero y cuyas características personales las expondremos en el apartado correspondiente a dicha clasificación.

Respecto a la mujer como asesina en serie, y como ya hemos dicho, la mayoría de los delincuentes seriales son hombres, sin que por ello debamos despreciar a la mujer en este tema, pues su presencia en este mundo de depravación se remonta a la antigua Roma, allá por el año 69 a.C., cuando el Emperador Claudio mandó ejecutar públicamente a Locusta the Poisoner, el/la serial killer más antiguo/a.

No obstante quiero darle también su importancia y para ello os remito a Newton (1990, 1993) en cuya compilación recoge un total de 183 mujeres asesinas, de las cuales el 70% pueden ser consideradas seriales con todo tipo de víctimas (familiares, amigos, desconocidos o pacientes) y con todo tipo de motivaciones. Algunas de ellas como Erzebet Báthory, allá por 1560 se le acusó, y fue ejecutada, por causar la muerte de entre 300 a 650 personas; Delfina Gonzales, acusada de más de 91 asesinatos; María Gruber, más de 49 víctimas; Belle Paulsdatter Gunness, también con unas 50 víctimas; Alexe Popova, con unas trescientas víctimas. La mayoría de ellas utilizaron el veneno o inyecciones letales para causar la muerte.

Los aspectos en los que las mujeres han destacado han sido en el ámbito familiar ("las viudas negras") o en hospitalario ("los ángeles de la muerte") y en casi todos los casos conocidos la motivación fue económica, venganza o, simplemente sadismo.

En algunos casos han aparecido acompañadas o acompañando a hombres u otras mujeres (La "familia" Manson, Bonni y Clyde).

3.2. Asesinos en masa (MASS MURDER)

Hay autores que al definirlos se basan no solo en la forma de realización del hecho, sino también en el número de víctimas que causan tres, cuatro o más. Por mi parte, considero que el número de víctimas no puede ser un elemento de clasificación, dado que el resultado de la acción, en este aspecto, no puede ser controlado por el autor y queda, en la mayoría de las veces, en manos del azar.

Se considera agresor en masa *"aquel que, en una misma acción delictiva, sin solución de continuidad, y con independencia de su duración, produce la muerte de varias personas"*.

El Manual de Clasificación de los Delitos del FBI da el nombre de escenario "classic" a los actos de una persona en un momento y lugar, y "family" cuando implica la muerte de cuatro o más personas, que puede ser debido a asesinato o suicidio colectivo si la persona "provocadora" también muere en ese mismo acto (Newton, 2000).

Aunque se le pueda incluir por su motivación en otra clasificación, el mejor ejemplo que podemos poner, por desgracia muy conocido en España, es el acto terrorista, con el empleo de medios o artefactos explosivos. Cuando un asesino en masa (terrorista o no) coloca un artefacto explosivo al paso de una furgoneta de transporte de personas, autobús de ruta o vagón de tren; cuando un estudiante, profesor o ciudadano "armado hasta los dientes", entra en un instituto, universidad, cámara del congreso o en la propia calle y empieza a disparar de forma indiscriminada sobre cualquier persona que se cruce en su camino; cuando un "líder" de secta decide repartir entre sus adeptos zumos envenenados, todos ellos desean "matar a todo el que pueda" pudiendo ser dos o cien, número que no ha sido elegido por el, por lo que de forma similar a lo dicho para los asesinos en serie, incluso dos, tres o más víctimas son suficientes para mantener al individuo en esta clasificación.

Después de leer algunas crónicas sobre personajes encuadrables en esta tipología en la historia americana, la mas propensa a este tipo de actos, y de ver las acciones en 1966 de Charles Withman apodado "el francotirador de Texas", aparece en un periódico del día (ABC, 31 de agosto de 2010, pag. 34) una noticia sobre un individuo de unos cincuenta años que en Bratislava (Eslovaquia), armado con un fusil de asalto y dos pistolas automáticas disparó en una de las calles de la ciudad indiscriminadamente sobre la población matando a ocho personas, tres hombres y cuatro mujeres, dejando además numerosos heridos, suicidándose posteriormente al verse acorralado por la policía. A este tipo de asesinos a los que se ha venido en llamar "lobos solitarios", nos referiremos posteriormente, como una nueva tipología de asesinos.

Como ejemplos conocidos en nuestro país, podemos indicar los sucesos acaecidos en de julio de 1975 en el cortijo sevillano de Los Galindos donde fueron asesinadas cinco personas sin que hasta la fecha se haya determinado la autoría ni el móvil del delito. Otro caso conocido lo protagonizaron los hermanos Izquierdo (Emilio y Antonio, ambos fallecidos) cuando en 1990 dispararon indiscriminadamente contra los vecinos del pueblo de Puerto Hurraco (Badajoz), matando a nueve personas e hiriendo a muchas otras. Otro ejemplo lo tenemos en 1989 cuando un labrador de Lugo da muerte a ocho personas e hiere a otra muchas tras una discusión motivada por un riego.

3.3. Asesinos excursionistas, de correrías, de juerga, o por diversión (SPREE MURDER)

Los menos conocidos, sin que podamos decir que no tenemos ejemplos que poner de alguno de ellos, se caracterizan por cometer varios delitos (tres o mas), en diferentes lugares y en periodo relativamente breve de tiempo que puede ir desde horas hasta dos o tres días, sin que exista entre ellos solución de continuidad. Los delitos cometidos no tienen porqué pertenecer todos a la misma tipología penal, pudiendo cometerse además robos o atracos, robo de vehículos o agresiones sexuales, todos propiciados por el primero de ellos y desarrollados de forma encadenada.

Normalmente estas acciones son cometidas por grupos o "pandillas" que comienzan sus desmanes, por ejemplo, la noche de un viernes y las terminan en la madrugada del domingo en que vuelven a sus lugares de residencia (recordemos noticias de la "ruta del bacalao" o el caso Alcaser), o bien tipo "razias" como las cometidas por el grupo de la familia Manson.

En el Manual de Clasificación de los Delitos del FBI, este tipo delictivo implica un único acontecimiento con dos o mas localizaciones y sin "descanso" entre los hechos.

Al no hacer referencia a la distancia entre las diferentes acciones puede ser confundido con un "mass murder" cuando se produce en un tiempo y espacio reducido (caso de Christopher Wilder).

3.4. El grupo de asesinos (TEAM KILLER)

No siempre la delincuencia serial se comete por individuos aislados, Newton (2000) afirma que el 13% de los casos conocidos en América implican a varios individuos actuando en grupo (el 56% en grupo de dos, hombres o mujeres o mixto y el 44% en grupos de tres en adelante).

Las motivaciones del grupo no difieren sustancialmente de las que rigen para los agresores individuales, la hostilidad, el poder, el dinero, la religión o el extremismo.

3.5. Los "lobos solitarios"

He dudado, de verdad, en donde colocar este apartado, dado que en algunos casos, especialmente aquellos que se producen en el interior de instituciones educativas (colegios, institutos, universidades) entran por completo en este capítulo, pero hay otros que sería difícil encuadrar, por eso, y a pesar de errar, he decidió incluir este punto en el Capítulo VIII, Terrorismo, en su apartado 7.2.1. Especial referencia al "lobo solitario".

4. LOS INCENDIARIOS

Como otra tipología de los agresores en serie hemos de hacer referencia forzosa a los incendiarios, llamados en la literatura anglosajona "fire setting", que comienzan la comisión de los delitos en su juventud y de los que se espera en un futuro un comportamiento violento.

Los incendios se clasifican, para su investigación en cinco tipos (Gilbert, 1986; Holmes y Holmes, 2002):

a) *Naturales*. Son aquellos que resultan de la acción de elementos de la naturaleza, como los producidos por la caída de rayos.

b) *Accidentales*. Son los producidos por una conjunción momentánea y accidental de elementos inertes que lo producen, como colillas mal apagadas, dormirse fumando o el efecto lupa en cristales a los que inciden rayos de sol.

c) *Desconocidos*. Aquellos que tras una experta investigación no se consigue determinar la causa exacta que lo ha producido.

d) *Sospechosos*. Cuando existen sospechas sobre la forma en que se ha producido y/o la persona que lo ha causado, pero no se pueden obtener pruebas evidentes ni de lo uno ni de lo otro.

e) *Incendiario*. Aquel en el que durante la investigación se encuentran, por ejemplo, productos acelerantes, que confirma la intencionalidad del mismo.

Por su parte, el Manual de Clasificación de los Delitos del FBI, en su redacción, divide a los incendiarios en diferentes categorías de acuerdo a su motivación (Newton, 2000).

Estas categorías son:

1) *Por motivación vandálica.* Mas común entre adolescentes que en adultos, ejercen sus actos de vandalismo normalmente en instituciones, sean estas educativas (escuelas, colegios, universidad) o religiosas (iglesias, capillas). En numerosas ocasiones estos comportamientos son erróneamente considerados como "travesuras" aunque son actos intencionados y maliciosos y que, en ocasiones, causan graves daños, tanto personales como materiales.

2) *Motivados por excitación o emoción.* El Manual los subdivide en diferentes grupos que los que denomina: "buscadores de emoción", "buscadores de atención", "buscadores de reconocimiento" (heroísmo) y los motivados por perversión sexual. Como ejemplo de alguno de estos tipos podemos recordar a David Berkowitz, Bruce Lee o John Orr, capitán del Departamento de Bomberos.

3) *Motivados por deseo de venganza* (personal, social, institucional, contra grupos o bandas), *para ejercer intimidación* o, simplemente, *por moda*. Entre estos podemos recordar a Wayne Roberts.

4) *Para ocultar otros delitos* y/o *para destrucción de pruebas*. Recordemos a Anatoly Onoprienko o a Richard Cottingham.

5) *Para obtener un beneficio,* en la mayoría de los casos para obtener el pago del seguro de los edificios, locales o fincas incendiadas.

6) *Por motivación extremista*. Estas situaciones pueden darse en casos de terrorismo, discriminación racial, motines o disturbios sociales. Como ejemplo pondremos a Joseph Franklin.

7) Por último tenemos a aquellos que realizan estos estragos simplemente por distracción (*spree arson*). Son los casos más difíciles de descubrir, dado que no puede establecerse causa o motivación alguna que explique, "ab initio", el porqué de estas acciones.

5. LAS FASES DEL DELITO

Por su importancia, en especial para el tipo organizado, y antes de entrar a clasificar a los agresores seriales, señalaremos las fases o partes en que se puede subdividir un delito, principalmente con miras a su investigación. Estas fases son:

5.1. Fase previa

Forma parte de ella toda la información relacionada con el presunto autor, su familia y entorno. Durante ella se han debido desarrollar aquellos acontecimientos, la mayoría de ellos traumáticos, que han podido desembocar en la "ideación" de actuar contra alguien y por algún motivo, sin que la/s posible/s víctima/s hayan sido las causantes del problema (malos tratos o agresiones sexuales durante la infancia por los padres; ridiculización por amigos o profesores; sometimiento a comportamientos propios del sexo contrario; abandono emocional o rechazo por novias o amigas;...).

5.2. Fase de comisión del delito

Hasta que el individuo decide dar el "paso al acto" puede haber pasado mucho tiempo, años incluso (John Joubert). Hasta ese momento han de haberse superado dos subfases sucesivas. La primera de ellas es llegar al convencimiento de la "necesidad" de llevar a cabo sus idealizaciones, como una forma de "superar" los traumas que le agobian. Posteriormente debe iniciar la subfase de búsqueda y elección de la/s víctima/s, debiendo también tener claros los actos a cometer ("lo que le va a hacer", fruto de su fantasía), los medios de comisión (armas, medios de inmovilización, "presentación de la víctima") y las demás necesidades logísticas necesarias (transporte, lugar de ocultación, mantenimiento, depósito, etc.),

5.3. Fase de simulación

La tercera fase, después de cometido el delito, está relacionada con todos los ***actos posteriores*** al mismo y, aunque de momento desconocido, de expresión de sus deseos y sentimientos personales y motivacionales (firma), las manipulaciones con el cadáver (maquillar, "exponer" u ocultar), etc.,

5.4. Fase de comportamiento posterior

La última fase comprenderá todos aquellos ***comportamientos del individuo*** para intentar ocultar su actividad, conservación o contemplación de sus trofeos, búsqueda de coberturas, acciones de decepción y, posiblemente, el seguimiento de las investigaciones de los delitos cometidos y, en algunos casos, la prestación de ayudas directas al equipo investigador.

Una de las preguntas más comunes que se hacen relacionada con esta fase es ¿vuelve siempre el asesino al lugar del delito? Es verdad que a través de las biografías de estos especimenes hemos podido leer que en diferentes ocasiones han regresado al lugar del delito, unas veces para "revivir" y mantener viva su fantasía con la contemplación del cuerpo, para comprobar que no se han dejado pruebas o para dejar pruebas falsas, para ocultar el cuerpo del delito, para coger algún trofeo o incluso para una nueva violación ("el arropiero").

Como vemos cada una de estas fases o subfases se desarrollan, o pueden desarrollarse, en lugares o escenarios diferentes. La primera de ellas se materializa en su zona de seguridad (Ibáñez, 2010). La segunda y tercera fases en alguno/s de los escenarios a los que posteriormente nos referiremos. La última fase se desarrollará, preferentemente, en su/s zona/s de seguridad.

Sería muy difícil clasificar estas fases por su importancia para la investigación, por lo que lo he hecho en su evolución cronográfica. Pero hemos de resaltar que la mayor parte de los datos del "a quién" y "porqué" se encontrarán, en la mayoría de las ocasiones en la fase previa, fase en la que la información se encuentra en la mayoría de las ocasiones "abierta", es decir, que es de conocimiento en el área de su desarrollo.

6. EL "CICLO CRIMINAL" Y LOS TIPOS DE ESCENARIOS

La actuación repetitiva que da nombre a los agresores en serie, está basado en un modelo mental y conductual que yo denomino el "ciclo criminal", y que consta de las siguientes fases:

6.1. Las fases del ciclo

a) **Fase áurea**

Puede considerarse que existe en todas las "ilusiones" del ser humano y no tiene porqué ser únicamente propia de los delincuentes. Las personas normales cuando tienen un deseo (por ejemplo, que le toque la primitiva) se forman mentalmente una "historia" sobre el acontecer positivo de este hecho (piensan y se recrean en lo que harían con el dinero). Los delincuentes seriales, aunque por motivaciones totalmente diferentes, también se forman esa misma "historia" en su mente durante esta fase en la que los delitos se van "visualizando" en su preparación, ejecución y consecuencias, y lo que comienza siendo una "idea" va cogiendo fuerza en su mente y la motivación debilita las barreras positivas del ser humano y cada día aumenta la necesidad de llevar a efecto esa fantasía hasta que este pensamiento rumiante se convierte en un deseo compulsivo que cada vez le retira más y más de la realidad.

b) Fase "de pesca" o "de búsqueda"

En esta fase se inician las acciones tendentes a llevar a cabo su fantasía. Se comienza con la búsqueda de víctima/s en diferentes lugares conocidos, en principio, por el individuo (zonas seguras) hasta que se llega a la "individualización", es decir a la elección de una persona concreta,

c) **Fase de seducción**

Esta fase puede no existir en algunas circunstancias y con algunos agresores cuando se produce un ataque indiscriminado, compulsivo y sin preparación. Sin embargo, con frecuencia, y como parte del ritual, el agresor atrae a las víctimas a través de la seducción, rompiendo sus posibles defensas, generando una falsa sensación de seguridad.

d) **Fase de captura**

Es el momento en el que el agresor inicia la acción propiamente dicha para la ejecución material del delito y donde empieza para él el "juego" motivacional. Durante ella se reduce y se incapacita a la víctima de todo tipo de defensa.

e) **Fase de la agresión**

Si bien esta puede llevarse a cabo en el mismo lugar de la captura, es común que los agresores seriales trasladen a sus víctimas a un lugar más seguro para él (no confundir con las zonas seguras. Ibáñez 2010), dado que en numerosas ocasiones, y dependiendo de la motivación, la agresión, hasta el fallecimiento de la víctima, puede durar mucho tiempo, hasta lograr la materialización de su fantasía.

f) **Fase fetichista**

Una vez llevada a cabo la agresión y la muerte de la víctima y cumplida su fantasía, el agresor sufre una situación de "depresión" que es necesario vencer. Para poder prolongar durante algún tiempo mas esa situación de "placer" el agresor se apropia de algún objeto (joya, vestido, calzado), hace fotografías o video, o incluso corta partes del cuerpo, que se lleva consigo como recuerdo del hecho.

g) **Fase depresiva**

Esa momentánea depresión, que se intenta evitar con el "fetiche" se vuelve a prolongar en el tiempo y se hace cada vez mas profunda. Para volver a sentir su "fantasía" se hace necesario iniciar una nueva "ideación" para volver a cometer una nueva agresión, saliendo así del "bajón" emocional producido e iniciando una nueva "ilusión".

6.2. Los escenarios

En relación con las fases del "ciclo criminal" e íntimamente unidos a ellas debemos hablar de los diferentes tipos de delitos, sin olvidar que en un acto determinado de violencia delictiva pueden existir numerosos escenarios (Ibáñez, 2010).

La escena del delito puede definirse como *"el área en la cual el acto delictivo ha tenido lugar"*. Sin embargo, una acción delictiva puede tener lugar no solo en un lugar sino en múltiples. Esto puede hacer que muchos y diferentes lugares puedan relacionarse con un único delito en virtud del papel que cada uno de estos lugares juega en el hecho.

A efectos enunciativos y en "númerus apertus" podemos relacionar los siguientes tipos de escenarios de un delito que no tienen porqué ser ni exclusivos ni excluyentes unos de otros:

1. *Escenario del lugar de encuentro o toma de contacto*

Es aquel en el que precisamente el agresor aborda por primera vez a la víctima. Es normalmente un lugar neutro donde la víctima es abordada con algún tipo de ardid por el agresor (punto de contacto),

2. *Escenario del lugar de ataque*

Es el lugar en el que pueden encontrarse la mayoría de las pruebas dejadas durante la agresión ya que en él la acción ha tenido una mayor duración en el tiempo. Se denomina también "primer escenario" y puede convertirse a la vez en el lugar en el que se deposita o se deja a la víctima,

3. *Escenario de comisión del delito*

Puede confundirse con el de ataque y ambos fundirse en uno y a la vez hacerlo con el de abandono de la víctima, de producirse así los hechos. Por algunos autores es denominado "escenario secundario", denominación que abarca cualquier lugar en el que se puedan encontrar pruebas de la actividad fuera del primer escenario o lugar de ataque (Turvey, 1999, 2003),

4. *Escenario de custodia y vigilancia*

Este escenario, junto al siguiente (de traslado o transporte) es denominado también como "escenario intermedio" (entre el primero o primario y el de depósito o abandono de la víctima) e incluye no solo los lugares en los que la víctima haya permanecido durante algún tiempo, sino también los vehículos que hayan podido ser utilizados para el traslado,

5. *Zona de traslado y transporte*

Son las rutas utilizadas para el traslado de la víctima, esté ésta con vida o fallecida. Puede darse el caso de ser varios (entre los distintos escenarios) los existentes o utilizados y, en cada uno de ellos, pueden encontrarse indicios o pistas para la resolución del caso,

6. *Escenario de abandono o liberación de la víctima*

En la mayoría de los casos este término implica que fue el lugar donde el cadáver de la víctima es abandonado u ocultado, cuando esta fuera asaltada en otro lugar y transportada a éste,

7. *Escenario de aparición de otras pruebas materiales del delito*

Una vez terminado el hecho, el autor puede depositar en otros lugares efectos que haya utilizado durante el desarrollo del delito como puedan ser las armas, vehículos, ropas, efectos de la víctima, etc. De existir, estos escenarios no deben ser confundidos con el de abandono o liberación de la víctima.

7. TIPOLOGÍA DE LOS ASESINOS EN SERIE Y SUS ESCENARIOS

Es lógico que, o bien para un mejor entendimiento, para una mejor investigación o para una verdadera diferenciación, hagamos distinción entre individuos, diferenciación que como es natural, siempre se hace a posteriori. Pero es curioso que en el caso de los agresores en serie, la primera diferenciación se hiciera para que las policías locales, menos expertas en estas situaciones y con menos formación educativa, lleguen a entender lo que psicólogos y psiquiatras quieren decir cuando hablan de diferentes tipos de personalidad, a los que haremos referencia posteriormente. Ni mucho menos intento que con este comentario alguien se sienta ofendido, y menos los miembros de la policía local, dado que me estoy refiriendo a la situación inicial de las investigaciones sobre este tipo de delincuentes, hace ya muchas décadas.

Fue idea de la Unidad de Ciencias del Comportamiento (Behavioral Science Unit –BSU–) del FBI, traducir una personalidad "psicótica" por un comportamiento "organizado"; al igual que una personalidad "desequilibrada" por una acción "desorganizada"(Ressler, 1999), división simple y teórica que se ha mantenido desde el inicio de este tipo de investigaciones hasta nuestros días, sin que ello signifique que se mantenga la "pureza" definitoria y diferenciadora inicial dado que hoy, el escenario de un delito, pueden encontrarse características de uno y otro tipo de actuación, es decir de aquellos que podemos denominar como "mixtos" (Edmun-Ed Kemper, asesino muy organizado causaba graves mutilaciones a los cuerpos de sus víctimas, característica mas propia de los asesinos desorganizados).

Con ello queremos decir que cualquier característica aplicada a un individuo o a un escenario, se aplica en términos generales (mayoría estadística) nunca en la totalidad de los casos ni tampoco como una lista cerrada dado que, debido a circunstancias a las que haremos referencia, el comportamiento y la personalidad humana evoluciona con la experiencia y el aprendizaje por lo que también es conveniente, en los casos que se nos presenten, y no deseo que se presente ninguno, prestar atención a aquellas características que los identifica, más que a aquellas que los diferencian.

En relación con la investigación, y como ya he comentado en otras publicaciones (Ibáñez, 2008; Ibáñez, 2010), al contrario de otros países que cuentan con Unidades Especiales a las que competen la investigación de determinado tipo de delitos, de forma exclusiva y excluyente (asesinatos, violaciones, secuestros, etc.), en nuestro país el "reparto" no es por la especificidad del delito, sino territorial entre los Cuerpos y Fuerzas de Seguridad del Estado (Policía y Guardia Civil), de las Comunidades Autonómicas (Policías Autónomas) y de las entidades locales (Policías Locales o Municipales), y la falta de unidades de coordinación supra-territorial con conocimiento de todos los hechos de este tipo que se cometan en cualquier parte del territorio nacional, hacen que la detección de esta tipología delictiva, la investigación y la posibilidad de detención de este tipo de delincuentes quede, casi por completo, en manos del azar, especialmente cuando se produzca una determinada movilidad del agresor y sus delitos.

También resulta imprescindible, o muy conveniente, que cuando se produzcan hechos de este tipo, sea el mismo equipo investigador el que actúe y que participen, o tengan conocimiento de los hechos desde el principio, tomando como base de partida el primer escenario del primero de los delitos cometidos, y con la posibilidad de acceder a toda la información existente no solo sobre este hecho, sino sobre todos aquellos sucedidos de forma similar, sin ningún tipo de limitación.

En la bibliografía existente al respecto no es difícil encontrarse con diferentes clasificaciones tipológicas mezcladas con características motivacionales, todo depende del punto de vista. Como dijimos al principio la verdadera afectación de un asesino en serie a una tipología o a una motivación se puede hacer de forma definitiva cuando esta persona sea detenida e interrogada y sea ella misma la que nos diferencie su tipo y su motivo. Desde el punto de vista policial o criminológico se empieza jugando con un perfil en el que podemos incluir un modus operandi obtenido del escenario y del cuerpo de la víctima, si se encuentra, lo que tienen en mente lo sabremos una vez detenido.

7.1. Los agresores

7.1.1. Agresores organizados

Se caracterizan por:

a) Planificar detalladamente sus delitos en cada una de sus fases (fases que hemos visto anteriormente), pudiendo pasar mucho tiempo desde que se concibe una "idea" sobre la comisión del delito hasta que decide o tienen la posibilidad de llevarlo a cabo (John Joubert y Monte Rissell mantuvieron en sus mentes sus fantasías durante años antes de atacar a su primera víctima). En caso de incidencia prefieren no cometer el hecho y huir. Una detallada planificación se considera la característica más relevante de los agresores organizados. Esta planificación implica "inteligencia" en general, por lo que la antigua concepción del psicópata como enfermo mental desapareció hace tiempo de los manuales de enfermedades mentales, tanto en versión europea (CIE 10), como en su versión americana (DSM-IV) de la APA (Asociación de Psicología Americana).

b) La mayoría de sus víctimas son personas desconocidas que han sido elegidas en razón de las características presentes en su fantasía, características como edad, aspecto físico (corpulencia, color del pelo), profesión u oficio, forma de vida, amistades, relaciones, familia, etc. (por ejemplo Ted Bundy elegía chicas jóvenes de cabello rubio porque le recordaban a su novia que le rechazó, y a su vez a su madre, que le entregó en adopción).

c) Son individuos con ciertas habilidades sociales, inteligentes, con facilidad de palabra, de aspecto agradable y cuidado, características que utilizan para atraer a sus víctimas haciéndolas vulnerables para su manipulación.

d) En especial, cuando la necesidad de control es la finalidad última del agresor, "esencia" del criminal organizado (Ressler, 1999), éste personaliza a sus víctimas y mantiene durante la acción una interrelación con ellas (conversaciones), reconociéndolas como personas antes de proceder a su asesinato, lo que implica una mayor duración en el tiempo de la acción.

e) Su frialdad puede llevarle en la mayoría de las actuaciones a un comportamiento acorde con la situación y las características del terreno (adaptabilidad y movilidad), comportamiento que puede presentarle como una persona "inocente", que no levanta sospechas o recelo, todo ello producto de un absoluto control personal y de la situación.

f) Aprende de sus anteriores acciones. En ocasiones, con algunos agresores en serie antes de su captura, se ha llegado a especular con la posibilidad de achacar la autoría de un hecho a otra persona por el simple hecho de existir una "modificación" en su *Modus Operandi* (MO). Los agresores organizados, que siguen los acontecimientos, sienten facilitada en numerosas ocasiones su "necesidad" de seguridad por los propios medios de comunicación social (mcs) y las informaciones que, de forma inadecuada e innecesaria, proceden de las fuerzas policiales que llevan los casos. Un individuo puede ir cambiando sus déficit o errores en seguridad o permanecer en ellos cuando desee que esa característica se convierta en su Firma, en su reto a la policía y a la sociedad en general (John Joubert o Monte Rissell).

g) Utiliza su propio material para cometer sus atentados (kit), material que puede variar por "aprendizaje" desde sus primeras actuaciones. Utilizará el arma que mejor maneje o con la que se encuentre más cómodo; si utiliza ligaduras o medios de inmovilización hará una selección de las posibilidades existentes de acuerdo a sus "necesidades" (grilletes o esposas metálicas, cuerda, bridas plásticas, cinta adhesiva, etc.) no tanto para la propia inmovilización sino para conseguir su misión, mantener el control, producir miedo, etc. y llevar a cabo sus fantasías.

h) Los escenarios aparecen limpios. Intentará borrar todo rastro que pueda, de alguna manera, situarlo en ese lugar y a esa hora, relacionarlo con algún tipo de arma, medio de comunicación, etc. De usar arma de fuego se preocupará por recoger los casquillos, o utilizará un revolver que le soluciona el problema (el revolver no expulsa los casquillos, manteniéndolos en el arma). Si utiliza vehículo, será de su propiedad e intentará mantenerlo siempre perfectamente cuidado y en funcionamiento operativo. Utilizará guantes para evitar que sus huellas dactilares queden impresas en alguna superficie. Si se produce violación utilizará aquellos medios que impidan que bien fluidos, pelos, sudor, etc., se transfieran entre los cuerpos. En definitiva "limpiará" el escenario del delito para evitar que se le pueda relacionar con este hecho.

i) Generalmente intentará retrasar lo más posible el descubrimiento del hecho y la identificación de la víctima y del agresor. Para ello puede recurrir no solo a intentar hacer desaparecer el cuerpo u ocultarlo en lugares que sea difícil su hallazgo, o incluso proceder a su mutilación para evitar una identificación, sea quemándole las huellas, cortándole los dedos o las manos, sea separando las manos y/o la cabeza del resto del cuerpo y depositarlos o enterrarlos en lugares muy alejados unos de otros. También se han conocido casos en los que el agresor ha alimentado a animales con partes del cuerpo (Ted Bundy, John Gacy y Bob Bordella lo hicieron por lo que muchos de los cuerpos no pudieron ser encontrados).

j) Pueden, en ocasiones, preparar la escena del delito intentando "representar" algo, no solo para dar salida a su fantasía o dejar su firma, sino también para intentar confundir a los investigadores, es decir, preparará una "escenificación". Esta es otra de las manifestaciones de su inteligencia y ausencia de enfermedad mental, inteligencia que ellos consideran es superior a la de los investigadores (Ted Bundy, John Gacy o Ed Kemper, así lo creían).

k) Especialmente los asesinos por motivación sexual o sádica suelen, por lo general, llevarse objetos (ropa, calzado, joyas o complementos) pertenecientes a sus víctimas y guardarlos como "trofeos", trofeos que no tienen porqué poseer en sí valor económico y que en ocasiones pueden provocar un retraso en la identificación de las víctimas, aunque esto no fuera preparado para ese fin. Estos trofeos, cuando se descubre a los autores, suelen encontrarse en su domicilio o en otros lugares a disposición del autor, como en una exposición macabra de su comportamiento (Ed Gein tenía en su casa calaveras clavadas en los cabeceros de su cama y las pieles se los rostros de sus víctimas colgados en las paredes; Jerome Brudos conservaba en su casa el pecho cortado de una de sus víctimas que utilizaba como pisapapeles). Estos trofeos tienen gran importancia en el pensamiento de los agresores seriales y forman parte de su "ciclo criminal", como veremos posteriormente. Otros, simplemente toman fotografías del lugar del delito y de la víctima, fotos que, desde el punto de vista emocional, cumplen la misma función que los trofeos.

l) Procuran seguir las investigaciones policiales relacionadas con el caso, llegando en algunas ocasiones a implicarse directamente en el desarrollo de actos posteriores. En otras ocasiones intenta una colaboración con la policía, bien para intentar controlar la investigación y procurar su desviación de las investigaciones, bien como parte del "reto" lanzado a la policía.

m) Proceden en su mayoría de familias normales de clase media, con empleos cualificados o semi-cualificados y con una disciplina, por parte de sus progenitores, más bien laxa.

n) Normalmente desarrollan profesiones u oficios de buena o alta especialización y con una buena adaptación social a su entorno.

o) Pueden utilizar varios escenarios.

p) De existir violaciones o torturas suelen serlo con la víctima viva.

q) Buscan experimentar sus fantasías.

r) Es normal que dispongan de medios y material que le faciliten la movilidad, el traslado y el trasporte.

s) De verse amenazados les sería fácil cambiar su forma de vida, trabajo o domicilio. Normalmente suelen valorar los riesgos al elegir una u otra víctima, no solo para su captura, sino para también retrasar la investigación (Monte Rissell elegía como víctimas a prostitutas a las que por una parte eran fáciles de atraer y, por otra, se puede tardar mucho tiempo en echarlas de menos).

t) Como rasgo de personalización de la víctima, una duración larga de la acción implicaría la existencia de una relación entre la víctima y el agresor, sea para ejercer el control, provocar miedo o, de cualquier forma cumplir algún requisito de su fantasía (rogar, llorar, pedir clemencia, confesar cariño o amor, etc.).

7.1.2. Agresores desorganizados

Caracterizados por:

a) No elige a sus víctimas de alguna forma lógica, son seleccionadas por el azar. Puede ser víctima cualquier persona que pueda, en algún momento o lugar, constituir una amenaza para el individuo. En algunas ocasiones se pueden producir acciones de defensa y resistencia por parte de las víctimas manifestada en las heridas producidas en su cuerpo y conocidas como "de defensa".

b) Muestra un total desinterés por la víctima en cuanto a su concepción como persona procurando su "despersonalización" en la mayoría de las ocasiones (les cubre la cara, las desfigura, le produce horrendas heridas, las mutila o las desmiembra).

c) La agresión es espontánea y de gran violencia, reflejo de una falta de planificación antes, durante y después de la comisión del delito. Sus acciones están revestidas de una gran violencia, produciendo en las víctimas graves heridas y mutilaciones. Francisco García Escalero "el mata mendigos" mataba "situacionalmente" por una explosión violenta del momento, provocada por acciones, dichos o pensamientos propios o de la víctima lo que desataban su violencia, y en esos casos, y en relación al siguiente apartado, lo hacían con ladrillos, piedras, palos u otros objetos que encontraban a mano.

d) Matan con lo que encuentran a mano, con armas, medios o instrumentos que encuentran en el lugar en el que se producen los hechos.

e) El escenario aparece como caótico y violento. Todos sus actos criminales están desprovistos de lógica, lógica que puede encontrarse, aunque en la mayoría de los casos sea difícil de entender, en otros asesinatos. Esta falta de lógica es propia de una mente desequilibrada y falta de raciocinio.

f) Abandonan el arma y el cuerpo en el escenario o se los llevan consigo (sin ocultar). No intenta en ningún momento "modificar" nada, ni de su propia persona, ni de la víctima, ni del escenario, pudiendo aparecer con las vestiduras totalmente manchadas de sangre, el arma en la mano y un reguero de rastros que le relacionan con el lugar, o portando el cuerpo de la víctima o parte de el.

g) No se preocupa, en ningún momento, por esconder el cuerpo de la víctima ni intenta ocultar el delito o sus elementos.

h) La violación y la tortura, de existir, pueden haberse realizado con la víctima muerta.

i) No toma ningún tipo de "trofeo" sobre el hecho o la víctima. Propio de su desequilibrio psíquico puede llevarse parte de la víctima (en el ABC del 21 de septiembre de 2010 aparece la siguiente noticia "Decapita a su novia y se va a un bar a beber con la cabeza en una bolsa", hecho que sucede en Villarrubia, Córdoba).

j) Suelen poseer una inteligencia medio-baja y, de estar empleados, desarrollan trabajos u oficios de baja cualificación y con un bajo rendimiento.

k) Suelen proceder de familias desestructuradas, con problemas familiares graves, consumos acusados de alcohol o drogas, con una precaria economía, con progenitores dictadores, que impusieron una rígida disciplina durante su infancia. Con frecuencia han sufrido déficits emocionales, alienación parental o malos tratos físicos, sexuales o psicológicos. La internalización de esta situación se enquista, no se asume y crea odio, ira, temor y rabia, emociones retenidas, lo que unido a una grave debilidad del "yo", pobre imagen de si mismo y falta de habilidades sociales y sexuales, llegan a formar su desequilibrada personalidad y sus trastornos mentales.

l) Suelen vivir solos, aislados socialmente por propia voluntad. De vivir acompañados lo sería con algún ascendiente, principalmente la madre, de carácter difícil, muy dominante y sobreprotectora.

m) No les preocupa la evolución de la investigación ni hacen de ella seguimiento alguno.

n) Suelen actuar en su "zona de seguridad" por lo que con frecuencia viven en las proximidades de la escena del delito (círculo de Canter) no disponen, o no pueden disponer de medios de locomoción (Richard Trenton Chase actuaba en zonas reducidas próximas a su domicilio, a las que se desplazaba a pie o en transporte público, dado que su enfermedad le impedía conducir, ni tan siquiera obtener la licencia para conducir).

o) Suelen poseer cambios bruscos en su personalidad y comportamiento debido, en la mayoría de los casos, a determinados hábitos de consumo o adicciones.

7.2. Los escenarios

La escena del delito (donde se comete y/o se deposita el cuerpo de la víctima) es un reflejo de los rasgos de la personalidad del responsable de la agresión (Turvey, 2003) y las características de unos se encuentran en perfecta simbiosis con la de los otros.

Estos pueden ser definidos como aquellos espacios en los que ha tenido lugar un hecho delictivo y, dependiendo de sus motivaciones pueden presentar las siguientes características, que pueden encontrarse tanto en el terreno como en el cuerpo de la víctima, o en ambos.

7.2.1. Escenarios organizados (Turvey, 2003)

Caracterizados porque en ellos:

a) Se advierte una planificación previa de la ofensa.

b) La víctima suele ser una persona extraña, no conocida.

c) Se tratará de una víctima que reúne unas características físicas o personales determinadas, es decir es una víctima individualizada por esas características.

d) Refleja control por parte del agresor. Cuando para el control se utiliza la fuerza, bien en el terreno o en el cuerpo de la víctima pueden aparecer: grilletes, ligaduras o mordazas para inmovilizar a la víctima; la presencia de algún tipo de arma (de fuego o blanca) u objetos contundentes (porras, bates de béisbol); presencia en el cuerpo de golpes dados con estos objetos o incluso con los puños para doblegar a una víctima no complaciente; ausencia de todo tipo de huellas, lo que implica el uso de guantes, condones, etc.; una específica disposición de la ropa de la víctima o ausencia de esta o parte de ella.

e) Se presume una actuación sumisa de la víctima si ha habido una ausencia de los datos dichos en el apartado anterior.

f) Si se ha realizado cualquier tipo de actos agresivos han sido previos a la muerte (ante morten).

g) Se ha intentado la ocultación o intento de ocultación del cuerpo.

h) En la escena del delito no se ha encontrado ningún tipo de armas u objetos amenazantes aunque se denote la existencia de violencia por las heridas infligidas al cuerpo de la víctima.

i) Se aprecian signos de que la víctima ha sido cambiada de sitio y trasladada a ese lugar. El ataque ha ocurrido en otro escenario diferente y la víctima es trasportada al lugar en donde se ha depositado el cuerpo. Pueden aparecer rodadas de neumáticos de algún tipo de vehículo o simplemente pisadas al trasportar el cuerpo cargándolo con las propias fuerzas.

7.2.2. Escenarios desorganizados (Turvey, 2003)

En ellos:

a) Se aprecia que el ataque ha sido espontáneo dado que no hay presencia de signos de defensa por parte de la víctima, bien porque no se ha producido, bien porque no se le ha dado tiempo.

b) La víctima puede ser conocida y estar relacionada de una forma más o menos directa con el agresor.

c) Se aprecian signos de despersonalización, dado que la víctima se encuentra cubierta o semicubierta (especialmente el rostro), desfigurada (de difícil identificación) o incluso desmembrado.

d) Ausencia de signos de conversación, la acción ha sido rápida en el tiempo.

e) Escena descuidada. Por las características de la misma se aprecia la existencia de una gran violencia, se encuentra totalmente desordenada y confusa.

f) Ausencia de signos de medios u objetos de inmovilización.

g) De ejercerse algún tipo de violencia, física o sexual con la víctima estas acciones habrán sido realizadas post-morten.

h) El cuerpo, por lo general, se encuentra a la vista, no oculto, en el propio escenario, junto con los demás elementos que hayan sido usados para la agresión.

i) Es común en uso de armas u objetos que, normalmente, son dejados en la escena del delito, y,

k) Signos de extrema violencia con la presencia de grandes destrozos o signos de tortura en el cuerpo de la víctima.

8. EL "MODUS OPERANDI" Y LA "FIRMA"

Por otra parte, sabemos bien que aunque puede presentarse una evolución en el comportamiento del delincuente, cada uno de ellos comete el delito de una forma determinada, denominada "*modus operandi*", y con unas características muy especiales a las que denominaremos "firma".

8.1. El *Modus Operandi (MO)*

Es un término latino que significa "modo de operar" (literal) y en Criminalística hace referencia al modo característico de actuar de un delincuente (Turvey, 2003, p.229), es decir, a la manera en que el delito ha sido cometido.

Por una parte implica el conjunto de todas las acciones llevadas a cabo para la comisión del hecho delictivo, desde las acciones o actividades preparatorias, hasta las que dan por terminado el delito.

Los diferentes tipos de MO,s pueden incluir numerosas y diferentes formas de actuar entre las que se pueden incluir:

- Un determinado número de agresores.
- La planificación antes de la comisión del delito.
- La selección de los lugares en los que cometer el delito (diferentes escenarios).
- Los recorridos realizados y el medio de transporte utilizado.
- Vigilancias realizadas antes de la comisión del delito.

- Uso de diferentes armas.
- Uso de herramientas o material especial para la inmovilización de la víctima.
- Número y tipo de heridas causadas a la víctima y secuencia de las mismas.
- Forma y método de producir la muerte y/o abandono de la víctima.
- Medidas de seguridad adoptadas.
- "Escenificación" de la víctima o del escenario.
- La obtención de "trofeos", y,
- Rutas de acceso y salida de los escenarios.

Por otra, el conjunto de dichos actos conforman un patrón, generalmente estable, pero que puede cambiar por evolución, propia de cada delincuente, convirtiéndose en una característica identificativa de la ejecución.

La evolución puede ser debida en muchas ocasiones a un intento de impedir la posible detección, identificación o detención, pero en la mayoría de ellas es un "aprendizaje" en su ejecución, a veces provocada por errores o fallos en las actuaciones anteriores. Es posible que un medio de inmovilización no sea tan resistente como se creía, y es necesario sustituirlo; es posible que el uso de un arma o instrumento determinado no sea lo suficientemente amenazante, y es necesario sustituirlo; es posible que una zona determinada haga complicada la ejecución, y es necesario cambiar de zona; y así sucesivamente hasta llegar a conseguir su propio equipo (kit) de actuación, tanto en material como en personal o geográficamente.

Aunque la primera clasificación de los asesinos en serie se hizo en base a su posibilidad o capacidad de movilidad espacial (geográficamente estable y transeúnte), los MO pueden servir también para establecer una nueva clasificación de los asesinos seriales, que se pueden denominar como:

a) *Nómadas*

Son aquellos que por razones de trabajo o simplemente personales se mueven continuamente o de forma compulsiva entre diferentes ciudades. Esta forma de actuación provoca la llamada ceguera de conexión (LINKAGE-BLINDNESS) para los investigadores dado que cuanto más lejos están unos escenarios de otros, más difícil se hace encuadrarlos en un mismo patrón o perfil. Esta dificultad aumenta de forma considerable si además el agresor separa en distancia los diferentes escenarios que puede utilizar en el "ciclo criminal" (Henry Lee Lucas, Ottis Toole, Charles Sobhraj),

b) *Territoriales*

Lo son de hecho la mayoría de los asesinos seriales. Son también los denominados "cazadores" que poseen una zona determinada en la que actúan, cuya extensión varía de unos casos a otros (barrio, ciudad, provincia, región, comunidad o condado). Jack "el destripador" y Berkowizt actuaban en la ciudad, en tanto que el "asesino de Río Verde" (Green River, en Ibáñez, 2010) lo hacía a lo largo de una ruta terrestre entre estados, y Lester Harrison actuaba solo en el Grand Park de Chicago. Son los más fáciles de detectar y capturar,

c) *Estacionarios*

Son así denominados aquellos que "cobran" sus víctimas (todas o la mayoría de ellas) en una única localización que puede ser en la zona de domicilio o lugar de trabajo. Son los mas raros y ejemplo de ellos son las denominadas "viudas negras", médicos o enfermeras en instituciones sanitarias ("ángeles de la muerte"), o porteros de edificios o de hoteles,

d) *Visionarios*

Aunque la mayoría de los asesinos en serie no son psicóticos, están en contacto con la realidad y se comportan de acuerdo a ella, hay algunos que presentan desordenes en su carácter o personalidad (Holmes y Holmes, 2002). Los denominados visionarios son aquellos que oyen voces o tienen visiones que le impulsan a matar a cualquiera o a un determinado tipo de personas. Las voces pueden "oirlas" provenientes de personas, animales o cosas (Berkowitz, Gein, Mullin), las visiones están, generalmente, referidas a Dios o al demonio. Desde el punto de vista de la psiquiatría son clasificados como psicóticos, y en esos momentos se encuentran totalmente fuera de la realidad. Este tipo de asesino en serie no se preocupa del escenario del delito, ni lo antera, ni disimula su propósito,

e) *Misioneros*

También llamados "asesinos apostólicos", están guiados por la necesidad de erradicar determinado tipo de personas o grupos (Pickton, Ridgway, Bodkin Adams o Wuornos, pueden ser ejemplo de este tipo de asesinos). No son psicóticos (ni oyen voces ni tienen visiones), viven la realidad pero sienten ese impulso como obligación autoimpuesta de la necesidad de limpiar el mundo de negros, judíos, católicos, prostitutas, homosexuales, etc. En su personalidad antisocial, su comportamiento puede entrar en el grupo organizado o desorganizado. Podemos encontrarnos personajes "mixtos" (con signos de dos o más tipologías) como puede serlo Sutcliffe, verdadero vidente y misionero (las "voces" solo le incitaban a matar prostitutas),

f) *Hedonistas*

En ellos la violencia y la satisfacción sexual se alimentan de la lujuria y la emoción y se materializan en el asesinato. En sus actos no suele ser inusual encontrarse actos de canibalismo, desmembramiento, necrofilia, tortura o atroces mutilaciones (Brudos, Bianchi, Bueno, Bardella, Gacy o Dahmer, son ejemplos de ellos).

8.2. La *Firma*

El término ***Firma*** es utilizado para describir la distintividad del comportamiento llevado a cabo por el agresor, que sirve para satisfacer las necesidades psicológicas y emocionales de este. En lenguaje legal se refiere a un modo criminal de operar (MO) distintivo e inusual, con el propósito de completar con éxito una agresión al satisfacer sus emociones particulares, sus necesidades psicológicas y sus fantasías como parte de un proceso de desarrollo humano.

La firma de un agresor es un patrón distintivo de comportamiento que se caracteriza específicamente porque satisface necesidades emocionales y psicológicas de dicho agresor y sus componentes son más que psicoanalíticos, psicodinámicos, dado que como procesos emocionales y cognitivos están inmersos en la conducta de motivación, conducta que no es necesaria para completar la ofensa y que no tiene porqué aparecer en todos los autores, unos porque no la tienen o aún teniéndola no han podido plasmarla en el escenario, por ejemplo, motivado por haber sido sorprendido durante la acción, por el comportamiento sorpresivo de la víctima o por cualquier otro motivo que le impidiera la culminación del acto.

Este término puede contener dos significados:

a) Por una parte puede referirse al aspecto general del delito en el que se pueden apreciar signos de lucro, ira, consuelo, venganza, autoafirmación, sadismo, etc., y,

b) Al comportamiento firmado, es decir a aquellos actos cometidos por el agresor que, sin estar relacionados con la finalidad del delito ni ser necesarios para su ejecución, constituyen señales únicas y exclusivas de la actuación de un determinado individuo, actuaciones que revelan su motivación, el porqué de ese crimen, y constituyen la forma característica con la que un determinado individuo comete el delito, como por ejemplo maquillar o colocar a la víctima de determinada manera, cubrir su cara, mutilaciones de partes concretas del cuerpo, inserciones vaginales o anales de objetos, etc. Estas acciones consumen un tiempo mas allá del necesario para el MO, que además no es necesario para la conclusión del delito, implica la expresión de emociones y puede expresar la ejecución de algún tipo de fantasía o implicar la satisfacción de una emoción.

También, al igual que el MO, la firma puede sufrir variaciones personales o evolutivas, no cambios radicales sino cualitativos, tanto en progresión como en regresión, dado que la firma está provocada por un razonamiento emocional, casi siempre invariable.

Es fácil encontrar que ocasionalmente los agresores seriales utilizan la firma como un elemento de "reto" o "desafío" para los investigadores policiales. En estos casos el "enigma" puede dejar de ser un elemento de su personalidad psicopática y motivacional, para constituir únicamente una de confrontación entre inteligencias, en muchas ocasiones dirigidas a facilitar su detención, en el fondo, en numerosos casos, deseada por el agresor, especialmente cuando la investigación no avanza en el tiempo, se corre el riesgo de abandonar la misma o el cierre del caso, circunstancias que privarían al autor de la "publicidad" de sus actos, cosa que "mataría" su ego.

Un análisis detenido de la firma nos puede indicar el contenido excepcionalmente violento de este comportamiento y su motivación, sea esta sexual, de venganza, de castigo o visionaria, no solo por los lugares en los que esta violencia se aplica (nalgas, pecho, zona genital), sino por la finalidad de la misma (ejercer poder, control, dominación) y su expresión (ritual, sádica, obtención de "trofeos").

Pueden constituir "conductas" de firma:

a) El llevarse objetos, prendas de ropa o calzado de la víctima como "trofeo".

b) Características especiales de los medios o instrumentos utilizados para la inmovilización de la víctima, la colocación de estos o la forma de realizar las ataduras.

c) Muestras de un especial sadismo o tortura.

d) Producir las heridas en zonas determinadas, con un orden determinado, o con un arma o instrumento determinado.

e) Dejar el cuerpo de la víctima "expuesto" de una manera especial, tanto en su postura, maquillaje, peinado, etc., demostrando una excesiva manipulación y deseo de "decir" algo.

f) Signos de haber obligado a la víctima a realizar determinadas conductas o adoptar determinadas posturas.

g) Signos de ejercicio de poder, control o dominación sobre la víctima por parte del agresor.

h) Más allá del MO, tomarse un tiempo mas largo para "completar" la escena del delito y expresar su fantasía.

La diferencia entre ambas figuras es que:

- El MO es una conducta aprendida, es decir, son los actos que el agresor realiza para cometer la agresión. Es dinámico y puede cambiar.
- La Firma es lo que el agresor hace para satisfacerse a sí mismo. Puede ser estática o cambiar cualitativamente, dado que representa la fantasía del agresor (Douglas y Dood, 2007; Douglas y Olshaker, 1999).

9. LA MOTIVACIÓN

Las motivaciones para cometer un delito, sea este del tipo que sea, son tan variadas como los propios tipos delictivos, y tan diversas como los propios delincuentes (Newton, 2000).

Siguiendo como venimos haciendo referencia al Manual de Clasificación de los Delitos del FBI, éste presenta cuatro grandes categorías de homicidios con 32 subcategorías a las que aludiremos de forma general.

Entre las motivaciones más comunes resaltaremos:

1) El dinero (*criminal-enterprise homicide*)

Dentro de esta categoría se incluyen a todos aquellos que de la acción de matar obtienen algún beneficio económico, sea este individual o comercial.

Entre ellos podemos recoger:

- A los asesinos a sueldo o sicarios (Borrás 2002).
- A los llamados "hit-men" en la literatura anglosajona, aquellos que asesinan por contrato o encargo de tercera persona.
- A los "cazarecompensas".
- A las bandas (como los "ángeles del infierno").
- A los asesinatos durante los secuestros.

- Aquellos que se producen por una negativa a la extorsión.
- A los que se cometen relacionados con temas de tráfico de drogas.
- A los producidos por cuestiones de sucesiones, herencias o incumplimientos de seguros, .
- A cualquier homicidio que se produzca durante el desarrollo de otro delito como puedan ser robos o atracos. Entre estos quedan también incluidos todos los casos provocados por las "viudas negras" o la figura del "barba azul".

2) Los motivos personales

Están considerados así:

- Todos aquellos homicidios que se producen durante confrontaciones o agresiones personales.
- Los producidos por casos de erotomanías cuando existe una fijación con persona determinada no complaciente.
- Los producidos en el ámbito familiar sea de forma espontánea (durante una pelea o discusión), sean causados por estrés, ira o miedo, siempre que agresor y víctima pertenezcan a una misma familia.
- Los que suceden en un momento de "acaloramiento" entre personas no familiares (impulsivos).
- Aquellos que resultan de un conflicto o enfrentamiento.
- Los causado por venganza.
- Los producidos sin motivos aparentes o racionales (delirios psicóticos).
- Los cometidos por razones de posturas o sentimientos extremistas (político, económico, religioso, social o racial).
- Los ritualistas, y,
- Los cometidos para evitar sufrimientos (eutanasias) o cuestiones de "humanidad" ("ángeles de la muerte"), este tipo puede considerarse dentro de los que el Dr. Borrás (2002) denomina como "asesinos circunstanciales".

3) Los motivos sexuales

Es este un motivo relevante en muchos de los asesinatos en serie conocidos (el 75%) y se presenta en todos los casos de vampirismo, canibalismo y otras parafilias como expresión simbólica de la sexualidad. Todos los delitos sexuales nacen como una fantasía y, afortunadamente, solo una pequeña minoría de individuos llegan a convertir su fantasía en delito, la mayoría de ellos, de acuerdo a su salud mental, mantienen ocultos esos deseos aunque solo sea brevemente (Hazelwood y Michaud, 2001).

El Manual de referencia los divide en organizados, desorganizados y mixtos (en el sentido antes explicado) y los sádicos, aquellos que mutilan gravemente y/o torturan a sus víctimas (aunque estas características puede estar incluídas entre los desorganizados).

Existe la falsa creencia de que en los homicidios por motivación sexual debe existir siempre violación, nada más lejos de la realidad. La existencia de un conflicto o una parafilia sexual no tiene que tener como resultado una satisfacción sexual tipo orgásmico a través de una penetración peneana. Al hilo de lo que estamos tratando podemos hacer referencia a Bruce Lee (de nacimiento Peter Dinsdale), incendiario inglés que conseguía el orgasmo solo en presencia del incendio que él mismo provocaba.

En este tipo de individuos tampoco es necesaria la presencia de una enfermedad mental, basta simplemente con conductas o comportamientos propios de una mala "socialización" y una conflictiva personalidad con un alto grado de hostilidad y afirmación del "yo", perfectamente disimulada.

Este tipo de agresiones sexuales se caracterizan por ser acciones súbitas, descontroladas y con un marcado sadismo, gran variedad de acciones comportamentales, gran variedad de víctimas y número de agresiones. En relación con los agresores sexuales seriales, los pedófilos o los violadores pueden haber cometido numerosos delitos de contenido sexual antes de cometer su primera muerte, y son los agresores que más claras tienen las características que deben reunir sus víctimas,

4) Por hostilidad

Los actos que cometen este tipo de individuos podemos denominarlos "actos desencadenados", es decir, están precedidos y causados por conflictos mal internalizados y recurrentes que no han podido, o sabido, ser asumidos y que se proyectan contra terceras personas.

Esta descarga hostil puede llegar hasta el homicidio si durante el hecho se ofrece resistencia o se intenta una contra-agresión por parte de la víctima. Lo mas frecuente es que esta actitud de hostilidad esté enfocada a atemorizar, vejar, humillar o conseguir otro tipo de resultado agresivo,

5) Por afirmación/poder o control

La afirmación de poder, más que una motivación es una necesidad para muchos individuos para sentir y mantener su autoestima después de haber sufrido rechazos o desprecios a lo largo de su vida, especialmente en su infancia y adolescencia, utilizando la violencia para dicho fin. Es el asesino serial más común

Propio de personas con déficit en habilidades sociales (solitario, aislado, bajo nivel cultural, inadaptado) esta motivación se manifiesta especialmente en el área de la sexualidad, recurriendo a la violación como paliativo de su frustración, si bien esta motivación no convierte al agresor sexual en un agresor de gran violencia. Pueden ser confundidos con el tipo hedonista del que ya hemos hablado, pero aquel utiliza la violación como una forma de saciar su lujuria y este lo hace como una expresión más de su deseo de dominación,

6) Podríamos como otros autores hacen (Borrás, 2002) referirnos de una forma más amplia a los asesinatos cometidos por *los enfermos mentales* pero, aparte de que los hemos considerado comprendidos en los desorganizados, consideramos que su incomprensible forma de actuar es más propia para un estudio o análisis psicológico o psiquiátrico, no criminológico y que, además, queda fuera de nuestra intención.

10. BIOGRAFÍAS

Cuando intentas presentar una biografía sobre delincuentes seriales es obligado "tantear" entre todo lo escrito, a tu alcance, sobre el tema para poder elegir los criterios con los que seleccionar, y lo primero que te encuentras es una gran cantidad de autores que han escrito libros sobre el tema (Berbel y Ortega, 2003; Borrás, 2002; García Andrade, 1993; Garrido, 2007; Garrido y Lopez, 2006; Holmes y Holmes, 2002; Morrison y Goldberg, 2004; Newton, 2000; Raine y Sanmartin, 2000; Ressler y Schachtman, 1995, 1997) desde diferentes puntos de vista. En estos libros son muchas las biografías que se repiten, tanto de asesinos españoles como extranjeros, y lo serán porque los han considerado más destacados por algún motivo. Entre ellos se encuentran John W. Gacy, Ted Bundy, Andrei Chicatilo o Pedro Alonso López entre los extranjeros mas analizados y Manuel Delgado Villegas ("el arropiero"), José Antonio Rodriguez Vega ("el mataviejas"), Joaquin Ferrandiz Ventura ("el asesino de prostitutas de Castellón"), Enriqueta Martí Ripio ("la vampiro de Barcelona"), o José Ignacio Orduña Mayo ("el asesino de Lesseps"), de nuestra historia negra.

Mi elección no solo ha sido en base a que no han sido tan estudiados, sino a diferentes características y tipologías de cada uno de ellos.

10.1. Edward Theodore Gein: "El carnicero de Painfield"

Este asesino, de forma directa, no es seguramente muy conocido pero tendremos que relacionarlo con la película "Psicosis", que se exponía con gran éxito allá por los años 60, para hacernos una idea. Esta película, rodada por Alfred Hitchcock, está basada en una novela de Robert Bloch en la que da vida a un asesino en serie, Norman Bates, a quien da vida el actor Anthony Perkins, y que está inspirada en la vida de Ed Gein. Otras referencias, consecuencias de su historia, las podemos encontrar:

- En que la decoración de la casa de Gein sea utiliza en la película La Matanza de Texas.
- Que el asesino Leatherface y su máscara de piel humana, es la figura de Gein.
- Otras películas de referencia son Deranged (de Roberts Bolsón), In the Light of the Moon (de Chuck Parello), The Butcher of Plainfiel (de Michel Feifer) o la canción "Nothing to Gein" del grupo Mudvayne.

Edward Theodore Gein nació en La Crosse, Wisconsin, el 27 de agosto de 1906, hijo de George Gein y Augusta Lehrke. Con una madre dominante y un padre sin opinión, débil y borracho, su infancia se desarrolla bajo una dura disciplina y el fanatismo religioso de su madre, que quiso eliminar para sus hijos las malas influencias de la perversidad del mundo y en especial de las mujeres a las que consideraba eje de todos los males, y bajo las constantes palizas por parte de su padre.

Para conseguir "preservarlos" de los males del mundo, su madre adquiere una pequeña granja en el pueblecito de Plainfield, Wisconsin, en Waushara County, lugar donde se aísla con toda la familia, pero no puede evitar que Eddie tenga que acudir a la escuela. Con ciertos modales afeminados, durante su época escolar sufrió toda clase de abusos y humillaciones por parte de sus compañeros.

Su apariencia inofensiva ocultaba uno de los más temibles psicópatas y su comportamiento convierte la granja en la que vivía en un verdadero matadero humano. Desde la muerte de sus padres, Gein vivía solo y aislado en la granja que adquirió su madre, desde la muerte de esta cuando el tenía 39 años, y se ganaba la vida haciendo cualquier tipo de trabajo en el pueblo de Plainfield o en las granjas de alrededor, trabajos que hacía con gran eficacia, maestría y habilidad, lo que le granjeaba la consideración de la población, aunque tenia fama de "raro".

Gein era un hombre de mediana edad, pequeño, de complexión débil, tímido, de pelo rubio y ojos azules, algo excéntrico pero cumplidor de lo que le encargaban.

Solía frecuentar la taberna del pueblo, el Bar de los Hogan, se sentaba en un rincón y se dedicaba a observar atentamente a la dueña del local, Mary Hogan. Esta actitud hacía creer al resto de los parroquianos que Ed estaba enamorado de ella.

El 8 de diciembre de 1954, un vecino encontró en el suelo de la taberna un gran reguero de sangre que conducía hasta la puerta, y la dueña, Mary, había desaparecido. Un vecino comentó el hecho con Gein dándole a conocer la desaparición de Mary a lo que Gein contestó "No está desaparecida. Ahora mismo está en la granja", y aunque pensaron en la posibilidad de que se hubiera ido a vivir con el, no le tomaron en serio.

El día 16 de noviembre de 1957 asesinó de un tiro de rifle a Bernice Worden, madre de uno de los ayudantes del Sherif, y dueña de la ferretería. Un vecino del pueblo encontró en la tienda un reguero de sangre que llevaba hasta el exterior del local. Como en el caso de Mary Logan, después de matarlas las arrastraba hasta la calle y las metía en una furgoneta para trasladarlas a la granja. Tras descubrirse que fue el último cliente de la Sra. Worden fue detenido para su interrogatorio al día siguiente.

Cuando el Sherif y sus Ayudantes, entre los que se encontraba el hijo de la Sra. Worden, entraron en la granja se encontraron con un panorama aterrador:

- Colgado del techo se encontraba el cadáver decapitado y eviscerado de la Sra. Worden.
- Montañas de basuras, desperdicios y excrementos cubrían el suelo de las habitaciones de la granja, de todas menos de una.
- Tiradas por el suelo y en cualquier otra ubicación se encontraban gran cantidad de revistas de tres temas muy definidos: pornografía, terror y anatomía humana.
- Había cráneos humanos en el salón y en la cocina y algunos de ellos estaban serrados por el centro y eran usado como tazones para sopa.
- Se encontró que asientos de sillas, pantallas de lámparas, papeleras, mangos y fundas de cuchillos estaban confeccionados con piel humana.
- Se encontró un chaleco de piel humana que conservaba los pechos.
- Se encontró un cinturón confeccionado también con piel humana y adornado con partes del cuerpo (corazón, riñones, pezones, etc.).

- Existían, en un desorden caótico, varias cajas con cabezas amputadas, corazones, máscaras faciales con sus cabellos y otros restos humanos procedentes de diferentes cuerpos. - En las paredes del salón-dormitorio, como adorno de las paredes, existían máscaras faciales con sus correspondientes cabelleras, y en las columnas de la cama tenía clavados cráneos humanos.
- Se encontró un traje (body) curtido y confeccionado con piel de mujer que mantenía los pechos y la vagina, traje que se ponía y utilizaba para sus ritos de tinte sexual.
- Posteriormente se supo (por sus entrevistas con los médicos) que pensaba constantemente en la castración y en un cambio de sexo que se haría el mismo.
- Perfectamente cerrada, precintada y en perfecto orden se encontró la que fue la habitación de su madre, que conservaba igual desde la muerte de esta, doce años antes. Declaró que después de muerta, su madre estuvo hablándole mientras se dormía, durante más de un año.

Durante la investigación, y por su declaración, se supo que los cadáveres, nueve en total, pertenecían a personas del pueblo fallecidas y que él había desenterrado posteriormente,

Podríamos pensar que son pocos los asesinatos cometidos y que no llegan al número exigido por las definiciones sobre asesinos en serie (tres o más víctimas), pero es un claro ejemplo de asesino desorganizado con problemas mentales graves.

Además, aunque no se pudo descubrir ningún tipo de tendencia pedofílica, se sabe que durante esa época, exactamente durante 1947, desapareció una niña de 8 años llamada Georgia Weckler, cuando regresaba de la escuela cuyo cuerpo nunca fue encontrado. Poco después Evelyn Hartley, de 15 años, vecina de La Crosse, también desapareció y su cuerpo no fue hallado. En noviembre de 1952 dos cazadores de la región, Víctor Travis y Ray Burguess, desaparecieron y nunca más se supo de ellos.

Pero no se le pudo relacionar con dichas desapariciones.

Internado para evaluación psicológica los médicos determinaron que podría sometérsele a juicio que fue celebrado y en el que se le declaró culpable de los dos asesinatos. Dictada sentencia, se apeló, se adujo locura (esquizofrénico y psicópata sexual) y fue internado en la institución en la cual moriría.

Los médicos que le trataron declararon su caso como uno de los más complejos de la criminología de su época. Su personalidad estaba integrada por numerosas parafilias, tales como voyeurismo, fetichismo, travestismo, necrofilia, canibalismo y otras que dieron como resultado una fuerte psicosis nacida de la relación con su madre, con un complejo de Edipo no superado (seguía enamorado de su madre) que se reflejaba en las características físicas de sus víctimas y de las otras mujeres desenterradas, todas ellas de gran parecido con su madre.

Gein moriría el 26 de julio de 1984 en el Mendota Mental Health Institute, de una insuficiencia respiratoria.

10.2. David Berkowitz: "El hijo de Sam" y "El asesino del calibre 44"

De nacimiento Richard David Falco, nació el día 1 de junio de 1953 en Brooklyn, New York. Era hijo de Tony Falco y de Betty Broder, el italo-americano, ella hija de judíos, que se casaron muy jóvenes. Tony abandonó a Betty y ambos comenzaron una vida separada sin que llegaran oficialmente a divorciarse. Betty inició un romance con un hombre casado, Joseph Kleinman, quedando embarazada de éste. Por indicaciones de Kleinman, Bettty debía de abortar, si bien tuvo al bebé y lo entregó en adopción.

Fue adoptado por un matrimonio judío, Nathan y Pearl Berkowitz, que no podían tener descendencia, cambiándole su nombre por el de David Berkowitz.

Pearl, su madre adoptiva murió de cáncer en 1967, cuando David tenía catorce años, trasladándose junto a su padre al barrio del Bronx.

David era un joven inteligente, hiperactivo, de constitución corpulenta y buen jugador de beisbol que influido por las características de la juventud del barrio (pandilleros) pronto se cansó de estudiar y hacer deporte y empezó sus actividades delictivas con pequeñas sustracciones e incendios. Tímido con las chicas, solo se le conoce una chica en su vida, una vecina del barrio, Iris Gerhardt, con la que mantiene una relación "platónica".

Sufre una juventud accidentada agravada por la muerte de su madre adoptiva y un nuevo enlace matrimonial de su padrastro con una mujer a la que toma verdadera aversión.

En 1971 se alista en el ejército donde sirve con honor en sus destinos en Estados Unidos y Corea. En 1974 abandona el ejército evitando con ello ser destinado a Vietnam. Durante su estancia en el ejército se vuelve baptista.

Una vez licenciado del ejército y con nuevos problemas sobrevenidos a causa de su cambio de religión y el traslado de su "familia" a Florida, se dedica a buscar a su madre biológica y a su hermana Roslyn. En sus contactos con ellas, aunque ya sabía que era hijo adoptado, se entera de su verdadera filiación, hijo ilegítimo dado en adopción al poco de nacer y esto enfría las relaciones con ellas, dejando pronto de verlas. Se traslada a un nuevo apartamento, también dentro del Bronx, apartamento que abandono al poco tiempo.

Berkowitz mantuvo aterrada a la ciudad de New York durante los años 1976 y 1977, año en que fue arrestado.

Su primer ataque lo lleva a cabo en las navidades de 1975, a las 7 de la tarde, contra una mujer que salía de un supermercado a la que acuchilla por la espalda, ante su defensa sale corriendo. Esa misma tarde y antes de llegar a casa comete su segundo atentado contra una joven de 15 años, Michelle Forman, a la que acuchilla en la cabeza y espalda. Ninguna de ellas muere, siendo denunciado únicamente el segundo de los casos.

Bien por miedo al fracaso (en sus dos primeros asaltos no tiene éxito), bien por mayor seguridad para el (en ambos casos ante la resistencia de las víctimas sale huyendo), bien por aprendizaje (su vida en el ejército le hizo conocedor de las armas de fuego), bien para sentirse "alguien", adquiere un revolver del calibre 44, arma que utilizaría en sus atentados a partir de ese momento.

Durante esta época entra en contacto con miembros de una secta satánica llamada "Los veintidós discípulos del infierno" en cuyos ritos se realizaban sacrificios humanos.

En la madrugada del día 29 de julio de 1976, a las 01'00 horas, Donna Lauria de 18 años, y su amiga Jody Valenti de 19, estaban charlando sentadas en el coche de esta última. Cuando Donna se despedía de su amiga para marcharse a su casa, frente a cuya puerta estaba aparcado el coche, fueron tiroteadas por un individuo que se encontraba a unos metros de distancia. Donna murió en el hospital.

Tanto Jody como otros testigos que presenciaron el hecho dieron una descripción del individuo: hombre blanco, de entre 25 o 30 años, alto, de pelo rubio, desgreñado (parecía que llevaba peluca). También relataron la existencia de un vehículo de color amarillo que estaba aparcado detrás del de las chicas y que había desaparecido cuando llegó la policía.

Tres meses después, en un lugar muy distante del anterior, volvía a golpear. El 23 de octubre de ese mismo año, a las 02´30 de la madrugada, Carl Denaro de 20 años y Rosemary Keenan de 18, salieron de un bar en Queens y se dirigieron en el coche de la chica a un lugar apartado donde pudieran estar tranquilos. Cuando estaban aparcados un individuo se acerca sigilosamente al vehículo e hizo cinco disparos a través de la ventanilla del asiento del acompañante, asiento ocupado por Carl, quien recibe el impacto de una sola bala en la parte posterior del cráneo. Llevado al hospital se le injertó una placa de metal para reparar los daños óseos producidos por el disparo siendo dado de alta meses después.

Hemos visto que, hasta ahora, solo ha cometido atentados contra mujeres, las dos primeras aisladamente y en estas dos ocasiones cuando estaban acompañadas. Lo que seguro no sabia Berkowitz es que uno de los ocupantes del coche del último atentado era un varón, si bien iba en el asiento del acompañante y tenia el pelo negro y largo (le descansaba en los hombros), lo que le pudo llevar a confusión. Es posible que el conocimiento de los hechos hiciera que, a partir de ese momento, sin motivos claros, solo motivados por el odio, disparara indiscriminadamente a hombres y mujeres, si bien siguió haciéndolo a parejas. El éxito de sus primeros atentados pudo hacer, como sucede en la mayoría de los casos, que le hiciera cada vez mas confiado en si mismo, lo que se convierte en una mayor peligrosidad, frialdad y falta de escrúpulos.

No tardó mucho en volver a cometer un nuevo atentado. Fue el 26 de noviembre de 1976, de nuevo en Queens. Sobre la media noche Joanne Lomino, de 18 años, y su amiga de 16, Donna DeMasi, después de salir del cine y cuando estaban sentadas en las escalinatas del edificio donde vivía Joanne, un individuo se acerca a ellas y les pregunta sobre una dirección de la zona, antes de que pudieran responder el individuo saca un revolver de su cintura y dispara sobre ambas las cinco balas del tambor del arma. Joanne sufre un impacto de bala en la parte baja de la espalda y Donna en la nuca. Ninguna de ellas muere pero Joanne quedó en una silla de ruedas para toda su vida.

Discrepancias entre las descripciones de los testigos de este hecho y de los anteriores hizo que la policía aún no los relacionara como obra del mismo asesino.

John Diel, de 30 años, y su novia Christine Freund, de 26, estaban sentados en el interior de su coche. A las 00´30 horas habían salido de comer algo después de estar en una sala de arte de Queens y se disponían a partir para sus casas cuando fueron tiroteados. Christine murió poco después en el hospital. John pudo huir. El análisis de la bala extraída a Christine puso en relación todos los atentados cometidos con este tipo de arma aunque los testigos no se ponían de acuerdo en la descripción del autor.

Pocas semanas mas tarde, el 8 de marzo de 1977, Virginia Voskerichian, de 19 años, volvía a las 19´30 horas de la universidad de Manhattan dando un paseo cuando un hombre se puso a su altura, le apuntó con un revolver y disparó matándola en el acto. Los testigos declararon que el individuo se cubría la cara con un pasamontañas.

Pocos días después la policía da un comunicado oficial conectando los atentados cometidos en el Bronx y en Queens desde julio del pasado año hasta la muerte de Virginia a través del arma utilizada, dando a su vez una descripción mas concreta del individuo. La prensa del siguiente día le etiquetó como "el asesino del calibre 44".

Poco mas de un mes después, exactamente el 17 de abril de ese mismo año, sobre la media noche, Alexander Essau, de 20 años, y su novia Valentina Suriani, de 18, se encontraban en el interior de su vehículo en actitud cariñosa, ambos en el asiento del conductor, cuando fueron tiroteados a través de la ventanilla de ese lado, recibiendo varias balas en sus cabezas. Valentina murió en el acto y Alexander pocas horas después.

Durante la inspección ocular del escenario del atentado se encontró una carta dirigida al Capitán de policía Borrelli. La carta estaba escrita en su totalidad con letras mayúsculas.

Esta fue la primera de una serie de cartas y notas anónimas dirigidas, entre otros, a Jimmy Breslin, periodista del Daily News, y al dueño de un apartamento en el que estuvo alojado con anterioridad.

Poco mas de dos meses después, el 26 de junio de 1977, Salvatore Lupo, de 20 años, y su acompañante Judy Placido, de 17, volvían a casa después de una fiesta de graduación cuando fueron tiroteados, quedaron heridos pero salvaron milagrosamente la vida.

El día 31 de julio de ese mismo año, dos años y dos días después del primero de los atentados, la pareja compuesta por Robert Violante y Stacy Moskowitz, ambos de 20 años, buscaron un sitio tranquilo en un lugar del parque frecuentado por parejas donde aparcar. Sobre las 02´00 horas de la madrugada, la tranquilidad se rompió con el ruido de las balas rompiendo los cristales del vehículo. Robert recibió dos impactos en la cara y quedó ciego y sordo, Stacy murió a las pocas horas en el hospital.

Las descripciones volvieron a no ser coincidentes, lo que llevó a la policía a creer en la existencia de más de un asesino. Se detectó la presencia de un vehículo de color amarillo que podría estar relacionado con el incidente, vehículo que según se supo después por otros testigos había sido visto también en otra ocasión.

Por fin, el día 10 de agosto de 1977, David Berkowitz, "el hijo de Sam" o "el asesino del calibre 44" fue detenido. Durante los interrogatorios confesó ser culpable de todos y cada uno de los atentados de los que se le acusaba, así evitaba la pena de muerte, y que lo hizo porque el perro de un vecino, al que mató y a cuyo propietario envió una de las cartas anónimas, con sus ladridos se lo había ordenado. En posteriores declaraciones se retractó de esto.

Los médicos que le examinaron lo calificaron como un esquizofrénico paranoide antisocial, pero lo consideraron apto para poder ser juzgado. Tras un corto juicio fue condenado a 365 años (seis cadenas perpetuas).

Durante su evaluación médica manifiesta que asesinaba por venganza contra las mujeres. Que el acto de acechar y el tiroteo era su excitación sexual y que acabado el asalto se masturbaba en el coche. Que las noches en las que no encontraba víctimas apropiadas recorría los escenarios anteriores para revivir su fantasía extasiándose ante la vista de las figuras de las víctimas dibujadas con tiza (procedimiento policial) y que incluso llegó a pensar en asistir a los funerales de sus víctimas.

A la fecha de hoy aún continúa en prisión en la cual ha sufrido varios intentos de asesinato por parte de otros reclusos.

10.3. Chicatilo vs. Onoprienko

Para elegir la tercera biografía he querido, por una parte, salirme del "circuito" americano tan prolífico y venirme más cerca, a Europa y, por otra, intentar presentar alguna otra tipología diferente. Para atender a las dos premisas expuestas voy a presentar dos ejemplos diferentes de asesinos en serie, ambos rusos, ucranianos, pero muy diferentes en su tipología delictiva.

10.3.1. Andrei Romanovich Chikatilo: "El carnicero de Rostov"

Chikatilo nace en Yablochnoye (Ucrania), el 16 de octubre de 1936. Su familia, como muchas en esa época, sufre los horrores de la Segunda Guerra Mundial, su hambruna y sus muertos por los bombardeos. Siendo muy pequeño pudo contemplar muertos y heridos por todas sus calles y oír, junto a su hermana, a su madre contar una historia sobre su hermano mayor de quien decía había sido secuestrado y comido por los vecinos, historia de la que se duda de su veracidad. Estas historias y las represiones a las que en aquella época su madre le sometía hicieron de el un

niño reprimido, miedoso, solitario y eneurético hasta los doce años, circunstancias que arrancaban la burla de los demás niños.

Al inicio de su pubertad intenta mantener relaciones con una amiga de su hermana que se resiste a ello. Durante el forcejeo se le produce una erección y eyacula, inicio de la ligazón en su mente del binomio violencia-placer sexual.

Como todos los jóvenes de su época debe prestar su servicio militar, y lo hace en la armada, servicio que una vez terminado le reincorpora a su actividad civil. En esta época mantiene contacto con una chica pero no puede hacer el amor con ella lo que no solo provoca la burla de la chica, sino que al comentarlo en la comunidad recibe las burlas de sus vecinos. En esta época nace en Chikatilo su fantasía de violencia, "destrozarla" como ella ha destrozado su vida.

A pesar de todo consigue casarse y tener dos hijos con los cuales su comportamiento es correcto y cariñoso.

Tras realizar unos cursos de formación obtiene un puesto como maestro de básica pero su falta de autoridad y su forma de andar le convierten en el hazmerreír de sus alumnos quienes le apodaron "el ganso" por su caída de hombros y forma de andar. Sus inicios delictivos se producen acosando a sus alumnas.

En 1978 es trasladado a Schkhty, lugar en el que vive solo.

Su primera víctima fue una niña de 9 años de edad, Yelena Zakotnova, a la que lleva al bosque pero su impotencia hace que no pueda penetrarla. Lleno de rabia la apuñala, la estrangula y la tira al río Grushevka. La salida de sangre en la primera puñalada le produce una erección y al seguir apuñalándola eyacula. Los principios de fijación en su mente del binomio violencia sangre-eyaculación, ha quedado fijado. Fue el día 22 de diciembre de 1978.

Por esta acción estuvo a punto de ser detenido, pero las investigaciones e interrogatorios de aquella época hicieron que se detuviera a otra persona que, "hábilmente" interrogada, confesó el asesinato. Abandonó su puesto de profesor e inicia una vida errática de varios empleos en varios lugares lo que le obliga a utilizar los transportes públicos, en especial trenes y autobuses en cuyas paradas tienen contacto con sus víctimas.

Su segunda víctima, en 1981, es Larisa Tkachenko, una joven prostituta de17 años a la que encuentra en una estación de tren y le pide le acompañe al bosque para mantener relaciones sexuales. La falta de excitación hace que la apuñale varias veces y en diferentes lugares, entre ellos los ojos, dado que creía que en ellos se quedaba grabada la imagen de la última persona que vio en vida. Como en la anterior ocasión la sangre le produce una erección y la eyaculación, aunque en esta ocasión además de eviscerar sus órganos genitales, le lleva a cortar los senos y comerse los pezones.

Su tercera víctima, ese mismo año, sería Lyuba Biryuk a quien, en el bosque apuñala más de 40 veces, mutilándole además los ojos. Esta actuación se convertiría en su firma. Fue tras este ataque cuando comete su primer asesinato en la persona de un varón, Oleg Podzhivaev, de nueve años, del que no se encontró su cuerpo. Cuando fue detenido dijo haberlo matado, cortados y comidos sus genitales como venganza de su impotencia sexual.

Chikatilo, hasta el día 6 de noviembre en que cometió su último atentado, asesinó a un total de 53 hombres y mujeres, todos ellos con el mismo modus operandi y firma. Fue detenido el día 20 de noviembre de 1990.

Fue ejecutado el 15 de febrero de 1994 de un tiro en la cabeza después de que el Presidente Boris Yeltsin rechazara su apelación de clemencia.

10.3.2. Anatoly Onoprienko: "La bestia de Ucrania", "El exterminador" y "Ciudadano O"

Nació el 25 de julio en Zhitomir (Ucrania). Su madre muere cuando él tenía un año, siendo posteriormente internado en un orfanato. Su padre permanece en casa con el hermano mayor de Onoprienko. El hecho de su abandono alimentó un odio patológico a la familia, convirtiéndose en un "spree killer" que acabó con la vida de 52 personas, la mayoría de ellas entre octubre de 1995 y marzo de 1996.

No obstante lo dicho, sus primeros atentados, con nueve víctimas en total, los cometió en 1989 en compañía de otro individuo llamado Sergei Rogozin. Antes de ser detenido abandona el país y se dedica a viajar por Austria, Francia, Grecia y Alemania.

Vuelve a su país en 1995 y el doce de diciembre de ese mismo año comete su primer atentado en solitario atacando, en Gamarnya, la vivienda de la familia

Zaichenko y matando al padre a la madre y a dos niños pequeños. Posteriormente incendia la casa.

Pocos días después los cuatro miembros de la familia Kryuchkov, en Bratkovichi, fueron asesinados y su casa incendiada. Un transeúnte llamado Malynski que se cruzo en su huida fue tiroteado en la calle.

El 5 de enero de 1996, Odintsov y Dolinin, dos hombres de negocios fueron tiroteados mientras estaban hablando en su coche estacionado en una calle de Energodar. Antes de anochecer dos víctimas más fueron asesinadas a tiros cerca de Vasilyevka-Dneiprorudny, un paseante llamado Garmasha y un policía llamado Pybalko. Al día siguiente otros tres hombres más fueron tiroteados en la carretera de Berdyansk-Dnieprovskaya cuando se encontraban en el interior de sus vehículos.

De nuevo en Bratkovichi, el día 17 de enero de ese mismo año, asesina a los cinco miembros de la familia Pilat, quemando posteriormente la casa. Dos testigos del hecho fueron asesinados a tiros.

En Fastova, el 30 de enero, asesina a cuatro víctimas más, una enfermera de 28 años, sus dos hijos y al hombre que se encontraba con ellos.

En febrero, el día 19, la familia Dubchak fue aniquilada en su casa de Olevsk. El padre y el hijo murieron por lo disparos de un arma de fuego, la madre y la hija fueron golpeadas hasta la muerte con un martillo.

Ocho días después, en Malina, fueron asesinados los cuatro miembros de la familia Bodnarchuk, los adultos a tiros, sus hijos a hachazos. En la hora siguiente un vecino fue tiroteado y mutilado en su casa.

El día 22 de marzo, en su domicilio, disparó y quemó a los cuatro miembros de la familia Novosad.

El 16 de abril de 1996, fue detenido. En el apartamento de su novia se encontró la pistola y otros muchos objetos propiedad de sus víctimas.

Se declaró culpable de 52 asesinatos, entre ellos un bebe de tres meses al que asfixió con una almohada. Nunca se arrepintió de sus actos.

El 23 de noviembre de 1998, en Zhitomir se celebró el juicio. Fue sentenciado a muerte el día 1 de abril de 1999, pero la pena capital le fue conmutada.

Entre estas dos vidas podemos establecer que:

- Chikatilo era un maniaco sexual, Onoprienko un ladrón y asesino despiadado.

- Chikatilo asesinaba y violaba a jóvenes de ambos sexos y su motivación era sexual, Onoprienko mataba a familias, para robar y como venganza de haber sido abandonado en su juventud.
- Chikatilo llevaba a sus víctimas a zonas boscosas donde las asesinaba con arma blanca, Onoprienko atacaba casas aisladas y mataba a todos sus habitantes, a los hombres con un arma de fuego, a las mujeres con cuchillos, hachas o martillos. Posteriormente quemaba las viviendas, y mataba a los posibles testigos.A los niños los asesinaba para evitar que fueran abandonados como lo fue el.
- Chikatilo comía partes del cuerpo de las víctimas evisceradas, Onoprienko les cortaba los dedos para quitarles los anillos y se llevaba "trofeos" de sus acciones, incluyendo la ropa interior de las víctimas.

11. UN POCO DE ESTADÍSTICA

Para empezar vamos a presentar datos generales sobre delitos y faltas cometidos, datos ofrecidos por los balances de criminalidad del Ministerio del Interior.

En el Gráfico 1 presentamos los delitos y faltas cometidos durante los años marcados, excluídos los delitos contra la seguridad vial.

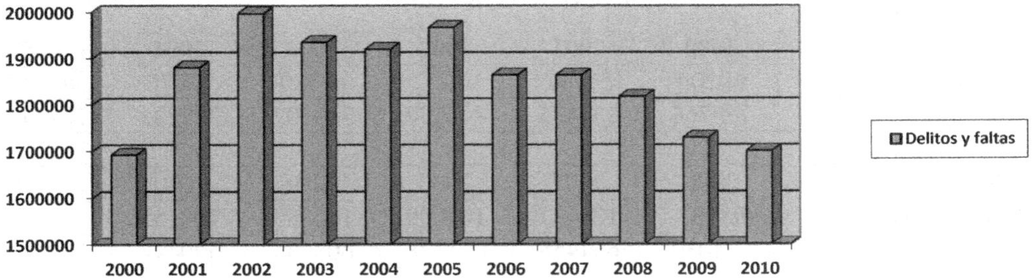

Gráfico 1. Delitos y faltas cometidos.

Los valores del Gráfico 1 los presentamos en la Tabla 1.

Tabla 1. Delitos y faltas cometidos.

AÑOS	2000	2001	2002	2003	2004	2005	2006	2007	2008	2009	2010
DELITOS	1691988	1880628	1996809	1935177	1919818	1967233	1864541	1864037	1817739	1728784	1700118

En el Gráfico 2, y la Tabla 2, vamos a presentar los delitos contra la vida, la integridad y la libertad de las personas en comparación con los delitos contra el patrimonio.

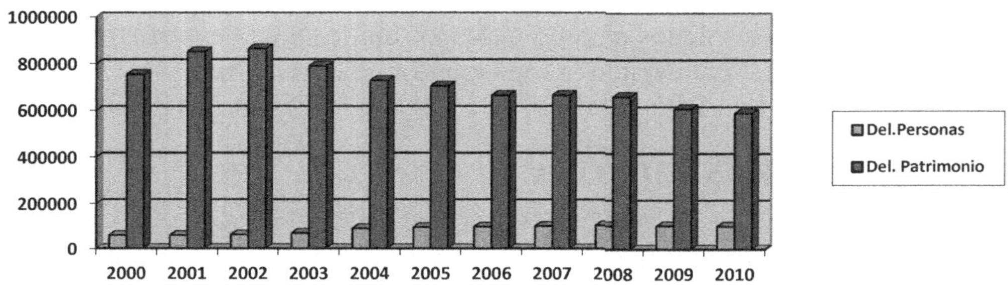

Gráfico 2. Delitos contra las personas y contra el patrimonio.

Tabla 2.Valores del Gráfico 2.

AÑOS	2000	2001	2002	2003	2004	2005
Del.Personas	60209	59737	62722	69559	91070	96034
Del.Patrimonio	753766	851475	865137	789702	727732	704247
AÑOS	2006	2007	2008	2009	2010	
Del.Personas	98701	101437	105009	104883	103155	
Del.Patrimonio	664036	664458	661178	608734	590444	

Una forma de entender el concepto del nivel de victimización para un delito determinado, lo podemos hacer a través de la tasa de homicidios dolosos y asesinatos, datos que se ofrecen por cada 1000 habitantes, y que figuran en el Gráfico 3.

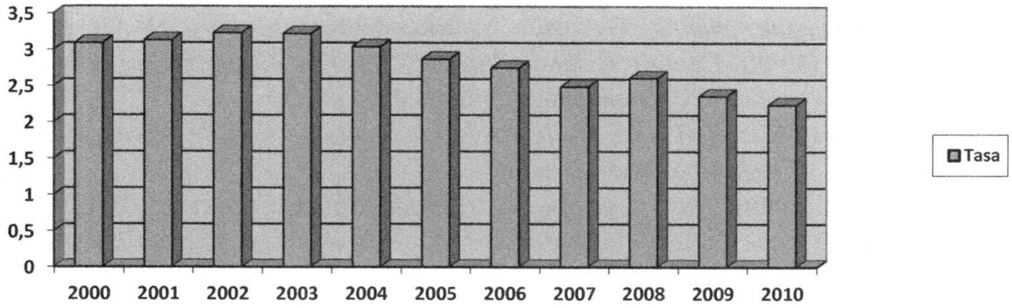

Gráfico 3. Tasa de homicidios dolosos y asesinatos.

12. REFERENCIAS

Berbel,C. y Ortega, S. (2003). *Psicópatas criminales. Los más importantes asesinos en serie españoles.* La Esfera de los Libros, Madrid.

Borrás, Ll. (2002). *Asesinos en serie españoles.* J.M. Bosch Editor, Barcelona.

Departmen of Justice (FBI). *Serial Murder Multidisciplinary Perspectives for Investigator*. National Center for the Analysis of Violent Crime.

Douglas, J. y Dood, J. (2007). *Inside the Mind of BTK.* Jossey Bass, CA, S. Francisco.

Douglas, J. y Olshaker, M. (1999). *The Anatomy of Motive*. New York:Pocket Books.

Ferguson, C.J., White, D.E., Cherry, S. Lorenz, M. y Bhimani, Z. (2003). Defining and classifying serial murder in the context of perpetrator motivation. *Journal of Criminal Justice, **31**, pp. 287-292.*

García Andrade, J.A. (1993). *Psiquiatría Criminal y Forense.* Ed. Centro de Estudios Ramón Areces, Madrid.

Garrido, V. (2007). *La Mente Criminal. La ciencia contra los asesinos en serie*. Temas de hoy, Madrid.

Garrido, V. y Lòpez, P. (2006). *El Rastro del Asesino. El perfil psicológico de los criminales en la investigación policial.* Ariel, Barcelona.

Gilbert, J. (1986). *A cycle of outrage*. Elglewood Cliffs, NJ: Prentice Hall.

Hazelwood, R. y Michaud, S.G. (2001). *Dark Dreams*. St. Martin´s Press. New Cork.

Holmes, R.M. y Holmes, S.T. (2002). *Profiling Violent Crimes. An Investigative Tool.* Sage Publications, Inc., California

Ibáñez, J. (2009). *Psicología e Investigación Criminal: El Testimonio*. Dykinson, Madrid.

Ibáñez, J. (2010). El Perfil Criminológico, en José Ibáñez (Comp.), *Técnicas de Investigación Criminal*. Dykinson, Madrid (en prensa).

Newton, M. (1990). *Hunting Humans: An Encyclopedia of Modern Serial Killers*. Port Townsend, WA: Loompanics Unlimited.

Newton, M. (1993). *Bad Girls Do It: An Encyclopedia of Female Murderers*. Port Townsend, WA: Loompanics Unlimited.

Newton, M. (2000). *The Encyclopedia of Serial Killers*. Checkmark Books,New York.

Raine, A. y Sanmartin, J. (2000). *Violencia y Psicopatía*. Ariel, Barcelona.

Ressler, R. (1999). Congreso internacional sobre Psicópatas y Asesinos en Serie, Centro Reina Sofía para el Estudio de la Violencia – VALENCIA.

Ressler, R.K. y Schatman, T. (1997). *I have lived in the Monster*. New York; St. Martin´s Press.

Turvey, B. (1999, 2003). *Criminal Profiling: An Introduction to Behavioral Evidence Analysis (1st and 2nd Edition)*. London: Academic Press.

Weatherby, G.A., Buller, D.M. y McGinnis, K. (2009). The Buller-McGinnis Model of Serial Homicidal Behavior: An Integrated Approach. *Journal of Criminology and Criminal Justice Research and Education, **3 (1)**.*

Sobre Ed Gein

http://el ultimo sello.iespaña.es/elultimosello/

www.ESCALOFRIO.COM

Ed Gein-El carnicero de Plainfield

inbox@asesinatoserial.net

El macabro caso de Ed Gein, en Mundo Parapsicológico

asesinatoserial- Historia de Eddie Gein

Ed Gein-Wikipedia, la enciclopedia libre

Norman Bates-Wikipedia, la enciclopedia libre

Un asesino despiadado, Ed Gein, el Carnicero de Plainfield

Los domingos de ABC, 4 de julio de 2010, pp. 10-11

Morrison, H. y Goldberg, H. (2004). *My Life among the Serial Killers*.

Newton, M. (2000). *The Encyclopedia of Serial Killers*.Checkmark Books. New York.

Sobre David Beerkowitz

www.msnbc.msn.com/id/5351509

http://es.wikipedia.org

www.worst-killer.com

www.escalofrio.com

www.asesinatoserial.net

http://cmcorpkillers.blogspot.com
Newton (2000).
Ressler y Chachtman (1995)

Sobre Chikatilo y Onoprienko

Wikipedia, la enciclopedia libre.mht
Andrei Chikatilo.mht
Andrei Chikatilo La bestia de Rostov HUGO ZAPATA.mht
Andrei Chikatilo, el destripador de Rostov
Newton (2002)
www.pasarmiedo.com
http://es.wikipedia.org
www.escalofrio.com

CAPÍTULO VI
LOS MALOS TRATOS. ACTUACIÓN CON LAS VÍCTIMAS E INTERVENCIÓN POLICIAL

1. INTRODUCCIÓN

La familia elemento básico y primordial de socialización que configura nuestro mundo, y de crucial importancia, se ha visto sometida a grandes tensiones provocando cambios que son un reflejo de lo que está sucediendo en el marco social general. La idea de la familia como lugar de encuentro placentero en el que coinciden las emociones y las capacidades de sus miembros, polea de transmisión de valores, costumbres y ámbito modelador de roles, ha sufrido un fuerte impacto en los últimos años al chocar los intereses de sus componentes con el ejercicio de las actividades profesionales personales y el reparto de responsabilidades y cuidados que la misma requiere.

Uno de los cambios más visibles ha sido la disminución de nacimientos. Hace ya algunos años el tener hijos era una de las finalidades fundamentales del matrimonio; hoy día por una parte las necesidades económicas o simplemente el conseguir una posición acomodada, unido a la utilización del aborto y de los métodos anticonceptivos para el control de la natalidad, y por otra el lícito desarrollo de la propia personalidad ha hecho que la mujer abandone la maternidad como la principal alternativa en su vida, y cuando así no sucede los hijos son entregados en guarderías o similares donde éstos crecen lejos del entorno familiar y del apego de sus progenitores.

Todo ello ha ido provocando el efecto de "enfriamiento" propio de la falta de relaciones entre los miembros de la familia que da como resultado una incapacidad para resolver "racionalmente" y con sensibilidad los pequeños problemas domésticos, que van alcanzando cada vez más tensión emocional siendo imposible, en un momento determinado, controlar los sentimientos dando paso a la actuación violenta y, por desgracia, la ruptura y esestructuración de la unidad familiar.

No es menos cierto que este problema, como comportamiento complejo y multicausado, se ha mantenido latente durante muchos años en parte por la dimensión privada de que esta problemática ha estado cubierta y también, por la actitud resignada y de silencio que, por mor social y familiar (ridículo, críticas, aislamiento, pérdida de prestigio, etc.) han mantenido las víctimas, también por la sumisión impuesta por la dependencia económica y no hemos de despreciar la cifra debida al conformismo de muchas de las víctimas que no quieren aceptar que estos ataques lejos de disminuir, a medida que pasa el tiempo van adquiriendo mayor frecuencia e intensidad. Hoy día la falta de denuncia guarda una estrecha relación con las exiguas sanciones aplicadas y el miedo, no sólo a una nueva agresión sino al "plus" de intensidad en la violencia provocado por la denuncia, y en el entendimiento de que la denuncia puede causar el efecto contrario al que se desea, dada la poca cobertura de seguridad que la presentación de la denuncia lleva implícita, siendo en muchas ocasiones una nueva carga de violencia añadida.

El escenario donde se configura y se enmarca la violencia conyugal es la familia, por ello es preciso abordar el tema desde el mismo hogar, partiendo de la conceptualización de violencia intrafamiliar. La violencia contra la mujer y la adopción de medidas para su erradicación ha sido objeto de atención preferente, tanto en el marco de las altas instancias internacionales, como en el de las nacionales.

Ya en 1.975 en Naciones Unidas se da la voz de alarma sobre la gravedad de la violencia contra la mujer, reconociéndose en 1.980 que la violencia contra las mujeres en el entorno familiar " *es el crimen encubierto más frecuente en el mundo*". A partir de ese momento la Conferencia Mundial de las Naciones Unidas sobre Derechos Humanos (1.993), la Asamblea General de las Naciones Unidas (1.993), la IV Conferencia Mundial sobre las Mujeres (Pekín, 1.995), etc. se van haciendo eco y comienzan un denodado esfuerzo por combatir este tipo de violencia pero, desde mi punto de vista, con unas miras muy limitadas basándolo todo en un aumento del castigo y una perspectiva solo desde el punto de enfoque feminista.

La Asamblea General de la Naciones Unidas, declara en 1993 como violencia contra la mujer, *"todo acto de violencia basado en el núcleo familiar que tiene como resultado posible o real un daño físico, sexual o psicológico, incluidas las amenazas, la coerción o la privación arbitraria de la libertad, ya sea que ocurra en la vida pública o en la vida privada"* y abarca, sin carácter limitativo, "la violencia física, sexual y psicológica en la familia, incluidos los golpes, el abuso de l@s niñ@s en el hogar, la violencia relacionada con la dote, la violación por el marido, la mutilación genital y otras prácticas que atentan contra las personas, la violencia ejercida por personas distintas del marido, la violencia relacionada con la explotación y la prostitución forzada y la violencia física, sexual y psicológica tolerada por el estado dentro del ambiente familiar."

Desde que a esta problemática se le concedió la atención y publicidad que su magnitud requería, de acuerdo al número de hechos que a diario se venían cometiendo y al aumento de la gravedad que los mismos alcanzaban, llegando en muchos casos a provocar la muerte de los/las agredidas, todas las Instituciones, personalidades políticas, especialistas responsables en ONG,s y expertos profesionales del derecho, policiales, etc., que han tenido algo que aportar a este tema, han hablado extensamente utilizando conceptos similares pero con contenidos muy diferentes (Violencia Familiar, Violencia en el Ámbito Doméstico, Malos Tratos, Malos Tratos a Mujeres y Niños, Maltrato Infantil, Violencia de Género, etc.) creando, por una parte, confusión en aquellos que los escuchan y, por otra, haciendo que las estadísticas no coincidan al considerarse datos y conceptos diferentes, por lo que se considera que, en primer lugar, debemos definir los conceptos y puntos de vista desde los que se adoptan los numerosos modelos explicativos.

2. LA VIOLENCIA CONTRA LA MUJER EN EL ÁMBITO FAMILIAR

Por nuestra parte consideramos de gran valor el **Documento sobre la Violencia Familiar** elaborado por un Grupo de Trabajo que, coordinado desde la Subdirección General de Infancia y Familia de la Secretaría General de Asuntos Sociales, y compuesto por responsables del Área del Menor y de la Familia de todas las Comunidades Autónomas, del Ministerio de Educación y Cultura y del Ministerio del Interior (Gabinete de Cooperación y Estudios del Ministerio, Comisaría General de Seguridad Ciudadana del CNP y Servicio de Policía Judicial de la Guardia Civil), unificó criterios, conceptos y recursos de gran utilidad en esta área (Ibáñez y Gonzalez, 1999a).

En este Documento, cuyas conclusiones fueron comunicadas en las Jornadas que se desarrollaron en Logroño los días 1 y 2 de diciembre de 1.998, se establece que "**La violencia** es una de las manifestaciones psicosociales más compleja y problemática que ha sufrido y sufre nuestra sociedad. En su concepción subyace el juicio social que se establece en un determinado contexto histórico-cultural que siempre ha de tenerse presente. Dicho juicio social se forma en un marco histórico de transacciones entre lo que es el conocimiento que tenemos de las necesidades de los seres humanos para un adecuado desarrollo y lo que es aceptado de acuerdo con los valores de la cultura predominante. A medida que se tiene mayor conocimiento social de estas necesidades y son más extendidos e incorporados los **valores democráticos de respeto, tolerancia y participación**, el juicio social se manifiesta menos indulgente ante cualquier forma de violencia y autoritarismo en las relaciones interpersonales ampliando su contenido conceptual".

De igual manera se considera **familia** como "aquel grupo formado por dos o más miembros que conviven o han convivido de forma permanente o regular, habitual o eventual, en un mismo hogar; ligados por vínculos de parentesco y/o afectividad, con el objetivo de ofrecerse protección, tanto económica como de apoyo y cuidado".

De este modo, la familia –nuclear o extensa– cumpliendo uno de sus principales roles –la socialización de los niños y niñas así como el intercambio de afectos– se convierte en la célula básica de la sociedad donde, a veces, aparecen situaciones de interacción violenta que dificultan su desarrollo y evolución. Por otro lado, aún admitiendo las desigualdades obvias e inevitables por la naturaleza biológica de los componentes del grupo familiar, como son las que existen entre los padres e hijos y que resultaría absurdo pasar por alto, debemos velar por que en la familia se introduzcan los valores democráticos de igualdad de derechos y de respeto a la diversidad de opciones y opiniones que pueden mantener cada uno de sus miembros, sin que ello suponga relegar o desvirtuar la importancia y la responsabilidad que ejerce la familia en su función de control social.

Finalmente y teniendo en cuenta la Recomendación R (85) 4 del Comité de Ministros de los Estados Miembros del Consejo de Europa de 26 de marzo de 1985 en dicho grupo de trabajo se acordó definir la violencia en el seno de la familia como **"TODO ACTO U OMISIÓN DE UN MIEMBRO DE ESA FAMILIA HACIA OTRO, CON CONSECUENCIAS NEGATIVAS PARA ESE OTRO, Y QUE TIENE COMO RESULTADO UN DAÑO FÍSICO, PSÍQUICO O EN SU DESARROLLO"**.

2.1. Origen y mantenimiento de la violencia. Los factores de riesgo

De la misma manera que no podemos aseverar que el ser humano es violento por naturaleza pero que la ha justificado con todo tipo de teorías, debemos tener en cuenta que la violencia se aprende y que no podemos hablar de una sola causa de ésta y de uno sólo el motivo que la origine.

La etiología de este tipo de violencia es compleja y en ella influyen gran cantidad de elementos procedentes de numerosos factores (desigualdades socioculturales, condiciones sociales –desigualdades de género– trastornos de personalidad, abuso de sustancias).

Uno de los orígenes puede tener su base en la teoría sociológica de que el maltrato a la mujer es, y ha sido, algo común en la sociedad, existiendo una "cultura de la violencia", que forma parte de la distribución del poder, y en la que el hombre posee el papel dominante en la división de los roles sexuales, y que la ejerce para seguir manteniendo esa posición.

Desde el punto de vista psicológico se han expuesto numerosas teorías del mantenimiento de las cuales destacaremos dos en particular:

a) La *Teoría del Ciclo de la Violencia*

Descrita en 1984 por L.E. Walker

Está basada en la teoría del refuerzo conductual y consta de tres fases:

1) En la primera fase, *de acumulación o formación de la tensión*, las agresiones son leves y los altercados poco frecuentes en los que la mujer puede exhibir estrategias para calmar la agresividad de la pareja. Durante esta fase pueden producirse malos tratos leves, como empujones, maltrato verbal y psicológico que, en apariencia, pueden considerarse aislados, y que la mujer tiende a minimizar para aplacar la violencia de su pareja. Sin embargo, los inevitables conflictos cotidianos van generando un aumento de la tensión en el hombre que va experimentando cambios repentinos en su estado de ánimo, aumentando su irritabilidad y reaccionando negativamente ante cualquier frustración de sus deseos por nimios que estos sean.

2) En la *fase de explosión violenta* la tensión creada durante la fase anterior se libera y se manifiesta con brutalidad y daño físico, llagándose, en algunos casos, incluso a producir la muerte de la víctima, ya que en ella se produce una absoluta falta de control por parte del agresor. Esta fase es la más corta en su duración y puede estar totalmente controlada por el agresor.

3) Por último en la tercera fase o *fase de arrepentimiento, reconciliación o "luna de miel"*, el agresor se muestra sinceramente, real o aparentemente, apenado, amoroso y protector con su pareja, le pide perdón, llora, promete

cambiar y reparar el daño y comportarse en adelante como un buen marido y padre.

Esta actitud puede llegar a ser muy convincente ya que en ese momento el agresor puede estar expresando un verdadero deseo y puede hacer llegar a creer a la mujer que esto no volverá a ocurrir y que el amor lo cambiará todo, perdonándole y continuando en la relación familiar. Pasados unos días, una vez perdonado por la pareja, el celo decrece y comienza de nuevo la irritabilidad, la tensión aumenta y se inicia de nuevo el ciclo en el que cada vez la etapas serán mas cortas y la violencia ejercida más intensa,

b) Esta situación queda explicada en la *Teoría de la Indefensión Aprendida* de Seligman (1975) en la que los episodios agresivos y de violencia mezclados con etapas de arrepentimiento, ternura y amor provocan a largo plazo la falta de relación causa-efecto y la mujer pierde su capacidad para predecir las consecuencias de su conducta. La situación de amenaza se vuelve incontrolable produciendo la pérdida de la seguridad personal de la víctima y un aumento de la ansiedad ante cualquier conducta de interacción con el agresor. En este caso la mujer puede permanecer con el agresor y desarrollar una serie de habilidades de afrontamiento para adquirir o aumentar sus probabilidades de supervivencia.

Ambas teorías pueden provocar:

1) Por una parte la demora de las mujeres víctimas en presentar la denuncia y solicitud de las órdenes de separación. Si bien las agresiones empiezan, o pueden empezar, en el primer año de convivencia, incluso durante la etapa de "noviazgo", la primera denuncia puede retrasarse hasta varios años después (la mayoría de los autores destacan entre 5 y 10 años).

2) Por otra el mantenimiento en esa situación. Esto puede estar motivado por:.
   - La esperanza y convencimiento de que la situación puede cambiar en breve espacio de tiempo confiando en el cariño que, a veces, aún profesa.
   - Miedo a las represalias que se puedan adoptar por el maltratador tanto contra ellas como contra sus hijos y demás familia.
   - Dependencia respecto del agresor, tanto desde el punto de vista económico como psicológico.
   - Sentimiento de inseguridad y falta de apoyos necesarios para tomar esa decisión (sociales, familiares, económicos).
   - Culpabilización.
   - Sentimiento de haber fracasado como mujer, madre o esposa.
   - Tolerancia ante los comportamientos violentos.
   - Desconocimiento de los servicios de ayuda de que disponen y a los que pueden acudir para, si lo desean, poder abandonar esta situación, tanto para ella como para sus hijos.

2.2. Consecuencias de la violencia doméstica

Las consecuencias de la violencia doméstica son tanto físicas como psicológicas y su gravedad dependerá del tiempo en que la mujer, los hijos o cualquier otra persona maltratada han permanecido en esa situación.

2.2.1. En la mujer

En la mujer, los malos tratos físicos o psíquicos pueden llevarla a sufrir toda clase de daños, incluida la muerte.

Leonore Walker (en Garrido, 2001) ha desarrollado la denominada "guía letal" en la cual relaciona aquellos factores que constituyen un alto riesgo de que la mujer pueda ser asesinada. Estos factores son los siguientes:

1. La conducta violenta se presenta cada vez con más frecuencia.
2. Su intensidad es cada vez mayor.

3. Se hacen amenazas de matar a la mujer o a otras personas.
4. Presencia de abuso de alcohol o de otras sustancias.
5. Se producen amenazas de hacer daño a los hijos.
6. La mujer es obligada a mantener relaciones sexuales con el agresor.
7. Amenazas o intentos de suicidio en los miembros de la pareja.
8. Existencia en el hogar de armas de fuego o posibilidad de acceder a ellas por parte del agresor.
9. Existencia de problemas psiquiátricos en el hombre y/o en la mujer.
10. Convivencia durante mucho tiempo en situaciones de tensión.
11. Necesidad por parte del hombre de mantener un extremo control sobre los hijos.
12. Existencia de extresores en la familia o en sus miembros.
13. Una historia delictiva en el agresor.
14. Actitudes que favorecen la violencia del agresor.
15. Presencia de una nueva relación en la vida tanto del hombre como de la mujer.

Los malos tratos psicológicos, que pueden ir unidos o separados de los físicos, constituyen un ataque emocional con el que se busca destruir o disminuir características muy importantes de la personalidad del ser humano por motivaciones diferentes y variadas (control, dominio, sumisión).

Entre otros tipos podemos resaltar los siguientes:

a) *La humillación*

Por parte del agresor se pueden producir quejas, críticas, desprecios o insultos que poco a poco aumentan en intensidad ofensiva y frecuencia, al principio estando a solas y después en presencia de los hijos, otros familiares, amigos o conocidos. Estas acciones, premeditadas y predeterminadas, tienen como finalidad erosionar, entre otras la autoestima de la mujer que poco a poco se va sintiendo cada vez mas "rebajada" o "hundida" no solo como mujer sino también como persona,

b) *El aislamiento personal y social*

Puede ser utilizado no solo como medida para mantener el control sobre la mujer, sino también como medio para conseguir su sumisión, obediencia y dependencia. Este aislamiento no se concreta sobre los amigos y conocidos sino, por desgracia, se produce también frente a familiares cercanos (padres, hermanos), e incluso frente a los hijos, que constituyen los apoyos más fundamentales con los que cuenta el ser humano.

Las formas de hacerlo pueden ser directas o indirectas. Directamente se lleva a cabo cuando por medio de amenazas o cualquier otro tipo de coacción se impide a la mujer mantener contactos con estas personas. De forma indirecta se llevaría a cabo a través de la manipulación de los sentimientos de estas personas hacia la mujer de forma que fueran ellas mismas las que se fueran separando poco a poco hasta abandonarla definitivamente. La primera de las formas expuestas sería la propia de los maltratadores posesivos violentos; la segunda de los maltratadores instrumentales manipuladores,

c) *La dependencia económica*

Cuando la mujer no trabaja, mantener esta dependencia es mucho mas fácil que en el caso de la mujer trabajadora. Mantener a la mujer en una total dependencia económica es una forma más de humillación y demostración de la necesidad de sumisión a su maltratador, a la vez que otra forma de lograr el aislamiento personal y social. La falta de dinero hace mas difíciles las relaciones sociales y de cualquier otro tipo, haciendo que la mujer permanezca en casa durante más tiempo,

d) *El cautiverio*

Propia del maltratador de tipo dependiente, el mantener a la mujer encerrada sin permitirle prácticamente disponer de la más minima libertad de movimientos hace que este tipo de maltratadores se sientan más "seguros", aparte de contribuir a su aislamiento en los términos antes expresados,

e) *Sometimiento a deprivaciones*

Bien sea de forma "justificada", necesaria o impuesta, la mujer puede ser sometida, en el ámbito de un tipo de maltrato sutil y maquiavélico, a determinadas deprivaciones en su vida ordinaria. Esta deprivación puede ser de diversos tipos:

1) Mantener a la mujer ocupada en numerosas tareas, incluso alguna de ellas absurda sin permitirle el más mínimo descanso.

2) Haciendo que estas se produzcan en tiempo indeterminado o incluso durante las horas del descanso nocturno.

3) Impidiéndole una alimentación en cantidad y calidad necesaria para el mantenimiento de la salud, o.

4) Privándole de la necesaria atención médica y tratamiento farmacológico.

Todas estas actuaciones tienen para la mujer otra consecuencia muy importante y es el *menoscabo de su salud.* Cualquier mujer sometida a todos y cada uno de los tratamientos ante referidos, o a alguno de ellos, tienen grandes posibilidades de desarrollar determinadas enfermedades físicas, e incluso psicológicas, que no solo la debilitarán en su salud física, sino que la harán mantenerse en un estado de ansiedad permanente con grave riesgo para su salud psicológica.

2.2.2. En los menores

Bien sean también sujetos de violencia, o tan solo convivan con ella, se pueden producir determinadas consecuencias en su desarrollo evolutivo y pueden aparecer déficits tanto en el ámbito conductual, físico o emocional. Todos estos cambios pueden ser considerados como ***indicadores de maltrato***.

Entre estos indicadores podemos destacar:

a) Un riesgo elevado de desajuste en su desarrollo integral, tanto físico como psicológico.

b) La simple contemplación de la violencia y sus consecuencias pueden desarrollar en los menores sentimientos de peligro y amenaza.

c) Problemas de aprendizaje, en todos los sentidos, especialmente y dependiendo de la edad, en el rendimiento escolar.

d) Problemas de socialización. El comportamiento del menor puede hacer que los compañeros anteriores se aparten de él, o bien él no desee seguir manteniendo su relación, manteniendo con ellos relaciones hostiles y distantes. Puede también presentar conductas antisociales tales como vandalismo, pequeños delitos contra la propiedad, fugas del hogar, etc..

e) Problemas de anhedonia, cansancio o apatía. En los menores puede producirse un cambio brusco en sus gustos, preferencias e incluso aficiones, abandonando sin motivo aparente aquellos juegos o aficiones a las que antes se dedicaba frecuentemente.

f) Problemas de control de impulsos, principalmente un aumento en su comportamiento violento, participando y provocando peleas con amigos o compañeros de colegio o realizando actividades o conductas agresivas o violentas en las que antes no se veía involucrado, todas ellas de forma severa y persistente.

g) Aunque de menor gravedad, pueden presentar con frecuencia enfermedades psicosomáticas u otros trastornos psicosomáticos.

h) Pueden mostrarse abandonados tanto en alimentación como en aseo personal.

i) Pueden presentar síntomas de ansiedad, depresión, ira, disfunciones sexuales o comportamientos sexuales inapropiados para su edad y cualquier otro trastorno por estrés.

j) Pueden presentarse problemas en relación con el consumo de alcohol, drogas o cualquier otro producto adictivo.

k) Pueden aparecer señales físicas de maltrato en diversos estados de progresión de dichas heridas.

l) Pueden producirse episodios de intento de suicidio.

2.3. Manifestaciones de la violencia

Con la finalidad de contribuir a una mejor comunicación entre profesionales se propone una clasificación basada en dos criterios, uno de ellos en la relación agresor-víctima y el otro en el tipo de maltrato o daño producido. En el segundo de los criterios establecemos una especial referencia a las figuras contempladas en la Ley Orgánica 10/95, de 23 de noviembre, del Código Penal (en adelante CP).

Los criterios son:

a) En la **relación existente entre agresor y víctima**:

- violencia entre la pareja.
- violencia contra los menores.
- violencia contra los ancianos.
- violencia de los menores hacia otros miembros de la familia.
- violencia entre hermanos y otros componente de la unidad familiar.

b) En relación al **tipo de maltrato o daño** producido:

- **La violencia física, o malos tratos físicos**. La consideraremos como cualquier acción no accidental que provoque, o pueda provocar, en una persona daño físico, enfermedad o la coloque en grave riesgo de padecerlo, que va desde los simples empujones o tirones de pelo hasta las mutilaciones, torturas o asesinato. Esta violencia puede ser crónica u ocasional.

Estas figuras están contempladas en los Arts. 138, 139 y 142 del Título I del Libro II, **Del Homicidio y sus Formas**; en el Art. 147, del Título III, **De las Lesiones**, y en especial en el Artículo 153; en el Artículo 163, del Título VI, Capítulo I, **De las Detenciones Ilegales y Secuestros**; en el Art. 169, del Capítulo II, **De las Amenazas**; en el Art. 172, del Capítulo III, **De las Coacciones**, todos ellos del mismo Título y en el Art.173, del Título VII, **De las Torturas y otros delitos contra la Integridad Moral**,

- **La violencia psíquica o malos tratos psíquicos o emocionales.** Se consideran como tal aquellos actos, conductas o exposición a situaciones que agreden, o puedan agredir, alteren, o puedan alterar, el contexto afectivo necesario para el normal desarrollo psicológico de las personas o de la institución familiar, tales como rechazos, desvalorizaciones, desprecios, críticas, insultos, amenazas, humillaciones, culpabilizaciones, aislamiento o exigencias muy por encima de la verdadera capacidad física o intelectual del sujeto que deba llevarlas a efecto. El CP en su Art. 173 (ya mencionado) hace referencia al "trato degradante, menoscabando gravemente su integridad moral". No obstante la LO. 14/99, de 9 de junio, de modificación del Código Penal de 1995, en materia de protección a las víctimas de malos tratos y de la Ley de Enjuiciamiento Criminal, en su Art. Segundo, la LO 11/2003 y la LO 1/2004, dan una nueva redacción al Art. 153 en el que finalmente se establece que:"El que por cualquier medio o procedimiento causare a otro menoscabo psíquico o una lesión no definidos como delito en este Código, o golpeare o maltratare de obra a otro sin causarle lesión...". De igual manera puede ser considerado como violencia psíquica lo contemplado en el Capítulo II, del Título XI, **De la injuria**, Art. 208, como "la acción o expresión que lesiona la dignidad de otra persona, menoscabando su fama o atentando contra su propia estimación".

- **La violencia sexual o abuso sexual.** Se refiere a toda actividad dirigida a la ejecución por parte de la mujer de actos o contactos sexuales no consentidos, dolorosos o humillantes (en lo que respecta a las personas mayores) o abusando del poder, autoridad, con engaño o por desconocimiento (en los menores). Todo ello, bajo los epígrafes **De los Delitos contra la Libertad e Indemnidad Sexuales, De las agresiones sexuales**, **De los abusos sexuales**, **Del acoso sexual**, **De los delitos de exhibicionismo y provocación sexual** y **De los delitos relativos a la prostitución y la corrupción de menores**, del Título VIII del Libro II, capítulos I a V del Código Penal, aprobado por Ley Orgánica 10/1995, de 23 de noviembre, Arts. 178 a 189, modificados por las LLOO 11/2003 y 15/2003.

- **La violencia económica**, como la desigualdad en el acceso a los recursos económicos que deben ser compartidos, al derecho de propiedad, a la educación o a un puesto de trabajo, derechos todos ellos reconocidos en el Capítulo Segundo de la Constitución.
- **La corrupción**, como conductas desviadas, antisociales o desadaptadas (explotación sexual, inducción a la delincuencia, etc.) que impiden la normalidad en la integración social (ver también violencia sexual).
- **La explotación laboral y mendicidad**, situaciones en las que mediante un abuso de poder o por fuerza y con violencia se obliga a un miembro de la familia a la práctica continuada de trabajos o actividades que o bien interfieren en el normal desarrollo de los que los realizan o bien exceden los límites de lo considerado normal en función de su edad, sexo, formación, etc. o se consideran humillantes o antisociales. Respecto de la mendicidad de los menores su protección se encuentra definida en el Art. 232 del CP.
- **El maltrato prenatal**, pudiendo ser considerado como tal el consumo durante el embarazo de determinadas sustancias nocivas o peligrosas que ponen en peligro el normal desarrollo de la actividad fetal. Este derecho se haya regulado en el Título IV, **De las Lesiones al Feto**, Arts. 157 y 158 del CP en el que se condena "al que, por cualquier medio o procedimiento, causare en un feto una lesión o enfermedad que perjudique gravemente su normal desarrollo, o provoque en el mismo una grave tara física o psíquica...", bien por dolo o por imprudencia.
- **El abandono físico**, como aquellos actos por, o en los cuales, las necesidades básicas de las personas que los padecen (alimentación, higiene, cuidados médicos, seguridad y condiciones ambientales) no tienen la satisfacción adecuada temporal o permanentemente por parte de los miembros de la familia obligados a ello. Se encuentra regulado en la Sección 2ª del Capítulo III, del Título XII, bajo el epígrafe **Del abandono de familia, menores o incapaces**, Arts. 226 a 233, del CP.
- **El abandono emocional**, como la falta de atención y afecto o el desprecio de miembros de una misma familia hacia otros sobre los que se posee algún tipo de potestad o ascendencia (patria potestad, tutela, etc.), en relación con aquellos actos de contenido emocional que suponen un intento de aproximación, de manifestación de cariño o de simple contacto con ellos (ver también abandono físico).

- El **Síndrome de Münchaussen por poderes.** En relación específicamente con los menores puede producirse este tipo de maltrato, en el que los padres, tutores, curadores o personas bajo cuya custodia y guarda se encuentra el menor, los someten a continuas exploraciones médicas, suministro de medicamentos o asistencias hospitalarias bajo la sospecha, muchas veces totalmente infundada, de presentar síntomas ficticios o incluso provocados por el adulto.
- **El maltrato institucional**. Podemos entender como tal cualquier actuación legislativa, institucional o privada, procedimiento judicial o cualquier actuación por acción u omisión de los poderes públicos o por iniciativas privadas que comporte cualquier tipo de discriminación, abuso o negligencia contra la mujer simplemente por su condición sexual o que viole los derechos fundamentales del niño y de la infancia.
- **La violencia espiritual**. Es un tipo de violencia que afecta directa o indirectamente a una de las dimensiones más significativas y auténticas del ser humano. Criticar, ridiculizar o imponer a otra persona una creencia o práctica religiosa que afecta a un sistema de valores libremente elegido previamente por la misma puede producir un daño profundo. Aunque esta modalidad de violencia no sea especialmente aceptada y tratada en el ámbito judicial, merece la pena tenerla encuentra dentro del marco de maltrato como una variable que puede generar, mantener o desencadenar conflicto en la relación de pareja.

Todo lo dicho referente a las distintas tipologías, consideradas como delito, contempladas en el Código Penal y en las otras Leyes Orgánicas que lo modifican, se debe hacer extensivo a su posible tipificación como faltas, recogidas en el Libro III, **De las Faltas y sus Penas**, Arts. 617 a 622.

2.3.1. Especial referencia a las Mutilaciones Genitales

Creo que como un tipo de maltrato especial sobre la mujer y que normalmente se produce en el ámbito familiar, vamos a hacer referencia a un tipo de maltrato que, aunque en apariencia, solo es físico, deja grandes secuelas psicológicas en las mujeres que a él han sido sometidas.

Mutilación genital es el término que se utiliza para referirse a la extirpación, parcial o total, de los órganos genitales femeninos.

La intervención presenta tres niveles de mutilación y severidad:

a) La ***"clitoridectomía"*** o ***"circuncisión sunna"***, que consiste en la extirpación total o parcial del clítoris y del prepucio clitorial.

b) La ***"escisión"***, que consiste en la extirpación del clítoris y de parte o la totalidad de los labios menores, y,

c) La ***"infibulación"*** o ***"circuncisión faraónica"***, que consiste en la extirpación del clítoris y de los labios mayores y menores, suturando los márgenes vaginales dejando tan solo un pequeño orificio para la expulsión de la orina y la sangre menstrual.

Como circunstancias de la intervención destacaremos:

a) No es una intervención quirúrgica realizada en condiciones idóneas de sanidad y seguridad, con la más absoluta falta de higiene.

b) Se practica "en vivo", es decir sin anestesia.

c) Se realiza normalmente en las chozas, en el campo, en los márgenes de los ríos o en cualquier otro lugar marcado por la tradición.

d) Los instrumentos utilizados para la operación pueden serlo cuchillas, cuchillos, cristales, latas afiladas o cualquier otro objeto cortante.

e) Se realiza de la forma ancestral más absoluta, normalmente por personas ancianas y asistidas por otros miembros femeninos de la tribu o etnia.

f) Tras la intervención a la menor se la mantiene con las piernas unidas, por un tiempo determinado hasta la cicatrización de las heridas.

Ni que decir tiene que dadas las condiciones en las que se practica, se producen con frecuencia graves complicaciones médico-sanitarias, hemorragias, infecciones, transmisión de enfermedades de todo tipo, etc., llegando en ocasiones a producirse la muerte de la menor. Si se sobrevive, la zona vaginal queda totalmente deformada, no solo estética, sino funcionalmente. En caso de embarazo, en el momento del parto, se producen con frecuencia graves complicaciones, como también pueden presentarse al mantener relaciones sexuales.

Tanto la ONU como la UE consideran esta intervención, en cualquiera de sus tres niveles, como un acto de violencia contra la mujer, además de un atentado contra los derechos fundamentales (integridad personal, sexualidad, etc.) que nunca puede quedar justificada en aras de la tradición, la cultura, creencias religiosas, sociedad ni otro por el estilo. Una de las justificaciones más frecuentes es la de la religión y fe islámica, que la exige, así como también lo hacen otras religiones como los coptos, cristianos, judíos y diferentes tribus en diferentes países.

Entre otras razones aducidas, aparte de las religiosas, tradicionales o rituales se encuentran:

a) Razones sociales. Relacionadas con la castidad de las mujeres.

b) Razones individuales. Relacionadas con la consecución de determinadas características en la personalidad de las menores (docilidad, sumisión, obediencia, etc.).

c) Razones sanitarias. Gran contrasentido en la forma en la que se hace y la razón de evitar crecimientos anormales del clítoris, mezclado con sentimientos de similitud en estos casos de crecimiento anormal con el órgano sexual masculino.

d) Otras razones, para ellos "de peso" son las de mantener a la mujer en la castidad, prevenir la infidelidad, reducir el deseo sexual de la mujer, incluso eliminarlo y, en el fondo, evitar que sientan placer en la práctica del sexo dado que a las mujeres le está "prohibido" ese placer.

Según datos de la Organización Mundial de la Salud (OMS), se calcula que han sido sometidas a estas intervenciones más de 130 millones de mujeres y que se siguen produciendo con una frecuencia de más de 2 millones al año, en niñas, especialmente, entre 4 y 8 años.

Estas intervenciones se realizan en África (Yibuti, Somalia, Sudán, Etiopía, Sierra Leona, Mali, Burquina Faso, entre otras muchas), Asia (Indonesia, Malasia), Oceanía (Australia y Nueva Zelanda), Oriente Próximo (Yemen, Emiratos Árabes, Egipto), Estados Unidos, Canadá y Europa, en la que se tiene que incluir España dado que en ella, se ha practicado (seguro porque se han juzgado y condenado a familias por este hecho) y se practicará a niñas pertenecientes a familias emigrantes de estos lugares, creencias o religiones.

La regulación legal está basada en legislaciones tanto a nivel nacional como internacional. En el caso de España, se regula en el Artículo 149.2 del Código Penal. A nivel internacional podemos acudir a Convenciones y Declaraciones de Naciones Unidas (eliminación de todas las formas de discriminación contra la mujer, sobre los derechos del niño, o sobre la eliminación de la violencia contra la mujer) o Resoluciones de la Unión Europea (sobre mutilaciones genitales femeninas).

2.4. La víctima

Una de las características principales de la violencia familiar es que, a pesar de la gravedad y frecuencia del problema, las mujeres víctimas permanecen en la relación violenta durante mucho tiempo, como dijimos anteriormente entre 5 y 10 años. Por otra parte, en muchos casos, e incluso tras la intervención policial o terapéutica, vuelven a la situación anterior.

Algunos factores que influyen en la decisión de las mujeres que optan por continuar en relaciones abusivas, a pesar del riesgo que tienen de sufrir lesiones o incluso de morir, o que piden ayuda sin la intención de romper con sus parejas, son:

* *Duración, severidad y frecuencia del abuso.* Cuanto mayor sean, menor probabilidad de romper la relación. La mujer se vuelve temerosa y dependiente, y desarrolla sentimiento de culpa, de baja autoestima y de pasividad ante el problema. El miedo es una de las variables que mejor representa a las mujeres maltratadas, algunas de las cuales continúan indefinidamente bajo la amenaza del maltrato a pesar de haberse separado, divorciado o incluso cuando el agresor se encuentra en prisión por haber cometido este tipo de delito. Algunas víctimas se quedan con el agresor porque están aterrorizadas y piensan que si se van les va a continuar haciendo aún más daño, tanto a ellas como a sus hijos. En otras ocasiones pueden quedarse bajo la amenaza de perder la custodia de sus hijos y prefieren permanecer con ellos para protegerlos lo más posible.

* *La exposición y experiencia de la violencia* en el seno de la familia de origen puede haber dado lugar a un aprendizaje a convivir con la violencia.

* Pagelow (1981), en sus investigaciones desde el punto de vista de las Teorías del Aprendizaje Social, sobre el modo en que distintas variables influyen en las decisiones de las mujeres maltratadas sobre si abandonar o no a sus parejas, determina que las respuestas institucionales (como las policiales, jurídicas y sociales), los recursos propios (externos como la capacidad económica e internos como la propia autoestima) de las mujeres y sus propios sistemas de creencias son moduladores de esta decisión en el sentido de que cuantos más recursos posean menos creerán en los roles tradicionales asociados a su sexo. Factores sociales como la dependencia económica, la falta de recursos y de apoyo ambiental, la vergüenza social, etc., favorecen la continuidad en dichas relaciones de maltrato. Muchas víctimas creen que no pueden dejar al maltratador. Algunas no tienen ningún empleo fuera del hogar, otras no tienen habilidades para trabajar y por lo tanto ninguna perspectiva de un trabajo lo suficientemente remunerado para poder ser independiente, otras saben que si se van no pueden contar con una ayuda para mantener a sus hijos por parte del padre.

* La *dependencia emocional y afectiva de la mujer*, que manifiesta seguir queriendo a su pareja y justifica su comportamiento con la esperanza de que cambie con el paso del tiempo.

* *La teoría de la dependencia psicológica* señala que la mujer puede permanecer en esa situación por un esfuerzo de justificación generado durante su compromiso en la relación. Cuando los intentos por mejorar la relación fracasan la víctima se siente obligada a justificarlos en la creencia de que tendrá éxito si lo intenta con la fuerza suficiente. Cuanto más tiempo y tesón invierta la mujer en esta justificación, más tarde se dará por vencida y tendrá menos probabilidades de abandonar a su pareja.

* Por último, el sentimiento de culpa también condiciona la actitud de las mujeres. La frustración generada en una pareja donde las insatisfacciones no son expresadas libremente provoca la búsqueda de un "culpable". En algunos casos la localización de la culpa gira alrededor del incumplimiento de los valores de orden familiar, de cuestionar el rol masculino y de no cumplir adecuadamente las tareas domésticas. Como resultado de todo ello la mujer "acepta" los malos tratos y los justifica como castigo por su incompetencia, creyéndose responsable y provocadora de la violencia.

No obstante todo lo expuesto anteriormente y de acuerdo a numerosos estudios realizados en distintos países tenemos que aceptar que no existe, necesariamente, un perfil o una personalidad típica de la mujer que sufre maltrato ya que los factores que hemos analizado anteriormente (económicos, sociales, de personalidad, situacionales, etc.) pueden considerarse como factores que predisponen, median o precipitan las actuaciones violentas en el agresor pero no tienen por qué constituir factores que den origen a dicha conducta violenta.

Por el contrario, sí se han establecido determinadas características comunes de aquellas mujeres que, de forma más o menos habitual, están sometidas a maltrato y se mantienen en él.

Entre ellas podemos destacar:

a) El abuso se inicia entre los 17 y 28 años.

b) En muchos casos existen antecedentes se episodios depresivos.

c) Aceptamiento de reglas patriarcales en la relación y una creencia ciega en los mitos acerca de la violencia doméstica, especialmente en de la superioridad masculina.

d) Una minusvaloración como persona, sintiéndose en la mayoría de los casos culpable de las agresiones que le han sido infligidas.

e) Baja autoestima, sintiéndose fracasada en todos los aspectos de la relación, como mujer, como esposa y como madre.

f) Falta de control sobre su vida lo que le produce miedo, incluso pánico.

g) Un concepto del amor que predispone al sacrificio.

h) Bajo nivel cultural.

i) Dependencia económica.

j) Falta de recursos o habilidades para un trabajo remunerado que le permita la independencia económica.

k) Experiencias previas de maltrato.

El maltrato continuado genera, o puede generar en la mujer, un proceso patológico de adaptación denominado "Síndrome de la Mujer Maltratada".

Este síndrome, que se desarrolla por fases se caracteriza, principalmente por:

a) La primera fase puede denominarse, como así lo hace Garrido (2001), como fase de *generación de la tensión*, no observable por el resto de las personas que mantienen una relación de algún tipo con la pareja (familiares, amigos, compañeros de actividades, etc.), salvo por la percepción de una situación o comportamientos "raros".

   Se va produciendo una indefensión ante al agresor/maltratador. Esta indefensión, aprendida como indicamos anteriormente, surge del intento frustrado de evitar los malos tratos. Esta incapacidad unida a una pérdida de la estima hace que la mujer acabe aceptando los malos tratos como una consecuencia de su comportamiento o como un castigo a dicha actitud. Esto le lleva a sentimientos encontrados. Por una parte no desea ser agredida, por otra se considera culpable y merecedora de los malos tratos.

b) Esta indefensión, lleva a la mujer a una total pérdida de control, dado que asume que le es imposible evitar las agresiones ya que no puede darle una solución. Esto la lleva a adoptar una postura totalmente pasiva ante ellas y espera y acata cualquier insinuación que se le ofrezca. Esto se produce en la *fase de la agresión*.

c) Esta pasividad le lleva al propio abandono, a no buscar ningún tipo de solución para evitar estas agresiones y a no responder ante ningún tipo de estímulos externos que pudieran ayudarle porque cree que nadie puede ayudarle a resolver el problema, lo que poco a poco la hará totalmente incapaz de enfrentarse a la situación de una forma racional.

d) Todo esto puede llevarle a una situación conocida como el "Síndrome de Estocolmo", bajo la cual la mujer llega a identificarse con el agresor y a aceptar internamente no solo que se merece las agresiones, sino que su propio agresor es su "salvador" y "esperanza". Aunque este síndrome nació de situaciones de secuestros, y se da especialmente en estos casos o en situaciones de riesgo de pérdida de la propia vida y ante el pensamiento de una absoluta falta de ayuda externa, no es difícil una extrapolación a los casos de malos tratos violentos y continuados en los que la mujer puede sentirse de la misma manera.

e) Se culmina el proceso con la *fase de la contrición*, lo que le da un gran parecido con el Círculo de la Violencia, dado que en esta última fase de producen las misma pautas que en la anterior teoría, negación de la agresión y su justificación, minusvalorar sus consecuencias, petición de perdón, promesas de cambio, solicitud de mantenerse en la relación y dar oportunidad a que un cambio pueda producirse, reconocimiento de amor.

La pregunta más lógica sería ¿porqué no le abandona?, y creo que a esa respuesta ya hemos dado cumplida respuesta en las páginas anteriores, pero podríamos aportar la teoría de la pérdida de la capacidad de reacción y la posibilidad de elegir, por la que el mantenimiento de la mujer en esta situación de violencia hace que ésta cada vez esté mas condicionada por situaciones y actitudes (matrimonio, ilusión por un posible cambio, hijos, problemas económicos, amenazas, miedos, etc.) que limitan su posibilidad de ser capaz de elegir libremente, lo que hará que pierda la claridad de análisis y no sepa distinguir entre situaciones buenas y malas, optando normalmente por esta última, que será la de mantenerse en esa situación de peligro constante.

Podríamos, por último, dar un **perfil** de la víctima que tendría las siguientes características:

- **Mayoritariamente mujeres.**
- **De entre 20-45 años.**
- **Con rígidas estructuras de pensamiento.**
- **Con una cierta aceptación de la violencia.**
- **Tienen una baja autoestima.**
- **Asumen sentimientos de culpabilidad.**
- **Con grandes dosis de inseguridad (personal-económica).**
- **Con una gran dependencia (personal-económica), y,**
- **Normalmente un nivel educativo bajo-medio.**

2.5. El maltratador

Como dijimos anteriormente en relación a las víctimas, también es difícil establecer un perfil o una personalidad que caracterice al agresor, si bien se pueden establecer algunas características que están asociadas, más o menos constantemente, con el maltratador en el ámbito familiar y que, en determinadas situaciones, pueden dar lugar a la agresión.

De acuerdo con Echeburúa (1996) el hombre violento *" es una persona de valores tradicionales que ha internalizado profundamente un ideal de hombre como modelo incuestionable a seguir. Este ideal de hombre ha sido internalizado a través de un proceso social en el que ciertos comportamientos son reforzados, otros reprimidos y una serie de reglas transmitidas. Entre las características de este ideal están la fortaleza, la autosuficiencia, la racionalidad y el control del entorno que le rodea. Estas cualidades son consideradas como masculinas y superiores, en contraposición con las cualidades típicamente femeninas, justamente opuestas e inferiores".*

Las Teorías del Aprendizaje Social, en las que todos los autores coinciden, *"consideran el desarrollo del individuo como el conjunto acumulativo de las experiencias de aprendizaje que se integran a lo largo del tiempo para conformar su personalidad",* es por ello por lo que los niños que en su infancia vivieron un clima de violencia tenderán a ser adultos violentos con mayor posibilidad que aquellos que vivieron en ambientes no violentos. Los niños aprenden como la violencia es un recurso eficaz y aceptable no solo para hacer frente a las frustraciones del hogar, sino para obtener resultados que no puden alcanzarse por otros medios, en tanto que las niñas aprenden a aceptarla y a convivir con ella.

En la población de maltratadores se encuentran de forma sistemática problemas de empatía y asertividad pudiéndose diferenciar tres tipos principales de agresores:

1) Los *dominantes*, aquellos que ejercen las conductas más violentas tanto dentro como fuera del hogar,

2) Los *instrumentales*, aquellos cuyo interés no es tanto la dominación y el poder, sino el deseo de ser servido y de conseguir de la víctima todo aquello que le haga mas fácil la vida (sexo, dinero, alojamiento, tranquilidad), y,

3) Los *dependientes*, que tienden a ser depresivos, posesivos y celosos, ejerciendo la violencia sólo en el ámbito familiar.

La dependencia emocional es otra característica muy frecuente entre los hombres violentos con sus parejas. Esta dependencia se ve reforzada por la dificultad para expresar sentimientos, tanto positivos como negativos. La falta de comunicación emocional tiene como consecuencia un progresivo aislamiento social, de tal forma que la pareja es la única fuente de cariño, apoyo, intimidad y comprensión desencadenándose como consecuencia una mayor dependencia emocional de la pareja y viceversa.

Las personas en inactividad laboral o con un estatus ocupacional bajo, con una personalidad antisocial, con modelos específicos de pensamiento, etc., tienen una probabilidad mayor de ejercer malos tratos contra sus parejas.

No debemos, por otra parte, explicar la violencia familiar como consecuencia de un trastorno mental (paranoia, esquizofrenia, trastorno bipolar maníaco o mixto, etc.), si bien es cierto que este tipo de trastornos puede actuar como desencadenante o agravante de la violencia.

Tampoco el abuso de alcohol o drogas se puede considerar como causa necesaria o suficiente a la hora de explicar la presencia de conductas violentas en el maltratador, si bien son un factor facilitador de la violencia.

Podemos, no obstante presentar un perfil del maltratador, en los siguientes términos:

a) Persona con poca capacidad a la tolerancia de las frustraciones o cualquier situación que pueda provocarle estrés.

b) Persona celosa, hasta el punto de ser una patología (percepción errónea de infidelidades inexistentes).

c) Puede haber sido objeto de maltrato en su infancia.

d) Posee antecedentes de conducta violenta durante su infancia o adolescencia, especialmente contra animales.

e) Persona de baja autoestima y una imagen negativa de si mismo. Puede tener sentimientos de fracaso para el que la violencia es una forma de reafirmación y mantenimiento de su ego, del control o una compensación de sus déficits.

f) Persona dependiente a la que la simple idea de ser abandonado por su mujer les causa un profundo temor y la violencia es usada como instrumento para evitarlo.

g) Fuera del ámbito familiar puede mantener unas buenas relaciones sociales e interpersonales, pudiendo ser públicamente reconocido como "buena" persona, correcta y atenta, lo que le sirve a su vez para presentar a la mujer como persona imaginativa, exagerada, falsa o histérica.

h) Pueden existir hábitos de consumo de alcohol u otro tipo de sustancias.

i) Su sistema de creencias está sustentado en mitos culturales relacionado con la preponderancia del hombre sobre la mujer, teorías machistas, fuerza, valor, etc..

j) Persona "dura" y manipuladora para la cual la expresión de cualquier sentimiento es síntoma de debilidad.

k) Cuando son interpelados por su mala conducta tienden a culpabilizar a los demás o a racionalizar la agresión para explicar que, o bien son provocados para actuar así, o bien que no pueden controlarse o, simplemente, que no saben lo que hacen en esos momentos. Este es, entre otros, uno de los motivos por los cuales, al no reconocer sus actos, creen no necesitar ayuda para modificar su conducta.

Como hicimos anteriormente con las víctimas y, aparte de lo dicho anteriormente, un perfil del maltratador tendría las siguientes características:

- **Mayoritariamente hombres.**
- **Generalmente proceden de ambientes desestructurados.**
- **Con una edad entre 25-55 años.**
- **Casados o con unión de hecho.**
- **Rigidez de valores tradicionales.**
- **Inseguridad y baja autoestima.**
- **Baja emocionalidad y bajo control de impulsos.**
- **Nivel educativo bajo-medio.**
- **Actividad laboral baja o poco cualificada.**
- **Sin antecedentes penales o, en su caso, primarios.**
- **Familia adquirida disfuncional.**
- **Nivel económico medio-bajo.**
- **No asumen sus responsabilidades, y,**
- **Con déficits en afrontamiento y/o habilidades sociales.**

3. PREVENCIÓN DE LOS MALOS TRATOS. ACTUACIÓN SOCIAL Y LEGISLATIVA

Sin duda, son muchos y muy numerosos los programas confeccionados desde multitud de instituciones nacionales, autonómicas y locales.

Al igual que se hace en el estudio de la Teoría de la Pena, podemos analizar el sistema preventivo de los malos dividiendo las actuaciones en tres fases, prevenciones primaria, secundaria y terciaria.

3.1. Prevención Primaria

Podemos considerar como prevención primaria todo tipo de actuaciones encaminadas a la población en general, acciones dirigidas a concienciar a las personas del problema de los malos tratos y sus consecuencias, para poner en antecedentes y evitar, sin ningún tipo de amenaza ni advertencias, que puedan entrar en esta espiral de violencia.

En la fase de prevención primaria la actuación de todos los profesionales es muy limitada, dada que lo fundamental en esta parte es la fase de concienciación a través del conocimiento, fase que se puede llevar a cabo con actuaciones limitadas.

Por una parte se concentrarían en actuaciones educativas, orientadas especialmente al establecimiento de un estatus de respeto entre las personas, de sentimientos verdaderos de igualdad, sometimiento a la tolerancia y a un rechazo a la violencia y a los maltratadores.

En nuestro país la sociedad ha ido tomando conciencia del problema y de su verdadera dimensión. Así en 1997 se aprobó el III **Plan de Igualdad de Oportunidades entre Mujeres** y **Hombres** y se celebró la **Conferencia Sectorial Extraordinaria sobre Violencia,** en la que se acordó tomar medidas urgentes contra los malos tratos a mujeres, medidas que se aprobaron por acuerdo del Consejo de Ministros de 09-01-98.

Más recientemente, en otro acuerdo del Consejo de Ministros de 30-04-98 se aprobó el **Plan de Acción sobre la Violencia contra la Mujer,** en cuyo desarrollo y aplicación se enmarca el contenido de la Instrucción 2/98 de la Secretaría de Estado de Seguridad, sobre adopción de medidas relativas a la prevención, investigación y tratamiento de la violencia contra la mujer y asistencia a la misma.

Consideramos como primordial la labor educativa en los colegios. La escuela, junto con la sociedad, entre la que por supuesto están incluidos los padres, deben jugar un papel fundamental creando un clima de educación en igualdad e intolerancia hacia los agresores. Pero ¿sabemos lo que es educar en igualdad?, ¿lo sabemos los padres?, porque nosotros los padres en el momento en que por criterios de moda o tradición diferenciamos a nuestros hijos por los colores (azul-hombre, rosa-mujer), por los juguetes (muñecas-niñas, balones-niños, y no digo armas o elementos que representan violencia), por los trabajos (de fuerza-niños, de creación-confección-niñas) estamos, seguro que sin darnos cuenta, favoreciendo esa diferenciación de sexos que tan malas consecuencias vienen trayendo a nuestra sociedad.

3.2. Prevención secundaria

Consideramos que las medidas que se pueden adoptar en esta fase son medidas de detección, medidas punitivas dirigidas especialmente a aquellas personas que se encuentran inmersos en problemas de malos tratos, como agresor. Son medidas amenazantes contenidas en leyes punitivas.

Comenzamos el año 2003 bajo la protección de las modificaciones del Código Penal de 1995. Destacaremos especialmente la modificación realizada por la Ley Orgánica 14/1999 al Código Penal y a la Ley de Enjuiciamiento Criminal, en materia de protección a las víctimas de malos tratos, en la que se incluye la prohibición de aproximación a la víctima como pena accesoria en determinados delitos, la tipificación de la violencia psíquica como delito específico cuando se ejerce con carácter habitual sobre las personas próximas, facilitar la inmediata protección de la víctima de este tipo de delitos y la posibilidad de declarar las víctimas mayores y los menores sin que se produzca confrontación visual entre ellos.

En relación con el Código Penal, en su nueva redacción del Artículo153, esta ley, por una parte, amplía los sujetos pasivos del delito y su tipo de relación con el autor del mismo ante el ejercicio de una violencia tanto física como psíquica y, por otra, determina la apreciación del concepto de habitualidad.

En la modificación del Artículo 617 (de las Faltas), en su párrafo segundo introduce las relaciones víctima-autor establecidas en el 153, misma modificación que afecta al artículo 620.

Es quizás la publicación de la **Ley 27/2003**, de 31 de julio, *reguladora de la Orden de Protección de las víctimas de la violencia doméstica*, la que más calado ha producido en la sociedad y cuyos resultados han sido los más espectaculares, por lo que supone de avance en la lucha contra la violencia doméstica.

Esta Ley, que entra en vigor al día siguiente de su publicación, establece en su disposición adicional segunda la creación de una Comisión de seguimiento de la implantación de esta ley y determina por quién estará integrada. Además, encarga a esta Comisión la elaboración de protocolos de alcance general para la implantación de la Orden de Protección regulada en esta ley, así como la adopción de instrumentos adecuados de coordinación que aseguren la efectividad de las medidas de protección y seguridad adoptadas por los jueces y tribunales y las Administraciones Públicas competentes.

No obstante lo dicho anteriormente, fue en la Subcomisión parlamentaria creada por el Pleno del Congreso de los Diputados el día 22 de octubre de 2002, donde se ofrece a los Grupos Parlamentarios la creación y diseño de este nuevo instrumento judicial.

El día 22 de julio de 2003, se constituye la Comisión de Seguimiento de la Implantación de la Orden de Protección, integrada por representantes del Consejo General de Poder Judicial, la Fiscalía General del Estado, el Ministerio de Justicia, el Ministerio del Interior, el Ministerio de Trabajo y Asuntos Sociales, las Comunidades Autónomas, la Federación Española de Municipios y Provincias, el Consejo General de la Abogacía Española y el Consejo General de Procuradores de los Tribunales de España. Esta Comisión elabora los Protocolos para la Implantación de la Orden de Protección de las Víctimas de la Violencia Doméstica y adopta los instrumentos adecuados de coordinación para asegurar la efectividad de las medidas de protección y seguridad adoptadas por jueces y tribunales y las administraciones públicas competentes.

El mismo Protocolo, en su punto 1.1 indica que la Orden de Protección se solicitará a través de un modelo normalizado.

En reuniones posteriores de la Comisión de Seguimiento de la Implantación de la Propuesta de Orden de Protección de las Víctimas de la Violencia Doméstica se debatieron dos nuevos Protocolos, el de Coordinación entre la Jurisdicción Civil y Penal y el de Coordinación entre las Autoridades Judiciales y las Fuerzas y Cuerpos de Seguridad.

Pero no dejaríamos completo el capítulo de las modificaciones legales si no hiciéramos referencia a las **Leyes Orgánicas 11 y 15 de 2003**, de 29 de septiembre, de medidas concretas en materia de seguridad ciudadana, violencia domestica e integración social de los extranjeros.

En su Exposición de Motivos, esta Ley Orgánica reconociendo el alcance pluridisciplinar del fenómeno de la violencia doméstica le concede una atención preferente para que *"el tipo delictivo alcance a todas sus manifestaciones y para que su regulación cumpla su objetivo en los aspectos preventivos y represivos"*.

Este cambio se materializa en la modificación de determinados artículos del Código Penal, que afectan al fenómeno citado, y el cambio sustancial estriba en que *"las conductas que son consideradas en el Código Penal como falta de lesiones, cuando se cometen en el ámbito doméstico pasan a considerarse delitos"*.

También a la habitualidad de la violencia doméstica se le dota de una mejor sistemática, se amplía el círculo de sus posibles víctimas y se imponen restricciones a determinados derechos como, por ejemplo, al de tenencia y porte de armas.

Se modifica el Art. 149, al que se le añade un apartado 2 que regula la prohibición de la mutilación genital en cualquiera de sus manifestaciones.

Se modifica la redacción del Art. 153 que amplía las penas de las acciones que antes eran consideradas como falta de lesiones en el sentido de que, cuando el ofendido está dentro del ámbito doméstico, son castigadas con, entre otras posibles penas, la de prisión de tres meses a un año.

Al antiguo Art. 173 se le añaden dos nuevos apartados. El nuevo apartado dos es el primer párrafo del antiguo Art. 153. Su nuevo apartado tres es el párrafo segundo del 153 derogado.

Por último el 29 de junio entró en vigor la Reforma del Libro II del Código Penal sobre Violencia doméstica/Violencia de Género con la reforma de los Arts. 153, 171, 172, 620 y 468, relacionados con las lesiones en el ámbito familiar, las amenazas, las coacciones, las faltas de amenazas leves y los quebrantamientos de condena/medidas de seguridad o cautelares, respectivamente.

3.3. Prevención Terciaria

Podemos contemplar la fase terciaria como aquella en la que por parte de las instituciones y autoridades se adoptan medidas, especialmente de protección, para aquellas personas que se encuentran sometidas a malos tratos, o en riesgo de padecerlo, por parte de sus parejas o progenitores.

Entre otras mencionaremos las siguientes:

a) El **Real Decreto 355/2004**, de 5 de marzo, regula el Registro Central para la Protección de las Víctimas de la Violencia doméstica (BOE nº 73 de 25/03/2004), creado por la **Ley 27/2003**. Este registro, único en todo el territorio nacional, facilitará, según su preámbulo, la efectividad de las medidas cautelares integradas en la nueva Orden de Protección. Se encomienda al Secretario Judicial, como fedatario público de las actuaciones judiciales, la participación a dicho registro de todos aquellos datos que deban inscribirse;.

b) La **Ley Orgánica 1/2004**, de 28 de diciembre de 2004, de Medidas de Protección Integral contra la Violencia de Género (BOE nº 313, de 29/12/2004), en su Exposición de Motivos, entiende la violencia de género como *"el símbolo más brutal de la desigualdad existente en nuestra sociedad"* y que *"se dirige sobre las mujeres por el hecho mismo de serlo"*, cuestiones tanto aceptadas como discutidas en diferentes ámbitos y sectores, dado que establece una discriminación que, apellidada o calificada como "positiva", no deja de ser una discriminación recogida en la Constitución.

En ella se crean dos Órganos Administrativos, la *Delegación Especial del Gobierno contra la Violencia sobre la Mujer*, en el Ministerio de Trabajo y Asuntos sociales y el *Observatorio Estatal de Violencia sobre la Mujer*, como órgano colegiado, dentro del mismo Ministerio ya referenciado.

Es de gran importancia en esta fase la detección de posibles situaciones de maltrato a través de determinados signos que pueden ser detectados, en primer lugar, por las personas próximas a las víctimas, como familiares, amigos, vecinos y otras personas de confianza, o también por las personas con ellas relacionadas, jefes, compañeros de trabajo, servicios sociales o médicos y, porque no, por los agentes de la ley.

3.4. Signos y señales de posible maltrato

Como ya hemos dicho, los malos tratos afectan a toda la órbita del ser humano, como individuo y como elemento social, y son precisamente en las relaciones sociales en aquellas en las que es mas fácil poder detectar signos, señales o comportamientos "diferentes" de los que hasta esos momentos manifestaba la persona agredida, debiendo, en todo momento, ser cautos, confirmar, no interpretar e intentar que nuestra relación con la víctima no nos haga ver "fantasmas" donde puede haber explicaciones lógicas que debemos confirmar.

Entre otros podemos resaltar:

a) **Señales físicas**

Con bastante frecuencia los agresores intentan golpear a las víctimas en lugares que no sean fácilmente visibles o que puedan ser tapados o disimulados, con ropas o con maquillaje. Pero en otras ocasiones, estos moratones o heridas pueden ser visibles en cara, brazos o piernas, señales que en la mayoría de los casos (sobre todo cuando la mujer está totalmente sometida) son justificadas por la víctima por golpes contra diversos muebles o elementos de la casa (bañera, grifos, esquina de muebles, puertas de armarios), a veces achacándolo a descuidos, despistes o comportamiento patoso, existiendo en todos los casos una falta de solicitud de asistencia médica minusvalorando su gravedad. En ocasiones pueden ser visibles daños de una diversa cronografía,

b) **Actitudes de inquietud, temor y nerviosismo en la víctima**

En numerosas ocasiones las víctimas que están sometidas a sus agresores suelen, aunque en menor intensidad y frecuencia, mantener costumbres o actividades que antes les eran gratificantes, pero ahora, durante la situación de maltrato ya no demuestran placer en ellas. Durante estas actividades mantienen una actitud nerviosa y de "hipervigilancia" ante el temor de poder ser vista por el agresor o por alguien de su entorno,

c) **Autoculpabilización y exculpación de su pareja**

En el caso de que la situación de maltrato trascienda del ámbito reservado de la intimidad del hogar y de la pareja, la víctima siempre intentará echarse la culpa de las agresiones o bien proyectarlas sobre el alcohol u otros consumos para exculpar a su agresor de actuar con violencia,

d) **Síntomas de anhedonia**

La víctima, en sus relaciones, puede presentar en numerosas ocasiones estados emocionales de tristeza, aún en ocasiones en las que el estado normal sería el de alegría, estados que son justificados ante preguntas al respecto con una falta de contestación a la misma o bien con excusas vagas,

e) Dentro o junto a los síntomas del apartado anterior, la mujer puede presentar un gran estado de **ansiedad, depresión** o incluso manifestar **tendencias suicidas**,

f) Puede manifestar también quejas vagas y frecuentes sobre su falta de salud, de diversa entidad y localización, la mayoría de ellas difusas o propias de somatizaciones (dolores de cabeza, trastornos del sueño y de la alimentación), pudiendo aparecer automedicación excesiva y sin control, en muchas ocasiones para rechazar propuestas sobre la realización de actividades por parte de familiares o amigas,

g) En otras ocasiones, generalmente cuando se realizan actividades en el ámbito de sus relaciones sociales, puede presentar una especial emocionabilidad ante comentarios de las amistades cuando estos se refieren a situaciones matrimoniales inespecíficas gratificantes para las demás, triste para la víctima de malos tratos,

g) Por último hemos de indicar que en ocasiones se pueden presentar síntomas de signos totalmente contrarios a los aquí expuestos. Pueden presentar desapego, despreocupación, inicio o incremento en el consumo de tabaco, alcohol u otras sustancias, adoptar actitudes de riesgo o enfrentamiento (no afrontamiento), o abandonos temporales del hogar, etc.

4. PREVENCIÓN DE LOS MALOS TRATOS. ACTUACIÓN POLICIAL

Por lo dicho hasta ahora, se puede decir, por tanto, que los agentes policiales cuentan con margen legal más que suficiente para intervenir de forma decidida en cuanto tengan conocimiento de este tipo de hechos, máxime cuando la Fiscalía General del Estado ha difundido, mediante la Circular nº 1 / 1998 (de 21 de octubre) dirigida a todos los componentes del **Ministerio Fiscal**, unas directrices contundentes sobre su intervención en la persecución de los malos tratos en el ámbito doméstico y familiar. Tal y como reza la introducción de dicha Circular, "*el debate sobre la insuficiencia de medios legales ha de dejar paso al decidido aprovechamiento de los actualmente existentes. Es cierto que se aprecian serias dificultades interpretativas en algunos de los preceptos o en algunos de los silencios del Código Penal al abordar la violencia doméstica. Baste pensar en la difícil solución de problemas concursales o en la cuestionable adopción de medidas cautelares. También lo es la ausencia de pronunciamientos jurisprudenciales que alivien las dificultades del intérprete.*

Sin embargo, la presente Circular ha tratado de desplegar un esfuerzo para, dentro el máximo respeto al principio de legalidad, orientar la interpretación en la búsqueda de soluciones que superen aquellos obstáculos desde el prisma de la protección de determinados valores constitucionales".

En definitiva, en **primer** lugar los agentes policiales pueden contar con que sus tareas de intervención, al respecto de la violencia en el ámbito familiar, se verán apoyadas decididamente por el Ministerio Fiscal, a quien habrá que consultar todas las dudas que surjan en cada investigación en concreto (Ibáñez y González, 1999b).

El **segundo** apoyo fundamental lo facilitarán los **Especialistas Mujer Menor** del Servicio de Policía Judicial del Cuerpo de la Guardia Civil (**EMUME,s**), personal que, como seguramente ya es sabido por todos, forma parte de los Equipos de Investigación de Delitos Contra las Personas de las Secciones de Investigación de las Unidades Orgánicas de Policía Judicial de todas y cada una de las Comandancias del Cuerpo de la Guardia Civil existente en cada capital de provincia.

Dichos EMUMEs tienen entre sus tareas el **asesoramiento por vía telefónica a cualquier Unidad del Cuerpo** (principalmente tipo Puesto) que haya de intervenir en casos en los que las víctimas sean mujeres o menores, siendo naturalmente la violencia familiar un área significativa.

Hay que recordar al respecto que no es obligación de los EMUME,s la intervención directa en todos y cada uno de los casos de malos tratos que se produzcan, ya que por cuestiones de material y medios humanos sólo deberían hacerse cargo de las actuaciones más problemáticos o sensibles (atendiendo al impacto del hecho sobre las víctimas o sobre la sociedad misma) y difíciles (que requieran un tratamiento policial y una investigación criminal técnicamente especializada). Es el caso, por ejemplo, de los homicidios, de las agresiones sexuales a mujeres y / o menores, de los abusos sexuales a niños dentro del ámbito familiar o de los casos de violencia física extrema.

Por tanto, ante los casos de violencia familiar cualquier componente del Cuerpo de la Guardia Civil tiene que actuar con profesionalidad y con sensibilidad, sin escudarse en que es materia a tratar solamente por equipos formados por hombres y/o mujeres especialistas, aunque es cierto que el servicio de mayor calidad lo proporcionarían los grupos especializados.

Una **tercera** guía fundamental para la intervención policial se encuentra en la **Instrucción nº 2/98** de la **Secretaría de Estado de Seguridad**, sobre "**Adopción de medidas relativas a la prevención, investigación y tratamiento de la violencia contra la mujer y asistencia a la misma"**, dictada con la finalidad de impulsar las actuaciones y la prestación de la máxima protección y atención a las mujeres víctimas de tratos violentos, y erradicar las situaciones que dan origen a las mismas.

Esta Instrucción tiene gran importancia, dado que esta violencia, en su mayor parte contra la mujer, se produce en el ámbito familiar, y porque también en la mayoría de los casos la violencia contra la mujer se extiende a los menores de la unidad familiar, por lo que esta normativa habrá que adaptarla a estos casos.

De esta Instrucción hay que fijarse con detenimiento en sus tres primeros puntos:

A) El primero recuerda que también hay que realizar tareas de **detección** y de **prevención** de comportamientos violentos hacia la mujer (y cabría añadir que contra el menor y las personas con disminución psíquica, tal y como se ha dicho y demuestra la experiencia sobre violencia familiar), correspondiendo fundamentalmente esta tarea en demarcación de la Guardia Civil a los **Puestos**, que tendrán que participarlo a las Unidades Especializadas de Policía Judicial a efectos de valoración, tratamiento y adopción de medidas preventivas, entendiendo que esta participación no hay que entenderla como una total derivación automática de las gestiones sobre el caso.

B) El segundo ordena a todos los miembros de las Fuerzas y Cuerpos de Seguridad el acomodo de sus actuaciones a lo dispuesto en la **Instrucción 6/97** de esta misma Secretaría sobre "**Atención e información a las víctimas de determinados delitos, de las gestiones e investigaciones realizadas para su esclarecimiento**", recordando específicamente las obligaciones de:

a) facilitar la presentación oficial de la denuncia, admitiéndola aunque los hechos se hayan producido fuera de la demarcación territorial.

b) dispensar a la denunciante un trato especialmente respetuoso y preferente, cuando sea posible por personal especializado, entregando un acta de instrucción de derechos (modelo oficial) aprobada por la Comisión Nacional de Policía Judicial.

c) realizar con la mayor rapidez y exhaustividad los actos de comprobación e investigación de los hechos denunciados (inspección ocular, recogida de vestigios, toma de declaraciones y adopción de medidas cautelares), e

d) informar por diligencia de la existencia, o no, de denuncias anteriores, haciendo un resumen de las mismas.

C) En el tercero se dictan medidas para el **auxilio, protección y amparo de las víctimas**, en el intento de atenuar en lo posible el daño causado y de evitar riesgos posteriores para sus personas.

De forma muy resumida, estas medidas se refieren a:

a) Actuaciones durante los traslados a centros hospitalarios o asistenciales.

b) Separación en dependencias oficiales del agresor y de otros comparecientes.

c) Información sobre organismos públicos y privados de atención,

d) Información si procede sobre la **ley 35/95** y sus trámites (Ley sobre **Ayudas y asistencia a las víctimas de delitos violentos y contra la libertad sexual**).

e) Mantener comunicación permanente con la víctima, informándola de la suspensión de medidas de privación de libertad que se hubieran adoptado contra el agresor, y retirada de armas propiedad del agresor.

D) Como **cuarta** y última guía, algunas Comunidades Autónomas, Provincias y / o municipios disponen de **Protocolos de actuación sobre Malos Tratos** que contienen normas de actuación consensuadas entre los diferentes organismos e instituciones que han de intervenir: policías, servicios sociales, servicios sanitarios, jueces, fiscales, organizaciones no gubernamentales, etc.

De este modo, todas y cada una de las Unidades Policiales deberán conocer la normativa que rige en su demarcación, lo que facilitará sus actuaciones al establecerse instrucciones y procedimientos protocolizados para la propia intervención y para requerir el auxilio de otros profesionales (médicos, psicólogos, asistentes sociales, mediadoras sociales, voluntarios de organizaciones no gubernamentales, etc.).

La colaboración interprofesional citada en el párrafo anterior es una cuestión muy importante, puesto que la resolución de los casos de violencia familiar necesita de un tratamiento multidisciplinar. Cuando dentro de una familia se desata la violencia es porque han cristalizado una serie de factores predisponentes que, a su vez, se ha venido incubando desde tiempo atrás, con lo que la solución de esa violencia tendrá que pasar por la intervención en distintas áreas: educativa, socioeconómica, psicológica, etc.

La intervención policial y judicial no es una solución definitiva para este fenómeno, ni hay que entenderla como una medida aislada, sino que hay que conceptualizarla más bien como una ayuda para que el resto de los profesionales puedan actuar con mayores garantías de éxito en el auxilio de la familia o de sus integrantes.

4.1. Datos a registrar

Bajo la filosofía multidisciplinar argumentada anteriormente, y habida cuenta de que tradicionalmente los casos de violencia familiar han venido presentando problemas de interpretación jurídico-penal que llegan a afectar también a la situación de las víctimas en cuanto a su acceso a recursos asistenciales o a las ayudas económicas que pudieran corresponderles, es importante que en el Atestado que se instruya por este tipo de hechos queden reflejados todos aquellos datos que puedan servir de base para un adecuado seguimiento de cada caso, tanto policial y judicial como desde el punto de vista de documentar posibles acercamientos terapéuticos de los implicados (víctima y agresor), actividades asistenciales e indemnizaciones.

Entre ellos podemos destacar, a modo de guía:

a) Datos sobre las víctimas:

- **Datos personales.**

  Filiación completa (nombre, apellidos, nº de documento nacional de identidad, nacionalidad); fecha de nacimiento; domicilio actual, caso de que tenga decidida la separación del agresor, domicilio y/o teléfono donde puede ser localizada en el futuro.

- **Situación familiar.**

  Estado civil; relación con el agresor; en su caso, tiempo de matrimonio / convivencia con el agresor; si los hubiera, número de hijos, edades, y si son comunes o monoparentales; factores de vulnerabilidad intrafamiliar (consumo de alcohol, o drogas, patologías psiquiátricas o psicológicas, etc.).

- **Situación económica** y **fuente de los recursos**

  Situación laboral actual de la víctima; posibilidades de independencia económica; propiedad de la vivienda.

- **Otros** que se consideren importantes en las situaciones específicas que puedan presentarse.

b) Datos sobre los hechos denunciados:

- Datos identificativos del **autor** de la violencia; datos que permitan su inmediata localización (domicilio, familiares con los que se relaciona, lugar de trabajo...).

- **Intensidad, frecuencia, duración y tipo de violencia** que ha sufrido, documentando mediante partes forenses la existencia de lesiones físicas y psicológicas; especificar fechas, horas y lugares.

- **Medios de coacción.** Todos aquellos empleados por el autor (amenazas, golpes, engaños, abuso de autoridad, regalos, dinero); identificación e incautación de los instrumentos del delito, como piezas de convicción.

- **Origen percibido de la violencia y mantenimiento de la misma** (causas, episodios familiares desencadenantes): edad con que se sufrió la primera agresión; edad cuando ocurrió la última; existencia de denuncias anteriores en caso de ataques múltiples o continuados en el tiempo; si en la actualidad se han dejado de producir las agresiones, especificar por qué.

- **Efectos posteriores** que sufre o ha sufrido a medio plazo a causa de la violencia. Documentar también, si es posible, mediante partes forenses la existencia de trastornos del sueño, del apetito, dificultades de la atención y de la comprensión, cambios de humor, trastornos gastrointestinales, genitourinarios, desarreglos menstruales, dolores de cabeza, miedo a salir sola, sentimientos de furia o de rabia, sentimientos de baja autoestima, obsesiones con la experiencia, sentimiento de rechazo social, dificultades en las relaciones sociales / intelectuales / laborales, cambios en hábitos sexuales, ver al agresor en cualquier individuo, autolesiones, etc).

- Identificación de cuantos **testigos** hayan presenciado los episodios de violencia (familiares, vecinos, transeúntes...); si intervinieron de alguna manera, detallar qué hicieron o dijeron.

- **Otros** que se consideren importantes en relación con las situaciones específicas que puedan presentarse.

  (Seguramente gran parte de esta información haya que recabarla o confirmarla acudiendo a fuentes diferentes a la víctima y al agresor, debiendo citar en la diligencia de informe sobre las circunstancias del hecho el tipo de fuente, sin necesidad de identificarlos personalmente: vecinos, compañeros de trabajo, registros municipales, etc.).

c) **Datos sobre el agresor:**

- **Filiación** completa; fecha de nacimiento; edad cuando supuestamente cometió los hechos; domicilio actual, o en el que puede ser localizado.

- **Situación familiar / económica**: estado civil; hijos; situación laboral actual; medios económicos; fuentes de recursos; si es consumidor de alcohol, drogas tóxicas o estupefacientes, especificar qué sustancias concretas consume y el grado exacto en que lo hace.

- Sobre los **hechos** que se le imputan: documentar con claridad los motivos o razones aducidas en justificación / descargo de los hechos cometidos; si los reconoce abiertamente, estado en que suele estar durante las agresiones (normal, embriagado, drogado, padece enfermedad leve, grave o en estado terminal, muy irritado, deprimido...); reacciones después de los episodios de violencia (amenazar para que la víctima no lo cuente a nadie, volver a sus tareas, consolar a la víctima, no dice nada, ...).

- **Otros** que se consideren importantes en relación con las situaciones específicas que puedan presentarse.

4.2. Trato con la víctima

Ya se ha comentado antes que en estas tipologías delictivas es difícil que las víctimas acudan a denunciar los hechos, aunque sean conscientes de que en la actualidad ésta es casi la única manera de que los agentes policiales puedan iniciar sus actuaciones para intentar poner fin inmediato a la situación de violencia.

En el trato con la víctima debemos tener en cuenta que

a) Cuando una víctima llegue a denunciar habrá que pensar que lo hace después de pensárselo mucho, y seguramente porque la situación en su hogar ha llegado a ser insostenible. Además, puede llegar enormemente asustada, pensando que su denuncia no va a hacer más que empeorar la situación con el maltratador, al que tendrá que seguir viendo, cuando no conviviendo con él. En estos casos el agente tendrá que saber comprender el estado emocional en que llega la víctima, **sin minimizar sus preocupaciones**, y tendrá que tomar las medidas que sean necesarias para garantizar su integridad, intentando con sus actuaciones y expresiones generar en ella un sentimiento de seguridad.

b) Habrá que explorar si la víctima desea que se adopten **medidas de protección**, permitiendo que exprese las que a su juicio sean las más convenientes y mejor se adapten a su caso particular. En especial, si va a dejar el domicilio familiar para vivir en otro o en un Centro de Acogida, se hará constar este dato en una diligencia reservada, que se remitirá, **en sobre cerrado**, junto con el atestado, sin que dicho dato sea facilitado más que al Juez y al Fiscal.

c) Cuando sean los agentes policiales los que se personen en el domicilio en el momento de producirse los episodios violentos, puede que surjan dudas sobre si intervenir o no, debido a que se puede pensar que son *"cuestiones familiares"* en las que la policía no debe entrometerse. Además, es esperable en estos casos presenciar escenas difíciles e incluso escandalosas, en las que pueden verse involucrados varios familiares posicionados en bandos opuestos. Sea como sea, hay que recordar que cuando existe violencia habrá víctimas que necesiten de los servicios policiales de protección, ayuda e información, y que habrá autores de hechos constitutivos de delitos a los que habrá, incluso, que detener, poniendo en todo caso los hechos en conocimiento de las autoridades judiciales.

d) Cuando una persona agredida por miembros de su familia acude a denunciar **se le debe prestar apoyo con la mayor rapidez y diligencia posibles**, ya que, en caso contrario, la víctima podrá pensar y dar vueltas a lo ocurrido, valorando las consecuencias actuales, las posibles consecuencias futuras, etc., llegando finalmente a desistir de presentar la denuncia, en el erróneo convencimiento de que este "perdón" pondrá fin a las agresiones. **Hay que animar a denunciar** en todo caso, facilitando al máximo las condiciones para ello, que no se van a detallar más por estar contenidas en las guías citadas en la introducción.

   Además no debemos de olvidar que las manifestaciones que se realizan en el primer momento pueden ser consideradas las más exactas, pues no ha habido tiempo para que se introduzcan sesgos ni para que se hayan olvidado datos. Recordemos que en muchos de estos casos puede que no se cuente más que con la palabra de la víctima contra la del agresor, por lo que la toma de manifestación ha de ser muy detenida y completa, registrando el máximo número de detalles.

e) Cuando acuda a denunciar una persona que no sea la víctima, se le tomará declaración detallada de cuanto comunique, de cómo conoce los hechos y de las razones por las que denuncia. Inmediatamente después habrá que citar a la víctima, incluso desplazándose hasta donde esté para recoger allí la denuncia o para acompañarla hasta dependencias policiales y continuar con las diligencias correspondientes.

f) Una actuación prioritaria ha de consistir en hacer ver a la víctima la necesidad de realizar un **examen médico-forense** y solicitar su consentimiento para ello, argumentando la importancia de la recopilación de pruebas objetivas que complementen las declaraciones verbales.

   A este examen se la debe acompañar, procurando que se realice a la mayor brevedad posible y con el mayor detalle. Se habrá de elaborar un parte en el que se consigne la naturaleza de las lesiones, su etiología, data y cuantos datos de interés forense se encuentren. Este reconocimiento lo puede realizar el Médico de Asistencia Primaria o del Centro Hospitalario o de

Salud más cercano a la víctima, quien, en caso de gravedad o complejidad técnica, se encargará de avisar al Médico Forense en funciones de guardia. Este examen facultativo habrá que completarlo con la realización de fotografías sobre el estado de la víctima, expresivo de las heridas que presente, previo consentimiento.

g) No hay que olvidar que la persona que acude a nosotros es una "víctima", por lo que la actuación policial hacia ella debe estar adornada de todo el **calor y comprensión humana** que se le pueda brindar para hacer su situación lo menos violenta posible, y para que encuentre un ambiente propicio a fin de que se exprese con libertad y reduzca en lo posible el "miedo" que estas situaciones producen. Pero no por ello hay que expresarse con sensiblería o con palabras compasivas que sonarán a huecas en la mente de quien las escucha, y mucho menos aún hacer promesas que no se puedan cumplir, con lo que se perdería su confianza, no solo para ese momento, sino para futuras actuaciones con la misma o con cualquier otra persona de su entorno.

   Una actuación imprescindible será **facilitarle información** detallada sobre las entidades o centros próximos a su domicilio en los que pueda recibir apoyo social o psicológico, para lo cual habrá que mantener relaciones con todos los Organismos locales y autonómicos relacionados con el bienestar social.

h) A la hora de tomar la declaración, en relación con las preguntas a formular, la recomendación general es que hay que ser comedidos sin que ello quiera decir que dejemos de buscar información importante, ya que ambas actuaciones no son incompatibles. De esta manera, interviniendo con tacto también conseguiremos no "victimizar" de nuevo a la agredida, que en caso de menores de edad adquiere la máxima relevancia para su estabilidad psicológica futura. Nunca debemos olvidar que la misión policial es la investigación de los hechos con objeto de **obtener los máximos datos** sobre el mismo para ponerlos en conocimiento de la Autoridad Judicial.

   Es probable que la víctima "explote" emocionalmente en presencia de los agentes, y **hay que facilitar ese desahogo**, dejando que saque de sí misma todos los sentimientos y tensión que haya ido acumulando con el tiempo. Teniendo en cuenta que policialmente se podrá trabajar mucho mejor con la víctima cuando se haya desahogado, para facilitarlo habrá que permitir su llanto transmitiéndole que es natural y que no pasa nada por ello, y se debe estar mentalizado para afrontar tanto la crítica más hiriente y/o violenta como las muestras de la más profunda desesperación, esperando no sólo descalificaciones hacia el agresor sino que, probablemente, pueda hacerlo también hacia los propios agentes. En este último caso, es muy importante que el agente no personalice esos ataques, que aunque estén dirigidos a él no los interprete como tales, y que permita con serenidad que la víctima termine de "echar" todo cuanto tenga dentro. Con esa escucha serena y activa, el agente conseguirá que, tras unos minutos, la víctima se sienta mucho mejor, y habrá contribuido a establecer con ella una estrecha relación interpersonal que beneficiará el resto de la intervención. Sin embargo también hay que tener presente que escuchar a la víctima no quiere decir que se esté de acuerdo con todo lo que dice. Esa escucha activa se tiene que basar en la actitud de que el agente entiende que la víctima tiene sus razones para sentirse así y para decir lo que dice, y que respeta esas manifestaciones, pero sin manifestar acuerdo (ni desacuerdo) con ellas.

i) Conviene **evitar en todo momento la interpretación**, ciñéndose fielmente a lo manifestado, y cuando se tengan dudas sobre algún punto se pedirán amablemente aclaraciones tantas veces como sea necesario hasta llegar a un correcto entendimiento. En caso de actuación con menores posiblemente sea conveniente o necesario "pactar" con él un "lenguaje" cercano a su edad, para evitar el aumento de su ansiedad o miedo y establecer una más estrecha relación interpersonal. Un buen recurso consiste en emplear sus propias palabras para referirse a los objetos o las acciones.

j) La importancia y necesidad de ser siempre y en todo momento totalmente "aséptico" la basaremos en que si bien los Atestados, de acuerdo a lo establecido legalmente, sólo tienen el carácter de denuncia, en una gran proporción de los casos es lo único con lo que cuentan las Autoridades Judiciales para adoptar sus decisiones en el momento de la recepción de los mismos, con las diferentes consecuencias que de las mismas puedan derivarse: petición de informes adicionales a Servicios Sociales, proposición de medidas a estos Servicios para evitar o impedir la repetición de actos similares a los denunciados, solicitud de estudios concretos sobre repercusiones psíquicas, adopción de medidas de protección a la víctima, y, en fin, valoración de la posibilidad de seguir el procedimiento abreviadísimo o juicio rápido.

k) En síntesis, el agente que reciba a una víctima de violencia en el ámbito familiar tendrá que hacerse cargo de que, aunque el hecho concreto denunciado pudiera der de una mínima gravedad (una corta discusión, lesiones muy leves, insultos...), detrás de él existirá, con toda probabilidad, una larga historia de pequeños episodios más o menos violentos que habrá que documentar con detalle. Además, la víctima que se ha decidido a denunciar ha dado un gran paso, que le habrá costado muchísimo, por lo que habrá que valorarlo como tal, animándola a seguir adelante y poniendo a su disposición todos los recursos necesarios que estén a su alcance, y que el agente deberá conocer.

Otra peculiaridad de estos casos es que habrá que "manejar" con habilidad los sentimientos o emociones de la víctima, seguramente desproporcionados en algunos casos. Y por último, recordar que el objetivo de la intervención policial es registrar los hechos y las pruebas con objetividad, sin tomar partido por ninguna postura, aunque la gravedad de lo denunciado induzca a ponerse de lado de la víctima. Tendremos que considerar la posibilidad de que un porcentaje de las denuncias pueden ser falsas acusaciones con la única finalidad de perjudicar al cónyuge o de obtener algún beneficio personal por medios ilegítimos.

4.3. Trato con el agresor

No debemos olvidar que la actitud policial durante las actuaciones derivadas de un supuesto hecho delictivo deben estar guiadas por la finalidad de conseguir el descubrimiento de los hechos, obteniendo la mayor información posible para su presentación a las Autoridades Judiciales. Por ello es obligación de los agentes policiales, especialmente en los casos de violencia familiar, evitar por todos los medios posibles cualquier "culpabilización a priori" hacia el denunciado, teniendo claro que no somos jueces para juzgarle, que no somos abogados defensores ni fiscales para acusarle ni defenderle, y que en estas actuaciones no estaremos nunca ni de su parte ni de la de la víctima.

En base al perfil del agresor detallado en el artículo anterior, a la hora de recibir al denunciado podremos encontrarnos diferentes tipos de persona, que presentarán más o menos características correspondientes a alguno o a algunos de los siguientes tipos generales:

a) Una persona de aspectos y modales aparentemente agradables, amable, tenido por sus vecinos, compañeros y/o amigos por una "buena persona", incluso religioso, que se califica como cariñoso con su familia, buen ciudadano, etc., y que por tanto no entiende el motivo por el cual ha sido detenido, ni entiende las acusaciones que se le formulan.

b) Una persona de aspecto altanero, irascible, con modales bruscos y exigente de sus derechos, que considera como totalmente falsas las acusaciones que se le formulan y que afirma que va a tomar medidas legales para poner fin a lo que él considera un atropello y un atentado a su honor y credibilidad.

c) Una persona con escasas habilidades sociales, con poco nivel educativo, de aspecto acobardado, con poco autocontrol (se deja llevar) y con graves deficiencias en su expresión verbal y en el entendimiento de los hechos que le están ocurriendo.

Cualquiera que sea la personalidad del sujeto con el que nos encontremos, siempre debemos tener presente que:

1. **En ningún momento** ni circunstancia **puede identificarse** la personalidad **agradable** o **dócil** con la **inocencia**, ni la contraria (**agresiva o impulsiva**) con la **culpabilidad**.
2. Nuestra función no es la de moralizar ni aconsejar, ni nuestra postura ha de ser paternalista con ninguna de las personalidades que se nos presente, sino firme. Sin perder nunca de vista nuestra función policial de lograr el esclarecimiento de los hechos, **nuestra conducta tendrá que guiarse por la tarea** de documentar lo más objetiva y completamente que sea posible el caso investigado.
3. Ante cualquier postura que pueda adoptar el supuesto agresor **debemos vigilar nuestra empatía** con él, ya que como hemos visto en relación con su personalidad son numerosos los medios que va a utilizar para presentarse como "mártir" que actúa obligado por las circunstancias o por la actitud de las propias víctimas de sus maltratos. Del mismo modo, **tampoco debemos hacerle sentirse culpable**.
4. Por lo general, la mayoría de los detenidos por actos delictivos de este tipo, no reconocen en ningún momento las agresiones, ya que muchos de estos individuos no viven esas situaciones como problemáticas en sus vidas, ni consideran que dichos actos puedan ser considerados ilegales. De aquí la gran importancia que tiene la tarea de **documentar exhaustivamente los detalles** sobre la ocurrencia, frecuencia e intensidad de las conductas violentas y amenazantes, explorando con el agresor las acciones tipificadas penalmente que lleva a cabo respecto a sus familiares, aunque él las considere dentro de la normalidad.
5. Ante cualquier tipo de personalidad que se nos presente es necesario, desde el principio, plantear la cuestión en términos estrictamente profesionales concentrándose expresamente en la tarea a llevar a cabo. Hay que **informar** al detenido-denunciado de los hechos de que se le acusa y de las pruebas que puedan existir en su contra, pruebas, en la mayoría de

los casos, obtenidas del cuerpo de la víctima y que constarán en los partes médicos correspondientes.

6. **En ningún momento deberá dársele la versión completa de los hechos manifestada por la víctima**, ya que, de acuerdo a su modelo de pensamiento, tenderá a la justificación, racionalización, minimización, etc., para elaborar una redefinición de la realidad de lo sucedido y de los motivos de su actuación. Lo que nos interesa es su propia versión de los hechos, y especialmente los parámetros operativos de sus conductas tipificadas tales como: qué fue exactamente lo que hizo o dijo, cuándo, dónde, durante cuanto tiempo, con cuanta intensidad y cada cuanto tiempo lo repite (habitualidad). Para llegar a este tipo de información, seguramente haga falta dejarle hablar mucho sin interrumpirle, a fin de que poco a poco se vaya centrando en recordar los datos que se le piden.

No se conocen pruebas determinantes sobre la conveniencia de que el entrevistador-interrogador sea un agente masculino o femenino ya que, salvo en los casos de atención a la mayoría de las mujeres víctimas de agresiones de cualquier tipo en los que sí se suele demandar la actuación por parte de un agente femenino, esta función dependerá en gran manera de la experiencia, capacidad o habilidades para manejar determinadas situaciones, algunas de las cuales pueden llevar a límites elevados de tensión, estrés y ansiedad.

Caso de que la actuación sea llevada a cabo por un agente femenino, deberá ser extremadamente exquisita tanto en su actitud como en sus preguntas y forma de realizarlas, para evitar una casi segura acusación de partidismo o alianza con la víctima a causa de la igualdad de sexo.

En el caso de que el inculpado llegue a "atacar" en este sentido, sería un error iniciar contraataques. Es más aconsejable mantenerse firme en la tarea, repitiendo una y otra vez que nuestra función es esclarecer los hechos y que para ello él puede ejercer su derecho a declarar lo que crea conveniente, tratando por todos los medios de no personalizar esos ataques.

Si la atención se presta por un agente masculino, su actuación deberá ser igualmente profesional y aséptica y, aún así, siempre pueden haber acusaciones de "connivencia" con el agresor, al igual que la anterior, por igualdad de sexo con él.

4.4. Los Equipos de intervención con las víctimas

En el marco de las Fuerzas y Cuerpos de Seguridad, además de las leyes, circulares e instrucciones dictadas para auxiliar, proteger e informar a los ciudadanos (por ejemplo la L. O. 2 / 86 de 13 de marzo, de Fuerzas y Cuerpos de Seguridad; L. 0. 35 / 95 de 11 de diciembre, reguladora de ayudas y asistencia a las víctimas de delitos violentos y contra la libertad sexual; Instrucción 6 / 97 de la Secretaría de estado de Seguridad, sobre atención e información a las víctimas de determinados delitos y de las gestiones e investigaciones realizadas para su esclarecimiento).

Se han desarrollado otras actuaciones tales como:

a) acentuar la colaboración entre ellas y el Instituto de la Mujer, materializada a través de la firma de convenios y de protocolos de desarrollo de los mismos, al objeto de desarrollar y potenciar una actuación coordinada que permita un tratamiento globalizado de la asistencia a las mujeres.

b) la creación dentro de las Direcciones Generales de la Policía y de la Guardia Civil de unidades especializadas en estas tareas (SAM y GRUME,s en Cuerpo Nacional de Policía y EMUME,s en la Guardia Civil).

En el Cuerpo de la Guardia Civil **el Equipo Mujer Menor (EMUME)** es una Unidad encuadrada dentro del Servicio de Policía Judicial del Cuerpo, y está ubicado en la Sección de Investigación de la Unidad Orgánica de Policía Judicial en la cabecera de la Comandancia (capital de la provincia), formando parte del Grupo de Investigación de Delitos contra las Personas. Aunque se presentaron oficialmente en el año 1998, ya en 1995 se había realizado un primer curso en el que se especializó a personal femenino del Servicio de Policía Judicial de todas y cada una de las Comandancias del Cuerpo.

El EMUME está formado por componentes femeninos (en su inicio) y masculinos en la actualidad en un número entre 2 y 5 dependiendo de la problemática delictual de la localidad en la que se encuentren ubicados. La evolución y despliegue de estos especialistas ha sido, no sin esfuerzo, un gran logro del Cuerpo de la Guardia Civil. En su inicio se establecieron en las capitales de provincias estando actualmente distribuidos en numerosas regiones comarcales con competencia propia.

En la actualidad, de acuerdo a los datos de los balances de criminalidad del Ministerio del Interior, las Fuerzas y Cuerpos de Seguridad del Estado (Cuerpo Nacional de Policía y Guardia Civil), cuentan con un total de 2008 especialistas en violencia de género repartidos por las diferentes unidades de cada uno de los Cuerpos (para mayor información se puede consultar la página web del Cuerpo de la Guardia Civil, http://www.guardiacivil.es o del Ministerio del Interior, http://www.mir.es).

Los especialistas "titulares " del EMUME cuentan con la formación necesaria para estas tareas, y se actualizan continuamente asistiendo a reuniones, coloquios, charlas, congresos, cursos, etc. Además, mantienen estrecho contacto con todos los recursos asistenciales de sus provincias respectivas, tanto públicos (a nivel autonómico y local) como privados (ONG,s por ejemplo).

Las **funciones del EMUME** son:

a) **Asesoramiento** a **las Unidades Territoriales (puestos, otras especialidades como Tráfico, etc.) sobre intervención en delitos relacionados con la mujer víctima** y **los menores víctimas** y **autores de hechos delictivos.**

b) **Investigación criminal de casos relevantes.**

c) **Propiciar** y **mantener contacto con recursos provinciales (como ya se ha dicho)**, **favoreciendo la coordinación de actuaciones preventivas, informativas** y **asistenciales.**

No debemos dejar de hacer mención al **Equipo Mujer Menor Central**, ubicado en la Unidad Técnica de Policía Judicial de la Jefatura de Policía Judicial. Está compuesto por miembros del Cuerpo de la Guardia Civil con formación psicológica cuyas misiones a destacar son:

a) La formación específica de los especialistas, en especial en la forma de abordar los problemas y tratar a las víctimas, mujeres y menores, tanto de la violencia doméstica como de agresiones sexuales, especialmente cuando éstas se producen dentro del ámbito familiar.

b) El estudio, evaluación, seguimiento y confección de informes criminológicos anuales de aquellos delitos de su competencia (agresiones sexuales, violencia doméstica, tráfico de seres humanos con fines de explotación sexual y delincuencia juvenil).

c) La asistencia a foros, congresos y reuniones, tanto nacionales como internacionales y estar integrados en aquellos grupos de trabajo de interés.

d) La colaboración con Instituciones y Organizaciones, tanto públicas como privadas, y

e) Por último, y cuando así se solicite, la atención a aquellas víctimas que, por las circunstancias del hecho, requieran la atención de este tipo de profesionales.

5. VALORACIÓN DE LAS SITUACIONES DE RIESGO

Como en casi todos los aspectos sociales, especialmente sobre situaciones conflictivas, existe una gran literatura "parda" sobre las causas y resultados de dichas acciones. Como ejemplo de algunos de ellos aludiremos a:

5.1. Mitos y falacias

Entre otros, podemos hacer referencia a los siguientes:

1. Los agresores son enfermos mentales

No se puede explicar la violencia familiar como consecuencia de un trastorno mental, aunque puede actuar como desencadenante o agravante de la violencia.

2. Los agresores son borrachos, drogadictos o con problemas de estrés

Tampoco el **abuso de alcohol o drogas, o situaciones de estrés** pueden ser consideradas como causa necesaria o suficiente a la hora de explicar la presencia de conductas violentas en el maltratador, si bien son un facilitador de la violencia.

3. Solo se da en grupos sociales con bajo estatus o nivel educativo

El nivel cultural no es determinante para la existencia de conductas violentas en la familia, ni es problema que solo afecta a capas marginales de la sociedad.

4. Son maltratadores son adultos machistas

La **edad** del agresor tampoco es un factor determinante para que se den hechos violentos en el seno familiar, las estadísticas lo demuestran. Además, el machismo es un concepto demasiado "rancio" como factor precipitante de las agresiones. No debemos olvidar que machismo y feminismo son conceptos teóricos inseparables como las dos caras de una misma moneda, lo que significa que "si la moneda no es falsa" ambas tienen un mismo alcance en el entendimiento social.

5. Los maltratadores no tienen recuperación social

No es cierto que los maltratadores no sean **reinsertables**. Si bien este principio puede ser válido para los agresores sexuales, no lo es tanto para los maltratadores en el ámbito familiar. Sea por habitualidad, por aprendizaje o por consumos, al maltratador puede hacérsele comprender cuál es su situación y la de su familia, en especial la de la víctima. Tendremos que aceptar que si la Justicia utiliza la impartición a los maltratadores de cursos de rehabilitación para una reducción de las penas, es porque tiene algún tipo de efecto positivo sobre ellos.

6. **Las mujeres maltratadas son masoquistas, o sufren algún tipo de trastorno psicológico**

No solo es un mito o una falacia, sino que, en numerosas ocasiones, es una de las tantas excusas que alegan los maltratadores ante las intervenciones policiales, y a las preguntas sobre los malos tratos tienen la desfachatez de responder "¡a ella le gusta!".

7. **Las mujeres provocan a su pareja**, que las maltrata

Es otro de los grandes mitos y falacias y, a la vez, una escusa muy socorrida para los maltratadores. Posiblemente cuando se entabla una discusión en una situación de igualdad, las alegaciones por las partes son consideradas como respuestas normales por parte de cada uno de los roles adoptados. En el caso de las discusiones familiares que desembocan en un episodio de violencia, en la mayoría de los casos lo es al considerar las respuestas de la víctima como una falta de respeto, obediencia o subordinación para aquellos que mantienen actitudes machistas o que valoran de una manera muy diferente los roles del hombre y de la mujer y no están dispuestos a permitir que se le "responda" de determinadas maneras, o se les falte el respeto.

5.2. Evaluación de riesgo potencial

En numerosos casos de agresiones, por parte de las autoridades judiciales se solicitan de instituciones, agentes y/o expertos en salud mental, asesoramiento para realizar una evaluación de riesgo potencial o peligrosidad, de nuevas agresiones, de homicidio e incluso de suicidio, que pueden sufrir las mujeres maltratadas una vez adoptadas disposiciones jurídicas o administrativas para las otras personas implicadas. Esta es una evaluación de gran importancia en especial en el tema que nos ocupa.

Este proceso, mucho mas complicado que lo que parece a primera vista, ha de ser realizado, por ejemplo, por expertos dependientes de los juzgados, como pueden serlo personal de los equipos de evaluación o tratamiento, o expertos de las instituciones de ayudas sociales, pero siempre he pensado que no es un trabajo que deba recaer en los miembros de los Cuerpos y Fuerzas de Seguridad, dado que esta evaluación ha de considerar parámetros o variables que no están dentro de los conocimientos que se imparten a los cuerpos policiales y que tampoco entra dentro de sus funciones no solo de afrontamiento, sino tampoco de prevención.

Siguiendo a Pueyo y Redondo (2007) debemos tener en cuenta que *"la conducta violenta es el resultado de una decisión de actuar y comportarse violentamente, si bien es cierto que, en determinadas ocasiones, esta decisión no es imputable penalmente o depende de factores en cierto modo irracionales o desconocidos".*

Este proceso puede considerarse dividido en dos fases sucesivas y complementarias:

a) La primera fase, o *fase de información*

Tiene como misión recopilar una serie de datos sobre la persona afectada y, de haberlos, de los hijos.

Esta fase puede ser encomendada a los agentes policiales dado que, en este aspecto de la obtención de información, tendrán más experiencia que los demás.

Pero también es necesario otro tipo de información totalmente diferente, información que podemos llamar "técnica" en los campos biológico (alteraciones, trastornos genéticos, intoxicaciones), psicológicos (trastornos de personalidad o alteraciones psicopatológicas) y sociales (estilos de vida violenta, pertenencia a grupos violentos, etnicidad), información que debe ser obtenida por expertos, psiquíatras o psicólogos, con los instrumentos apropiados.

b) La segunda fase, o *fase de evaluación*

Es una fase totalmente técnica, y también multidisciplinar, en la que, con los datos obtenidos en la fase anterior, deberá de hacerse una evaluación de la situación de riesgo (leve, aguda o cronificada) y establecer, teniendo en cuenta la opinión de todos los implicados, un plan de actuación que abarque todos los aspectos necesarios, alojamiento, mantenimiento económico, aspectos laborales, educativos, de asistencia social y sanitaria, etc.

Esta evaluación-predicción del riego de violencia puede ser realizada de dos formas, métodos o tipos de evaluación:

a) *Método libre*. Los profesionales multidisciplinares intervinientes no utilizan ningún tipo de instrumento, test, pauta o protocolo, ni estructurado ni no estructurado.

b) *Método estructurado*. En este procedimiento o protocolo, normalmente, se usan instrumentos técnicos validados, sean instrumentos clínicos (test psicológicos) o actuariales.

Los test actuariales. Desde este modelo se intenta predecir la violencia comparando al sujeto con un grupo de referencia (normalizado) para suministrar a los evaluadores una probabilidad lo más precisa posible (pero siempre una probabilidad).

Uno de los principales modelos actuariales conocidos es el Historical Clinical Risk Management (HCR-20), que ofrece la posibilidad de obtener un nivel de riesgo determinado, sea este alto, medio o bajo.

Este modelo consta de 20 ítems agrupados en tres bloque que afectan al estudio histórico (10 ítems sobre el pasado), datos clínicos del presente (5 ítems) y sobre el futuro analizando factores de riesgo medioambientales (5 ítems), todos ellos factores respaldados empíricamente (Martínez, García y Andrés, 2008; Oscar y Escobar, 2004; Pueyo y Redondo, 2001).

Entre otros instrumentos clínicos de uso específico por psiquiatras, psicólogos y otros profesionales podemos mencionar el SARA –Spousal Assault Risk Assessment Guide– (Randal, Hart, Webster y Eaves, 2005), el VRAG (Violent Risk Appraisal Guide) o el RRASOR (Rapid Risk Assessment for Sexual Offense Recidivism).

Tanto unos como otros poseen sus ventajas, inconvenientes y limitaciones propias.

No debemos olvidar que la acción de "estimar" es un procedimiento preventivo de "predecir" una probabilidad de que aparezca una conducta violenta determinada (maltrato, homicidio, violencia sexual), predicción que puede ser estimada con una precisión mas elevada que el simple azar, con objeto de limitar sus posibles efectos negativos, en caso de no poder evitar que estos se produzcan.

Para ello, y entre otros, relacionamos a continuación, diferentes ítems de información que deben ser obtenidos con este fin:

- Padres con historia de privación afectiva.
- Percepción negativa del niño (indeseado).
- Niño especial o minusválido.
- Crisis familiares.
- Falta de apoyo social.
- Abuso de sustancias psicoactivas.
- Enfermedad mental o física de alguno de los padres.
- Progenitores adolescentes.
- Familias grandes o monoparentales.

6. INCIDENCIA DEL DELITO. ANÁLISIS ESTADÍSTICOS

Con las premisas sobre las estadísticas oficiales, a las que ya hemos hecho referencia en capítulos anteriores, intentaremos dar una "pincelada" sobre la situación, más o menos actualizada sobre aspectos de este tema. Los datos generalmente son los ofrecidos por los balances criminológicos del Ministerio del Interior y aquellos más específicos lo son por parte de los cuerpos policiales, especialmente la Guardia Civil.

No obstante, como también lo hice en el caso de las Agresiones Sexuales, en el **ANEXO II**, aunque no muy actualizado, y con los datos de la Guardia Civil, presento uno de los Informes Anuales que se confeccionaban en la Unidad Técnica de Policía Judicial. Con ello solo quiero demostrar que, con suficientes datos, que se poseen y siempre se han poseído por parte del Ministerio del Interior, se pueden hacer buenos estudios estadísticos descriptivos, sin que por ello se atente contra la seguridad, todo ello en beneficio de la claridad y libertad informativa que, en este aspecto, debe permitirse hacer de forma clara y precisa, libre de manipulación.

En el Gráfico nº 1 presentamos los Delitos de malos tratos cometidos durante los años 2000 a 20110. Los valores están presentados en el Tabla 1.

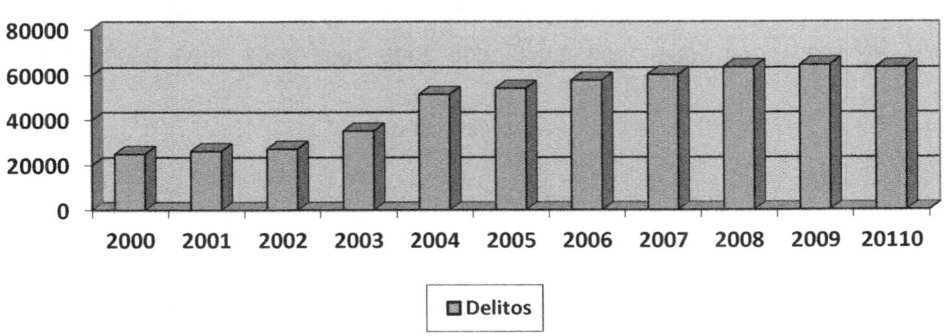

Gráfico 1. Delitos de Malos Tratos en Ámbito Familiar.

Tabla 1. Valores de los delitos de malos tratos.

AÑOS	2000	2001	2002	2003	2004	2005	2006	2007	2008	2009	2010
DELITOS	24897	26124	27120	35129	51457	54155	57758	60260	63515	64496	63447

En el Gráfico nº 2 presentamos las víctimas de delitos de Malos Tratos en razón de la nacionalidad española u otra.

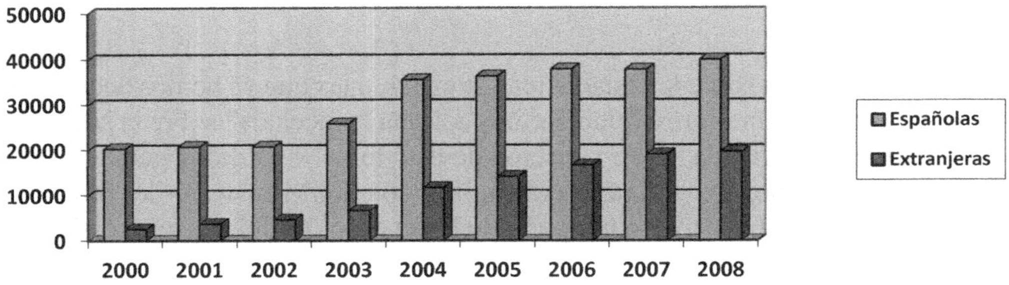

Gráfico 2. Víctimas de delitos de Malos Tratos en razón de su nacionalidad.

En el Gráfico nº 3 presentamos las mujeres fallecidas por Malos Tratos

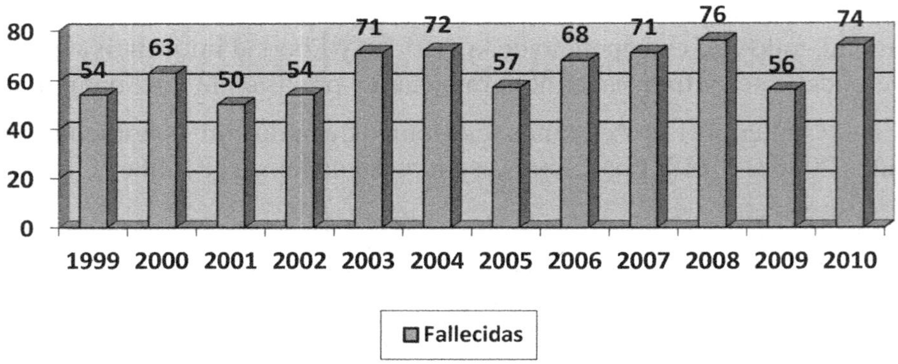

Gráfico 3. Mujeres fallecidas por Malos Tratos.

Sin temor a cometer un grave error podemos decir que, a lo largo de los años establecidos, los delitos de malos tratos han ido aumentando considerablemente, llegando en 10 años a casi triplicar la cantidad de ellos.

No puedo por menos que rechazar todas las modificaciones legales y administrativas que se han venido realizando a lo largo de este tiempo, dado que no se han obtenido ningún tipo de resultados positivos en aras de disminuir esta lacra.

Es verdad que estas modificaciones, en el sentido que antes comenté, se han venido produciendo desde puntos de vista y miras bastante estrechas. Como he dicho en numerosas ocasiones se ha tratado esta tipología delictiva como se haría con otra cualquiera, sea contra las personas o contra la propiedad, con un aumento de la penalidad de las acciones, cosa que se ha demostrado en todo el mundo que no es válido.

Esta tipología delictiva no es como todas, pero desde pensamientos feministas (se le ha venido en llamar "terrorismo machista", lo que demuestra la tendenciosidad y animadversión) se ha pensado mas en el castigo que en la resolución del problema, y como he dicho en ocasiones, este aumento de proteccionismo ha provocado un efecto contrario.

Estamos hablando de una situación especial, en la que son los sentimientos de las personas los que se están viendo afectados. El conflicto matrimonial no es fácil de entender ni de solucionar. Estamos jugando con variables muy personales y por mucho que pensemos que lo "entendemos", estamos muy lejos de hacerlo, dado que no todos sentimos, pensamos y actuamos igual en ningún momento de la vida. Es mejor intentar "unir" y "curar", que "romper" y "destruir", estas dos soluciones son las que se pueden producir con nuestra legislación.

Y no soy yo solo el que pienso así, podéis consultar la prensa, más o menos actual, para comprobar que se están levantando voces en contra de la situación a la que, por mal camino, se ha llegado.

Titulares como

> *"Del Olmo revoca ocho condenas por violencia doméstica. Dice que no toda agresión en la pareja es "machista" y reduce la pena a un hombre que hizo tragar insecticida a su mujer"* (El Mundo, jueves 12 de agosto de 2010)

o bien

> *"Los jueces respaldan el criterio del TC sobre violencia de género. Las asociaciones creen que no siempre debe aplicarse ese delito"* (El Mundo, jueves 19 de agosto de 2010)

o este otro

> *"Los jueces no saben qué hacer con la violencia de género. Las asociaciones piden al Supremo que unifique su jurisprudencia contradictoria"* (El Mundo, viernes 13 de agosto de 2010)

Otro más

"El Juez de Sevilla Francisco Serrano, que denunció los excesos que, a su juicio, causa la Ley de Violencia de Género, dijo que hay que diferenciar los verdaderos casos de violencia de género de los que no lo son. El Juez asegura que, de los casos que actualmente están catalogados de violencia de género, "solo el 1%, o incluso menos, lo son realmente". Es decir, las agresiones de hombres hacia mujeres con –motivación machista- son minoría. Afirmó que el Tribunal Supremo –está sentando ya la doctrina de que la declaración de la víctima no es suficiente para considerar que hay delito- un cambio que celebró porque si no –se rompe el derecho de presunción de inocencia". (El Mundo, viernes 13 de agosto de 2010)

Como es lógico, y en las mismas publicaciones, asociaciones feministas dicen que Jueces y Tribunales, con estas decisiones hacen "un daño gravísimo" y "muestran un desconocimiento del tema del maltrato".

Y, por último

"Violencia de género, el fracaso de una ley" (La Razón, viernes 2 de noviembre de 2011)

En la Tabla nº 2 presentamos, para los años 2009 y 2010, las VÍCTIMAS DE HOMICIDIO/ASESINATO POR SU CONYUGE O SIMILAR y su edad.

Tabla 2. Víctimas por su cónyuge o similar.

EDAD	**2009**	**2010**
MUJERES	**VÍCTIMAS**	**VÍCTIMAS**
De 18 a 20	3	3
De 21 a 30	8	6
De 31 a 40	16	18
De 41 a 50	8	9
De 51 a 60	11	8
Mayores de 60	6	3
VARONES		
De 18 a 20		
De 21 a 30	5	2
De 31 a 40	7	5
De 41 a 50	4	4
De 51 a 60	2	3
Mayores de 60		

7. REFERENCIAS

Calvache Ramos, R. (1998). *Actuación ante los malos tratos.* Revista profesional Guardia Civil. Abril.

Circular nº 1 / 1998, de 21 de octubre, sobre **Intervención del Ministerio Fiscal en la persecución de los malos tratos en el ámbito doméstico y familiar**.

Echeburúa, E. (1996). *Personalidades Violentas.* Pirámide. Madrid.

Garrido, V. (2001). Amores que matan. Algar Editorial. Alzira (Valencia).

Garrido, V., Stangeland, P. y Redondo, S. (1999). *Principios de Criminología.* Tirant Lo Blanch. Valencia.

Generalitat Valenciana, Conselleria de Benestar Social, Direcció General de la Dona (1999). *Intervención asistencial especializada en violencia de género. Experiencias del Centro Mujer 24 horas de Valencia.1997.*

González Weiss, R. (1998). *La agresión a mujeres.* Revista profesional Guardia Civil. Abril.

Ibáñez, J. (1999). *Los especialistas de los equipos Mujer-Menor. Creación, formación, funcionamiento y misiones.* Revista Profesional Guardia Civil. Febrero.

Ibáñez, J. y González, J.L. (1999a). *La violencia en el ámbito familiar: Definición.* Revista Profesional Guardia Civil. Agosto.

Ibáñez, J. y González, J.L. (1999b). *La violencia en el ámbito familiar: Intervención Policial.* Revista Profesional Guardia Civil. Octubre.

Instrucción nº 6 / 97 de la Secretaría de Estado de Seguridad, sobre **Atención e información a las víctimas de determinados delitos, de las gestiones e investigaciones realizadas para su esclarecimiento**.

Instrucción nº 2 / 98 de la Secretaría de Estado de Seguridad, sobre **Adopción de medidas relativas a la prevención, investigación y tratamiento de la violencia contra la mujer y asistencia a la misma**, Boletín Oficial del Cuerpo de la Guardia Civil nº 27, de 30-09-98.

Martínez, M., García, C, y Andrés, A. (2008). Predicción de riesgo de reincidencia en agresiones sexuales. *Psicotema, **20 (2)**, pp. 205-210.*

Oscar, J. y Escobar, F. (2004). Nuevos aportes a la evaluación del riesgo de violencia . *MedUNAB, 7 **(20)**, pp. 99-105.*

Pagelow, M. (1981). *Women battering: Victims and their experience.* Sage Publications. Beverly Hills (EEUU).

Protocolo de actuación *ante denuncia en malos tratos en el ámbito familiar* firmado en Ciudad Real el 1 de julio de 1998.

Pueyo, A. y Redondo, S. (2001). Aportaciones psicológicas a la predicción de la conducta violenta: reflexiones y estado de la cuestión. Comunicación preparada en el marco del proyecto del MCYT-FEDER SEC 2001-3281-c05-01.

Randal, P., Hart, S.D., Webster, C.D. y Eaves, D. (2005). *SARA. Manual para la valoración del riesgo de violencia.* Adaptado por Andrés Pueyo y Sandra López. Universidad de Barcelona. Barcelona.

Walker, L.E. (1984). *The Battered Woman Syndrome*. Springer. New York.

CAPÍTULO VII
EL TRÁFICO DE SERES HUMANOS

1. INTRODUCCIÓN Y ANTECEDENTES

Posiblemente, este capítulo, junto al de las Drogas, podríamos haberlo encuadrado en el de la Delincuencia Organizada, dado que ambas son dos de las actividades más importantes en este tipo de delincuencia pero, por una parte, hubiera quedado un capítulo demasiado extenso, tanto para su lectura, como para su asimilación. Por otra, consideramos que tratándolos de forma independiente, no solo resaltamos su importancia política, social y policial, sino que lo afrontamos con independencia, como hemos hecho con los otros delitos y nos centramos en su especificidad, con independencia de quienes sean sus autores, las bandas de delincuencia organizada o delincuentes individuales.

En concordancia con los informes de que disponemos, España es un país de tránsito y destino tanto de hombres, como de mujeres y niños sometidos a trata o tráfico ilegal, tanto para explotación laboral, sexual o de cualquier otra forma de moderna esclavitud, destino de víctimas procedentes de Europa Oriental, África Subsahariana, Asia Oriental o Latinoamérica, y de tránsito para su traslado al resto de Europa (Informe de la Embajada de Estados Unidos en España).

Entre otros documentos a los que podríamos recurrir, consideramos que hemos de hacer referencia a la Convención para la supresión del Tráfico de personas y de la Explotación de la Prostitución Ajena, de 1949, como uno de los principales antecedentes de esta lucha. Desde su entrada en vigor, no sólo los delincuentes han buscado la forma de mantenerse en el delito y eludir las leyes, sino que se han creado nuevas formas de actuación ilegal, en todos los países del mundo, con la inestimable ayuda del nacimiento de internet y las redes sociales. El turismo sexual, especialmente enfocado a la explotación de la prostitución infantil, ha tenido una gran expansión, principalmente en Asia (Filipinas, Camboya, Tailandia,…) y América Latina (Brasil, Venezuela, Colombia,…) en la que se han visto involucrados elementos sociales como agencias de viaje, líneas aéreas, cadenas hoteleras, etc., que, a su vez, han sido objetivos de los delincuentes para su dominio. En la explotación sexual de mujeres se han visto implicadas millones de ellas de todos los continentes, nigerianas, albanesas, moldavas, ucranianas, filipinas, sudamericanas, etc., que han sido llevadas a burdeles de todo el mundo, también en Italia y España, entre otros. A través de internet también se conciertan matrimonios de conveniencia, se buscan y ofrecen órganos humanos como mercancía de compra venta o para trasplantes, se establecen contactos entre pedófilos de todo el mundo y se ofrece con impunidad gran cantidad de pornografía infantil.

La Convención de las Naciones Unidas de referencia nace de la recomendación que, en 1998, hace la Comisión sobre la Prevención de la Delincuencia y Justicia Criminal y el Consejo Económico y Social a un Comité Ad Hoc intergubernamental creado a propósito en la Asamblea General de las Naciones Unidas.

En la redacción de los protocolos, especialmente los de la trata y la migración de personas, tuvo un papel importante la Liga Internacional de Derechos Humanos, coalición de numerosas ONG,s de diferentes países entre las que podemos citar la coalición contra el Tráfico Internacional de Mujeres (CAWT), el Movimiento por la Abolición de la Pornografía y la Prostitución (MAPP), la Liga Europea de Mujeres (EWL), la Asociación de Mujeres de la Europa Meridional (AFEM) y otras, en las que tienen participación numerosas asociaciones y ONG,s españolas.

Para hacernos una idea global de las cifras de este tipo delictivo vamos a tomar los datos reflejados en diferentes informes de Instituciones y Organismo nacionales o internacionales al respecto:

- La ONU estima que el tráfico de personas mueve anualmente entre 5 y 7 *billones* de dólares americanos, y unos 4 millones de personas se ven desplazadas de un país a otro.
- UNICEF, en sus informes mantiene que el tráfico de seres humanos (trata y tráfico ilícito de migrantes) mueve una cantidad aproximada de 12.000 millones de dólares/año, cantidad que Save The Children eleva a 23.500 millones en el año 2007, y la OSCE lo estima en 32.000 millones de dólares/año.
- Esta actividad está considerada como el tercer negocio mundial más lucrativo, tras el tráfico de drogas y armas (Centro de Análisis y Prospectiva de la Guardia Civil), y, a diferencia de éstos, las penas previstas para el tráfico de seres humanos, en muchos países, son inferiores que para los delitos inicialmente aludidos (Guía para el nuevo protocolo de Naciones Unidas sobre el tráfico de personas).
- Según UNODOC en sus diferentes informes (2003, 2005, 2007) sobre la trata con fines de explotación sexual.

  a) Este delito afecta a unos 27 millones de personas en todo el mundo.

  b) Anualmente unas 70.000 personas se convierten en nuevas víctimas.

  c) Están implicados grupos procedentes de Europa occidental y oriental, los Balcanes, África, Turquía, Nigeria y China.

  d) En los últimos años, la mayoría de las víctimas provienen de la región de los Balcanes y la ex Unión Soviética (Rumanía, Bulgaria, Ucrania, etc.). El destino de las víctimas es, principalmente, Europa occidental y central, y en particular España, Italia, Portugal, Francia, Holanda y Alemania para las que proceden de América latina. Se ha detectado un aumento en las víctimas procedentes de Brasil, principalmente de las regiones del norte más desfavorecidas, los Estados del Amazonas, (Pará, Roraima, Amapá). Las víctimas africanas proceden en su mayoría de Nigeria, Uganda o Kenia, cuyo principal destino es el Reino Unido. Respecto a Asia, la mayoría proceden de Tailandia y su explotación se lleva a cabo en salones de masaje, belleza o saunas donde también se les obliga a prostituirse.

e) Se calcula que este "negocio" implica un beneficio de unos 3.000 millones de dólares anuales.

f) Su tendencia es estable y se calcula que el 84% de las víctimas, tanto de trata como de inmigración ilegal, lo eran con fines de explotación sexual.

- En cuanto a los menores se refiere, tan solo en España son explotados unos 20.000 menores, en todas su posibles actividades (delincuencia, prostitución, mendicidad,...). También, de acuerdo a los informes emitidos, el 90% de las personas que se dedican a la prostitución en España lo son de forma forzada y están controladas por redes de delincuencia organizada.

Nada mejor para dar una concreta idea de lo que sucede en el ámbito delictivo, sea de la tipología que sea, que presentar unos buenos análisis estadísticos, cosa que por desgracia, como ya hemos dicho en otros lugares de esta misma obra, se hace cada día más difícil. El motivo de esta dificultad estriba principalmente en las evoluciones de los programas estadísticos de delincuencia que se han venido publicando por parte del Ministerio del Interior.

Desde primeros de los años 90 los anuarios estadísticos que se publicaban, no solo los generales del Ministerio del Interior, sino también los que se realizaban por parte de las Fuerzas y Cuerpos de Seguridad del Estado (Cuerpo Nacional de Policía, Cuerpo de la Guardia Civil y Policías Autonómicas) daban una clara visión de la problemática criminal en nuestro país, incluyendo todos los datos relacionados con los delitos tipificados por nuestra legislación penal, sino también todo lo relacionado con las víctimas, los autores, lugares de comisión, y, en algunos casos, incluso las horas en que dichos delitos fueron cometidos.

A partir de primeros de siglo empiezan a desaparecer datos de estos anuarios estadísticos, algunos delitos específicos, lugares de comisión, horas, víctimas específicas, número de delitos, etc., a la vez que se limita el acceso a dichos anuarios. Esta continua "poda" de datos y las limitaciones para su acceso pone en serias dificultades la realización de estudios e investigaciones sobre la realidad criminal imperante en España. Es más los investigadores deben tener cuidado en la publicación de los datos que han obtenido debido a influencias con personas que tienen accesos a datos reales, difícil de justificar si estos datos no se han dado a conocer públicamente de forma general a través de cualquier medio, especialmente el informático.

Esta situación de opacidad informativa, aparte de conculcar el derecho de los ciudadanos al derecho a la información real, especialmente en lo referente a su propia seguridad (libertad y seguridad de acuerdo al Art. 17.1. de la Constitución Española), no solo genera desconfianza y provoca una sensación de "maquillaje político" de la realidad, sino que a su vez transmite una sensación de desprotección e inseguridad del ciudadano ante la ausencia de datos para poder valorar la verdadera situación desde el punto de vista de la victimización.

2. CONCEPTOS

En este tema debemos volver de nuevo a referirnos a la Convención de las Naciones Unidas contra la Delincuencia Organizada Transnacional, dado que sus dos Protocolos complementarios en ella incluidos, el Protocolo para prevenir, reprimir y sancionar la trata de personas, especialmente mujeres y niños, y el Protocolo contra el tráfico ilícito de migrantes por tierra, mar y aire, constituyen el marco fundamental, a nivel internacional, para luchar contra esta tipología delictiva, considerada internacionalmente la forma moderna de la antigua esclavitud (A/RES/55/25).

Como recordaremos, la Convención de las Naciones Unidas contra la Delincuencia Organizada Transnacional fue ratificada por 121 países de los 148 asistentes a la reunión para su aprobación en Palermo (Italia), en el año 2000. El *Protocolo para Prevenir, Reprimir y Sancionar la Trata de Personas, especialmente Mujeres y Niños*, uno de los dos adicionales a la Convención, fue firmado por 80 países asistentes, porcentaje suficiente para que dicha Convención y sus protocolos se conviertan en instrumentos de derecho internacional (la firma de 40 países es suficiente). Los otros dos instrumentos son el *Protocolo contra el Tráfico Ilícito de Migrantes, por Tierra, Mar y Aire* y el *Protocolo contra la Fabricación Ilícita y el Tráfico de Armas de Fuego*.

En el siglo de la globalización, la tecnología y la información, la delincuencia organizada se ha convertido en una "actividad económica" que sobrepasa cualquier límite, especialmente el fronterizo, por eso el Protocolo para Prevenir, Reprimir y Sancionar la Trata de Personas, especialmente Mujeres y Niños, de acuerdo con la Guía de referencia, es un acuerdo internacional de gran alcance ya que, no solo establece una regulación del delito de tráfico de personas, especialmente mujeres y niños, a nivel transnacional, sino que, además, instaura un lenguaje, establece una legislación a armonizar con las legislaciones internas, acuerda una forma de prevención y asistencia a las víctimas y establece unos parámetros para la cooperación policial y el intercambio de información.

Este Protocolo en su mayor amplitud ampara no solo el comercio sexual, sino cualquier otra forma de explotación, incluyendo el comercio o la extracción de órganos. De este Protocolo los puntos más importantes a destacar según la referida Guía, son:

- Las personas traficadas, especialmente las mujeres que están en la prostitución y los niños "trabajadores", ya nunca más serán vistos como delincuentes, sino como víctimas de un delito. Respecto al Protocolo de migración se considera que el tráfico no debería ser tratado como un delito migratorio.
- Como problema global se le dará una respuesta global, con la participación y colaboración de las policías de todos los países, las autoridades de fronteras, asistencias sociales y organizaciones de atención.
- Define y activa, desde el punto de vista judicial-policial, mecanismos de prevención, protección y persecución a asumir por las legislaciones internas y para la armonización con las demás legislaciones nacionales.
- Da protección a todas las víctimas, no solo a las que han sido traficadas contra su voluntad, dado que el consentimiento de la víctima de tráfico es irrelevante, sino también a aquellas que han sido traficadas o migradas de forma voluntaria.
- Define una gran cantidad de tipos delictivos utilizados para el tráfico e incluye no sólo la fuerza, sino también figuras como la coacción, el rapto, el engaño, el abuso de poder o la poco concreta situación de "vulnerabilidad" de las víctimas.
- Se refuerza la posición de víctima dado que la carga de la prueba no recae sobre ellas.
- A pesar de reconocer que el tráfico no tiene solo fines de cualquier tipo de explotación sexual, el tráfico y la prostitución no deben ser tratados de forma separada y/o diferente.
- Se reconoce la no necesidad del cruce de fronteras de las personas traficadas para que todos estén protegidos por la legislación propuesta, dado que el elemento de importancia de este delito de tráfico es la explotación.
- Este Protocolo es la respuesta a la demanda de las víctimas de tráfico para eliminar este delito.

Con demasiada frecuencia se viene confundiendo, incluso en los medios de comunicación social y, más grave aún, en foros "especializados", la trata de personas y el tráfico ilícito de migrantes (o inmigrantes), la inmigración irregular, la inmigración ilegal, clandestina u otras denominaciones o calificativos al efecto. Consideramos que esto puede deberse a varios factores, pero para nosotros el fundamental es el mal uso de las traducciones de terminologías, en este caso, del inglés. La palabra inglesa *trafficking*, se traduce erróneamente por tráfico, cuando en realidad debería ser traducido por trata, dado que la palabra inglesa de tráfico es *smugling*. Esta confusión no deja de tener un gran efecto dado que las víctimas de uno u otro de los delitos pueden ser confundidas y no tratadas como víctimas, sino tan solo como inmigrantes ilegales. Debemos tener también en cuenta, como bien reconocen sus autores en la memoria de investigación (2010), que la inmigración irregular "incorpora formas y proyectos muy diversos", en los que pueden verse inmersos los trabajadores irregulares, familiares cuya reagrupación no ha sido autorizada, menores de edad protegidos, los solicitantes de asilo y refugio que les ha sido denegado el reconocimiento, expedientes de expulsión dictados y no ejecutados, residentes de cualquier tipo cuyos permisos han caducado, etc.

Uno de los mayores problemas que se planteaban durante los debates para la preparación de la Convención, en la sede de ONU-Viena, durante el mes de noviembre de 2000, era la adaptación de la semántica a los idiomas de todos los países participantes. Muchas de las palabras que se querían utilizar, especialmente los verbos a los que hemos venido llamando "de acción" no significaban lo mismo, o no era posible adaptar su significado dándole el mismo sentido (social, político, jurídico-legal, etc.) en los idiomas de todos los países participantes (hispano-parlantes, anglo-parlantes, germano-parlantes, eslavos, rusos, chinos, japoneses, etc.) por lo que, o bien se disponía de lingüistas de cada una de las naciones, o bien era necesario someter los conceptos a "consultas" en sus respectivos países.

3. LA TRATA DE PERSONAS

La trata de seres humanos, de inconmensurables dimensiones en todo el mundo, es una lacra que representa una de las más indignas formas de convertir al ser humano en una sencilla mercancía, violando gravemente las más elementales reglas de la naturaleza del ser humano y una de las mas denigrantes violaciones de sus derechos. Como veremos a lo largo de este capítulo el ejercicio de la trata se representa en numerosas tipologías delictivas, reconocidas por todas las legislaciones internacionales y que abarca desde la explotación sexual, en cualquiera de sus formas (prostitución, matrimonios de conveniencia, turismo sexual, pornografía), extracción de órganos y su comercio y la explotación laboral, sea esta en el ámbito doméstico, industrial o rural, figuras en algunos momentos muy similares a la verdadera esclavitud.

La "explosión" de esta trata, en todos los países del mundo está íntimamente relacionada con la prostitución, dado que de no existir demanda de ésta el problema de la trata, sin duda, no tendría las dimensiones actuales. En nuestro país, no solo en las grandes ciudades, sino en también en las pequeñas y en las grandes redes de carreteras, se han detectado todo tipo de establecimientos en los que se han instalado club, salones de masaje, saunas, salas de relax, donde de forma activa se favorece y ejerce la prostitución.

3.1. Definiciones

De acuerdo al Art. 3, Definiciones, del Protocolo sobre la trata de personas, establece:

a) *"Por trata de personas se entenderá la captación, el transporte, el traslado, la acogida o la recepción de personas, recurriendo a la amenaza o al uso de la fuerza u otras formas de coacción, al rapto, al fraude, al engaño, al abuso de poder o de una situación de vulnerabilidad o a la concesión o recepción de pagos o beneficios para obtener el consentimiento de una persona que tenga autoridad sobre otra, con fines de explotación. Esa explotación incluirá, como mínimo, la explotación de la prostitución ajena u otras formas de explotación sexual, los trabajos o servicios forzados, la esclavitud o las prácticas análogas a la esclavitud, la servidumbre o la extracción de órganos".*

Considero que, como en todas las definiciones, y en esta en particular, lo importante a tener en cuenta son los verbos que denominaré de "acción", ya que ellos enmarcan las actividades necesarias, o suficientes, para la determinación del injusto.

En esta definición debemos prestar a tención a los siguientes elementos:

1) Los verbos captar, transportar,..., recibir, marcan los actos, actuaciones o acciones de participación y sus formas en este tipo de delito.

2) Otro elemento son las figuras o medios para conseguir la finalidad del delito, que "ha de ser" a través de la amenaza, la fuerza,..., pagos o beneficios.

3) Por último, el objetivo o finalidad de estas acciones o medios lo constituye la explotación. Esta explotación puede ser sexual, laboral o para la extracción y/o trasplante de órganos.

b) *"El consentimiento dado por la víctima de la trata de personas a toda forma de explotación intencional descrita en el apartado a) del presente artículo no se tendrá en cuenta cuando se haya recurrido a cualquiera de los medios enunciado en dicho apartado".*

c) *"La captación, el transporte, el traslado, la acogida o la recepción de un niño con fines de explotación se considerará "trata de personas" incluso cuando no se recurra a ninguno de los medios enunciados en el apartado a) del presente artículo ".*

d) *"Por "niño" se entenderá toda persona menor de 18 años".*

Por su parte Europol maneja una definición no diferente, pero si tiene en cuenta otros matices. Para esta unión policial la trata de seres humanos representa "la sujeción de una persona al dominio real e ilegal de otras personas a través del uso de la fuerza, o de las amenazas, o por abuso de autoridad o intriga, especialmente con el propósito de prostitución u otras formas de explotación sexual y abuso de menores, o comercio con niños abandonados, incluidas la producción, distribución o venta de material pornográfico infantil (Europol, 2006, 2007,2008).

En este delito se considera, a diferencia de lo que veremos en el caso del tráfico ilícito de migrantes, que las víctimas nunca han dado su consentimiento para esta trata, y en caso de que alguna de ellas, conocedora de los actos que se realizan o realizarán, consintieren, este consentimiento perdería su valor en el momento en que las condiciones y las formas estuvieran basadas en controles, coacciones, abuso o engaños por parte de los traficantes.

También, a diferencia del delito de tráfico ilícito, el proceso es mucho más largo y va mas allá de atravesar una frontera sin cumplir los requisitos nacionales establecidos en ese país para ello. En este caso es necesario que las víctimas sean obligadas a mantenerse en la actividad exigida por los delincuentes por largo tiempo o de forma permanente, en una verdadera situación de esclavitud.

Por otra parte esta tipología delictiva no necesita de la condición de transnacionalidad, dado que si se mantienen las condiciones establecidas, el delito es el mismo aún en el caso de que las víctimas tan solo sean trasladadas de un lugar a otro dentro del mismo Estado.

Para resumir podemos decir que el objetivo de la trata es la explotación de la persona, y el objetivo del tráfico es trasladar y facilitar la entrada de una persona en otro país sin cumplir los requisitos necesarios.

4. EL TRÁFICO ILÍCITO DE MIGRANTES

4.1. Definiciones

a) *"Por "tráfico ilícito de migrantes" se entenderá la facilitación de la entrada ilegal de una persona en un Estado Parte del cual dicha persona no sea nacional o residente permanente con el fin de obtener, directa o indirectamente, un beneficio financiero u otro beneficio de orden material".*

b) *"Por "entrada ilegal" se entenderá el paso de fronteras sin haber cumplido los requisitos necesarios para entrar ilegalmente en el Estado receptor".*

c) *"Por "documento de identidad o de viaje falso" se entenderá cualquier documento de viaje o identidad.*

   1. Elaborado o expedido de forma espuria o alterado materialmente por cualquiera que no sea la persona o entidad legalmente autorizada para producir o expedir el documento de viaje o de identidad en nombre de un Estado; o
   2. Expedido u obtenido indebidamente mediante declaración falsa, corrupción o coacción o de cualquier otra forma ilegal; o
   3. Utilizado por una persona que no sea su titular legítimo.

d) *"Por "buque" se entenderá cualquier tipo de embarcación, con inclusión de las embarcaciones sin desplazamiento y los hidroaviones que se utilice o pueda utilizarse como medio de transporte sobre el agua, excluidos los buques de guerra, los buques auxiliares de la Armada u otros buques que sean propiedad de un Estado o explotados por éste y que en ese momento se empleen únicamente en servicio oficiales no comerciales".*

A diferencia que en el caso de la trata, en el tráfico ilícito de migrantes, por regla general, y conociendo las deplorables y peligrosas situaciones en que la misma se produce, las personas "traficadas" consienten y prestan apoyo al tráfico colaborando en todo momento con los responsables de dicho tráfico.

Por otra parte este tipo delictivo siempre es transnacional, en tanto que en la trata no tiene porqué serlo siempre.

Este delito se consuma con la llegada de los "migrantes" a su destino, dado que, en ese momento, las personas que se dedican a este tráfico vuelven a sus bases o a sus lugares de partida para preparar nuevos "viajes".

De acuerdo con la memoria de investigación a la que hemos hecho referencia, y como resumen general del tema podemos establecer unas similitudes y, a la vez, unas determinadas diferencias entre los conceptos de trata y tráfico.

Similitudes entre trata y tráfico de personas:

- ♣ Tanto en uno como en otro caso la entrada y establecimiento de los "migrantes" se produce generalmente de forma irregular, al margen o vulnerando las leyes migratorias del país de destino. Aunque la entrada pueda ser regular el propósito de esta entrada se falsea. De ahí la tradicional identificación entre migración irregular y el tráfico y trata de personas.
- ♣ En ambos casos el movimiento produce un beneficio económico para los traficantes.
- ♣ En el proceso, en el viaje, los migrantes pueden sufrir situaciones de extremado peligro. Vulnerabilidad extrema.
- ♣ En muchas situaciones los migrantes han expresado su consentimiento.
- ♣ En ambos casos se producen procesos de vulnerabilidad una vez llegados a los lugares de destino. En el primer caso como consecuencia de la explotación vinculada, en el segundo sólo como consecuencia de la situación de irregularidad.

Las diferencias serían:

- ♠ Los migrantes víctimas de trata son consideradas víctimas de actividades criminales.
- ♠ Las víctimas de trata no han expresado su consentimiento o lo han hecho bajo presión o engaño. Los niños no pueden expresar consentimiento si el movimiento tiene como objetivo la explotación.
- ♠ La explotación se produce una vez que llegan a los lugares de destino.
- ♠ El beneficio económico es resultado de la explotación en el caso de personas víctimas de la trata. En el caso del tráfico lo es como resultado del cambio de situación en si misma.
- ♠ En la trata la relación no termina una vez llegados a los lugares de destino. En el tráfico si.

- ♠ Las víctimas de trata pueden volver a ser "objeto de trata" o "revendidas".
- ♠ La trata no tiene porqué suponer un desplazamiento entre dos países. En el caso de tráfico se exige siempre el cruce de una frontera internacional.

5. FACTORES QUE FAVORECEN LA TRATA Y EL TRÁFICO ILÍCITO DE MIGRANTES

La trata y el tráfico de personas son delitos que se han incrementado de forma alarmante en los últimos años, debidos entre otras causas a las difíciles condiciones de vida en los países menos desarrollados, al endurecimiento de las políticas migratorias en los países industrializados y al hecho de que, durante mucho tiempo, estos fenómenos no fueron considerados como un problema estructural, sino como una serie de episodios aislados, especialmente en áreas o regiones en conflictos internos o internacionales e incluso en áreas que soportaron este tipo de conflictos.

De forma generalizada podemos establecer causas o circunstancias que favorecen la ejecución o el mantenimiento de este tipo de delitos. De acuerdo con el informe del UNICRI, dos son las "causas raíz" para el favorecimiento de la trata o el tráfico de seres humanos:

a) Los denominados "push factors", que serían aquellos que empujan a la gente a abandonar sus hogares. Entre ellos debemos considerar aquellos países, zonas o lugares en los que existen grandes núcleos de pobreza y/o pocas esperanzas o perspectivas de conseguir oportunidades de mejora económica. Debido a estas situaciones gran cantidad de personas en ellas residentes se convierten en víctimas "fáciles, disponibles y dispuestas" para ser explotadas. En numerosas ocasiones junto a la pobreza se encuentran asentadas la falta de empleo, de educación, la discriminación de la mujer ("feminización de la pobreza"), la globalización económica y los sistemas de empleo, la inestabilidad política y también, cómo no, la existencia de graves problemas de violencia doméstica.

b) Los denominados "pull factors", que serían aquellos factores existentes en otros países o zonas determinadas que atraen a la gente con esperanzas o promesas de libertad, de una nueva y mejor calidad de vida, demanda de trabajo, estabilidad política, tierras, etc. En estos lugares de destino, debido a las desilusiones y frustraciones de esas esperanzas rotas, surgen y crecen constantemente mercados de sexo o demanda de migrantes dispuestos atrabajar en cualquier forma de explotación, en cualquier tipo de condiciones y cobrando sueldos de miseria, manteniéndose una "oferta" creciente de víctimas para este servicio, circunstancias en las que las redes de delincuencia organizada han tomado ventaja para la obtención de grandes beneficios mediante el tráfico y la explotación.

Otros factores que se deben tener en cuenta son:

c) Los lazos históricos y/o lingüísticos.

d) Las situaciones políticas inestables, a las que nos referiremos posteriormente.

e) La proximidad territorial.

f) La existencia de pocos riesgos penales para los autores.

De forma específica para ***la trata o el tráfico de mujeres*** existen factores particulares solo aplicables a este tipo de víctimas. Entre ellos tendremos en cuenta:

1. *Las transiciones políticas y económicas en determinados países, zonas o áreas*. Este tipo de cambios tienen, de forma general, un impacto negativo especialmente para las mujeres, situaciones que debilitan aún más el ya débil estado del reparto de poderes entre hombres y mujeres, incrementando las condiciones negativas de estas frente al desempleo y la pobreza, consecuencia de estructuras patriarcales y discriminaciones de todo tipo contra las mujeres.

2. *La discriminación por razón de sexo*. Sabemos que en numerosos países no solo no existen leyes anti-discriminación entre hombres y mujeres, sino que con frecuencias las mujeres no son conscientes de que sus derechos no están considerados de la misma forma que para los hombres. En otros, aunque existan normas en defensa de los derechos de las mujeres, sus términos son tan "indefinidos" que su aplicación se hace complicada, sea ante la legislación laboral o la penal.

3. *La discriminación en el mercado laboral*. La contratación de las mujeres en el mercado laboral, cuando existe, tienen gran diferencia con lo ofrecido a los varones. Poca contratación y grandes y rápidos despidos, en ocasiones existen restricciones en el acceso al mercado de trabajo y, en la mayoría de los casos el acoso sexual es el compañero de esta discriminación. Esta situación lleva a la mujer a acceder a trabajos sin protección alguna, a la explotación laboral y/o sexual y a convertirse en víctimas de las redes criminales.

4. *La discriminación social*. Cuando vienen tiempos difíciles las estructuras de poder establecidas en la sociedad no solo se mantienen, sino que

tienden a consolidarse. Si las estructuras están en manos de hombres y se consolidan, la posición de la mujer se deteriora aún mas, y si esos tiempos difíciles están relacionados con conflictos veremos que la condición de la mujer se refleja en su cuerpo y en su sexualidad como posible único recurso de supervivencia.

5. *La violencia contra la mujer*. La que se produce específicamente en el ámbito familiar es un importantísimo factor, dado que estas situaciones hacen que las víctimas de estas agresiones decidan en algún momento dejar sus casas y sus familias, quedando sin protección de ningún tipo.

Lo mismo que hemos hecho consideraciones específicas para la trata y el tráfico de mujeres y sus factores favorecedores, podemos hacerlo en el caso de los ***menores***.

Antes de ver estos factores favorecedores, y de acurdo con el Informe del UNICRI, debemos establecer algunas características que pueden acompañar a la trata o al tráfico de estos, y lo primero a lo que nos referiremos será al consentimiento. Se lleve a cabo, como se lleve, sea de forma fraudulenta, sea engañosa o forzada, hemos de conocer la "incapacidad legal" de los menores para dar su consentimiento a cualquier tipo trata o tráfico.

Los menores son empleados no solo en trabajos domésticos, mendicidad, venta de drogas, como niños soldados, como parte de adopciones ilegales o contratos matrimoniales, sino también en la industria del sexo (prostitución, pornografía, etc.), y para ninguna de estas actividades resultaría válido el consentimiento de ese menor.

Los factores que pueden favorecer estas actividades, como víctimas de redes de delincuencia organizada, en similitud con otras víctimas, pueden ser:

- La pobreza, la indigencia y la falta de oportunidades para acceder a la educación pueden ser los principales factores.
- Los abusos domésticos y el abandono. Los implicados en la explotación sexual de menores pueden incluir en ella a los propios miembros menores de su familia. Se piensa que aproximadamente el 80% de los menores víctimas de trata han sufrido abusos físicos y psicológicos en su entorno familiar por parte de otros miembros de su familia o por parte de amigos de ella.

Algunos padres, a sabiendas, venden a sus hijos a burdeles o traficantes. Es, como hemos dicho, la pobreza un push factor, pero la adición a las drogas, la necesidad de encubrir incestos entre miembros de las familias, la discriminación de las niñas, la avaricia, y algunos otros, también lo son,

- Los niños no acompañados son especialmente vulnerables y se encuentran en grave riesgo de abuso sexual o de cualquier otro tipo de explotación. Tanto los huérfanos como aquellos otros menores que son responsables de hermanos aún más jóvenes son especialmente vulnerables.
- La discriminación y/o etnicidad y el racismo, junto a la fragmentación cultural y la falta de acceso a la educación, son los principales factores que hacen de los menores presas fáciles para los traficantes.
- Los mitos y falacias alrededor del tema sexual y determinados comportamientos sexuales irresponsables convierten a los menores es víctimas "preferidas" de algunos individuos. Es más común de lo que podamos creer el pensamiento sexual relacionado de forma directa con la virginidad y los menores. En algunos países se tiene la creencia de que mantener relaciones sexuales con niñas vírgenes previene el contraer enfermedades de transmisión sexual (VIH y otras), incluso creencias de que estos contactos las curan.
- Tradiciones impropias o perjudiciales. La costumbre de contraer matrimonios precoces, forzados o temporales con niños o niñas pequeñas, les hace vulnerables ante este tipo de delitos. También es frecuente que hijos de mujeres traficadas acaben siendo también víctimas del mismo delito. Si estas situaciones las ponemos en contextos de estructuras rígidas sociales, como pueden ser regímenes o sistemas de castas o de cualquier tipo de estigma social, existencia de prácticas religiosas o pseudoreligiosas, ritos, vudú, etc., en numerosas ocasiones esta victimización se convierte en la única forma de sobrevivir de estas personas. En algunos países de África las niñas son entregadas a los brujos o santuarios locales como "prendas" de expiación de ofensas cometidas por miembros de su familia; éstas se convierten en propiedad de las personas a las que han sido entregadas y pueden dedicarlas a proporcionar servicios sexuales o laborales.
- La corrupción, especialmente en las estructuras de los estados dedicadas a la lucha y la persecución de este tipo de delitos, se cita con frecuencia como otro motivo de favorecimiento y el mayor obstáculo para combatirlo. No obstante, si bien es verdad que los traficantes pueden sobornar a policías de fronteras y otros aceptarían cualquier tipo de ofrecimiento o regalo de los propietarios de los burdeles, esto no es en definitiva verdad cuando se analizan los casos en su conjunto.

Pero no podemos quedarnos con estos factores solamente, dado que, por desgracia, acontecimientos actuales de carácter grave ha hecho que organizaciones internaciones se impliquen en el estudio de los países, áreas o zonas que se encuentran bien en situaciones de pre-guerra, guerra o después de haber sufrido conflictos armados en su territorio.

En países que se encuentran implicados bien en ***conflictos armados*** internos o internacionales existen numerosos datos sobre un florecimiento creciente de delitos de tráfico y trata de seres humanos. El panorama que podemos encontrar en estos territorios es de impunidad, de ilegalidad, las instituciones del estado colapsadas, falta de control, especialmente en las fronteras, una economía destrozada, pobreza y todo tipo de problemas sociales y familiares. Esto hace que las personas más débiles de esa sociedad, las mujeres y los niños se encuentren en un creciente peligro de caer en las redes de delincuencia organizada, pudiendo convertirse, de igual manera, en territorios origen, tránsito o destino de las víctimas. Serían origen cuando durante el tiempo de conflicto las mujeres y los menores son secuestrados y vendidos, en algunas ocasiones para aumentar los ingresos de algunas de las partes durante la contienda. A veces esta situación se mezcla con el tráfico de drogas o de armas. La ausencia de fuerzas policiales o la disminución de estas pueden hacer que la lucha contra este tipo de delito esté tan disminuida que es fácil transitar por estos territorios para llevar las víctimas a otros, estén o no estén implicados en el conflicto. La ruptura de las instituciones estatales, económicas y familiares en los lugares de conflicto, la presencia de militares nacionales o "mercenarios" constituye a su vez un lugar de destino de estas víctimas dado que estas situaciones se produce una aumento de la demanda de servicios sexuales.

El tráfico de seres humanos florece y con frecuencia aumenta en situaciones de conflicto, dado que la ley y el orden y las demás instituciones que son necesarias para su prevención están colapsadas. Los grupos organizados criminales operan y se mueven con mayor libertad que en tiempos de paz, explotando las caóticas situaciones que ayudan a que sus actividades no puedan ser detectadas. Hay también bastante evidencia de que el despliegue de grupos en Operaciones de Apoyo a la Paz (PSO) puede agravar la situación creando demandas adicionales de servicios sexuales.

En estas situaciones pueden aparecer formas específicas de tráfico de seres humanos directamente ligados a los conflictos armados. En conflictos tales como el de Sierra Leona, Bosnia-Herzegovina, tanto las fuerzas convencionales como las facciones en lucha han utilizado ciertas formas de tráfico de seres humanos y la explotación como estrategias de guerra (UNICRI). Muchos menores son traficados para, o en, las áreas en conflicto, convirtiéndolos en niños saldados. Existen también informes de niñas y jóvenes de 12 años forzadas a implicarse en actividades sexuales con fuerzas paramilitares o prostituirse con soldados en cuarteles militares como medio de protección.

Las formas a las que hemos hecho referencia, pueden ser:

- *Esclavitud sexual*. El secuestro con propósito de esclavizar sexualmente ha sido documentado en situaciones de guerra o conflicto. Por ejemplo en Angola, en la antigua Yugoslavia, Sierra Leona, Liberia o la República Democrática del Congo, hombres, mujeres y niños han sido secuestrados y encarcelados para ser obligados a prostituirse.
- *Embarazos indeseados*. La violación y el embarazo forzado de las mujeres y niñas secuestradas, o que proceden de "botines de guerra", ha sido utilizado como herramienta de limpieza étnica en los conflictos de Bosnia-Herzegovina y Ruanda. Estos actos han sido también documentados en Bangladesh, Liberia y Uganda.
- *Sometimiento a trabajos forzados*. La explotación laboral de mujeres y niños se utiliza a menudo para apoyar precarias economías de guerra y humillar a la población civil. Mujeres y niñas son con frecuencia obligadas a trabajar para sus secuestradores. Los civiles pueden ser también obligados para llevar a cabo trabajos relacionados con la guerra como por ejemplo para la limpieza de minas y el transporte de munición.
- *Recluta obligatoria*. En numerosos conflictos armados internos, las partes en lucha reclutan civiles, de forma obligada, para luchar por ellos. El reclutamiento forzoso de civiles ha sido documentado en Sudán, Uganda, Sierra Leona y la República Democrática del Congo. En muchos de estos conflictos, han estado incluidos mujeres y niños, en algunos casos obligados a casarse.

En este marco es importante distinguir entre situaciones de conflictos armados y *situaciones post-conflicto*, dado que para cada una de estas situaciones se aplican leyes diferentes a las facciones en conflicto. En épocas de conflictos armados internacionales, donde dos o más estados están en guerra, son aplicables la 4ª Convención de Ginebra (1949) y su Protocolo Adicional I, de 1977.

Muchos de los delitos que sufren las víctimas de trata pueden ser identificados como violaciones de la Convención de Ginebra, dentro de los que puede incluirse la tortura o tratamiento inhumano, que incluye grandes sufrimientos intencionadamente o graves daños para el cuerpo o la salud. El Protocolo Adicional I especifica la grave puesta en peligro, por cualquier tipo de acción u omisión intencionada, de salud mental o física y de la integridad de las personas que sean internadas, detenidas o de cualquier forma privadas de libertad, como resultado en conflictos armados (Art. 85).

Como sucede en las situaciones de conflicto, a menudo los mismos factores prevalecen en las áreas post-conflicto. Altos niveles de inestabilidad política, actividad criminal y alta violencia, pueden permanecer años después de que las hostilidades hayan finalizado. Además, el restablecimiento de las leyes, incluyendo la reconstrucción de instituciones legales y de orden, no es nuca inmediata y puede llevar algunos años.

Las redes criminales están además en condiciones de explotar la situación, con frecuencia consolidando los poderes conseguidos durante el conflicto. Estas zonas pueden ser consideradas como:

a) *Zonas post-conflicto como lugares de origen para las víctimas de la trata.* Inmediatamente después de la declaración del cese de las hostilidades, el acuerdo de paz o el despliegue de Unidades de Paz, existe un aumento del riesgo de que este territorio se convierta en un área de origen para el tráfico de seres humanos. La desintegración social y la falta de oportunidades económicas ponen en riesgo a mujeres y niños de ser traficados. Las mujeres refugiadas o desplazadas que intentan volver a sus hogares, o huir de los campamentos, son especialmente vulnerables. Altos niveles de violencia sexual y doméstica por parte de los excombatientes para intentar recobrar el control de sus familias y sus hogares con frecuencia aumentan de forma brusca el deseo de las mujeres a buscar una alternativa mejor.

b) *Zonas post-conflicto como áreas de destino para las víctimas.* No es nada nuevo que exista una demanda de prostitución por parte de los miembros de las fuerzas militares que combaten en una región, demanda que los grupos organizados criminales se encargan de atender, por eso la sola presencia de estas tropas aumentan drásticamente los negocios locales del sexo, en el que concurren personas tratadas y personas oriundas del lugar.

c) *Las áreas bajo Operaciones de Apoyo a la Paz.* Desafortunadamente el desarrollo de estas operaciones en áreas post-conflicto a menudo lleva consigo un aumento de la demanda de servicios sexuales y de trabajadores domésticos, convirtiéndose así en áreas de destino de víctimas traficadas como consecuencia directa de la presencia de gran cantidad de personal, no solo civil, sino también de cuerpo militares internacionales. Son pocos los datos y las investigaciones que sobre este problema se han llevado a cabo y pocas las que se han probado, pero son datos anecdotarios los que existen sobre personas que bajo estas circunstancia han solicitado servicios sexuales de víctimas de la trata, lo que a su vez dice muy poco de los sistemas de detección en estas zonas.

La ley internacional hoy día no tiene muchas normas que regulen la conducta en conflictos internos, dado que estos hechos caerían dentro de la jurisdicción interna de los países. El Protocolo Adicional II de la Convención de Ginebra de 1949, que contiene normas básicas para estas situaciones, no contiene normas sobre responsabilidad criminal.

6. RECLUTAMIENTO

En la mayoría de los casos la problemática mantiene una similitud, con las variaciones propias de cada tipo de organización y de los países de los que proceden pero, en general, se puede decir que mantienen un modus operandi bastante similar.

6.1. La captación

Son varios los procedimientos, formas y lugares que se han detectado, con las diferencias antes mencionadas. Los más comunes son:

a) A través de conocidos, amigos y/o familiares. Para ello son elegidas las víctimas más "fáciles" y más "vulnerables". La facilidad y la vulnerabilidad las ofrecen, especialmente, aquellas que se encuentran afectadas por los factores que en el apartado anterior, vimos como facilitadores de este tipo de delito. La carencia de recursos económicos provocados por factores institucionales o familiares, la imposibilidad de acceder a recursos sociales o estatales, las deficiencias educativas o culturales, o la imposibilidad de proceder a una migración legal, hace que sean propensas a la ilusión y credibilidad de aquellos que, de forma engañosa, les ofrecen falsamente una mejor calidad de vida.

b) Mediante promesa de empleo bien sea por personas allegadas, otras mujeres que hayan ejercido, o estén ejerciendo la prostitución, en bares, discotecas o night-club o a través de la prensa u oficinas de contratación (trabajos como modelos, bailarinas exóticas, masajistas, programas de estudios en el extranjero).

c) En los barrios chinos locales. Es posible que algunas de las víctimas viniesen a sabiendas de que iban a prostituirse en el país de destino. Pero seguramente lo que no podrían imaginar sería las situaciones de explotación a las que se verán sometidas. La voluntariedad y su intencionalidad se verán cambiadas por situaciones de engaño, explotación económica, coacción, amenazas y violencia.

d) Matrimonios de conveniencia.

e) Amenaza o violencia. Arma especial de muchos de los grupos dedicados a la trata de personas, especialmente los procedentes de la Federación Rusa y los Balcanes, cuya crueldad es conocida por sus víctimas, no solo durante la explotación, sino anteriormente a la misma son "utilizadas" por los miembros del grupo, donde el maltrato, la humillación, la crueldad y las drogas marcan el inicio de lo que va a ser su vida en "cautividad". También se han dado casos en los que las víctimas han sido obligadas a "captar" a otras personas con ellas relacionadas, sean conocidos, amigos o familiares.

Las fotografías que nos acompañan, aparecidas en el periódico ABC, de fecha 1 de febrero del presente año, se refieren a la presentación para juicio del jefe de un grupo de delincuencia organizada rumana, el llamado "Papá", "El Padrino" o "Juan de Madrid" apodos que se refieren a Ioan Clamparu, máximo responsable de una red de explotación de mujeres, cuya crueldad se presentaba en palizas, obligación de aborto a mujeres embarazadas para poder seguir siendo explotadas y a quien la edad de las víctimas no le importaba demasiado, se refleja en la otra fotografía adjunta.

Es característico, en los casos de mujeres procedentes del área subsahariana, especialmente las nigerianas, sobre las cuales la mejor presión o amenaza se realiza a través de la previa obtención de pelos o cabellos de diferentes partes del cuerpo, fluidos corporales, piel o trozos de uñas y, a través de ellos, amenazarlas, apoyados por sus conductas supersticiosas, con someterlas a ritos vudú, magia negra, o cualquier otro ritual de este tipo.

Como hemos visto anteriormente, una de las características que deben cumplir los grupos de delincuencia organizada es la distribución de tareas, que aparte de favorecer la actuación delictiva, permite que las funciones de muchos de ellos se realicen de forma autónoma, aunque supeditada a las órdenes recibidas de la organización. Además las características propias de la transnacionalidad hacen que sea necesario el establecimiento de estructuras de "logística" que atiendan, fundamentalmente, a los que en anteriores ocasiones hemos denominado verbos de "acción" y que caracterizan a este tipo de actividad.

«"Cabeza de cerdo" me obligó a abortar y a prostituirme»

►Así lo contó ayer una menor, víctima del mayor proxeneta del mundo

M. J. ÁLVAREZ
MADRID

«Cabeza de cerdo», «Padrino» o «Papá», el considerado durante años el mayor explotador sexual de mujeres del mundo, se sentó ayer en el banquillo de los acusados en la Audiencia Provincial de Madrid. Pero no abrió la boca. A Ioan Clamparu, que es como se llama en realidad, de 43 años y nacionalidad rumana, acusado de liderar una organización para prostituir a jóvenes compatriotas después de traerlas a España engañadas, el Ministerio Fiscal le imputa cinco delitos de prostitución, uno de ellos a una menor, y otro de aborto, para los que pide 28 años de cárcel. Fue uno de los capos más buscados por la Interpol desde 2004, cuando cayó su red y él logró huir, hasta que se entregó en Madrid en septiembre pasado por la presión policial.

Las amenazas
Haces lo que yo te digo o te mato a ti o a tu familia

Control férreo
En la Casa de Campo controlaba a más de cien chicas

Versión policial
Sus hombres daban palizas a clientes y chicas. Estas le tenían miedo con sólo oír su nombre

En el Art. 3 de la Convención queda perfectamente definida la trata, en lo que se refiere a las extranjeras, y nos marca las diferentes actividades que se llevan a cabo.

En primer lugar nos refiere a la captación, a la que ya hemos hecho referencia. Después alude al transporte y traslado, conceptos que si bien pueden confundirse, en este caso pueden separarse funcionalmente de acuerdo a los procedimientos de las organizaciones delictivas.

6.2. El transporte

Consideraremos el *transporte* como el desplazamiento de las víctimas de sus lugares de procedencia al de destino. Por regla general la organización se encarga de las necesidades para este viaje, tanto del pago de los billetes del medio de transporte utilizado, como de las documentaciones necesarias de acuerdo al país de destino, los visados legales y administrativos necesarios, sobre todo si entra en organizaciones de Estados con normativas diferentes, cartas de invitación, contratos de trabajo, etc. Todos estos trámites le serán imputados a las víctimas como "deuda" que deberán pagar, normalmente en condiciones totalmente fraudulentas y que servirán, a su vez, de coartada, elemento de presión y/o amenaza para mantenerlas sometidas en la explotación sexual.

En la mayoría de las ocasiones, las víctimas son acompañadas durante todo su trayecto, en este caso a España, bien por "empleados" de la propia organización, bien por las personas encargadas de su captación, o por familiares y/o personas de confianza que les ayudarán a pasar todos los controles aduaneros y personales a los que se pueden ver sometidos al llegar a nuestro país. Lo "normal" es que una vez en nuestro país, tras pasar los controles legales, se les retira las documentaciones, sean o no reales y verdaderas, o sean falsificadas, y el dinero que, de haber sido necesario para pasar la frontera, se les haya entregado.

6.3. El traslado

Llegado a este punto y ya en nuestro país, puede ser que el mismo "transportista" las traslade al lugar en el que serán explotadas, pero lo normal es que la organización se valga de otro "empleado" cuya función es trasladar a las víctimas desde el puerto, aeropuerto o punto de entrada hasta los locales en los que residirán o en los que serán explotadas. Se han detectado casos en los que las organizaciones utilizan especialista del ramo, como puedan ser los taxistas, para esta función, sean estos ajenos o no a la organización. En otras ocasiones recurren a conductores que con los medios necesarios realizan esta función.

6.4. La acogida o recepción

Por último tenemos la acogida o recepción, en las que nos podemos encontrar con diferentes variantes, dependiendo de la organización, de las víctimas y de las características de una y de las otras. Una de las variantes puede ser que las víctimas sean aojadas en los mismos locales en los que van a prestar sus servicios, pero en instalaciones o locales carentes de las más mínimas condiciones de confort o de salubridad e higiene, a veces encerradas, en su concepto más real, sin ningún tipo de asistencia, vigiladas por sistemas de circuitos cerrados de televisión y, en otras ocasiones, custodias sencillamente por perros de presa, desde la hora en que terminan sus "actividades" hasta la hora de empezarlas al día siguiente. En otras ocasiones pueden ser alojadas en pisos de la localidad o sus alrededores en los que, normalmente, estás custodiadas por antiguas víctimas

670660091 | tives.com 918491631. 659455730. | zonas. Resuelve cualquier problema. | 915414139.

C O N T A C T O S

COLOMBIANA. Ideal. 692183058.

ELEGANCIA. Masaje. Discreción. 915636654.

MADURITA. Enormes pezones. 669295892.

● LUZCENTER
ESENCIA DEL MASAJE. 914574596.

● FUENLABRADA
MASAJISTAS ATRACTIVAS. 619500374.

● CRISTINA
MASAJISTA MADRILEÑA. 638234254.

● ESTIMULACIÓN
GLANDE-ANAL. 663498417.

ARTURO SORIA
Las chicas más calientes de Madrid.
24 Horas. Visítanos.
Comprobarás la diferencia
Desplazamientos
695 655 279

OFERTAS SEMANALES
www.nenaspicantes.com
91 523 06 72

● ERÓTICO
DESNUDA 25. 914023144. 686425490.

MÓSTOLES El Soto. Domi, sinónimo del buen masaje. 916655716.

● PLAZA CASTILLA
SUPERMASAJE. 695065239.

● POZUELO
JOVENCITAS GUAPÍSIMAS. 692349199.

ESPAÑOLA. Majadahonda. 675244168.

SEÑORA Masajista. 917252829.

CASADA. Morbosa. 649365…

KATY. Masajista cubana, mulata cuer-

● BERNABÉU
MADURITAS GUAPÍSIMAS. 673009189

● ¿EYACULACIÓN
PRECOZ?. 646810077.

ALUCHE Madrileña sola. 685783794.

● ARGÜELLES
COMPLACIENTE. 677035809.

● CANARIA
MASAJISTA PROFESIONAL. FINAL FELIZ. 648231052.

ESPAÑOLA. Plenilunio. 690713404.

● BEATRIZ
MADRILEÑA, MADURITA. SOLITA. 639994361.

MASAJE. Rusa. 30. Tetuán. 671900233.

ESPAÑOLA
ZONA JUAN BRAVO
30€ 1/2 h · 60€ 1 hora
www.putitasenmadrid.es
91 402 1550

ELEGANTES SEÑORITAS
80 €
Exclusivo
Chalet céntrico
695 428 906

● LEGANÉS
SUPERPECHOS. 651520208.

FUENLABRADA. Pechugonas. 658752916.

MAGGIDA. Variados. 648020522.

MAGGIDA. Privado. 648020522.

● ¡¡¡CINCUENTONA!!!
ESPAÑOLA. IMPRESIONANTE. 654627719.

● TANTRA
REAL. 695403940.

● MASAJES
TANTRA MUTUO. TANTRAMASAJESMADRID.COM 913509421. 695346477.

● TRAVESTI
BELLA, MASAJISTA PROFESIONAL. 688432260.

● POZUELO
MADURITAS. 653276380.

● POZUELO
TÁNTRICOS. 625876556.

● POZUELO
JOVENCITAS. 622680234.

LINEAS EROTICAS

● ANUNCIOS
EN ESTA SECCIÓN. "DEBOD". 915423392.

Este fin de semana
¡PASES EN LENCERÍA!
630 359 388
A2. Salida 8

ENCUENTROS reales entre particulares. 902014891.

Este fin de semana
¡PASES EN LENCERÍA!
630 359 388
A2. Salida 8

915661541 Sexo al teléfono.

chicas Gold
ARAVACA
CHALET
EXCLUSIVO
NOVEDAD
913 574 383
676 775 189

912352550 Sexo al teléfono. Gratis.

NOVEDAD
M miranda
ESPECTACULAR
VENEZOLANA
MUY IMAGINATIVA
911 885 561
659 361 196

902012923 Chicas calientes, seis céntimos minuto.

ENIGMA ESCORTS
¡QUE NO TE LO CUENTEN, DESCUBRELO!
30 MODELOS
CHALET PRIVADO
ZONA BERNABEU
91 416 95 00

915661353 Línea erótica en vivo.

RAMÓN Y CAJAL, 71
EXCLUSIVO CHALET
30 MODELOS
TAMBIEN HOTELES Y DOMICILIOS
24 HORAS
91 416 20 19

BUSCO macho para llamada caliente o real. 915661531.

Cleopatra escorts
15 SEÑORITAS
CHALET LUJO
HOTELES
DOMICILIOS
ARTURO SORIA
24 horas
911 522 185

SEXO al teléfono por sólo 6 céntimos minuto. 902014734.

¿BUSCAS algo caliente? Prueba. 915661356.

CONTACTOS calientes gratis y reales. …538.

GRATIS …

o "madame" o por personal de la organización, personal que se encarga de su alimentación custodia y, en caso necesario y autorizado, a acompañarlas en sus salida del alojamiento.

Hoy día, tras las transformaciones que se han producido en los edificios anexos, o en los que normalmente se ejerce esta explotación, las víctimas son alojadas en las habitaciones de los edificios amparados bajo la consideración de hoteles o moteles anexos a los clubs o instalaciones de que se trate, bajo un seudorégimen de alojamiento que se verá afectado por la "privacidad" bajo la figura a la que se han acogido. Esta situación, desde el punto de vista legal, lo único que hace es dificultar las investigaciones.

Al respecto de esta última fase, no es difícil encontrar en periódicos de tirada nacional, no solo en nuestro país sino en casi todos los países del mundo, páginas y páginas, encabezadas por el concepto "CONTACTOS", en las que se ofrecen todo tipo de relaciones

7. DELITOS ASOCIADOS

El Tráfico de Seres Humanos, como hemos visto en capítulos anteriores, no puede "disociarse" de la delincuencia organizada en su conjunto, por eso los delitos asociados a ella son, por una parte comunes a las organizaciones delictivas y entre ellos podemos encontrar:

a) *Tráfico de Drogas.* Es una de las actividades más extendida dentro, no solo de las organizaciones de delincuencia organizada, sino también de las terroristas, y a su vez la que mayores rendimientos económicos produce.

b) *Tráfico de armas.* Delito bastante extendido, especialmente en países o zonas que se encuentran en conflictos, sean estos internos o internacionales. Las guerras europeas de los Balcanes, las centro africanas, asiáticas, etc. fueron países de destino de gran cantidad de armas para uso de las facciones en disputa, y fueron precisamente las organizaciones de delincuencia y mafiosas, las que las suministraron.

c) *Tráfico de vehículos.* Es tanta la demanda de vehículos, especialmente los de alta gama, que existe en el mercado que se ha convertido en una actividad bastante lucrativa junto a las demás conocidas.

d) *Fraudes y estafas.* Junto a la extorsión son sistemas utilizados por las organizaciones delincuenciales, bien como fuente de financiación o como una forma de alcanzar sus objetivos.

e) *Falsificaciones.* La exigencia de documentaciones personales, económicas o industriales es común en todo el mundo para las actuaciones tanto individuales como comerciales. Es por eso por lo que la falsificación constituye una tipología delictiva de "complemento" al resto de los demás delitos propios de la delincuencia organizada. En el caso de la trata se utilizan documentaciones personales (documentos de identidad, pasaportes, certificados matrimoniales, etc.) para el transporte, la entrada y la permanencia en el país de destino.

f) *Blanqueo de capitales.* Las grandes cantidades que las organizaciones de delincuencia organizada manejan como "rendimiento" de sus actividades ilegales, no sería de utilidad para la organización si, de una u otra manera, no lo reconducen al flujo económico. El mejor sistema para ello es su "blanqueo". Desde los inicios, de una forma rústica de blanqueo, que se denominaba "lavado a mano", perfecto para pequeñas cantidades, se ha pasado al blanqueo de grandes cantidades a través de los paraísos fiscales y "empresas pantalla o fantasma", muchas veces en colaboración con instituciones financieras.

De igual manera, dentro de la especificidad de este tipo delictivo del tráfico de seres humanos y, particularmente en él, se producen, por su dinámica, delitos específicos. Entre éstos podemos hacer referencia a:

a) *Los de abusos físicos y psicológicos* de las víctimas, dentro de los cuales podemos incluir el asesinato, la violación, la violencia y la tortura.

b) *Los delitos contra la libertad*, entre los que se cuentan los secuestros, raptos, detenciones ilegales/confinamientos.

c) *Esclavitud.*

d) *Venta de seres humanos, órganos y tejidos.*

e) *Facilitación de la inmigración ilegal.*

f) *Delitos contra los derechos de los trabajadores.*

g) *Fraude y corrupción.*

8. LA LUCHA CONTRA LA TRATA Y EL TRÁFICO ILÍCITO DE MIGRANTES

8.1. Desde el punto de vista de los organismos internacionales

Para comenzar, y de forma general vamos a relacionar las normas de derecho internacional en las que se regula el fenómeno de la trata de seres humanos. Estas son:

- El Convenio de Naciones Unidas para la represión de la trata de Personas y la Explotación de la Prostitución Ajena, de 2 de diciembre de 1.948.
- Convención sobre la eliminación de todas las formas de discriminación contra la mujer (1979).
- Convenio contra la Tortura y otros tratos o penas crueles, inhumanas o degradantes (1984).
- Convención de los Derechos del Niño de 1989 y el Protocolo facultativo de la Convención sobre los derechos del niño relativo a la venta de niños, la prostitución infantil y la utilización de niños en la pornografía, de 2000.
- Principios, recomendaciones y directrices del Alto Comisionado de las Naciones Unidas para los Derechos Humanos sobre los derechos humanos y la trata de personas, de 2002.
- Decisión Marco del Consejo de la Unión Europea, de 19 de julio de 2002, relativa a la lucha contra la trata de seres humanos.
- La Convención de las Naciones Unidas contra la Delincuencia Organizada Transnacional, de 5 de noviembre, New York (Instrumento de ratificación de 21.02.002; BOE de 11.12.2003).
- Protocolo para prevenir, reprimir y sancionar la trata de personas especialmente mujeres y niños, que complementa la Convención de las Naciones Unidas contra la Delincuencia Organizada Transnacional (Instrumento de ratificación de 21.02.002; BOE de 11.12.2003).
- Protocolo contra el tráfico ilícito de migrantes por tierra, mar y aire, que complementa la Convención de las Naciones Unidas contra la Delincuencia Organizada Transnacional (Instrumento de ratificación 21.02.002; BOE de 10.12.2003).
- Plan de acción de la Organización para la Seguridad Común en Europa (OSCE) aprobado por el Consejo Ministerial de Maastricht por todos los

estados participantes (incluida España), de 2003, *"Luchando contra la trata de seres humanos"*.

- Directiva 2004/232/CE del Parlamento Europeo y del Consejo, de 31 de marzo, relativa al establecimiento de normas de calidad y de seguridad para la donación, la obtención, la evaluación, el procesamiento, la preservación, el almacenamiento, y la distribución de células y tejidos humanos.
- Directiva 2004/81/CE del Consejo de 29 de abril, relativa a la expedición de un permiso de residencia a nacionales de terceros países que sean víctimas de la trata de seres humanos o hayan sido objeto de una acción de ayuda a la inmigración ilegal que cooperen con las autoridades competentes.
- Convenio del Consejo de Europa de 3 de mayo de 2005, para la acción contra la trata de seres humanos.
- Plan de la Unión Europea (2005/C311/01) sobre mejoras prácticas, normas y procedimientos para luchar contra la trata de seres humanos y prevenirlas.

8.1.1. La Organización de las Naciones Unidas (ONU)

Esta actividad de lucha queda perfectamente establecida en ambos Protocolos cuya finalidad es:

- **Protocolo sobre la trata**: a) Prevenir y combatir la trata de personas, prestando especial atención a las mujeres y los niños; b) Proteger y ayudar a las víctimas de dicha trata, respetando plenamente sus derechos humanos; y c) Promover la cooperación entre los Estados Parte para lograr esos fines (Art. 2).
- **Protocolo contra el tráfico ilícito de migrantes**: El propósito del presente Protocolo es prevenir y combatir el tráfico ilícito de migrantes, así como promover la cooperación entre los estados parte con ese fin, protegiendo al mismo tiempo los derechos de los migrantes objeto de dicho tráfico (Art. 2).

Para cumplir estos fines se marcan en principio un ámbito de aplicación (Art. 4 de cada uno de los Protocolos) y, posteriormente unas recomendaciones tanto desde el punto de vista social como penal, dirigidas a los Estados partes, con funciones jurídicas, sociales, de prevención y de protección de las víctimas, en orden a favorecer la cooperación, la penalización y la posible actuación conjunta de diversos Estados parte, especialmente en fronteras.

1. *En relación con la legislación interior*, los protocolos recomiendan a los Estados parte: a) adoptar medidas legislativas y de cualquier otro orden, para tipificar en el derecho interno las conductas en ellos contenidas, cuando se cometan intencionalmente; b) adoptar las medidas necesarias para la tipificación de las figuras de tentativa de comisión, la complicidad, la organización y la dirección para cometer los delitos tipificados en los Protocolos.
2. *En relación con la protección y asistencia a las víctimas* se hacen las siguientes recomendaciones: a) proteger la privacidad y la identidad de las víctimas; b) proporcionar a las víctimas información sobre los procedimientos judiciales de ese país; c) asistencia en el desarrollo de los procesos y actuaciones judiciales, especialmente en lo relativo a su derecho de defensa y a las acciones que pueden ejercer contra los delincuentes; d) proporcionar la protección y la recuperación de las víctimas, tanto en el orden físico como psicológico, cooperando si fuera necesario con cualquier tipo de organización y/o institución de cualquier índole, tanto públicas, como privadas, estatales o no gubernamentales, así como cualquier sector social en el ámbito del asesoramiento, alojamiento, asistencia sanitaria o educacional, en atención a su edad o sexo; y e) prestar, de ser posible, cualquier tipo de indemnización por daños verdaderamente sufridos.
3. *En relación con la cooperación internacional* se facilitará, de ser solicitada, la repatriación de las víctimas a sus países de procedencia y de acuerdo a la situación en que ésta se encuentre. Ambos Estados, tanto el requerido como el requirente, procederán sin dilación, con una diligente solución de los problemas documentales y prestando atención prioritaria a la seguridad de la víctima.

Estas acciones, junto a una real y sincera cooperación en el intercambio de información, especialmente en fronteras, pondrá de manifiesto lo encomendado sobre el intercambio de información y capacitación entre los Estados miembros.

Sin querer ser exhaustivos, aludiremos a diversas organizaciones y/o instituciones que tienen una relación directa en la lucha contra los delitos que estamos tratando y que, además, adoptan medidas importantes que transmiten a los demás países, siempre en todos ellos con intenciones de ayudar, luchar, y armonizar las legislaciones internas con los organismos internacionales. Entre otras haremos referencia a las siguientes.

8.1.2. La Oficina de las Naciones Unidas contra la Droga y el Delito (UNODC)

Este organismo junto al Instituto de las Naciones Unidas de Investigación sobre Justicia y Crimen Interregional (**UNICRI**), mantienen, desde 1999, un Programa de cooperación con todos los estados miembros, en la lucha contra la trata de personas, promoviendo numerosas medidas que pueden resultar eficaces para reprimir la trata y el tráfico, con acciones centradas especialmente en la actividad delictiva organizada, en el ámbito de la prevención, la protección de las víctimas y testigos y el fortalecimiento de los sistema judiciales para aumentar su eficacia y eficiencia. Esta Oficina, desde un punto de vista más social que policial o jurídico, coordina las actividades de la Iniciativa Global de las Naciones Unidas para Luchar contra la Trata de Personas (**UN.GIFT**).

8.1.3. El Instituto Interregional de las Naciones Unidas para Investigaciones sobre la Delincuencia y la Justicia (UNICRI)

Esta Institución nace de una decisión del Consejo Social y Económico de Naciones Unidas (ECOSOC) dentro del Programa de Defensa Social de Naciones Unidas.

El Instituto, uno de los cinco Institutos de Investigación y Entrenamiento de Naciones Unidas, está financiado por contribuciones voluntarias de los Estados Miembros, organizaciones gubernamentales y no gubernamentales y otras numerosas instituciones sociales, universitarias, etc., fue fundado en el año 1986 para llevar a cabo tareas de investigación para una más efectiva lucha contra la delincuencia y un mejor funcionamiento de la administración.

Entre las labores que realiza podemos destacar:

- Colaborar con los países miembros en todas aquellas investigaciones que soliciten.
- Establecer una base común de información, a disposición de los países miembros sobre la delincuencia transnacional.
- Adoptar estrategias para la prevención de la delincuencia y formular sistemas para la adopción de políticas anticrimen.
- Contribuir a la formación y capacitación de los estamentos implicados en dicha lucha.

- Promover el intercambio de información a través de su centro de documentación internacional sobre criminología.

El Instituto tiene su sede en Turín (Italia).

8.2. La Unión Europea (UE)

Como hemos hecho en el apartado anterior, destacaremos algunas normas en el ámbito europeo para la lucha contra la trata y el tráfico de personas. Entre ellas destacaremos:

- El Convenio Europeo de Derechos Humanos, de 1950.
- La decisión Marco del Consejo, de 19 de julio de 2002, relativa a la lucha contra la trata de seres humanos (2002/69/JAI).
- La Directiva 2004/81/CE del Consejo, de 29 de abril de 2004, relativa a la expedición de un Permiso de Residencia a Nacionales de Terceros Países que sean Víctima de la Trata de Seres Humanos o hayan sido objeto de una Acción de Ayuda a la Inmigración Ilegal, que cooperen con las autoridades competentes.
- La Convención del Consejo de Europa sobre la lucha contra la trata de seres humanos (Comité de Ministros, 3 de mayo de 2005).
- El Plan de la Unión Europea sobre mejores prácticas, normas y procedimientos para luchar contra la trata de seres humanos y prevenirla (Consejo de 9 de diciembre de 2005).

Estas normativas, y otras más a las que podríamos hacer referencia, tienen como objetivo fundamental completar toda la normativa emitida a niveles de internacionalidad superiores, y adaptarlas a los Tratados Europeos (Ámsterdam, Tampere, etc.).

Como organismo directamente relacionado y responsable de la información, consulta y apoyo en la lucha contra la trata de seres humanos nos referiremos al **Grupo de expertos en la trata de seres humanos**.

Por Decisión de la Comisión de la Comunidad Europea (2003/209/CE), en 2003 se crea el primer grupo de expertos, cuya misión era realizar las sugerencias necesarias para conseguir la armonización de las distintas actividades en la UE, en relación con estos delitos, y cuya labor ha permitido desarrollar políticas de actuación en este ámbito, como el Plan europeo de mejores prácticas, normas y procedimientos para combatir y prevenir la trata de seres humanos, de 2005.

Por Decisión de la Comisión 2007/675/CE, de 17 de octubre de 2007, se crea el nuevo Grupo de expertos que continuarán la labor del anterior grupo.

Sus misiones son:

a) Establecer una cooperación entre los países miembros de la UE, las organizaciones intergubernamentales, internacionales y no gubernamentales, y la Comisión sobre la trata de seres humanos.

b) Emitir dictámenes y garantizar un enfoque coherente en la materia.

c) Ayudar a la Comisión a evaluar la evolución de las políticas en este ámbito a nivel nacional, europeo e internacional, y definir las posibles medidas pertinentes, a nivel europeo, entre las distintas políticas de lucha contra la trata de seres humanos.

Está compuesto por 21 miembros que proceden de las Administraciones de los países de la UE, organizaciones intergubernamentales, internacionales y no gubernamentales implicadas en la lucha contra este delito, interlocutores sociales y asociaciones patronales, Europol y expertos universitarios, todos ellos nombrados por la Comisión, con una duración de 3 años, renovables.

8.3. En el ámbito interno de nuestro país

8.3.1. Desde la perspectiva administrativa

Consideramos que desde esta perspectiva el documento más importante que afecta a las víctimas de la trata de personas o del tráfico ilícito de migrantes puede ser el Plan Integral de Lucha contra la Trata de Seres Humanos con fines de explotación sexual y las aportaciones que a dicho Plan hace el Ministerio del Interior y los informes (I y II) sobre el estado de situación del Plan Integral.

Este Plan aborda la lucha contra esta trata desde cuatro puntos de vista diferentes:

- Desde una perspectiva de género, dado que, de acuerdo a la Unión Europea, las mujeres "presentan mayor tendencia a convertirse en víctimas de la trata debido a la falta de educación y oportunidades profesionales", y como se ha constatado en todos los documentos consultados, es la mujer la víctima mayoritaria de este tipo de delito, circunstancia relacionada directamente con su condición de mujer.

- Desde el punto de vista de la violación de los derechos fundamentales. Sin desvincular la trata de la prostitución, hoy día el problema por su extensión y complejidad se sale de los contornos de territorialidad que podía tener este problema tiempos atrás vulnerando su dignidad al ser "cosificada" como otro producto cualquier sometido a compra-venta.
- Desde el punto de vista de la cooperación internacional. La situación actual del problema hace que se salga de una solución fronteriza para caer en el problema de la globalización y la transnacionalidad. Ante esta situación es obligado mantener una coordinación entre países para, en su conjunto, atajar este problema, no solo en característica de trata, sino también afrontar en solidaridad aquellos factores que, de una u otra forma, favorecen el mantenimiento del delito.
- Desde la perspectiva policial-judicial. Dado que este tipo de delitos está tipificado en todos los países del mundo, en especial de aquellos que han firmado la Convención y los diferentes Protocolos, solo desde una unificación de las actuaciones en cuanto a la penalización, por una parte, y la persecución policial, por otra, se puede combatir a las redes internacionales.

Los *objetivos* de este Plan son:

a) Sensibilizar a la sociedad para promover reacciones de "tolerancia cero" contra los actos delictivos relacionados con la trata de seres humanos con fines de explotación sexual.

b) Combatir las causas de la trata a través de políticas activas de cooperación con los países de origen y mediante medidas preventivas en países de origen, tránsito y destino.

c) Desarrollar medidas desde una perspectiva integral, en los ámbitos judicial, social, educativo, policial, administrativo y de inmigración, con participación de las Organizaciones No Gubernamentales.

d) Asegurar, como eje central, la asistencia y protección a las víctimas de la trata, garantizando la protección de sus derechos e intereses, y

e) Luchar decididamente contra la trata de seres humanos con fines de explotación sexual y contra la activa intervención en el fenómeno de traficantes y proxenetas.

Todos estos objetivos se concentran en las siguientes *áreas*:

- Medidas de sensibilización, prevención e investigación.

- Medidas de educación y formación.
- Medidas de asistencia y protección a las víctimas.
- Medidas legislativas y procedimentales.
- Medidas de coordinación y cooperación.

Todas y cada una de estas áreas, para una mejor precisión de contenido están divididas en objetivos, y cada uno de los objetivos en diferentes acciones para su desarrollo, determinando cada una de éstas últimas las unidades responsables de su ejecución, seguimiento y análisis, dependientes de los diferentes Departamentos que intervienen, como lo son el Ministerio de Asuntos Exteriores y de Cooperación, el Ministerio de Justicia, el Ministerio del Interior, el Ministerio de Educación, Política Social y Deporte, el Ministerio de Sanidad y Consumo, el Ministerio de Trabajo e Inmigración y el Ministerio de Igualdad, que presidirá.

En relación con este Plan, el Ministerio del Interior hizo numerosas aportaciones, especialmente desde el punto de vista de sus competencias, entre las que podemos referir:

- Por parte del Cuerpo Nacional de Policía se cuenta con numerosos Servicios íntimamente relacionados con la lucha contra la trata y el tráfico ilegal de personas, a destacar.
    - Los Servicios de Atención a la Mujer (SAM).
    - Los Grupos de Menores (GRUME).
    - La Unidades contra las Drogas y el Crimen Organizado (UDYCO).
    - La Unidad Central contra las Redes de Inmigración y Falsedades Documentales.
    - Los Servicios de Atención a los Ciudadanos Extranjeros (SACE).
    - La Brigada de Investigación Tecnológica (BIT).
- El Cuerpo de la Guardia Civil cuenta con los siguientes Servicios y Unidades.
    - La Unidades Orgánicas de Policía Judicial (UOPJ).
    - Los Equipos Mujer Menor (EMUME).
    - Loe Equipos de Delincuencia Organizada y Antidroga (EDOA).
    - Los Equipos de Lucha contra las Redes de Inmigración (ELIC).
    - Los Equipos de Atención a los Emigrantes (EDATI).

- La Unidad Central Operativa (UCO), en la que está incardinada la Unidad de Delitos Telemáticos y los Equipos de Crimen Organizado (ECO).

8.3.2. Desde la perspectiva de la legislación penal

Tanto para la lucha contra la trata, como para el tráfico ilícito de personas, nuestro sistema jurídico cuenta con numerosas herramientas jurídico-legales a las que, sin querer ser exhaustivo, nos referiremos, algunas de ellas resultado de la adaptación a nuestra legislación interna de los Tratados, Protocolos, acuerdos y compromisos firmados por España, en relación con el delito que estamos estudiando.

Contamos con las siguientes leyes y leyes orgánicas:

- Ley Orgánica 19/1994, de 23 de diciembre, de Protección de Testigos y Peritos en causas criminales.
- Ley Orgánica 10/1995, de 23 de noviembre, del Código Penal.
- Ley Orgánica 4/2000, de 11 de enero, sobre derechos y libertades de los extranjeros en España y su integración social.
- Ley Orgánica 8/2000, de 22 de diciembre de reforma de la Ley Orgánica 4/2000, de 11 de enero, sobre derechos y libertades de los extranjeros en España y su integración social.
- Ley Orgánica 11/2003, de 29 de septiembre, de medidas concretas en materia de seguridad ciudadana, violencia doméstica e integración social de los extranjeros.
- Ley Orgánica 15/2003, de 25 de noviembre, por la que se modifica la Ley Orgánica 10/1995, de 23 de noviembre, del Código Penal.
- Ley Orgánica 14/2003, de 20 de noviembre, de reforma de la Ley 4/2000.
- Ley 18/2006, de 5 de junio, para la eficacia en la Unión Europea de las resoluciones de embargo o de aseguramiento de pruebas en procedimientos penales.
- Ley Orgánica 13/2007, de 19 de noviembre, para la persecución extraterritorial del tráfico ilegal o la inmigración clandestina de personas.

- Ley Orgánica 5/ 2010, de 22 de junio por la que se modifica la Ley Orgánica 10/1995, de 23 de noviembre, del Código Penal.
- Real Decreto 411/1996, de 1 de marzo, por el que se regulan las actividades relativas a la utilización de tejidos humanos.
- Real Decreto 2070/1999, de 30 de diciembre, por el que se regulan las actividades de obtención y utilización clínica de órganos humanos y la coordinación territorial en materia de donación y trasplante de órganos y tejidos.
- Real Decreto 176/2004, sobre el Estatuto del Centro Nacional de Trasplantes y Medicina Regenerativa.

En nuestra legislación penal, los artículos que a continuación se relacionan afectan a los delitos a los que nos estamos refiriendo:

- En relación con el consentimiento en la extracción de órganos el Art. 156 establece que*:" No obstante lo dispuesto en el artículo anterior (delitos de lesiones), el consentimiento válida, libre, consciente y expresamente emitido exime de responsabilidad penal en los supuestos de trasplante de órganos efectuado con arreglo a lo dispuesto en la Ley, esterilizaciones y cirugía transexual realizadas por facultativo, salvo que el consentimiento se haya obtenido viciadamente, o mediante precio o recompensa, o el otorgante sea menor de edad o incapaz; en cuyo caso no será válido el prestado por estos ni por sus representantes legales".*
- Título VIII, Capítulo V, de los Delitos relativos a la prostitución y a la corrupción de menores: Art. 187: "*El que induzca, promueva, favorezca o facilite la prostitución de una persona menor de edad o incapaz,...*"; Art.188: "*El que determine, empleando violencia o intimidación o engaño, o abusando de una situación de superioridad o de necesidad o vulnerabilidad de la víctima, a persona mayor de edad a ejercer la prostitución o a mantenerse en ella...*"; Art. 189.1: "*Será castigado.....:a) El que utilizare a menores de edad o incapaces con fines o en espectáculos exhibicionistas o pornográficos, tanto públicos como privados, o para elaborar cualquier clase de material pornográfico..., b) El que produjere, vendiere, distribuyere, exhibiere o facilitare la producción, venta, difusión o exhibición por cualquier medio de material pornográfico en cuya elaboración hayan sido utilizados menores de edad o incapaces o los poseyere para estos fines,...*; Art. 189.2: "*El que para su propio uso posea material pornográfico en cuya elaboración se hubieran utilizado menores de edad o incapaces, será castigado...*".

- Título XII, Delitos contra las relaciones familiares, Capítulo II, de la suposición de parto y la alteración de la paternidad, estado o condición del Menor: Art 221.1: *"El que mediando compensación económica, entreguen a otra persona un hijo, descendiente o cualquier menor aunque no concurra relación de filiación o parentesco, eludiendo los procedimientos legales de la guarda, acogimiento o adopción, con la finalidad de establecer una relación análoga a la de filiación, serán castigados..."*, Art 221.2: *"Con la misma pena serán castigados la persona que lo reciba y el intermediario,..."*. Capítulo III, De los delitos contra los derechos y deberes familiares, Sección 3ª, del abandono de familia, menores o incapaces: Art. 232.1: *"Los que utilizaren o prestaren a menores de edad o incapaces para la práctica de la mendicidad, incluso si esta es encubierta, serán castigados..."*. Art. 232.2: *" Si para los fines del apartado anterior se traficare con menores de edad o incapaces, se empleare con ellos violencia o intimidación, o se les suministrare sustancias perjudiciales para su salud, ..."*.
- Título XV De los delitos contra los derechos de los trabajadores: Art. 311.1: *"Serán castigados.....,los que mediante engaño o abuso de situación de necesidad impongan a los trabajadores a su servicio condiciones laborales o de Seguridad Social que perjudiquen, supriman o restrinjan los derechos que tengan reconocidos por disposiciones legales, convenios colectivos o contrato individual. 2. Los que en el supuesto de transmisión de empresas, con conocimiento de los procedimientos descritos en el apartado anterior, mantengan las referidas condiciones impuestas por otro.3. Si las conductas reseñadas en los apartados anteriores se llevaren a cabo con violencia o intimidación..."*. Art. 312.1: *"Serán castigados..., los que trafiquen de manera ilegal con manos de obra. 2. En la misma pena incurrirán quienes recluten personas o las determinen a abandonar su puesto de trabajo ofreciendo empleo o condiciones de trabajo engañosas o falsas, y quienes empleen a súbditos extranjeros sin permiso de trabajo en condiciones que perjudiquen, supriman o restrinjan los derechos que tuviesen reconocidos por disposiciones legales, convenios colectivos o contrato individual"*. Art. 313: *"El que determinare o favoreciere la emigración de alguna persona a otro país simulando contrato o colocación, o usando de otro engaño semejante, será castigado..."*.
- Título XV bis, de los Delitos contra los derechos de los ciudadanos extranjeros. Artículo 318 bis, 1: *"El que, directa o indirectamente, promueva, favorezca o facilite el tráfico ilegal o la inmigración clandestina de personas desde, en tránsito o con destino a España, o con destino a otro*

país de la Unión Europea, será castigado... 2. Los que realicen las conductas descritas en el apartado anterior con ánimo de lucro o empleando violencia, intimidación o engaño, o abusando de una situación de superioridad o de especial vulnerabilidad de la víctima, o poniendo en peligro la vida, la salud o la integridad de las personas, serán castigados.... Si la víctima fuere menor de edad o incapaz, serán castigados... 3. En las mismas penas..., incurrirán los que realicen los hechos prevaliéndose de su condición de autoridad agente de ésta o funcionario público".

8.3.3. La actuación policial

Podríamos en este apartado hacer una verdadera loa de nuestra "policía" en general y todo lo que dijéramos estaría, sin duda, ajustado a la realidad, pero creo que es cosa conocida por toda la ciudadanía, y la dejamos en nuestra mente.

Una forma clara, real y expresiva de las actuaciones policiales en, o contra, esta lucha, nada mejor que presentarla en los logros conseguidos y lo haremos de forma general, en algunos casos, y particularicemos en otros, no con el fin o el agravio de la comparación, sino en la constatación que los delitos no sin iguales cuando se cometen en un territorio urbano, como cuando se cometen en una demarcación rural.

En la Tabla 1, y tomando los datos de las aportaciones del Ministerio de Interior al Plan al que venimos haciendo referencia, presentamos los delitos esclarecidos en relación con la explotación sexual.

Tabla 1. Delitos esclarecidos.

DELITOS TOTALES (CNP + GC)	**2003**	**2004**	**2005**	**2006**
Corrupción de menores	89	104	135	163
Coacción / lucro sobre prostitución	473	462	436	367
Pornografía de menores	59	129	210	270
Tráfico ilegal/inmigración clandestina (explot.sexual)		135	131	129

Otro de los datos para esta evaluación que estamos llevando a cabo estará representado por el número de grupos organizados que han sido desarticulados, que exponemos en la Tabla 2.

Tabla 2. Grupos de delincuencia organizada desarticulados.

CUERPO POLICIAL	2000	2001	2002	2003	2004	2005	2006
CNP (UCIC)	18	36	46	39	39	29	30
GC (UTPJ)	37	23	18	32	30	24	8

En la Tabla 3 se presentan las personas detenidas por este delito en todo el territorio nacional.

Tabla 3. Detenidos.

CUERPO POLICIAL	2000	2001	2002	2003	2004	2005	2006
CNP (UCIC+CGED)	89	416	419	547	289	1074	1429
GG (UTPJ)		324	310	278	294	244	162

9. UN POCO DE ESTADÍSTICA

Como decíamos en nuestro artículo de la Revista Cuadernos de la Guardia Civil, debemos recordar que el ámbito de competencia del Cuerpo de la Guardia Civil abarca un 75% del territorio nacional, en el que residen unos 16 millones de habitantes (aproximadamente el 38'5 % de la población española). Desde la óptica del Cuerpo, el problema tiene una gran relevancia debido al incremento notado en los últimos años, dado que tanto las víctimas de la trata como las de tráfico ilícito de inmigrantes, unas en su totalidad, otras en su mayoría, son derivadas para el comercio sexual de algún tipo. La modificación del Código Penal de 1995, en la que se despenalizaban algunas conductas relacionadas con la prostitución, que antes estaban penalizadas, provocó, posiblemente, este incremento de la actividad de las bandas organizadas en este sentido, aunque seguimos sin regular la prostitución. Esta nueva situación se manifestó especialmente en una frenética actividad desarrollada en las instalaciones dedicadas a la industria del sexo, antes totalmente irregular y clandestina. En nuestra demarcación se noto esta actividad en los lugares de "alterne", clubes que se encuentran en las carreteras fuera del casco urbano de las poblaciones. Estos pequeños establecimientos que se han convertido en complejos hoteleros, más o menos pretenciosos, pero que pueden acoger al 80% de la prostitución de nuestro país.

A nivel nacional, y de acuerdo a los informes manejados, el 90% de las víctimas mujeres que prestan sus "servicios" en esto locales son extranjeras. De ellas la mitad procede del continente Americano, una tercera parte provendrían de Europa y el resto africanas, la mayoría de las cuales estarían sometidas por las redes internacionales de trata. Las españolas incursas en esta trata son una pequeña parte.

Un ejemplo de la situación, que figura en el artículo de referencia, lo presentamos en la Tabla A.

Tabla A. Tráfico de Seres Humanos en Demarcación Guardia Civil.

AÑO	Actuaciones	Operaciones	Denuncias	Detenidos	Clubes	Plazas
1999	51	20	157	196	953	9.590
2000	129	37	173	204	890	7.914
2001	118	23	202	329	964	8.525
2002	135	18	236	299	1.110	10.406

En la Tabla B, se representan, durante el mismo periodo de la Tabla A, los datos que se poseen sobre las víctimas.

Tabla B. Víctimas de prostitución (ámbito GC).

AÑO	TOTAL	ESPAÑOLAS	EXTRANJERAS	DENUNCIANTES	
				ESPAÑOLAS	EXTRANJERAS
1999	672	82	590	82	75
2000	14.089	1.285	12.804	13	160
2001	17.535	1.521	16.006	8	194
2002	23.020	2.248	20.770	2	234

Consideramos de interés, presentar el total de víctimas de la prostitución detectadas en nuestro país, en relación con sus nacionalidades, y lo hacemos en la Tabla C.

Tabla C. Víctimas de prostitución en relación con sus nacionalidades (ámbito GC).

VICTIMAS DE PROSTITUCIÓN AÑO 2002, POR PAISES					
EUROPA	Nº	AMÉRICA	Nº	ASIA	
Alemania	29	Argentina	232	Armenia	3
Bielorrusia	36	Bolivia	60	China	10
Bosnia	18	Brasil	3.102	Filipinas	1
Bulgaria	122	Colombia	6.515	Líbano	2
Croacia	24	Cuba	82	Tailandia	10

VICTIMAS DE PROSTITUCIÓN AÑO 2002, POR PAISES					
EUROPA	**Nº**	**AMÉRICA**	**Nº**	**ASIA**	
Chequia	122	Ecuador	753		
Eslovaquia	118	Paraguay	206		
Eslovenia	91	Perú	59		
Francia	21	R. Dominicana	1.309		
Grecia	7	Venezuela	238		
Holanda	21				
Hungría	60	ÁFRICA			
Italia	18	Camerún	15		
Letonia	61	Cabo Verde	40		
Lituania	272	Ghana	45		
Moldavia	90	Guinea	147		
Polonia	155	Liberia	46		
Portugal	222	Marruecos	650		
Rumanía	2.004	Nigeria	893		
Rusia	1.352	Sierra Leona	464		
Yugoslavia	40	Senegal	46		

Como es natural, no están todos los países, tan solo figuran aquellos cuyo número de víctimas es más importante.

Como un posible ejemplo informativo-comparativo, y en base a los informes de UNODOC, en la Gráfica 1 presentamos la nacionalidad de las víctimas de trata detectadas en Europa Occidental y Central durante los años 2005 y 2006.

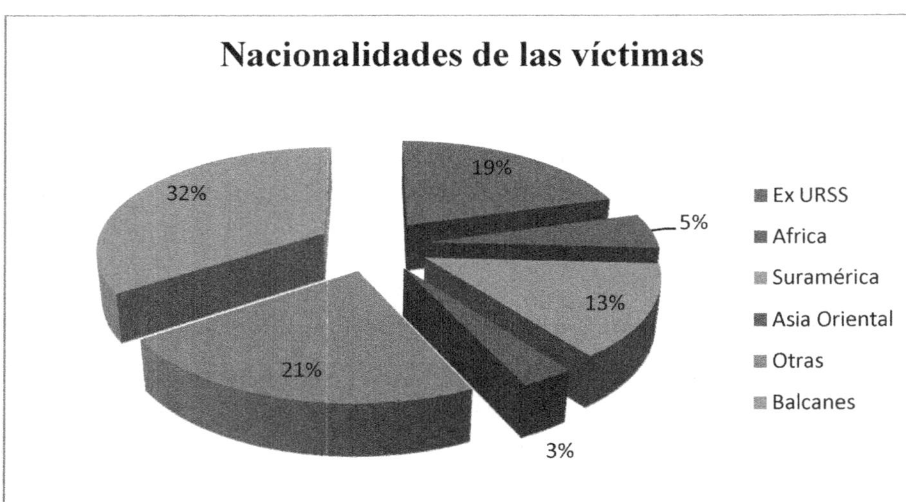

Gráfica 1. Víctimas detectadas en Europa (occidental y central), en relación con su nacionalidad.

En la Gráfica 2 presentamos los últimos datos que se poseen sobre los grupos de delincuencia organizada detectados y los desarticulados.

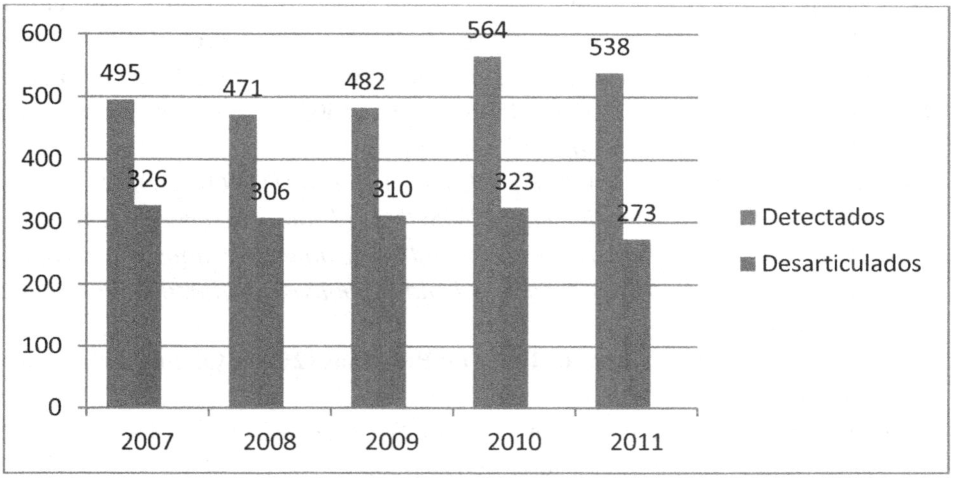

Gráfica 2. Grupos de delincuencia organizada detectados y desarticulados.

10. REFERENCIAS Y DOCUMENTOS CONSULTADOS

Convención de las Naciones Unidas contra el Crimen Organizado Transnacional.

EUROPOL (Crimes against Persons Unit, 2006). Trafficking of Women and Children for Sexual Explotation in the EU: The involvement of Western Blakans Organised Crime. La Haya (Países Bajos).

EUROPOL (2007 a). Organised illegal immigration into the Eurpean Union. La Haya (Países Bajos).

EUROPOL (2007 b). Child abuse in relation to Trafficking in Human Beings. La Haya (Países Bajos).

EUROPOL (2008 c). Trafficking in Human Beings in the European Union. A Europol Perspective. La Haya (Países Bajos).

García Cuesta, S.; Hernández Corrochano, E.; López Sala, A.M. y Mena Martínez, L. (2010). MEMORIA DE INVESTIGACIÓN. *Poblaciones-Mercancía: Tráfico y Trata de mujeres en España:* **Informe sobre la Trata de Personas en España (200).** Embajada de Estados Unidos en España, http://spanish.madrid.usembassy.gov.es/noticias/informes/trata2009.html).

Informe sobre el estado de situación del Plan Integral de Lucha contra la Trata de Seres Humanos con fines de Explotación Sexual (2010). Secretaría General de Políticas de Igualdad del Ministerio de Igualdad.

II Informe sobre el estado de situación del Plan Integral de Lucha contra la Trata de Seres Humanos con fines de Explotación Sexual (2011). Secretaría de Estado de Igualdad del Ministerio de Sanidad, Política Social e Igualdad.

González Álvarez, J.L. e Ibáñez Peinado, L. (2003). La trata de seres humanos. *Cuadernos de la Guardia Civil nº 28,* pp.53-63.

Janice G. Raymong: *GUÍA PARA EL NUEVO PROTOCOLO DE NACIONAES UNIDAS SOBRE TRÁFICO DE PERSONAS: Protocolo para prevenir, reprimir, sancionar la trata de personas, especialmente mujeres y niños, que complementa la Convención de las Naciones Unidas contra la Delincuencia Organizada Transnacional.*

Manual para la lucha contra la Trata de Personas (2007). Oficina de las Naciones Unidas.

Plan Integral de Lucha contra la Trata de Seres Humanos con fines de Explotación Sexual (2010). Ministerio de Igualdad.

Plan Integral de Lucha contra la Trata de Seres Humanos con fines de Explotación Sexual. Análisis de situación y Plan de Acción (2007). Aportaciones del Ministerio del Interior.

Protocolo para Prevenir, Reprimir y Sancionar la Trata de Personas, especialmente mujeres y niños.

Protocolo contra el Tráfico ilícito de migrantes por tierra mar y aire.

Trata de Mujeres con fines de explotación sexual en España: Estudio Exploratorio. Federación de Mujeres Progresistas.

Trata de personas hacia Europa con fines de explotación sexual. Oficina de las Naciones Unidas contra la Droga y el Delito (UNODOC).

Trata de personas y tráfico ilícito de Migrantes. Oficina de las Naciones Unidas contra la Droga y el Delito (UNODOC).

United Nations Interregional Crime and Justice Research Institute (UNICRI). Building up Knowledge and Strategies for Awareness and Training (2003).

United Nations Interregional Crime and Justice Research Institute (UNICRI). Trafficking in Women from Romania into Germany. Comprehensive Report (2005).

PÁGINAS WEB

http://www.migualdad.es
http://www.uncjin.org
http://spanish.madrid.usembassy.gov
http://www.acnur.org
http://www.unicri.it

CAPÍTULO VIII
TERRORISMO

El arte matar a uno para aterrar a diez mil
(Proverbio chino)

1. RESUMEN/ABSTRACT

Posiblemente sea una forma manida de presentar un tema que reúne, como el que ahora vamos a tratar, toda la maldad del ser humano por una de las partes, y todo el dolor de las personas, por otro, siempre injustificable y a cuyo través jamás deben conseguirse resultados de ningún tipo, al menos para los que causan ese dolor, siempre de víctimas inocentes y de sus familias. Por desgracia, hoy día, en el lenguaje de la calle, terrorismo significa maldad, brutalidad, violencia inútil e indiscriminada y, a su vez, se enfoca a una motivación ideológica o política.

El ejercicio del terrorismo es una forma inhumana, desde todo punto de vista, de intentar conseguir beneficios, políticos o económicos, hoy día en el que las relaciones entre los seres humanos hacen que estos mismos resultados puedan conseguirse sin recurrir a la muerte y al dolor.

España ha venido sufriendo esta lacra desde hace más de cuarenta años causando casi un millar de víctimas fallecidas, pero también varios miles de personas, también víctimas, cuya vida ha cambiado radicalmente a partir del momento del atentado. A este terrorismo interno tenemos que sumar el que podíamos decir "importado" que ha convertido a España en un escenario de muerte cuando, en la mayoría de las veces, el conflicto ni está en nuestro país, ni las soluciones pueden obtenerse en nuestro país.

Si dirigimos una atenta mirada al mundo, éste nos presenta un panorama desolador con manifestaciones terroristas de todo tipo y naturaleza. Explosiones de bombas en lugares concurridos, bares, cafeterías, restaurantes, aviones, barcos, mercados, etc., que causan numerosas víctimas, todas ellas inútiles y sin sentido; secuestro de aviones que sus secuestradores dirigen hacia lugares densamente habitados y los estrellan contra ellos; esparcimiento de agentes biológicos, como el ántrax, en ferrocarriles subterráneos, salas de cine o teatro, etc.

Estas acciones amenazan a toda la sociedad en su conjunto, causan miedo y desesperanza a los ciudadanos, crean indefensión, atentan contra la pacífica convivencia y presionan a los gobiernos. Pero sobre todo, hemos de destacar la irracionalidad de los actos terroristas "en sí", dado que está demostrado a lo largo de la historia, que los conflictos, sean de tipo que sean, étnicos, políticos, económicos, sociales, de pensamiento, sentimiento o religión, nunca se han solucionado a través de este tipo de lucha, dejando tan solo un panorama desolador de muerte, desesperación, mas odio y rencor.

En este capítulo, como ha sido nuestra línea en toda la obra, no vamos a centrarnos específicamente en ningún tipo de terrorismo, ni tan siquiera en el más cercano a nosotros como lo es el terrorismo de ETA, vamos a contemplarlo desde el punto de vista de los estudios de criminología y afrontaremos las características del delito, de los delincuentes, de las víctimas y del control social, en los planos neurológicos y comportamentales de los implicados, sus fines y, por supuesto los medios de lucha contra estos actos de barbarie. Pero, por supuesto, haremos referencia a la situación actual, a terroristas individuales y grupos de terroristas que bien activos, o más o menos latentes, se mueven en el panorama internacional, aunque tan solo sea por nuestra obligación de informar y, con la consulta de este apartado, evitar la necesidad de acudir a numerosas fuentes, trabajo que nosotros haremos por aquellos que estén interesados en nuestra obra, que como todo su conjunto va encaminada a un enfrentamiento con el mundo de la delincuencia de aquellos alumnos que cursen diferentes disciplinas, sean estas relacionadas con el Derecho, con la Criminología, la Psicología o la Sociología, por poner unos ejemplos.

En **Anexos I y II, en este capítulo,** detallamos las organizaciones terroristas consideradas así por Estados Unidos (Anexo I) y por la Comunidad Europea (Anexo II), si bien esta última incluye, asimismo, una lista de personas.

2. ORIGENES

Durante mucho tiempo el término "terror" ha pertenecido a un vocabulario más emocional que político. La palabra terrorismo no ha sido utilizada hasta que el hombre ha distinguido una actividad política, con un cierto grado de organización, y que no estaba caracterizada hasta el momento; es decir, el término nace porque había algo nuevo que nombrar.

Dispot (1978) ha señalado que la creación del término pertenece a la Revolución Francesa y que, fue en 1798 cuando los diccionarios etimológicos franceses (Laqueur, 1980) registran las palabras terrorismo, terrorista o aterrorizar. En la Revolución Francesa en dan los rasgos característicos en el empleo del terror político. Estos rasgos, entre otros, son:

a) Por primera vez el terror político afecta a la totalidad de una comunidad nacional, no por su falta de discriminación, sino por la complicidad, forzada e inexplicable, del conjunto social.

b) Su continuidad en el tiempo.

c) Su definición legal de los terroristas:"los que sin haber hecho nada contra la libertad, no han hecho lo suficiente por ella".

d) El culto a la acción y la percepción de que toda mediación es un obstáculo.

e) Su concepto de regeneración. Saint Just decía: "Una nación no se regenera más que sobre un montón de cadáveres". Robespierre afirmaría que la virtud sin el terror es impotente.

La utilización del terrorismo como arma política tuvo su origen en una forma de Estado y alcanzó su modernidad en el momento en que este último adquirió la extensión suficiente para determinar el comportamiento de una sociedad nacional. El terror es una desnaturalización del poder legítimo de coerción del Estado y no consiste en una derivación lógica de su existencia.

En ciertos aspectos y fases, es difícil no aceptar que la Revolución Francesa fue una síntesis doctrinal del terrorismo que configura su presentación actual:

- Esgrimir razones actuales.
- Escoger los puntos más vulnerables del tejido social.
- Confiar en la estrategia de pequeños grupos clandestinos.
- Utilización de medios de comunicación y tecnológicos actuales.

Pero dejar sentadas estas fechas como orígenes del terrorismo sería un gran error.

De acuerdo con Laqueur (1980), uno de los primeros ejemplos conocidos de un grupo terrorista lo encontramos en los *"sicarii"*, una secta religiosa muy bien organizada formada por hombres de las clases bajas y activa durante la rebelión de los zelotes en Palestina en el año 66-73 a. de C. Otra secta, más conocida, era la de los *"asesinos"* que actuó desde el siglo XI al XIII y fue derrotada por los mongoles. Se inicia en Persia y se extiende a Siria, lugares en los que, con el uso de la daga como arma, cometen numerosos asesinatos. Otros grupos conocidos son los *"thugs"* y los *"lanzas rojas"* hindúes, el *Ku Klux Klan*, el *Narodnaya Volya* rusa o el terrorismo irlandés.

Son tantos los grupos a los que podemos hacer referencia que prefiero confeccionar una tabla con los más violentos o conocidos.

Tabla 1. Grupos, organizaciones terroristas o afines.

AÑO	NOMBRE DEL GRUPO TERRORISTA	PAÍS
66-73 a.C.	Sicarii	Palestina
1000-1200	Asesinos	Persia-Siria
1791	Dinamiteros irlandeses	Irlanda
1879	Naródnaya Volya (Voluntad del Pueblo)	Rusia
1896	Anarquistas	Francia, Italia
1906	Social revolucionarios	Rusia
1914	Los Cien Negros	Rusia
1927	FAI (Federación Anarquista Ibérica)	España
1932	IMRO (Organización Interna Revolucionaria Macedonia)	Macedonia
1933	Ustacha	Croacia
1936	CSAR (Comité Secret d´Action Revolutionnaire)	Francia
1936	IZL (Irgun Zvai Leumi)	Palestina
1936	LEHI (Lohame Herut Israel-Luchadores por la libertad)	Palestina
1957	EOKA (Ethniki Organosis Kipriaku Agoniston-Organización Nacional de Luchadores Chipriotas)	Palestina, Chipre

AÑO	NOMBRE DEL GRUPO TERRORISTA	PAÍS
1958	ELF (Eritrean Liberation Front)	Etiopía
1961	OAS (Organization de l´Ármée Secrete)	Argelia-Francia
1961	FSLN (Frente Sandinista de Liberación Nacional)	Nicaragua
1964	ELN (Ejército de Liberación Nacional)	Perú, Colombia, Bolivia
1964	OLP (Organización para la Liberación de Palestina)	Palestina
1964	MPAIAC (Movimiento para la Autodeterminación y la Independencia del Archipiélago Canario)	España
1966	FARC (Fuerzas Armadas Revolucionarias de Colombia)	Colombia
1968	ALN (Açao Libertadora Nacional)	Brasil
1969	ETA (Euzkadi Ta Askatasuna)	España
1969	IRA (provisional y regular)	Irlanda, Ulster
1970	Tupamaros	Uruguay
1970	Brigate Rosse (Brigadas Rojas)	Italia
1970	Nippon Rengo Sekigun (Ejército Rojo Japonés)	Japón
1971	FRAP (Frente Revolucionario Antifascista y Patriota)	España
1974	ERP (Ejército Revolucionario del Pueblo-Montoneros)	Argentina
1975	Fatah (Harakat Tahrir Falestin)	Oriente Medio
1975	Saiqa (Vanguardia Septiembre Negro)	Oriente Medio
1975	GRAPO (Grupos de Resistencia Antifascista Primero de Octubre)	España
1999	Terrorismo islámico	EL MUNDO

3. CONCEPTOS DEL FENÓMENO TERRORISTA

En casi todos los aspectos de la vida se presenta la ineludible necesidad de definir los conceptos, dado que, especialmente en nuestra lengua, es muy fácil no solo malinterpretar, sino también, tergiversar la esencia de los conceptos con cualquier finalidad, en especial en este caso, dado que el concepto "terrorismo" está en vigor en todos los países del mundo, y todos ellos tienen en concepto en sus diccionarios, lo que hace mas imprescindible su unificación para que, sabiendo a lo que nos enfrentamos, poder establecer una lucha común, como bien se estableció en el Consejo de la Unión Europea, el 19 de septiembre de 2001, al decir: *"es necesario que la definición del concepto y de sus elementos constitutivos sea común en todos los países miembros. Sólo así se podrá unificar las legislaciones internas, lo que facilitará la cooperación en los ámbitos judiciales y policiales"*. Pero, frente a esto nos encontramos con una gran dificultad cuando en una Conferencia Islámica de 1998, en su articulado figura: *"La lucha de los pueblos, incluida la lucha armada contra invasores extranjeros, la agresión, el colonialismo y la imposición hegemónica, cuando persigue la liberación y la autodeterminación conforme a los principios del Derecho Internacional, no se considerará un crimen terrorista"* (en Herrero, 2007).

Pero antes, echemos un poco la vista atrás y hablemos de forma un poco más general. En un sentido amplio podemos definir el terrorismo como *"el uso sistemático, o complementario, de la violencia o amenaza de la misma, cuyo objeto es el control progresivo de una parte, o la totalidad, de las acciones o reacciones de los miembros de la sociedad por medio de la intimidación que provoca tal uso"*.

El término violencia, en esta definición, es empleado en un sentido amplio, y está subordinada a una ideología revolucionaria o contrarrevolucionaria, a sentimientos étnicos o religiosos, o a la unión aleatoria de estos factores. Sean cuales fueran estos factores, los diferentes terrorismos poseen una estructura y cumplen unas funciones muy similares, sea cual sea su ideología o ámbito geográfico en el que se desarrollen.

Para enfocar un terrorismo en un concepto más estricto, debemos hacerlo analizando sus características:

1. *Ejercicio planificado de la violencia.* Lo que presupone la existencia de un grupo organizado, unos objetivos específicos y unos determinados métodos de actuación. No se trata de una violencia desorganizada, espontánea o contra una circunstancia puntual, que deja de ejercerse al cesar dicha situación.

2. *Violencia que se ejerce sin reconocer la situación social y actual en la que el grupo actúa.* Es el puro ejercicio de la violencia como medio de intimidación, característica que mejor define al terrorismo. Con ella se desprecia la autoridad y las mediaciones sociales propias de esta situación. Existen otros tipos de violencia que no pueden ser asimiladas a la terrorista, por ejemplo la revolucionaria, que busca una forma de institucionalizarse y se justifica a través de argumentaciones más o menos entendibles. En resumen, aunque el terrorismo sea en su esencia violento, no toda violencia es terrorismo.

3. *Su relación con el fin proclamado.* El fin que se persigue, generalmente político, puede caracterizarse por dos elementos principales. Por una parte, resulta claramente imposible de conseguir o bien, por otra, es inconcebible en el ámbito socio-temporal en el que este objetivo se quiere implantar.

En definitiva y como resumen, existe terrorismo cuando existe una planificación de la violencia, se aplica de forma inmediata y existe una irrealidad e incoherencia en la aplicación de los fines perseguidos.

Salvador Paniker, en un artículo publicado en el periódico El País en 1978, bajo el título "El terrorismo como lenguaje", exponía que "el terrorismo se sitúa en un terreno previo al de la cultura y este terreno es el del puro poder" y continuaba "el terrorista se siente legitimado por el mero hecho de tener un arma en la mano".

Para Laqueur (1980) es "*el uso ilegítimo de la fuerza para alcanzar objetivos políticos*".

Hasta estas fechas, podemos decir que la utilización del terror como arma política parece demostrar que el terrorismo no es un simple instrumento, más bien pertenece a esa categoría de medios que acaban determinando, e incluso sustituyendo, al fin para el que han sido creados.

Institucionalmente, y desde el punto de vista eminentemente práctico, el Departamento de Estado de los Estados Unidos, en 1983, define el terrorismo como: "*Violencia premeditada, con finalidad política, ejercida contra objetivos civiles o no combatientes por grupos no pertenecientes a la estructura del Estado o por funcionarios estatales clandestinos, con el propósito, al menos habitualmente, de influencia a una población y públicos determinados*". De esta definición, para los Estados Unidos, podemos extraer unos determinados requisitos que tienen que darse en las acciones para contemplarlas como terrorismo. Estos requisitos son: a) Violencia premeditada. Requisito que como antes vimos, en sentido general, debe ser, según Herrero (2007), planificada, intencional y reflexiva; b) Tener una finalidad política, es decir directamente relacionado con la obtención de resultados relacionados con el estado o gobierno, la sociedad, la economía, la seguridad ciudadana o la paz social; c) Se ejerce contra objetivos civiles o no combatientes, a estos últimos, en tiempos de paz, están asimilados los militares y los miembros de los cuerpos policiales; d) Llevado a cabo por grupos no pertenecientes a la estructura del Estado o por agentes clandestinos estatales, con esto no queremos decir que el Estado no haya podido ser origen de acciones terroristas, en el pasado o en el presente; e) Su finalidad es influencias a una población o a un público determinado.

Ya, más en nuestra época, el Consejo de Europa en 1999 (Recomendación 1426), define el terrorismo como: "*Todo acto cometido por personas o grupos de personas que utilizan la violencia o la amenaza de utilizarla, contra un país, sus instituciones, su población en general o contra personas concretas y que, por aspiraciones separatistas, concepciones ideológicas extremistas o fanatismo religioso, o inspiradas por el afán de lucro, traten de someter a un clima de terror a los poderes públicos, a determinadas personas o grupos de sociedad, o bien a la población en general*".

Este mismo Consejo en sus Conclusiones de la reunión llevada a cabo 2001, define los delitos de terrorismo como: *"Los actos intencionados que, por su naturaleza o su contexto, puedan lesionar gravemente a un país o a una organización internacional cuando su autor los cometa con el fin de: intimidar gravemente a una población; obligar indebidamente a los poderes públicos o a una organización internacional a realizar un acto o abstenerse de hacerlo; o desestabilizar gravemente o destruir las estructuras políticas fundamentales, constitucionales, económicas o sociales de un país o de una organización internacional"*.

Para Maynar (2002) terrorismo es el "*empleo sistemático y coherente de la violencia imprevisible y desmoralizadora, con fines u objetivos de guerra convencional, revolucionaria o subversiva*".

Como resumen, diremos que son muchos los enfoques o vías de acercamiento al fenómeno terrorista, y cada uno de ellos tiene una conceptuación diferente, y por ende, debemos de aceptar unas definiciones diferentes, si bien, según Herrero (2007), podemos resaltar las notas que, todas o algunas de ellas, forman parte del fenómeno terrorista. Estas notas son:

- Esquema ideológico dogmático.
- Defensa e imposición de ese esquema a través de la coacción física y psicológica.
- Siembra de miedo y desasosiego públicos, con el mismo fin.
- Intensa publicidad de ideología y hechos represivos, a menudo cruentos.
- Cinismo político como talante: recurso ante todas las instituciones del Estado e internacionales para defenderse o atacar jurídicamente a sus enemigos. Desprecio de estas instituciones cuando ejercen contra el terrorismo sus jurisdicciones específicas.
- Contestación sistemática y organizada contra las formas de reclusión carcelaria de sus miembros.
- Propósito nihilista con relación a todo factor estabilizante político, socioeconómico y cultural.
- Agresión sociopolítica en forma de guerrilla urbana.
- Comunicación de apoyo entre bandas terroristas. Tanto en un plano nacional como internacional.
- Presión y hasta infiltración en los Organismos nacionales e internacionales "entendidos" en derechos humanos.

- Conexión frecuente entre nacionalismos exacerbados y terrorismo.

4. MOVIMIENTOS TERRORISTAS: CLASES, OBJETIVOS Y TÁCTICAS

4.1. Clases

Son muy numerosas las diferentes clasificaciones que podríamos hacer del terrorismo y de los diferentes movimientos terroristas.

Aunque nos parezca extraño, el terrorismo puede, y debe, ser considerado como una "herramienta" que puede ser utilizada tanto por el mismo poder establecido, como por los enemigos o disidentes con dicho poder. A esta clasificación la llamaremos terrorismo "estabilizador" y terrorismo "desestabilizador", según estén relacionados con una determinada forma de expresión del estado o de aquellos que la rechazan.

El *terrorismo estabilizador* tiene como finalidad mantener un determinado tipo de estado o de gobierno, sea este del signo que sea (derecha o izquierda), y puede revestir una apariencia de legalidad aunque aparezca como una situación excepcionalmente de una grave desviación de las funciones de un estado. El *terrorismo desestabilizador* lo que intenta es destruir una situación establecida e imponer otra diferente. La concepción de ilegalidad se establece por parte del estado amenazado, aunque por parte de los terroristas sea considerado legal y necesario, buscando la forma de que sea legitimizado, aunque solo sea desde el punto de vista de una determinada valoración ideológica (revolucionario-contrarrevolucionario). Este tipo, como el anterior, también puede ser de cualquier signo.

Podemos clasificarlos también de acuerdo a los factores violencia y control. De acuerdo a estas premisas, elementos base de la definición de terrorismo, podemos clasificarlos en sistemático o complementario y con la finalidad de control total o parcial.

El *Terrorismo sistemático de control integral*, puede ser tanto estabilizador como desestabilizador. Se considera que su finalidad es el control total cuando se concibe como la única forma de hacer reaccionar a la población, bien a unirse a la acción, bien a no interferir contra ella, bien a "autoprotegerse" por cualquier medio. Aunque vistos desde un contexto nacionalista, ETA e IRA podrían encajar en el perfil de este tipo de terrorismo, dado que practican un terrorismo desestabilizador con aspiraciones de poder. Como terrorismo, también integral, pero de carácter estabilizador, podríamos considerar a los campos de concentración o de exterminio, las persecuciones políticas o religiosas o las amenazas de carácter social (Dispot habla de "despertarle, purificarle o regenerarle").

Este tipo de terrorismo es considerado "necesariamente" político.

El *terrorismo sistemático de control parcial*, no tiene porqué revestir, ni ser considerado, como terrorismo político, si bien en ocasiones puede actuar como tal. La diferencia con el anterior es que no pretende un control de toda una nación o población.

Para poder poner un ejemplo debemos remontarnos a periodos en los que grupos mafiosos necesitaban una implantación en determinados lugares o sociedades y sus acciones no iban contra del estado o el gobierno directamente dado que, a pesar de constituir un serio enemigo, no era su objetivo a destruir, sino que su finalidad lucrativa estaba enfocada a acciones limitadas en espacio y población.

Terrorismo sistemático de control parcial, pero como terrorismo político, podría ser considerado la actuación del Ku-Klux-Klan que perseguía la modificación de las estructuras sociales y legales enarbolando prejuicios ideológicos contra determinados sectores sociales a los que querían someter, reconducir o hacer desaparecer. Este movimiento podría haberse convertido en un intento de control integral si se hubieran afectado estructuras centrales del estado (Poder Negro). Terrorismos de tendencia inversa podrían ser considerados las organizaciones de la OLP, el Ejército Rojo Japonés o Septiembre Negro.

El *terrorismo complementario de control total* puede ser considerado también como "político", pero se le denomina complementario por haber estado instalado en contextos y procesos históricos más globales (descolonización, revolución, liberación popular, etc., movimientos en los que la URSS, China o Argelia pueden ser considerados como ejemplos). En estos contextos fueron utilizados como un "algo más" para conseguir sus fines y, en numerosas ocasiones, fueron apoyados por grandes masas sociales. En todos estos casos este tipo de terrorismo se encuadra dentro de una estrategia mucho más amplia y sin que se considere el factor más decisivo para la eficacia en la consecución del objetivo.

Cuando este terrorismo complementario no persigue el control total es imposible de catalogar como "político", ya que si procede del estado solo puede asimilarse a un tipo específico de presión social que no busca el efecto del terror. Es muy difícil este tipo de terrorismo del tipo que hemos denominado desestabilizador.

De forma más general, en el contexto mundial, podemos encontrar otras clasificaciones de los grupos o las organizaciones terroristas basadas en:

a) El alcance de sus operaciones:

- Nacionales. Cuya finalidad es la influencia, a través del terror y de la intimidación, dentro de sus propios países.
- Transnacionales. Cuyas acciones se producen en numerosos países con independencia de la procedencia de sus miembros o de la sede de sus organizaciones. Sus actuaciones se llevan a cabo fuera de cualquier control gubernamental.
- Internacionales. Sus acciones se realizan en interés de un determinado país o gobierno, fuera de las fronteras de éste.

b) Atendiendo a sus motivaciones:

- Grupos nacionalistas. Sus actuaciones tienen como finalidad establecer, de forma independiente, su identidad nacional. Muchos de estos grupos y sus acciones están enmarcados en países que han luchado por su independencia de los países colonizadores.
- Separatistas. Son aquellos grupos que luchan por conseguir ser países independientes en el contexto mundial.
- Marxistas revolucionarios. Luchadores por la imposición de esa doctrina que predica la violencia y la lucha revolucionaria. Pueden haberse constituido como una derivación o subversión de la doctrina de verdaderos movimientos legítimos por establecer nuevos sistemas de gobierno o instituciones libres.
- Anarquistas. Este tipo de individuos o grupos tratan de desestabilizar la situación existente en el país en que actúan. Por lo general estos individuos o grupos suelen ser apolíticos que buscan una ideología que les justifique, de razones o excusas para sus actividades terroristas. El marxismo suele ser su causa más idónea para su propósito.
- Trotskistas / Maoístas. Basados en las filosofías de Trotsky o Mao, tienen como finalidad la unificación de los grupos terroristas internacionales. Sometidos en ocasiones a sus partidos políticos se asientan clandestinamente en aquellos países que desean desestabilizar o someter.
- Mercenarios. Con ideología o sin ella prestan sus servicios a otros grupos terroristas.
- Contraterroristas. Combaten el terrorismo, con terrorismo.
- Neo-Fascistas/ ultra-derechistas. Normalmente actúan en el interior de sus países para intentar mantener unos estatus, impedir influencias exter-

nas de signo ideológico contrarias, o el establecimiento de convenios de liberalización.

- Fanáticos religiosos. Los que más proliferan en algunas partes del mundo, con relación directa o no con gobiernos, o dependientes de ellos, cometen los actos terroristas en nombre de su religión. Serán más numerosos los integrantes de religiones que bien aprueban la violencia, bien sus creencias religiosas justifican sus acciones.

  Dentro de este terrorismo religioso debemos hacer mención, aunque somera, del fundamentalismo islámico. El islam, segunda religión en importancia después del cristianismo, cuenta con miles de millones de seguidores repartidos por todos los países del mundo, no solo en aquellos en los que se profesa mayoritariamente esa religión. Esta expansión del integrismo está incardinado en razones económicas y sociales (pobreza, falta de oportunidades para los jóvenes); en las políticas de oposición de los estados; en sentimientos anti-occidentales (colonizaciones, imposición de culturas, valores y costumbres contrarias) o en estados, o creación de estados con los cuales se ha mantenido una continua contienda bélica, apoyados por otros estados u organizaciones, lo que ha agravado el problema por una polarización de ideas y creencias.

- Narco-terroristas. El comercio de la droga ha estado siempre ligado a la delincuencia y a la criminalidad, pero últimamente lo está con el terrorismo cuyas acciones tienden, bien a eliminar a grupos rivales, bien a la desestabilización de la sociedad.

4.2. Objetivos

Para el movimiento terrorista la selección-elección de los objetivos es la base fundamental para, por una parte conseguir la finalidad propuesta, por otra, para la aplicación de diferentes técnicas o tácticas facilitadoras de su acción. Por último, pero no menos importante, intentar conseguir el apoyo de la población. Sean los objetivos seleccionados personas, grupos o construcciones de cualquier tipo (edificios, estatuas, servicios públicos –metro, tren, AVE, centros públicos, instalaciones policiales, etc.), si éstos tampoco gozan del favor popular, atraerá sin duda el apoyo de cierta parte de la población, multiplicando así el efecto deseado, en muchas ocasiones sin necesidad de explicaciones motivacionales.

El Che (1977) indicaba que no era aconsejable la elección, como objetivos, de personas de "poca calidad", sin embargo, en sus inicios, los grupos terroristas suelen elegir estos objetivos, en sus comienzos, bien por su facilidad para atentar contra ellos, o bien cuando existe una fuerte represión por parte de las fuerzas antiterroristas, en cuyo caso los atentados contra estos objetivos son propios de individuos aislados o pequeños grupos que actúan de forma descontrolada.

De forma general podemos clasificar los objetivos como específicos (el gobierno y sus instituciones) o generales (las estructuras sociales en general), pudiendo ser estos, como hemos dicho anteriormente, humanos o materiales.

Como **objetivos humanos** podemos hacer referencia a:

a) *Los agentes de los cuerpos policiales*, sean estos del Estado, las Comunidades Autónomas o las Corporaciones Locales (clasificación española). Si tan solo fijamos la vista en nuestro país, han sido muchos cientos los policías que han sido víctimas de la barbarie terrorista. Las acciones contra este tipo de objetivos, provocan diferentes reacciones. Por una parte, los que se pueden considerar posibles objetivos, se preocupan, de manera preferente de su propia seguridad. Por otra parte trae consigo la necesidad de un aumento de personal, bien sea en la composición de las patrullas tradicionales, bien sea para la protección de sus instalaciones. Esto lleva consigo un desgaste y una redistribución de los efectivos, en muchas ocasiones con desplazamientos fuera de sus lugares habituales, lo que puede dejar desguarnecida la protección de otros objetivos, lo que facilitaría la acción terrorista sobre estos últimos. En ocasiones se ha tratado de paliar estas situaciones con una concentración de personal y un aumento de la movilidad, lo que no ha dado resultados satisfactorios.

   Se daría una especial resonancia del atentado sobre estos objetivos si pertenecieran a los servicios de información, grupos antiterroristas, sus informadores y/o colaboradores.

   Dentro de este grupo debemos incluir, si no por su consideración, si por su función, a los vigilantes jurados o de cualquier otro tipo de profesión relacionada con la seguridad pública, dado que dentro de sus obligaciones se encuentra la de colaborar, de cualquier forma, con los cuerpos de seguridad. En otras ocasiones su interés por ellos, y por la facilidad que en la mayoría de los casos presentan, lo es como una forma rápida y económica de aprovisionamiento de armas.

b) *Los miembros de las Fuerzas Armadas*. No se pueden considerar objetivos primarios, pero en determinados momentos y lugares pueden ser elegidos aunque tan solo sea para la creación de miedo y aterrorizar a la población, o bien para crear malestar entre esta institución y el Gobierno.

Las acciones contra estos objetivos son más difíciles de explicar por los terroristas y más difíciles de asumir por la población.

c) *Magistrados, Jueces, Fiscales y funcionarios de la administración de justicia.* El Poder Judicial es, después del Ejecutivo, el "enemigo" más importante de los movimientos terroristas. La finalidad absurda de los atentados contra estos profesionales sería provocar en ellos el miedo y la inhibición en sus intervenciones con este tipo de individuos, bien influir en la disminución de la intensidad de sus condenas. Si el sistema de Jurado funcionase para este tipo de delitos, los miembros de los jurados podrían también ser objetivo de las acciones o amenazas terroristas. Por supuesto los *testigos* que participen como tales en juicios contra elementos terroristas podrían ser también, objetivos prioritarios de la amenaza terrorista.

d) *Los altos cargos de la Administración del Estado u otras Instituciones Territoriales.* El atentado contra estos objetivos provoca, igualmente, una gran resonancia en la esfera social, por como dijimos para otros objetivos, es muy difícil su justificación. Las acciones contra estos objetivos solo podrían contemplarse en situaciones políticas no democráticas, inicios de la actividad terrorista de un grupo para darse a conocer, especialmente, como antes dijimos, por su facilidad de comisión y poco riesgo.

e) *Otros empleados públicos.* Entre estos consideramos a todos aquellos que sirven al interés de las poblaciones en ocupaciones relacionadas con la energía, el transporte, abastecimiento de cualquier tipo, las comunicaciones, servicios de correos, fiscales y aduanas. Si bien puntualmente o como castigo personalizado, puedan ser objeto de atentado, estas acciones serían las más contraproducentes para el grupo terrorista por su imposibilidad de justificación.

f) *Los trabajadores de los medios de comunicación social (prensa, radio y televisión).* La actuación contra estos profesionales como medio de intimidación, es de una gran fuerza. El terrorista no solo busca la comisión de un determinado acto, sino que, principalmente, busca una publicidad sea en el sentido que sea. Por desgracia, y especialmente en estos casos, por su proyección y trascendencia para la población, cada medio, cada periodista, trata la noticia de una manera llamativamente diferente, y también, como en otros casos anteriores hemos referido, es muy difícil su justificación.

g) *El personal del Cuerpo Diplomático.* La acción sobre estas personas puede serlo tanto en su repercusión a nivel nacional, como creador de problemas internacionales con el país de la persona atacada. A pesar de las políticas mantenidas por los países democráticos al respecto, en la mayoría de los casos conocidos, la acción no ha sido de atentado contra su vida, sino de secuestro en solicitud de la liberación de terroristas detenidos por el país de procedencia del diplomático.

Como **objetivos materiales** podemos hacer referencia a:

a) *Las instalaciones pertenecientes a las Fuerzas y Cuerpos de Seguridad, en general*. Rentables por su publicidad, aunque también pueden serlo como una forma de aprovisionamiento de armas.

b) *Los cuarteles y otras instalaciones de las Fuerzas Armadas*, han sido consideradas como objetivos para conseguir armas, municiones y explosivos.

c) *Las sedes de los juzgados y las Embajadas y consulados,* son elegidos como forma de protesta por acciones cometidas en contra de la organización o sus miembros.

d) *Las centrales eléctricas, de comunicación, fábricas y centros de trabajo*. Constituyen objetivos cuyo ataque provoca no solo una grave disfunción del servicio que se preste en esas instalaciones, sino una perturbación general de la paz social. Son los objetivos preferidos cuando lo único que se persigue es crear terror o provocar un profundo impacto en la sociedad.

e) *Los medios de comunicación* por tierra, mar o aire (trenes, autobuses, barcos, aviones) son los objetivos que pueden provocar mayor alarma social, pero son los menos rentables por su falta de aceptación para la población en general, dada su falta absoluta de justificación.

f) *Otros edificios o instalaciones, obras de arte o simbólicas*. La sensación de seguridad en una sociedad se puede ver gravemente alterada si se llega al convencimiento de una falta absoluta de protección por parte del estado frente al terrorismo. Esto llegaría a suceder si los objetivos son lugares a los que la gente, en general, suelen acudir, además, acompañados del resto de la familia. Esto sucede cuando se producen atentados en cines, teatros, parques públicos, etc. Como es lógico la falta total de justificación no es óbice si lo que se quiere es presentar una sensación de indefensión para unos, e impunidad para otros. La destrucción de puentes o carreteras pueden causar el mismo efecto. También podemos incluir en este apartado obras de arte, esculturas, estatuas o cualquier otro símbolo cuya ideología o sentimiento hacia lo que representa se encuentren íntimamente arraigados en un amplio espectro de la sociedad.

g) Aunque no es propio de países democráticos y desarrollados, en determinados lugares se pueden producir *asaltos a prisiones* donde cumplen condena miembros de organizaciones terroristas.

4.3. Tácticas

Como **acciones** propias de los elementos terroristas podemos destacar:

a) *El asesinato*. Es una acción eminentemente selectiva dirigida contra elementos específicos del estado o de sus instituciones, o incluso de la sociedad civil. Llamadas "ejecuciones" por sus autores, es la acción que menos número de personas necesita para llevarla a cabo, pudiendo serlo por un solo individuo. En nuestro país se han producido numerosas acciones de este tipo, muchas de ellas de gran resonancia y cuyo recuerdo se mantiene aún en la población (Atarés, Pagazaurtundua, Jauregui, Elespe, Blanco, Becerril,...).

b) *El secuestro*. Eufemísticamente llamado por los terroristas "detención", consiste en la captura y mantenimiento oculto en lugares denominados "*zulos*" (ver imagen anexa), de un objetivo durante un tiempo determinado y que puede terminar con la liberación, el rescate por parte de las Fuerzas y Cuerpos de Seguridad o la ejecución del secuestrado. Los objetivos pueden ser los mismos a los que nos referimos en el apartado anterior (miembros de las Fuerzas y Cuerpos de Seguridad, diplomáticos, políticos, industriales, periodistas, etc.), pero también pueden serlo medios de transporte (barcos o aviones) o emisoras de radio. Su finalidad, en general, puede ser el canje o liberación de presos, el chantaje, solicitud de rescate o la presión internacional. Hoy día, en casi todos los países democráticos se mantiene la política de no negociar con terroristas este tipo de acciones, si bien no se mantiene de una manera completa. Los ejemplos, con diferentes resultados, pueden ser numerosos no solo en nuestro país (Beihl, Zabala, Huarte, Ruperez, Ryan, Ortega,...), sino en el resto del mundo (cooperantes, el Alakrana, ...).

c) *Atentados con explosivos*. Estas acciones pueden ser dirigidas contra objetivos individuales, colectivos y cualquier tipo de instalación. De forma directa

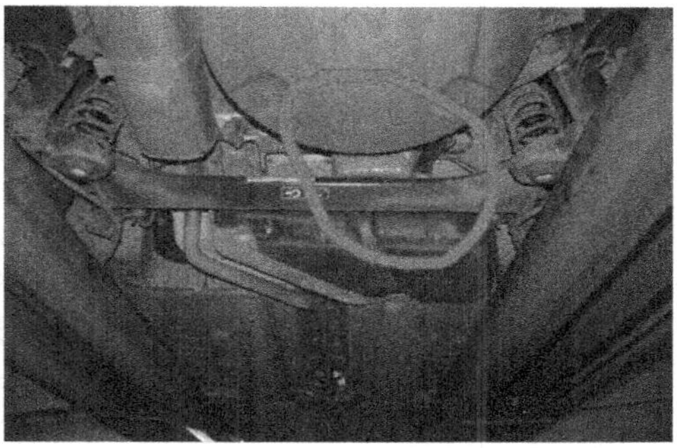

contra objetivos individuales se utiliza, normalmente, el artefacto denominado "bomba lapa" (imagen anexa) que se adhiere, generalmente, a los bajos del vehículo del objetivo y que, a través de un determinado mecanismo, se hace detonar la carga explosiva. Por desgracias podemos ponerle muchos nombres a la víctimas de este tipo de atentado (Puelles, Salvá, Saez de Tejada, Oreja, Villa...).

El uso del artefacto explosivo puede colocarse también como "bomba trampa". En esta acción se colocan símbolos, banderas, obstáculos, etc. en zonas o lugares a los que concurrirán los miembros de las Fuerzas y Cuerpos de Seguridad, bien para su retirada, bien para posibilitar el paso de vehículos o personas. A éstos están conectadas las cargas explosivas y se detonarán por la manipulación prevista causando la muerte de aquellos que los manipulan.

Cuando desean verdaderas destrucciones los explosivos son normalmente acumulados en el interior de vehículos, furgonetas y, en menor cantidad en motocicletas y bicicletas, o en el interior de la propia instalación. No es necesario decir el poder destructor que determinada cantidad de explosivo puede causar, recordemos tan solo la Cafetería Rolando de la Calle Correo (Madrid), el Cuartel de la Guardia Civil de Legutiano (Álava), Burgos (foto adjunta), Guetxo (Vizcaya), Santa Pola o la T-4 del Aeropuerto de Barajas.

Una variante muy especial en el uso de los explosivos podemos centrarla en *el atentado suicida.* Denominaremos ataque o atentado suicida al cometido por una persona con la seguridad de que morirá durante la comisión del mismo. Se ha popularizado en el lenguaje vulgar la palabra kamikaze para aplicarla a todas aquellas personas que cometen un ataque o un atentado suicida, lo que está muy lejos de la realidad. La palabra kamikaze ("viento divino") se aplicaba a los pilotos japoneses que por motivos patrióticos consideraban que era la mejor forma de luchar contra aquellos que amenazaban a su país, Japón durante la 2ª Guerra Mundial.

Por desgracia este tipo de atentado, desde hace algunos años, se ha puesto de "moda", conociéndosele como "nuevo terrorismo" o "terrorismo de nueva generación", pudiendo seguir las mismas motivaciones patrióticas, políticas o religiosas, sin que se descarte la posibilidad de la manipulación mental o cualquier otra forma de "lavado de cerebro". Si bien este tipo de acción ha sido realizada por numerosos grupos terroristas, en el conocimiento de la población se ha fijado como terrorismo islámico o yihadista, la yihad como movimiento y al-Qaeda como la organización más sangrienta en la proliferación de este tipo de atentados, por las víctimas que han ocasionado en todo el mundo. La palabra yihad puede definirse como "combate contra infieles y apóstatas", palabra que procede de la árabe yahd que se traduce por "esfuerzo" en el sentido guerrero y bélico, si bien el Corán, bien leído e interpretado le da el sentido de "lucha contra ti mismo", lucha para la propia mejora y superar las maldades internas del alma (Solana, 2002).

Como hemos venido diciendo, en ninguno de los capítulos, hemos tenido intención de ser exhaustivos, y menos lo vamos a ser en este capítulo dado que nos serían necesarios unos profundos conocimientos político-religiosos islámicos que no poseemos, pero si consideramos necesario destacar aquellas acciones que han causado gran impacto en todo el mundo por las cruentas consecuencias provocadas.

En la Tabla 2, presentaremos, en un ámbito temporal y geográfico, algunos de los atentados suicidas más sangrientos en los últimos años, especificando año, país, víctimas y organización terrorista responsable.

Tabla 2. Atentados suicidas terroristas.

AÑO	PAIS	OBJETIVO	VÍCTIMAS	RESPONSABLE
1996	Colombo (Sri Lanka)	Edificios Oficiales	200	Tigres Tamiles
1998	Nairobi (Kenia) y Dar es Salam (Tanzania)	Embajadas EE.UU.	241	Al-Qaeda
1999	Moscú (Rusia)	Metro	118	Yihadistas chechenos
2001	Nueva York EE.UU.)	Torres Gemelas	2.973	Al-Qaeda
2002	Moscú (Rusia)	Teatro Dubrovka	129	Yihadistas chechenos
2002	Djerba (Túnez)	Sinagoga El Ghriba	21	Al-Qaeda
2002	Bali (Indonesia)	Locales nocturnos	202	Jemaah Islamiya

AÑO	PAIS	OBJETIVO	VÍCTIMAS	RESPONSABLE
2003	Casablanca (Marruecos)	Restaurante/Hotel	45	GICM-Al-Qaeda
2004	Madrid (España)	Renfe	191	Al-Qaeda
2005	Londres (Reino Unido)	Metro/autobús	56	Al-Qaeda
2005	Tel Aviv (Israel)	Restaurante	11	Hamás
2007	Argel (Argelia)	Edificios Oficiales	65	Al-Qaeda
2008	Bombay (India)	Estación/hoteles	173	Muyaidines del Decán
2012	Mogadiscio (Somalia)	Teatro Nacional	10	Al Shabab

d) Otra acción, aunque muy poco utilizada en nuestro país, es el *hostigamiento a los Cuerpos Policiales.* Se realiza normalmente bien por ametrallamiento, el lanzamiento de cócteles molotov, de granadas (tipo jotake, en foto anexa), o cualquier otro artefacto, contra sus instalaciones. Su finalidad es en la mayoría de los casos provocar tensiones entre sus miembros que puedan desembocar, bien en un enfrentamiento interno entre sus miembros, bien contra el gobierno, bien provocar actuaciones en las que se pudiera usar una violencia excesiva.

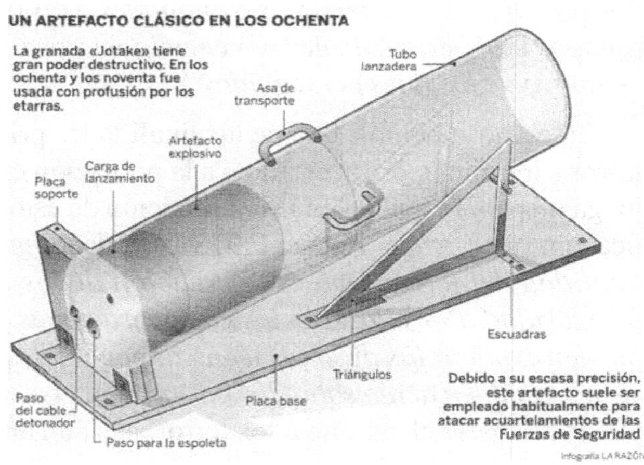

e) Los sabotajes pueden también ser utilizados por los grupos terroristas. Son acciones, normalmente destructivas, que tienen como finalidad dificultar o paralizar el funcionamiento de servicios vitales del estado, los transportes, la industria, el abastecimiento de las ciudades, etc.

Otra de las acciones que podemos señalar son los *atracos*. Denominados eufemísticamente por los terroristas como “golpes económicos” o “confiscaciones”, tienen como finalidad la obtención de fondos para mantener la lucha armada con la compra de armas, municiones, explosivos, etc. Una de los aspectos más importantes a tener en cuenta por parte de los terrorista, no siempre conseguido, es que se diferencie este acto de cualquier otro similar y cometido por delincuentes. Para ello intentan evitar el empleo de la violencia innecesaria y, en su acción psicológica de propaganda dirigirán la culpabilidad hacia la "sociedad represora", las "clases capitalistas", u otras por el estilo.

f) Aunque menos conocida, no por ello menos importante o raramente utilizada se encuentra la *Acción Psicológica*. Hemos de decir que este tipo de acciones no son propias únicamente del terrorismo, dado que puede ser utilizada en cualquier sentido, desde el político, bélico, policial, el terrorista, el social o el gubernamental, desde el estado contra la sociedad o grupos determinados, o de éstos contra el estado.

Definiremos el término acción psicológica como el *"empleo de medidas y medios con la finalidad de influir en las opiniones, sentimientos, actitudes y comportamientos de las personas o entidades a las que dichas acciones van dirigidas (amigos o afines, neutrales y/o enemigos) para, modificándolas, sean favorables en apoyo de los fines perseguidos"*.

Si, como sabemos, una de las finalidades principales del terrorismo es causar terror e intimidación, al estado o a la población en general, la psicología, sin duda, juega un papel esencial en la consecución de estos objetivos, a lo largo de su planificación y desarrollo. Hacker (1975), uno de los grandes analistas del tema decía:*"la finalidad del terrorismo es la creación de los efectos psicológicos de miedo e inseguridad. Por ello, sólo las consideraciones psicológicas y sociopsicológicas pueden explicar las diversas técnicas empleadas para provocar este efecto que, a su vez, también actúa sobre los mismo terroristas"*. Una buena acción psicológica puede allanarle el camino a los terroristas aún antes de que sufran sus acciones.

Los objetivos de la acción psicológica son:

- Minar, disminuir o destruir la confianza en el gobierno como garante de la seguridad de los ciudadanos.
- Convencer a la población de que sus acciones tienen como finalidad conseguir las aspiraciones propias de la población a la que se dirige la acción psicológica.
- Hacer nacer en la población que las acciones realizadas llevarán a los terroristas a la victoria en beneficio de la población.
- Convertir al mayor número posible de personas en "eco" de las acciones de los terroristas y de sus finalidades.
- Dar cohesión al propio grupo terrorista.
- Minar la moral de las fuerzas policiales y del gobierno en general.

Todos estos objetivos se pueden llevar a cabo a través de todos aquellos medios a los que el terrorista pueda tener acceso. Uno de ellos es el sistema de propagación "boca a boca", el más sencillo y no por ello menos eficaz, que, de forma silenciosa consigue, más y más, apoyo popular. Otra forma similar sería la de la propagación de los rumores.

También es común el uso de la publicación impresa por parte de la organización, hojas, carteles, folletos, pegatinas, periódicos, libros, pintadas, de gran efecto propagandístico.

Más limitada en la difusión a través de la radio, la televisión u otros medios acústicos, hoy día técnicamente fáciles de localizar.

Una forma de gran efecto lo sería la utilización de los medios de comunicación social, pero, hoy día, en países democráticos, o en aquellos que no siéndolo tengan una estructura de censura rígidamente impuesta, es muy difícil que los elementos terroristas tengan acceso a estos medios. No obstante, en países en los que la libertad de expresión no establece una línea clara sobre el tipo de noticias que se pueden o no se pueden publicar, puede que el sensacionalismo, o el morbo propio de todas las masas, les haga mitificar o magnificar acciones que solo pueden recibir la repulsa y el desprecio de los lectores, o bien transmitir fielmente esa sensación de intimidación a través de la propagación de las noticias en un sentido determinado. Laqueur (1980) explicaba que los medios de comunicación social, siempre buscando estímulos nuevos y variados, obligaban a los terroristas a "hacer" siempre algo nuevo para conseguir un mayor impacto.

En referencia a todo lo que hemos hablado, en especial sobre la acción (o guerra) psicológica, y que considero enormemente clarificadora, voy a entresacar unos párrafos, copiados de un panfleto, ya muy antiguo, de los inicios en nuestro país, de la acción terrorista:

- El arma más importante que da la victoria al combatiente de la guerra revolucionaria es la población civil, el hecho de que el pueblo esté del lado nuestro. Una máxima de Confucio dice: "La voz del pueblo es la voz del cielo; obtén el afecto del pueblo y obtendrás el imperio".
- El militante tiene que empezar, pues, por caldear el ambiente en que va a actuar. Sin un mínimo sostén popular (no decimos toda la población, sería una ilusión) no hay guerra revolucionaria que salga. Dice uno de los mejores técnicos de la guerra revolucionaria que ésta es a la población como el pez al agua. Pez sin agua se muere. El apoyo de la población (de una parte al menos de ésta), al principio moral y luego material, debe ser

el agua en la que el pez (la guerra revolucionaria) puede desarrollarse, moverse y nadar a su gusto".

- Hemos de intentar hacer ver a nuestro pueblo que en el horizonte se dibuja ya una solución a sus ansias, ilusiones y esperanzas: un reino de abundancia espiritual y material, cuya meta es perfectamente accesible, e incluso que se halla relativamente próxima y al alcance de la mano. Es la promesa de un futuro mejor. Hay que convencerle de que el triunfo de la independencia es algo inevitable por la ley natural y que su advenimiento es inexorable".
- Es necesario que el pueblo comprenda y sienta la necesidad de luchar. Verá que nuestra causa es justa y posible.
- Para abatir un enemigo hace falta romper su equilibrio introduciendo en su propio campo un factor psicológico que le coloque en posición de inferioridad antes de que un ataque pueda ser lanzado contra él, con probabilidades de éxito definitivo.
- La guerra revolucionaria dispone de todo un arsenal psicológico: subversión ideológica, explotación de debilidades humanas (piques y envidias en el seno del opresor), oposiciones, divergencias, escándalos de cualquier género, colectivos y sobre todo personales (Gobernador Civil con una "querida", el General X estafador, etc.), infiltración de nuestras quintas columnas, misiones especiales de diplomáticos, y nuestros repatriados, etc., etc. Todos responden a un fin: paralizar y quebrantar la voluntad de resistencia del invasor y preservarnos nosotros mismos de su propaganda e influencia disolventes.

5. CAUSAS Y CONDICIONANTES

A lo largo de la historia la génesis y el mantenimiento del fenómeno terrorista ha sido justificado con explicaciones tan extensas en cantidad como en cualidad, pero todas ellas demasiado genéricas como para poder ser aplicadas a la, por suerte, poca población terrorista y a todos los periodos y áreas geográficas de su historia. Que las relacionemos a continuación, como es lógico, no significa en absoluto que puedan ser, o considerar, causas justificativas o legitimadoras, pues creo que aún, hoy día, nadie puede explicar el mecanismo concreto por el cual una persona, en un momento de su vida, decide convertirse en un terrorista, como mucho podemos considerarlas causas posibles, que, de acuerdo con Laqueur (1980) "quizá sean más probables en unas condiciones que en otras, y sin duda merece la pena investigar esas condiciones, pero no hay duda de que circunstancias puramente accidentales desempeñan un papel muy importante" (pp. 11-12).

5.1. Causas político-sociales

- *Cambios sociales y económico muy bruscos e intensos*. A veces en las sociedades de todos los tiempos se han producido cambios con un ritmo tan acelerado que no se puede adaptar a las circunstancias en que se desarrolla la vida en esa área, región o país, dado que esas modificaciones o bien no son conocidas o bien son destructivas en ese momento tradicional. Una modernización rápida y traumática desequilibra el normal comportamiento de la población y su falta de adaptación crea problemas de desarraigo que puede hacer que determinadas personas adopten medidas extremas. A este tipo de desequilibrios se deben muchos fenómenos de violencia política.
- *La teoría de la carencia relativa*. En esta teoría y en sus modelos explicativos, se basaría la aplicación de la violencia política a la que antes hemos hecho referencia. Esta teoría explicaría el descontento del individuo que aparece cuando las expectativas generadas por la sociedad no se corresponden con aquellas que verdaderamente se han satisfecho, pero no de forma absoluta, sino desde la percepción individual. Cuando un individuo aspira a unos proyectos que la sociedad le presenta como alcanzables, y estos, sin cauda en ese mismo individuo, no pueden ser alcanzados, el individuo se frustra y se generará en él ese sentimiento de carencia relativa, que será mayor en función de la cantidad de población a la que afecte.
- La opresión. Causa muy alegada y, posiblemente, la más justificativa por su facilidad para comprender y aceptar por su lógica, en algunas ocasiones, aplastante. Tradicionalmente, en el seño de los sistemas totalitarios, siempre han surgido grupos que han utilizado la violencia como única forma de de liberación ante un dominio dictatorial de gran parte de las clases sociales de un territorio. Esta violencia política, "casi" justificada, ha chocado siempre con una de las características normales de este tipo de sistema, especialmente si son unipersonales, que son sistemas violentos inmunizados ante la violencia, dado que son los primeros en justificar su violencia.
- La memoria histórica. Los países que han sufrido graves problemas sociales (revoluciones, subversiones, rebeliones) y que, a criterio de una gran

parte de la sociedad, no han sido resueltos de una forma adecuada, sino por un poder dominante, represivo y coercitivo, puede hacer que de ese "resentimiento" surja una violencia social. En este caso podemos poner a Irlanda como ejemplo.

5.2. Causas internacionales

- Las crisis internacionales. Con frecuencia los diferentes países sufren con cierta periodicidad, determinadas crisis que pueden serlo de diferentes etiologías. Las sociedades industrializadas pueden sufrir crisis de seguridad, empleo, superproducción, distribución desigual de la riqueza y de los productos, crisis que desequilibran el normal funcionamiento social, que se acentúan en comparación con otros países más o menos cercanos y más o menos similares, lo que favorece la aparición de conflictos, incluso a nivel internacional, lo que puede dar pie a la aparición del fenómeno terrorista, también como fórmula de desestabilización de un régimen político determinado. En el ámbito internacional, previo a un conflicto bélico, por diversas causas no deseable en ese momento, o en su preparación, el terrorismo puede ser considerado como una forma de desestabilización de un país.
- En el panorama internacional un elemento que alcanza un indudable valor es su evaluación por parte de otros países. El apoyo directo o indirecto a este tipo de terrorismo por parte de otros países puede ser definitivo para alcanzar sus objetivos. En la historia pasada, incluso en la más moderna, se pueden encontrar ejemplos no solo de este tipo de ayuda, sino también del elemento amenazante de otros países a movimientos que, por una parte pueden haberse desarrollado en intensidad y, por otra, haber desaparecido ante la presión de países más poderosos.

5.3. Causas psicológicas

- De acuerdo con Freud uno de los elementos que puede mover al ser humano hacia la violencia es el problema psicológico de la cultura humana. Esta cultura, por una parte, comprende todo el saber y el poder alcanzado por el hombre para dominar la naturaleza y obtener los bienes necesarios para el propio hombre y para la sociedad en general. Pero, por otra, trae consigo la creación de organizaciones que regulan las relaciones entre los hombres y que distribuyen los recursos naturales obtenidos. Esta relación hombre-organización hace nacer una hostilidad cultural que, siguiendo a Freud, no es inherente ni al ser humano, ni a la propia cultura, sino que depende de la propia imperfección de las culturas desarrolladas, imperfecciones que en algunos hombres son lo suficientemente poderosas como para determinar su conducta destructiva.

- La propia autorrealización del hombre. Begin (1978), en su obra, "dibuja" esta realidad humana cuando dice "Peleamos, luego existimos". Para muchas personas el inicio de este tipo de actividades puede ser como una forma de existencialismo, de sentir que "se está vivo" y la exposición a una pérdida de la vida sería la única forma de sentir que se dispone de ella.

6. LA AMENAZA DEL TERRORISMO Y SU AFECTACIÓN EN EUROPA

Para poder hacer predicciones de futuro lo primero que es necesario tener es conocimientos, y no superficiales, del pasado, y es una cosa que no tenemos. Por eso, y creyendo que pueda ser de importancia su publicación, en este apartado vamos a basarnos explícitamente en un gran artículo sobre terrorismo internacional, especialmente referido a Al Qaeda, de Fernando Reinares, a mi parecer, uno de las grandes figuras de la investigación en este contexto (Reinares, 2011).

Si bien podríamos encuadrar este artículo en los orígenes del terrorismo, Reinares (2011) lo relaciona en cuanto a una diferente afectación del terrorismo de Al Qaeda en nuestra zona europea. Para el autor existen cuatro países en Europa que tienen más posibilidad de ser afectados por el fenómeno del terrorismo de este tipo, solo tenemos que recordar los atentados llevados a cabo (España y Reino Unido) y aquellos fallidos (España, Reino Unido, Francia). Estos países, en consonancia con los informes del Departamento de Estado de los Estados Unidos, la Unión Europea y Europol, son: Reino Unido, Francia, Italia y España.

Los factores aludidos son, por una parte, los *antecedentes históricos*. Todos estos países han tenido una amplia expansión colonial, la mayor parte en poblaciones musulmanas que posteriormente alcanzaron la independencia (Norte de África, Oriente Medio, Asia). Por otra, que gran parte de Europa occidental, estuvo bajo dominación musulmana. Por una parte el colonialismo, y por otra la expulsión de tierras en las que regia el Islam (especialmente España y Portugal), crearon sin duda profundos resentimientos convirtiendo a estos países en culpables de todos los avatares negativos que sufrieron estas poblaciones musulmanas, alentados por cuestiones políticas y religiosas.

Otro factor a considerar es el *territorial*. Si miramos el panorama mundial en el que se ha instalado el terrorismo relacionado con Al Qaeda (norte de África, Oriente Medio, sur de Asia, etc.), vemos que Europa Occidental marca las primeras fronteras (especialmente España e Italia) a este tipo de lucha. Si estos países próximos y con los antecedentes destacados tienen, además, grandes colectividades de islamistas asentados entre sus poblaciones nacionales (Francia, Alemania, Reino Unido, España e Italia), no solo lo anteriormente dicho, sino también circunstancias puntuales y actuales de los propios problemas europeos, pueden ahondar ese resentimiento y radicalizar las posiciones de estos grupos.

Otro factor a considerar sería la *posición económica* que cada uno de estos países ocupa en el concierto europeo. Ya sabemos que uno de los objetivos de este terrorismo es causar el mayor daño económico posible a la Nación en la que actúan, y, como también sabemos, no todos los países ocupan la misma posición, por lo que atentarán contra aquellos que repercutan sus daños sobre el conjunto de Europa.

Por último este autor considera también como factores a tener en cuenta la dimensión de su *política exterior*, especialmente en lo relativo a la aportación de tropas a misiones de paz en territorios musulmanes, y su *estabilidad política* interior, como guías de estas acciones terroristas por parte de Al Qaeda.

7. TERRORISMO Y PSICOLOGÍA

En este apartado lo que nos interesa fundamentalmente es acudir a un estudio sobre la persona del terrorista, así como a sus víctimas.

Podríamos dedicar una parte de nuestro tiempo a una clasificación de los grupos terroristas, pero esto, unido a las ideologías nos llevaría a un campo tan extenso que, más que aclarar, difuminaría a los grupos, y sin desconsideración a ellos, sería más explicativo este análisis desde las teorías sociológicas que las criminológicas o psicológicas, dado que tendríamos que remitirnos a tantísimos grupos terroristas como siglas aparecen en esta historia y que reflejamos, en parte en los Anexos, y tendríamos que analizar sus ámbitos geográficos, sociales, las diferentes personalidades de sus integrantes, sus ideología, los fines que cada uno persigue, su mayor o menor integración de sus actuaciones en el tejido social, etc. Por ello, en este apartado nos centraremos en los elementos fundamentales de la psicología terrorista.

7.1. El terror

Terrorismo es sinónimo de terror, y de esa misma palabra latina se deriva, cuyo significado antiguo era "temblor físico" y que hoy día representa un estado emocional de miedo extremo o se considera igualmente como "dominación por medio del terror" (Alonso –Fernandez, 1986).

Miedo, *temor* y *terror* son tres conceptos diferentes que representan las formas de reacción de las personas ante la presencia de peligros en su vida real. La reacción general de los individuos ante un riesgo o peligro inmediato es el miedo. El temor es un miedo a algo no concreto, es una sensación de alarma ante "algo" incierto e indefinido. Por último el terror, es el miedo o el temor intenso, emoción que se manifiesta en el soma y en la psique (cuerpo y mente) con claras consecuencias en cada una de estas partes corporales. Cuando ni el miedo ni el temor (peligro real o imaginario) pueden ser controlados por su intensidad, nos estamos refiriendo al estado de *pánico*.

El proceso del terror (Walker, 1964) implica tres elementos:

- Un acto o amenaza de violencia.
- Que causa una reacción emocional, y
- Produce efectos sociales.

Una de las grandes características de este tipo de terror es su irracionalidad, irracionalidad que se manifiesta por: a) una victimología elegida por ser símbolo o representación de aquellos a los que va dirigido "el mensaje", no por ser enemigos, obstáculos o problemas para la consecución de sus fines; b) porque no se busca la destrucción de los objetivos (personas, propiedades, instalaciones, grupos, etc.), sino tan solo sus efectos psicológicos, el temor, la intimidación, etc. y c) la propia irracionalidad dogmática y de adoctrinamiento del elemento terrorista, el fanatismo.

7.2. El terrorista

Si hemos planteado la dificultad de explicar los diferentes grupos terroristas, mucho más difícil lo es hacerlo sobre los militantes de cada uno de los grupos dado que, como premisa, debemos adoptar la postura de que no existen dos terroristas iguales, ni aún militando en el mismo grupo, pero debemos afrontar la tarea, dado que aún hoy día existen pocas explicaciones sobre la psicología individual del terrorista, y si muchos estereotipos.

Hemos de partir de la premisa básica de que nadie nace terrorista, ni que una persona, en un momento determinado de su vida, y sin ningún tipo de consideraciones, decida hacerse terrorista. Todas las personas, en cualquier momento de nuestra vida, tenemos un bagaje personal, que aún pudiendo ser compartido con otros en gran parte, no produce los mismos efectos. Antes de decidir ser terrorista, el individuo ha desarrollado una existencia en un determinado país, un determinado ambiente cultural, una sociedad con un determinado tipo de régimen político, ha tenido o compartido una determinada familia, ha tenido una educación, ha desarrollado una actividad laboral, etc.

Pero ese no es todo su bagaje, no se llega a la integración en un grupo o a la acción terrorista en un solo paso. Hasta que eso llegue, ha debido pasar por numerosas situaciones y haber sido sometido a numerosas pruebas, e incluso haber pasado por diversos grupos en los cuales las acciones que se cometen son denominadas "de baja intensidad" o, incluso aún, haber tenido que pasar algún tiempo en prisión.

Todas estas circunstancias han ido "conformado" su personalidad, "modelando" su temperamento, a base de determinados logros y determinadas frustraciones, hasta que algo se presenta ante él que le lleva a tomar esa decisión o modificarla. Pero una cosa que debemos tener siempre presente es que el terrorista, el convencido y movido por un propósito principalmente ideológico, posee una mentalidad muy diferente de los delincuentes o criminales comunes, y es que están convencidos de que sus acciones no son delincuenciales sino que están plenamente justificadas, son necesarias y son consideradas heroicas.

Entre las muchas características que se pueden destacar de un terrorista, unas lo serán con carácter general y otras lo serán con carácter específico. Aunque, de acuerdo con Laqueur (1980) las generalizaciones tienen poca validez porque casi todo depende de otras variables, dentro de las características generales podemos destacar:

- La *juventud* de sus miembros, considerado el único rasgo común de todos los grupos o movimientos, no necesita mayor explicación. Si podemos añadir que, en todos los tiempos, el sexo no ha sido una característica dado que, tanto mujeres como hombres, han participado activamente en la lucha terrorista, tanto dentro del grupo, como actuando de forma aislada, incluso llevando a cabo atentados suicidas (lobos solitarios).
- La *rebeldía*. Rebelde, anticonformista convencido, es todo aquel que opone resistencia a las tradiciones, las costumbres e incluso la autoridad, como manifestación de protesta, buscando un cambio en ellas, no de él, que ya está convencido, sino del resto de las gentes con la asunción de

sus principios, y que no busca su propio beneficio, sino sustituir unas situaciones por otras.

Y, aunque equivocado, entendemos al hombre y la acción en el sentido que establece Camus (1958)

> *"El hombre rebelde es el hombre situado antes o después de lo sagrado, y dedicado a reivindicar un orden humano en el cual todas las respuestas sean humanas, es decir, razonablemente formuladas".*
>
> *"La rebelión es el acto del hombre informado que posee la conciencia de sus derechos".*

- El *radicalismo* se considera como uno de los "pecados" más normales de la juventud, pero no tiene porqué ser malo. Lo es cuando este concepto se distorsiona y se extrapola en la dirección negativa, que se produce cuando los sentimientos de idealismo, generosidad, deseo de cambio, entrega, la ilusión por la acción o la audacia, se convierten en ideas confusas, manipuladas, sentimientos de inferioridad, tendencias agresivas o necesidades de reafirmación, dificultades para la integración o inestabilidad emocional.
- *Errores en la percepción.* Para llegar a tomar esta decisión, una persona debe tener poderosas razones, reales o imaginadas, dado que no puede proceder de un impulso incontrolado o de una situación de tensión. En la mayoría de los casos (al menos actualmente en el gran contexto mundial) no existen razones justificativas para el ejercicio del terrorismo, por eso la realidad debe ser percibida de una forma totalmente deformada, bien por percepción propia, bien por adoctrinamiento, de una forma tan negativa y peyorativa que le lleve a una justificación de sus acciones (teoría de la alienación marxista), lo que de forma interna le proporcionará esa "coartada" psicológica que le puede llevar incluso a considerar sus actos como moralmente buenos. Es también común, en muchas ocasiones basar su decisión como excusa para exteriorizar dormidas tendencias criminales, pero si bien en otras acciones puede darse el caso (mercenarios), en el tema terrorista esta justificación no se mantendría en el tiempo.
- La *agresividad y violencia.* Entrar a analizar las teorías sobre la agresión o la personalidad agresiva sería un trabajo de psicología clínica lo suficientemente profundo y extenso como para salirse de los fines de este tema. Se considera de forma general que la agresividad humana, o la conducta agresiva son conductas no adaptativas o contrarias a la naturaleza, si bien desde una perspectiva biológica en comportamiento agresivo es adaptativo, programado para aumentar la supervivencia y la reproducción de

los individuos en situaciones de tensión. No obstante el concepto hace referencia a un conjunto de patrones de actividad que pueden manifestarse con intensidad variable, incluyendo, desde la pelea física hasta los gestos o expresiones verbales que aparecen en el curso de cual actividad, especialmente de tensión y dirigida a la consecución de diferentes objetivos (Montero Gómez, 2004; Sanchez Gómez, 2012).

Respecto a la *violencia*, algunos autores la consideran como la configuración perversa de la agresividad, representando una forma de agresividad maligna y ofensiva, que se manifiesta cuando se hace un ejercicio ilegítimo de la fuerza (Alonso-Fernandez, 1980).

- *El paso al acto*. Suprimidas todas las barreras morales y llegado al convencimiento de que la maldad social o política impera en las estructuras de un determinado país o zona, y llevados al deseo de su reforma, es sencillo llegar a la conclusión de que la única forma de modificarlo es la destrucción de la situación actual y su cambio en otro diferente. Pero para ello sólo vale la acción, pues de otra forma no se puede conseguir la finalidad prevista, llegándose a cometer el acto terrorista.

Pero no podemos quedarnos ahí, en la simple comisión de un acto violento. No podemos dejar de considerar que, desde ese mismo momento, se instala en la personalidad del individuo nuevos elementos procedentes del propio acto. En primer lugar esta *violencia* causa una importante fascinación en el individuo. El *riesgo* que se ha corrido se convierte en un fuerte estímulo excitatorio para acciones posteriores. Se crea en el individuo sentimientos de poder al comprobar el resultado de sus acciones, tan fuerte que puede llegar a sentirse esa supremacía sobrenatural que la hace dueño del derecho a la vida de los demás. Nace en su interior un sentimiento de vanagloria que puede llevarle a sentimientos de superioridad sobre los demás y hacer nacer resentimientos y rencores antes controlados. Cuando esto se "asienta" tenemos delante de nosotros al perfecto terrorista.

7.2.1. Especial referencia al "Lobo Solitario"

A lo largo y ancho de este mundo, en todas las épocas, se han cometido acciones violentas sobre reyes, presidentes del gobierno, políticos, policía, militares y civiles, todos ellos por diferentes motivaciones. Pero son precisamente estas motivaciones las que hacen que los atentados tengan consideraciones diferentes.

Hasta fechas próximas, no siempre estas actividades han sido catalogadas como "acciones terroristas", dado que el concepto de "terrorismo" estaba íntimamente unido al de grupo u organización.

Pero, ni aún desde el punto de vista psicológico atendiendo a su violencia o peligrosidad, debemos considerarlos como asesinos en serie o en masa, dado que entre estos y aquel existen diferencias sustanciales. En el capítulo sobre los homicidios, dimos unas claras diferenciaciones entre estos tipos de asesinos, por lo que aquí tan solo vamos a recordar que en unos, los asesinos en masa, se produce un "cortocircuito" y cometen varios asesinatos en un mismo acto siendo, por lo general, la última víctima el propio autor. (Rodriguez y Ceballos, 2012). Como ejemplo de atentado de este tipo podemos recordar al cometido por Cho Seung-Hui, el 16 de abril de 2007, en la Universidad Estatal de Virginia (Virginia Tech), quien por venganza asesina a tiros a 33 personas entre alumnos y profesores, dejando heridos, además, a otras 29 personas.

Los otros, los asesinos en serie, cometen varios asesinatos, con secuencias de tiempo diferentes y con motivaciones basadas en algún tipo de venganza, el trastorno mental u otro tipo de motivación. Como ejemplo de este tipo de actuaciones podemos poner desde nuestro asesino más prolífico Manuel Delgado Villegas (a) "El Arropiero" o José Antonio Rodriguez Vega (a) "El mataviejas"; los Rusos Chikatilo u Onopriyenko; o los americanos Ted Bundi o John Gacy.

Los perfiles de ambos tipos de individuos han sido estudiados con profusión.

Para Jordan (2011), la definición de lobo solitario se aplica, en primer lugar, a aquellos individuos cuyo actos revisten algunas de las características o notas que definen al acto terrorista, a las que hemos aludido anteriormente; por otra, a la característica de su actuación en solitario. Su definición para el lobo solitario es *"el terrorista que actúa de manera individual e independiente, sin pertenecer o estar vinculado a ningún grupo terrorista"*.

Podemos decir por tanto que las dos características fundamentales son la ideología (de forma general están basadas en fundamentaciones racistas, religiosas, nacionalistas, separatistas, o políticas, o finalidad política y la actuación en solitario.

Rodriguez-Gonzalez (2010) dice que el término surge en los años 90 dentro de los círculos norteamericanos partidarios de la "supremacía blanca" (Bakker y De Graaf, 2010), pero si el concepto es tan moderno, no lo es la actuación de este tipo de terroristas. Por poner algunos ejemplos, podemos llamar lobos solitarios a:

- Juan Oliva Moncasí, quien el 25 de octubre de 1878 atenta contra el Rey alfonso XII.

- Jerónimo Caseiro, que el 24 de junio de 1894 asesina al Presidente de Francia Sadi Carnot.
- Michele Angiolillo que asesina a Cánovas del Castillo el día 8 de agosto de 1897.
- Lucceni que el día 10 de septiembre de 1898 asesina en Ginebra a la emperatriz Isabel de Austria.
- Caetano Bresci, el 29 de julio de 1900 asesina al Rey Humberto I de Italia.

Por poner tan solo unos ejemplos de lo sucedido en la Europa de finales del siglo XIX o principios del XX, pero que también podemos poner ejemplos de casos vividos en países de América Latina, Norteamérica o Rusia.

En los ejemplos que hemos puesto, estos lobos solitarios han cometido un atentado en el que solamente han fallecido una persona (por lo que no puede considerárseles asesinos en serie), pero, por desgracia, y en tiempos muy recientes, podemos poner ejemplos en los que no solo se combinan actuaciones con explosivos y armas de fuego, sino que en las acciones, una o varias, se producen la muerte de numerosas personas, sin que podamos denominarlos como asesinos en masa.

No estamos refiriendo a dos casos, a cada cual mas reciente.

El primero de ellos es el de Behring Breivik, (fotografía adjunta), ciudadano noruego de 32 años que comete dos diferentes tipos de atentados el día 22 de julio de 2011. En el primero de ellos coloca una furgoneta cargada de explosivos en el centro de Oslo (Noruega) causando 8 víctimas mortales. Tras esto se dirige al islote de Utoya, campamento juvenil del Partido Laborista donde, tras hacerse pasar por policía, y con la excusa de dar explicaciones sobre el atentado de Oslo, los reúne a su alrededor y con armas de fuego comienza a dispararles causando, en ese acto, un total de 69 víctimas mortales.

Mason, nacionalista y conservador, se consideraba un verdadero Caballero Templario actuando contra la islamización. Tras su detención, a la que no se opuso, justificó la masacre como un castigo a la socialdemocracia por "traicionar" al país "importando musulmanes y para salvar a Europa occidental del islam.

El segundo, mucho más reciente, es Mohamed Merah (fotografía adjunta), nacido el día 10 de octubre de 1988 en Toulouse (Francia), delincuente juvenil fichado, musulmán de origen argelino, de donde procedía su familia. Instruido en el salafismo viaja a Afganistán y Pakistán donde recibió formación militar en grupos relacionados con Al-Qaeda y sus campamentos terroristas.

Comete tres atentados bastantes diferentes por sus víctimas. El primero de ellos, el día 11 de marzo de 2012 asesina a un soldado en Citie de l´Espace. El día 15 del mismo mes, durante un tiroteo asesina en la zona de Montauban a dos militares paracaidistas de origen magrebí. Días después, el día 19, en la misma Toulouse, en la puerta de la escuela judía Ozar Hatorah, comienza a disparar contra niños y adultos provocando cinco víctimas, tres niños y dos adultos (dos niños y uno de los adultos eran padre e hijos). Localizado su paradero unos días después, muere en el enfrentamiento con las fuerzas policiales (el día 21 de marzo). A través de la página web "Shamikh" el grupo "Los Soldados del Califato", de la red terrorista liderada por Ayman al-Zawahiri, se atribuye el atentado al considerar a Yusuf al Faransi (Mohamed Merah) uno de los suyos (ABC, 23 de marzo de 2012).

7.3. Las víctimas

El terrorismo, máxima exposición de la violencia brutal y gratuita, afecta no solo a las personas que directamente fueron afectada por la acción terrorista, sino a toda la población, sean afectados directos, testigos presenciales o simplemente ciudadanos que tienen conocimiento del hecho a través de los medios de comunicación social.

El intento de afrontar una situación irracional e inusual puede causar una reacción emocional que a veces sobrepasa la comprensión normal y genera una cadena de eventos psicológicos que culminan con sentimientos de miedo, desesperanza, vulnerabilidad y duelo.

Al igual que, de forma general, en la persona del terrorista pueden estar presentes características que acompañan a la personalidad del psicópata y tener afectados diferentes planos de ella, en las víctimas la propia acción terrorista, o tan siquiera el miedo a sufrirla, afecta también a diferentes planos del ser humano.

En el *plano fisiológico*. Con independencia de las lesiones puramente físicas y las consecuencias o secuelas que estas puedan dejar, la persona puede quedar afectada de forma grave y permanente en muchas de las funciones de este sistema, que pueden presentar incidencia en la alimentación, el sueño, aparición de frecuentes enfermedades, somatizaciones, automedicación compulsiva, etc., todas ellas con una fuerte recidiva y que pueden perjudicarle gravemente.

En el *plano cognitivo*. La propia irracionalidad de este tipo de violencia afecta, con la misma seriedad, profundidad y permanencia, entre otras, a la capacidad de razonar. La lógica, la objetividad, la probabilidad, todas ellas "herramientas" de las que el ser humano está dotado para afrontar situaciones de crisis o delicadas, quedan inutilizadas porque, a partir del momento de padecer o presenciar la acción terrorista, éstas pierden su valor. Otras por el contrario aparecen y se instalan, algunas como la labilidad, la inseguridad o la anhedonia se implantan como indicadores negativos para la recuperación.

En este plano la xenofobia puede ligarse de una manera poderosa al terrorismo. Xenofobia es el miedo u odio a extranjeros o extraños. La procedencia del terrorismo de una parte determinada de un territorio, o practicado por personas de determinadas razas o etnias puede convertir ese miedo en una amenaza desde el punto de vista psicológico y con objetivo en la sociedad. Si las personas que sufren o presencian los "zarpazos" del terrorismo, han sufrido con anterioridad acontecimientos traumáticos (emigración, violencia doméstica, maltrato infantil, recuerdos de guerras u otro tipo de contiendas, rencillas políticas, etc.), o lo han sufrido compañeros de trabajo, familiares o amigos, se convierten en víctimas más vulnerables a los efectos negativos de situaciones de miedo o estrés.

En el *plano emocional*. Las propias características del acto "cauterizan" los sentimientos, éstos quedan "abotargados", dejando tan solo un poso de resentimiento, odio, miedo, que te hace perder la perspectiva humana de las personas.

En el *plano neurocomportamental*. Es este aspecto pueden aparecer dos tipos diferentes de formas de afrontamiento. Por una parte un comportamiento retraído, totalmente pasivo y de continua evitación. Por otra un comportamiento arriesgado, irresponsable, agresivo y transgresor.

En el *plano de la personalidad*. Pueden, como en el contexto anterior, aparecer dos actitudes polarizadas, la de extroversión, impulsividad y falta de control, o bien introversión, inmadurez y dificultades para evaluar situaciones imprevistas.

Si la victimización se hubiera producido por motivos puramente profesionales, y en venganza a su actuación como tal, puede llevar a incumplimientos, abandono de responsabilidades, críticas sistemáticas, etc., lo que le haría cada vez menos idóneo para desempeñar aquellas funciones que, hasta ese momento, había venido desarrollando con eficacia y eficiencia.

Las personas que han sido víctimas de algunos de estos actos pueden presentar determinadas señales demostrativas de la existencia de procesos de estrés. Estas señales o conductas pueden ser:

- Pensamientos recurrentes del incidente.
- Miedos y temores inespecíficos, especialmente focalizados a situaciones de agorafobia, miedo a la soledad, a lo desconocido, sensación de pérdida de control sobre su propia vida, etc..
- Un cambio en su comportamiento habitual, que puede presentarse por medidas de evitación a determinados lugares, demostrar apatía por cosas que anteriormente les ilusionaba, cambio en preferencias respecto a amistades, reducción drástica en sus salidas lúdicas o de ocio, etc..
- Sensación de pérdida.
- Dificultad no solo en la expresión de sus sentimientos, sino también en su identificación.
- Culpa del sobreviviente.

Podemos dar unos pequeños consejos para el *afrontamiento* de este tipo de situaciones, similares a todas aquellas que producen en el individuo situaciones de estrés específicas. Podemos indicar:

a) Ayudarles a identificar los sentimientos que experimentan y explicarles que, por desgracia, son sentimientos normales y que lo único anormal es la situación en que los hechos tienen lugar.

b) Que mantenga todo aquello que en el pasado le era agradable o útil. Mantener una rutina y continuar haciendo aquellas cosas de las que antes disfrutaba.

c) Mantener el contacto con personas de confianza, familiares o amigos y profesionales acerca de sus miedos o sensaciones desconocidas.

d) Evitar los pensamientos negativos y aceptar la realidad de los hechos.

e) Reconocer la realidad del hecho terrorista y su finalidad de amedrentamiento.

f) Si son menores hay que animarles a exteriorizar sus sentimientos respecto a los hechos y lograr que verbalicen todo lo visto, oído y experimentado. Evitarles cualquier atisbo de sentimiento de culpabilidad, que a veces puede estar provocado por las conversaciones de los mayores o por las noticias de los medios de comunicación social. Reforzar su actuación durante los acontecimientos y garantizarles todo el cuidado y ayuda en el futuro.

8. LA LUCHA CONTRA EL TERRORISMO

Javier Solana, a la sazón Secretario General de la UE y Alto Representante para la Política Exterior y de Seguridad Común, durante el XIV Seminario Internacional de Defensa, bajo el título de "El terrorismo una amenaza del siglo XXI: Guerra sin enemigo, paz sin seguridad", celebrado en Toledo (España), durante los días 5-6 de junio de 2002, dijo: *"La amenaza del terrorismo sólo puede conjurarse atendiendo a desactivar los yacimientos del odio y del fanatismo"*, y *"El combate contra el terrorismo es un combate que también afecta a las conciencias, los comportamientos, las ideas, el sentimiento de la gente, el corazón y la cabeza de muchas personas, gente pobre, gente miserable que existe en el mundo y que es manipulada"*, deseos sin duda llenos de espiritualidad, pero, también sin duda, vacios de posibilidades reales.

En ese mismo Seminario, José Bono, entonces Presidente de la Junta de Castilla-La Mancha, respecto a la amenaza terrorista expresó: *"La amenaza terrorista percibida y políticamente instrumentalizada provoca demandas de seguridad por parte de los ciudadanos y los gobiernos que, en muchos casos, están reñidas con la libertad y la democracia"*, y en relación a España dijo: *"Y es que hay gobiernos, y ahora no me refiero al de España, sino que sigo con la línea anterior, que por ganar votos están dispuestos incluso a que la lucha antiterrorista forme parte del mercado electoral. Y mientras eso ocurra con cualquier gobernante, tengo la impresión de que les damos respiro a los terroristas donde quiera que estén"*, ¡eso lo dijo en el 2002!

En este apartado haremos referencia a aquellos instrumentos, internacionales, europeos y nacionales, que puedan servir de base para una "justa" lucha contra el elemento terrorista.

8.1. Desde el marco de las Naciones Unidas (NNUU)

Creo que, como hace algunos de los documentos a los que vamos a hacer referencia, es conveniente no confundir terrorismo con islamismo, dado que, su identidad física, política y/o ideológica, no beneficia a la labor de lucha a la que vamos a aludir.

El Consejo de Seguridad de las NNUU, en su sesión celebrada el 15 de octubre de 1999, aprueba la ***Resolución 1267***, en relación directa con la situación en Afganistán y con el terrorismo internacional. Su contenido podemos verlo en el **ANEXO III.**

También, motivados por los atentados, y, como hemos visto, en base a la Resolución 1373 (ver punto 6 de dicha Resolución), se crea en el seno de NNUU un Comité contra el Terrorismo, para "trabajar para fortalecer las capacidades de los Estados miembros de las NNUU para combatir las actividades terroristas dentro de sus fronteras y en todas las regiones". Actualmente, desde enero de 2011 está presidido por Hardeep Singh Puri, Embajador y Representante Permanente de la India.

Dimanantes de este Comité, y basados en la Resolución 1373, se pueden consultar en su página web los siguientes documentos que pueden resultar de interés:

- Carta de fecha 17 de agosto de 2011 dirigida al Secretario General sobre el estudio mundial sobre la aplicación de la Resolución 1624.
- Estudio de la aplicación de la Resolución 1624.
- Y de interés especial, la Guía técnica sobre la aplicación de la Resolución 1373.

Consideramos también de importancia hacer una referencia de la **Resolución 1624**, del Consejo, aprobada en la sesión celebrada el 14 de septiembre de 2005. Parte de su contenido se expone en el **ANEXO IV**.

Otro documento al que queremos hacer referencia es la ***National Strategy for Counterterrorism***, que si bien centra su atención en el terrorismo de Al Qaeda, por razones fáciles de entender (Blanco Navarro, 2011, http:/www.state.gov), prioriza los riesgos dependiendo de la zona geográfica, para garantizar la seguridad de los ciudadanos y sus intereses, en cualquier lugar del mundo. Su estructura completa figura en el **ANEXO V.**

En junio de 2010, el Instituto Interregional de las Naciones Unidas para las Investigaciones sobre la Delincuencia y la Justicia (UNICRI) inaugura el ***Centro de políticas para contrarrestar la atracción del terrorismo del UNICRI***. Dicho Centro, ubicado en Lucca (Italia) está dedicado a analizar las diferentes políticas y programas de detección y prevención de trayectorias conducentes al terrorismo y a la promoción de iniciativas de intervención temprana contra el reclutamiento de terroristas, así como a las iniciativas de rehabilitación.

Pero a nivel internacional hay otras numerosas acciones que, bien puntualmente, bien de forma general, se llevan a cabo con la finalidad de luchar contra el terrorismo. Es verdad, que a nivel de las Naciones Unidas, el atentado de las Torres Gemelas ha marcado un hito en esta lucha, aunque con ello no queremos decir que anteriormente no se haya hecho nada al respecto.

8.2. Desde el marco de la Unión Europea (UE)

Como hemos dicho anteriormente, son numerosas las acciones que, documentalmente, se presentan a nivel europeo, la mayoría de ellas provenientes de los mandatos de las diferentes Resoluciones, a algunas de las cuales hemos hecho referencia, si bien otras muchas proceden de los acuerdos firmados por los diferentes países o por sus propias iniciativas.

En el marco del *Programa General "Seguridad y defensa de las Libertades"*, la UE establece un programa específico para el periodo 2007-2013 destinado a apoyar los proyectos en materia de prevención, preparación y gestión de las consecuencias de los ataques terroristas y de otros riesgos en materia de seguridad, la Decisión 2007/124/CE, que tiene por objeto contribuir a los esfuerzos de los Estados Miembros en la prevención de los ataques terrorista y en la preparación y protección de las personas y las infraestructuras críticas contra los ataques terroristas y otros riesgos en materia de seguridad.

El ***Plan de Lucha contra el Terrorismo*** establece: *"Debido a que el terrorismo representa una amenaza para la seguridad, la libertad y los valores de la Unión Europea y para sus ciudadanos, la actuación de la Unión tiene por objeto establecer una respuesta apropiada y adaptada para luchar contra ese fenómeno. Prevención, protección, persecución y respuesta constituyen así los cuatro ejes de su enfoque global. La Unión Europea se consagra tanto a la prevención y la represión de los actos terroristas, como a la protección de las infraestructuras y de los ciudadanos. Lucha también contra las causas, los medios y las capacidades del terrorismo. La coordinación entre servicios represivos y judiciales en la Unión y la cooperación internacional son también esenciales para garantizar la eficacia de la lucha contra este fenómeno transnacional"*.

De este plan, de un extenso desarrollo, destacaremos tan solo sus epígrafes:

- Estrategia y Plan de Acción.
- Acceso e intercambio de información.
- Prevención.
- Protección.
- Persecución.
- Respuesta.
- Instituciones y organismos.

Dentro de estos epígrafes o de sus programas de acción debemos hacer una mención especial a:

El ***Programa de Estocolmo***, en él se establece un plan de trabajo para el trabajo de la UE en el espacio de libertad, seguridad y justicia para el periodo 2010-2014. Establece las prioridades de la UE respecto al espacio de libertad, seguridad y justicia, que parte de los logros de los Programas de Tampere (Finlandia) y La Haya (Holanda) y pretende hacer frente a los desafíos de futuro y reforzar aún más ese espacio con medidas centradas en los intereses y las necesidades de los ciudadanos, con las siguientes prioridades:

- Una Europa de los derechos.
- Una Europa de la justicia.
- Una Europa que protege.
- Acceso a Europa.
- Una Europa de la solidaridad.
- Europa en un mundo globalizado.

Este Programa de Estocolmo se aplica por medio de un plan de acción adoptado en junio de 2010 (http://europa.eu).

El ***Programa de La Haya***: 10 prioridades para los próximos cinco años. Este Programa plurianual, adoptado en el Consejo Europeo de noviembre de 2004, recoge las 10 prioridades de la Unión destinadas a reforzar el espacio de libertad, seguridad y justicia. Estas prioridades son:

- Reforzar los derechos fundamentales y la ciudadanía.
- Lucha contra el terrorismo.
- Definir un enfoque equilibrado de la inmigración.
- Elaborar una gestión integrada de las fronteras exteriores de la Unión.

- Establecer un procedimiento común en materia de asilo.
- Maximizar las repercusiones positivas de la inmigración.
- Encontrar el equilibrio adecuado entre la protección de la vida privada y la seguridad al compartir información.
- Elaborar un concepto estratégico relativo a la delincuencia organizada.
- Garantizar un auténtico espacio europeo de justicia.
- Compartir las responsabilidades y velar por la solidaridad.

La Acción común 97/12/JAI de diciembre de 1999, de acuerdo al Tratado de la Unión Europea, estableció un programa común para el intercambio, la formación y la cooperación de las autoridades policiales y aduaneras. Prorrogados, denominados ***OISIN y OISIN II.***

Estos Programas tienen como objetivo prevenir, detectar y combatir el terrorismo y la delincuencia mejorando la cooperación entre las autoridades policiales y aduaneras con el fin de contribuir a aumentar el conocimiento y la comprensión recíprocos de los sistemas jurídicos y de las prácticas policiales y aduaneras de los Estados Miembros y a elevar el nivel de conocimientos especializados del personas policial y aduanero de los mismos.

En su articulado establece que se entiende por *autoridades policiales y aduaneras*: *"todos los organismos públicos existentes en los Estados Miembros que, conforme al Derecho nacional, sean responsables de la prevención, la detección y la lucha contra la delincuencia"* (Art. 2).

Las acciones que en el mismo se prevén son:

- La formación (incluida la lingüística), conocimiento de la legislación y de los procedimientos operativos.
- Los intercambios de personal encargado de la formación (organización de seminarios y de módulos de enseñanza), puesta a disposición de competencias operativas especializadas (organización de periodos de prácticas, visitas individuales o colectivas).
- Las actividades de investigación científica sobre temas como la cooperación policial, aduanera, estudios de viabilidad operativa y evaluación de las iniciativas tomadas en el marco OISIN, concepción, producción y difusión de apoyo pedagógico.
- Los intercambios de información sobre cuestiones operativas, operaciones piloto conjuntas, creación de directorios confidenciales, análisis de informes (Art. 3).

A raíz de los atentados que afectaron a Madrid en marzo de 2004, la UE se propuso intensificar y mejorar su lucha contra el terrorismo. Desde esta perspectiva la Comisión Europea decidió implicar aún más a la sociedad civil con el fin de protegerla mejor. Se propuso también actuar de manera preventiva con el fin de evitar los ataques terroristas, preparándose al mismo tiempo para responder con eficacia. Para ello, para integrar la lucha contra el terrorismo en la política global de la UE, se realiza la ***Comunicación de la Comisión al Consejo y al Parlamento Europeo,*** de 20 de octubre de 2004, titulada ***"Prevención, preparación y respuesta a los ataques terroristas"***.

Sus propuestas son:

- Proteger y movilizar a la sociedad civil y actuar en los siguientes ámbitos.
  a) Protección de los derechos fundamentales y lucha contra la radicalización de la sociedad,
  b) Asociación de los sectores privado y público y,
  c) Apoyo a las víctimas del terrorismo.
- Adoptar un enfoque integrado para prevenir los ataques terroristas y aprender a darles respuesta.
- Cooperación externa.
- Integración de los sistemas europeos y nacionales.
- Comunicación con el público.
- Vínculo entre los cuerpos de seguridad.
- Investigación en materia de seguridad.
- Función del sector civil.
- Explosivos.

Esta Comunicación, forma parte de una serie de cuatro, todas ellas proponen soluciones a los problemas prioritarios definidos en el Consejo Europeo de Bruselas del 18 de junio de 2004, dentro del ***Plan de Acción revisado de la Unión Europea de lucha contra el terrorismo.*** Las otras comunicaciones son:

- la de 20 de octubre de 2004, *"Sobre la prevención y la lucha contra la financiación del terrorismo a través de medidas para mejorar el intercambio de información, aumentar la transparencia y mejorar la trazabilidad de las transacciones financieras"*.
- la de 20 de octubre de 2004, sobre la "Lucha contra el terrorismo: preparación y gestión de las consecuencias", y,

- la de 20 de octubre, sobre *"Protección de las infraestructuras críticas en la lucha contra el terrorismo"*.

También consideramos de interés la carta emitida por los países miembros de la OSCE en su Reunión Ministerial del 6 y 7 de diciembre de 2002, celebrada en Oporto (Portugal) , para la prevención y lucha contra el terrorismo, también conocida como la Carta de Oporto, que insertamos en el **ANEXO VI.**

8.3. Desde el marco de la legislación española

Sin querer ser exhaustivos, vamos a nombrar algunas de las disposiciones legales relacionadas con el tema del terrorismo. Entre ellas:

- Ley 56/1978, de 4 de diciembre, de medidas especiales en relación con los delitos de terrorismo cometidos por grupos armados.
- Ley 82/1978, de 28 de diciembre, de modificación del Código Penal en materia de terrorismo.
- Ley Orgánica 7/2000, de 22 de diciembre, de modificación de la Ley Orgánica 10/1995, de 23 de noviembre, del Código Penal, y de la Ley Orgánica 5/2000, de 12 de enero, reguladora de la Responsabilidad Penal de los Menores, en relación con los delitos de terrorismo.
- Ley 2/2003, de 12 de marzo, de modificación de la Ley 32/1999, de 8 de octubre, de solidaridad con las víctimas de terrorismo.
- Ley 12/2003, de 21 de mayo, de prevención y blanqueo de la financiación del terrorismo.
- Ley 1/2004, de 24 de mayo, de ayuda a las víctimas del terrorismo.
- Leo Orgánica 4/2005, de 10 de octubre, por la que se modifica la Ley Orgánica 10/1995, de 23 de noviembre, del Código Penal, en materia de delitos de riesgo provocados por explosivos.
- Resolución de 29 de junio de 2006, del Congreso de los Diputados, por la que se ordena la publicación del Acuerdo de convalidación del Real Decreto-Ley 6/2006, de 23 de junio, sobre pensiones excepcionales derivadas de atentados terroristas.
- Ley Orgánica 5/2010, de 22 de junio, por la que se modifica la Ley Orgánica 10/1995, de 23 de noviembre del Código Penal.
- Ley 10/2010, de 28 de abril, de prevención del blanqueo de capitales y de la financiación del terrorismo.

Pero, por su importancia, consideramos que no debemos dejar pasar una lectura más profunda de las dos últimas leyes señaladas, la Ley Orgánica 5/2010 y la Ley 10/2010.

En el año 2002, en el marco del XIV Seminario Internacional de Defensa, "El terrorismo, una amenaza del siglos XXI", en su sesión 4 se plateaba una pregunta: ¿Se puede ahogar económicamente al terrorismo? Uno de los ponentes era el Sr. Ignacio Cosidó, en aquellas fechas Jefe del Gabinete del Director General de la Guardia Civil, quien en su intervención dijo: *"durante muchos años la lucha contra el terrorismo se ha centrado casi exclusivamente en la detención, la desarticulación de comandos que operaban, bien en nuestro territorio, o de estructuras de apoyo que podían existir en territorio francés"* y *"La lucha contra la financiación es un elemento más de una lucha integral contra el terrorismo,... "*.

Quiero pensar que estas actuaciones fueron de importancia para un inicio legislativo sobre la financiación de los grupos terroristas que pudo empezar en la Ley 12/2003, poco tiempo después del Seminario y que culmina, hasta ahora, con las dos leyes a las que vamos a hacer referencia más extensa.

Respecto a la Ley Orgánica 5/2010, contiene la mayor reforma que se aborda en nuestra legislación. Si analizamos su Preámbulo, en su punto VIII, al hablar del comiso, nos envía a dos importantes Decisiones Marco del Consejo, la 2005/212/ JAI, de 24 de febrero, y la 2002/475, JAI, relativas al decomiso de los productos instrumentos y bienes relacionados con el delito (la primera) y sobre la lucha contra el terrorismo(la segunda).

En el punto XXIX, también del Preámbulo, presenta como novedades "la profunda reordenación y clarificación del tratamiento penal de las conductas terroristas, incluyendo entre ellas la propia formación, integración o participación en organizaciones o grupos terroristas, al tiempo que se incorporan algunas novedades que dan cumplimiento a las obligaciones legislativas derivadas de la Decisión Marco 2008/919/JAI.

La última de las leyes señaladas, obedeciendo los mandatos legislativos de las Directivas 2005/60/CE y la 2006/70/CE, por su importancia mantiene el bloqueo como una decisión operativa en el ámbito del Ministerio del Interior.

En el actual Código Penal, estos temas se legislan en:

— **CAPÍTULO VII. DE LAS ORGANIZACIONES Y GRUPOS TERRORISTAS Y DE LOS DELITOS DE TERRORISMO.**

- **SECCIÓN 1. DE LAS ORGANIZACIONES Y GRUPOS TERRORISTAS.**

- **Artículo 571.**

- **SECCIÓN 2. DE LOS DELITOS DE TERRORISMO.**
  - **Artículo 572.**
  - **Artículo 573.**
  - **Artículo 574.**
  - **Artículo 575.**
  - **Artículo 576.**
  - **Artículo 576 bis.**
  - **Artículo 577.**
  - **Artículo 578.**
  - **Artículo 579.**
  - **Artículo 580.**

A los que remitimos para una lectura detenida.

9. UN POCO DE ESTADÍSTICA

Considero que puede ser conveniente que, en la Tabla 3, recordemos diferentes atentados sufridos en España en los que se produjeron, en el acto, el número de víctimas mortales que se indican, y asimismo una gran cantidad de heridos de diferentes gravedades.

Tabla 3. Atentados terroristas en España.

Fecha	Objetivo	Víctimas
13 de septiembre, 1974	Cafetería Rolando (Madrid	14
29 de julio, 1979	Estaciones y Aeropuerto (Madrid)	7
13 de abril, 1985	Restaurante el Descanso (Madrid)	18
14 de julio, 1986	Plaza de la R. Dominicana (Madrid)	12
19 de junio, 1987	Almacenes Hipercor (Barcelona)	21
29 de mayo, 1991	Caca Cuartel de la Guardia Civil de Vic (Barcelona)	8
11 de diciembre , 1995	Furgón Militar (Madrid)	6
11 de marzo, 2004	Trenes de Cercanías (Madrid)	190
30 de diciembre, 2006	Aeropuerto Madrid-Barajas	2

ANEXO I. Organizaciones terroristas extranjeras según el Departamento de Estado de los Estados Unidos de América

La *Lista de organizaciones terroristas extranjeras del Departamento de Estado de los* Estados Unidos (FTO) es una lista de organizaciones no estadounidenses que son designadas como terroristas por la Secretaría de Estado de acuerdo con la sección 219 de la Acta de Inmigración y Nacionalidad de los Estados Unidos. El gobierno de los Estados Unidos cree que las designaciones en esa lista juegan un importante rol en su lucha contra el terrorismo y es un medio efectivo para descubrir y cortar el apoyo a actividades terroristas y otros grupos de presión (www.america.gob).

Identificación

La ***Oficina del Coordinador para Contraterrorismo*** en el Departamento de Estado continuamente monitorea las actividades de grupos activos alrededor del mundo que son considerados potencialmente terroristas para identificar posibles candidatos a la designación. Al revisar a los posibles candidatos, la Oficina no sólo toma en cuenta los actuales ataques terroristas que un grupo ha llevado a cabo sino también si este grupo está inmerso en planeamientos o preparativos para posibles actos de terrorismo o adquiere la capacidad y la intención de llevar a cabo dichos actos.

Designación

Una vez que un grupo es identificado, la oficina prepara un informe administrativo que incluye tanto información clasificada como pública, que demuestra que el criterio para la designación ha sido correcto. Si el Secretario de Estado decide hacer la designación, el Congreso es notificado. Luego se publica la designación en el Registro Federal, a partir de lo cual la designación surte efecto. Una organización designada como una "*Organización Terrorista*" puede solicitar la revisión judicial de la designación en la Corte de Apelación del Distrito de Columbia dentro de los 30 días luego de la publicación.

Las designaciones como "*Organización Terrorista*" expiran automáticamente luego de dos años, pero el Secretario de Estado puede redesignar una organización por períodos adicionales de dos años, mientras encuentre que los criterios siguen existiendo. El mismo procedimiento para la designación se aplica también a cualquier redesignación de la misma organización. El Secretario de Estado puede revocar una designación o redesignación si es que ésta ha cambiado sus métodos de manera que justifique dicha revocación o si la seguridad nacional de los Estados Unidos garantiza una revocación.

Criterios legales para la designación

- Debe ser una organización internacional.
- La organización debe realizar actividad terrorista, o tener la capacidad y la intención de llevar adelante actividad terrorista o terrorismo.
- La actividad terrorista o terrorismo de la organización debe amenazar la seguridad de nacionales estadounidenses o la seguridad nacional (defensa nacional, relaciones exteriores, o intereses económicos) de los Estados Unidos.

Ramificaciones legales de la designación

- Es ilegal para una persona en los Estados Unidos o sujeta a la jurisdicción de los Estados Unidos proveer a sabiendas "soporte material o recursos" a una FTO debidamente designada, como "dinero o instrumentos financieros monetarios o garantías, servicios financieros, entrenamiento, asesoría profesional o asistencia, cajas fuertes, equipo de comunicaciones, armas, sustancias letales, explosivos, personal, transporte y otros usos físicos con excepción de medicinas o materiales religiosos).
- Los representantes y los miembros de una FTO debidamente designada, si son extranjeros, no pueden ser admitidos a los Estados Unidos y, en algunas circunstancias, son extraditables.
- Cualquier institución financiera estadounidense que toma conocimiento que tiene posesión o control sobre fondos en la que una FTO o su agente tiene interés debe retener dicha posesión y control sobre los fondos y reportarlos a la Oficina de control de asuntos exteriores del Departamento del Tesoro.

Lista de las organizaciones terroristas extranjeras designadas por Estados Unidos

Esta lista está actualizada al 30 de abril de 2008:

- ***Al-Qaeda (ámbito global)***, cuyo objetivo es unir a los musulmanes del mundo y establecer un nuevo orden mundial por medio de la Yihad.

ÁFRICA:

- ***Grupo Islámico Armado*** (Argelia).
- ***Grupo Salafista para la Predicación y el Combate*** (Argelia). Objetivo: Yihad.
- ***Al-Gama'a al-Islamiyya*** (Egipto). Objetivo: Yihad.

- ***al-Jihad*** (Egipto). Objetivo: Yihad.
- ***Grupo Libio de Lucha Islámica*** (Libia).
- ***Grupo Combatiente Islámico Marroquí*** (Marruecos). Objetivo: Yihad.

AMÉRICA:

- ***Fuerzas Armadas Revolucionarias de Colombia (FARC, Colombia).*** Objetivo: establecer una república socialista en Colombia.
- ***Ejército de Liberación Nacional (ELN, Colombia).*** Objetivo: establecer una república socialista en Colombia.
- ***Autodefensas Unidas de Colombia (AUC, Colombia).*** Objetivo: Antiinsurgencia, combatir a las FARC, al ELN y al EPL.
- ***Fundación Tierra Santa para el Auxilio y el Desarrollo (Estados Unidos).*** Objetivo: Ayudar, financiar y sostener organizaciones islámicas en el mundo.
- ***Sendero Luminoso (PCP-SL, Perú).*** Objetivo: Establecimiento de una república socialista maoísta en Perú.

ASIA:

- ***Movimiento Islámico del Turkestán Este (China).*** Objetivo. La independencia del Turkestán Oriental.
- ***Organización por la Liberación del Turkestán Oriental (China).*** Objetivo: la independencia del Turkestán Oriental.
- ***Nueva Armada Popular (Filipinas).***
- Partido Comunista de Filipinas/Nuevo Ejército Popular (Filipinas).
- ***Jemaah Islamiya (Indonesia, Malasia, Singapur)***. Objetivos: Yihad; Destruir India e Israel; Aniquilar el hinduismo y el judaísmo; Independencia de Jammu y Cachemira de India.
- ***Lashkar-e-Toiba (India, Pakistán)***. Objetivos: Independencia de Jammu y Cachemira de India; pensamiento pansudasiático, antioccidente, antirruso, antichino y antisemita.
- ***Jaish-e-Mohammed (India, Pakistán).***
- ***Harakat ul-Mujahidin (Insia, Pakistán).***
- ***Tanzim Qa'idat al-jihad fi Bilad al-Rafidayn (Pakistán, Irak). Objetivo: Yihad***.

- ***Ansar al Islam (Iraq).*** Objetivo: Independencia del Kurdistán.
- ***Mujahedin-e Khalq Organization (Irán).***
- ***Kahane Chai (Israel). Objetivo: Restaurar el estado bíblico de Israel.***
- ***Aum Shinrikyo (Japón).***
- ***Hezbollah (Líbano). Objetivo: Crear una República Islámica en Líbano.***
- ***Asbat al-Ansar (Líbano).***
- ***Lashkar i Jhangvi (Pakistán).***
- ***Fatah-Consejo Revolucionario (Palestina). Objetivo: Independencia de Palestina.***
- ***Brigada de los Mártires de Al-Aqsa (Palestina). Objetivo: Independencia de Palestina.***
- ***Frente de Liberación de Palestina (Palestina). Objetivo: Independencia de Palestina.***
- ***Yihad Islámica Palestina (Palestina). Objetivo: Independencia de Palestina.***
- ***Frente Popular para la Liberación de Palestina (Palestina). Objetivo: Independencia de Palestina.***
- ***Frente Popular para la Liberación de Palestina-Comando General (Palestina). Objetivo: Independencia de Palestina.***
- ***Hamás (Palestina). Objetivo: Independencia de Palestina.***
- ***Yihad Islámico (Siria).***
- ***Tigres de Liberación del Eelam Tamil (Sri Lanka). Objetivo. Independencia del pueblo Tamil.***
- ***Devrimci Sol (Turquía). Objetivo: Establecer una república socialista en Turquía.***

-Kongra-Gel (KGK, Partido de los Trabajadores del Kurdistán, PKK, Kadek –Turkía). Objetivo: Independencia del Kurdistán.

- ***Movimiento Islámico de Uzbequistán (Uzbekistán).***

EUROPA:

- ***Euskadi Ta Askatasuna (ETA-España, Francia).*** Objetivo: Establecer una República Socialista Vasca.

- ***Lucha Popular Revolucionaria (Grecia).***
- ***Organización Revolucionaria 17 de Noviembre (Grecia).***
- ***Ejército Republicano Irlandés de la Continuidad (CIRA-Irlanda).*** Objetivo: Unificación de la isla de Irlanda mediante la integración de Irlanda del Norte en la República de Irlanda.
- ***Ejército Republicano Irlandés Auténtico (RIRA-Irlanda).*** Objetivo: Unificación de la isla de Irlanda mediante la integración de Irlanda del Norte en la República de Irlanda.

ANEXO II. Relación de personas, grupos y entidades terroristas a nivel Unión Europea

La Unión Europea (UE), de acuerdo a lo estipulado en el Tratado de la Unión Europea (Artículos 15 y 34) y como así consta en la Posición Común 2004/309/PESC del Consejo, de 2 de abril de 2004, por la que se actualiza la Posición Común 2001/931/PESC sobre la aplicación de medidas específicas de la lucha contra el terrorismo y se deroga la Posición Común 2003/906/PESC. Diario Oficial nº L 099 de 03/04/2004, p. 0061 – 0064, establece una relación de Personas, Grupos y Entidades a las que se aplicaba, en aquellas fechas, esta disposición común (www.guardiacivil.es/ La Guardia Civil frente al terrorismo/Lista de Personas y Grupos).

1. PERSONAS

1. ABOU, Rabah Naami (alias Naami Hamza; alias Mihoubi Faycal; alias Fellah Ahmed; alias Dafri Remi Lahdi), nacido el 1.2.1966 en Argel (Argelia) (Miembro de al-Takfir y al-Hijra).
2. ABOUD, Maisi (alias el Abderrahmán Suizo), nacido el 7.10.1964 en Argel (Argelia) (Miembro de al-Takfir y al-Hijra).
3. **ALBERDI URANGA, Itziar** (activista de ETA) nacida el 7.10.1963 en Durango (Vizcaya), DNI n° 78.865.693.
4. **ALBISU IRIARTE, Miguel** (activista de ETA; miembro de las Gestoras Pro-amnistía), nacido el 7.6.1961 en San Sebastián (Guipúzcoa), DNI n.° 15.954.596.
5. AL-MUGHASSIL, Ahmad Ibrahim (alias ABU OMRAN; alias AL-MUGHASSIL, Ahmed Ibrahim), nacido el 26.6.1967 en Qatif-Bab al Shamal, Arabia Saudí; nacional de Arabia Saudí.
6. AL-NASSER, Abdelkarim Hussein Mohamed, nacido en Al Ihsa, Arabia Saudí; nacional de Arabia Saudí.
7. AL YACOUB, Ibrahim Salih Mohammed, nacido el 16.10.1966 en Tarut, Arabia Saudí; nacional de Arabia Saudí.
8. **APAOLAZA SANCHO, Iván** (activista de ETA; miembro del comando Madrid), nacido el 10.11.1971 en Beasaín (Guipúzcoa), DNI n° 44.129.178.

9. ARIOUA, Azzedine, nacido el 20.11.1960 en Constantina (Argelia) (Miembro de al-Takfir y al-Hijra).

10. ARIOUA, Kamel (alias Lamine Kamel), nacido el 18.8.1969 en Costantina (Argelia) (Miembro de al-Takfir y al-Hijra).

11. ASLI, Mohamed (alias Dahmane Mohamed), nacido el 13.5.1975 en Ain Taya (Argelia) (Miembro de al-Takfir y al-Hijra).

12. ASLI, Rabah, nacido el 13.05.1975 en Ain Taya (Argelia) (Miembro de al-Takfir y al-Hijra).

13. **ARZALLUS TAPIA, Eusebio** (activista de ETA), nacido el 8.11.1957 en Regil (Guipúzcoa), DNI n° 15.927.207.

14. ATWA, Ali (alias BOUSLIM, Ammar Mansour; alias SALIM, Hassan Rostom), Líbano, nacido en 1960 en el Líbano, nacional del Líbano.

15. DARIB, Noureddine (alias Carreto; alias Zitoun Mourad), nacido el 1.2.1972 en Argelia (Miembro de al-Takfir y al-Hijra).

16. DJABALI, Abderrahmane (alias Touil), nacido el 1.6.1970 en Argelia (Miembro de al-Takfir y al-Hijra).

17. **ECHEBERRIA SIMARRO, Leire** (activista de ETA), nacido el 20.12.1977 en Basauri (Vizcaya), DNI n° 45.625.646.

18. **ECHEGARAY ACHIRICA, Alfonso** (activista de ETA), nacido el 10.1.1958 en Plencia (Vizcaya), DNI n° 16.027.051.

19. EL-HOORIE, Ali Saed Bin Ali (Alias AL-HOURI, Ali Saed Bin Ali; alias EL-HOURI, Ali Saed Bin Ali), nacido el 10.7.1965 o el 11.7.1965 en El Dibabiya, Arabia Saudí; nacional de Arabia Saudí.

20. FAHAS, Sofiane Yacine, nacido el 10.9.1971 en Argel (Argelia) (Miembro de al-Takfir y al-Hijra).

21. **GOGEASCOECHEA ARRONATEGUI, Eneko** (activista de ETA), nacido el 29.4.1967 en Guernica (Vizcaya), DNI n° 44.556.097.

22. **IPARRAGUIRRE GUENECHEA, Ma Soledad** (activista de ETA), nacida el 25.4.1961 en Escoriaza (Navarra), DNI n° 16.255.819.

23. **IZTUETA BARANDICA, Enrique** (activista de ETA), nacido 30.7.1955 en Santurce (Vizcaya), DNI n° 14.929.950.

24. IZZ-AL-DIN, Hasan (alias GARBAYA, Ahmed; alias SA-ID; alias SALWWAN, Samir), Líbano, nacido en 1963 en el Líbano, nacional del Líbano.

25. LASSASSI, Saber (alias Mimiche), nacido el 30.11.1970 en Constantina (Argelia) (Miembro de al-Takfir y al-Hijra).

26. MOHAMMED, Khalid Shaikh (alias ALI, Salem; alias BIN KHALID, Fahd Bin Abdallah; alias HENIN, Ashraf Refaat Nabith; alias WADOOD, Khalid Adbul), nacido el 14.4.1965 o el 1.3.1964 en Pakistán, pasaporte n° 488555.

27. MOKTARI, Fateh (alias Ferdi Omar), nacido el 26.12.1974 en Hussein Dey (Argelia) (Miembro de al-Takfir y al-Hijra).

28. **MORCILLO TORRES, Gracia** (activista de ETA; miembro de Kas/Ekin) nacida el 15.3.1967 en San Sebastián (Guipúzcoa), DNI n° 72.439.052.

29. MUGHNIYAH, Imad Fa'iz (alias MUGHNIYAH, Imad Fayiz) alto responsable de información de HEZBOLLAH, nacido el 7.12.1962 en Tayr Dibba, Líbano, pasaporte n.o 432298 (Líbano).

30. **NARVÁEZ GOÑI, Juan Jesús** (activista de ETA), nacido el 23.2.1961 en Pamplona (Navarra), DNI n° 15.841.101.

31. NOUARA, Farid, nacido el 25.11.1973 en Argel (Argelia) (Miembro de al-Takfir y al-Hijra).

32. **ORBE SEVILLANO, Zigor** (activista de ETA; miembro de Jarrai/Haika/Segi), nacido el 22.9.1972 en Basauri (Vizcaya), DNI n° 45.622.851.

33. **PALACIOS ALDAY, Gorka** (activista de ETA; miembro del comando Madrid), nacido el 17.10.1974 en Baracaldo (Vizcaya), DNI n° 30.654.356.

34. **PÉREZ ARAMBURU, Jon Iñaki** (activista de ETA; miembro de Jarrai/Haika/Segi), nacido el 18.9.1964 en San Sebastián (Guipúzcoa), DNI n° 15.976.521.

35. **QUINTANA ZORROZUA, Asier** (activista de ETA; miembro del comando Madrid), nacido el 27.2.1968 en Bilbao (Vizcaya), DNI n° 30.609.430.

36. RESSOUS, Hoari (alias Hallasa Farid), nacido el 11.09.1968 en Argel (Argelia) (Miembro de al-Takfir y al-Hijra).

37. **RUBENACH ROIG, Juan** Luis (activista de ETA; miembro del comando Madrid), nacido el 18.9.1963 en Bilbao (Vizcaya), DNI n° 18.197.545.

38. SEDKAOUI, Noureddine (alias Nounou), nacido el 23.6.1963 en Argel (Argelia) (Miembro de al-Takfir y al-Hijra).

39. SELMANI, Abdelghani (alias Gano), nacido el 14.06.1974 en Argel (Argelia) (Miembro de al-Takfir y al-Hijra).

40. SENOUCI, Sofiane, nacido el 15.04.1971 en Hussein Dey (Argelia) (Miembro de al-Takfir y al-Hijra).

41. SISON, Jose Maria (alias Armando Liwanag, alias Joma, jefe del NPA), nacido el 8.2.1939 en Cabugao, Filipinas.

42. TINGUALI, Mohammed (alias Mouh di Kouba), nacido el 21.04.1964 en Blida (Argelia) (Miembro de al-Takfir y al-Hijra).

43. **URANGA ARTOLA, Kemen** (activista de ETA; miembro de Herri Batasuna/E.H/Batasuna), nacido el 25.5.1969 en Ondárroa (Vizcaya), DNI n° 30.627.290.

44. **VALLEJO FRANCO, Iñigo** (activista de ETA), nacido 21.5.1976 en Bilbao (Vizcaya), DNI n° 29.036.694.

45. **VILA MICHELENA, Fermín** (activista de ETA; miembro de Kas/Ekin), nacido el 12.3.1970 en Irún (Guipúzcoa), DNI n° 15.254.214.

2. GRUPOS Y ENTIDADES

1. Organización Abu Nidal (ANO) (también denominada Consejo Revolucionario de Al Fatah, Brigadas Revolucionarias Árabes, Septiembre Negro y Organización Revolucionaria de los Musulmanes Socialistas).

2. Brigadas de los Mártires de Al-Aqsa.

3. Al-Takfir y al-Hijra.

4. Aum Shinrikyo (también denominada Aum, Verdad Suprema Aum o Alef).

5. Babbar Khalsa.

6. Continuity Irish Republican Army (CIRA).

7. **Euskadi Ta Askatasuna/Tierra Vasca y Libertad (Las siguientes organizaciones forman parte del grupo terrorista ETA: Kas, Xaki; Ekin, Jarrai-Haika-Segi, Gestoras Pro-amnistía, Askatasuna, Batasuna (alias Herri Batasuna, alias Euskal Herritarrok).**

8. Gama'a al-Islamiyya (Grupo Islámico), (también denominado Al-Gama'a al-Islamiyya, IG).

9. Frente de Guerreros del Gran Oriente Islámico (IBDA-C).
10. **Grupos de Resistencia Antifascista Primero de Octubre (G.R.A.P.O).**
11. Hamas (incluido Hamas-Izz al-Din al Qassem).
12. Holy Land Foundation for Relief and Development.
13. International Sikh Youth Federation (ISYF) (Federación internacional de jóvenes sij).
14. Kahane Chai (Kach).
15. Partido de los Trabajadores del Kurdistán (PKK) (alias KADEK, alias KONGRA-GEL).
16. Lashkar e Tayyaba (LET)/Pashan-e-Ahle Hadis.
17. Loyalist Volunteer Force (LVF).
18. Organización Mujahedin-e Khalq (MEK o MKO) [menos el "National Council of Resistance of Iran" (NCRI)] (también denominado Ejército de Liberación Nacional de Irán, (NLA, ala militante del MEK), Mujahedin del Pueblo de Irán (PMOI), Sociedad de Estudiantes Musulmanes de Irán).
19. Ejército de Liberación Nacional.
20. New People's Army (NPA)/Nuevo Ejército del Pueblo (NEP), Filipinas, vinculado a Sison José María C (alias Armando Liwanag, alias Joma, jefe del NPA).
21. Orange Volunteers (OV).
22. Frente de Liberación de Palestina (PLF).
23. Palestinian Islamic Jihad (PIJ)/Yihad Islámica Palestina.
24. Frente Popular de Liberación de Palestina (FPLP).
25. Frente Popular de Liberación de Palestina-Comando General (también denominado FPLP-Comando General, FPLP-CG).
26. Real IRA.
27. Red Hand Defenders (RHD).
28. Fuerzas Armadas Revolucionarias de Colombia (FARC).
29. Núcleos Revolucionarios/Epanastatikí Pirines.
30. Organización Revolucionaria 17 de Noviembre/Dékati Évdomi Noémvri.

31. Ejército/Frente/Partido Revolucionario de Liberación Popular (DHKP/C), (también denominado Devrimci Sol (Izquierda revolucionaria), Dev Sol).

32. Lucha Popular Revolucionaria/Epanastatikós Laikós Agónas (ELA).

33. Sendero Luminoso (SL).

34. Stichting Al Aqsa (alias Stichting Al Aqsa Nederland, alias Al Aqsa Nederland).

35. Ulster Defence Association/Ulster Freedom Fighters (UDA/UFF).

36. Autodefensas Unidas de Colombia (AUC).

ANEXO III. Contenido de la Resolución 1267

En la misma se decide que los Estados:

- Negarán autorización de despegar en su territorio, o aterrizar en él, a cualquier aeronave que sea propiedad de los talibanes, o haya sido arrendada o utilizada por ellos, o por su cuenta, salvo vuelos autorizados por razones de necesidad humanitaria.
- Congelarán los fondos y otros recursos financieros de los talibanes.

Todas estas acciones, y especialmente las de vigilancia de lo establecido en esta Resolución, se ratifican en la ***Resolución 1363***, del Consejo, aprobada el 30 de julio de 2001.

Pero de mayor importancia, por "nacer" como consecuencia de los ataques terroristas en Nueva York, Washington, D.C., y Pensilvania, el 11 de septiembre de 2001, y para prevenir actos de esta índole, el Consejo de Seguridad de NNUU, en su sesión del día 28 de septiembre de 2001, aprueba la ***Resolución 1373***, en la que:

1. Decide que todos los Estados:
   a) Prevengan y repriman la financiación de los actos de terrorismo;
   b) Tipifiquen como delito la provisión o recaudación intencionales, por cualesquiera medios, directa o indirectamente, de fondos por sus nacionales o en sus territorios con intención de que dichos fondos se utilicen, o con conocimiento de que dichos fondos se utilizarán, para perpetrar actos de terrorismo;
   c) Congelen sin dilación los fondos y demás activos financieros o recursos económicos de las personas que cometan, o intenten cometer, actos de terrorismo o participen en ellos o faciliten su comisión; de las entidades de propiedad o bajo en control, directos o indirectos, de esas personas, y de las personas y entidades que actúen en nombre de esas personas y entidades o bajo sus órdenes, inclusive los fondos obtenidos o derivados de los bienes de propiedad o bajo el control, directos o indirectos, de esas personas y de las personas y entidades asociadas con ellos;
   d) Prohíban a sus nacionales o a todas las personas y entidades en sus territorios que pongan cualesquiera fondos, recursos financieros o económicos o servicios financieros o servicios conexos de otra índole, directa o indirectamente, a disposición de las personas que cometan o intenten cometer actos de terrorismo o faciliten su comisión o partici-

pen en ella, de las entidades de propiedad o bajo el control, directos o indirectos, de esas personas y de las personas y entidades que actúen en nombre de esas personas o bajo sus órdenes.

2. Decide también que todos los Estados:

a) Se abstengan de proporcionar todo tipo de apoyo, activo o pasivo, a las entidades o personas que participen en la comisión de actos de terrorismo, inclusive reprimiendo el reclutamiento de miembros de grupos terroristas y eliminando el abastecimiento de armas a los terroristas;

b) Adopten las medidas necesarias para prevenir la comisión de actos de terrorismo, inclusive mediante la provisión de alerta temprana a otros Estados mediante el intercambio de información;

c) Denieguen refugio a quienes financian, planifican o cometen actos de terrorismo, o prestan apoyo a esos actos, o proporcionan refugios;

d) Impidan que quienes financian, planifican, facilitan o cometen actos de terrorismo utilicen sus territorios respectivos para esos fines en contra de otros Estados o de sus ciudadanos;

e) Aseguren el enjuiciamiento de toda persona que participe en la financiación, planificación, preparación o comisión de actos de terrorismo o preste apoyo a esos actos, y aseguren que, además de cualesquiera otras medidas de represión de esos actos que se adopten, dichos actos de terrorismo queden tipificados como delitos graves en las leyes y otros instrumentos legislativos internos y que el castigo que se imponga corresponda a la gravedad de esos actos de terrorismo;

f) Se proporcionen recíprocamente el máximo nivel de asistencia en lo que se refiere a las investigaciones o los procedimientos penales relacionados con la financiación de los actos de terrorismo o el apoyo prestado a éstos, inclusive por lo que respecta a la asistencia para la obtención de las pruebas que poseen y que sean necesarias en esos procedimientos;

g) Impidan la circulación de terroristas o de grupos terroristas mediante controles eficaces en fronteras y controles de la emisión de documentos de identidad y de viaje, y mediante la adopción de medidas para evitar la falsificación, la alteración ilegal y la utilización fraudulenta de documentos de identidad y de viaje.

3. Exhorta a todos los Estados a:

a) Encontrar medios para intensificar y agilizar el intercambio de información operacional, específicamente en relación con las actividades y movimientos de terroristas individuales o de redes de terroristas; los documentos de viaje alterados ilegalmente o falsificados; el tráfico de armas, explosivos o materiales peligrosos; la utilización de tecnologías de las comunicaciones por grupos terroristas y la amenaza representada por la posesión de armas de destrucción en masa por parte de grupos terroristas;

b) Intercambiar información de conformidad con el derecho internacional y la legislación interna y cooperar en las esferas administrativas y judiciales para impedir la comisión de actos de terrorismo;

c) Cooperar, en particular mediante acuerdos y convenios bilaterales y multilaterales, para impedir y reprimir los ataques terroristas, y adoptar medidas contra quienes cometas esos actos;

d) Adherirse, tan pronto como sea posible a los convenios y protocolos internacionales pertinentes relativos al terrorismo, inclusive el Convenio Internacional para la represión de la financiación del terrorismo, de 9 de diciembre de 1999;

e) Fomentar la cooperación y aplicar plenamente los convenios y protocolos internacionales pertinentes relativos al terrorismo, así como las resoluciones del Consejo de Seguridad 1269 (1999) y 1368 (2001);

f) Adoptar las medidas apropiadas de conformidad con las disposiciones pertinentes de la legislación nacional y el derecho internacional, inclusive las normas internacionales en materia de derechos humanos, antes de conceder el estatuto de refugiado, con el propósito de asegurarse de que el solicitante de asilo no haya planificado o facilitado actos de terrorismo ni participado en su comisión;

g) Asegurar, de conformidad con el derecho internacional, que el estatuto de refugiado no sea utilizado de modo ilegítimo por los autores, organizadores o patrocinadores de los actos de terrorismo, y que no se reconozca la reivindicación de motivaciones políticas como causa de denegación de las solicitudes de extradición de presuntos terroristas.

4. *Observa con preocupación* la conexión estrecha que existe entre el terrorismo internacional y la delincuencia transnacional organizada, las drogas ilícitas, el blanqueo de dinero, el tráfico ilícito de armas y la circulación ilícita de materiales nucleares, químicos, biológicos y otros materiales potencialmente letales, y a ese respecto *pone de relieve* la necesidad de

promover la coordinación de las iniciativas en los planos nacional, subregional, regional e internacional, para reforzar la respuesta internacional a este reto y amenaza graves a la seguridad internacional.

5. *Declara* que los actos, métodos y prácticas terroristas son contrarios a los propósitos y principios de las Naciones Unidas y que financiar intencionalmente actos de terrorismo, planificarlos e incitar a su comisión también es contrario a dichos propósitos y principios de las Naciones Unidas.

6. *Decide* establecer, de conformidad con el artículo 28 de su reglamento provisional, un Comité del Consejo de Seguridad integrado por todos los miembros del Consejo, para verificar la aplicación de la presente resolución, con la asistencia de los expertos que se consideren apropiados, y *exhorta* a todos los Estados a que informen al Comité, a más tardar 90 días después de la fecha de aprobación de la resolución y con posterioridad conforme a un calendario que será propuesto por el Comité, de las medidas que hayan adoptado para aplicar la presente resolución.

7. *Pide* al Comité que establezca sus tareas, presente un programa de trabajo en el plazo de 30 días después de la aprobación de la presente resolución y determine el apoyo que necesita, en consulta con el Secretario General.

8. *Expresa* su determinación de adoptar todas las medidas necesarias para asegurar la aplicación plena de la presente resolución de conformidad con las funciones que se le asignan en la Carta.

9. *Decide* seguir ocupándose de la cuestión.

ANEXO IV. Contenido Resolución 1624

Entre los puntos de importancia destacamos:

Recordando que todos los Estados deben colaborar plenamente en la lucha contra el terrorismo, de conformidad con las obligaciones que les incumben en virtus del derecho internacional, a fin de detener, denegar protección y llevar ante la justicia, en aplicación del principio de extraditar o procesar, a todo el que apoye o facilite la financiación, planificación, preparación o comisión de actos terroristas o la facilitación de refugio, o participe o intente participar en dichas actividades,

1. *Insta* a todos los Estados a que adopten las medidas necesarias y adecuadas en cumplimiento de sus obligaciones de derecho internacional para.
   a) Prohibir por ley la incitación a la comisión de un acto o actos de terrorismo;
   b) Impedir dicha conducta;
   c) Denegar protección a toda persona respecto de la cual se disponga de información fidedigna y pertinente por la que haya razones fundadas para considerar que es culpable de esa conducta.
2. *Insta* a todos los Estados a cooperar, entre otras cosas, para reforzar la seguridad de sus fronteras internacionales, en particular combatiendo la utilización de documentos de viaje fraudulentos y, en la medida de los posible, aplicando procedimientos más eficaces de detección de terrorista y de seguridad en el transporte, con miras a impedir que las personas culpables de los actos a que se hace referencia en el apartado a) del párrafo 1 entren en su territorio.
3. *Hace un llamamiento* a todos los Estados para que prosigan los esfuerzos internacionales encaminados a promover el diálogo y mejorar el entendimiento entre las civilizaciones, en un intento por prevenir que se atente indiscriminadamente contra diferentes religiones y culturas, y adopten todas las medidas que sean necesarias y adecuadas y conformes con las obligaciones que les incumben en virtud del derecho internacional para luchar contra la incitación a la comisión de actos de terrorismo por motivos de extremismo e intolerancia e impedir la subversión de las instituciones educativas, culturales y religiosas por parte de terroristas y de quienes los apoyan.
4. *Subraya* que los Estados deben asegurarse de que cualesquiera medidas que se adopten para aplicar los párrafos 1, 2 y 3 de la presente resolución

se ajusten a las obligaciones que les incumben en virtud del derecho internacional, en particular el derecho internacional relativo a los derechos humanos, el derecho relativo a los refugiados y el derecho humanitario.

5. *Insta* a todos los Estados a que informen al Comité contra el Terrorismo, en el marco del diálogo que mantienen con él, de las medidas adoptadas para aplicar la presente resolución.

6. *Encomienda* al Comité contra el Terrorismo que.

   a) Incluya en su diálogo con los Estados Miembros la labor que llevan a cabo para aplicar la presente resolución;

   b) Colabore con los Estados Miembros para ayudarles a crear capacidad al respecto, incluso mediante la difusión de las prácticas jurídicas más adecuadas y la promoción del intercambio de información;

   c) Informe al Consejo, en un plazo de doce meses, sobre la aplicación de la presente resolución.

7. *Decide* seguir ocupándose activamente de la cuestión.

ANEXO V. Estructura de la National Strategy for Counterterrorism

1. Amenaza a la que nos enfrentamos.
   - Al Qaeda
   - Grupos Afiliados
   - Individuos que se adhieren a su ideología
2. Principios de acción.
   - 2.1. Alineamiento con los valores de los Estados Unidos
     - Respeto a los Derechos Humanos
     - Gobernanza
     - Respeto a los Derechos Privados y Libertades
     - Equilibrio entre Seguridad y Transparencia
     - Imperio de la Ley
   - 2.2. Construcción de relaciones
   - 2.3. Aplicación de herramientas y capacidades antiterrorismo
   - 2.4. Construcción cultura de resistencia
3. Objetivos.
   - 3.1. Proteger a los ciudadanos y sus intereses
   - 3.2. Desmantelar y derrotar a Al Qaeda, filiales y seguidores
   - 3.3. Prevenir el acceso a armas de destrucción masiva por terroristas
   - 3.4. Eliminar los refugios terroristas
   - 3.5. Construir alianzas y desarrollar capacidades antiterroristas
   - 3.6. Reducir vínculos entre Al Qaeda, afiliados y seguidores
   - 3.7. Contrarrestar la ideología de Al Qaeda
   - 3.8. Privar a los terroristas de sus medios
4. Áreas de interés (priorizadas).
   - 4.1. Seguridad interior
   - 4.2. Asia del Sur (Pakistán y Afganistán; Al Qaeda Central)
   - 4.3. Península Arábiga, Al Qaeda Península Arábiga (AQAP)

4.4. Este deÁfrica, Al Qaeda y Al-Shabaab

4.5. Europa

4.6. Irak, Al Qaeda en Irák (AQI)

4.7. Magreb y Sahel, Al Qaeda en el Magreb Islámico (AQMI)

4.8. Sudeste Asiático

4.9. Asia Central

4.10. Ámbito de la Información y de las Ideas

5. Otras preocupaciones.

5.1. Hizbollah

5.2. Hamas

5.3. FARC

5.4. Otras amenazas.

ANEXO VI. Contenido de la carta de la OSCE, para la prevención y lucha contra el terrorismo (www.osce.org)

Los Estados participantes en la OSCE, firmemente comprometidos en su común lucha contra el terrorismo,

1. Condenan en términos categóricos todo acto de terrorismo, cualquier que sea su forma o manifestación, dondequiera y cuandoquiera se cometa y quienquiera que sea su autor, y reiteran que ningún motivo o circunstancia puede justificar tales actos o el apoyo que les sea prestado;

2. Rechazan con firmeza toda tentativa de identificar el terrorismo con cualquier nacionalidad o religión, por lo que reiteran que ninguna medida de lucha contra el terrorismo va dirigida contra religión, nación o pueblo alguno.

3. Reconocen que, conforme se declara en la Resolución 1373 (2001) del Consejo de Seguridad de las Naciones Unidas, los actos de terrorismo constituyen una amenaza contra la paz y la seguridad en el ámbito regional e internacional a la que se ha de dar una respuesta global y coordinada;

4. Declaran que todo acto, método o práctica terrorista, así como toda medida de asistencia, consentimiento, financiación, planificación e incitación a tales actos, que se ejecute a sabiendas, ha de tenerse por contrario a los fines y principios de las Naciones Unidas y de la OSCE;

5. Consideran de la máxima importancia que se complemente la puesta en práctica en curso de los compromisos de la OSCE en latería de terrorismo con la reafirmación de los principios fundamentales y perennes que han inspirado y seguirán inspirando en el futuro las medidas adoptadas por la OSCE, y que son plenamente suscritas por sus Estados participantes;

6. Reafirman su compromiso de adoptar toda medida que sea requerida para amparar los derechos humanos y las libertades fundamentales de toda persona sita en su territorio, particularmente su derecho a la vida, frente a todo acto terrorista;

7. Se comprometen a actuar eficaz y resueltamente contra el terrorismo y a cooperar en la adopción de toda suerte de medidas contraterroristas en el marco del Estado de derecho y de conformidad con la Carta de las Naciones Unidas, el derecho internacional, y toda norma internacional de derechos humanos y, cuando proceda, de derecho humanitario internacional que sea aplicable;

8. Reafirma que todo Estado deberá abstenerse de cobijar en su territorio a terroristas, así como de organizar, instigar, prestar asistencia o apoyo activo o pasivo, o patrocinar de cualquier otro modo actos terroristas en otros Estados, no

debiendo tampoco consentir ninguna actividad organizada dentro de su territorio que esté al servicio de la perpetración de tales actos;

9. Cooperarán para conseguir que toda persona que voluntariamente participe en la financiación, el planeamiento, la preparación o la perpetración de actos terroristas, o que preste apoyo a tales actos, sea prontamente llevada ante los tribunales, para lo que se prestarán mutuamente la mayor asistencia posible en el intercambio de datos para la instrucción de la causa o en los trámites de extradición para el enjuiciamiento de dichos actos, de conformidad con su derecho interno y con sus obligaciones internacionales;

10. Adoptarán medidas apropiadas para evitar que se otorgue asilo a persona alguna que haya planeado o facilitado actos terroristas, o que haya participado en ellos, de conformidad con la normativa de derecho interno o de derecho internacional que sea del caso, y mediante la debida observancia de las clausulas de exclusión enunciadas en la Convención sobre el Estatuto de los Refugiados de 1951 y en su Protocolo de 1967;

11. Reconocen que los convenios contra el terrorismo de las Naciones Unidas, y sus protocolos, así como las resoluciones al respecto del Consejo de Seguridad de las Naciones Unidas, particularmente su resolución 1373 (2001), constituyen el marco jurídico primordial para la lucha internacional contra el terrorismo;

12. Reconocen la importancia de la labor desarrollada por el Comité contra el Terrorismo del Consejo de Seguridad de las Naciones Unidas y reafirman el deber de los Estados participantes en la OSCE, y de la propia Organización, de cooperar con el Comité, así como su disponibilidad a hacerlo;

13. Son conscientes del papel que le incumbe a la OSCE en su calidad de arreglo regional conforme al Capítulo VIII de la Carta de las Naciones Unidas, y de su obligación de contribuir en el presente contexto a la lucha global contra el terrorismo;

14. Son igualmente conscientes de su Decisión sobre la Lucha contra el Terrorismo y de su Plan de Acción para la Lucha contra el Terrorismo aprobados en la Novena Reunión del Consejo Ministerial de la OSCE, celebrada en Bucarest, y reafirman los compromisos allí enunciados;

15. Toman nota con agrado de la Declaración y del Programa de Acción aprobados en la Conferencia Internacional de Bishkek sobre el Fortalecimiento de la Seguridad y la Estabilidad en Asia Central: Refuerzo Global de la Lucha contra el Terrorismo, celebrada en dicha ciudad, los días 13 y 14 de diciembre de 2001;

16. Reiteran el compromiso asumido en el marco de la Carta sobre la Seguridad Europea, y mas particularmente en su Plataforma para la Seguridad Cooperativa, aprobada en la Cumbre de Estambul, de cooperar más estrecha y activamente entre sí y con otras organizaciones internacionales, en respuesta a toda amenaza o desafío contra la seguridad;

17. Insisten en que la prevención y lucha contra el terrorismo han de fundamentarse sobre un concepto común y global de la seguridad y sobre un empeño duradero a su servicio, y se comprometen a valerse de las tres dimensiones de la labor de la OSCE y de todos sus órganos e instituciones para ayudar a los Estaos participantes, previa petición al respecto, a prevenir y combatir el terrorismo en todas sus formas;

18. Se comprometen a cumplir, con arreglo a todos los convenios y protocolos de las Naciones Unidas en la materia y con todas las resoluciones del Consejo de Seguridad y otros compromisos internacionales al respecto, con la obligación de tipificar como delito grave, en su derecho interno, todo acto terrorista y toda actividad que esté a su servicio, particularmente la financiación del terrorismo;

19. Trabajarán de consuno en la labor de prevención, represión, investigación y enjuiciamiento de todo acto terrorista, intensificando, en particular, su cooperación al respecto y poniendo plenamente en práctica todo convenio internacional, y sus protocolos, que guarde relación con el terrorismo;

20. Están convencidos de la necesidad de ocuparse de toda situación que pueda suscitar o sostener el terrorismo, velando en particular por el pleno respeto de la democracia y del Estado de Derecho y amparando la plena participación de los ciudadanos en la vida política, así como previniendo toda discriminación y alentando el diálogo intercultural e interreligioso en sus sociedades, esforzándose además por alentar a la sociedad civil a buscar de común acuerdo soluciones políticas para sus conflictos, fomentando la tolerancia y el respecto de los derechos humanos, y combatiendo la pobreza;

21. Son conscientes de la función positiva que cabe asignar a los medios informativos al servicio de la tolerancia y del entendimiento entre las religiones, las creencias, las culturas y los pueblos, y como dispositivo de alerta ante la amenaza del terrorismo;

22. Se comprometen a combatir toda incitación al odio y a adoptar toda medida necesaria para prevenir el abuso de los medios informativos y de la tecnología de la información para fines terroristas, cerciorándose de que dichas medidas sean conformes con las normas de derecho interno y de derecho internacional y con los compromisos con la OSCE;

23. Tratarán de impedir todo desplazamiento de elementos terroristas, por separado o en grupo, mediante el control de sus fronteras y de la emisión de documentos de identidad y de viaje;

24. Reconocen la necesidad de complementar la cooperación internacional, adoptando en sus territorios toda medida necesaria para prevenir o reprimir, por todo medio legal, la financiación o la preparación de actos terroristas, o la asistencia prestada a dichos actos, así como de tipificar como delito la recaudación o la entrega consciente de fondos para fines terroristas, obrando para ello en el marco de sus obligaciones contraídas en virtud del Convenio Internacional para la represión de la financiación del terrorismo y de toda resolución del Consejo de Seguridad que sea del caso;

25. Reiteran su compromiso de cumplir con sus obligaciones internacionales anunciadas en las resoluciones 1373 (2001) y 1390 (2002) del Consejo de Seguridad de las Naciones Unidas, y en particular la de congelar los haberes de toda persona designada por el Comité establecido a raíz de la resolución 1267 (1999) del Consejo de Seguridad;

26. Toman nota con inquietud de la vinculación existente entre el terrorismo y la delincuencia organizada transnacional, el blanqueo de dinero, la trata de personas, y el tráfico de drogas y de armas, por lo que insisten en la necesidad de reforzar la coordinación y de desarrollar enfoques cooperativos a todos los niveles para fortalecer su respuesta frente a esas graves amenazas y desafíos contra la seguridad y estabilidad;

27. Declaran su determinación de recurrir de buena fe a todos los instrumentos disponibles en el marco de la dimensión político-militar de la OSCE, representada por su Foro de Cooperación en materia de Seguridad, e insisten en la importancia de que se pongan plenamente en práctica esos instrumentos, particularmente el Código de Conducta sobre los aspectos político-militares de la seguridad y el Documento de la OSCE sobre Armas Pequeñas y Armas Ligeras;

28. Reafirman que el control de armamentos, el desarme y la no proliferación siguen siendo factores indispensables de la seguridad cooperativa entre los Estados, que pueden contribuir además de modo esencial a esa seguridad ¡al reducir el riesgo de que elementos terroristas obtengan acceso a armas de destrucción masiva, a sus vectores o a todo material o tecnología que sirva para su fabricación;

29. Expresan su determinación de combatir el riesgo creado por las vías de distribución o de acceso ilícito a armamento convencional, particularmente a armas pequeñas y armas ligeras;

30. Harán todo lo posible por minimizar esos peligros a través de medidas de ámbito nacional y del fortalecimiento y mejora de los instrumentos multilaterales ya existentes en materia de control de armamentos, desarme y no proliferación, particularmente los Principios rectores de la OSCE en materia de no proliferación, y apoyarán su efectiva puesta en práctica y, siempre que proceda, su universalización.

10. REFERENCIAS

Alonso-Fernandez, F. (1986). Psicología del terrorismo. Salvat. Barcelona.

Bakker, E. y De Graaf, B (2010). *Lone Wolves. How to Prevent This Phenomenon?* ICCT (International Center for Counter-Terrorism). The Hage.

Begin, M. (1978). *La Rebelión.* Plaza y Janés. Barcelona.

Blanco Navarro, J.M. (2011). National Estrategy for Counterterrorism. *Centro de Análisis y Prospectiva* de la Guardia Civil.

Dispot, L. (1978). *La Machine a Terreur*. Grasset y Frasquelle. Paris.

Rodríguez González, J. M. y Ceballos Becerril, Mª. P. (2012). ¿Lobos Solitarios o Asesinos en Masa?. En VV.AA: Actas del XIX Curso Internacional de Defensa "Seguridad Global y potencias Emergentes en un mundo multipolar". Universidad de Zaragoza y Academia General Militar: Zaragoza.

Hacker, F. (1975). *Terror*. Plaza y Janés. Barcelona.

Herrero Herrero, C. (2007). *Criminología*. Dykinson. Madrid.

Jordán, J. (2011). Anders Behring Breivik: algunas consideraciones sobre la figura del 'lobo solitario' terrorista. *GESYP*, 5 de Agosto.

Laqueur, W. (1980). *Terrorismo.* Espasa-Calpe. Madrid.

Maynar, J. (2002). *La guerra no convencional. Terrorismo*. Edición Personal. Madrid.

Montero Gómez, A. (2004). Psicología del Terrorismo e Inteligencia Contraterrorista. *Papeles del Psicólogo, **88**, pp. 67-71.*

Reinares, F. (2011). ¿Por qué el terrorismo yihadista afectará más a unos países europeos que a otros? ARI 82/2011. Real Instituto Elcano.

Sanchez Gómez, J. (2012). *Manual de Clínica Criminológica. Perfil de Peligrosidad Criminal.* Tecnos. Madrid.

Solana, J. (2002). El terrorismo una amenaza del siglo XXI. Guerra sin enemigo, paz sin seguridad. *XIV Seminario Internacional de Defensa.*

Walter, E.V. (1964). Violence and the Process of Terror. *American Psicological Review, XXIX, (2), pp. 248-257.*

Páginas web

http://blogs.publico.es/oscar fonseca/462/
http://edition.cnn.com.../lone-wolf
http://www.abc.es/internacional/
http://mundosinislam.com
http://www.ateneadigital.es
www.guardiacivil.es
http://www.state.gov/s/ct/rls/rm/
http://www.realinstitutoelcano.org
http://wdb.ugr.es/gesyp/terrorismoglobal.pdf
http://www.ocse.org

ANEXO I. INFORME CRIMINOLÓGICO ANUAL SOBRRE AGRESIONES SEXUALES 2003

UNIDAD TÉCNICA DE POLICÍA JUDICIAL

EMUME CENTRAL

INFORME CRIMINOLÓGICO ANUAL SOBRE DELITOS CONTRA LA LIBERTAD SEXUAL

AÑO 2.003

1. VALORACIÓN GLOBAL

Durante el año 2003 se han conocido en España un total de **2.003.667 infracciones penales**, de las cuales **955.804 fueron tipificadas como delitos** y **1.047.863 como faltas**, lo que comparado con el año anterior constituye una disminución de **–7'81%** con respecto a los **delitos** y un aumento del **0'99%** en relación a las **faltas** (**-3'41% en el total de delitos y faltas**).

De todos ellos **1.932.465** lo fueron en demarcación de las Fuerzas y Cuerpos de Seguridad del Estado (Guardia Civil y Cuerpo Nacional de Policía), que se desglosan en 916.623 infracciones penales consideradas delitos y 1.015.842 como faltas. Estos resultados constituyen, con respecto al año anterior, una disminución del –7'56% de los delitos y un aumento del 0'85% con respecto a las faltas (disminución del –3'32% en el computo total, delitos mas faltas).

Específicamente, en **demarcación-competencia del Cuerpo de la Guardia Civil**, que cuenta con **16.126.102 millones** de habitantes de población estable, cantidad que se eleva a **28.803.203 millones** durante la época estival debido, tanto al desplazamiento de la población interior, como a la afluencia de turistas, las **infracciones conocidas** fueron de **556.112**, de las que **284.210** fueron tipificadas como **delitos** y **271.902** como **faltas**.

El total de las infracciones en nuestro ámbito de competencia constituyen el **27'75%** del **total nacional** y un **28'78%** de las infracciones conocidas por las Fuerzas y Cuerpos de Seguridad del Estado.

Comparados los datos en nuestro ámbito de competencia con el año anterior, nos encontramos una **disminución** del **–6'04%** con respecto a los delitos y una **disminución**, también, de **–1'01%** con respecto a las faltas (en el computo total arroja una disminución del –3'65%).

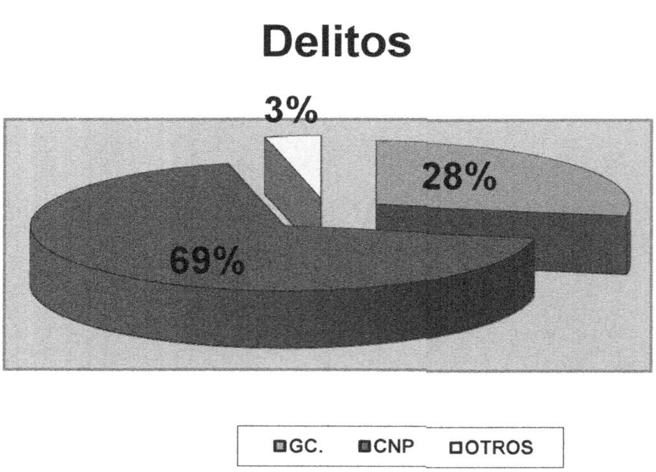

Gráfico 1.

2. ANÁLISIS POR TIPOLOGÍAS DELICTIVAS

2.1. Datos cuantitativos

Durante el año objeto de nuestro informe se han producido en el ámbito de competencia del Cuerpo de la Guardia Civil un total de 2.172 delitos contra la Libertad e Indemnidad Sexual, delitos que analizamos de acuerdo a sus tipificaciones penales, sean éstos con penetración o sin penetración (se hace referencia a ellos en este informe con las siglas c.p. y s.p. respectivamente).

Es de significar también que la población a la que se refiere este informe es la comprendida entre los 18 y 65 años, sean víctimas o agresores y sin relación de parentesco entre éstos. El resto de la población, dividida por los otros niveles de edad (menores y mayores de 65 años) o por su relación víctima– autor figuran en sus Informes Criminológicos específicos.

2.1.1. Agresiones Sexuales

Durante el año 2.003, y en demarcación Guardia Civil, se han producido un total de **1.049** infracciones penales tipificadas como delitos de agresión sexual (disminución de 1'13 **%** con respecto al año anterior), siendo c.p. **401** de ellas (el 38'22 %). Este tipo supone el 48'3% del total.

Por las acciones citadas anteriormente han sido **detenidas** un total de **705** personas de las cuales **6** eran ***mujeres***.

El **índice de esclarecimiento** de este tipo de delitos se sitúa en el **74'38%** para los casos de agresión sexual s.p. y del **82'29%** para los casos c.p., cifras similares a las establecidas para 2002 (una aumento en la efectividad en 1 % y una disminución del 4'38% respectivamente).

2.1.2. Abusos Sexuales

Tipificados como tales se han conocido durante el año 2.003 un total de **604** delitos (un aumento del 2'9% con arreglo al año anterior), de las cuales **71** de ellos se refieren fueron c.p. (el 11'75%). Este tipo supone el 27'82% del total.

Por las acciones citadas anteriormente han sido **detenidas** un total de **364** personas de las cuales **5** eran **mujeres**.

El **índice de esclarecimiento** de este tipo de delitos se sitúa en el **88'93%** para los casos de abuso sexual sin penetración y del **94'37 %** para aquellos c.p. Dichas cifras constituyen, respecto al año 2002, un aumento de la efectividad de un 4'39% en los abusos sexuales s.p. y de una disminución del 5'63 % para los casos c.p.

2.1.3. Acoso Sexual

Durante el año objeto del presente estudio se han conocido un total de **92** delitos, lo que supone una disminución del 19'3% del número de casos conocidos con relación al año 2002. Este tipo supone el 4'24% del total.

Por las acciones citadas anteriormente han sido **detenidas** un total de 20 personas, entre las cuales no se encuentra ninguna mujer (lo que representa una disminución del 39'4% respecto al año anterior).

El **índice de esclarecimiento** de este tipo de delitos se sitúa en el **77'17%**.

2.1.4. Exhibicionismo

Durante el año 2.003 se han denunciado un total de **191 casos** tipificados como tal, disminuyendo un 22'67% el número de casos del año anterior. Este tipo supone el 8'79% del total.

Por las acciones citadas anteriormente han sido **detenidas** un total de **77 personas,** entre las que no se encuentra **ninguna mujer.** Con referencia al año anterior se ha producido una disminución del 38'88%.

El **índice de esclarecimiento** de este tipo de delitos se sitúa en el **64'92 %**, disminuyendo su efectividad (respecto de 2002) en un 7'85 %.

2.1.5. Provocación Sexual

Durante el año 2.003 se han denunciado un total de **33 casos**, dos casos menos que el año anterior. Este tipo supone el 1'52% del total.

Por las acciones citadas anteriormente han sido **detenidas 10** personas**, todos ellos varones.** El número de detenidos, en relación a lo sucedido el año anterior, ha aumentado en un 66'66%.

El **índice de esclarecimiento** de este tipo de delitos se sitúa en el **69'70%**, cifra que constituye un 1'65% de aumento en efectividad.

2.1.6. Corrupción de Menores o Incapaces

Durante el año 2.003 se han denunciado un total de **47 casos,** lo que significa un aumento del 4'44% con respecto a 2002 en el que se conocieron 45 casos). Este tipo supone el 2'16% del total.

Por las acciones citadas anteriormente han sido **detenidas 53 personas** de las cuales **13 eran mujeres**. Se ha producido un aumento en el porcentaje general de detenidos de un 8'16%.

El **índice de esclarecimiento** de este tipo de delitos se sitúa en el **65'96%**, cifra inferior al año anterior, con una disminución del 30'97%.

2.1.7. Coacción a la Prostitución

Durante el año 2.003 se han denunciado un total de **134 casos,** lo que supone una disminución de un 3'6% en los casos conocidos sobre el año anterior(139). Este tipo supone el 6'18% del total.

Por las acciones citadas anteriormente han sido **detenidas 190 personas** de las cuales **59** eran **mujeres,** con un aumento del 15'85% en el total de las personas detenidas.

El **índice de esclarecimiento** de este tipo de delitos se sitúa en el **101'49%** (un aumento del 12'85% en efectividad).

2.1.8. Pornografía de Menores

En ámbito del Cuerpo de la Guardia Civil y durante el año 2.003 se han denunciado **22 casos** (una disminución en el número de denuncias de un 15'38%). Este tipo supone el 1'01% del total.

Por las acciones citadas anteriormente han sido **detenidas 8 personas, todas ellas varones.** Estas cifras constituyen un descenso en el número de detenciones del 33'33% con respecto al año anterior.

El **índice de esclarecimiento** de este tipo de delitos se sitúa en el **54'55%**.

La evolución de este tipo de delitos queda representada en la siguiente tabla.

En el **grafico 2** se presentan los porcentajes de las tipologías delictivas analizadas.

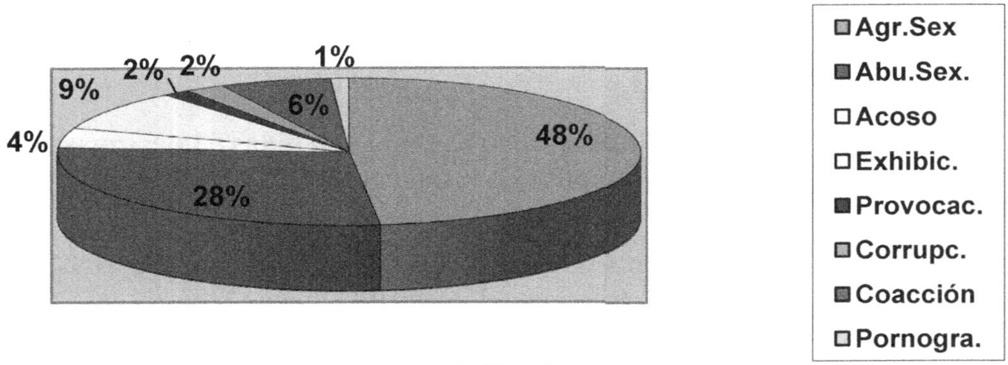

Gráfico 2.

La tabla 1 presenta la evolución de este tipo delictivo.

Tabla 1.

TIPOS	CASOS				DETENIDOS				VÍCTIMAS			
AÑO	**2000**	**2001**	**2002**	**2003**	**2000**	**2001**	**2002**	**2003**	**2000**	**2001**	**2002**	**2003**
Agresión s.p.	626	629	645	648	393	390	362	404	723	725	764	729
Agresión c.p.	379	370	416	401	303	296	294	301	439	438	474	446
Abuso s.p.	543	581	540	537	294	304	294	307	634	703	653	620
Abuso c.p.	53	77	47	67	32	64	38	57	57	84	57	76
Acoso	122	106	114	92	32	26	33	20	134	120	118	98
Exhibicionismo	254	263	247	191	124	126	126	77	404	287	278	201
Provocación	57	55	35	33	16	17	6	10	85	92	45	42
Corrupción	26	18	45	47	16	25	49	53	35	18	63	59
Coacción a la prostitución	107	143	139	134	123	137	164	190	182	252	270	254
Pornografía menores	17	25	26	22	11	16	12	8	37	141	44	29
TOTALES	2184	2267	2254	2172	1344	1401	1378	1427	2724	2860	2886	2554

2.2. Detenidos

En demarcación Guardia Civil, han sido detenidas por la comisión de Delitos contra la Libertad e Indemnidad Sexual un total de **1.427 personas**, de las cuales **83** son **mujeres**.

Con relación al año anterior supone una disminución en el número total de detenidos de un 3'55% .

Esta cifra constituye el **1'96 % del total de los 72.634 detenidos por delitos** en el ámbito del Cuerpo de la Guardia Civil.

La comparativa en relación a detenidos, hombres o mujeres, en demarcación de competencia de este Cuerpo, arroja los datos de que el 5'81% del total de detenidos son mujeres, mismo porcentaje del año anterior.

Los detenidos en relación con su sexo y su edad están representados en el **gráfico 3.**

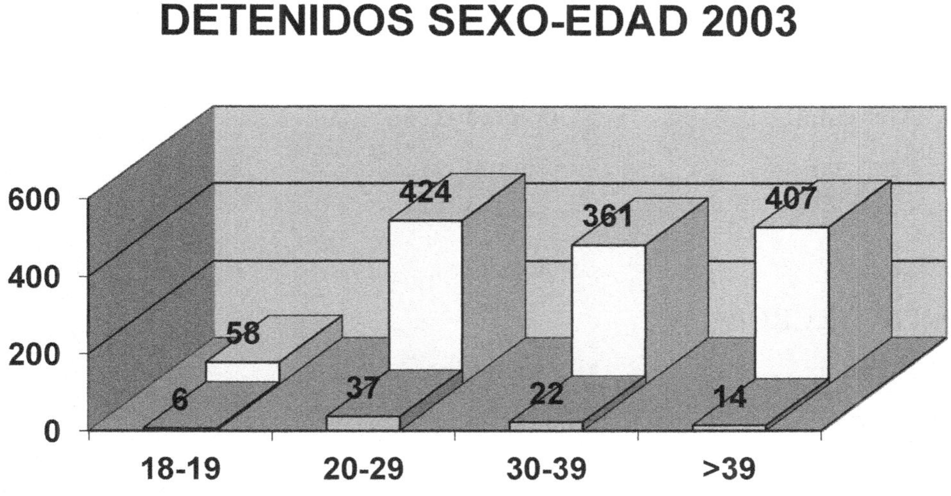

Gráfico 3

Como vemos en el Gráfico nº 2, la distribución de los detenidos con arreglo a determinados intervalos **de edad** es la siguiente:

* 64 tenían entre 18 y 19 años (el 4'81 %).

* 461 tenían entre 20 y 29 años (34'68 %).

* 383 tenían entre 30 y 39 años (el 28'81 %).
* 421 eran mayores de 40 años (el 31'7%).

De todos ellos **485** eran **extranjeros** (el **36'49 %**).

En atención a la agrupación **de países** que se ha establecido, en atención al número de detenidos, el mayor número son originarios de:

* La Unión Europea	206 detenidos
* América	99 detenidos
* Africa	159 detenidos
* Países Asiáticos	9 detenidos.

Analizados los detenidos por los países incluidos en las agrupaciones realizadas obtenemos los siguientes datos:

UNIÓN EUROPEA

* Gran Bretaña	14 detenidos
* Alemania	9 detenidos.
* Portugal	7 detenidos.
* Italia	5 detenidos.
* Francia	5 detenidos.

RESTO EUROPA

* Rumania	113 detenidos.
* Lituania	4 detenidos.
* Bulgaria	15 detenidos.
* Yugoslavia	4 detenidos.

AFRICA

* Marruecos	146 detenidos.
* Argelia	7 detenidos.
* Nigeria	6 detenidos.

AMÉRICA

* Ecuador	48 detenidos.
* Colombia	22 detenidos.
* Argentina	7 detenidos
* Cuba	7 detenidos
ASIA	
* Pakistán	3 detenidos.

Como en años anteriores, merecen una especial atención los nacionales de Marruecos quienes, al igual que en las demás tipologías delictivas, destacan con gran diferencia por encima de los demás en número de detenidos. De los 171 detenidos contra este tipo de delitos procedentes de los diferentes países de África, 146 de ellos son de procedencia marroquí (el **85'38%**).

Con relación al total de detenidos por esta tipología delictiva, en ámbito de la Guardia Civil (485), los detenidos procedentes de Marruecos representan un **30'10%.**

El número de detenidos por la comisión de las diferentes tipologías delictivas se representa en el **gráfico 4**.

DETENIDOS POR DELITOS

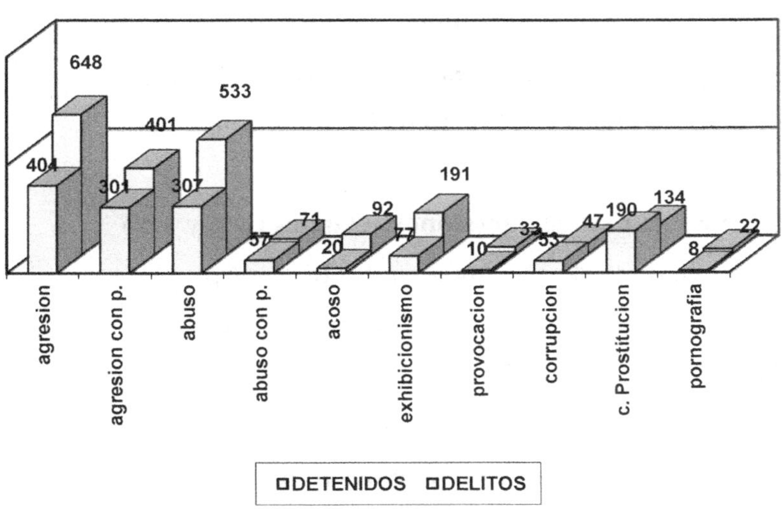

Gráfico 4.

2.3. Víctimas

El total de víctimas producidas por este tipo de delitos, en demarcación Guardia Civil, ha sido de **2.630**, cifra que constituye una disminución del 8'87% con respecto al año anterior.

De éstas, **308** son **hombres,** el 11**'77**%, y **2322 mujeres,** el 88'29%.El año anterior los porcentajes fueron del 14'22% y 85'76% respectivamente.Del análisis de las víctimas en relación con el tipo de delito se obtiene que:

- **1.175** (el 44'68%), han sido objeto de **agresiones sexuales** (c.p. y s.p.).
- **696** (el 26'46%), lo han sido de **abusos sexuales** (c.p. y s.p.).
- Las otras **759** (el 28'86) lo han sido por el **resto de las tipologías** delictivas a las que antes hemos hecho referencia.

Analizadas éstas **de acuerdo a su EDAD** obtenemos la siguiente distribución:

* **De 18 a 20 años** (el 9'43 %).
- **124** víctimas de **agresiones sexuales** (c.p. y s.p.)
- **49** víctimas de **abusos sexuales** (c.p. y s.p.)
- **75** víctimas por el **resto** de los tipos delictivos.

* **De 21 a 30 años** (el 27'94 %).
- **407** víctimas de **agresiones sexuales** (c.p. y s.p.)
- **106** víctimas de **abusos sexuales** (c.p. y s.p.)
- **222** víctimas por el **resto** de los tipos delictivos.

* **De 31 a 40 años** (el 12'73 %).
- 196 víctimas de **agresiones sexuales** (c.p. y s.p.)
- **56** víctimas de **abusos sexuales** (c.p. y s.p.)
- **83** víctimas por el **resto** de los tipos delictivos.

* **De 41 a 50 años** (el 4'26 %).
- **68** víctimas de **agresiones sexuales** (c.p. y s.p.)
- **20** víctimas de **abusos sexuales** (c.p. y s.p.)
- **24** víctimas por el **resto** de los tipos delictivos.

* **De 51 a 64 años** (el 2'44 %).

- **36** víctimas de **agresiones sexuales** (c.p. y s.p.)
- **13** víctimas de **abusos sexuales** (c.p. y s.p.)
- **10** víctimas por el **resto** de los tipos delictivos.

Porcentajes muy similares a los alcanzados el año anterior.

Estos datos están representados en el **siguiente gráfico.**

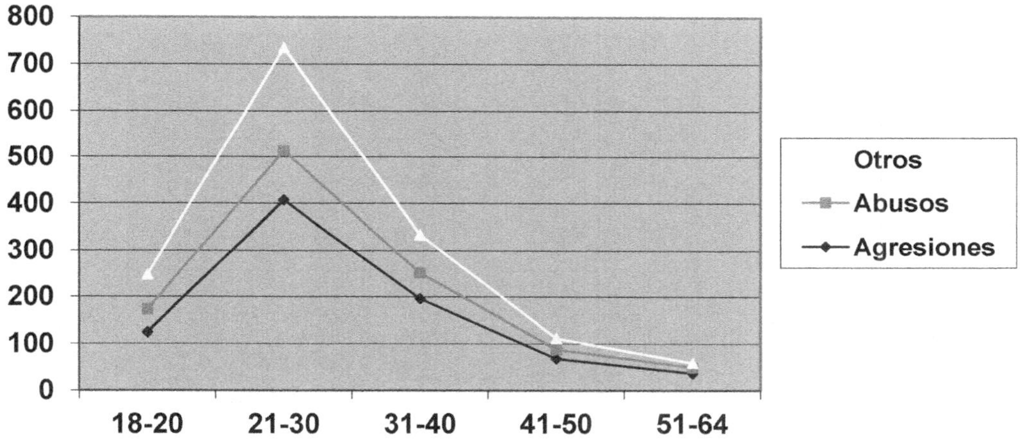

Gráfico 5

Analizadas las víctimas en relación con **EL AUTOR** del delito podemos comprobar que:

* **17** víctimas eran **padre / madre** del agresor/a (el **0'64 %**).

* **81** víctimas eran **hijos / as** del agresor/a (el **3'08 %**).

* **60** víctimas eran **cónyuges** del agresor/a (el **2'28 %**).

* **55** eran **compañero/a sentimental** del agresor (el **2'09%**).

* **9** víctimas eran **separados / divorciados (el 0'34 %).**

* **39** víctimas eran ex - compañeros sentimentales (el **1'48%).**

* **10** víctimas eran **novia/o del agresor/a (el 0'38 %).**

* **8** víctimas eran **exnovio/a del agresor/a (el 0'30%).**

* **134** víctimas tenían **otras relaciones** de parentesco (el **4'89 %**).

* **170** víctimas mantenían una relación **laboral** (el **6'46 %**).
* **47** víctimas se produjeron en el **contexto educativo** (el **1´78 %**).
* **363** víctimas mantenían con el autor una relación de **amistad** (el **13'8 %**).
* **284** víctimas tenían con el autor una relación **casual** (el **10'8 %**).
* **216** víctimas mantenían **otro tipo de relación** (el **8'21 %**).
* **1.137** víctimas no mantenían **ningún tipo de relación** (el **43'23%**).

En el **siguiente gráfico** se representan estas relaciones víctimas-autor en los años 2000 a 2003.

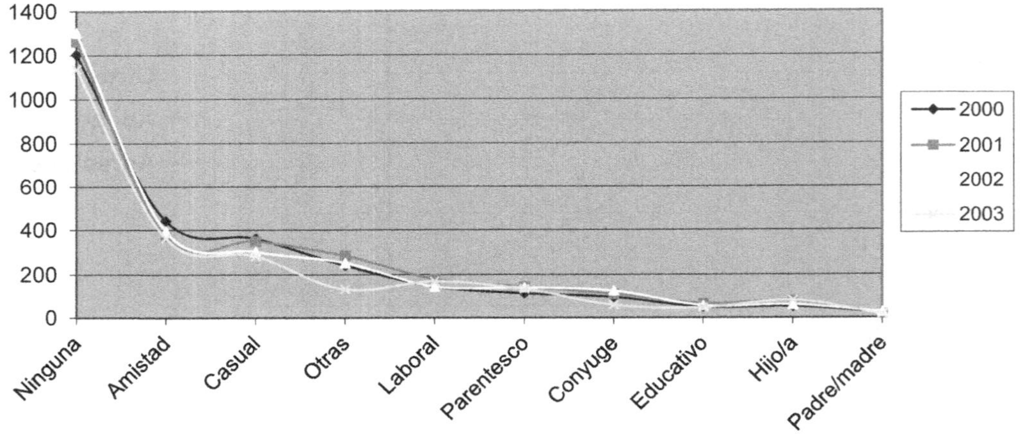

Gráfico 6.

Analizados los datos expuestos anteriormente, y teniendo en cuenta que la diferencia de víctimas con respecto al año anterior ha sufrido una disminución del 8'87%, hemos de hacer algunas puntualizaciones de importancia:

- Resaltar un aumento de los casos en los que las víctimas son hijos y los agresores son sus padres y una disminución en aquellos en que las víctimas eran padre/madre del agresor.
- Una disminución destacada en el caso de víctimas separadas-divorciadas.
- Se considera, por primera vez la ración ex - compañero sentimental.

- Otras disminuciones a destacar son las sufridas en las relaciones de amistad, otro tipo de relación y ningún tipo de relación.

3. DISTRIBUCIÓN TERRITORIAL

DELITOS CONTRA LA LIBERTAD SEXUAL

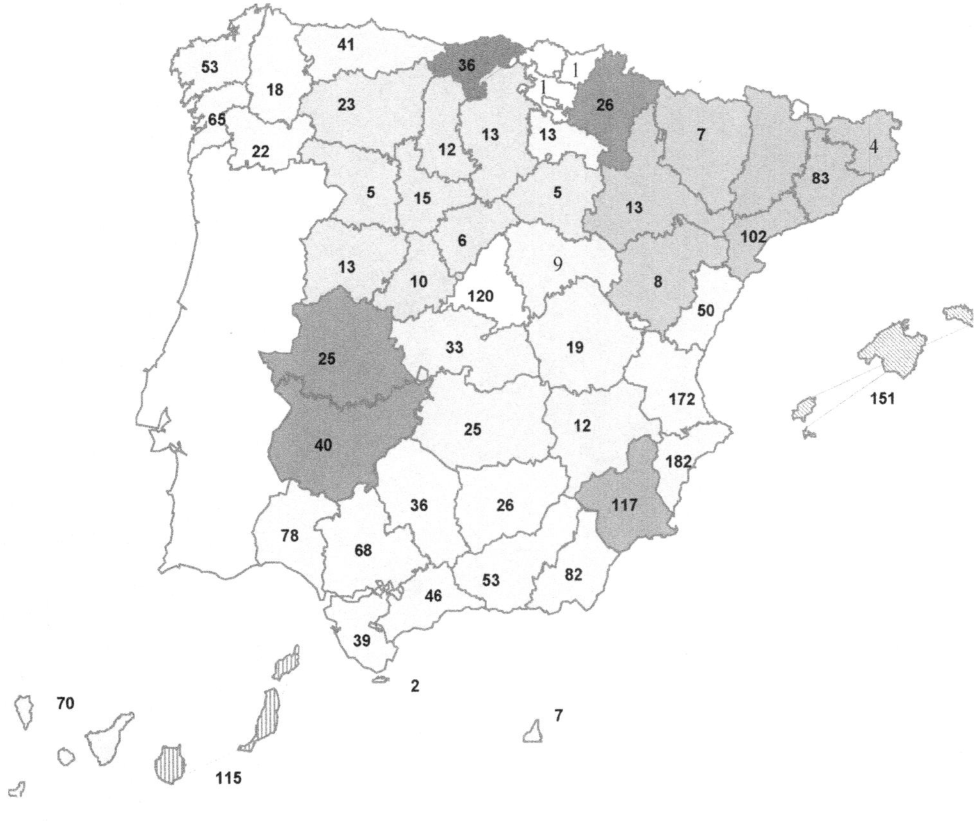

Analizando la incidencia de este tipo de **Delitos** en el ámbito de competencia de la Guardia Civil en relación con su distribución territorial podemos observar que son las grandes provincias las que soportan la mayor incidencia destacando en gran manera Alicante (182), Valencia (172), Baleares (151), Madrid (120) y Las Palmas (115).

Entre las provincias con menos casos conocidos se encuentran, a excepción del País Vasco, Soria y Zamora (5), Segovia (6), Huesca (7) y Teruel (8).

Atendiendo a la incidencia delictiva en función de la población, obtenemos el siguiente distribución, teniendo en cuenta que se ha hecho en base a la población referida al 01.01.03.

DELITOS CONTRA LA LIBERTAD SEXUAL, POR CADA MIL HABITANTES

DEMARCACIÓN GUARDIA CIVIL

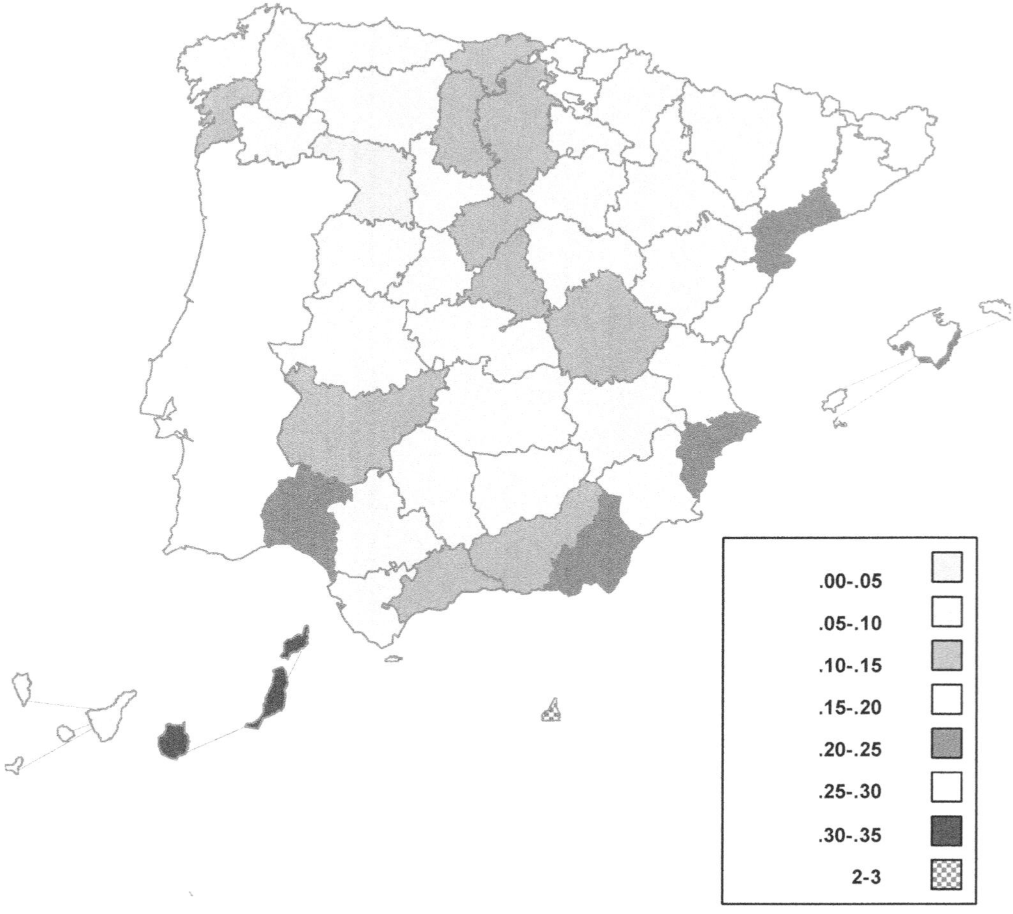

No obstante si transformamos estos números absolutos y analizamos su índice de victimización (**delitos por cada mil habitantes**) (**Figura anterior**) vemos que el mayor índice es, sin duda y con diferencia, el correspondiente a Melilla (2'18), Las Palmas y 0.30, Baleares (0.27), seguidas Tarragona (0'25), Almería (0'24), Huelva (0'23) y Alicante (0.29).

En el polo opuesto se encuentran Zamora (0.04), Huesca y Zaragoza (0'05), Albacete (0'06) y Jaén (0'06).

El índice de Madrid es un 0.12 y el de Barcelona un 0'16, datos que no han sufrido variación con respecto al año anterior.

No se han contabilizado las datos en el País Vasco, Gerona y Lérida.

4. DISTRIBUCIÓN TEMPORAL

Analizados los casos en relación con los meses en los que se cometieron, sabiendo que los márgenes superiores e inferiores del intervalo, oscilan desde los 128 casos de febrero a los 265 de julio, se mantienen los meses de primavera-verano como aquellos en los que se produce la mayor incidencia, destacando julio (ya mencionado), agosto con 246 y mayo con 215.

Febrero (ya mencionado), junto con enero, y noviembre son los meses con menos casos conocidos (128, 137 y 142 respectivamente).

En el gráfico 7 se representan los datos anteriores.

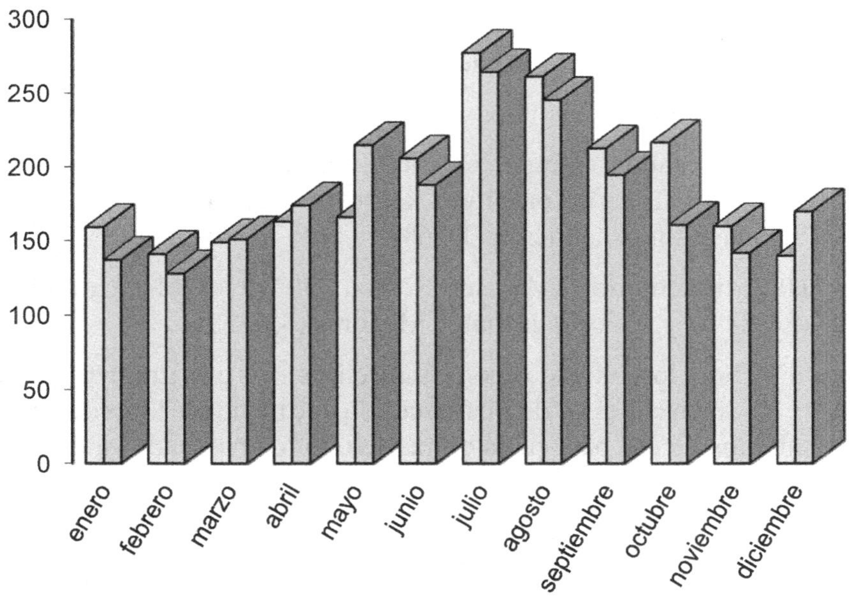

Gráfico 7.

5. CONCLUSIONES

Como resumen de este estudio, se destaca lo siguiente:

- Se ha producido, a nivel nacional, una disminución del 7'81% con respecto a los delitos y un aumento del 0'99% en relación con las faltas. En el ámbito de competencia del Cuerpo esta disminución ha sido del 6'04%.
- Los **delitos contra la libertad sexual** , a nivel nacional, han aumentado un 1'68 % respecto al año 2002. En ámbito de competencia del Cuerpo han disminuido un 3'64%.
- Estos delitos suponen, a nivel nacional, el 0'78 del total. Similar porcentaje se da en demarcación Guardia Civil, con un 0'76%, cifras casi idénticas al año anterior.
- La **media de esclarecimiento** en estos delitos es del **76'03%**, a nivel nacional, y del **80'57%** en nuestro ámbito de competencia. El Abuso Sexual c.p., es el delito con el mayor índice (94'37%), y la Pornografía de Menores es el menor (54'55%).
- En ámbito de competencia del Cuerpo se ha producido un aumento en los delitos de Abuso Sexual con penetración (el 51%) y una disminución en los de Exhibicionismo (22'67%) y Acoso Sexual (19'3), el resto de las cifras son equiparables a las del año 2002.
- En relación con los detenidos.
    - Ha aumentado su número en los delitos de Abusos sexuales con penetración (33'33%), Coacción a la Prostitución (15'85%) y Agresiones Sexuales sin penetración (11'6%)
    - Han disminuido el Acosos Sexual (39'39%), el Exhibicionismo (38'88%) y la Pornografía de Menores (33'33%).
- El 36'49% de los detenidos por estos **delitos** eran **extranjeros**, y de éstos, el 30'1% son nacionales de Marruecos, lo que mantiene la tendencia alcista de súbditos de ese país en este tipo delictivo, observada ya en informes anteriores.
- En el análisis de la relación víctima-autor se puede apreciar, con relación al año anterior, un aumento en los casos de agresión de padres a hijos (35%), y del 17'24% en la relación laboral. Del mismo modo, pero en caso inverso, se ha producido un descenso, del 34'61%, de los casos en

los que los autores son los hijos y las víctimas los padres y de un 40% de los casos producidos entre separados/divorciados.

- En relación con las distribuciones tanto temporales como territoriales de este tipo de delitos son los meses de julio, agosto y mayo y las provincias de Melilla, Las Palmas de Gran Canaria, Baleares y Almería los que tienen una mayor incidencia en estos delitos.

La menor incidencia se da en los meses de febrero enero y noviembre y en las provincias de Zamora, Zaragoza, Huesca y Cuenca.

Madrid, febrero de 2005.

ANEXO II. INFORME CRIMINOLÓGICO ANUAL SOBRE MALOS TRATOS 2003

INFORME CRIMINOLÓGICO ANUAL SOBRE VIOLENCIA EN ÁMBITO FAMILIAR

2003

1. ANTECEDENTES

Como hemos venido diciendo en los últimos informes, son muchas las Organizaciones y las Instituciones, tanto públicas como privadas, que se han venido volcando en intentar atajar esta lacra social surgida en la última década. Cada una desde su campo de actuación ha prestado los apoyos oportunos tanto a las víctimas como la aportación de fondos económicos para aumentar los recursos a ofrecerles. Las atenciones personales se han concretado en los apoyos legales, psicológicos y médicos que se han venido prestando a las víctimas y, por parte de las Comunidades Autónomas, a quienes han sido transferidas las competencias en este ámbito, la aportación de recursos para que estas víctimas puedan tener un lugar de residencia después de los hechos y se puedan formar en la realización de determinados trabajos que les permiten una mínima independencia económica para su atención y la de su familia, si la hubiere.

Pero ha sido en el marco jurídico, con la promulgación de nuevas leyes y disposiciones aplicables a esta problemática, en el que este impulso ha tenido su máxima expresión, cuya exposición, por orden cronológico, exponemos a continuación.

Comenzamos el año 2003 bajo la protección de las modificaciones del Código Penal de 1995. Destacaremos especialmente la modificación realizada por la Ley Orgánica 14/1999 al Código Penal y a la Ley de Enjuiciamiento Criminal, en materia de protección a las víctimas de malos tratos, en la que se incluye la prohibición de aproximación a la víctima como pena accesoria en determinados delitos, la tipificación de la violencia psíquica como delito específico cuando se ejerce con carácter habitual sobre las personas próximas, facilitar la inmediata protección de la víctima de este tipo de delitos y la posibilidad de declarar las víctimas mayores y los menores sin que se produzca confrontación visual entre ellos.

En relación con el Código Penal, en su nueva redacción del Artículo153, esta ley, por una parte, amplía los sujetos pasivos del delito y su tipo de relación con el autor del mismo ante el ejercicio de una violencia tanto física como psíquica, y por otra, determina la apreciación del concepto de habitualidad.

En la modificación del Artículo 617 (de las Faltas), en su párrafo segundo introduce las relaciones víctima-autor establecidas en el 153, misma modificación que afecta al artículo 620.

Es quizás la publicación de la **Ley 27/2003**, de 31 de julio, *reguladora de la Orden de Protección de las víctimas de la violencia doméstica*, la que más calado ha producido en la sociedad y cuyos resultado han sido más espectaculares, por lo que supone de avance en la lucha contra la violencia doméstica.

Esta Ley, que entra en vigor al día siguiente de su publicación, establece en su disposición adicional segunda la creación de una Comisión de seguimiento de la implantación de esta ley y determina por quién estará integrada. Además, encarga a esta Comisión, la elaboración de protocolos de alcance general para la implantación de la Orden de Protección regulada en esta ley, así como la adopción de instrumentos adecuados de coordinación que aseguren la efectividad de las medidas de protección y seguridad adoptadas por los jueces y tribunales y las Administraciones públicas competentes.

No obstante lo dicho anteriormente, fue en la Subcomisión parlamentaria creada por el Pleno del Congreso de los Diputados el día 22 de octubre de 2002, donde se ofrece a los Grupos Parlamentarios la creación y diseño de este nuevo instrumento judicial.

El día 22 de julio de 2003, se constituye la Comisión de Seguimiento de la Implantación de la Orden de Protección, integrada por representantes del Consejo General de Poder Judicial, la Fiscalía General del Estado, el Ministerio de Justicia, el Ministerio del Interior, el Ministerio de Trabajo y Asuntos Sociales, las Comunidades Autónomas, la Federación Española de Municipios y Provincias, el

Consejo General de la Abogacía Española y el Consejo General de Procuradores de los Tribunales de España. Esta Comisión elabora los Protocolos para la Implantación de la Orden de Protección de las Víctimas de la Violencia Doméstica y adopta los instrumentos adecuados de coordinación para asegurar la efectividad de las medidas de protección y seguridad adoptadas por jueces y tribunales y las administraciones públicas competentes.

El mismo Protocolo , en su punto 1.1 indica que la Orden de Protección se solicitará a través de un modelo normalizado cuyas características se detallan. Este Modelo está incluido en el presente Informe como Anexo I.

En reuniones posteriores de la Comisión de Seguimiento de la Implantación de la Propuesta de Orden de Protección de las Víctimas de la Violencia Doméstica se debatieron dos nuevos Protocolos, el de Coordinación entre la Jurisdicción Civil y Penal y el de Coordinación entre las autoridades Judiciales y las Fuerzas y Cuerpos de Seguridad, ambos en trámites de aprobación definitiva.

Publicada en la red del Cuerpo, tanto el Protocolo como el Modelo de Solicitud de la Orden de Protección a fin de su disponibilidad para todas las Unidades, se acompañó de una Instrucción Técnica de Aplicación de la Orden de Protección.

Por último, se ha remitido por parte de la Subdirección General de Operaciones, la *NORMA TÉCNICA NUM. 1/2003 – 12 – 13, de Actuación de las Unidades del Cuerpo de la Guardia Civil para la implantación de la Orden de Protección a las Víctimas de la Violencia Doméstica.*

La ficha a la que hace referencia el punto 4.1.5 de la referida Norma Técnica, figura como Anexo II.

Pero no dejaríamos completa el capítulo de las modificaciones legales si no hiciéramos referencia a la Leo Orgánica 11/2003, de 29 de septiembre, de medidas concretas en materia de seguridad ciudadana, violencia domestica e integración social de los extranjeros. En su Exposición de Motivos, esta Ley Orgánica, reconociendo el alcance pluridisciplinar del fenómeno de la violencia doméstica le concede una atención preferente para que *"el tipo delictivo alcance a todas sus manifestaciones y para que su regulación cumpla su objetivo en los aspectos preventivos y represivos"*.

Este cambio se materializa en la modificación de determinados artículos del Código Penal, que afectan al fenómeno citado, y el cambio sustancial estriba en que *"las conductas que son consideradas en el Código Penal como falta de lesiones, cuando se cometen en el ámbito doméstico pasan a considerarse delitos"*.

También a la habitualidad de la violencia doméstica se le dota de una mejor sistemática, se amplía el círculo de sus posibles víctimas y se imponen restricciones a determinados derechos como, por ejemplo, al de tenencia y porte de armas.

Se modifica el art. 149, al que se le añade un apartado 2 que regula la prohibición de la mutilación genital en cualquiera de sus manifestaciones.

Se modifica la redacción del art. 153 que amplía las penas de las acciones que antes eran consideradas falta de lesiones en el sentido de que, cuando el ofendido está dentro del ámbito doméstico, son castigadas con, entre otras posibles penas, la de prisión de tres meses a un año.

Al antiguo art. 173 se le añaden dos nuevos apartados. El nuevo apartado dos es el primer párrafo del antigua art. 153. Su nuevo aparato tres es el párrafo segundo del 153 derogado.

2. VALORACIÓN GLOBAL

Durante el año 2003 se han conocido en España un total de **2.003.667 infracciones penales**, de las cuales **955.804 fueron tipificadas como delitos** y **1.047.863 como faltas**, lo que comparado con el año anterior constituye una disminución de **–7'81%** con respecto a los **delitos** y un aumento del **0'99%** en relación a las **faltas** (**-3'41% en el total de delitos y faltas**).

De todos ellos **1.932.465** lo fueron en demarcación de las Fuerzas y Cuerpos de Seguridad del Estado (Guardia Civil y Cuerpo Nacional de Policía), que se desglosan en 916.623 infracciones penales consideradas delitos y 1.015.842 como faltas. Estos resultados constituyen, con respecto al año anterior, una disminución del –7'56% de los delitos y un aumento del 0'85% con respecto a las faltas (disminución del –3'32% en el computo total, delitos mas faltas).

Específicamente, en **demarcación-competencia del Cuerpo de la Guardia Civil**, que cuenta con **16.126.102 millones** de habitantes de población estable, cantidad que se eleva a **28.803.203 millones** durante la época estival debido, tanto al desplazamiento de la población interior, como a la afluencia de turistas, las **infracciones conocidas** fueron de **556.112**, de las que **284.210** fueron tipificadas como **delitos** y **271.902** como **faltas**.

El total de las infracciones en nuestro ámbito de competencia constituyen el **27'75%** del **total nacional** y un **28'78%** de las infracciones conocidas por las Fuerzas y Cuerpos de Seguridad del Estado.

Comparados los datos en nuestro ámbito de competencia con el año anterior, nos encontramos una **disminución** del **–6'04%** con respecto a los delitos y una **disminución**, también, de **–1'01%** con respecto a las faltas (en el computo total arroja una disminución del –3'65%).

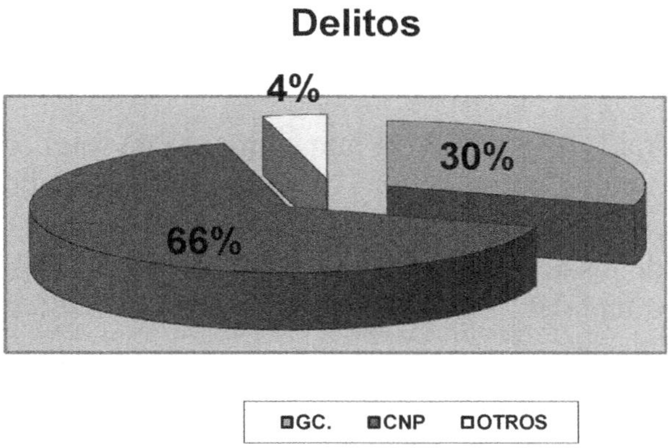

3. ANÁLISIS TIPOLÓGICO

3.1. Infracciones contra las personas (delitos y faltas)

Durante al año objeto del presente Informe se han cometido, a nivel nacional, **26.426 delitos** y **202.252 faltas** contra las personas.

De ellas, 24.366 delitos y 195.108 faltas, fueron conocidos en el ámbito de competencia de las Fuerzas y Cuerpos de Seguridad del Estado, de las que

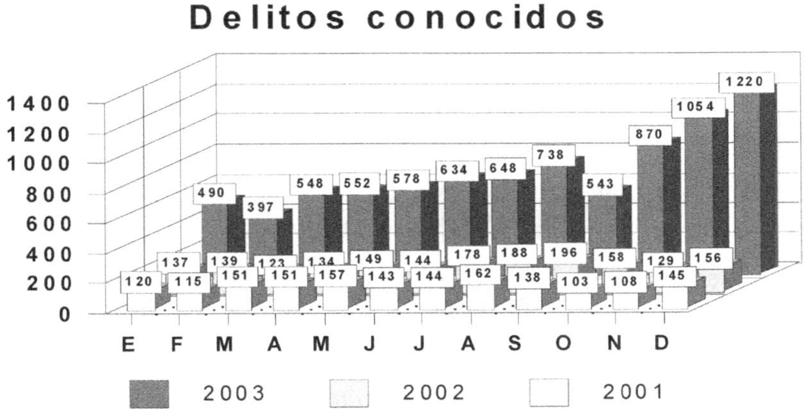

8.272 delitos y 79.515 faltas lo fueron en Unidades del Cuerpo de la Guardia Civil (33'9% de los delitos y 40'75% de las faltas).

En la siguiente gráfica se desglosan por meses los delitos cometidos contra las personas en el ámbito el Cuerpo de la Guardia Civil, durante los tres últimos años.

3.1.1. Lesiones

De forma general (GC y CNP), se han conocido un total de 10.143 casos de lesiones tipificadas como delitos y 83.772 como faltas. De ellos **3.879 delitos** y 30.428 faltas lo fueron en ámbito de competencia de la Guardia Civil, lo que constituye un **38'24%** de los delitos de lesiones conocidos en el ámbito de las Fuerzas y Cuerpos de Seguridad del Estado (FF.CC.S.E) y un **36'32%** de las faltas.

Comparados estos datos con los del año anterior, en ámbito de competencia de la Guardia Civil, se ha producido un incremento del **16'28%** con respecto a los delitos y un **2'74%** con relación a las faltas.

Por los casos tipificados como **delitos** fueron **detenidas 2.833 personas**, **2.700 hombres** (el **95'3%**) y **133 mujeres** (el **4'7%**).

Por los casos tipificados como **faltas** lo fueron **87 personas**, de las cuales **83** eran **hombres** (el **95'4%**) y **4** de ellas **mujeres** (el **4'6%**).

3.1.2. Malos Tratos en Ámbito Familiar

De los *35.129 casos* conocidos de Malos Tratos en Ámbito Familiar *a nivel nacional* (GC y CNP), 12.384 casos (el 35'25%) fueron tipificados como delitos y los 22.745 casos (el 64'75%), como faltas.

De ellos, **12.038** (el **34'27%**) se denunciaron en ámbito del Cuerpo de la Guardia Civil, de los que **3.566** fueron considerados **delitos** (el **29'62**%) y los 8.472 casos restantes (el **70'38**%), **faltas**.

Comparados estos datos con el año anterior se ha observado un incremento del **94'76%** sobre los delitos y un **22'18%**, sobre las faltas.

Por estos hechos fueron **detenidas** un total de 2.650 personas, **2.630 hombres** (el **99'24%**) y **20 mujeres** (el **0'76%**).

De estos detenidos, **2.630** lo fueron **por** infracciones consideradas **delitos** (2.546 hombres y 84 mujeres) y las **20** restantes (todos hombres), **por falta**.

3.1.3. Víctimas de Lesiones / Malos Tratos en Ámbito Familiar

3.1.3.1. Análisis de conjunto

En primer lugar haremos un análisis general de las víctimas uniendo todas las producidas por lesiones en el ámbito familiar y por Malos Tratos .

Durante el año 2003 se han causado un total de **19.473 víctimas** de lesiones/ malos tratos en ámbito familiar.

De ellas **15.454** fueron **mujeres** (el **79'36%**) y las **4.019** restantes fueron **hombres** (el **20'64%**).

- De las 15.454 mujeres, **4.447** (el **28'77%**) lo fueron por **delito** y las **11.007 restantes** (el **71'23%**), por **falta**.
- De los **4.019 hombres**, **715** (el **17'79%**) lo fueron por **delito** y **3.304** por **falta** (el **82'21%**).

Analizadas las víctimas por edades y sexo, se obtienen los siguientes resultados:

◙ **Mujeres víctimas de delitos** de **Lesiones / Malos Tratos**.

♀ < 13 años, 73 víctimas (1'64%).

♀ de 13 a 17 años, 90 víctimas (2'02%).

♀ de 18 a 30 años, 1.421 víctimas (31'95%).

♀ de 31 a 50 años, 2.345 víctimas (52'74%).

♀ >51 años, 518 víctimas (11'65%).

◙ **Hombres víctimas de delitos** de **Lesiones / Malos Tratos**.

♂ < 13 años, 58 víctimas (8'11%).

♂ de 13 a 17 años, 34 víctimas (4'76%).

♂ de 18 a 30 años, 129 víctimas (18'04%).

♂ de 31 a 50 años, 270 víctimas (37'76%).

♂ > 51 años, 224 víctimas (31'33%).

◙ **Mujeres víctimas de faltas** de **Lesiones / Malos Tratos**.

♀ < 13 años, 158 víctimas (1'43%).

♀ de 13 a 17 años, 229 víctimas (2'09%).

♀ de 18 a 30 años, 3.531 víctimas (32'08%).

♀ de 31 a 50 años, 5.682 víctimas (51'62%).

♀ >51 años, 1.407 víctimas (12'78%).

◙ **Hombres víctimas de faltas** de **Lesiones / Malos Tratos**.

♂ < 13 años, 192 víctimas (5'81%).

♂ de 13 a 17 años, 133 víctimas (4'03%).

♂ de 18 a 30 años, 794 víctimas (24'03%).

♂ de 31 a 50 años, 1.465 víctimas (44'34%).

♂ > 51 años, 720 víctimas (21'79%).

3.1.3.2. Lesiones en Ámbito Familiar según la víctima

Se considerarán las víctimas en su conjunto, sean a consecuencia de un delito o de una falta de lesiones en ámbito familiar, cometidos contra ellas, y el análisis se realizará centrándonos en el sexo, la edad y su relación con el agresor.

Las **7.111 víctimas de lesiones** en ámbito familiar se distribuyen como a continuación se especifica:

a) Los **hijos (526)** como víctimas de lesiones en ámbito familiar:

◙ **HIJAS víctimas (288)**

♀ < 13 años, 41 víctimas (14'23%).

♀ de 13 a 17 años, 59 víctimas (20'49%).

♀ > de 18 años, 188 víctimas (65'28%).

◙ **HIJOS víctimas (238)**

♂ < 13 años, 48 víctimas (20'17%).

♂ de 13 a 17 años, 32 víctimas (13'45%).

♂ > de 18 años, 158 víctimas (66'38%).

b) Los **padres** como víctimas de lesiones en ámbito familiar:

Sin especificación de sexo, un total de **606 padres** han sido agredidos en ámbito familiar.

c) Los **cónyuges** como víctimas de lesiones en ámbito familiar:

Entre cónyuges se han producido un total de **3.885 víctimas**, de las cuales **3.305** se corresponden con la **mujer** (%) y las **580** restantes(el %), con el **hombre**.

d) Otras víctimas de lesiones en ámbito familiar:

Entre el resto de los parientes se han producido un total de **2.094 víctimas**.

3.1.3.3. Malos Tratos en Ámbito Familiar según la víctima

Con la misma consideración que la señalada para el caso de las lesiones, las **12.362 víctimas de malos tratos** en ámbito familiar se distribuyen como a continuación se especifica:

a) Los **hijos (900)** como víctimas de lesiones en ámbito familiar:

◙ **HIJAS víctimas (548)**

♀ < 13 años, 98 víctimas (17’88%).

♀ de 13 a 17 años, 132 víctimas (24’09%).

♀ > de 18 años, 318 víctimas (58’03%).

◙ **HIJOS víctimas (352)**

♂ < 13 años, 110 víctimas (31’25%).

♂ de 13 a 17 años, 84 víctimas (23’86%).

♂ => de 18 años, 158 víctimas (44’89%).

b) Los **padres** como víctimas de malos tratos en ámbito familiar:

Sin especificación de sexo, un total de **864 padres** han sido agredidos en ámbito familiar.

c) Los **cónyuges** como víctimas de malos tratos en ámbito familiar:

Entre cónyuges se han producido un total de **10.071 víctimas**, de las cuales **9.110** se corresponden con la **mujer** (%) y las **961** restantes (el %), con el **hombre**.

d) Otras víctimas de lesiones en ámbito familiar:

Entre el resto de los parientes se han producido un total de **527 víctimas**.

La siguiente **GRÁFICA** expone las víctimas producidas por Malos Tratos en ámbito familiar, por meses.

Malos Tratos según víctima

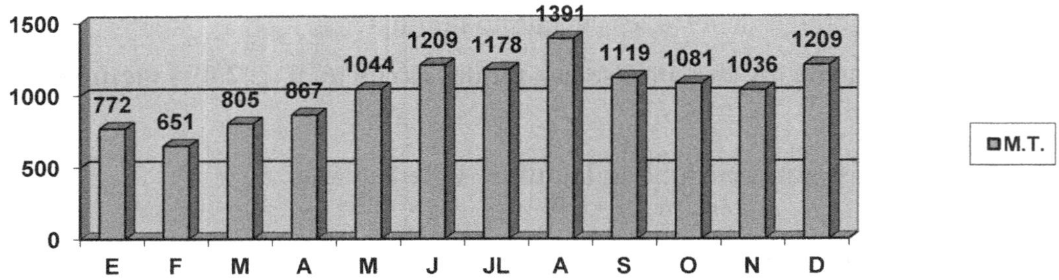

3.1.4. *Víctimas de DELITOS de Lesiones/ Malos tratos en Ámbito Familiar por su cónyuge o similar*

- **MUJERES víctimas (3.774)**
  - ♀ < 13 años,11 víctimas (0'29%).
  - ♀ de 13 a 17 años, 17 víctimas (0'45%).
  - ♀ de 18 a 20 años, 115 víctimas (3'05%).
  - ♀ de 21 a 30 años, 1.173 víctimas (31'08%).
  - ♀ de 31 a 40 años, 1.489 víctimas (39'45%).
  - ♀ de 41 a 50 años, 692 víctimas (18'33%).
  - ♀ de 51 años a 64, 224 víctimas (5'93%).
  - ♀ > de 64 años, 53 víctimas (1'42%).
- **HOMBRES víctimas (236)**
  - ♂ de 13 a 17 años, 1 víctimas (0'42%).
  - ♂ de 18 a 20 años, 1 víctima (0'42%).
  - ♂ de 21 a 30 años, 42 víctimas (17'8%).
  - ♂ de 31 a 40 años, 112 víctimas (47'45%).
  - ♂ de 41 a 50 años, 41 víctimas (17'37%).
  - ♂ de 51 años a 64 años, 29 víctimas (12'29%).
  - ♂ > 64 años, 10 víctimas (4'25%).

En la siguiente **GRAFICA** se representa una comparativa hombre-mujer víctimas de Lesiones/Malos Tratos en Ámbito Familiar con relación a su cónyuge agresor.

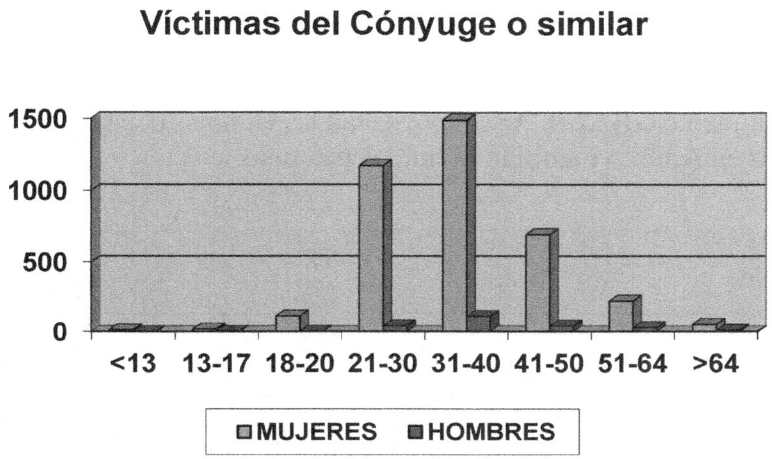

3.1.5. Víctimas de Homicidio-Asesinato

Durante el año 2003 se produjeron un total de **59** acciones con resultado de **MUERTE de la víctima** a consecuencia de acciones de malos tratos en el ámbito familiar, de las que 36 fueron mujeres y 23 hombres, de acuerdo a la siguiente distribución:

- **MUJERES víctimas (36)**
  - ♀ < 13 años, 2 víctimas (5'56%).
  - ♀ de 13 a 17 años, 1 víctima (2'78%).
  - ♀ de 21 a 30 años, 7 víctimas (19'44%).
  - ♀ de 31 a 40 años, 12 víctimas (33'33%).
  - ♀ de 41 a 50 años, 6 víctimas (16'67%).
  - ♀ de 51 años a 64, 1 víctima (2'78%).
  - ♀ > de 64 años, 7 víctimas (19'44%).
- **HOMBRES víctimas (23)**
  - ♂ < 13 años, 2 víctimas (8'69%).

♂ de 21 a 30 años, 1 víctima (4'35%).

♂ de 31 a 40 años, 3 víctimas (13'04%).

♂ de 41 a 50 años, 5 víctimas (21'74%).

♂ de 51 años a 64 años, 8 víctimas (34'78%).

♂ > 64 años, 4 víctimas (17'4%).

En la siguiente **GRAFICA** se representan las víctimas con resultado de muerte provocadas en Ámbito Familiar, divididas pos sexo.

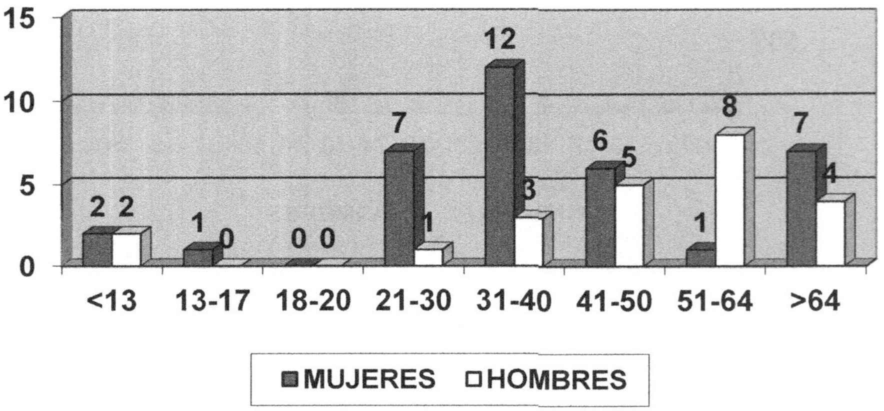

3.1.5.1. Víctimas de Homicidio-Asesinato por su cónyuge o similar

Los casos en los que el agresor ha sido su cónyuge o similar han sido un total de **34** actos con resultado de la **MUERTE** de la víctima, de las cuales **28** fueron **mujeres** y los **6** restantes **hombres** con la siguiente distribución.

◙ **MUJERES víctimas de su cónyuge o similar (28)**

♀ de 21 a 30 años, 7 víctimas (25%).

♀ de 31 a 40 años, 12 víctimas (42'86%).

♀ de 41 a 50 años, 6 víctimas (21'43%).

♀ > de 64 años, 3 víctimas (10'71%).

◙ **HOMBRES víctimas de su cónyuge o similar(6)**

♂ de 41 a 50 años, 3 víctimas (50%).

♂ de 51 años a 64 años, 3 víctimas (50%).

En las siguientes **TABLAS** se exponen las **víctimas** por **DELITOS** de Lesiones/Malos Tratos según una distribución territorial.

MUJERES VÍCTIMAS

DELITOS	Enero	Febrero	Marzo	Abril	Mayo	Junio	Julio	Agos.	Sep.	Oct.	Nov.	Dic.	TOTAL
	224	196	233	272	274	308	253	331	231	567	729	829	4447
ANDALUCÍA	**67**	**53**	**76**	**84**	**92**	**78**	**71**	**93**	**49**		**166**	**194**	**1149**
Almería	12	5	4	4	10	6	14	13	10	13	22	31	144
Cádiz	10	7	8	13	15	10	6	15	4	17	23	13	141
Córdoba	1	5		2	2	4	2	4	1	11	22	17	71
Granada	4	4	14	9	13	21	19	11	9	14	19	33	170
Huelva	11	4	4	6	7	13	6	12	1	4	8	6	82
Jaén	2	3	3	8	6	3	2	4		9	13	27	80
Málaga	15	10	15	8	13	4	4	13	6	16	19	29	152
Sevilla	12	15	28	34	26	17	18	21	18	42	40	38	309
ARAGÓN	2	4		4	5	11	1	5	3	3	6	12	56
Huesca				1				1					2
Teruel		4			2				1	1	2	7	17
Zaragoza	2			2	3	11	1	4	2	2	4	5	37
ASTURIAS		3	1	5	4	5	2	8	5	9	10	12	64
BALEARES	13	10	11	8	13	12	12	31	19	22	26	30	207
CANARIAS	19	19	17	19	20	30	20	34	14	73	97	115	477
Las Palmas	7	9	10	11	8	16	9	13	7	40	41	54	225
S.C.Tenerife	12	10	7	8	12	14	11	21	7	33	56	61	252
CANTABRIA	4	1	2	3	5	4	3	3	6	14	18	13	76
C. - MANCHA	4	5	17	13	12	13	9	9	12	28	47	47	216
Albacete	1		2	2			2	1	4	3	8	7	30
Ciudad Real	2	1	2	4	4	5	2	3	4	7	10	12	56
Cuenca				4	1	1	1	3		6	5	6	27
Guadalajara					1					1	5	9	16
Toledo	1	4	13	3	6	7	4	2	4	11	19	13	87
CAST. – LEON	17	6	5	7	6	6	10	12	15	31	27	42	184
Avila	2		1	2	2	2	2	1	1	5	2	6	
Burgos	2						1		2	3		3	
León	6	5	2	3	2	1	3	6	7	11	8	15	
Palencia					1				3		1	4	
Salamanca	1		2			1	1		1	1	2	3	
Segovia	3	1		1				2		1	4	3	
Soria	2					1	3	1		2	3	3	
Valladolid				1				1		4	6	1	

DELITOS	Enero	Febrero	Marzo	Abril	Mayo	Junio	Julio	Agos.	Sep.	Oct.	Nov.	Dic.	TOTAL
	224	196	233	272	274	308	253	331	231	567	729	829	4447
Zamora	1				1	1		1	1	4	1	4	
CATALUÑA	10	23	20	26	18	29	21	33	20	44	35	51	330
Barcelona	5	7	12	4	8	18	10	11	7	15	14	19	130
Gerona						1							1
Lérida													
Tarragona	5	16	8	22	9	11	11	22	13	29	21	32	199
EUSKADI		1						1	1				3
Alava								1	1				2
Guipúzcoa													
Vizcaya		1											1
EXTREMADURA	7	8	6	2	5	7	2	6	6	12	8	10	79
Badajoz	4	4	1	1	4	3		4	5	12	5		45
Cáceres	3	4	5	1	1	4	2	2	1		3	2	34
GALICIA	18	9	27	30	25	27	19	14	26	32	45	48	320
Coruña	12	6	20	14	14	14	10	7	8	15	24	24	168
Lugo	2			4	1	3	1	3	3	7	6	9	39
Orense	1	1	3	3	3	1	3		3	1	3	5	27
Pontevedra	3	2	4	9	7	9	5	4	12	9	12	10	86
MADRID	6	8	12	6	11	5	5	6	7	37	58	68	229
MURCIA	25	11	13	18	12	23	24	26	10	32	38	43	275
NAVARRA	2	2	3	7	4	5	3	5	6	5	8	8	58
LA RIOJA				1		3	1		1	1	11	6	24
VALENCIA	30	33	22	38	42	50	50	45	29	96	128	130	693
Alicante	10	16	10	19	23	25	17	22	10	37	66	67	322
Castellón	4	2	2	4	2	3	15	6	10	13	13	16	90
Valencia	6	15	10	15	17	22	18	17	9	46	49	47	281
CEUTA													
MELILLA			1	1					2	2	1		7

HOMBRES VÍCTIMAS

DELITOS	Enero	Febrero	Marzo	Abril	Mayo	Junio1	Julio	Agos.	Sep.	Oct.	Nov.	Dic.	TOTAL
	29	33	53	32	43	422	64	64	38	67	109	141	715
ANDALUCÍA	10	15	23	17	11	8	26	13	12	11	25	21	192
Almería	1	1	1	1		2	1	1			4	4	16
Cádiz		3	2	1	2		1	1	2	3		3	18
Córdoba			2				1	2		2	3	2	12
Granada	2	4	3	2	1	2	4		2	2	1	1	24
Huelva		1		2		1	1	2				1	8

DELITOS	Enero	Febrero	Marzo	Abril	Mayo	Junio1	Julio	Agos.	Sep.	Oct.	Nov.	Dic.	TOTAL
	29	33	53	32	43	422	64	64	38	67	109	141	715
Jaén	1		3	3	1		6		2	1	4	2	23
Málaga	2	2	2	2	5	1		3	1	1	5	1	25
Sevilla	4	4	10	6	2	2	12	4	5	2	8	7	66
ARAGÓN	1				1	1		1	1	2	3	2	12
Huesca													
Teruel											1		2
Zaragoza	1				1	1		1	1	2	2		10
ASTURIAS					2	2	1	2	1	1	1	1	11
BALEARES	1	1	1	2	5	2	2	3		4	5	3	29
CANARIAS	1	3	4	1	4	2	7	3	4	5	15	21	70
Las Palmas	1	3	2	1	2		2						28
S.C.Tenerife			2		2	2	5	3	4	1	9	14	42
CANTABRIA					1	1	2		1	1	2	3	11
C. - MANCHA	4	1	1	2	1	1	3	6	3	7	6	6	41
Albacete	1	1						1			1	1	5
Ciudad Real	3		1	1			1	1	1	1	4	2	15
Cuenca				1			1			2		2	6
Guadalajara								1	1	1		1	4
Toledo					1	1	1	3	1	3	1		11
CAST. – LEON		1	9	1		2	1	4	2	2	5	12	39
Avila			5								4	6	15
Burgos									1	1			2
León			2			2	1			1		1	7
Palencia			2					1	1				4
Salamanca												1	1
Segovia		1						3					4
Soria												1	1
Valladolid				1							1	2	4
Zamora												1	1
CATALUÑA	1	3	2	2	4	7	4	5		7	3	10	48
Barcelona		2	1	2	2	4	3	1		1	3	7	26
Gerona													
Lérida													
Tarragona	1	1	1		2	3	1	4		6		3	22
EUSKADI					1								1
Alava					1								
Guipúzcoa													
Vizcaya													

DELITOS	Enero	Febrero	Marzo	Abril	Mayo	Junio1	Julio	Agos.	Sep.	Oct.	Nov.	Dic.	TOTAL
	29	33	53	32	43	422	64	64	38	67	109	141	715
EXTREMADURA	1		2			1		1		1	3	2	11
Badajoz	1		2			1		1			2	2	9
Cáceres										1	1		2
GALICIA	3	3	5	1	5	3	5	5	6	4	14	12	66
Coruña	2		4		1	2	3	4	3	2	6	10	37
Lugo		2				1	1		1	1	3		9
Orense									1			1	2
Pontevedra	1	1	1	1	4		1	1	1	1	5	1	18
MADRID	1	2		2	1	2	1	2	1	3	6	13	34
MURCIA	1	1	4		3		2	6		2		4	23
NAVARRA				1			1	2	1		4		9
LA RIOJA				1		1		1	1		1	3	8
VALENCIA	5	3	2	2	4	9	9	10	5	16	16	27	108
Alicante	1			1	1	3	2	3	2	6	6	13	40
Castellón	2		1		2	1	4	2	1	1	1	3	16
Valencia	2	3	1	1	1	5	3	5	2	9	9	11	52
CEUTA													
MELILLA										1		1	2

3.1.6. Medios empleados

Los medios empleados contra las víctimas de Lesiones / Malos Tratos en el Ámbito Familiar, hombre y mujeres por delitos se pueden observar en la siguiente **GRÁFICA.**

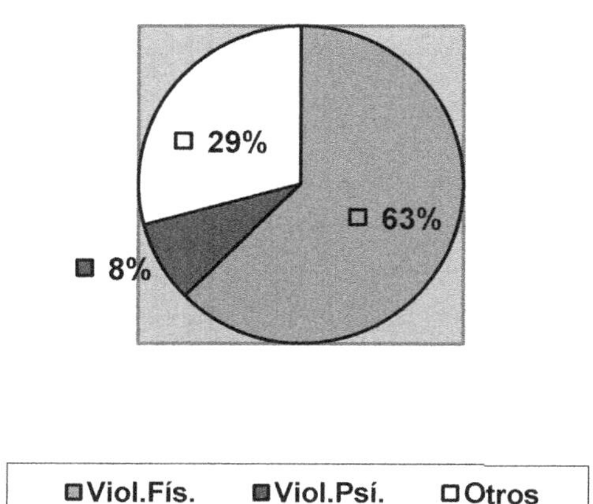

3.2. Detenidos

El total de personas detenidas por actos de Malos Tratos en Ámbito Familiar han sido 2.650 de las cuales 2630 lo fueron por delitos (2.546 hombres y 84 mujeres) y las 20 detenciones restantes (todos hombres) por faltas.

3.3. Delitos contra la libertad sexual en ámbito familiar

En el ámbito de las CC.FF.S.E. se han conocido un total de 7.234 delitos contra la libertad e indemnidad sexual (todas las tipologías), cifra que constituye un 1'67% más que el año anterior (7.115 casos conocidos).

En este mismo ámbito, se han producido un total de 4.448 detenciones, de las cuales 4.133 fueron de hombres y 315 de mujeres, que comparado con el año anterior arroja un incremento del 5'68% de las detenciones practicadas.

En ámbito de competencia del Cuerpo de la Guardia civil, las cifras son laas siguientes:

- 2.172 casos conocidos, que comparados con el año anterior significa una **disminución** de este tipo de delitos del –3'64% (2.254 casos).
- 1.427 detenidos, de los cuales 1.344 fueron hombres y 83 mujeres, por su implicación en estos delitos. En relación con el año anterior se ha producido un aumento del 3'56% de las personas detenidas.

Desglosadas estas cifras en las diferentes tipologías delictivas los datos obtenidos son los siguientes, sólo en ámbito Guardia Civil:

- **Agresión sexual**:
  - 648 casos conocidos.
  - 404 personas detenidas (401♂ y 3♀).
- **Agresión sexual con penetración**.
  - 401 casos conocidos.
  - 301 personas detenidas (298 ♂ y 3 ♀).
- **Abuso sexual**.
  - 533 casos conocidos.
  - 307 personas detenidas (304 ♂ y 3 ♀).

- **Abuso sexual con penetración**.
  - 71 casos conocidos.
  - 57 personas detenidas (55 ♂ y 2 ♀).
- **Acoso Sexual**.
  - 92 casos conocidos.
  - 20 personas detenidas (todos hombres).
- **Exhibicionismo**.
  - 191 casos conocidos.
  - 77 detenidos (todos hombres).
- **Provocación sexual**.
  - 33 casos conocidos.
  - 10 detenidos (todos hombres).
- **Corrupción de menores /incapaces**.
  - 47 casos conocidos.
  - 53 detenidos (40 ♂ y 13 ♀).
- **Coacción a la prostitución**.
  - 134 casos conocidos.
  - 190 detenidos (131 ♂ y 59 ♀).
- **Pornografía de menores**.
  - 22 casos conocidos.
  - 8 detenidos (todos hombres).

Estos hechos han ocasionado un total de 759 víctimas, de las cuales 660 fueron mujeres y 99 hombres.

3.4. Víctimas de delitos contra la libertad sexual en ámbito familiar

Centrándonos tan sólo en las **víctimas** que determinadas tipologías han ocasionado, y sólo en Ámbito Familiar y en demarcación competencia Guardia Civil, se obtienen los siguientes datos:

- **Agresiones sexuales: 124 víctimas.**
- **13 hijos** agredidos por sus padres o similar (todas mujeres)
- 6 < de 13 años.
- 3, entre 13 y 15 años.
- 3, entre 16 y 17 años.
- 1 > = a 18 años.
- **3 padre/madre**, agredidos por sus hijos.
  - **66 cónyuges** agredidos entre ellos (2 ♂ y 64 ♀).
  - **42** víctimas entre el **resto de parientes**.
- **Agresiones sexuales con penetración: 104 víctimas**.
- **10 hijos** agredidos por sus padres o similar (todas mujeres)
- 3 < de 13 años.
- 1, entre 13 y 15 años.
- 2, entre 16 y 17 años.
- 4 > = a 18 años.
- **5 padre/madre**, agredidos por sus hijos.
  - **68 cónyuges** agredidos entre ellos (1 ♂ y 67 ♀).
  - **21** víctimas entre el **resto de parientes**.
- **Abusos sexuales: 119 víctimas**.
- **44 hijos** agredidos por sus padres o similar (todas mujeres)
- **4 varones**.
  - 1 < 13 años.
  - 3 entre 13 y 15 años.
- **40 mujeres**: .
  - 12 < de 13 años.
  - 7, entre 13 y 15 años.
  - 6, entre 16 y 17 años.
  - 3 > = a 18 años.

    - **7 padre/madre**, agredidos por sus hijos.
    - **10 cónyuges** (todas mujeres).
    - **8** víctimas entre el **resto de parientes**.
- **Abusos sexuales con penetración: 22 víctimas**.
- **8 hijos** (todos mujeres)
    - 2, < 13 años.
    - 5, entre 13 y 15 años.
    - 1> = a 18 años.
    - **9 cónyuges** (1♂ y 9 ♀)
    - **5** víctimas entre el **resto de parientes**.
- **Acoso, provocación y coacción a la prostitución: 16 víctimas**.
- **3 hijos**:
- 1 hombre de 18 años o más.
- 2 mujeres.
    - 1, < 13 años.
    - 1, > = 18 años.
    - **10 cónyuges** (todas mujeres)
    - **3** víctimas entre el **resto de parientes**.

3.5. Abandono de menores

Se han producido un total de 73 víctimas de abandono de menores de edad, con la siguiente distribución:

- **Varones**.
    - 33 niños menores de 13 años.
    - 7, tenían entre 13 y 15 años.
    - 3 de ellos estaban entre los 16 y 17 años.
- **Mujeres**.
    - 17 de ellas eran menores de 13 años.

- 6 tenían entre 13 y 15 años.
- 7 estaban entre los 16 y 17 años.

3.6. Abandono de familia

Se han producido un total de 794 abandonos, 403 por parte de hombres y 319 por parte de mujeres.

3.7. Impago de prestaciones económicas

Se han producido un total de 657 casos de los cuales en 631 casos, fueron hombres los sujetos activos y los 26 casos restantes, lo fueron por mujeres.

3.8. Quebrantamiento de los deberes de custodia

De los 304 caos casos denunciados, los sujetos activos fueron 154 hombres y 150 mujeres.

3.9. Corrupción de menores / incapaces

Las 59 víctimas de corrupción de menores e incapaces se distribuyen como sigue:

- **18 varones**.
  - 13 < de 13 años.
  - 3, entre 13 y 15 años.
  - 2, entre 16 y 17 años.
- **41 mujeres**.
  - 14 < de 13 años.
  - 12, entre 13 y 15 años.
  - 15, entre 16 y 17 años.

3.10. Tráfico de niños

Durante el año 2003 tan sólo se ha conocido un caso de tráfico de niños, con una víctima varón menor de 13 años.

3.11. Pornografía de menores

Fuera de las intervenciones realizadas en Internet sobre el presente ilícito legal, se han detectado un total de 29 víctimas afectadas por este delito y distribuidas de la siguiente manera:

- **12 víctimas varones**:
  - 7 < de 13 años.
  - 2, entre 13 y 15 años.
  - 3, entre 16 y 17 años.
- **17 víctimas mujeres**:
  - 8 < de 13 años.
  - 7, entre 13 y 15 años.
  - 2, entre 16 y 17.

3.12. Explotación de la mendicidad

Se han detectado 20 víctimas con la siguiente distribución sexo-edad:

- **11 víctimas varones**:
  - 10 < de 13 años.
  - 1, entre 13 y 15 años.
- **9 víctimas mujeres**:
  - 6 < de 13 años.
  - 1, entre 13 y 15 años.
  - 2, entre 16 y 17 años.

4. CONCLUSIONES

De los estudios realizados se pueden obtener las siguientes conclusiones:

☛ **En general**:

➢ Durante el presente año, a nivel nacional, se ha producido una disminución del –7'81% en el total de delitos cometidos, si bien en los cometidos contra las personas ha habido un incremento del 26?79%.

En ámbito de competencia de la GC., si bien se mantiene una disminución general del –6'04% en el total de delitos, en los relacionados con las personas presenta, también, un incremento del 37'91%.

☛ **En relación con los MALOS TRATOS EN ÁMBITO FAMILIAR:**

➢ Su incremento ha destacado por encima de los demás tipologías delictivas, que han sufrido un incremento del **94'76%** con respecto del año anterior.

Este aumento ha estado provocado, en una pequeña parte por el aumento de las denuncias y solicitud de las Órdenes de Protección, y en las medidas sociales, civiles y penales que a través de estas pueden ser solicitadas, y por el procedimiento judicial seguido (juicios rápidos).

Pero el verdadero aumento de estos delitos ha venido provocado por los cambios legislativos puestos en vigor durante este periodo, en especial por la consideración de delitos de aquellos hechos, antes constitutivos de faltas, que se especifican en la Introducción. Si miramos el aumento de las infracciones consideradas como Faltas observamos que se ha producido un incremento de tan solo un **6'03%,** de forma general.

➢ Ha habido un incremento significativo de las víctimas causadas por este delito con arreglo al año anterior (delitos + faltas), un **35'96%** más.

➢ Si tenemos en cuenta la relación víctima – autor no se observan variaciones porcentuales importantes con relación a las obtenidas el año anterior.

➢ En relación con la edad de las víctimas sí se ha apreciado un aumento significativo de las víctimas – hijas (mujeres) menores de 13 años (un **28'94%** más), y un **37'06%** más en aquellas víctimas que poseen una edad de 18 años o más.

➢ De la misma manera se ha observado un incremento de las víctimas – hijos, incremento no tan considerable como para las víctimas – hijas.

☛ **En relación con los HOMICIDIOS EN ÁMBITO FAMILIAR:**

➢ En cuanto a las víctimas, en general, que encontraron la **muerte** en actos de violencia familiar (**59**) se ha producido, en ámbito de competencia GC., una disminución del **–7'81%** con relación al año anterior (**64**).

No obstante, analizando las muertes de acuerdo a la relación víctima – autor nos encontramos que, entre cónyuges, se ha producido el mismo número de muertes, **34**, de las cuales 11 fueron hombres y 23 mujeres. El año anterior fueron 6 hombres y 28 mujeres.

☛ **En relación con los DELITOS CONTRA LA LIBERTAD SEXUAL:**

➢ En esta tipología delictiva se a apreciado una disminución del 3'64% del total de los delitos conocidos en ámbito familiar con arreglo al año anterior.

☛ **En relación con el ABANDONO DE MENORES:**

➢ Se ha producido, con relación al año anterior, un incremento del 10'60% en el número de menores abandonas, 73 del presente año frente a los 66 del año anterior.

➢ Significativamente se puede considerar importante el aumento producido del **17'86%** en el abandono de **varones menores de 13 años** (33 el presente año por 28 el anterior).

☛ **En relación con el ABANDONO DE FAMILIA:**

➢ Es de destacar las disminución de este tipo de delitos con respecto al año anterior, un **-24'81%.**

☛ **En relación con la EXPLOTACIÓN DE LA MENDICIDAD:**

➢ Se ha producido una disminución en el empleo de menores para la mendicidad de un **–35'48%**, en nuestro ámbito de competencia, pasándose de 31 casos en el año anterior a 20 en el presente.

Madrid, junio de 2004.

Finalizado, Madrid 2012

Made in the USA
Monee, IL
18 October 2026

66048468R00313